한말 외국인 기록 03

은자의 나라 한국

개정판
한말 외국인 기록 03
은자의 나라 한국
1999년 10월 20일 초판 1판 1쇄
2019년 11월 1일 개정판 1판 1쇄
2024년 4월 10일 개정판 1판 2쇄

저자 | W. E. 그리피스
역주자 | 신복룡
발행인 | 임동규
발행처 | **(주)집문당**
등록 | 1971. 3. 23. 제2012-000069호
주소 | 03134 서울시 종로구 돈화문로 82, 5층
전화 | +82-1811-7567
이메일 | sale@jipmoon.com
홈페이지 | www.jipmoon.com

편 집 | 장이지
디자인 | 임용우

ISBN 978-89-303-1834-1 04900
978-89-303-1831-0(세트)

가격 28,000원

(주)집문당 이순신돋움체B (저작권자 아산시, 무료글꼴)

은자의 나라 한국

Corea: The Hermit Nation

W. E. 그리피스 지음/신복룡 역주

집문당

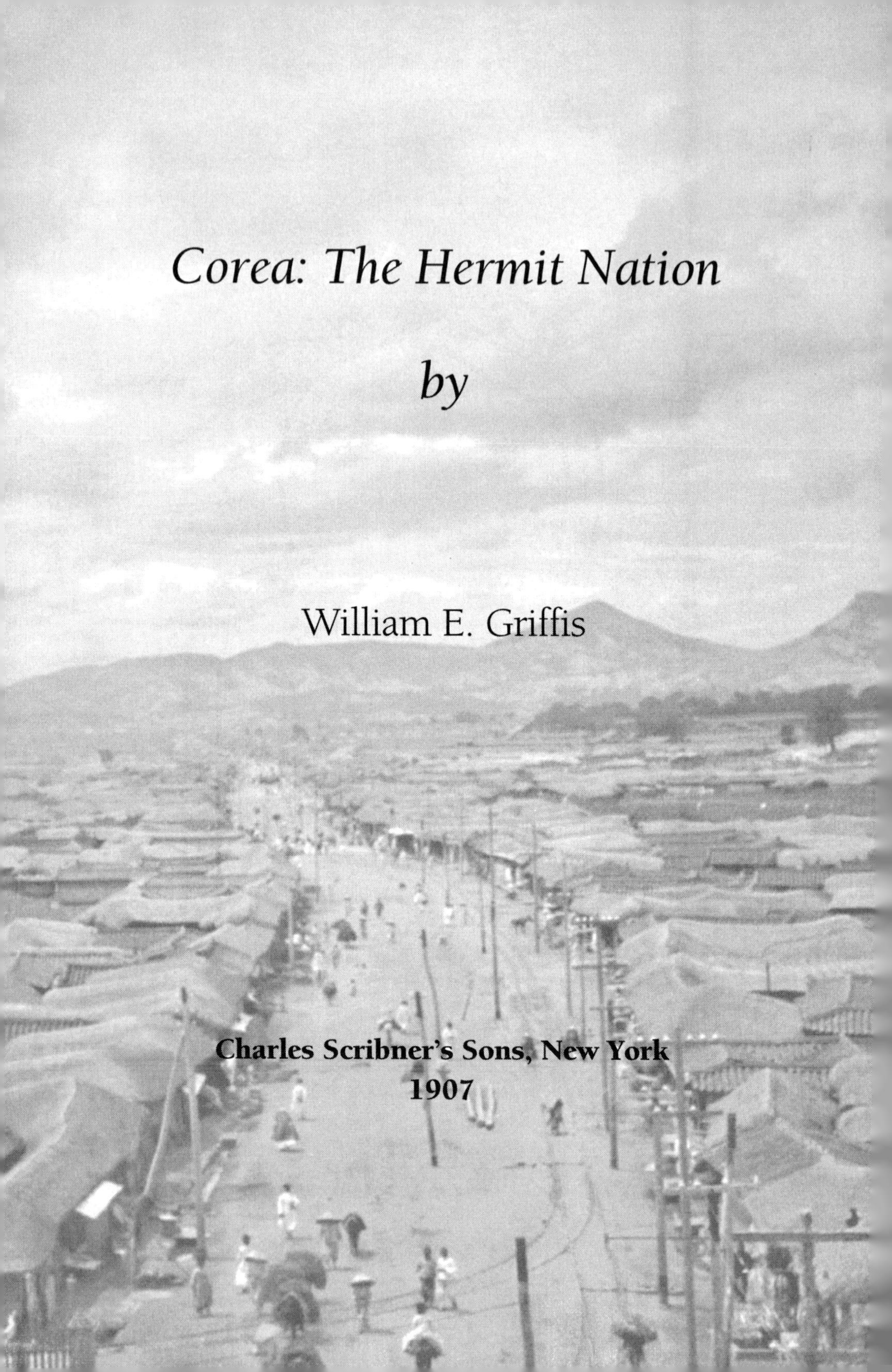

Corea: The Hermit Nation

by

William E. Griffis

Charles Scribner's Sons, New York
1907

서울시

헌사

과학과 진리와 순수 종교를 통해 자신과 동족을 개명시키고,
그들의 나라로부터 미신과 완고와 전제와
토착적 · 이질적 교권을 몰아내고,
또 조국의 단결과 독립과 명예를 유지하기 위해 애쓰는
한국의 모든 애국자들에게
그들의 역사와 현실을 그린 이 보잘 것 없는 책을 드립니다.

역주자 3판 서문

번역판을 내면서 세 번째의 서문을 쓴다는 것이 자랑인지 흉인지는 모르겠으나, 이 책의 출판에 우여곡절이 많았음을 의미하는 것임은 틀림없다. 젊었을 적, 내 손으로 한말 선교사의 한국 관계 자료들을 주석하겠다고 다짐한 지 벌써 30년의 세월이 흘렀으니 세월의 무상함과 더불어 만감이 교차한다. 그동안 활판에서 컴퓨터로 바뀌는 인쇄 혁명과 출판계의 불황 등으로 중도에서 포기했던 『한말 외국인 기록』을 이제 집문당 임경환 사장님의 호의로 번역과 주석 작업을 재개하게 된 것이 한없이 기쁘고 감사하다.

전집 19권을 출판하겠다는 임경환 사장님의 제의를 들었을 때 기쁘기도 했지만, 너무도 엄청난 일이라 엄두를 낼 수 없었다. 그러던 차에 이러한 고충을 들은 1998학년도 건국대학교 정치외교학 과목의 나의 수강생들 300명이 한 장씩 컴퓨터에 입력해 주겠다고 나섰을 때 나는 한없이 고마웠고 크게 용기를 얻었다. 나는 그 300명의 이름을 여기에 일일이 적을 수 없는 것이 미안하고 유감스럽다.

모두가 고생했고 고맙지만, 특히 이형구(李衡求) 군과 김한길 군이 많은 몫을 타이핑했으며, 변영욱(邊泳旭) 군은 교정 작업을 하느라고 많은 고생을 했다. 사내답지 않게 수줍음이 많은 조교 박성진(朴城進) 군은 마음이 넉넉지 못한 나의 방에서 마음고생이 많았으리라고 생각되며, 주석을 찾고자 각국의 대사관과 문화원을 찾아다니면서 싫은 내색 한번 하지 않았다. 건국대학교 대학원 박사 과정의 고경민(高敬旼) 군과 석사 과정의 형은숙(邢恩淑) 양은 컴퓨터 작업을 하느라고 많은 고생을 했다. 그들의 고생이 단순한 고생으로 그치지 않고 앞날 그들의 학문 생활에 좋은 경험이 될 수 있다면 나로서는 미안함을 덜 수 있을 것이다. 사진 촬영은 건국대학교 홍보실의 이명호(李明浩) 선생께서 맡아 주었다.

영어로 쓰인 동양사를 번역하는 과정에서 가장 어려운 작업은 영문으로 표기된 인명이나 지명을 어떻게 한자로 복원하느냐의 문제이다. 특히 원칙이 없이 쓰이는 일본의 인명 표기는 참으로 어려웠다. 그런 중에도 일본의 데츠카야마대학(帝塚山學院大學)의 가미가이토 겐이치(上垣外憲一) 교수가 많은 어려움을 풀어 주었다.

시도 때도 없는 부탁에 늘 마음써준 오랜 친구 다키자와 마코도(瀧澤誠) 선생의 도움을 많이 받았으며, 고베대학(神戶大學)에서 박사 논문을 준비하는 장희순(張喜淳) 군도 고생을 많이 했다. 구미 인물의 행적에 대해서는 건국대학교 독어독문학과의 김건환(金建煥) 교수님께서 많이 도와주셨다. 러시아 관계 문서는 모스크바대학에서 박사학위를 준비 중인 김종헌(金鍾憲) 군의 도움을 많이 받았다.

끝으로 편집 교정과 출판 과정에서 고생하신 집문당의 우진주(禹軫柱) 상무님과 편집부 직원 여러분, 그리고 신세를 진 모든 분께 깊이 감사한다.

1998년 9월 10일

신복룡 씀

역주자 재판 서문

이 번역본은 본시 탐구신서로 1979년에 초판된 바 있었으나 읽기가 불편하고 수정, 보완할 부분이 있어서 이번 평민사(平民社) 이갑섭(李甲燮) 사장의 호의로 『한말외국인기록』(韓末外國人記錄) 제3권으로 출판하게 되었다. 끝으로 질식할 것만 같은 출판계의 불황에도 불구하고 이 나라의 문화 창달을 위해 『구한말 외국인 기록』을 전집물로 기획 · 출판하고 있는 평민사의 이갑섭(李甲燮) 사장과 염천 중에도 편집과 교정에 수고를 해주신 평민사의 안희옥 부장님, 최해옥, 강금희 양, 그리고 교정의 번거로움을 늘 맡아 준 신채호(辛采鎬) 학제(學弟)에게 깊은 감사를 드리는 바이다.

1985년 8월 10일

워싱턴에서 역주자 신복룡 씀

역주자 초판 서문

"역사는 과거와 현재의 대화"라고 카아(E. H. Carr) 교수는 설파한 적이 있다. 그 의미가 매우 함축성이 있어서 그 뜻을 한마디로 헤아릴 수는 없겠으나 일면으로는 역사의 연속성을 강조한 것이라 해도 그의 본뜻을 크게 벗어나지는 않으리라고 여겨진다. 이와 같은 풀이에 큰 과오가 없다면 카아 교수의 명제는 우리에게 많은 교훈을 주는 것이다. 왜냐하면, 한국의 사학은 바로 이 연속성이라는 측면에서 다소 취약점을 안고 있기 때문이다.

우리는 흔히 자신의 역사를 "반만년"이라고 표현하고 있다. 그런데 문제는 그 반만년이라고 하는 정의에 모순이 있어서가 아니라, 우리의 고대사가 대부분 남이 써 놓은 사료에 의존하고 있다는 사실이다. 그렇다고 해서 우리의 고대사에 관해서 우리 자신이 쓴 문전이 없었던 것도 아니다. 적어도 삼국시대에 이미 자신의 사서(史書)를 썼다는 기록이 있다. 그러나 그 모든 것들이 지금은 전해지지 않고 있으며, 현존하는 우리의 최고의 사서들이 실은 12세기에 쓰인 것이라고 하는 사실은 한국인의 역사 의식 중의 치부(恥部)를 드러내는 듯하여 역겹기 짝이 없다. 쓰지 않은 것이 아니라, 그것을 보전하지 못했다고 하는 것이 더욱 부끄럽다.

한국 사학의 또 다른 문제점은 사가(史家)들의 감상적인 영웅주의이다. 우리의 근세 이전의 역사는 대체로 왕조 중심의 홍망사이거나 아니면 어느 한 개인에게 영광을 돌리는 영웅주의적 필법이 지나친 느낌이 있다. 삼국통일에 있어서의 김춘추(金春秋)나 김유신(金庾信)의 기록이 그렇고, 임진왜란사에 있어서의 이순신(李舜臣)의 기록이 그렇고, 3·1운동사에 있어서의 33인 중심의 기록이 또한 그렇다. 그렇다면 이 민족의 역사를 이끌어 온 저변의 민중 운동은 어떻게 기술한 것인가?

최근 몇 년 동안 경주 일대의 고분 발굴을 계기로 하여 현재 우리 나라에는 일종의 신라 붐 같은 것이 일고 있다. 선조의 유산을 발굴하여 후손들에게 그들의 영광된 모습을 보여 준다는 것은 바람직한 일일는지도 모른다. 그러나 요즈음의 신라 붐은 무엇인가 잘못된 듯한 느낌이 들며, 자칫하면 후대를 오도(誤導)하지나 않을까 하는 걱정을 수반하게 된다. 왜냐하면,, 요즘의 신라 문화의 재현은 저들의 정신사를 계발하려는 것이 아니라 왕조 중심적 물질 문명에 치중하고 있기 때문이다.

정신사의 발굴이 빈약하고 역불급하니까 고분이나 무모하게 파헤치는 것이 아닌지… 이와 같은 사조는 비단 최근 얼마 동안의 일이 아니다. 신라를 논의할 경우, 사가들은 걸핏하면 포석정(鮑石亭)의 사진이나 안압지(雁鴨池)의 사진을 내놓지만 그런 것들은 우리 선조들의 자랑스런 유산이 아니라 그 당시의 왕조가 얼마나 환락 속에서 취생몽사(醉生夢死)했던가를 보여주는 치부인 것이다. 발굴자들은 금관이나 금귀고리를 놓고 전가(傳家)의 보도(寶刀)처럼 국보급이라는 말만 되뇌지만, 그것이 어찌 신라 문화의 전부가 될 수 있는 것인지는 참으로 모를 일이다.

그런 식으로 역사를 기술한다면, 지금으로부터 천 년이 지난 세대의 사가들은 1980년대를 어떻게 서술할 것인가? 그 무렵이 되면 가난하게 살다 간 서민들의 토담집은 없어지고 에스컬레이터와 실내 풀장, 남미에서 수입한 석재(石材), 그리고 마호가니나 티크로 만든 호화로운 가구들은 편린(片鱗)이나마 남을 것이다. 천 년이 지난 뒷날 어느 사가가 이들이 살던 도시를 발굴하여 그들의 유품을 "국보급"이라고 떠들어대면서 "1990년대를 살다 간 한국의 서민들은 에스컬레이터와 실내 풀장, 그리고 호화로운 가구 속에서 흥륭(興隆)을 구가했다"고 학계에 발표한다면, 그 무렵에는 이미 지하에 있을 1990년대의 시민들은 얼마나 치소(嗤笑)할 것이며, 얼마나 억울하겠는가?

그러기에 차라리 신라의 불교 문화를 형이상학적인 측면에서 좀 더 연구한다면 이는 값진 일이겠지만, 철없이 공부하는 초등 학교의 사회 생활 교과서에 포석정이나 석빙고의 사진이 크게 실리는 어리석음을 이제는 그만 해주었으면 좋겠다. 역자가 한국사에 관한 서구의 기록을 번역한 동기는 이 기록들이 위와 같은 한국 사학의 약점을 다소라도 커버할 수 있다고 믿기 때문이며, 양서(洋書)에 우위를 두려는 사대적(事大的) 사고 방식에서 비롯된 것은 결코 아니다.

◆◆◆◆◆

여기에 소개하는 『은자의 나라 한국』은 헐버트(H. B. Hulbert) 교수의 『대한제국멸망사』(*The Passing of Korea*)와 함께 서구의 선교사들이 쓴 한국사 중의 쌍벽을 이루고 있는 것으로 평가되고 있다. 그러나 그 내용은 다소 다른 바가 있다. 후자는 필자인 헐버트 교수가 한국에 거의 반생을 보내면서 한국 측의 사료에 의해 기술한 것인 반면에 전자는 필자가 일본에 있으면서 주로 일본 측 사료에 의거하여 기록했기 때문이다. 따라서 한국의 고대사 특히 그중에서도 한일관계사에 관해서는 왜곡된 부분이 많으므로 독자들의 주의가 필요하다. 본문에 수록된 지도를 번역본에서도 원문 그대로 되박아 펴낸 것에 대해서는 독자들의 양해를 구할 수밖에 없다. 몇몇 역사적 사실의 위치에 관해서는 이미 학술적으로도 오류로 지적된 부분도 있으나 그 당시 한국 지명의 영문 표기를 독자들에게 소개하는 것도 가치가 있다고 생각했기 때문에 여기에서는 원서대로 수록했다.

본서는 전 53장의 3부작으로 되어 있다. 애당초 1882년이 초판에서는 전 48장이었던 것이 1907년의 제8판에서는 5장이 추가된 것이다. 내용을 보면, 제1부는 고대 · 중세사이며, 제2부는 정치와 사회, 그리고 제3부는 근 · 현대사이다. 오늘날 한국 사학의 발전도(發展度)와 독자의 입장으로 볼 때, 제1부는 이미 진부한 감이 있다. 그러나 제2부와 제3부는 이 분야에 관한 압권으로 평가되고 있다. 특히 제3부에 수록되어 있는 한말외교사에 관해서는 필자가 직접 목격했거나 근거리에서 관찰한 것이기 때문에 이 분야에 관한 일차 사료로서의 가치를 지니고 있는 것이다.

◆◆◆◆◆

필자인 윌리엄 엘리어트 그리피스(William Elliot Griffis: 1843~1928)는 1843년에 미국의 필라델피아에서 태어나 젊었을 적에는 남북전쟁에 참전했고, 럿거스(Rutgers)대학에서 자연과학을 전공하고 석사학위를 받았다. 이 무렵에 그는 당시 메이지유신(明治維新)과 더불어 서구 과학의 필요성을 절감하게 된 일본의 초청을 받았다. 그는 1870년, 후쿠이(福井)의 번주(藩主)로부터 초청을 받아 착일(着日)함으로써 그의 동양학 연구가 시작되었다. 그는 1871년에 메이신칸(明新館)에서 이화학(理化學)을 가르쳤고, 1872년에는 낭코(南校)에서 이학, 화학, 지리학, 생물학을 가르쳤으며, 그 후에는 도쿄제국대학(東京帝國大學)의 전신인 카이세이학교(開城學校)에서 화학을 가르치면서 화학과를 창설했다.

3년 동안의 일본 생활을 마치고 1874에 귀국한 그리피스는 다시 유니온 신학교에 진학하여 신학박사 학위를 받았고(1884) 다시 럿거스대학에서 문학박사 학위(1899)를 받을 만큼 학구적인 인물이었다. 미국에서 뉴욕, 보스톤, 이타카 등지에서 목사의 생활을 하면서도 일본의 각 대학에서 강의를 하는 동안에 갖게 된 동양학의 관심을 버리지 못하고 일본 역사에 관한 연구를 시작했다. 그러던 중 그는 크게 깨달은 바가 있었다. 즉, 한국의 역사를 모르고는 일본사에 관한 연구가 불가능하다는 것을 깨달은 것이다. 그리하여 그는 다시 한국사의 연구에 몰두하기 시작했다. 그는 두 번 한국을 방문한 것으로 전해지고 있다. 그의 1차 방한의 연대는 밝혀지지 않았으며 2차 방한은 1926~1927이었다. 이와 같은 공로로 그는 1900년에 왕립아시아학회 한국 지부의 회원이 되었다. 이 당시 그가 쓴 한국과 일본에 관한 저술로는 다음과 같은 것들이 있다.

1) 『일본제국』(*The Micado's Empire*, 1876)
2) 『요정의 나라 日本』(*Japanese Fairy World*)
3) 『은자(隱者)의 나라 한국』(*Corea, the Hermit Nation*, 1882)
4) 『페리 제독 전』(*Matthew Calbraith Perry*, 1887)
5) 『가시 속의 백합』(*The Lily Among Thorns*)
6) 『사무라이 혼다(本田)』(*Honda, the Samurai*)
7) 『존슨 경(卿)』(*Sir William Johnson*)
8) 『일본의 역사·민속·예술』(*Japan, In History, Folks-lore and Art*, 1892)
9) 『용감한 소국 홀란드』(*Brave Little Holland*)
10) 『일본의 종교』(*The Religions of Japan*, 1895)
11) 『해리스 전』(*Townsend Harris*)
12) 『일본에 미친 한국의 영향』(*Reviews on the Influence of Korea upon Japan*)
13) 『한국에 대한 일본의 부채』(*Japanese Debt to Korea*)
14) 『지나사(支那史)』(*China's Story in Mith, Legend, Art and Annals*)
15) 『일본 민족의 발전』(*Japanese Nation in Evolution*, 1907)
16) 『일본 천황의 제도와 인물』(*Mikado, Institution and Person*, 1915)

이상과 같은 일본학 연구의 공로로 그는 일본 천황으로부터 훈5등(勳五等) 쌍광욱일장(雙光旭日章, 1907)과 훈4등(勳四等) 욱일소수장(旭日小綬章)을 받았다. 그는 1879년에 스탠튼 양(Katharine L. Stanton)과 결혼하여 1남 1녀를 두었고 킹 여사(Frances King)와 재혼했다. 말년에는 뉴욕주 풀라스키(Pulaski)에서 살다가 그곳에서 별세했다.

이 책은 참으로 역자를 애먹이는 책이었다. 우선 한국의 지명이나 인명을 일본음에 따라 영문으로 표기한 것을 밝혀낸다는 것은 참으로 어려운 작업이었다. 이에 관해서 역자는 무던히도 애를 썼지만 노력에 비해서 그 결과는 미진했다. 특히, 참고 문헌 중 일본 필자명과 서명을 밝히지 못한 일부 서적, 그리고 임진왜란사에 기록된 몇몇 지명과 인명을 밝히지 못한 것에 대하여서는 역자의 불학(不學)을 탓할 수밖에 없다.

그러나 이 책을 번역하는 동안 역자는 너무 많은 분들에게 폐를 끼쳤다. 원근(遠近)의 저명한 대학 교수로부터 호젓한 성당의 신부에 이르기까지, 길가는 나그네로부터 이웃집 아저씨들에 이르기까지 나는 염치없이 묻지 않을 수가 없었다. 따라서 본서의 일본 지명, 인명의 번역과 주석은 공동 저작이나 다름이 없다.

그럼에도 불구하고 나는 여기에서 그분들에게 일일이 감사할 수 없음을 유감으로 생각한다. 왜냐하면 이 책의 번역이 너무도 미흡하기 때문에 이로 인하여 행여나 그분들에게 누가 미치지나 않을까 걱정되기 때문이다. 출판의 길을 열어준 탐구당의 홍석우(洪錫禹) 사장님과 여운학(呂運鶴) 선생님, 그리고 제작에 고생하신 편집부 여러분께 깊이 감사를 드린다.

1975년 8월 12일

역주자 씀

원저자 제8판 서문

1882년 10월, 이 책자의 발행인들이 이 책을 영어 사용 국가의 국민들에게 내어놓았을 때, 그들은 이렇게 기록한 바가 있다.

> "한국을 여행하는 사람들은 극지방(極地方)의 불모지를 통과하려는 탐험가나 여행자가 겪는 것과 꼭 같은 위험을 겪게 된다."

그 후 24년 동안, 이 책은 독자들의 호기심을 불러일으키는 이외에도 구미 각국의 학자와 학생들에게 매우 유용하게 쓰였을 뿐만 아니라, 한국을 찾아오는 선교사들이나 새로운 입국자들에게도 초판에 수록된 일반적인 정보를 읽힘으로써 이 책은 한국 내에서도 공헌하고 있다. 1882년 9월에 출간된 초판은 전 48장으로 끝을 맺고 있지만, 이 제8판에서는 1906년 늦은 가을까지 한국에서 일어난 사실 중에서 한국의 경제적 조건, 국제 관계, 중국인과 일본인, 청일전쟁, 대한제국, 러시아와 일본의 충돌, 그리고 일본의 보호 통치 등 5개장을 새롭게 추가했다.

이 새로운 5개장에서 취급되고 있는 짧은 기간 동안에 세계 정치의 중심은 대서양과 지중해로부터 한국의 주변으로 옮겨졌으며, 한반도에 대한 이중적 주권이라는 기이한 변칙이 자행되고 있었다. 중국의 군사적인 위신은 엉망이 되었으며, 러시아의 그것도 또한 위태롭게 되었다. 서양과 접촉한 지 반세기 만에 근대 국가로 성장하여 처음에는 중국을 능멸하고 그 다음으로는 러시아를 성공적으로 때려눕힌 일본은 한국에게 치명적인 영향을 미치었다. 한국의 독립을 위해서 일본은 천연 자원이 자신보다 엄청나게 우세한 한 열강과의 두 번째의 전쟁을 치렀다. 또한 이 기간 동안에 미국도 아시아의 정치에 관심을 가진 강대국 중에 하나로 등장하게 되었는데 아시아 민족의 자칭 정복자들은 이 문제에 관하여 숙고해 보아야 한다.

이 제8판은 본문과 지도를 통하여, 만주(滿洲)와 일본 해역에서 일본의 육·해군이 승전하고 포츠머드(Portsmouth)에서 승리한 사실의 즉각적이고도 자연적인 귀결은 과연 무엇인가를 보여줄 뿐만 아니라 그 이상의 문제에 관해서도 암시하는 바가 있다. 즉 이 책은 한국이 그의 외교 관계에서 왜 주권을 상실했는가 하는 이유를 명확히 해준다.

민중을 교육시키는 대신에 음모를 업으로 삼고, 국가적 복리 대신에 계급의 이익만을 추구해 온 반도 왕국의 지도자들에게 가해진 벌이 과연 무엇인가 하는 것은 1906년, 양반 제도를 꿈꾸던 그들의 음모가 끝내 실패했을 때, 필자에 의해서가 아니라 사실 그 자체를 통하여 명백하게 드러나고 있다. 일본인들은 한국을 통치함에 있어서 영국이나, 미국이나, 프랑스나, 독일 등의 종주국과 마찬가지로 이제 세계로부터 도덕적인 시련을 겪고 있다.

이제까지 그토록 진심으로 환영을 받아 온 한 책자를 내어 놓으면 나는 또다시 한국 및 외국인 학자들에게 진 커다란 빚을 여기에서 기꺼이 되풀이하여 말하고자 한다. 그들은 대담과 통신과 비판과 각종 출판물들을 통하여 나를 친절하게 도와주었으며 왕립아시아 학회 한국 지부의 회원들은 나에게 그 학회의 회원이 될 수 있는 영광을 베풀어주었다. 나는 특히 인쇄물과 도표를 제공해 준 전 한국 주재 미국 공사인 알렌(H. N. Allen)과 내가 자유롭게 인용한 『코리아 리뷰』(*Korea Review*)의 편집장인 헐버트(Homer B. Hulbert) 교수, 그리고 한국 발신 기사를 풍부하게 제공하고 있는 『재팬 메일』(*The Japan Mail*)의 편집장에게 많은 신세를 졌다. 특히, 나는 마지막에 붙은 지도에 관해서도 사례를 하고자 한다.

나는 또한 나의 독자들, 특히 한국에 오랫동안 거주함으로써 나를 충분히 비판해 줄 수 있는 분들로서 자신의 의견을 서슴지 않고 말해 준 독자에게 특히 용서를 비는 바이다. 태평양과 대서양을 넘어서 그와 같은 자랑스러운 징표들이 내게 전달되고 있다. 나는 이 책을 펴낸 출판사는 물론 그들 모두에게 이 제8판이 출간되었다고 하는 기쁜 소식을 전하고자 한다.

W. E. 그리피스
뉴욕주 이타카(Ithaca)에서
1906년 12월 12일

원저자 초판 서문

1871년, 일본의 에치젠(越前)[1] 지방의 후쿠이(福井)에 살고 있을 때, 나는 일본 해협에 연해 있는 쓰루가(敦賀)와 미쿠리(三國)에서 며칠을 지낸 적이 있다. 고대 영국의 "색슨 해안"과 마찬가지로 에치젠 해안은 옛날에는 건너편 대륙에서 오는 해적과 이주민과 모험가들의 상륙지였다. 이곳 가까이에 있는 절에는 임나(任那)의 한국 태자와 징쿠황후(神功皇后),[2] 오진(應神),[3] 다케우치 쯔쿠네(武內宿禰)[4]에게 바치는 사당이 마련되어 있다. 일본의 전설에 의하면, 이 이름들은 "서방의 보배로운 땅"이라는 말과 관계가 있다. 만(灣)을 건너면 음조가 아름다운 종이 하나 걸려 있는데 이것은 서기 647년에 한국에서 만들어진 것으로 화학적으로 분석해 보지는 않았지만 전설에 따르면 그 종에는 다량의 금이 함유되어 있다고 한다. 여기서 멀지 않은 구릉 사이에는 아오타니(青谷)라고 하는 작은 마을이 아늑히 자리잡고 있다. 이곳은 수세기 전에 이웃 반도로부터 온 제지공들이 정착한 곳으로서 천년 전에는 그곳의 공물꾼들이 방문한 적이 있다고 하는데, 지금도 이곳은 양국 간의 외교 문서를 기록하는 보드라운 종이를 만드는 곳으로 유명하다.

에치젠에 살고 있는 초기의 부족들은 자신들이 조선인의 후손임을 자랑스럽게 여기고 있었다. 에타(穢多)[5]나 사회적으로 천대받고 있는 사람들이

---

1) 에치젠(越前) : 일본의 고지명(古地名). 현재 후쿠이(福井縣)의 동북부 지방.

2) 징쿠(神功) 황후 : 일본 14대 천황 주아이(仲哀)의 황후로서 남편이 죽은 후 69년 동안(서기 201~269) 섭정을 했음. 일본측 사서(史書)에서 말하는 소위 삼한(三韓) 정벌(征伐)의 장본인. 오늘날 그가 삼한을 정벌했다는 것은 역사적으로는 무근(無根)한 것으로 평가되고 있다.

3) 오진(應神: 서기 270~310 在位) : 일본 15대 천황으로서 징쿠황후의 아들.

4) 다케우치 쯔쿠네(武內宿禰, ?~267) : 일본의 8대 천황 코겐(孝元)의 후손으로서 징쿠왕후(神功王后)의 소위 삼한(三韓) 정벌(征伐)을 모의했다는 인물.

5) 에타(穢多) : 일본의 명치시대 이전까지 네 계급 중 최하의 천민(賤民)으로 부당한 대우를

살고 있는 마을에서 나는 지난날의 전쟁에서 잡혀 온 한국인 포로들을 알아볼 수가 있었다. 어느 곳을 가 보아도 그곳의 전설은 아시아 대륙을 향한 바다 건너 서방에로 뿌리를 향하고 있었으며, 모든 지역의 주민들은 "바다 건너의 혈족"임을 웅변적으로 말해 주고 있었다. 조수(鳥獸), 과일과 사냥매, 수목, 농기구, 도공(陶工)의 녹로(轆轤), 예술품 그리고 신앙의 교의와 제도는 어느 모로 보나 한국과 관련을 맺고 있었다.

전설적으로는 오랜 것이지만 이제는 서구의 과학과 언어의 학풍 앞에 굴복한 봉건 시대의 이끼 낀 고성을 지날 때마다 나는, 일본은 한때 은자의 나라였으나 문호를 개방하여 세계의 상역지가 된 차제에 왜 한국은 저렇게 비경에 싸인 신비의 나라가 되었는가 하고 종종 생각해 보았다. 한국은 어느 때 눈을 뜨게 될 것인가? 금강석을 자르는 것은 금강석이라고 하는데, 왜 일본은 한국의 문호를 개방하지 못하는 것일까?

일본의 역사와 풍습을 공부하는 데에서 즐거움과 매력을 느끼던 나는 일본이 실은 그 이웃 나라의 후광을 입고 있다는 사실을 누차 발견했다. 고국에 돌아오자 나는 은자의 나라들의 마지막 역사에 관한 자료의 수집을 계속했다. 중국이나 일본에 관한 연구의 대가들도 일찍이 시도한 적이 없지만 나는 소위 록크(J. Locke)가 말한 "겉돌기 식의 입장"에서 출발하여 독창성이나 깊은 탐구도 없이 일반 독자들을 위하여 그 일에 착수했다. 독자들에게는 한국이란, 어느 미국인 부인이 말한 바와 마찬가지로, 하나의 "바다 조개에 지나지 않는 것을 의미하는 것이다." 한국과 관련하여 나에게 이렇게 묻는 사람들이 많이 있다.

"한국에는 무엇이 있습니까?"

"한국은 세계사에서 어떤 의미가 있습니까?"

받던 계층을 의미함.

내가 이 책을 쓰는 것은 그네들이 자칭하는 소위 "고요한 아침의 나라"의 역사를 기원전부터 오늘에 이르기까지 개술해 보고자 하는 것이다. 비록 나는 지도와 도표, 동전과 도자기, 언어와 예술, 목격자의 기록과 증언, 연필로 그린 스케치, 그림, 사진, 일본과 중국의 정사, 항해사·외교관·선교사·난파 선원의 증언, 그리고 비판적인 학자들의 요약된 지식 등, 한국의 국내외에서 얻은 자료로부터 정보를 얻은 것이다. 그러나 "진실한 이야기는 평범하게 말해지지만 가장 빨리 전달된다"는 말과 같이 나는 이 책을 기술함에 있어서 사실을 윤색할 의사는 조금도 없다. 나는 한국의 역사적 개관과 한국민의 정치적·사회적 생활을 살펴보고자 했을 뿐이다. 다만 지면이 부족한 관계로 제3부 "근대 및 현대사"의 원고가 대부분 요약되었으며, 흥미 있는 많은 주제들이 거론되지 않았다.

이 책의 대부분은 1877년부터 1880년 사이에 씌어졌으며 그 뒤 주제의 기술은 프랑스 선교사들이 쓴 한국어 문법과 사전 외에도 로스(John Ross)가 쓴 『한국』(*Corea*)과 『한국 입문』(*Corea Primer*)에 의하여 보완되었다. 이들 음운서의 도움으로써 나는 한국어를 이해할 수 있었고 더 나아가서는 의문 나는 점을 밝히는 데 필요한 자료를 얻을 수가 있었다. 나는 특히 한국인의 민속과 사회 생활, 그리고 기독교에 관해서는 달레(Charles Dallet)의 『한국교회사』(*Histoire de L'Eglise de Corée*)에서 많은 것을 인용했다. 서문(序文) 다음에 수록되어 있는 "참고문헌"은 내가 다소간 빚을 진 저술들의 목록이다.

많은 친구들이 편지와 충고와 번역을 통해서 나를 도와주었는데, 그중에서도 나는 우선 나의 옛 제자인 하세가와(長谷川), 히라이(平井), 하라구치(原口), 마쓰이(松井), 이마다테(今館) 그리고 최근 사귄 일본인 친구인 오기미(荻美)와 키무라(木村)에 대해서도 감사하지 않을 수 없다. 그러나 아! 슬프다. 야예(K. Yaye)와 에끼(江木)는 이미 이 세상에서는 나의 감사의 말을 들을 수 없게 되었다. 그들의 관심은 논란의 여지가 있던 몇 가지 사실들에 대한 논의에서뿐만 아니라 교토(京都)와 도쿄(東京)의 서점을 돌아다니며 가치 있는 기초 자료들을 얻게 해준 데에서 잘 나타나고 있다. 나는 또한 1878년 일본 사절 단원들이 서울에서 촬영한 4장의 철판 사진을 빌려 준 워싱턴 주재 일본공사관(日本公使館) 서기관 랜맨(Charles Lanman) 씨와 러시아영 만주에 있는 한국인 부락에 관한 4장의 사진을 빌려 준 미국 금성조사국(金星調査局)의 클라크 씨, 1876년에 촬영된 강화(江華)와 그 일대의 사진 한 묶음을 빌려 준 도쿄의 이데우라(R. Ideura) 씨, 그리고 일본 박물관에 소장되어 있는 한국 예술품의 스케치를 도와 준 오자와 난고쿠(小澤南國) 씨에게 감사하는 바이다. 1871년 한국에 있는 동안 직접 작성한 해도와 지도, 그리고 한강(漢江) 포대에서 노획하여 지금은 아나폴리스(Annapolis)에 보관되어 있는 군기와 전리품의 사진을 빌려 준 미해군의 와담스 중위(Lieut. Wadhams), 그리고 미해군의 군의 메이오(H. O. Mayo) 씨와 그 밖의 장교들에게도 여러 가지 값진 자료를 제공해 준 데에 대하여 여기에서 마음으로부터 감사를 보낸다. 내가 역사서를 쓰려고 함에 있어 서 다소의 의견 차이를 보이긴 했었지만 로저스 제독(Adm. John Rodgers)과 블레이크 함장(Com. H. C. Blake), 그리고 로우(F. F. Low) 공사(公使)가 아직 살아 있어서 나의 감사를 받았더라면 얼마나 좋았을까? 한국 연안의 해도를 빌려준 일본수로측량국(日本水路測量局)의 야나기(柳, N. Y. Yanagi) 중위 한국인의 사진을 빌려 준 밀워키의 메트칼프(Metcalfe) 씨, 1871년에 미국해군 대대에 의하여 노획된 군기의 천연색 복사를 만들어 준 뉴욕의 마셜(Marshall) 양, 그리고 성페테르부르크의 애킨슨(Hoffman Atkinson) 씨, 북경(北京)의 모리 아리노리(森有禮) 씨, 도쿄의 맥카르티(D. B. McCartee) 박사, 머레이(David Murray) 각하, 애머르만(J. L. Amerman) 목사 등 나에게 글을 보내 준 분들의 호의와 그 밖에 일일이 이름을 들 수 없는 많은 분들에게도 감사한다. 미국 지리학회 부회장인 맥컬럼(George W. McCullum)과 그곳 사서인 린도우(Leopold Lindau) 씨는 물론, 집필 기간 동안에 원고

정리, 교정, 충고, 비판 등을 통하여 나를 도와 준 나의 동역자(同役者)인 사랑하는 아내에게도 따뜻한 감사를 보낸다.

편집자가 이와 같은 주제를 제시한 것은 개인적 경험에서 얻은 매혹적인 요소들을 드러낸 것이라고는 하지만 어느 한 면에서는 자신이 여행한 한 국가를 기술하는 그 필자에게는 하나의 잇점을 제공해 주는 것이다. 필자는 여러 번에 걸쳐 여러 장소에서 자신에게 제시된 수많은 사실들의 잡다한 보고서를 가지고서 전체적인 주제를 보게 되며 이것저것을 수집하는 동안 세밀한 여러 가지 인상들을 하나로 압축하게 된다. 여행자들은 그가 여행했던 당시의 그 국가만을 보기가 일쑤이다. 편집자가 만약 부분적이라도 자신의 전적(典籍)을 다룰 수 있고 또 문헌 감정에 있어서 초심자의 경지를 다소 넘어설 수만 있다면 그는 일반 독자들에게 좀 더 가치 있는 편람(便覽)을 제공할 수도 있을 것이다.

나는 내가 입수한 전적들을 이용함에 있어서 다소 맛을 보고, 다른 것들도 씹어 보고, 그리고 약간을 삼키라는 베이콘(F. Bacon)의 충고를 따랐다. 고대사에 있어서는 원전을 섭렵했으며, 근대 생활에 관한 서술을 위해서는 오직 사려 깊은 목격자들의 기록만을 사실로 인정했다. 한국의 사회 생활에 관한 서구인들의 의견이나 판단은 양념을 치는 정도 이상은 채택하지 않았다.

사회 생활, 풍속, 사고 및 역사에 있어서 한국과 일본은 서로를 반영하는 경우가 자주 있다. 한국으로부터 보고된 많은 사실들은 실제 목격한 사람들까지도 잘 납득하지 못하고 있으나, 그것들은 일본의 생활과 역사에서는 매우 친근하게 느껴지고 있다. 중국과 한국과 일본은 같은 문명의 고리로 엮어져 있다. 이집트와 그리스 사이에 끼어 있는 싸이프러스(Cyprus)와 마찬가지로 한국은 언어, 예술, 과학, 문명의 발전, 그리고 생활 습속의 파급을 비교 · 고찰하는 학도들에게는 아직도 많은 오류를 제공하게 될 것이다.

장차 필자보다 더 유능하고 또 지면도 넉넉하게 쓸 수 있는 학자가 나타나서 한국이 세계의 상업에 그 문호를 개방할 경우 그것이 과연 어느 정도까지 국내적인 힘을 배출하게 될 것인가에 관한 문제점을 논의할 수도 있다. 그 학자는 원전 조사를 통해서 2천년 또는 3천년에 걸친 한국의 값진 역사를 위해서 자료를 마련할 수도 있을 것이고, 지질학자나 광산가(鑛山家)는 한국의 광물자원이 세계의 금융 균형에 과연 얼마나 영향을 끼칠 수 있을까 하는 의문에 대하여 해답을 내릴 수도 있을 것이다. 선교사들은 한국인에 대한 기독교의 총력을 시험해 보아야 한다. 한국인의 우상 숭배 앞에서 기독교는, 그것이 가톨릭이든 희랍 정교이든 개신교이든 환영을 받아야 한다. 또한 언어학자나, 과학자나, 경제학자에게 미국의 외교에 의하여 문호가 개방된 이 신생 국가는 깊은 관심거리를 제시하고 있다.

W. E. 그리피스

뉴욕주 쉐넥타디(Schenectady)에서

1882년 10월 2일

차 례

원저자 참고문헌

다음은 한국에 관한 자료를 포함하고 있는 전적(典籍)들이다. 필자가 특별히 도움을 받은 일차 사료는 (*)로 표시되어 있으며, 다소 참고가 된 자료는 (**)로 표시되어 있으며, 직접 인용하지는 않은 자료는 (+)로 표시되어 있다. 부록의 "한국어"와 "해도작성법" 참조.

* 東夷傳 115卷: 이는 오늘날 만주와 한국으로 알려진 지역과 중국의 북동부의 해안 지방을 점령한 적이 있는 종족과 민족들을 다루고 있다. 5세기경의 중국의 사학자가 쓴 後漢書(25~220 A.D.)에서 뽑은 이 책은 윌리(Alexander Wylie)에 의하여 번역·출판되었다.(*Revenu de I'Extreme Orient*, No, 1, 1882). 뒤 알드(Du Halde)와 드 말리아(De Malia)의 프랑스어판과 로스(John Ross)의 영문판도 중국인 필자의 저작 내용을 담고 있으며 4세기 이전 한국사에 나타나고 있는 일본 관계 기사의 근거를 제공하고 있다.

\+ A. Wylie, *The Subjugation of Chaou-seen*(Atti del IV. Cong. int. degli Orient, ii, 1881, pp. 390~15): 이 단편적인 저술은 『前漢書』 제95권을 번역한 것이다.

* P. du Halde(par.), *Empire de la Chine et la Tartari Chinoise.*

* 『古事記』와 『日本書紀』: 8세기에 일본어로 쓰인 것으로서 한국 고대사를 크게 다루고 있다.

* 『倭漢三才圖解』: 『日本百科事典』에 수록된 한국 관계 기사.

\+ 『東國通鑑』: 한문으로 쓰인 한국사.

* 周鳳, 『善隣國寶記』, 日本, 1586.

* John Ross, *Corea: Its History, Manners and Customs*, 1 Vol., Illus. &

Maps, Paisley, 1880, pp. 404.

* W, Fred. Mayers, *The Chinese Reader's Mannual*, 1 Vol., Shanghae, 1874, pp. 440: 중국의 역사, 전기연대기(傳記年代記)를 기술한 매우 값진 초록으로서 중국 문학을 공부하는 학도들에게 매우 흥미 있는 자료임.

* 大槻東洋, 『皇朝歷代沿革圖解』.

* 林子平, 『三國通覽圖說: 朝鮮, 琉球, 蝦夷』, 1785: 이 책은 지도와 함께 클라프로드(J. Klaproth)에 의하여 번역, 출판되었다.(Paris, 1832, 1 Vol. 8 vo, pp. 288). 이 중 15면은 한국 관계이다. 지볼트 문서(*Siebold's Archiv*)에도 초역되어 있음.

** Franz von Siebold, *Archiv zur Bescribung von Japan*: 이 방대한 저작은 한국 관계편과 도판에 많은 자료를 담고 있으며, 몇몇 일본 서적들이 *Nachrichten uber Korai, Japan's Bezuge mit der Koraischen Halbinsel und mit Schina* 편에 수록되어 있다.

** P. Kemperman, *Corea und dessen Einfluss auf die Bevokerung Japans, Zeit fur Ethnologie*, Zeitungbericht VIII, 1876, p.78.

** 『皇代一覽』: 일본 천황의 연대기를 수록하고 있는 이 책은 일본 역사상 중요한 사실을 조감할 수 있도록 달력 형식으로 쓰인 것으로서 화란어를 아는 일본인이 번역한 것을 Titsingh가 베낀 것이다. Klaproth는 Titsingh의 저술을 수정 · 보완하여 1834년에 그 자신의 저술을 출판했다(Paris and London, 8 Vols, pp. 460). 이 책은 고대 역사를 옮겨 쓴 것으로서 한국과 양국 관계에 관하여 많은 참고가 되고 있다.

** J. Klaproth(par.), Avec un Atlas in folio, Paris, 1826: 아시아의 정치 · 지리에 관한 이 편람은 매우 유용한 것이기는 하나 그리 정확하지는 못하다.

+ 『學海類編』: 이 한적(漢籍)의 한 장은 한국을 다루고 있다.

+ Ishikawa Rokuroku Sanjin, 『朝鮮筆交信』, 江戸: 일본어를 모르는 어느 한국인과의 대담(對談)을 필사(筆寫) 한 것.

* Basil Hall Chamberlain, *The Classical Poetry of the Japanese*, London,

1880.

** *An Outline History of Japanese Education*, New York, 1876: 필라델피아주 설립 100년제를 위하여 만들어진 이 논문은 일본에 대한 한국의 교육적 시혜(施惠)를 다루고 있다. 여기에 수록된 기록은 다른 자료들과 함께 Klaproth의 기록에서 인용한 것으로서 Charles Pickering(M.D.)의 *Pickering's Chronological History of Plants*(Boston, 1879)에 유용하게 인용되고 있다.

* William Bramsen, *Japanese Chronological Tables*, Tokio, 1880: 일본의 연대기에 관한 매우 귀중한 이 저술은 한국의 경우와 마찬가지로, 중국의 방법에 의존하고 있다. 우리는 한자로 표기된 일자를 현대력(現代曆)으로 옮기는 데에 이미 고인이 된 필자의 이 저술을 이용했다. 그는 이 책을 출판한 지 몇 달 만에 작고했다.

** Henry Howorth, *History of Mongols*, 3 Vols, London, 1876, pp. 1827: 이 방대한 저술은 징기스칸(成吉思汗)이 이끌던 몽고 민족에 관한 연구로 가득 차 있다. 이 책은 몽고 민족이 정복했던 아시아, 몽고 및 만주에 관한 우수한 지도를 수록하고 있다.

+『朝鮮記事』: 1450년 명의 황제가 보낸 중국 사신은 이 작은 책자에서 자기의 여행을 기록하고 있는데, 그 당시 한국과 중국의 정치적 · 지리적 상황을 밝혀 주고 있다. M. Scherzer가 이를 인용했지만 번역하지는 않았다.

* 山陽,『日本外史』, 22冊, 1827: 이 책은 일본의 정사(正史)이다. 시대적으로는 평가(平家)와 원가(原家)에서부터 17세기 덕천막부(德川幕府)까지 다루고 있는 이 책은 그의 앞부분이 새토우(Ernest Sataw) 씨에 의하여 영문으로 번역되어 출판되었으며(*The Japan Mail*, Yokohama, 1872~74), 그 뒷부분에는 임진왜란이 개술되어 있다.

*『朝鮮征討始末記』5冊: 임진왜란 당시의 사신 왕래, 담판 그리고 왕복 문서가 수록되어 있는 이 책은 야마자키(山崎 Masanaki)와 미우라(三浦 Katsuyoshi)가 그린 지도와 함께 전황과 지리가 개술되어 있다.

*『鶴峯彦一郎』, *Illustrated History of the Invasion of Cho-sen*, Illustraions

by Hashimoto Giokuron, 20편, 江戶, 1853: 이 대중적인 저술은 한국사를 고대부터 다루고 있는 이외에도 지역적인 전설과 중국측의 기록을 압축하여 임진왜란의 작전과 외교를 소상하게 다루고 있으며 일급 목각으로 된 많은 도판을 수록하고 있는데 아직 외국어로 번역되지 않았다.

* 河內秀元, 『朝鮮物語』, 1672 및 1849: 이 책은 임진왜란(1594~97) 동안 한국에 있어서의 일본의 군사 작전을 일기체로 기술된 것이다. 목격자들의 기록은 사건 당시의 필자에 의하여 쓰인 것으로서 그 후 그의 아들이 복사하여 그의 사당에 보관해 두었던 것이다. 정유재란의 생생한 기록은 A. Pfizmaier 박사에 의하여 독일어로 번역되어 Der Feldzug der Japaner gegen Corea, im Jahre, 1597, (2 Vols, Vienna, 1875: 4 to, pp. 98: 1876: 4 to, pp. 58) 라는 제목으로 출판되었다.

** 『懲毖錄』, 3冊: 임진왜란 당시 왕복 사신, 공문 및 작전에 관한 역사서인 이 책은 전쟁중에 왕의 사신 중의 한 사람이었던 한국인에 의하여 한문으로 쓰인 것인데, 지도와 함께 1585~98년 사이의 역사적 사실을 한국측 입장에서 기록하고 있다.

* *Three Several Testimonies Concerning the Mighty Kingdom of Coray, tributary to the Kingdom of China, and Bordering upon her North-eastern Frontiers, and Callected by the Portugales, Coria, etc., Collected out of Portugale yeerely Japonian Epistes*, dated 1590, 1592, 1594, In Hakuyt, London, 1600.

* W. G. Aston, *Hideyoshi's Invasion of Korea*, trans. Asiatic Society of Japan: 이 책에서 애스톤(Aston) 씨는 일본과 한국의 학자들이 밝혀 낸 임진왜란 연구의 업적들을 소개하고 있다.

** *Lettre Annuelle de Mars 1593*, ecrite par le P. Pierre Gomez au P. Claude Acquavira, general de la Compagnie de Jesus, Milan, 1597, p.112 et suiv. In Hakluyt.

* Leon Pages(par.), *Histoire de la Religion Chretienne au Japan*, 2 Vols,

text and documents, 1869.

** Le R. P. Pierre Joseph D'Orliens(par.), *Histoire des deux Conquerans Tartares, qui ont subjuge la Chine.*

* 『朝鮮物語』, 에치젠(越前)의 미쿠리(三國港)를 출발하여 1645년 타타르의 연안에 표착한 두 사람에 의하여 쓰인 이 책은 지볼트 문서에 초록되어 있다.

* Hendrik Hamel, *Narrative of an Unlucky Voyage and Imprisonment in Corea*, 1653~67, In Astley's and Pinkerton's Voyages.

* 中國全圖, 요동성(遼東城)과 중부지방(中部地方)을 포함하여 중국과 가 속방을 수록하고 있다.

* Charles Dallet (par.). Histoire de L'Eglise de Corée, 2 Vols. 8 vo, Paris, 1874, pp. 982: 이 탁월한 저작은 192면에 달하는 서설부분에서 한국의 정치, 사회 생활, 지리, 언어, 1784년부터 1866년에 이르기까지의 천주교의 전래와 파급에 관한 역사적 기술, 그리고 프랑스 신부들의 활동에 관한 소상한 자료를 수록하고 있으며, 1장의 지도와 4장의 한글에 관한 도판을 수록하고 있다.

* M.H. Zuber, "Une Expedition en Coree," in *La Tour du Monde*(1873): 이 책의 pp. 401~17에 이르는 16면에는 도판과 함께 한국에 관한 글이 실려 있는데, 필자는 프랑스 해군 장교로서 로즈(Adm. P. G. Roze) 제독 하에서 1866년에 한국을 방문한 적이 있다. 이 책은 목격자에 의하여 기술된 우수한 저술이다.

* Koei Ling, Diary of Chinese Envoy to Corea(Journal d'une Mission en Corée) : 필자는 1866년에 청나라 황제의 사절로 한국을 방문한 사람으로서, 이 책은 북경 주재 프랑스 공사관의 번역관인 F.Scherzer에 의하여 프랑스어로 번역 · 출판되었다.(8 vol, Paris, 1882, p. 77) 서울에 주차했던 마지막 청국 공사의 이 기록은 훌륭한 저작으로서, 주해(註解)와 더불어 필자가 북경(北京)을 출발하여 칠리(Chili), 요동(遼東), 심양(瀋陽)을 거쳐 한국의 삼도(三道)를 지나 서울에 이르기까지의 여정을 천연색 지도로 표시했다.

+ 1866년에 일어난 프랑스 함대의 한국 원정에 참여한 프랑스 장교들의 비망록이나 기록들은 Lyons, Cherbourg 등지에 비치되어 열람되고 있다.

+ "Expedition de Coree," *Revue Maritime et Coloniale*, Feb. 1867. pp. 474~81.

+ *Paris Moniteur*, 1866~1867.

** "Lettre sur la Coree et son Eglise Chretienne," in *Bulletin de la Societe Geographique de Lyon*, 1876, pp. 278~82, and June 1870, pp. 417~22, and Map.

** Canon Shortland, *The Corean Martyrs*, I Vol., London, pp. 115: 이 책은 프랑스 신부들의 서한을 편집한 것임.

** *Nouvelle Geographie Universelle*, Paris: 지리학의 획기적인 노작(勞作)인 이 책은, 아직 완간되지는 않았지만, 한국에 관한 우리들의 지식을 총망라하고 있으며, 특히 프랑스의 항해사, 학자 및 선교사들이 한국 탐험에서 이룩한 탁월한 업적을 잘 나타내고 있다.

** William R. Broughton, *Voyage of Discovery to the North Pacific Ocean and Round the World*, 2 Vols, 4 to, with Atlas, London, 1804.

** Jean Francois de Gallou de La Perouse, *Voyage Round the World*, London, 1799.

** Basil Hall, *Voyage to the Eastern Seas in the Year 1818*, New York & London, and Revised by Capt. Hall, Jamaica, N. Y., 1827.

* John McLeod, *Narrative of a Voyage in His Majesty's Late Ship Alceste, to the Yellow Sea, Along the Coast of Corea and through its Nurmerous Hitherto Undiscovered Islands*, etc., I Vol., London, 1877, pp. 288 (see pp. 38~53): 필자는 Alceste호의 의사였으며, 기록이 매우 재치 있고 생동감이 있다.

* Charles Gutzlaff, *Voyages Along the Coast of China(Corea)*, etc., I Vol., New York, 1833, pp. 332 (From July 17 to August 17, 1832; pp.

254~87).

* Captain Sir E. *Belcher, Narrative of the Voyage of H.M.S. Samarang* : 2 Vols, 8 vo, London, 1848, pp. 574~8: 제1권의 pp. 324~58, 제2권의 pp. 444~66이 한국 관계 기록임.
* Gideon Nye, Esq., "American Commerce with China," in *The Far East*, Shanghae, 1878: 이 책은 특히 1800년 이전의 미 · 중 교역사임.
* *Diplomatic Correspondence of the United States, China and Japan, 1866~81.*
* *Report of the Secretary of the Navy to Congress*, 1872, pp. 275~313.
* 1871년에 한국에 있었던 미국 해군 장교들의 사적 기록, 해도 및 지도.

** T. G., "A Summer Dream of'71: A Story of Corea," in *The Far East*, Shanghae, April 1878.

* Walton Grinnell, "Journey through Eastern Mantchooria and Korea," in *Journal of American Geographical Society*, 1870~71 pp. 283~300.
* E. H. House, *Japan and Corea*, The Tokio Times, 1877 : 6장에 걸친 매우 가치 있는 논문임.
* J. Muirs, *On a Collection of Crustacea made in the Corean and Japaness Sea*, London, Zoological Society's Proceedings, 1879 (pp. 18~81, pls. 1~113) : Reviewed by J. S. Kingsley, Norwich, N.Y.: Kingsley 는 미국의 자연과학자임.

** Frank Cowan, M.D., "A Private Trip in Corea," in *The Japan Mail*, 1880.

+ Charles Lanman, *The Leading Man of Japan*, Boston, 1882: 이 중의 1장이 한국에 관한 것임.

* Kawamura Kuanshiu, Manuscript Volume of Pencil Notes: 필자는 1875년 강화도 포대 점령 당시 운요호(雲揚號)를 탔던 일본 해군 장교이며, 이 책의 일부는 *The Japan Mail*에 수록되어 있음.

* 한국을 방문한 적이 있는 일본군 장교와 외교관들의 기록, 그리고 일본 신문에 발표된 서울, 부산, 원산발 기사: 이들의 일부는 요코하마(橫濱)에서 영문으로 번역, 출간되었다.

* 중국과 일본에서 발행된 영지, 불지에 수록된 특파원 기사, 해설, 사설 등.

** *Maru-maru Shimbum*(Japaness Punch)

* *Cho-sen: its Eight Administrative Divisions*, 1 Vol., Tokio, Japan, 1882.

* 『朝鮮地相』: 조선의 역사와 산물에 관한 단편의 모음, 2冊, 東京, 1875.

* 佐藤 博士, 『朝鮮聞見錄』, 2冊, 東京, 1875.

* Arthur Adams, *Travels of a Naturalist in Japan(Corea) and Manchuria*, 1 Vol., London, 1870, pp. 334, See Chapts. X., XI., pp. 125~66.

* *Ueber die Reise der Kais, Corvette Hertha, in besondere nach Corea, Kramer, Marine Prediger. Zeit. fur Ethnologie*, 1873, Verhandlungen, pp. 49~54.

** Ernest Oppert, *A Forbidden Land*, 1 Vol., Illustrations, Charts, etc., New York, 1880, pp. 349.

** Rev. A. Williamson, *Journeys in North China*, 2 Vols., 16mo, London, 1870: 이 책에는 한국에 관한 1장이 있는 외에도 한국의 북부와 동부에 관한 훌륭한 지도가 수록되어 있다.

** S. Wells Williams, The Middle Kingdom.

** Consular Reports in the Blue Books of the British Government: 특히 뉴창(紐昌) 영사인 맥퍼슨(McPherson) 씨의 기록(Jan.1866).

* Satow & Hawes, *Handbook for Central and Northern Japan*, with maps and plans, 1 Vol., 16mo, pp. 489: 이 책은 안내로서는 아무 쓸모가 없지만 한국의 예술과 역사에 관해서는 몇 가지 참고 자료가 수록되어 있음.

** Captain H. C. St. John, The Wild Coasts of Nipon: 필자는 Sylvia호를 타고 한국의 남해안의 일부를 답사한 적이 있음. 제12장(pp. 235~55) 참조. 한국 지도 1장이 수록되어 있음.

** Pftizmaier, *Darlegun und der Geschichte und Geographie Coreas*, 8 Vols, Vienna, 1874, pp. 56.

+ *Pettermann's Mitteilungen*, No.1, Carte No.19, 1871.

** Von Kloden, *Das Konigreich Korea*, Aus Allen Welth., X., Nos. 5 u.6.

+ S. Mossman, "Corea," *Geographical Magazine*, vi. 1877, p.148.

+ Captain Allen Young, *Corea*, Royal Geographical Society, Vol. ix., No. 6, pp. 296~300.

** Charles Eden, *China*, with an Appendix on Corea, 1 Vol., London, pp. 281~322: 대중적인 저작임.

** *Korea and the Lost Tribes*, and Map and Chart of Korea, Text and Illustrations: 이 책의 이름만으로도 내용 설명은 충분하다. 심지어는 한국에 관한 참고문헌까지도 익살스러운 면이 있다.

** 榎本武楊 提督, 『千島別島와 러시아의 침입』: 1882년 2월 24일에 동경의 연합지리학회에서 일본어로 발표된 강좌인 이 저술은 *The Japan Mail*과 *The Japan Herald*를 위하여 영역된 바 있는 가치 있는 사학 논문으로서 북태평양과 북한의 두만강 연안에서 벌어지고 있는 러시아의 작전에 관하여 많은 자료를 제공하고 있다.

+ *Bulletin de la Societe Geographique*, 1875 : 노영에 살고 있는 한국인 부락에 기술되어 있음.

** Ravensteins, *The Russians on the Amoor*, London, 1861.

+ Blatter(Deutsche Geogr.) *Die Insel Quelpart*, 1879, iii, No. 1, S. 45~6.

+ "A Trip to Quelpart," *Nautical Magazine*, 1870, No.4, pp. 321~5.

** *The Edinburgh Review of 1872*, and *Fortnightly Review of 1875* : 이 책에도 한국 관계 논문이 수록되어 있음.

* *The Missionary Record of the United Presbyterian Church of Scotland*, Edinburgh: 이 책에는 중국과 한국에서 일한 선교사들의 통신과 주해가 수록되어 있는데 이들은 신약성서를 한국어로 번역한 바가 있음.

+ M. Paul Tournafond(par.), *La Coree* : 필자는 파리에서 발행되는 지리학 잡지인 *L'Exploration*의 편집자인데, 이 책에는 한국에 관한 글이 자주 보인다.

+ Maurice Jametel(par.), *La Coree, ses Rossources, son avenir Commercial*, L'Economiste Francois, Juillet 23, 1881.

* 요코하마에서 발행되는 *The Japan Herald, The Japan Mail, The Japan Gazette, L'Echo du Japan*, 그리고 상해(上海)의 *North China Herald* 에도 한국의 현대사에 관한 많은 자료들이 수록되고 있음.

"Corea, The Last of the Hermit Nations," in *Sunday Magazine*, New York, May 1878.

"Corea and the United States," *Independent*, New York, Nov. 17, 1881.

"Corea, the Hermit Nation," *Bulletin of the American Geographical Society*, New York, 1881. No. 3.

Chautanqua Text-Book, No.34, *Asiatic History: China, Corea, Japan, 16mo*, New York, 1881, pp. 86.

Library of Universal Knowledge, *Articles Corea, Fusan, Gensan, Kang-wa*, etc., New York, 1880.

"Corea," *Cyclopaedia of Political Science*, etc., Chicago, 1881.

William E. Griffis, "The Corean Origin of Japanese Art," in *Century Magazine*, Dec. 1882.

표기와 발음

한국의 이름을 영어로 표기함에 있어서, 필자는 사정이 허락하는 한 정확하고도 간편하게 옮기려고 노력했다. 한국인들은 그들의 이름을 짓는 데 있어서 획일적인 동일 인명이 없으며 프랑스 선교사들도 그들의 번역에 있어서 일정하지가 않다. 이 책에 있어서의 우리의 목적은 가능한 한 적은 수의 글자를 사용하려는 것이다.

일본의 문자는 모두가 유럽식의 방법에 따라서 발음되는데 father의 아(a), prey의 에(e), men의 에(e), machine의 이(i), bone의 오(o), tune의 유(u), sun의 어(u), aisle의 아이(ai), quarantine의 우아(ua), feign의 에이(ei), yu의 유(ju) 등이 있다. g는 항상 경음(硬音)이며 모음(母音) 앞의 c, g 연음(連音), l, q, 그리고 z, x로 발음되는 s, ph, th 등의 합성 발음은 사용되지 않는다. 차라리 2중모음인 O나 Oho에 가까운 장모음은 O로 표기된다. 가장 흔히 쓰이는 중국 이름의 표기는 영어에서 항용 쓰는 그대로 두었다.

한국어는 일본어와 일반적으로 같은 원칙에 따라서 표기되어 있다. 따라서 한국어가 귀에 익은 사람에게는 모호함이 발견되겠지만 O와 단음 사이의 중간음은 장연(Chang-yun), 인천(In-chiun), 경상(Kiung-sang) 등에서와 같이 두 글자를 함께 사용했다. ch는 때때로 j로 발음될 수도 있으며 강원(Kang-wen), 원주(Wen-chiu) 등에서 볼 수 있는 바와 같이 e는 o나 u로 발음하는 것이 더 정확한 경우도 있다. 황해, 강화를 Hoang-hai, Kang-hoa, Kang-ouen, Tai- ouen Kun 등으로 표기하기보다는 차라리 Whang-hai, Kang-wa 등으로 표기한 데에서 볼 수 있는 바와 같이 프랑스어의 ou나 ho는 W로 표기되어 있다. 광주, 원주를 Kwang-tsiu, Ouen-tsiu로 표기하기보다는 차라리 Kwang-chiu, Wen-chiu로 표기한 데에서 볼 수 있는 바와 같이 ts 대신에 ch를 사용했다.

제 1 부

고대 · 중세사

제 1 장 한반도

16세기에 이르기까지 유럽인들에게는 그 이름조차도 알려지지 않았지만, 코리아라고 하는 나라는 이미 중세기에 아라비아의 지리학자들에 의해 서술된 바가 있다. 한반도가 하나의 정치 집단으로 세계에 알려지기 이전에 삼국 중의 하나인 신라의 사신은 중국의 황제 앞에서 페르시아의 사신과 얼굴을 마주친 적이 있었다. 황해를 건너 중국의 항구에서 무역을 하던 아라비아의 상인들은 한반도를 방문하고 심지어는 그곳에 정착한 사람도 있었다. 전쟁과 평화의 기술을 배우기 위해 그들의 왕실이 중세 중국의 수도인 남경에 파견되었던 신라의 젊은이들은 바그다드나 다마스커스에서 온 상인들을 만나 얘기할 수 있는 기회가 자주 있음직했다. 한국어로는 회교도를 회회교라고 하는데 이는 세상을 "돌고 돈다."는 뜻이다. 한국의 예술이 페르시아로부터 영향을 받았다는 사실에는 의심의 여지가 없다.

『일본편년사』의 매우 흥미 있는 구절들을 살펴보면 일본이라는 나라가 예법에 얼마나 민감한가를 보여주는 반면에 한국이 사라센 문명과 접촉되어 있다는 사실을 알게 된다. 이와 같은 기록은 『일본황대일람』에서 찾아볼 수가 있다.

"덴포쇼호[1] 6년 정월(**서기 754년 2월**), 일본의 귀족 오하노 고마로[2]와 키비노 마비[3]는 후지와라노 세이가를 남겨 둔 채 중국으로부터 돌아왔다. 그들이 보고한 바에 의하면 신정(**1월 18일**)을 맞이하여 그들이 중국의 황제 당 현종을 알현할 때, 티베트의 사신들이 서쪽의 첫째 자리를 차지하고, 신라의 사신들이 동쪽의 첫째 자리를 차지하고 있었으며, 서쪽의 둘째 자리는 그들 일본 사신들이 앉도록 되어 있었고 동쪽의 둘째 자리는 대식국(**페르시아로서 당시에는 칼리프 제국의 일부였음**)의 사신들이 앉도록 되어 있었다. 이와 같은 좌석 배열에 기분이 상한 오하노는 오랫동안 일본에 조공을 바쳐 온 신라의 사신들을 자신들보다 상석에 앉히는 이유가 무엇인가를 물었다. 오하노의 이와 같은 강경한 불만에 공감한 중국의 관리들은 일본의 사신을 페르시아의 상석에 앉히고, 신라의 사신을 티베트의 상석에 앉혔다."

이와 같이 분란을 피하고 신라와 일본을 동등하게 대접해 줌으로써 문제는 해결되었다. 이러한 사실에 비추어 볼 때 극동과 서아시아 사이에는 긴밀한 접촉이 있었으며, 신라는 중국의 범위를 넘어서 세계에 알려져 있었다는 사실을 알 수가 있다. 그 당시 아라비아와 중국의 두 제국의 국경은 서로 맞닿아 있었다.

서구 저술에 한국이 최초로 언급된 것은 9세기의 아라비아의 지리학자인 코르다드베(Khordadbeh)의 『도로지방록』이라는 책에서이다. 리히트호펜(Richthofen)은 중국에 관한 그의 저술 575면 주에서 코르다드베의 기록을 다음과 같이 인용하고 있다.

---

1) 덴포쇼호(天平勝寶) : 일본 46대 천황 코켄여제(孝謙女帝, 서기 749~757) 연간의 연호.
2) 오하노 고마로(大伴古麻呂, ?~757) : 일본 나라의 무장으로서 견당 부사로 갔다가 당승 감진과 함께 귀국하여 일본의 문화에 기여했음.
3) 키비노 마비(吉備眞備, 693~775) : 당에 유학(24세)하여 그곳에서 20년간 수학한 다음 귀국하여 중국 문화를 일본에 보급한 인물.

"중국의 저쪽 건너편에는 알려지지 않은 나라가 있다. 그러나 높은 산들이 간도로부터 울창하게 솟아 있다. 이 산들은 "실라"로 뻗어 있는데, 이곳에는 금이 많다. 이 나라를 방문하는 회교도들은 살기가 편한 이곳에 정착하고 싶은 생각이 자주 든다고 한다. 그들은 인삼, 녹용, 노회, 장뇌, 못, 말안장, 자기, 공단, 지미트(계피 ?), 가랑가(새앙 ?)를 수출한다."

"실라"는 신라를 의미하는 것이며 간도는 산동의 갑지를 의미하는 것이라고 리히트호펜은 옳게 설명하고 있다. 아라비아 사람들이 말한 "실라"는 "신라"의 변음인데 이는 코르다드베가 살아 있을 당시 한국에 있던 주권 국가였다. 이 왕국의 이름은 일본어로는 "신라"로, 중국어로는 "신로"로 발음되는데, "신로"라는 음은 아라비아어에서는 쉽게 "실라"라고 변화된다. 한국을 영어로 코리아(Corea)라고 하는 것은 일본어의 "코라이"(중국어로는 카오리)에서 유래된 것으로서, 한반도에서 신라와 맞서 있던 그 당시의 한 국가의 이름을 의미하는 것이다. 이 이름은 또한 11~14세기[*sic*]에 존재했던 한 국가의 공식 국명이기도 하다. 황해를 최초로 항해한 바가 있는 포르투갈인들이 이 국명을 유럽에 전함으로써 이 국가를 코리아(Coria)라고 부르게 되었으며, 영어로는 Corea로 표기하게 되었다.

북경에 있던 제수이트교단은 이를 꼬레(Corée)라고 프랑스어로 표기했다. 그들은 자신의 언어적 특질에 따라 한국을 La Corée라고 불렀는데 이는 그들이 영국을 L'Angleterre로, 독일을 L'Allemande로, 그리고 미국을 L'Amerique로 부르는 것과 꼭 같은 것이다. 그 뒤로 한반도를 the Corea라고 부르는 기묘한 국명이 영문 필자들에게도 사용되었다. 그러나 이럴 경우 프랑스어로서는 훌륭하지만 영어로서는 썩 좋은 것은 아닌데, 한국을 the Corea로 부를 수 없는 것은 독일을 the Germany로, 영국을 the England로, 미국을 the America로 부를 수 없는 것과 마찬가지이다. 영어에서는 고유명사 앞에 정관사 the를 붙이지 않도록 되어 있는데, 고유명사 Corea 앞에 정관사를 붙이려고 고집하는 이 필자들은 단어의 의미에 무지한 동시에 영어의 문법을 고의적으로 어기는 것이다. 한국인들은 자기 나라를 조선이라 하여 "고요한 아침" 또는 "산뜻한 아침"을 의미한다. 항상 모음을 흔하게 사용하는 프랑스의 필자들은 이를 Tsiosen, Teo-cen 또는 Tchao-sen이라고 표기하고 있다. 중국인들은 한국을 동국(東國)이라 하고, 만주를 "솔호"(Sol-ho) 또는 "솔보"(Sol-bo)라고 표기하고 있다.

원거리의 도서를 포함하고 있는 한반도는 면적에 있어서는 미네소타주나 영국 본토와 거의 같다. 총면적은 8만~9만 평방 마일이며, 해안선의 총 길이는 1,740마일이다. 대체적인 모양과 아시아 대륙 상의 위치로 본다면 플로리다주를 닮았다. 한반도는 중원과 일본의 중간에 위치하고 있어서 동해와 서해를 갈라놓고 있으며, 북위 34°-43°에 위치하고 있다. 훌륭한 지도, 특히 일본 국방성에서 그린 우수한 지도를 놓고 서쪽에서 바라보면 한국의 지형은 목 없는 나비가 뒷날개는 중국을, 앞쪽은 일본을 향해 날개를 펴고 있는 모습을 닮았다.

전설이나 민족, 그리고 지리적 연구를 읽어 보노라면, 태고의 중국 갑(岬)과 산동 지방과 한반도는 연접해 있었으며 황해와 발해만의 바닷물로 가득한 지역은 메마른 육지였다는 것을 우리는 믿게 된다. 이 바다는 수심이 무척 얕기 때문에 해상이 단 몇 피트만 솟아올라도 육지로 변할 수 있다는 곳이다. 그 반대쪽인 동해도 또한 매우 얕고 대한해협은 가장 깊은 곳이 수심 83피트이다. 바다에 접해 있는 남만주의 일부 지역은 광대한 평야이나, 조수 위로 단 몇 피트만 솟아올라 있기 때문에 이곳은 폭우만 쏟아져도 거의 다닐 수가 없다.

반도의 동해안과 서해안은 현격한 차이가 있다. 동해안에는 비교적 항구가 빈약하며, 해안은 높고 단조로우나 약간 굴곡이 되어 있거나 섬이 붙어 있다. 동해안에는 3도가 위치하고 있다. 서해안에는 5도가 위치하고 있으며, 바다는 섬과 항구와 상육지로 조밀하게 점철되어 있으며, 항해가 가능한 강도 더 많다. 대한군도에는 기름지고 사람이 살고 있는 섬들과 깊은 바다로부터 불쑥 솟아 있는 작은 섬들이 놀라우리만큼 많다. 자연과학자인 아담스(Arthur Adams)는 그들을 이렇게 묘사하고 있다.

> "육지에서 멀리 떨어진 거대한 솥방울 모양의 제주도를 떠나면 신선한 산들바람이 대한군도를 이루고 있는 이들 섬에로 우리를 데리고 간다. 거기에로 접근을 하게 되면 넓고도 푸른 망망한 대해 위에 점찍은 듯한 군도를 갑판 위에서 보게 된다. 눈이 닿는 저 멀리를 보면 검은 섬들을 희미하게 볼 수 있으며 접근을 해보면 구름 한 점 없는 하늘을 향해 선명히 솟아 있는 산봉우리의 윤곽을 하나씩 보게 된다.
>
> 섬이 솟아 있는 바다는 너무도 깊기 때문에 배는 섬 주위를 가까이서 배회할 수가 있다. 이들은 거친 잿빛 화강암과 현무암으로 되어 있으며, 대륙으로부터 바다로 뻗어 나온 반도에서 자연의 거대한 진동으로 인해 떨어져 나온 산들이 가라앉다가 그 머리만 울퉁불퉁하게 남아 있는 것처럼 보인다. 산의 찢기고 할퀸 봉우리가 보여주는 기묘하고도 환상적인 모습을 관광객들은 바라보게 된다. 사실상 그들은 그와 같은 특수한 모습들이 항해사에게 특징 있는 이름을 암시해 주고 있는 것이라고 상상해 왔다. 예를 들면 여기에는 소위 원저성의 허물어져 가는 망루가 서 있으며, 저기에는 소녀원이라고 하는 웅장한 바위가 상을 찡그리고 있으며, 또 여기에는 사원봉이 하늘을 향해 솟아 있다. 이 군도 중의 어느 것은 매우 높으며 어느 것은 해발 천 피트나 되는 순 화강암 봉우리를 뽐내고 있다. 많은 정봉들은 스코틀랜드 전나무와 매우 흡사한 검은 침엽의 관을 쓰고 있다."

한국의 왕은 다도해의 왕이라고 불러도 좋을 정도이다. 이제까지 일반적으로 알려진 바에 의하면 한국 지리의 현저한 특징은 반도를 남북으로 관통하고 있는 산맥인데, 이 산맥들은 직선으로 이어지고 있는 것이 아니라 엄청나게도 꾸불꾸불하여 마치 맞바람을 맞으면서 항해하는 배의 항로와 흡사하다. 한국인들이 말하고 있는 바와 마찬가지로 한국의 산맥은 아흔 아홉 번이나 굽이치고 있다.

만주에서 뻗어 나온 산맥은 북위 41°의 무수단까지 내려갔다가, 여기에서 다시 서남쪽으로 80마일을 내려가서 한국의 잘록한 부분인 영흥만까지 내려간 다음 북위 37°에 있는 울진갑의 바다까지 서향하고 있다. 이곳의 모퉁이는 높은 산으로 그 극을 이루고 있는데 러시아인들은 터릿선(turret ship)의 발명자의 이름을 따서 이 산을 포포프산이라고 불렀다. 이곳으로부터 산맥은 서쪽으로 밋밋한 구릉을 이루고 있는 반면에 주맥은 남서쪽으로 달린 다음 반도 남단의 두 도의 경계를 이루면서 우이군도의 바다에 다다르고 있다. 그러나 산맥이 여기에서 그친 것은 아니다. 황폐한 성과 이끼 낀 수도원을 연상시켜 주는 매혹적인 바위와 다년생 녹수들이 가득한 무수한 군도들은 이 장엄한 주맥의 여파이며, 흩어진 잔재이기 때문이다.

한반도의 이와 같은 형태는 주로 이곳의 지형, 기후, 하천, 분수령, 행정구역 및 자연적 장벽을 결정짓고 있다. 대체로 말해서 동부 지방은 산맥이 많으며, 서부 지방은 밋밋한 경사지이다. 반도의 동부 산악 지대에는 이렇다 할 만한 하천이 없으며, 다만 낙동강만이 내륙의 해안선을 따라 형성된 계곡을 흐르고 있다. 그 반면에 서해안 쪽의 밋밋한 경사지에는 열 개의 큰 강이 눈 녹은 물을 흘려보냄으로써 5도를 기름지게 하고 있다.

이 동해안의 산악 지대는 위도 7°에 걸쳐 동해와 연접하여 해안 장벽을 이루고 있으며 영흥만을 제외한다면 항구가 빈약한 편이다. 나무들이 들어선 이곳의 절벽들은 블라디보스토크에서 상해로 항해하는 사람들에게 생기가 넘치는 푸른 벽을 보여주고 있다. 같은 위도라 할지라도 산맥 양측의 기후는 크게 달라서 여러 가지 지방적인 특징을 낳고 있다. 산의 높이와 변함없는 겨울 모습으로 인해 지명에는 백(白)이라고 하는 글자가 자주 나온다.

남부, 중부, 북부에 뭉쳐 있는 8도는 주로 하천 분지를 따라서 나뉘어 있다. 거의 모든 도의 빗물은 각기 그 강을 출구로 하여 바다로 나아가고 있다. 다만 동북 지방의 2도만은 이 법칙의 예외를 이루고 있는데, 이들은 도경의 배면에 흐르는 하천으로 물을 흘려보내고 있기 때문이다. 압록강과 한강은 그 원류가 다른 도에서 이루어지고 있는 특수한 강이다. 강 전체가 각지에서 동일한 명칭으로 불리는 경우란 거의 없으며 같은 강이라고 할지라도 그 강의 연변 주민들에 의해 각기 다르게 불리고 있다. 이 책에 수록되어 있는 지도에서는 그 강의 어귀 근처에서 가장 흔히 불리는 이름을 택했다.

바다를 살펴보면 서해안의 3도가 소위 황해의 일각을 이루고 있는데 이 바다의 북동 지역은 중국 대륙이 그 반대편의 연안을 이루고 있다. 동해를 접하고 있는 3도는 해안에 오목한 지형을 이루고 있으며, 그 반대편에는 일본이 그 대안을 이루고 있다. 백두산의 영봉이 분수령을 이루고 있는 곳을 제외한다면 바다에서 만에 이르기까지 반도의 전 북경은 커다란 골짜기를 이루고 있는데 이곳에 두만강과 압록강이 흐르고 있다.

서울 주재 중국 공사관의 잡지에 수록되어 있는 다음과 같은 백두산 기록에서 볼 수 있는 바와 같이, 한국은 사실상 하나의 섬이나 다름이 없다. 백두산은 두 개의 정봉을 가지고 있는데 하나는 북쪽을, 또 다른 하나는 동쪽을 향하고 있다. 그 정상에는 둘레가 30리나 되는 호수가 있다. 그 모양을 보면 봉우리는 하늘을 향해 입을 벌리고 있는 품위 있는 흰 꽃병 같기도 하고 주위에는 세로로 홈이 파이고 부채꼴 모양으로 장식된 중국산 도자기 같기도 하다. 그 분화구는 밖에서 보기에는 희지만 그 안은 희끄무레한 암맥이 섞인 붉은 색이다. 그 주변에는 눈과 얼음이 덮여 있으며 어느 때는 6월까지도 녹지 않고 있는 때도 있다. 북쪽에는 깊이가 1야드가량 되는 도랑이 있으며, 이 물은 폭포를 지나 두만강의 원류를 이루고 있다. 정상으로부터 30~40리 흘러 내려온 이 물은 두 갈래로 나뉘는데 그중의 하나가 압록강의 원류를 이루고 있다.

일반적으로 한국의 기후는 북부 지방에서는 상쾌하고 남부 지방은 여름의 해풍으로 온화하여 매우 살기 좋은 곳이라는 말을 온대 지방의 주민들은 들을 수도 있다. 북부 지방의 겨울은 뉴욕주의 그것보다 더 춥지는 않으며, 최남단 지방은 캐롤라이나주처럼 청명하다. 산이 많은데다가 바다로 둘러싸인 나라에서는 같은 지방이라 할지라도 기온의 차가 심한 것은 물론이다.

같은 위도상의 유럽 국가들과 비교해 보면 한국의 겨울은 더 춥고 여름은 더 덥다. 북부 지방의 두만강은 보통 일 년에 5개월 동안 얼어붙어 있으며 서울의 한강은 2~3개월 동안 얼음 위로 다닐 수가 있다. 심지어는 남부 지방에도 산간은 깊은 눈이 쌓이지만 평야 지방에서는 예외여서 눈이 하루 이상 쌓여 있는 일이란 드물다. 프랑스 신부들이 관찰한 바에 의하면 수은주가 최하로 내려가는 것은 북위 35°에서는 화씨 8°(섭씨 영하 13.3°)이고 북위 37°에서는 화씨 15°(섭씨 영하 9.4°)였다. 일 년 중 가장 쾌청한 계절은 봄과 가을이다. 여름에는 찌는 듯한 더위에다가 비는 홍수를 이루어 길을 막음으로써 여행과 운송을 거의 불가능하게 만든다. 9월 하순이 되면 큰 폭풍우와 여러 가지 바람이 불어온다.

한국의 동물상은 얼핏 보면 인도, 유럽, 매사추세츠, 플로리다를 연상케 한다. 숲속에는 특히 북부 지방의 두 도에는 엄청나게 크고 사나운 호랑이들이 우글거린다. 그들은 먹이가 떨어지면 인가를 습격하는데 연중 피해자의 수가 막심하다. 표범은 아무 곳에서나 흔히 볼 수가 있다. 사슴도 몇 종이 있는데 이들은 가죽과 고기뿐만 아니라 뿔을 제공해 준다. 사슴의 뿔은 연할 때에는 약용으로 그 값이 매우 비싸다. 동물들 중에는 곰, 산돼지, 발육이 좋지 않은 일반 돼지, 살쾡이, 오소리, 여우, 해리, 수달 그리고 몇 종의 담비가 있다. 일본의 서부 지방에서와 마찬가지로 강에는 도마뱀이 있다.

가축 중에는 말이 꽤 여러 종류가 있는데 대부분이 왜소하고 발육이 좋지 못하다. 남부 지방에는 소가 무척 많으며, 일본인들보다 더 기름기를 먹는 사람들에게 고기를 제공해 준다. 염소는 드물다. 양은 제례를 위해서만 중국에서 수입한다. 개는 놀이와 집지키는 일은 물론 보신탕에도 쓴다. 새로서는 꿩, 매, 독수리, 학, 황새 등이 흔히 있다.

한국은 수세기 동안 쇄국 정책을 성공적으로 수행했다. 반도의 지배자들은 한국을 반도로 생각하기보다는 외국인이 접근할 수 없는 섬으로 만들기에 노력함으로써 반도에 변화의 충격이 미치지 못하도록 했다. 그렇다고 해서 거대한 석성을 쌓은 것이 아니라 바다와 강산과 황폐한 토지 그리고 말뚝과 무장한 경비병의 비상선으로써 고립을 지속했다. 이곳에서는 서리와 눈, 폭풍과 겨울이 조선의 동맹국 노릇을 해주었다.

바다로 된 방벽만으로도 만족하지 못한 한국은 외국 선박들이 유혹을 느끼지 못하게 하려고 해안을 황폐하게 했다. 중국과의 접경 지대에는 완충지대를 만들어 경작과 정착을 금했다. 삼림이 들어찬 황폐한 이 지대는 그 폭이 60마일에 걸쳐 한국과 만주 사이를 가로지르고 있다. 이와 같은 완충지대를 만들기 위해서 3세기 전에 4개의 도시와 여러 마을이 강제로 황폐하게 되었다. 이 황야의 토지는 매우 기름지며, 길은 평탄하고 언덕도 그리 높지 않다.

여러 세기에 걸쳐 야수들과 법망을 벗어난 도망자들과 양국으로부터 추방당한 사람들만이 이 기름진 금단의 토지에서 살고 있었다. 때때로 국경경비원들이 그 땅의 일부를 경작하곤 했지만 곡식을 밤에 거두어들이거나 아니면 낮에 몰래 거두어들였는데, 그러면서도 그들은 수감자들이 그 "경계선"을 넘어 덤벼들는지도 모르는 모험을 감수하고 있었다. 최근 몇 년 동안 중국 정부는 이 장벽의 중립 지대를 점점 더 경시했다. 특히 만주에서 일어나고 있는 역사적인 현상들, 이를테면 인구의 증가와 그로 인한 압력으로 인해 한 세대 만에 이 중립 지대 대부분에 사람들이 정착하게 되었다. 중국의 탐사자들이 이 지역의 일부를 답사하고 목책을 세웠지만 한국 정부는 너무도 무기력하여 그들의 정착을 막을 수가 없었다. 지도상의 이 무인 지역에는 아무런 도시나 마을이 없지만 이미 적은 수의 정착민들이 상당히 여러 곳에 자리 잡고 있었다.

한때 중간 지대였던 이곳이 점차로 무너지게 되자 북경 지대에 있던 지난날의 목책과 석성은 2세기 이상 동안이나 그토록 튼튼하고 높았으며, 초병을 세우고, 헐어지면 수선했지만, 오랜 평화의 시대 동안 해가 지남에 따라서 이 장벽은 쇠락의 길로 떨어지게 되었다. 이 지역은 이제 더 이상 존속하지 않으며 지도상에서도 지워졌다.

한국의 변경으로 만주의 주민들이 밀려들어오는 것은 불길한 현상이다. 왜냐하면, 과거 몇 세대 동안 마치 새끼 잘 까는 벌떼처럼 주민들을 다른 토지로 밀어 내보낸 만주는 이제 또 다른 무리를 밀어 보내려고 준비하고 있는 것처럼 보이기 때문이다. 이미 수백만 명이 정착지를 얻기 위해서 그 이웃 나라를 압박하고 있다. 그토록 왕조가 자주 바뀌는 만주에는 이제 또 다른 왕국을 알리는 역사의 종소리가 한 번 더 울리려 하는 것이다.

지난날 달단족, 흉노족, 투르크족, 거란족, 몽고족 그리고 만주족의 무리들이 신비에 쌓인 몽고로부터 외지로 이동했다. 이미 그의 배는 새로운 자손으로 배가 불러오고 있는지도 모른다. 이 불가사의한 지역은 로마제국을 멸망시킨 사내 아이를 낳았었다. 그 사내 아이(칭기즈칸)는 아시아와 아프리카의 기독교도를 멸망시켰으며, 하마터면 유럽의 기독교까지도 멸망시킬 뻔했으며, 인도와 중국을 정복한 후 기독교 국가를 위협했으며, 2세기 동안 러시아를 장악했으며, 지구상에서 알려진 가장 큰 제국을 이룩했으며, 끝내는 "아시아에서 가장 훌륭하게 개선될 수 있는 종족"을 길러 냈다. 이 종족은 지금 중국에서 왕권을 잡아 제국을 건설하고 있다.

고대 이집트와 중세 중국이 행한 은둔 정책을 수행한 이래 조선은 부산과 의주의 두 곳에 출구를 마련해 두었는데 전자는 일본을 향한 바다에 위치하고 있으며, 후자는 중국을 향해 북서쪽에 위치하고 있다. 평화 시에는 바늘귀와 같은 구멍이 전시에는 적이 밀물처럼 밀려오는 통로가 된다. 서쪽에서는 중국의 침략군이 요동만을 지나 한반도를 약탈 · 정복하기 위해 끝없이 밀려들어 오고 있으며, 그러는 동안에도 산동 지방을 떠난 중국의 함대들은 한국의 하천에서 돛을 내리기 위해서 황해에서 그들의 돛을 자꾸만 자꾸만 올리고 있다. 동쪽에서는 일본인들이 때로는 적이 되어 한국을 침략하기 위해서, 때로는 중국에 함께 대항하는 동맹국으로서 돕기 위해서, 때로는 조공을 거두어 풍족하게 돌아가기 위해서, 아니면 곧 이어서 굶주리고 있는 이웃나라에 곡식을 실을 배를 보내기 위해서, 바다를 건너오고 있었다.

정치적 입장에서 본다면 한국의 지리적 위치는 매우 불행하다. 혈통과 기질과 정책의 면에서 이질적인 두 적대 국가 사이에 끼어 있는 한국은 중국과 일본이라고 하는 두 맷돌 사이에 끼어 있는 기름진 곡물이었다. 만주의 대평원에서 일어난 정복의 무리들은 만리장성 남쪽의 경품을 향해 내려가는 길을 멈추지 않고 더욱더 남진하여 한국에서 그들의 곡창을 만들려 했다. 송화강 건너에 살고 있는 종족들의 선사 시대의 침략으로부터 최근 이 지역의 무대에 새로운 배우로 등장하여 두만강에 발을 붙이고 있는 러시아인들에 이르기까지 한국은 그 지긋지긋한 적들로부터 위협 당하고 황폐하게 되었다. 그럼에도 불구하고 한국은 한 고독한 국가로서의 한국으로 항상 잔존해 왔다. 언어와 정치와 사회 풍습에 있어서 중국인보다는 오히려 일본인과 더 가깝게 관련을 맺고 있는 한국인은 아직도 한국인으로 존재하고 있으며 일본과 중국과는 다른 민족을 형성하고 있다. 아일랜드가 영국이나 스코틀랜드가 아닌 것과 마찬가지로 한국은 중국이나 일본이 아니다.

한편으로는 실정과 다른 한편으로는 짜증스럽고도 발작적인 저항이 고려되는 한, 이 작은 왕국은 그들의 자랑스러운 "4천 년"의 역사에 있어서 중국의 아일랜드 노릇을 너무도 자주 해 왔다. 고대의 한국은 일본에 대해 아일랜드 노릇을 해 왔는데, 좋은 의미로 본다면 한국은 일본에게 예술과 문자와 과학과 대륙 문화의 윤리를 전수해 주었다.

지난날 타라[4]의 학원에서 시인과 수도승들이 영국과 대륙으로 이동하여

---

4) 타라(Tara) : 아일랜드의 더블린 근처에 있는 마을로서 옛 왕국(Hill of Tara)의 유적이 있음.

로마의 문명과 기독교로써 유럽을 계명시켰던 것과 마찬가지로 여러 세기에 걸쳐 조선의 사회 문물과 중국의 문예와 인도의 종교를 일본으로 전수시킬 학자와 예술가와 종교인들이 반도로부터 바다를 건너갔다. 일본의 한 저명한 중[5]은 『선린국보기』라는 책 속에서 자기 나라의 문화에 미친 한국의 영향을 훌륭하게 설명해 주고 있다.

한국은 하천, 산, 바다 등 적합한 천연 경계, 이를테면 "과학적 변경(邊境)"을 가짐으로써 국가 안전의 제일차적 조건 중의 하나를 완비하고 있다. 그러나 지난날에는 장벽의 역할을 하던 것들이 이제는 적이 쳐들어오는 고속도로가 되고 말았다. 즉 한때는 쇄국의 안전책이 되었지만, 오늘날에는 세상을 등진 사람들의 약점이 되고 있다. 증기선이 나옴으로써 이제 강은 장벽이 아니라 육지보다 더 확실한 진입로가 되었으며, 과거에는 이 작은 왕국의 제자뻘이었으나 곧 정복자로 변신한 일본은 최근 한국인에게 도움을 주는 친구인 동시에 비경의 한반도의 개방자가 되었다.

이미 일본인 정착민들이 상역을 하는 두 개항장의 항구에는 일본 기선들의 우정 어린 기적 소리가 들려오고 있다. 부산과 원산에서는 일본 천황의 신민들이 한국인들과 상업적 대결을 벌이고 있으며, 반도의 은자들은 이 두 통로를 통해 바깥 세상을 기웃거리고 있다. 바깥 세상은 한국인들의 사상을 깨우침으로써 한국인들로 하여금 국제 사회에 뛰어들고 싶은 충동을 갖게 해 줄 것이 틀림없다. 한국인들이 외국인에 대해 잔혹하며 또 증오를 품고 있다고 하는 악평은 그들에게 적합하지도 않으며, 또 그러한 감정은 그들의 진정한 민족성도 아니다. 명치유신 이전의 일본의 지배 계급과 마찬가지로 자신들의 약점이 농민들의 눈에 뜨이는 것을 원치 않는 지배 계급과 정부

---

5) 임제종 상국사의 중인 서계 주봉을 의미함. 『선린국보기』(1470)는 전 3권으로 된 일본 최초의 외교사로서 중·일 양국 간의 사신 왕래의 연혁과 무로마치 시대의 외교 문서를 수록하고 있다.

는 나라와 백성을 원망하는 천성을 가지고 있다.

한국은 오랫동안 은자의 나라로 남아 있을 수는 없다. 멀지 않는 장래에 그가 세상에 문호를 개방하는 것을 보게 될 것이다. 상업과 순수한 기독교가 들어와서 이곳 국민들의 생활을 향상시킬 것이며, 과학 · 인류학 · 언어학을 공부하는 학도들은 이제까지 모호하게 남아 있던 문제들이 해결될 수 있는 매혹적인 분야를 발견하게 될 것이다. 오늘날의 이 금단의 나라는 메이지유신 이전의 일본과 비교해 볼 때 눈에 띌 만큼 닮은 점이 많다. 마지막 은둔자들이 앞으로 나타날 기사도적인 페리[6] 제독을 기다리고 있는 동안, 우리는 해동 왕국 일본이 진입할 찬란한 앞길이 이 고요한 아침의 나라를 기다리고 있기를 희망한다. 덧붙여 말하건대 이 원고가 인쇄소로 넘어갈 무렵이면 슈펠트(R. W. Shufeldt)[7] 제독에 의해 조약이 성공적으로 타결되었다는 소식을 들을 수 있을 것이다.

동국중보

6) 페리(Mathew G. Perry : 1794~1858) : 미국의 해군 제독으로서 멕시코 전쟁에 참가한 후 1852년에는 동인도함대 사령관이 되었으며, 그 후 미국과 일본의 통상 교섭을 수행했다.

7) 본서 제 48장 참조.

제 2 장 고조선

역사가 알려진 지구상의 거의 모든 국가와 마찬가지로 한국에도 원주민이 아닌 한 종족이 살고 있다. 현재 이 지역을 차지하고 있는 사람들은 그들이 반도에서 애초에 발견했던 종족을 몰아냈거나 아니면 전복한 사람들이다. 그들은 북방 경계선을 이루고 있는 백두산 저 너머에 그 근거를 두고 있던 선조들의 후손들이다. 그럼에도 불구하고 우리는 오늘날의 한국인들이 자신의 사회 질서의 기초자라고 부르고 있는 그들의 선조를 한국 민족사의 창시자로 볼 수밖에 없다. 이 창시자들이 일한 모습은 반도의 일부 지역에서도 남아 있으며 만주에서는 주로 수리가 좋은 요동 지방에서 찾아 볼 수가 있다.

중국은 그토록 자주 왕위가 바뀌는 나라인데, 33대 또는 34대의 왕위가 계속되었던 중국 역사상 세 번째의 왕국은 상 또는 은이라는 나라로 알려지고 있다. 이 나라는 서기전 1766년에 건국하여 28대의 왕위를 거친 다음 서기전 1122년 주왕에 이르러 멸망했다.[1] 주왕은 무도한 폭군으로서 중국의 네로라고 불리고 있다. 귀족 중에는 기자라고 하는 사람이 있었는데, 그는

---

1) 상(殷)의 마지막 왕인 주(紂)는 17대 왕이었다.

학식 높은 학자로서 중국의 고전인 『서경』의 중요한 부분을 지은 사람이다. 그는 폭군의 근신으로서 성품이 고결한 사람이었으나 그의 무도한 폭군의 행위 때문에 크게 비난을 들었다. 이 성현은 그의 왕이 무도한 행위를 하지 말도록 간하였다. 기자의 이와 같이 고결한 목적에 비간과 미자라고 하는 두 고관도 동조했다. 그들의 모든 노력은 헛된 것이었으며, 폭군이 개전하리라는 희망은 이제 없다는 것을 알게 되자 미자는 왕의 친족이었지만 스스로 자기 나라로부터 추방되는 길을 택했으며, 비간도 주왕의 친척이었지만 다음과 같은 잔혹한 방법으로 살해되었다.

> 왕은 그의 선량한 군신들을 놀려대며, 이렇게 소리쳤다. "현인들은 심장에 7개의 구멍이 뚫려 있다던데 비간도 그런가 어디 한번 보자꾸나." 어느 면에서는 헤롯왕[2]을 방불케 하는 이 중국 왕에게는 그 성격이 헤롯왕의 아내를 닮은 왕비[3]가 있었다. 비간의 심장을 보려는 잔혹한 희망을 피력했던 것도 바로 그 여자였다. 왕명에 따라 그 성자는 죽음을 당했으며, 그의 시체는 갈가리 찢기었다. 그의 심장은 뜯겨 내어져 그 잔인한 부부 앞에 대령되었다. 세 번째의 간신인 기자는 투옥되었다.

그러는 동안 학정을 더 이상 참을 수 없게 된 민중과 관리들은 폭군에 대해 무력으로 봉기하고 있었다. 민중을 이끈 사람은 무왕[4]이었는데 그는 황하를 건너서 목야에서 폭군과 마주쳤다. 여기에서 일어난 대전투에서 주왕의 군대는 패하고, 왕궁으로 도망쳐 온 그는 대궐을 불사르도록 명령하고,

---

2) 헤롯왕(Herod : B. C. 74~4) : 예수가 탄생하기 전의 유대 왕으로서 폭정으로 유명했음. (마태복음 2: 1~19)

3) 음탕하고 요염하기로 유명했던 달기를 의미함.

4) 무왕(武王, 서기전 1169~16) : 주 문왕의 아들로서 태사 여상과 아우 단의 협력을 얻어 은의 주를 토벌하고 주(周)의 기초를 확립했다.

그 불길 속에 사라져 갔다. 정복자가 최초로 한 일은 비간의 무덤 위에 큰 사당을 짓고, 기자를 풀어주도록 명령한 다음 그 지역의 통치자로 임명했다.

그러나 기자는 그와 같은 조치에 감사하기보다는 오히려 선왕에 대한 충성심이 더 강했다. 그에게 벼슬을 주겠다는 고결한 뜻에도 불구하고 기자는 폐왕에 대한 충성심으로 인해 그의 왕위를 찬탈한 자를 다시 섬길 수는 없노라고 정복자에게 솔직히 말했다. 그런 다음 그는 동북쪽에 있는 지방으로 떠났다. 그와 더불어 수천 명의 중국 주민들이 함께 갔는데 이들은 대부분이 패전군의 잔당으로서, 이제는 유랑민이 되어 기자를 왕으로 받들었다. 기자는 멀리 떨어진 그곳에서 나라를 세운 다음 무왕에게 도움을 받았거나 또는 조공을 바친 것 같지는 않다. 그와 같은 일을 한다는 것은 무왕의 입장에서 본다면 반란이나 혁명의 정당성을 사실상 시인하는 것이 되기 때문이다. 몇몇 중국의 사학자들이 기술한 바에 의하면, 기자는 무왕으로부터 봉작을 받았다고 하는데, 또 다른 학자들이 주장한 바에 의하면 그와 같은 봉후식은 공자의 선조들의 품격을 옹호하기 위한 한의 완곡어법이라고도 한다. 기자와 그의 추종자들이 들어온 것은 서기전 1122년이었다.

기자는 이곳 원주민들을 질서에 적응하도록 과감하게 훈련시켰다. 그는 국경을 순찰하고, 백성들에게 법을 제정하여 준행토록 하고, 점차로 전국에 중국의 예법의 이론과 실제를 가르쳤다. 그가 오기 전 이곳 주민들은 동굴과 땅굴 속에 살았으며, 나뭇잎으로 몸을 가렸으며, 생활 습속과 도덕과 농업과 식사에 있어서 무지한 야만인들이었다. 신왕인 단군이 그들의 일부를 가르쳤지만, 기자가 중국으로부터 5천 명의 이민을 데리고 와서 문자를 쓰고 읽는 법과 의술과 여러 가지 기술, 그리고 봉건적인 중국의 정치 원리를 가르쳤다.

일본인들은 이 창업을 이룩한 인물을 "기시"라고 발음하며 한국인들은 이를 "기자"라고 부른다. 오늘날의 한국인들은 이 문명 도입자인 기자가 새로이 세운 나라를 조선이라고 부르는데 이는 "고요한 아침의 나라"라는 뜻이다. 한국인들이 주장하는 바에 의하면 이 고대의 조선 왕국은 오늘날의 요동 지방을 포함하고 있었고 면적은 오하이오주와 비슷한 43,000평방 마일이었으며, 인구는 8백만이었다고 한다. 이 나라는 오늘날의 한국 영토를 서쪽으로 훨씬 벗어난 곳에 위치하고 있었다.

이미 언급한 바 있는 국토에 관해 부연한다면, 고대 왕국의 가변적인 국경은 그 후기에 북동쪽으로 요하 건너의 땅과 오늘날 만리장성의 내지까지도 포함했다. 동으로는 오늘날의 평안도를 포함했으며, 대동강은 가장 안전한 국경선이었다. 이 고대 시대에도 "과학적인 국경"이 모색되기는 했지만 이러한 국경이라고 하는 것은 확고하고도 고정적인 것이었다기보다는 관념적인 것이었다. 그의 가변적인 국경을 감안한다 하더라도 고조선의 국토는 주로 요동반도와 오늘날의 평안도 지방으로서 요하와 대동강을 그 변경으로 삼고 있었으며 북으로는 북위 42°에 이르고 있었다고 말할 수가 있다. 기자의 후손들은 기원전 4세기까지 이 지역을 다스렸다고 전해진다. 왕통과 그들의 행적은 알려지지 않은 것 같지만 이 나라는 41대 1,131년의 역사를 누린 것으로 기록되어 있다. 왕통은 서기 9년에 끊어졌지만 그 훨씬 전에 이미 통치권을 상실하고 있었다.[5]

중국과 한국의 전설에 의해 공통적으로 인정된 바에 의하면, 기자는 조선의 사회 질서를 최초로 수립한 인물이다. 만약 이 전설이 사실이라면, 이 은둔국의 문명은 시대적으로 중국의 그것과 거의 같으며 세계에서 가장 오래된 국가 중의 한 나라로서 이집트와 칼데아[6]의 동시대이다. 자신의 고대 문명에 대한 자만심과 서구 문명에 대한 한국인들의 유별난 오만과 경멸의 기질은 힌두족이나 중국인의 그것과 유사한 것이 사실이다. 한국인들은 자신들이 줄잡아 3천년의 역사를 가지고 있으며 이 사실은 그들에게 있어서 도

5) 기자조선은 서기전 194년에 41대 929년만에 위만에 의해 멸망함.
6) 칼데아(Chaldea): 바빌로니아의 유프라테스강 유역에 세워진 국가(서기전 1100~539).

저히 도전할 수 없는 엄연한 사실이라고 믿고 있다. 이와 같은 사실로 인해 한국인들은 바다 건너 다른 곳에서 최근에 갑자기 건국한 나라들을 우습게 보고 있다. 1871년 미국의 로저스(John Rodgers) 제독이 함대를 이끌고 한강에 도착하여 수교를 요청했을 때, "한국은 4천 년의 문명으로 만족할 따름이지 어느 누구도 원치 않는다."는 대답을 누차 듣고, 물러가라는 경고를 받았다. 북경 정부에 보낸 모든 글과, 천주교도에 대한 포고령과, 개종자에 대한 모든 사형 판결문과, 수교에 대한 누누 한 거절에서 볼 수 있는 한결같은 문투는 기자를 이 "작은 왕국"의 덕과 질서의 창시자로 추켜세우는 찬사와 그의 사상에 대한 한국인의 충성심을 잘 나타내어 주고 있다. 1801년 11월 25일에 중국의 황제에게 보낸 글에는 인사말 뒤에 다음과 같은 구절이 보인다.

> "폐하께서도 아시는 바와 같이 은나라의 유민들이 동방으로 이주(서기전 1122년)한 이래로 이 소국은 예법에 적힌바 모든 것들, 이를테면 정의와 충성을 틀림없이 이행하고 자신의 임무에 모두가 성실하기로 항상 남다른 바가 있었습니다."

1802년 1월 25일, 천주교에 대한 왕의 포고문에는 다음과 같은 구절이 나온다.

> "기자에 그 머리를 두고 있는 이 왕조는 개국 4백 년 이래 2천여 리의 전 강토에서 태평 성세를 누려 왔다."

이러한 글귀는 한국인들이 자신의 고대 문명에 대해 자부심을 가지고 있다는 사실을 나타내 주는 정부 공문의 실례이며 그들에게 최초로 법을 가르쳐 준 사람의 교훈이 한국인들에 의해 얼마나 잘 지켜지고 있는가를 보여주는 것이다. 그러나 기자는 고조선의 창시자이며 위대한 입법자였다고 불리는 것이 가능할지는 몰라도 그가 현재 한반도에 사는 사람들의 시조로 간주하기는 어렵다. 왜냐하면, 현대의 한국인들은 그 후에 들어온 종족들의 후손이며 고조선인과는 전혀 다른 종족이다. 그러나 기자로부터 한 왕통이 뻗어 나왔으며 그의 혈통이 이 왕국의 귀족 사회에 흐르고 있다는 것은 있을 법한 사실이다.

일본과 한국의 고대 전설의 대부분은 중국의 문헌에 의거하고 있기 때문에 조선 역사의 시원을 산출하는 데에 있어서는 별로 다른 점이 없다. 기자와 그의 유민들은, 역사에 기록된 중국의 북동 지역의 최초의 이민에 불과할 따름이다. 그는 이주할 당시 이미 그 이전에 원주민이 살고 있다는 사실을 발견했는데 이들의 원조에 관해서는 문헌으로 남아 있는 것이 아무것도 없다. 인구는 조밀하지도 않았다. 그러나 인구가 어느 정도 되었으며, 원주민이 들어온 시기가 어느 때이며, 그들이 일본 족과 같은 민족인지에 관해서는 현재 우리의 능력으로서는 대답을 할 수가 없다. 심지어는 기자의 기록도 비판적으로 검토해 본다면 오늘날의 집요한 추궁에 대해 만족할 만한 답을 주지 못하고 있다.

마이어스(W. F. Mayers)는 그의 저작인 『중국 편람』에서 주(1122 B. C.~255 A. D.) 초기의 역사를 준역사 이상의 것으로는 보지 않고 있으며,[7] 중국사의 믿을 만한 시원은 기자보다도 4세기가 지난 서기전 789~719년으로 보고 있다. 로스(John Ross)가 주장하는 바에 의하면, “기자의 역사는 있을 수 없는 사실은 아니지만 의혹을 가지고 받아들여져야 한다.”[8] 기자 조선의 근거지가 송화강 연안에 있었으며 그 후에는 남쪽으로 확대되었다고 하는 사실은 전혀 입증할 수 없는 사실만은 아니다.

한국의 시조에 관한 전설을 지나치게 비판적으로 해부하거나 그의 활동

---

7) (필자 주) W. F. Mayers, *The Chinese Reader's Manual*, Shanghea, 1874, p. 369.
8) (필자 주) John Ross, *Corea: Its History, Manners and Customs*, Paisley, 1880, p. 11.

지를 정확하게 가려내는 것은 우리가 할 일이 아니다. 우리가 말하고자 하는 기원전의 한국 역사는 북쪽의 조선과 대동강 이남의 역사로 나뉘는데, 남쪽에서는 3왕국이 일어나서 1천 년 동안 숱한 운명을 겪으며 번영했다고 것으로 만족할 수밖에 없다.

이제 우리는 확실하게 쓰인 한국사에 관한 논의에로 다시 돌아가자. 중국의 만리장성은 진(B. C. 255~209)의 시조인 정[9]에 의해 축조되었는데, 그는 서기전 239년에 이 일을 시작했다. 진 그 이전의 중국은 봉건 체제로 밀집된 보잘 것 없는 전투 국가였다. 그는 무력에 의해 이들을 하나의 동질적인 제국으로 집결시킴으로써 시황제라는 칭호를 얻었다.

진시황은 봉건 체제를 쓸어버리고, 만리장성을 쌓은 것으로 만족하지 않고 모든 문서와 공자의 옛 기록을 불태워 버리도록 명령했다. 밖으로는 장성(長城)을 쌓아 야만족을 막고 안으로는 반역할 뜻이 생길 소지를 말살시킴으로써 영원한 기업이 이룩될 수 있다고 생각했던 이 제국은 그가 죽고 그의 어리석은 아들에게로 권한이 돌아간 직후 군웅이 할거함으로써 중국은 또다시 처참한 무정부 상태에 빠져들어 갔다.

진이 멸망한 후에 일어난 소왕국 중의 하나가 연인데, 이 나라는 그이 동부 지방에 인접한 조선을 침략하기 시작했다. 기자조선의 말기에는 커다란 혼란이 일어났으며, 말기의 왕들은 그의 왕권을 유지하게 국경을 수비할 능력이 없었다. 이와 같은 약점을 이용하여 연왕은 과감하고도 공공연히 조선의 영토를 침략하기 시작함으로써 수천 평방 마일의 조선 국토를 병합했다. 피나는 노력으로써 기자의 후손들은 힘을 다시 얻어 연나라 국토의 대부분을 탈환하고, 중국의 내전을 피해 도망 온 많은 사람들을 조선의 국내에 받아들여 안전과 평화를 누리도록 해 주었다. 이와 같이 하여 약탈자는 다시

9) 정(政) : 진시황제(서기전 259~210)의 이름.

약탈을 당했지만, 그 뒤 연나라는 다시 힘을 길렀으며, 그 적대 국가들은 그들의 국경을 고정시킴으로써 평화를 이룩했다. 206년이 되자 한왕은 제왕권을 주장하고 연왕에게 봉신이 되도록 명령했다. 이 요구를 거절하자 한왕은 연에 군대를 파견하여 이를 격파한 다음 연을 멸망시키고 그 국토를 병합했다.

이 전쟁의 생존자 중의 한 사람이었던 위만은 부하 1천 명을 거느리고 동쪽으로 도망했다. 그들은 야만족과 같은 옷을 입고 조선에 들어와서 천민 행세를 하면서, 자기들은 멀리 서쪽에서 왔는데 이곳의 신하로 받아 주기를 바란다고 속였다. 한국의 여호수아[10]인 기준은 그들의 말을 믿고 그들을 맞아들이는 한편 그들의 지도자인 위만에게는 서변 백리를 다스리는 박사의 높은 벼슬까지 주었다.

기준은 또한 위만에게 봉록으로 막대한 토지를 하사했다. 위만은 서쪽에서 벼슬을 하는 동안 모반을 한 적이 있다. 그는 연에 있는 그의 많은 백성들을 모으면서 한편으로는 기준에게 급히 사신을 보내어 정복자 한의 많은 군대가 방금 조선을 침략하려고 한다고 알렸다. 그와 동시에 그는 자신이 조선 왕의 측근으로 부름을 받아 수도를 보호해야 할 것이라는 뜻을 바쳤다. 그의 뜻이 받아들여지자 그는 급히 군대를 몰아 갑자기 도성에 나와서 이를 공격했다. 일격을 당한 기준은 배를 타고 반도의 남쪽으로 도망했다.

그 후 위만은 서기전 194년에 스스로 왕이라 칭하고 정복 전쟁을 시작함으로써 이웃 나라들을 병합했다. 그 후 조선은 다시 한 번 방대한 영토를 구축했다. 위만은 대동강 동쪽에 도읍을 정하고 왕검이라 이름했다. 오늘날 한국의 양도가 그 당시의 조선에 포함되었다. 이 새 왕국은 재화가 넉넉해지고, 국력이 증대되었으며, 문명도 높아졌다. 수천 명에 이르는 중국의 지

10) 여호수아(Joshua) : 고대 이스라엘 민족의 지도자였던 모세의 부하이며 후계주로서, 가나안 정복 사업을 완성했음(구약성서 여호수아 19 : 50, 20 : 30).

식인들이 [왕위를 찬탈한] 한의 정복 전쟁을 피해 조선에 이주함으로써 이 나라는 크게 번창하게 되었다. 위만의 손자인 우거에 이르러 그는 한제의 봉신이 되라는 명령을 받았다. 앞으로 중국의 동경은 대동강이라고 그는 엄숙하게 선언했는데, 이렇게 함으로써 그는 말 한마디로 사실상 조선을 쓸어버리려는 것이었다. 서기전 109년에 중국의 사신이 대동강으로 들어와 도성의 우거를 방문했다. 그는 우거가 한제에게 칭신할 것을 권했으나 부질없는 일이었다.

그럼에도 불구하고 우거는 한제와 그의 사신에게 존경을 표시하기 위해 사신의 귀국 길에 호위병을 보내어 수행토록 했으나 자신의 과업이 실패하게 되자 이 심술궂은 중국인은 호위병의 수행을 받아들여 대동강을 건넌 다음 그 대장을 흉측스럽게 죽여 버렸다. 한제에게로 급히 돌아온 그 사신은 자신의 실패를 적당히 얼버무린 다음 자신의 신의 없는 살인 행위를 자랑스럽게 아뢰었다. 그는 그 댓가로 요동 태수에 임명되었다. 이와 같은 모욕과 위협에 괴로움을 당한 우거는 군대를 일으켜 서쪽으로 쳐들어가서 그 반역자를 살해했다. 막강한 한제국에 대해 이와 같은 도전을 감행한 우거는 자기의 도성으로 돌아와 침략군이 쳐들어올 것을 초조히 대비하고 있었다. 그는 중국으로부터 물밀듯이 군대가 쳐들어올 것을 알고 있었다.

서기전 108년에 육로와 해로로 이 보복 전쟁을 위한 원정대가 파견되었는데 중국의 깃발을 들고 이토록 동쪽으로 진격한 것은 일찍이 없었던 사실이다. 마군과 보병이 육로로 요동만을 돌아 얼음이 덮인 압록강을 건너 대동강으로 남진했는데 이곳에서 조선군은 그 선봉대를 공격하여 궤멸시켰다. 서기전 107년 2~3월에, 산동을 출발한 해군은 수천 명을 조선 연안에 상륙시켰다. 이들의 전군이 국토를 관통하기 전에 우거는 지체 없이 그 선발대를 공격하여 산간 지대로 뿔뿔이 패주시켰다.

일이 뜻대로 되지 않자 담판이 시작되었으며, 한제의 사신이 우거와 회담하기 위해 파견되었다. 우거는 한제에 항복하여 봉신이 될 것에 합의했지만, 자신이 방금 패주시킨 그 장수를 신뢰하지는 않았다. 중국의 무신에 대한 기억이 생생한 우거로서는 최근의 이 천박한 적들을 더 이상 신뢰할 수 없게 되자 담판은 실패로 끝났다. 통례대로 회담에 실패한 그 사신은 목이 달아났다. 이제 다시 양국은 칼을 들게 되었다. 한의 군사는 북으로부터 대동강을 건너 조선군을 패주시키고 도성으로 진격하여 해군과 합세해서 조선을 포위했다. 숫적으로 우세했음에도 불구하고 침략군은 요지를 포위한 채 여러 달을 허송했다. 그러나 매일매일 수비대는 감소되었지만 조선군은 항복할 뜻이 없었다. 눈앞에는 패전만이 기다리고 있는, 그렇게 되면 잔혹한 학살이 감행되리라고 알고 있는 4명의 조선인은 전투 중에 기회를 기다리다가 우거를 죽였다. 그들은 우거의 시체를 두고 성문을 열자 한의 군사들이 입성했다.

서기전 107년 성벽에는 한의 깃발이 날리는 가운데 조선왕국은 그 종말을 고했다. 그 후 수세기 동안 요동과 지금 한국의 서북 양도는 중국의 일부가 되었다. 정복지는 즉시 4개의 구역으로 분할되었으며 그중의 2군은 대동강 북쪽의 조선 땅의 일부를 포함했다. 다른 2군은 요동을 양분하여 그 동서에 각기 위치했고 고구려의 국토도 그 서쪽 지방에 있었는데 그 역사에 관하여는 다음 장에서 살펴보자.

조선통보

제 3 장 부여족과 그 이동

중국의 기록에 의하면, 태고 적에 아무르 강의 한 지류인 송화강이 흐르는 광대한 지역의 북쪽 지방에는 고려[1] 또는 "고리"라고 부르는 한 작은 왕국이 있었다고 한다. 이 왕국에서 한 민족의 시조가 나왔다. 다소 명칭을 바꾸어서 우리는 건국의 유래에서 이를 설명할 수도 있다. "고려에서 고(高)라는 사람이 나와서 조선을 건국했다"고 하는데 이러한 기록은 온당한 것이기는 하지만 우리는 다음과 같은 환상적인 전설이 더 마음에 끌린다.

옛날 옛적에 고려(발음은 이렇게 되지만 이 나라는 그 후 중세에 건국된 고려와는 그 성격이 다르다) 왕국에는 한 왕이 살고 있었는데, 그의 처소에는 한 시녀가 있었다. 어느 날 왕이 밖에 나가 사냥을 하고 있는 동안 그 여인은 공중에서 번쩍이던 한 기운이 자기의 품속으로 들어오는 것을 보았다. 작은 구름 같기도 한 이 빛은 그 크기가 달걀만 하였다. 그 후 그 여인은 임신을 하게 되었다. 사냥에서 돌아온 왕은 그 여인이 임신했음을 발견하고는 그를 죽이기로 작정했다. 그러나 여인의 설명을 들은 왕은 그의 목숨만은

---

1) 여기에서 고려(高麗)라 함은 고구려를 의미한다. 이 당시의 한국 역사를 기록하고 있는 중국 측 사료인 『이십오사』에는 고구려를 고려국으로 표기한 곳이 많이 있다. 중국 측 사료를 인용한 본서에도 고구려를 고려로 표기한 곳이 많으나 본 역서에서는 편의상 고구려로 통일하여 표기했다.

살려 주기로 했지만 즉시 옥에 가두었다.

태어난 아기는 사내 아이였는데 왕은 그를 즉시 돼지에게 던져 주었다. 그러나 돼지들은 그 아이에게 따뜻한 입김을 불어넣어 줌으로써 그 아이는 살았다. 왕은 다시 말의 무리에게 던져 주었지만 그들도 또한 따뜻한 콧김을 불어넣어 줌으로써 그 아이는 살았다. 이와 같은 하늘의 뜻에 의해, 그가 살아야 한다는 것은 알게 된 왕은 그 어머니의 소원대로 그로 하여금 그 아이를 궁중에서 양육할 수 있도록 허락해 주었다. 그는 성장하여 훌륭한 청년이 되자 힘이 남다르고 궁술에 능했다. 그는 동명이라는 이름을 얻었으며 왕은 그를 그의 마굿간 책임자로 임명했다.

밖에서 사냥하던 어느 날 왕은 그에게 활 솜씨를 보일 수 있는 기회를 줬다. 그는 활을 쏘았다. 그의 활 솜씨가 너무도 훌륭하여 보이자 왕은 이를 크게 질투하여 어떻게 하면 이 젊은이를 죽일 수 있을까 하는 것만을 생각했다. 더 이상 왕실에 남아 있다가는 죽게 되리라는 것을 안 이 젊은 궁수는 그 왕국을 탈출했다. 그는 동남쪽을 향해 가다가 배가 없이는 건널 수 없는 넓은 강을 만났는데, 이 강은 송화강이었음에 거의 틀림이 없다. 자기를 추적하는 무리들이 멀지 않은 곳까지 따라오고 있음을 안 그는 넓은 강을 향해 소리쳤다. “아! 슬프다. 태양의 아들이며, 황하의 손자인 내가 이 강물에 막혀 힘없이 주저앉다니……” 이렇게 말하고 그는 강물을 향해 활을 쏘았다. 그러자 즉시 강의 모든 물고기들이 함께 모여 떼를 이루었는데 그 무리가 너무도 튼튼하여 하나의 부교를 만들었다. 이 젊은 왕자는 이 물고기 떼를 다리 삼아 강을 건너 무사히 피안에 이르렀다. (일본 측의 전설에 의하면 이때 3명의 다른 사람이 그를 동행했다고 한다.) 그가 뭍에 오르고 반대편에 추적자들이 나타나자 이 물고기 떼가 만든 다리는 즉시 흩어졌다. 그의 세 동료는 그의 안내자로서 활약할 준비가 되어 있었고, 세 사람 중 첫째는 해조로 된 옷을 입고 있었으며, 둘째는 대마로 만든 외투를 입고 있었으며, 셋째는 수가 놓인 예복을 입고 있었다. 그들이 마을에 도착하자 그는 그 종

주몽의 도강도[G. 하시모도 그림, 에도, 1853]

족의 왕이 되어 부여국을 세웠는데 이 나라는 송화 강과 태백산 사이에 기름지고 수로가 좋은 지역에 위치하고 있었다. 이 나라는 동서로 수백 마일에 이르렀으며, 그 절반은 길림의 서쪽에 위치하고 있었다.

부여는 『후한서』(25 B. C.~190 A. D.)에 기록된 바와 같이 그 토지가 기름져서 밀, 쌀, 기장, 콩, 수수 등 5곡을 재배할 수가 있었다. 사람들은 키 크고 건장하고 용감한데다가 인정스럽고 서로가 예의를 존중했다. 그들의 무기는 활과 화살, 칼, 창 등이었다. 그들은 기마에 능숙했다. 그들은 큰 진주와 탁마한 홍옥을 장식으로 썼다. 그들은 곡식으로 기운은 얻었으며 술 마시고, 잔치하고, 춤추고, 노래하기를 좋아했다. 술 마실 사람은 많았지만 잔은 적었다. 한 사람이 술을 마신 다음에는 물독에 헹군 다음에 정중하게 다른 사람에게 넘겨주는 의식을 거행했다. 그들은 독에서 음식을 꺼내어 큰 접시에 담아 젓가락으로 먹었다. 부여족이 중국과 그토록 멀리 떨어져 살면서도 대울타리나 목책으로 둘러싼 도시 안에서 살았다는 것은 주목할 만한 사실이다. 그들은 목조 가옥 속에서 살았으며 창고에 곡식을 저장했다.

사법 제도를 보면 그들은 엄격하고도 신속했다. 그들은 정식 감옥을 갖추고 있었으며 벌금은 그들의 법률 제도의 일부였다. 도둑질을 하면 장물의 12배를 벌금으로 물어야 한다. 간음을 한 자는 남녀를 모두 죽인다.[기자의 8조 금법] 여자가 간음을 하면 그 시체를 들판에 버림으로서 더욱 가혹하게 보복했다. 죄를 짓고 죽은 사람은 관속에 매장되는 것이 금지되었다. 처형된 범인의 다른 가족들은 노예로 팔렸다. 살인자는 피살 시체와 함께 산채로 묻었다.

부여의 종교는 하늘에 경배하는 것으로서 가장 큰 축제는 동짓달에 벌어지는데, 이때가 되는 부족들은 함께 모여 즐겁게 놀면서 모든 원한과 싸움을 멈추고 죄수들을 방면한다. 군사 원정을 떠나기 전에 그들은 하늘에 제사를 드리고 황소를 잡아 제물로 바친 다음 그 발굽을 보아 전조를 점쳤다. 만약 굽의 갈라진 부분이 갈라진 채로 있으면 불길한 것이고 함께 붙어 있으면 상서롭다. 부여족의 지배자는 말, 황소, 개 등 가축을 따라서 그 명칭을 붙인다. 왕은 보석으로 만든 관속에 매장된다.

부여족은 용감한 북방 민족이며, 의복이 훌륭하고 건강도 좋았고, 곡식, 말, 가축이 넉넉했고 생활은 예술성이 있었고, 상당한 수준의 문자 문화를 누렸으며, 사회 질서와 정치적 식견을 가지고 있었음이 분명하다. 중국의 역사가들은 부여족을 야만족으로 취급했지만 그들은 인접 부족과 비교해 볼 때 문명된 종족이었다. 중국과 그토록 멀리 떨어져 있으면서도 그토록 일찍이 그와 같이 높은 문명을 누렸다는 점을 감안 할 때 기자의 영향이 미친 것은 조선이 아니라 부여였을 것이라고 로스 씨는 시사한 바가 있다. 부여족은 야만적인 생활을 벗어나서 정치적으로 훌륭한 조직을 가졌던 최초의 봉건 제도가 있었다고 우리가 인정하는 것은 기자가 부여를 세웠다고 하는 추측을 뒷받침해 주는 것으로서 의미가 있다.

부여에는 성곽으로 둘러싸인 도성 안에 왕과 귀족이 살았고, 토지를 가진 부호들이 있었고, 말·소의 무리와 창고가 있었음을 우리는 알 수 있다. 또한 우리가 알기로는 부여에는 죄인과 그 가족은 지위를 낮춰 농노를 만들었다. 중국을 둘러싸고 있는 기타의 만주족이나 야만인들은 그때까지만 해도 유목민의 가부장적 국가였다. 중국 이외의 지역에서 그토록 일찍이 훌륭하게 발달된 봉건 제도와 고도의 정치적 조직을 우리가 발견하게 되는 이유는 무엇일까?

기자가 동북 지방으로 이주한 것은 봉건적인 은나라 시대였다. 만약 기자가 부여족의 시조라면 중국 이외의 정치 제도를 알지 못하던 그가 자기 나라에 봉건적인 정치 체제를 도입했으리라는 것은 의심할 나위가 없다. 이에 관해 어떠한 이론이 상정된다고 할지라도 중국의 문화적 터전으로부터 1천 마일이나 떨어진 만주의 황량한 벌판에서 그리스도와 같은 시대에 원시적 단계를 지나기도 전에 그와 같이 괄목할 만한 봉건 체제를 누리었다는 것은 분명히 놀라운 사실이다. 전 유럽이 봉건 체제화 되었을 그 당시에 중국, 한국, 일본도 각기 그와 같은 정치 생활의 과정을 겪었다.

중국의 봉건 체제는 서기전 222년에 진시황에 의해 사라졌지만 일본의 봉건 체제는 2천 년의 간격을 두고 1871년까지 잔존했다. 한국에 아직도 머무적거리며 남아 있는 이 체제는 한국의 역사에 심대한 영향을 미치고 있으며, 이와 같은 사실은 앞으로의 논술에서 입증될 것이다. 통상적인 봉건 체제적 모습을 보여주는 것에서 더 나아가 형식적으로는 물론 실제적으로도 농노 제도가 존재했다는 사실은 네덜란드와 프랑스의 관찰자들의 증언과 한국어 그 자체에서 입증되고 있다. 중세 영국에서 농노를 부리던 노르만의 지주들이나 남북전쟁 중의 캐롤라이나주의 목화 농장주를 만족시켜 줄만큼 한국어에는 농노의 모습이나 등급에 관한 어휘가 풍부하다.

오늘날 한국인의 선조가 되는 사람들은 부여국 출신들이다. 부여국에 관한 기록을 담고 있는 『후한서』에는 고구려에 관한 기록이 있는데 이 나라는 북으로는 부여에 접해 있으며 남으로는 조선에 접해 있다고 한다. "국토는 사방이 2천리이며 큰 산과 험한 계곡으로 이루어졌다." 『동이전』의 한 전설에 의하면 그들은 부여족의 지파라고 한다. 그러므로 그들의 언어와 법률이 몹시 비슷하다. 고구려는 5부족 정도의 소수 부족이 부여를 떠나 남쪽으로 가서 압록강 서쪽 계곡의 북위 42°근처에서 새로운 한 국가를 세웠음이 분명하다. 그들의 시조는 고 씨였는데 그는 아마 고대 혈통의 명예를 잇기 위해서 자기의 이름에 "구려"라는 이름을 더해(그러나 이는 중세의 "고려"라는 음과 같은 글자로 쓰임), 고구려라는 이름이 생기게 되었다.

한 일본 역사가가 추론한 바에 의하면 "고구려"라고 하는 글자는 높은 산에 관한 중국 고전의 구절에서 뽑은 것이라고도 한다. 고구려의 첫 자인 "고"(高)는 높다는 뜻인데, 이 강인한 국가가 초기의 요람기를 보낸 곳은 험준한 태백산맥 밑이었다. 이곳에서 고구려의 전사들은 힘을 길렀고 그들의 기병들은 중원 제국의 국경과 조선의 고지에 출몰했다. 이 신생 국가의 부족들은 말과 가축을 많이 길렀지만, 농사는 신통치 못했다.

그들은 대체로 노천에서 살았으며 사납고 성급하고 강인하고 억세었다. 그들은 음악과 밤놀이를 좋아했다. 특히 그들은 몸치장과 장신구를 좋아하는 특징이 있었다. 공중 집회에 나갈 때면 그들은 금과 은으로 수놓은 옷을 입었다. 그들의 집도 또한 여러 가지로 단장되었다. 그들이 장식을 가장 많이 쓰는 것은 매장 때인데, 이때가 되면 값진 금붙이와 보석, 그리고 수놓은 옷감들이 아낌없이 소모되었다.

종교를 보면, 그들은 천신, 지신, 풍년신, 금성 그리고 천상의 보이지 않는 어떤 존재에 제사를 드렸다. 감옥은 없었지만 죄를 짓게 되면 족장은 재판을 거쳐 죄수를 사형에 처하고 그의 처자는 노예로 만들었다. 노동을 위한 농노는 이와 같은 방법으로 공급되었다. 장례의 풍습을 보면, 그들은 석총을 만들고 그 주위에 전나무를 심었는데 이는 오늘날의 많은 일본인들의 무덤과 같다. 그들의 사회적·종교적·정치적 생활의 일반적인 격식에 있어서 부여와 고구려는 동질적이다. 아니 오히려 거의 같으며 야마도의 고대 일본과 가깝게 닮았다.

중국의 사가들이 또한 기록한 바에 의하면, 이 부족들은 이미 유교의 경전을 가지고 있었으며 상당한 수준의 문자 문화를 누리고 있었다. 관직은 12등급으로 나뉘어 있었는데 이도 또한 고대 일본의 품계 수와 같다. 점치는 방법을 보면 꽃무늬가 있는 옷을 입고 특정한 예법이 있는데, 이런 점에서 그들은 일본인과 같다. 오늘날에는 이미 잘 알려진 바와 같이 야마도의 고대 일본(즉 조선과 그 북쪽에서 건너간 정복 민족)의 통치 형태는 왕제가 아닌 원시적인 봉건주의였다. 좀 더 구체적으로 말한다면, 미카도(천황)의 선조들에 의해 최초로 장악된 일본의 중부 지역은 고구려의 행정 구역과 마찬가지로 5개 부족의 5부로 구성되었다.

서력 기원 무렵에 이미 고구려 민족은 중국 왕실의 주의를 환기시킬 만큼 강력하고도 불안한 존재였음을 우리는 알 수 있다. 서기 9년에 그들은 자신의 독자적인 왕을 갖는 한 국가로 재편되었으며 고조선의 한 지역이었던 현토를 분할하여 차지했다. 고구려의 대무신왕은 서기 30년에 중국의 황제에게 조공을 보냈으며, 서기 50년에는 고구려는 중국 황제의 요청에 따라 북서 지방에 일어난 반란군과 싸우고 있는 중국의 군사를 돕기 위해 구원병을 파견했다. 서기 70년에 고구려인 들은 요동을 습격했다.

이제 국경 전쟁과 정복의 멋을 알게 된 그들은 오늘날 한국의 최북동쪽에 위치하고 있던 왕국인 예를 침략했다. 이 작은 왕국을 병합한 그들은 중국인에 대해 끊임없는 전쟁을 계속했다. 옛날에 동족이던 부여족이 때때로 한과 동맹을 맺기도 했지만 고구려는 점차로 동쪽과 남쪽으로 그 세력을 확대하여, 서기 169년에 고구려 국토, 즉 요동과 대동강 이북의 한반도 전역 그리고 심지어는 두만강 일대까지도 굴복시켰다.

중국의 원정군이 압록강을 거슬러 올라와 왕이 있는 도성을 포위하고 그 군대를 격파했을 때 고구려의 이와 같은 정복의 역정이 한때 저지된 적도 있었다. 이때 왕은 두만강 건너까지 도망했다. 8천명의 고구려인이 중국 군사에 의해 포로가 되었거나 아니면 살해되었다고 한다. 한때 고구려는 이제 다시는 재생할 수 없을 만큼 치명적인 타격을 받은 것처럼 보였다.

서기 220년에 한의 왕조가 몰락하자 중국에는 혼란이 50년이나 계속 되었다. 서기 221년부터 227년에 이르는 이 시대의 중국 역사를 "삼국 시대"라고 부른다. 이 기간과, 중국이 남북으로 갈라진 5세기에 이르기까지 만리장성과 압록강 사이에서 소장된 소왕국들의 활동에 따라서 고구려의 군사 활동은 큰 변화를 보였다. 이 기간 동안 중국으로부터 아무런 영향이나 압력을 받지 않은 고구려는 자신의 국가를 영위하면서 힘을 길렀다. 5세기에 고구려의 군사들은 기병대의 기습으로써 오늘날의 북경까지 서진한 적이 있었다. 전투에 용감한 것과 마찬가지로 외교에도 책략이 있던 고구려는 장차 자기들에게 분란을 일으킬는지도 모르는 중원에서 패권은 다투는 두 국가에게 조공을 보냈다. 그들은 첫 왕의 성을 떼어버림으로써 선조들의 국토의 이름도 삼가 스스로를 고려라고 불렀다.

그러는 동안 고구려는 인구가 증가하여, 그 후로는 고려인으로 알려진 고구려의 이민들이 곧장 남진했다. 중국이 약하게 된다는 것은 고구려가 강해짐을 의미하는 것이었다. 중국인들은 그들의 동방 이웃 나라들에게 직함과 선물을 보냄으로써 이들과 평화를 이룩했는데 이러한 관계를 통해서 고구려인들은 그들의 남쪽 이웃 나라에 대한 활동을 자유롭게 할 수 있었다. 이웃을 몰아내면서 그들은 백제라고 하는 작은 왕국과 동맹 관계를 맺었는데 이 국가의 역사에 대해서는 다음에 논의하기로 한다. 부여족의 백성인 고구려인 들이 끝내는 백제의 영토를 점령하게 됨을 다음 장에서 보게 될 것이다. 이미 남방 정벌의 뜻을 굳힌 고구려인들은 수도를 평양에 고정시켰다.

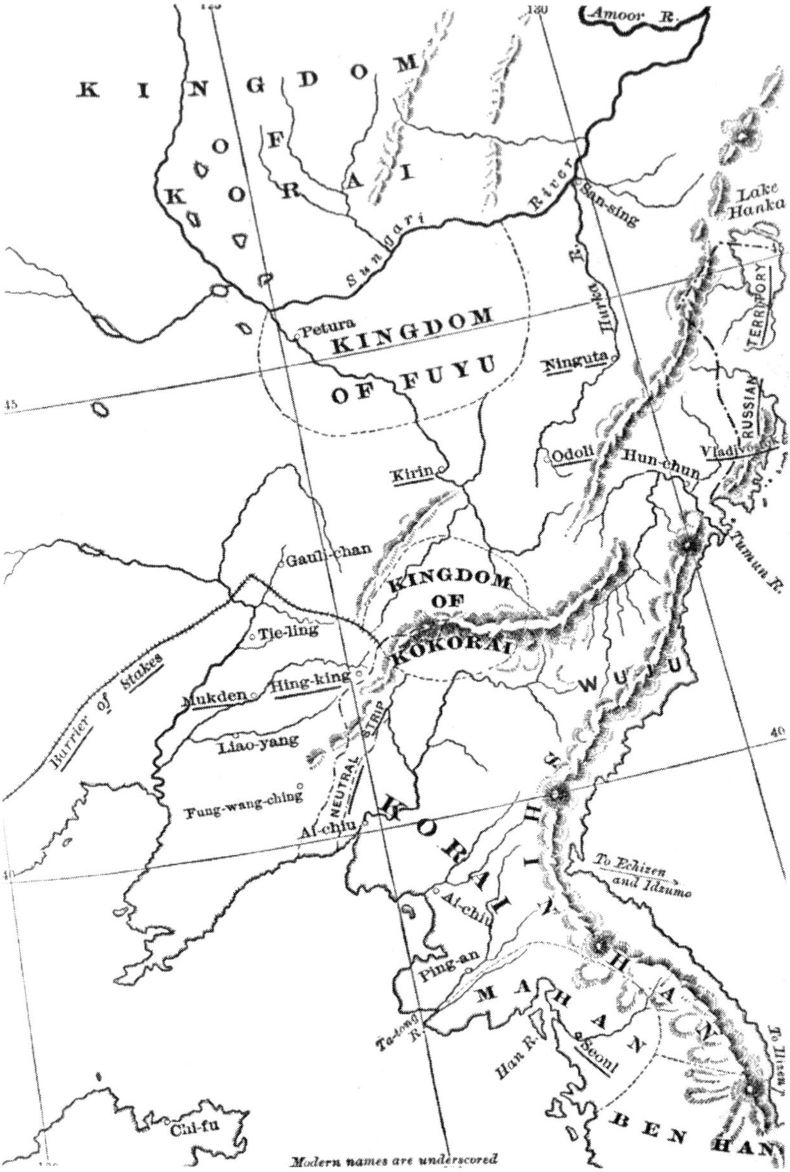
Amoor R.
KINGDOM OF KORAI
Sungari River
San-sing
Lake Hanka
Hurka R.
Petura
KINGDOM OF FUYU
Ninguta
RUSSIAN TERRITORY
Odoli
Hun-chun
Kirin
Tumun R.
Gauli-chan
KINGDOM OF KOKORAI
Tie-ling
Barrier of Stakes
Mukden
Hing-king
NEUTRAL STRIP
Liao-yang
Fung-wang-ching
Ai-chiu
KORAI
To Echizen and Idzumo
Ai-chiu
Ping-an
MAHAN
Ta-dong R.
Han R.
Seoul
BEN HAN
Chi-fu
Modern names are underscored

부여족의 터전

서기 589년 중국에서 수가 패권을 잡게 되자 고구려 왕에게 불길한 글을 보냈는데 이로 인해 고구려 왕은 과감한 전쟁 준비를 서두르게 되었다. 이 젊은 거인은 살고자 작정하고 있는데 수의 황제는 그의 목을 조르려는 뜻이 있음이 분명했다. 고구려인들의 노략질이 심지어는 만리장성의 안쪽에서까지 자행되자 그 수염 달린 용은 전쟁뿐만 아니라 이 나라를 병탄하려는 구실을 갖게 되었다. 이 목적을 위해서 30만 대군과 수백 척의 전함이 준비되었다. 전함은 산동을 출발하여 대동강으로 진입하기로 되어 있었으며, 원정의 목적지는 수도 평양이었다.

군사는 별 준비도 없이 출발하여 한 여름에 군량도 부족한 채 요하에 도착했다. 한여름에 말라리아가 심한 이 진흙탕 지역에서 기다리는 동안 수만 명의 군사들이 열병과 오질로 목숨을 잃었다. 끝없이 쏟아지는 비로 인해 도로는 곧 막히고 군수 물자의 수송이 불가능하게 되었다. 질병은 이 막강한 군대를 녹여 버렸고 1/5로 감소된 군사들은 퇴각하지 않을 수가 없었다. 황해의 폭풍으로 인해 전함들은 수십 척씩 떠내려가거나 침몰함으로써 그들은 더 이상 지탱할 수가 없었다. 이와 같은 놀라운 인명 피해와 물질적 손실을 입고서도 그의 후계 왕인 양제는 해안에 침략군이 쓸 화약고를 마련토록 하고 각처로부터 24개 군단에 달하는 원정군을 일으키도록 명령했다. 이와 같은 전쟁 준비는 지방에서 커다란 기근을 일으키고 많은 사람들이 반란을 일으키게 만들었다.

중국에서 일찍이 모병되었던 군대에서 가장 거창한 것 중의 하나인 이 군대는 100만이 넘었다. 이들의 장비는 주로 깃발, 종, 나팔 등으로 갖추어졌다. 훈련도 제대로 받지 못한 이 무리들은 더위가 시작되기 전에 요하에 도착하기 위해 행군을 시작했다. 고구려 군사들이 이미 그들의 통행을 교란하기 위해 준비하고 있었음을 그들은 알았다. 본국에서 미리 만들어 온 세 개의 다리를 강 위에 축조하여 말과 군사들을 적을 향해 진격케 하려 했으나 강폭의 계산이 잘못되어 다리의 길이가 너무 짧았기 때문에 강변에서 싸우는 동안 중국의 군사들은 이미 불리한 입장에 수천 명이 물에 빠져 죽거나 아니면 고구려 군사에게 피살되었다. 그러나 이틀 만에 다리는 연장되고 전군이 도강했다. 수의 선봉대는 요동의 요지를 점령하기 전까지 1만 명을 살해하면서 적을 추격했다. 그러나 고구려 군사들은 성내에서 위대한 수비대로서의 그들의 명성을 입증했다. 중국의 군사들은 쉽게 승리하기는커녕 여러 달 동안 포위를 한 후에도 성을 깨뜨리거나 수비대의 사기를 저하시키지 못하고 성을 맴돌았다.

그러는 동안 다른 부대는 당초의 전투 계획에 따라 북쪽과 동쪽으로 진격했다. 30만 명에 이르는 8개 군단의 병력이 압록강 서안에 도착하여 숙영했다. 분명한 금지 명령에도 불구하고 군사들은 그들이 출병할 때 가지고 왔던 100일 분의 군량을 낭비함으로써 양식도 매우 적어졌다. 파비우스 전법[2])을 쓰고 있던 고구려 장수는 그들을 숙영지에서 나오게 유혹한 다음 소전투 부대를 이용하여 그들을 평양으로부터 1백 마일에 이르는 곳까지 유인했다. 전함은 몇 리그[3]) 되는 곳에 머물러 있었지만 수군과 육군은 상대편의 소재를 서로 모르고 있었다. 현실적으로 보급품이 부족하므로, 천연적으로나 인공적으로 그토록 훌륭하게 요새화된 평양을 함락시킬 용기를 잃은 수군 대장은 어쩔 수 없이 퇴각을 명령했다. 퇴각은 늦은 여름에 시작되었으며 가장 가까운 보급 기지인 요동도 그곳으로부터 4백 마일 밖에 있었으며, 그것도 적국을 통과해야 하는 것이었다.

그들의 퇴각은 고구려 군사에 대하여는 공격의 신호로 여겨졌다. 그들은 러시아에서 나폴레옹을 습격한 코작크 병사처럼, 허기에 찬 도망병들의 옆구리를 습격하여 수천 명을 죽였다. 수군의 주력부대가 청천강을 건널 때

2) 파비우스(Fabius) 전법이라 함은 카르타고의 명장 한니발의 침략을 맞아 지연책으로 이를 물리친 로마의 명장 파비우스(Fabius Maximus : ?~203 B. C.)의 전법을 의미함.
3) 1 리그(league)는 약 3마일에 해당함.

고구려 군사들은 총력으로 이를 공격했으며 후비 사령관의 전사로 전군을 지리멸렬하게 만들었다. 뿔뿔이 흩어진 도망병들은 압록강을 건널 때까지 쉴 수도 없었다. 30만 대군 중에서 요동에 도착한 것은 겨우 몇 천 명에 지나지 않았다. 고구려인 들이 노획한 무기와 전리품, 그리고 포로가 "수십만 명"에 이르렀다. 강어귀에 있던 수군들은 그들의 동지들이 패전했다는 놀라운 소식을 듣자 고구려를 떠나 중국으로 도망쳤다. 자신의 거창한 사업이 그토록 어이없이 실패한 데 대해 너무도 격노한 수양제는 도망해 온 장교들을 본보기 삼아 공개적으로 처형했다.

지난해의 비극에도 불구하고 양제는 서기 613년에 요동성을 공격하기 위해 또다시 군대를 파견했다. 이번에는 길이가 150피트나 되는 사닥다리와 바퀴가 달린 탑이 큰 효과를 보았다. 그들의 그 거대한 과업이 완성되기 직전에 양제는 엄청난 반란을 진압하기 위해 귀경해야 했기 때문에 수의 전열은 갑자기 흩어졌다. 포위된 측의 퇴각이 너무 갑자기 이루어졌기 때문에 정오가 되어 한 고구려 군사가 수의 숙영지를 염탐했지만, 이틀이 지나서야 그들의 퇴각이 휼계가 아니었음을 알았다. 그 후 고구려의 수비대는 수군의 후미를 공격하여 큰 손실을 입혔다.

국내의 반란이 진압되자 양제는 고구려를 격멸하려는 계획을 다시 꿈꾸었지만 또 다른 폭동이 일어나 그의 걱정거리가 되었다. 왜냐하면, 고구려에 대한 세 차례의 원정으로 국고는 고갈되어 장차 운명이 확실해졌기 때문이었다. 지상군은 여유가 없었지만 평양을 함락시키기 위해 새로운 함대가 파견되었다. 그의 막대한 영지가 반란군의 손에 넘어갔지만, 양제는 보잘것없는 고구려를 병합하려는 자신의 계획을 포기하지 않았다. 이와 같은 고구려 정벌 계획은 중국의 가장 가공할 비극의 원인이 되었다. 원민이 이끄는 무뢰한과 주정뱅이와 폭군과 색한의 음모자들은 이 양제를 죽이지 않고서는 중국을 구출할 희망이 없음을 알게 되자 양제를 죽였다. 이후 고구려는 평화롭게 되었다.

이 장을 요약해 보건대, 기자는 부여의 시조였을 가능성이 있다. 고구려족은 부여로부터 이주한 부족으로서 압록강 상류의 서북 지방에 정착했다. 그들은 이미 서기 9년에 중국인들과 왕래가 있었고 서기 70년까지 동맹 관계를 맺어 온 그들은 7세기에 이르기까지 저들의 단속적인 전쟁에도 굴복하지 않고 막강한 침략군을 막아내었다. 그러는 동안에 고구려는 중국에 의해 멸망되지 않고 영토와 인구가 증가하여 국토는 반도에로 팽창되어 접경을 이루었다.

여기에 이르기까지의 한국의 역사는 한반도의 북쪽 지방과 서쪽 지방의 역사였으며, 주로 중국의 문헌에 그 근거를 두고 있다. 다음 장에서는 반도의 남부 지방과 동부 지방을 다루겠는데, 그들의 역사를 기술함에 있어서 우리는 이곳 부족과 중국 및 일본과의 관계를 지적할 것이며 자료는 대체로 일본 측의 사서에 의존했다.

제 4 장 삼 한

조선이 중국으로부터 압박을 받고 중국 제국과 접경되어 있던 서기전 107년에 대동강 이남의 전역은 삼한으로 나뉘어 있었는데 이는 지리적인 분계로 볼 수가 있다. 그들의 정확한 경계선은 확실치 않지만 그들의 대체적인 지형은 다음의 지도에서 보는 바와 같다.

1. 마한과 변한

이 작은 나라들은 각기 다른 54개의 독립된 부족을 포함하고 있었으며 일종의 족장 지배하에 통치되었다. 큰 부족의 인구는 1만 명 정도였다고 하며, 작은 부족의 인구는 1천 명이었다고 한다. 그러나 고대 기록에 나타난 개략적인 수치는 비판할 만한 가치가 거의 없다. 마한의 남쪽에는 12개 부족으로 구성된 변한이 있었는데 생활 습속은 마한과 같았지만 다른 혈통의 언어를 가지고 있었다. 이 부족 중의 하나가 임나라고 하는 작은 왕국을 이루고 있었는데 일본의 역사책에는 이곳에서 최초의 한국인이 일본을 방문했다고 한다. 조선의 왕인 기준은 역신 위만에 의해 그의 왕조가 멸망된 후 바다 쪽으로 도망해 다도해로 남행했다. 그는 믿을 만한 많은 신하와 그들의 처자를 함께 데리고 갔다. 그는 중국 천자의 치하에서 살기 싫어 황해를 건너 도

삼한

망 온 중국인 피난민으로 구성된 마한의 어느 부족 마을에 상륙했다. 원전에 의하면 1백 가구가 살고 있던 이 마을은 스스로를 백제라고 불렀다. 기준은 정복과 초빙이 혼합된 어중된 방법에 의해 곧 이곳의 왕이 되었다. 이 초기 부족들의 생활 습속은 중국의 사서에 엿보인다.

마한의 부족들은 취락을 이루고 농사를 지으며 살았지만 소나 말을 부리거나 타지는 않았는데 이는 아마 그들에게 그러한 가축이 없었기 때문으로 보인다. 그들의 집은 재목 위에 흙으로 만든 것으로서 지붕에 문이 있었다.

그들은 문자를 쓰지 않았으며 머리를 땋아 상투를 올렸다. 그들은 금이나 보석이나 또는 수놓은 옷을 값지게 여기지는 않았지만 진주를 옷에 꿰어 달고 목걸이와 귀걸이로 사용했다. 여기에서 말하는 진주라 함은 고대 일본의 마가타마[1)]와 마찬가지로 돌을 갈아 원통형이나 구부러진 모습으로 만든 것에도 적용되는 듯이 보인다. 그들은 신발을 신었으며 모직으로 된 겉옷을 입었다. 예절은 보잘 것이 없어서 여자나 나이 먹은 사람을 존경하는 일이 거의 없었다. 미주 인디언의 멋쟁이와 마찬가지로 젊은이들은 매질로써 그의 참을성을 실험했으며 등의 살을 얇게 베고 그 살 속으로 실을 꿰어 나무 조각을 달았다. 이 나무 조각은 어른이 될 때까지 매달려 있는데 더 이상 견딜 수 없으면 울면서 그것을 떼어 버렸다.

초여름에 밭일이 끝나면 부족들은 노래와 춤과 술로써 여러 신에게 경배했다. 수십 명의 부족들이 서로 빨리 쫓아다니면서 그들이 춤춘 시간을 땅위에 새겨 둔다. 추수가 끝난 늦가을이 되면 그들은 이와 같은 의식을 되풀이한다. 각 부족에는 족장으로 선출된 사람이 있는데 그가 하늘의 신에게 제물을 바친다. 하늘의 신에게 경배하기 위해서 그들은 높다란 장대 위에 북과 징을 매단다. 아마도 이러한 풍습은 높고도 볼품없는 탑의 모서리에 풍경을 다는 풍습의 시원인 것 같다.

마한의 식용품 중에는 꼬리의 길이가 5피트나 되는 닭이 있다. "꼬리가 1야드나 되는 이 닭"은 꿩이었음이 분명한데 이 조류는 아직도 한국의 식탁의 품위를 높여 주고 있다. 배와 사과의 중간 크기만 하고 별맛이 없는 큰 배가 당시에도 지금과 마찬가지로 대량 생산되었다. 향료를 섞어 음식 맛을 돋웠다.

기준의 통치가 엄하고, 그 백성의 문명이 진보된 것이었기 때문에 백제인

---

1) 마가타마(勾玉) : 곡옥이라고도 함. 옛날 일본인들의 장신구로 사용되던 구부러진 구슬을 의미함.

은 점차로 자신의 권위와 영향력을 밖으로 팽창시켰다. 부족의 명칭은 통치 권위를 의미하는 대신에 때로는 없어지거나 아니면 부족의 상징이 됨으로써 4세기가 되어 백제는 진한과 변한의 일부 지역은 물론 마한 54개 부족을 지배하는 군주국이 되었다. 이리하여 백제 왕국(일본어로는 "쿠다라"로, 중국어로는 "베츠"로 발음된다)이 건설되어 통일 고려에 의해 명실공히 멸망된 10세기에 이르기까지 그 역사는 연장되고 있다. 백제의 대일 관계는 대체로 우호적이었으며 일본의 도시 국가들은 그들에 대한 침략을 일삼는 중국 민족과 적대적인 연방인 신라족에 대항해 백제와 군사적으로 우방이 되었다. 신라의 기원에 대하여는 앞으로 상술하게 될 것이다.

2. 진한

진이 중국에서 멸망한 다음 소수의 피난민들이 그들의 고향을 떠나 황해를 건너 동해 쪽으로 가는 중에 큰 산맥을 만나 잠시 쉬었다가 이곳에서 계곡과 해안선을 따라 정착하게 되었다. 처음에 그들은 언어와 혈통의 순수성을 지키면서 한의 12부족 중의 하나를 이루었다. 이들의 이름인 진한은 그 부족의 연원을 가르쳐 주는 것으로서 한국의 동부 지방의 12부족 중의 하나에 속했다. 백제의 경우와 마찬가지로 진한 족도 우수한 능력과 지혜를 가지고 있었기 때문에 자신의 권한과 국경을 확대해 점차로 강대하게 되었다. 그들은 자신이 다른 모든 부족들보다 우월하다고 생각하게 되자 22대 지중왕에 이르러 나라 이름을 신라(중국 음으로는 "신로")로 바꾸었다.

일본의 역사서에 의하면 서기 29년에서 70년 사이에 신라의 사신이 일본에 도착해 미카도를 만나서 거울, 칼, 보석 그리고 그 밖의 공예품을 선사했다고 한다. 이 사실에서 우리는 일본의 장신술의 연원에 관해 힌트를 얻게 된다. 신라의 품위 있는 생활 습속과 세습적 귀족제와 요새화된 성곽에 관한 중국 사가들의 기록과 함께 이 선물에서 추측하건대 신라의 문화 수준은 북쪽의 이웃 나라보다 훨씬 더 높았음이 분명하다. 그들은 확실히 일본보다도 우월한 문명을 향유했다. 다음에서 언급하는 바와 같이 일본 민족은 기름진 토지, 부유한 도시, 그리고 서방에서 찾아오는 방문객들에게 방비가 필요 없던 해안에서 가통을 잇고 싶은 유혹을 쉽게 느꼈었다.

진한에 정착한 중국의 이민들이 얼마나 오랫동안 자신의 언어와 풍습을 유지했는지는 알 수가 없다. 그것들이 단 몇 대를 거친 다음 없어졌다고 하더라도 반도의 원주민에 대한 그들의 영향이 심각했던 것만은 분명한 사실이다. 처음부터 끝까지 신라의 문화는 반도 내의 모든 소왕국들은 능가했다. 애당초 이곳에는 78개의 부족 국가가 있었다. 마한과는 달리 진한의 부족들은 목책으로 둘러싼 도시와 가옥에서 살았는데, 가옥도 문이 마한처럼 지붕 위에 뚫린 것이 아니라 땅 위에 뚫려 있었다. 그들은 뽕나무를 재배하고 누에를 기르고 비단을 짰다. 그들은 고삐 낀 소로 마차를 끌게 했으며 "도로법"을 실시했다.

결혼은 적절한 의식에 따라 거행되었다. 그들이 좋아하는 놀이는 춤과 술과 노래였으며 북뿐만 아니라 가야금도 연주했다. 그들은 용광술과 단금술을 알고 있었으며, 이 금속을 화폐로 이용했다. 그들은 마한, 변한 그리고 일본과도 교역했다. 이들의 예술이 중국으로부터 온 상인에 의해 어느 정도까지 도입·격려되었는지는 알 수 없다. 신라는 자신의 문화와 부와 철기 지식으로 반도 내에서 주도권을 행사했음이 분명하다. 새로이 태어난 아이의 머리를 평평하게 만드는 기이한 풍습이 진한족에도 기록되어 있는데, 이 풍습은 미국의 인디언 가운데에도 잘 알려진 것이다.

중국의 사서나 일본의 전설에는 중국으로부터 수백 가구가 이미 한족들이 살고 있던 반도에로 이주했다는 데 대해 다소의 참고가 될 만한 것이 있기는 하지만 원주민들이 언제 어디에서 왔는지에 관하여는 아무런 언급이 없다. 이미 그곳에는 중국과도 다른 언어와 풍속을 가진 소수의 부족들이 살고 있었다는 것을 겨우 알 수 있을 뿐이다. 숫적으로 비교적 소수였던 중국인 이주민의 후손들은 다수의 원주민 속에서 사는 동안 그들의 언어와 선조들의 풍습을 곧 잊어버렸다는 것은 의심할 나위도 없다. 이 원주민들은 멀리 북방으로부터 내려온 새로운 부족에게 그들의 기업을 양보하지 않을 수가 없었는데, 이에 관해서는 다음에 더 논의하기로 한다. 일본의 사가들은 엉성하게 조직된 부족 국가인 삼한과 삼국을 구별하는 것처럼 보인다. 그러나 한국의 사가들은 삼한이라고 할 때에는 다만 반도의 정치적 세 구역을 의미하며 오히려 삼국의 발흥을 의미하는 것으로 삼한이라는 말을 쓰고 있다.

조선에서 사용되는 소액 통화인 엽전에는 "삼한통보"라는 글귀가 있는데 이는 북의 고구려와 남동의 신라와 남서의 백제를 의미하는 것이다. 일본인들은 이를 각기 "고메", "시리아키", "쿠다라"라고 발음하며, 중국인들은 "까오리", "신로", "베츠"라고 발음한다. 잉글랜드, 스코틀랜드, 그리고 웨일즈의 세 왕국 역시 브리타니아, 칼레도니아[2], 캄브리아[3]로 부르는 것과 마찬가지로 한반도의 이 부족 국가들은 연원에 있어서는 각기 달랐지만, 외부로부터 들어온 한 종족에 의해 정복되어 이방 족의 피를 다량으로 받아들였으며 수세기에 걸쳐 적대적으로 싸우다가 끝내는 한 국가로 통일되어 한 깃발과 한 주권 아래 뭉치게 된 것이다.

삼한통보

---

2) 칼레도니아(Caledonia) : 스코틀랜드의 옛 이름으로 시적으로 표현할 경우에는 이렇게 씀.
3) 캄브리아(Cambria) : 웨일즈의 별칭.

제 5 장 삼국의 발흥 : 백제

유사 이래 10세기에 이르기까지 한반도의 역사는 거의가 계속적인 내전과 국경 전쟁의 그것이었다. 침략과 보복, 승리와 패전에 따라서 수시로 변하는 적대 국가의 국경은 전쟁의 규모를 결정했다. 매 1세기 또는 반세기 동안에 한반도의 정치적 상황을 보여주는 일련의 지도들은 그 국경의 변화가 무상하며 원주민과 대륙 민족이 패권을 다투던 당시의 영국의 지도와 흡사하다. 일본인 역사가인 오츠키 도요는 그의 저술인『황조역대연혁도해』라는 책 속에서 한반도의 정치 지리의 변화를 그려보려고 시도한 적이 있다.

지금 이 서술은 지나치게 간결한 방법으로 전쟁의 모습만을 기술하는 것처럼 보이지만, 한때 문명의 저위에 놓여 있던 백제가 급격히 성장해 한동안 반도의 주도적인 국가가 되었다고 하는 사실을 잊어서는 안 된다. 중국과 충돌이 일어나기 전까지만 해도 백제는 반도 내에서 문자 문화의 주도권을 잡고 있었다. 공자와 맹자의 경전이 그들의 서간, 저술 및 전반적인 문예적 시혜와 함께 반도에서 최초로 백제에 소개되었다. 서기 374년에 고흥[4]이 박사로 임명되었으며 열정적인 학자들이 도성으로 모여들었다. 불교가

4) 고흥(高興) : 백제의 사가로서 서기 374년이 아닌 375년에 처음으로 박사가 되었으며 「서기」, 「백제기」, 「백제본기」, 「백제신찬」 등을 지었으나 지금은 전해지지 않고 있다.

그의 교육적인 영향력을 수반함으로써 광명과 문명의 초점을 이루었다. 이미 서기 372년에 북부 지방 불교의 한 승려[5]가 요동을 통과했는데, 그는 압록강을 건넌 것 같다. 서기 384년에 티베트의 중인 마라난타가 일찍이 백제에 절과 암자를 지었는데 남자는 물론 여자들까지도 그리로 들어가 불제자가 되었다. 이 새로운 문명의 인자가 신라나 고구려에 뿌리박기 오래 전에 인도의 철학이 백제라는 작은 왕국에 터를 잡고 번창했으며, 그 영향은 멀리 일본에까지 미치었다.

한문과 중국의 윤리를 최초로 일본에 가르쳐 준 사람은 백제의 왕인이었는데 그는 또한 불경과 불상을 일본에 전한 최초의 인물이기도 하다. 일본은 한반도 내의 어느 나라보다도 백제로부터 서방 문명에 대한 최초의 충격을 받았다. 서기 345년에 이미 백제는 고구려와 동맹 관계를 맺었는데 이 무렵 신라는 여러 고을을 잃는 아픔을 겪었다. 5세기경에 백제는 위의 왕이 조공을 강요하기 위해 파견한 중국의 군대를 격파했다. 이와 같은 불의의 전과로 소위 동이의 평판은 중국 황제의 마음을 크게 움직여 그는 백제 왕에게 "동방의 위대한 보호자"라는 칭호를 주었다. 이와 같은 관계로 이 작은 왕국의 독립은 사실상 인정된 셈이다. 6세기에 백제는 중국과 상호 원조 관계를 유지하고, 고구려와 적대 관계에 놓여 있는 신라와 화평을 유지함으로써 북쪽에 있는 격노한 이웃 나라의 군대로 국경이 황폐하게 되었다. 그 뒤 고구려와 백제는 서로 화평을 유지하면서 당의 봉신이 된 신라에 대항해 동맹을 맺었음을 우리는 알 수가 있다.

중국 황제의 이와 같은 동맹으로부터 고구려와 백제는 장차 치명적인 일격을 당하도록 되어 있었다. 서기 660년에 중국의 황제는 신라의 구원에 응해 10만 명을 태운 수백 척의 전함을 산동으로부터 파견했다. 서쪽에서 몰

---

5) 전진왕 부견이 파견한 중 순도를 의미한다. 그는 불상과 경문을 고구려에 가져와 초문사를 짓고(서기 375) 이곳에 최초로 불교를 시작했다.

려온 이 군대에 대항해 백제군은 거의 저항할 수 없었으며 침략자에게 용감히 돌격했지만 패전만 겪었다. 임진강[6] 어귀에서 승리를 거둔 후에 당의 군사들은 즉시 백제의 도성으로 진격해 지방군을 격파하고 끔찍스럽게 학살했다. 왕은 북으로 도망치고 도성에는 방어군마저도 거의 없게 되자 나약한 수비대들은 성문을 열어 주었다. 당의 깃발이 모든 성벽 위에서 휘날리고 또 하나의 국가가 중국 제국에 복속되었다. 당분간 백제는 화난 개에게 물린 파리처럼 중국에 함몰된다.

그러나 이 작은 왕국은 오랫동안 역사의 장에서 사라지지는 않았다. 서기 670년에는 애국심에 불타는 한 중[7]이 승군을 이끌고 궐기해 용감한 장수인 복신[8]과 합세했다. 이들은 막강한 당군 수비대가 점령하고 있던 한 도시를 포위했다. 이와 때를 같이하여 이들은 일본의 천황에게 글을 보내 "도적의 나라"로부터 백제를 구해 줄 것을 간청했다. 그들은 또한 마지막 왕의 젊은 아들로서 당시 일본에 볼모가 되어 공부하고 있던 왕자 풍[9]에게 왕의 칭호를 주어 귀국시켜 줄 것도 아울러 간청했다. 미카도는 4백 척의 전함과 상당수의 군대를 파견해 왕통을 이을 후계자의 귀국 길을 호위케 했다. 풍은 백제에 도착해 왕으로 추대되었다. 그러는 동안 복신이 이끄는 군대는 거의 모든 국토를 재탈환했다가 반군을 진압하기 위해 급히 파견된 막강한 당군에 의해 해안 근처에서 치명적인 패배를 당했다. 침략군들은 동쪽으로 진군

6) 본문에는 Rin-yin River라고 되어 있는데 아마 임진강을 의미하는 것으로 보인다. 그러나 이 당시 임진강은 고구려의 영토였으며 실제로 당의 군사가 백제군을 격파한 곳은 금강 어귀였다.

7) 도침(道琛, ?~661)을 의미함. 그는 백제의 중으로서 나당연합군에 의해 백제가 멸망하자(서기 660) 백제의 유민을 모아 부흥 운동을 전개했으나 내분으로 피살되었음.

8) 복신(福信, ?~663) : 백제 의자왕의 종제로서 백제가 멸망하자 왕자 풍을 옹립하고 흑치상지와 함께 거병했으나 내분으로 풍에게 피살되었음.

9) 풍(豊) : 의자왕의 아들로서 일본에 볼모로 가 있다가 백제가 멸망하자 일본 병사 5천을 이끌고 백제 부흥에 노력했으나 내분으로 실패했다. 그 후 고구려로 망명했다가 다시 고구려가 망하매 다시 당으로 잡혀가 그곳에서 죽었다.

해 신라군과 합세했다. 이제 백제가 부흥할 전망은 절망적인 것이 되었다.

심지어는 백제의 부흥군 사이에도 행동 통일이 이루어지지 않았다. 복신은 도침을 죽였고 그의 이와 같은 방자한 행위는 풍의 의심을 불러일으켜 풍도 또한 사람을 보내 복신을 죽였다. 풍은 일본에 사람을 보내 증원군을 요청했다. 일본의 천황은 지난날의 맹방을 도울 뜻이 있는데다가 당군이 승리하게 되면 다음에는 자기 나라로 침략해 올 것을 두려워하고 있었기 때문에 풍의 요청에 즉각 응했다. 일본 파견대는 한강 어귀에 상륙해 야영함으로써 바다로 신라군을 공략할 준비를 했다. 가까이에 적이 있는 것을 알지 못한 백제와 동맹국 일본은 그들의 경계를 소홀히 했다. 당의 깃발을 휘날리는 전함이 일본의 야영지에 갑자기 나타났다. 일본군이 이들을 대적하고 있는 동안 당의 지상군은 이들의 측면을 공격했다. 이에 놀란 일본의 전사들은 양 떼처럼 바다 쪽으로 쫓겨 물에 빠져 죽거나 아니면 당의 궁수들의 활에 맞아 죽었다. 일본 함대는 피가 흐르는 강어귀에 닻을 내리고 있다가 화공을 당했으며, 일부의 패잔병들은 처량한 모습으로 자기 나라로 돌아갔다. 자기의 주력 부대가 꺾이는 것은 본 풍은 고구려로 도망했으며 백제의 강토는 격노한 당군의 말발굽 아래 황폐하게 약탈당했다. 30대의 왕통과 7백년에 가까운 역사를 가진 백제는 이제 완전히 멸망했다.[10] 도성은 호랑이의 소굴이 되었으며 그토록 기름지던 토지에는 잡초만 무성하게 되었고 강토의 대부분은 황폐하게 되었다. 당군은 전쟁에서 죽은 시체와 기근으로 희생된 백골들을 매장하라고 명령했지만 수천 명의 백제 유민들은 피난처를 찾아 새로운 기업을 이룩하기 위해 다른 곳으로 떠나갔다. 반도의 남부는 물론 그들의 기름진 토지에 그대로 남아 있던 유민들은 신라의 통치하에 들어갔다.

---

10) 백제는 31대 678년만에 멸망했다.

일본군 패잔병의 일부는 고국으로 돌아갔거나 아니면 한반도의 남부 지방에 정착했다. 당군의 노예와 같은 생활이 싫은 수천 명의 백제 유민들은 그들의 동맹군을 따라 일본으로 건너갔다. 그들은 일본에 도착하자 미카도의 명령에 따라 남녀 4백 명은 오미 지방에 정착했으며 2천 명은 동부 지방인 간토에 정주했다. 백제의 이 이민들은 이곳에서 도자기 제조를 시작했으며, 그들의 후손은 일본인과 혼혈이 되면서도, 선조들의 유업을 계승했다.

서기 710년, 가난에 불만을 품어 오던 차에 일본의 제의에 이끌린 또 다른 백제 유민들 1,800명이 일본으로 건너갔다. 그들은 오늘날 도쿄에 위치하고 있는 무사시[11]에 정착했다. 그 후에도 여러 차례 한인들이 일본으로 건너갔다는 사실이 일본 측의 사서에 보인다. 한반도로부터 수만 명이 당의 침략군을 피해 일본으로 건너가서 일본인과 혼혈을 이루면서 미카도 치하의 일본에서 정착한 것으로 추정된다. 피난민 중에는 승려와 비구니들이 많았는데 이들은 그들의 서적을 가져가서 나라의 관리들을 가르침으로써 이곳에 문예적인 분위기를 전해 주었다. 학교를 세우고 일본의 지식인들을 깨우치고 일본 문학을 최초로 시작하고 일본의 최고 사서인 『고사기』[12]와 『일본서기』[13](이들은 7세기 후반과 8세기 초에 만들어진 것이다)를 기록했다. 이 모든 것들은 당에 패하고 일본에 정착한 백제 학자들의 유입에서 그 연원을 찾을 수 있다. 심지어는 백제의 학자들이 가르쳐 준 한자의 발음이 오늘날까지도 남아 있다. 그중의 하나를 예로 들어본다면 학식 있는 여자인 여승 법명[14]은 자기의 학원을 세웠다. 이것은 학자들 사이에서 몹시도 인기

---

11) 무사시(武藏) : 일본의 고지명. 지금의 동경도 기옥현인데 무주라고도 함.
12) 「고사기」 : 일본의 역사책. 오노 야스마로가 서기 712년에 지은 것으로서 일본의 개벽시대로부터 서기 628년(34대 추고천황)에 이르기까지의 신화 · 전설 · 가사를 수록하고 있다. 전 3권.
13) 「일본서기」 : 서기 720년에 도네리친왕이 총재가 되어 쓴 일본의 역사책. 일본의 고대로부터 41대 지토천황(689~697)에 이르기까지의 전설과 사실을 편년체로 기록한 정사로서 전 30권 15책임.

가 있었으며, 칙령으로 이를 금했지만 이들은 근절되지 않았다. 이들은 서기 655년에 대마도에서 학교를 세우고 거기에서 중국음인 오음15)을 가르쳤는데 이는 통속 학자들이 사용하던 한음16)에 대항해 오늘날까지도 일본의 승려 문단의 주권을 쥐고 있다. 두 음 중에서 더 오래 된 오음은 고대 북중의 발음이며 한음은 중세 남경의 발음이다. 표음문자를 쓰고 있는 한국과 일본은 중국어 그 자체보다 더 훌륭하게 고대의 중국 음을 간직하고 그 형식에 맞추어 발음하고 있는데 이는 중국인들의 문자가 표음 문자가 아니라 표의 문자여서 세월이 흐름에 따라서 그 발음이 변하기 때문이다.

백제는 이미 서기 552년에 일본에 불교를 전파했지만, 그 반대파들은 불교의 포교를 방해하고 사원을 불태우고 불상을 강물에 던져 버렸다. 서기 684년에 한 군역이 백제로부터 또 다른 불상을 가져왔는데, 당시 미카도의 한 대신이었던 소카노 이나메의 아들인 우마코가 이 불상을 자기 집안의 불당에 모셨다. 그는 두 백제인인 혜편과 도전17)을 중으로 만들고 그의 딸을 비구니로 만들었다. 그들은 불교 의식을 거행했는데, 이때부터 일본의 불교18)는 급히 보급되었다. 그 당시 해 뜨는 쪽에 있는 나라는 한국인들에게

---

14) 법명(法明, Himio) : 백제의 비구니로서 일본에 건너가 한문을 가르쳤으며, 일본 역사상 최초의 비구니가 되었다.

15) 오음(吳音) : 한음 이전에 일본에 전해진 한자음의 하나로서 6세기경 양자강 지방의 발음이 전해져서 일어화한 것으로서 인간(にんげん) 등이 그 예이다.

16) 한음(漢音) : 당대에 중국의 북쪽에서 사용되던 음이 전해져서 일본화한 것으로서 인간(ジソカソ)등이 그 예이다. 필자는 여기서 그 음의 전래지[南北]를 바꾸어 생각하고 있다.

17) 도전은 니가 된 후에 선신이라고 이름을 바꾸었다. 이에 관한 자세한 설명은, 황패강, "신라불교설화연구", 동양학 제3집(단국대학교, 서울, 1973, pp. 165~226) 참조.

18) (필자 주) 파주와 충청도 은진에는 거대한 석불이 있다. 파주에 있는 석불은 미국의 해군 대위 버나든(J. G. Bernadon)에 의해 발견된 것으로서 전나무 숲 속에 있는 큰 바위에 양각되어 있다. 그의 머리와 모자는 나무 위로 솟아 있다. 그중의 하나는 네모난 모자를 쓰고 있고 다른 하나는 둥근 모자를 쓰고 있는데 애스톤(G. W. Aston) 씨는 그들의 모자가 본래 음양을 상징하는 것이라고 추측하고 있다.(G. W. Aston, *Hidéyoshi's Invasion of Korea*, p. 329) 충청도 은진에서 미국 해군의 후크(G. C. Foulk) 씨는 등대처럼 보이는 물체가 15마일 밖에 있는 것을 보았다. 가까이 가서 보니 이 반인석상은 높이 64피트의

새로운 나라로 인식되었는데 이는 미국인에 대한 소위 서부나, 영국인에 대한 오스트레일리아와 같은 의미를 갖는다. 일본인들은 이 백제의 유민들을 환영했다. 그들의 유입과 함께 산업과 학문과 기예가 전래됨으로써 혈통과 문화가 이상적으로 배합되어 일본을 살찌게 만들었다. 백제는 삼국 중에서도 내전에 의해 약화되었다가 그 뒤 중국의 정복 욕망에 희생된 최초의 국가였다.

삼국 중 다른 두 왕국의 발전과 멸망은 이제 다음 장에서 논의하게 될 것이다. 고구려의 역사를 논술함에 있어 우리는 당[19]의 군사들이 고구려인에 의해 무참하게 피살당하고 퇴각한 서기 613년부터 이야기를 시작하겠다.

흰 화강암 불상의 끝 부분이었다. 이와 비슷한 불상은 한국의 도처에서 발견된다. 한국인들은 이러한 석상을 미륵이라고 부른다.(일본어에서는 이를 미로꾸부쓰라고 하는데 그 음이 일치된다.) 라쿠페리(Terrien de Lacouperie) 교수는 이를 주제로 하여 훌륭한 글을 썼다. 중국 문화권의 아시아에 있는 불상에서 볼 수 있는 축 늘어진 귀, 이마의 점, 그리고 전통적인 얼굴 모습 이외에도, 은진 미륵은 중간의 기둥에 접착된 2장의 석판으로 만들어진 매우 높은 2중창의 모자를 쓰고 있었는데, 이는 중국인들의 옛날 의식 때 쓰는 모자와 인도의 탑처럼 보이는 우산을 연상시켜 주고 있었다. 이 미륵들은 백제의 유지에서 있다. 칼스(W. R. Carles)는 그의 저서 『조선에서의 생활』(1888)에 은진 미륵의 사진을 싣고 있다. 그 보다 더 작은 미륵들이 근처의 절과 암자에 있다.

19) 당의 군사가 아니라 수의 군사임.

제 6 장 삼국의 발흥 : 고구려

한호가 서룡을 몰아낸 후인 7세기 초, 중국과 고구려는 한 세대 동안 평화를 유지했다. 피살자들의 뼈를 묻고 분향을 하여 죽은 자의 넋을 위로했다. 서기 622년에 고구려의 제천의식을 감독하기 위해 중국에서 파견되었던 때와 동일한 칙사가 삼국의 각 왕실을 방문했다. 이 칙사는 그 사명을 훌륭하게 성공시켰기 때문에, 삼국의 왕실에서는 조공과 함께 사신을 보내어 황제의 즉위를 축하했다. 자신의 호의를 보이는 뜻에서 중국의 황제는 모든 포로들을 그 본국으로 되돌려 보냈으며 이곳의 젊은이들을 자기 도성에 있는 황실대학의 학생으로 받아 주겠다고 선언했다. 이 후로부터 그 뒤 몇 세기 동안에 보여준 많은 예와 같이 고구려 · 신라 · 백제의 귀족 자제들과 장래가 촉망되는 청년들이 남경에 유학했으며, 이곳에서 그들의 사신들은 아라비아의 상인을 만났다. 내부 · 동부 · 서부 · 남부 · 북부라는 명칭을 각기 갖는 5부로 나뉜 고구려는 동해로부터 요하에 이르기까지 국토가 확장되었으며 잠깐씩 평화를 누렸지만 남쪽 국경만은 항상 예외였으니, 고구려와 신라가 오래도록 적대 관계를 이루고 있었기 때문이었다. 고구려는 두만강 건너 북쪽에 있는 부여 왕국과 평화를 유지했으며, 일본과도 친밀한 관계였으나 중국과는 적대 관계였다.

그러나 중국의 조정은 즉시 압록강 서쪽의 고구려 영토를 탐나는 눈으로 바라보기 시작했으며 압록강이야말로 그들의 천연적인 국경이 되어야 한다고 믿고 있었다. 그러는 동안 황제는 곧 국경을 수정하고자 하는 소망을 품게 되었다. 그들의 선제 중의 하나가 그 보잘것없는 고구려를 병탄하기 위해 수백만 명의 인명과 수많은 재화를 헛되이 소모했던 사실을 잊을 수는 없었지만, 그의 야망과 자존심은 그가 정복과 보복을 위해 살육을 감행토록 자극했다. 그는 다만 구실을 기다리고 있었다.

이 무렵 고구려의 운명은 고대로부터 이곳에 도입된 봉건주의의 성격에 의해 심각한 영향을 받고 있었는데, 이러한 봉건주의는 부여족을 특징짓는 제도 중의 하나였다. 고구려의 정부는 단지 왕실의 정부에 지나지 않는 것이었는데 왕실은 봉토를 교대로 점유하는 유력한 귀족들을 충성이라는 연대 물로써 어느 정도 장악하고 있었다. 어떤 우연한 기회에 이들 귀족 지주들은 왕보다 그 권력이 조금도 미약하지 않게 되었다.

서기 641년에 왕[1]은 그 부하 중 어느 한 사람[2]의 야심을 꺾고, 심지어는 그를 죽이려고까지 했으나 일이 실패로 돌아가 오히려 그 부하의 손에 죽었다. 그 부하는 죽은 왕의 조카[3]로 왕위를 잇는다고 선언하고 스스로 막리지가 되었다. 그는 이와 같이 하여 국가의 모든 실권을 장악했다. 또 그는 엄청난 육체적 힘과 지적 능력을 가진 사람이었기 때문에 모든 백성들은 즉시 새로운 질서에 복종하는 동시에 민심도 그에게 귀의했다. 그러자 막리지는 군사를 파견하여 신라의 국경을 유린하고 북위 37도에 이르는 모든 고을을 병합했다. 중국의 황제는 신왕에게는 임명장을 보냈지만, 이 조선의 워리크[4]에게는 자신의 동맹국인 신라로부터 침략군을 회군시키도록 명령했다.

---

1) 고구려 27대 영류왕(?~642)을 의미함.
2) 대막리지 연개소문(?~666)을 의미함.
3) 고구려의 마지막 왕인 28대 보장왕을 의미함.
4) 워리크(Richard N. Warwick : 1428~71) : 영국의 군인이며 정치가. 백작. 그는 신하된 자로서 함부로 왕을 바꾸었기 때문에 The Kingmaker라는 칭호를 들었다.

막리지는 충성스럽게 조공을 바치기는 했지만 중국이 조선의 내정에 간섭할 권리를 갖는다는 것을 인정하지 않았다. 조공은 모독적으로 반송되었으며, 전쟁이 확실하게 되자 고구려는 최악의 경우에 대비했다. 한국의 역사를 보면 중국과의 전쟁이 그치지 않고 계속되었다. 그렇기 때문에 호란이라는 단어가 한국사에 흔히 나타나는데, 이는 중국과의 전쟁이 수십 회로 헤아려지고 있기 때문이다.

또다시 황해는 중국의 정벌군을 실은 침략 함대로 포말이 일어났다. 이들은 반도의 머리 쪽에 상륙하기로 되어 있었다. 그러는 동안 다른 진로로 두 무리의 지상군이 육지로 파견되었다. 당태종은 황제의 대권을 철저하게 신봉하는 사람이었는데 그의 정치적 교의는 유럽의 왕권신수설에 상응하는 아시아적 형태였다. 이러한 교의는 히브리의 경전에서와 마찬가지로 유교 경전에서도 쉽게 찾아 볼 수 있는 것이다. 이번 출병은 다만 황제의 명예를 되찾고 시역의 무리들을 응징하려는 것이지 양민을 해치려는 것은 아니라고 그는 선언했다. 침략군은 순식간에 요동을 통과했으며 각 고을이 차례로 함락되었다. 황제가 친히 군대를 영솔했으며, 강을 건넌 다음에는 스스로 모든 다리를 불태웠다. 진흙땅과 여름철 폭우에도 불구하고 그는 쉬지 않고 진군하면서 성벽이 둘러싸인 마을을 포위함에 있어서는 스스로 나서서 군병들을 도와주었는데 이 마을을 함락하는 것은 곧 요동 평야에 길을 닦는 것이나 다름이 없었다. 오랜 포위 끝에 함락된 어느 마을에서는 1만 명의 고구려인이 학살되었다고 한다. 조명에 따라 즉시 항복했거나 또는 저항을 거의 하지 않은 고을의 포로들은 관대하고도 심지어는 친절한 대접을 받았다. 7월이 되기까지 압록강 서안의 모든 고을을 함락시킨 당군은 압록강을 건너 평양으로부터 북쪽으로 단지 40마일 밖에 있는 안주[5]에 도착했다.

---

5) 안주는 현재 평안남도 서북단(청천강 입구)의 군인데 여기서는 안시성을 오기하고 있는 것으로 보임.

한 개인의 초인적인 능력에 의해 민중을 전면 동원함으로써 중국 군을 저지하기 위해 15만 명의 고구려 군이 파병되었다. 이들은 성 밖 3마일 지점의 한 언덕 위에 포진했다. 중국의 황제에 의해 손수 입안된 그 후의 전투 계획은 그의 장병들에 의해 훌륭하게 수행되었으며, 함정에 빠진 고구려 군의 전면적인 패주가 잇따라 일어남으로써 2만 명이 피살되었다. 그 다음날 고구려의 장수는 4만 명의 잔군과 함께 포위되었다. 5만 필의 말과 1만 벌의 갑주가 노획되었다. 보병들은 석방되어 귀향했지만 지도급 인물들은 포로가 되어 중국으로 호송되었다.

그토록 인적으로나 물적으로 심한 타격을 입게 되면 누구나 포위된 도시를 포기하고 즉시 항복할 마음을 먹게 되는데 고구려의 수비대는 항복은커녕 그들의 방어력을 배가했다. 이러한 과정에서 우리는 한국의 군인이 당시와 그 이전부터 신미양요(1871)에 이르기까지 보여준 그 놀라운 기백을 엿볼 수가 있다. 중국인 · 일본인 · 프랑스인 그리고 미국인들은 이러한 사실을 경험했으며, 그에 대해 경탄하고 있다. 한국군은 야전에서는 빈약하며 개인적인 용기도 나약하다. 그들은 지쳐들어 오는 적을 대적할 수도 없으며, 끈질긴 전투를 견뎌 낼 수가 없다. 그러나 그들을 성 뒤에 둔다거나 궁지로 몰아넣어 보라. 겁에 질린 사슴이 오히려 사냥개를 놀라게 한다. 그들의 모든 본성은 오히려 더 강하게 된다. 그때 그들은 단순히 용감한 정도가 아니다. 그들의 용기는 더 높은 차원으로 승화된다. 그들은 최후의 한 사람까지 싸우며, 적이 계급장을 손질하고 있는 동안 그들은 철갑으로 자신의 몸을 두른다.

임진왜란 당시 왜병이 목격한 바에 의하면 조선군은 야전에서는 고양이 새끼이지만 성안으로만 들어가면 호랑이처럼 버틴다. 병인양요(1866) 당시 조선군들은 벽 뒤에서는 무적의 힘을 과시했지만 실상 프랑스군들은 총을 겨눌 대상을 한 사람도 보지 못했다. 미국의 소수의 수병들은 야전에서는 수천 마리의 갈매기와 싸우듯이 피해를 입지 않았지만 성안으로 들어갔던 그들은 용감한 거인을 만났다. 미국의 총검 앞에서 이토록 훌륭했던 적은 일찍이 없었다. 비록 무장이 되어 있지 않을지라도 그들은 흙덩이와 돌멩이로써 마지막 한 사람이 죽을 때까지 싸운다. 광야의 양떼가 성안으로 들어가면 사자가 된다는 사실을 미국 수병들은 알았다.

고구려 군사들은 자신의 약점과 강점을 잘 알고 있었기 때문에 양쪽 바다로부터 밀려들어오는 적을 섬멸할 방법을 알고 있었다. 오른쪽으로는 적국을 차단하고, 왼쪽으로는 거친 바다로 적을 막고, 북쪽으로는 험한 산이 가로막혀 있으며, 중국과는 황폐한 무인 지대로 분리되어 있는 한반도는 군수품의 공급지로부터 멀리 떨어져 나와 있는 침략군을 쉽게 물리칠 수가 있다. 일단 적이 쳐들어오면 시설이 훌륭한 성곽 안으로 들어가 문을 닫고서는 가끔 출격하여 적을 괴롭힐 뿐만 아니라 그들이 굶주려 도망치게 하는 것이, 계속하여 쳐들어오는 막강한 적을 무찌르고 끝내는 자신의 독립을 유지할 수 있었던 고대 한국의 전법이었다. 모든 도시와 전략적으로 중요한 고을이 훌륭하게 축성되었던 봉건국가 시절에는 이와 같은 전법이 훌륭하게 수행되었다. 성벽은 그들에게 피난처를 마련해 주었으며, 그들의 개인적인 용기는 그들에게 안식을 주었다. 포위된 수비대를 굶겨 죽이는 통상적인 전쟁과는 입장이 뒤바뀌어 포위한 측은 허기진 채로 더 이상 싸울 수가 없어서 끝내는 포위망을 풀고 회군하게 된다. 이와 같은 확고한 전법을 오랫동안 견지함으로써 조선은 중국이라는 거상으로부터 끝내 자신을 보호하고 국제 사회에서 자신의 독립을 유지해 왔다.

위에서 지적한 바와 같이, 자신의 특성을 확신하고 있는 고구려 군사들은 안주성 내에 꼼짝 않고 있으니 당군으로서도 이들을 더 이상 공략할 수가 없었다. 궁노, 사닥다리, 이동식 탑, 성벽보다 더 높은 인조 방축 등을 이용한 공격에도 불구하고 고구려 군사들은 저항을 계속했으며 때때로 출격하여 과감히 적의 시설을 노획하거나 파괴했다. 그와 같이 훌륭한 성채를 함락시키지 못한 채 이들을 뒤에 두고 더 이상 전진만 할 수도 없는 당군은 서리까지 내리게 되자 어쩔 수 없이 퇴각했다. 그들은 허기를 참으며 본국으로 말머리를 돌렸다.

패전한 당의 지휘자는 그 원통함이야 이루 말할 수 없었지만 포위된 고구려 군의 용기에 너무도 감탄한 나머지 성안의 장수에게 값진 비단을 선물로 보냈다. 고구려 군사들은 도망치는 적을 차마 더 이상 추격할 수도 없었기 때문에 이때 그들의 칼에 죽은 사람은 거의 없다. 그러나 배고프고 버지니아주의 흙탕길보다도 더 통과하기가 어려운 사나운 바다를 건너는 동안에 겪은 피로, 한파 그리고 눈보라로 인해, 산골짜기와 요동의 진창을 지나 피로하게 고향으로 돌아가던 수천 명의 당군이 목숨을 잃었다. 전쟁의 결과만 놓고 본다면 고구려는 큰 영광을 얻었지만 10개의 도시를 잃은 이외에도 7만 명의 자제들이 당의 포로가 되었으며 4만 명이 무덤 속에 잠들었다.

우리가 캘리포니아에서 배운 바에 의하면, 전쟁 중에 죽거나 살해된 중국 군인의 뼈는 모두 모아 본국으로 봉환되어 황제에 의한 제례 의식을 거친 다음 그들의 고향에 정중히 묻힌다고 한다. 고구려의 조공이 되돌려 보내지고 황제는 오만한 고구려에 또 다시 엄청난 전함과 지상군을 파병할 수 있을 만큼 준비가 되기를 기다리는 동안에도 양국 간에는 아직도 비정규전이 계속되고 있었다. 그러나 그 준비를 기다리는 동안 황제는 죽었다.

몇 년 동안의 평화가 있은 다음 그의 후계자는 전쟁의 기회를 찾았다. 그는 서기 660년에 원정군을 파견하여 고구려의 동맹국인 백제를 멸망시키고 미안한 기색도 없이 고구려마저도 멸망시키려고 안달했다. 서기 664년에 고구려는 그의 유능한 지도자인 막리지를 잃었다. 그는 국왕을 시역한 인물이기는 하나 중국의 침략군의 물결이 한없이 와서 부딪치다가 헛되이 부서진 바위였다. 그의 아들이 아버지의 직위를 이어 받고자 했으나 다른 형제들의 반대를 받았다. 그는 당으로 도망쳐서 "백성을 구하고 반역한 두목을 벌주기 위해" 고구려에 재차 파병된 군대의 안내자가 되었다.

이 무렵 고구려에는 지도자가 없어 그 장래가 암담했다. 당군은 후방의 보급이 훌륭한데다가 노련한 지휘관의 안내를 받음으로써 연전연승하며 진격했으며, 압록강에 이르러서는 여러 갈래의 분견대가 통일을 이루어 고구려 군의 선봉을 격파함으로써 일로 평양에 입성했다. 이리하여 고구려는 왕위 28대 7백여 년 만에 멸망했다. 5부와 176개의 고을, 그리고 4~500만의 인구를 가졌던 고구려는 중국에 병합되었다. 수만 명의 고구려 난민들이 신라로 도망했으며 수천 명이 두만강 북쪽 발해로 들어가 새로운 국가를 세웠고 많은 사람이 일본의 새로운 도시로 이민했다. 살육으로 황폐하게 되고 방화와 살인, 전쟁과 기근으로 파괴된 국토의 대부분은 여러 세대 동안 폐허로 남아 있었다. 이와 같이 한민족의 두 번째 왕국은 멸망했으며 이제 신라만이 반도를 지배하는 유일한 국가로 남게 되었는데 다음의 장에서 그의 개술적인 역사를 살펴보기로 한다.

제 7 장 삼국의 발흥 : 신라

일본의 전설을 통해 신라가 우리에게 처음으로 알려졌을 때 반도 내에서의 그 위치는 남동쪽으로 오늘날의 강원도와 경상도를 포함하고 있었다. 이 따뜻하고 기름진 반도의 한복판을 차지하고 있던 신라족은 대륙으로부터 단 100마일 밖에 되지 않는 일본 군도와 그 발판으로서의 대마도에 많은 이민을 보냈음이 거의 확실하다. 일본 고대사에서 그토록 빈번하게 논의되고 있는 소위 큐슈의 반도들은 단순히 한족이거나 그들의 후손이었으리라고 여겨지는데 큐슈 지방 주민의 대부분이 원천적으로는 한족이었음이 거의 틀림없기 때문이다. 일본에서 점차로 우위를 차지하게 된 야마도족은 고대 고구려의 부족, 즉 부여족의 이민으로 보이는데, 색슨족과 잉글족이 북해를 건너 영국으로 이주한 것과 똑같이 한국 북부 지방에서 동해를 건너 "해가 뜨는 나라"로 건너갔던 것이다. 그들은 한반도의 서쪽 또는 남쪽으로부터 온 이주민들로 인해 주로 말썽을 일으키고 있는 구마소[1] 즉 큐슈의 반도들을 만났다. 이들은 자기들이 오히려 야마도족보다는 이 섬나라의 정당한 주인이라고 생각했다. 서기 192년부터 200년까지 일본을 통치했다고 하는 주

---

1) 구마소(熊襲) : 옛날 사쯔마 · 오쿠보 · 일향 지방에 살고 있던 부족으로서 용맹스러웠으며, 야마도족에게 잘 복종하지 않았다.

아이천황[2]이 번번이 이주민에게 쳐들어갔던 구실은 큐슈에 살고 있는 그들이 자신의 권위에 승복하지 않는다는 것이었다. 그의 황후인 여걸 징쿠황후[3]는 이 분쟁의 원인이 반도에 그 뿌리를 두고 있기 때문에 바다 건너로 군대를 파견해야 한다는 의견을 가지고 있었다. 그의 남편이 전쟁에서 죽자 그는 자기의 목적을 자유롭게 수행할 수 있었는데, 전하는 바에 의하면 그는 서기 202년[4]에 그 과업을 수행했다고 한다. 그는 히젠[5]을 출발해 아시아의 대륙에 상륙했는데, 아마 그 지점은 부산이었던 것 같다. 그토록 훌륭하게 준비된 군사들에게 견딜 수 없었던 신라 왕은 그에게 항복하고 일본의 공공연한 속국이 되었다고 한다. 그 밖의 소왕국으로부터 사신들이 일본의 숙영지를 찾아와 침략군들과 우호를 맺었다. 전쟁에 이긴 함대는 2개월간 머문 후에 귀중한 선물과 전리품을 가득 싣고 귀국했다.[6]

이 징쿠황후의 이야기가 어느 정도까지 진실인지는 정확히 말하기 어렵다. 그 연대는 믿을 만한 것이 못 된다. 서력 기원 이전의 시대에도 신라가 일본보다 훨씬 더 우월했다는 것만은 적어도 틀림없는 사실로 보인다. 신라에서는 이미 서기 528년에 불교가 정착했으며, 6세기에는 상인 · 예술가 · 학자 · 교육자 그리고 그 후에는 승려 등 이민들이 신라로부터 물밀 듯이 일본으로 흘러 들어갔는데 때때로 발생하는 전쟁으로 이러한 교류는 중단되곤 했다. 일본과 한반도의 남부 지방과의 관계에 관해서는 제8장에서 좀 더

2) 주아이천황(仲哀: 192～200) : 일본의 14대 천황으로서 징쿠황후의 남편.
3) 징쿠황후(神功皇后) : 일본 14대 천황 주아이의 황후. 천황이 죽은 후 69년(서기 201～269) 동안 섭정했으며, 일본 측 『서기』에는 그가 서기 200년에 조선의 삼한을 친정했다고 주장하고 있으나 이는 어디까지나 신화 시대의 기록일 뿐 정사로써는 확인되지 않는다.
4) 『일본서기』에 의하면 그가 신라를 공격한 것은 서기 200년(중애천황 9년) 10월이라고 기록되어 있다.
5) 히젠(肥前) : 일본의 고지명. 현재의 사카현과 야마자키현의 일부.
6) 이상의 기록들은 필자가 일본 측 사료를 일방적으로 인용한 것인데 이와 같은 징쿠황후의 소위 "삼한정복설" 또는 "임나일본부설"은 필자인 그리피스도 시인하고 있는 바와 같이, 이미 한국 측 사료에 의하여 그 무근함이 입증되고 있다.

충분하게 언급하겠지만, 일본은 항상 한반도, 그중에서도 신라가 자신의 속방이었다고 주장한다는 사실을 기억해 두는 것이 좋을 것이다. 그들은 중국의 조정에서 양국의 사신들이 만날 때마다 이와 같은 주장을 내세웠을 뿐만 아니라 1876년[7] 이후에는 그들이 국가 정책의 일환으로 다소 적극적으로 이를 주장했다. 이러한 주장으로 인해 피나는 전쟁[임진왜란]을 치른 적도 있지만 다른 한편, 일본은 이로 인해 많은 덕을 보았으며 신라로서는 그렇지를 못했다.

그러는 동안에 반도에서는 주도권을 잡은 신라가 남서로는 임나 왕국과 북으로는 백제의 변경을 점차로 침략함으로써 국경을 넓혔다. 백제는 신라를 항상 열등 국가로, 심지어는 종속국으로 무시했으므로 신라가 완전 독립을 이룩하자마자 양국 간에는 전쟁이 벌어졌다. 고구려와 백제는 신라에 대항해 동맹을 맺었으며, 장기판 위의 말을 이리저리 옮겨 놓음으로써 전쟁놀이는 10세기까지 계속되었다. 이 세 적대 국가는 서로가 적의를 품고 있었다. 일본은 통상 백제에 우호적이었으며, 중국은 일반적으로 신라를 도왔으며, 두만강과 송화강 건너의 북방 민족들은 고구려를 지원함으로써 동맹과 반격이 무상한 그들의 작전은 숱한 전쟁으로 명멸했는데 이에 대해서는 자세하게 언급할 필요가 없을 것 같다. 고구려와 백제는 중국으로부터 몹시도 심한 위협을 느꼈지만 신라는 그 인방과 일본의 군대로부터 빈번하게 약탈당했다. 조공을 바친다는 입장에서 본다면 신라가 중국과 동맹을 맺은 것이 과연 자신에게 어떤 도움이 되었는지는 참으로 의심스럽다. 그러나 평화시에 신라는 그들의 거대한 후원자로부터 교육과 문명의 시혜를 자유롭게 받았다.

중국으로부터 가장 멀리 동쪽에 위치하고 있었지만 신라는 여러 가지 점

---

7) 한일수호통상조약(강화도조약)이 체결됨으로써 일본의 대한 정책이 적극화되기 시작한 때를 의미함.

에서 삼국 중 가장 높은 문명을 누렸음이 확실하다. 특히 중국에 당(서기 618~905)이 건국해 있던 시대에는 더욱 그러했는데, 이 당시 신라와 중국과의 관계는 가장 밀접하여 예술·문화·풍속이 가장 자유롭게 수혜국으로 흘러들어 갔다. 심지어는 오늘날 한국의 숙어에서 당송이라 함은 "번영"과 같은 의미로 풀이되고 있다. 예술·시문·은화·부채 그리고 심지어는 질병까지도 적용되는 "중국"이라는 어휘는 보통 의미로서는 중국을 의미하는 것이 아니라 당을 의미하는 것인데, 고대 중국의 역사를 공부하는 학도들의 경우와 마찬가지로 한국인의 마음속에는 이 유명한 왕조의 명칭이 저 유서 깊은 제국 중에서 가장 찬란한 신기원으로 이해되고 있기 때문이다. 플란타지네트 왕조[8]나 튜더 왕조[9]라는 명칭이 앵글로 색슨에게 주는 의미와 꼭 같이 "당송"이라는 명칭은 한국인들에게 깊은 의미를 주고 있다.

이 기간 동안 불교는 계속 전파되어 끝내 이 나라의 으뜸 되는 종교가 되었다. 불교의 전개 과정에 관해서는 장을 바꾸어서는 다만 그의 부수적인 결과만을 논하기로 한다. 한 국가의 문화에 있어서 그 자신의 독자적인 문학을 갖는다는 것은 지식과 문화의 보급을 위해서 가장 중요한 인자가 된다는 사실을 인정하지 않으면 안 된다. 이 지구상에는 촉토족[10]과 한국인만이 완전한 문자를 가지고 있다고 언어학자들은 믿고 있다.

한국 역사상 가장 깊이 있는 학자이며 가장 능력 있는 사람은 신라의 수도 경주에서 벼슬한 설총이었다는 데에 한국인들은 의견을 같이하고 있다. 유명한 문인이며 고전과 고대의 인도어는 물론 중국어에도 조예가 깊던 이

8) 플란타지네트 왕조(Plantagenet) : 영국 역사상 헨리 2세에서부터 리처드 3세에 이르기까지의 왕조(1154~1399)를 의미함.

9) 튜더 왕조(Tudor) : 영국 역사상 헨리 7세에서부터 엘리자베스 1세에 이르기까지의 왕조를 의미함.

10) 촉토족(Choctaws) : 아메리카 인디언인 무스크호지안의 한 종족으로서 원래는 미시시피주의 남부 지방에 살았으나, 오늘날에는 오클라호마주에 살고 있음.

학자는 지구상에서 가장 간결하고 가장 완전한 "문자"인 이두의 발명자로 믿어지고 있다. 이 문자는 일본의 가타카나[11]가 일본어를 표현하는 것 이상으로 완벽하게 한국어를 표기하고 있다. 설총은 표의문자인 한자를 몇 가지 뽑아서 거기에 음운을 붙임으로써 이두를 발명한 것으로 보인다. 아마 문자의 용법이나 형태에서는 산스크리트 문자가 그 모형을 제시해 준 것 같다.

이두는 거의 전부가 직선과 원으로 구성되어 있으며, 순음이나 치음의 같은 계열에 속하는 문자는 쉽게 알아볼 수 있는 형태상의 동질성을 가지고 있다. 한국인들의 말에 의하면 이두는 8세기 초에 만들어졌으며, 산스크리트 문자에 그 기초를 두고 있다고 한다. 만약 그 제정 연대가 사실이라면 그보다 1세기 뒤에 만들어진 가다가나는 아마 그 문자에서 암시를 받았을지도 모른다는 점은 주목할 만하다.

한국과 일본에서 표음문자를 사용함으로써 얻어진 가장 큰 효과는 이들이 고대 중국어의 음운을 자기의 것으로 고정시켜 유지함으로써 중국어의 음운이 사라졌다고 하는 점이다. 중국 이외의 나라에서 발명된 이와 같은 표기법은 이미 천 년 전에, 에디슨의 축음기와 같이, 중국인들이 말하는 방법을 기록·재생하는 데에 기여했다. 이와 같은 사실은 이미 연구 가치가 있는 영역을 제공했으며, 또 역사학과 음운학에 대한 막대한 보고를 간직하고 있는지도 모른다.

그러나 당 시대는 일본에 있어서와 마찬가지로 한국에 있어서도 학문적·문예적 발전 과정이었음이 확실하다고 우리는 추측할 수 있다. 이 당시 중국으로부터 학문을 배우고 있던 모든 국가들은 이 중원의 왕국이 비추는 문화적 광채가 솟아오르고 있음을 느끼고 있었다. 젊은 지식인들이 남경의 조정과 학교에서 교육을 받기 위해 파견되었으며 신라의 아름다운 처녀들이

---

11) 가타카나(假名) : 한자의 일부를 따서 만든 일본의 음절 문자.

황제의 규방에서 꽃을 피웠다. 황제의 사신이 극동에 있는 이 왕국의 궁정을 자주 방문했다. 적어도 어느 한때는 중국의 풍습과 예절이 종교 의식처럼 궁중에서 준행되었다. 서기 653년에는 일본을 방문한 신라의 사신이 중국 옷을 입고 와서는 일본 조정의 의식을 무시하면서 일본이 중국의 예식을 따르도록 시도한 적이 있었다. 이와 같은 잘못된 모독에 대해 일본 천황은 몹시 화를 냈다. 심지어 일본 대신은 그 신라인을 죽여야 한다고 진언했지만, 그렇게까지는 되지 않고 잘 해결되었다. 8~9세기 동안 이 번영된 왕국은 아라비아의 지도 학자들에게도 잘 알려져서, 위에서 지적한 바와 같이 회교도의 여행자들이 상역을 위해 신라를 방문하거나 반도의 각 도시에 정착했음이 분명하다.

신라의 수도인 경주는 예술과 과학, 건축과 문예, 그리고 종교의 중심지로 각광을 받았다. 당당한 사원, 거대한 수도원, 하늘을 찌를 듯한 탑, 학문의 전당, 우아한 성문, 그리고 누각들이 도시를 장식해 주었다. 타종할 때면 계곡으로부터 산등성이까지 그 소리가 울려 퍼지는 육중한 종과, 물시계가 있는 누각 속에서는 천문학과 점성술이 연구되고 있었다. 심지어는 반도 전역의 국가로서의 신라가 그 위력을 잃은 후에도 경주는 성도로 여겨졌다. 고귀한 사원, 건물, 탑들이 자랑스럽고도 훌륭한 모습으로 서 있었다. 이들은 1596년 왜병들의 불길에 휩싸일 때까지 인도, 페르시아 그리고 중국의 보물들을 소장하고 있었다. 당군이 반도의 대부분을 황폐하게 만들고 백제와 고구려를 멸망시킨 7세기경의 한족은 그들의 국경을 장백산으로부터 대마도에까지 확대했으며, 반도의 동부 지역 전역을 점령했다. 8세기 초에서부터 10세기까지 신라는 무상의 국가로서 한반도의 정치 권력을 홀로 대표했다. 자신의 야심 때문이었든지 아니면 당의 명령 때문이었든지 신라는 서기 733년 그의 북방 국경선 너머에 있는 발해를 침략했다. 신라군은 두만강을 건넜지만 사기충천한 적군을 만나서 그중의 절반만이 살아서 돌아왔다. 이 지역을 정복하고자 했던 신라의 욕망이 누그러지자 이 땅에는 2세기 동안 피 흘리는 비극이 일어나지 않았다.

서기 934년에 신라가 멸망하고 삼국이 멸망한 터전 위에 고려가 건국하게 될 때까지의 신라의 역사는 중국의 역사서에서 볼 수 있는 바와 같이 단순한 왕통의 연속에 불과했는데, 이 왕통도 중국으로부터 서임을 받았음은 더 말할 나위도 없다. 동쪽에서는 일본이 평화시의 문화 수용국의 입장을 벗어나서 전시에는 정복자가 되었던 것처럼 남경에로 주의를 돌려 그로부터 예술과 과학을 직접 수입함으로써 한반도를 거치는 간접적인 수용 방법을 지양했다. 그들은 북쪽과 동쪽에 있는 모든 종족들을 정복하고 당의 제도를 본떠서 통치 제도를 중앙집권화하면서 국내적으로 처리해야 할 일들이 많이 있다는 것을 알았다. 이와 같은 이유로 인해 8~9세기의 신라에 관한 일본 측 자료는 부족하다. 아니, 신라의 역사는 전쟁의 역사가 아니라 평화의 역사였다고 말하는 것이 오히려 더 정확하다. 서기 869년에 부젠(豊前)[12] 지방으로 가는 조공선을 약탈하기 위해 해적들이 신라의 해안을 떠나 동해안으로 출항했다는 기록을 볼 수가 있으며 또 서기 893년에도 신라의 해적들을 태운 50척의 함대가 3백 명의 전사자를 남긴 채 일본 병사에 의해 대마도로부터 격퇴되었다는 기록도 보인다. 서기 1019년에는 아마 한족(韓族)임이 거의 틀림없는 "외국의 해적들"이 이키도를 습격했으나 그 외인들은 혼슈(本州)로부터 파견된 증원군에 의해 격퇴되었다는 기록도 보인다. 신라 정부의 통치권은 이 당시 영락하고 있었으며 신라 내의 혼란은 어떤 다른 강자로 하여금 이 나라를 굴복시킬 뿐만 아니라 지리적으로는 물론 정치적으로 반도를 통일할 수 있는 길을 마련해 주고 있었다는 사실이 위와 같은 신라인들의 약탈 행위로 인해 훌륭하게 입증되고 있다. 멀리 북쪽에서는 주민들의 거창한 움직임이 간헐적으로 진행되고 있었다. 그들은 두만강

---

12) 부젠(豊前) : 일본의 고지명. 현재의 오이타현의 일부.

너머의 발해 왕국을 멸망시켰으면서도 황폐한 고구려 땅에 다시 사람들을 이주시킴으로써 한 죽은 국가에게 침략적인 생기를 불어넣어 주려 하고 있었다. 개국에서 멸망에 이르기까지 신라는 3왕실의 55대 왕위에 993년간 존속했다.

근대 왕국의 공식적인 국명이 조선임에도 불구하고 한인들은 아직도 옛날의 이름에 따라 자기 나라를 고려라고 부르고 있다. 우리가 오해하고 있는 것이 아니라면, 이와 같은 대중적인 용어에는 순수한 애국주의의 향취가 깃들어 있다. 조선은 글자 그대로 "고요한 아침"을 의미하지만, 서구인들에게 들리는 인상이나 한자에 의해 서구인의 눈에 더욱 분명히 비치는 저들의 참뜻은 자칫하면 잘못 이끌려지기 쉽다. 이 어휘는 지리적인 표현이 아니다. 정신적으로는 한민족이라기보다는 우선적으로 중국적인 사람들의 내적 감정의 표현이며 중국적 향취를 띠고자 하는 소망의 표현인 것이다. 조선이란 어휘는 이슬이나 여명의 뜻을 풍기기보다는 정책이나 평범한 사실의 냄새를 풍기고 있다. 한국인들이 자연이나 아름다운 경치를 사랑한다는 사실에 대하여는 의심할 여지가 없음에도 불구하고 구미인들은 "고요한 아침의 나라"라는 어휘의 진정한 뜻이 무엇인가에 대하여는 갈피를 잡지 못하고 있는 것 같다. 그 밑바닥에는 이슬 내린 아침의 상쾌함보다는 오히려 중국과의 화평을 의미하고 있다. 봉신에 대한 중국 황제의 접견은 항상 해 뜰 무렵에 있었으며, 길고도 지리 한 부복을 거친 다음에 알현하는 것은 하늘의 하루가 땅 위에 베풀어지는 것과 같이 상서로운 출발을 의미하는 것이다. 한국의 시조인 기자에 대해 주의 황제가 베풀어주는 친절한 호의는 고요한 아침과 같았으며 1392년 이태조에게 베풀어 준 명나라 황제의 자비로운 햇살이 또한 그러했다. 위의 두 예를 보건대 이 땅에 주어진 조선이라는 명칭은 실제로는 중국의 호의의 시작과 밀접한 관련을 갖는 것이며 "여명의 고요함"이란 황제의 미소와 밀접한 관련을 맺고 있는 것이다.

제 8 장 일본과 3국

한국사를 서술함에 있어서 일본을 제외한다는 것은 영국의 중세사를 쓰면서 프랑스를 제외하는 것만큼이나 불가능한 일이다. 일본의 역사를 읽노라면, 순수한 일본 민족의 연원에 관한 자료들이 대부분은 직접 서쪽으로 그 머리를 두고 있을 뿐만 아니라 일본 신화의 원천은 송화강 계곡이나 장백산맥의 그늘에서 발견되고 있다. 최초로 일본에 정착한 사람들은 부여족과 마찬가지로 물고기의 등을 타고 물을 건너서 초보적인 문자와 문명을 가지고 온다. 신과 여신이 태어났다가 다시 변했다고 하는 커다란 악어와 해수, 용, 조수에 밀려온 진주, 그들이 문자를 발명하기 위해 사용한 여러 가지의 신비한 상징들, 점치는 방법과 예시를 받는 방법, 사람을 제물로 바쳤다가 다시 구해내는 방법 등은 동해의 좌우에 있는 두 민족이 공통되며 그들이 동일한 선조들로부터 공통된 유산을 받았음을 지적해 주고 있다. 끝으로 언어는 양국의 동질성을 입증하는 표현물로 나타난다.

일본『고사기』에 나타나고 있는 선사 시대의 유명한 전설 중의 하나인 장난꾸러기 수사노 마코도[1]는 반은 악인이며, 반은 은인인데 그는 한국에서

1) 수사노 마코도(素戔鳴尊, 素一烏尊) : 일본 신화에 나오는 남성신으로서 아메다라스 오미카미의 동생으로 행동이 매우 거칠었다고 함. 일본 전설에 의하면 그는 한국의 소머리산

가져온 씨앗으로 일본 전역에 나무를 심었다고 한다. 물의 표상이며 산과 바다의 상징인 팔두룡에게 잡아먹히게 된 한 처녀를 그가 구했다는 이야기를 읽노라면, 한국의 동해안에서 여러 세기 동안 해신에게 제물로 바쳐진 처녀 중의 하나를 구출했다고 하는 한 용감한 사람을 연상하게 한다. 한국의 이 해신제는 조선왕조에 들어오면서부터 없어졌다. 교토의 기온가에는 한 사원이 있는데, 전설에 의하면 이는 서기 656년에 한국의 한 사신이 수사노오에게는 고즈천황이라는 이름이 주어졌는데, 이는 그가 당초 한국의 오두산에서 경배를 받았기 때문이다.

개는 고대의 고구려에서 있던 것이기 때문에 오늘날 일본에서는 그다지 귀염을 받고 있지 않다. 일본의 원주민들이 개라고 생각하지 않는 은발과 들창코에 큰 눈의 친[2]을 제외한다면, 이곳의 개들은 레반트[3]에서와 마찬가지로 주인도 없이 이리저리 뛰어다니면서 덕망 높은 까마귀들과 함께 거리의 오물을 치우는 작업을 한다. 그러나 아직도 금과 돌로써 이 동물의 상을 만들어 안치하고 경배하는 곳이 두 군데나 있다.

돌이나 도금이 된 나무로써 환상적으로 조각된 아마이누는 문지기 개를 의미한다. 이들은 궁이나 사원으로 들어가는 입구에 짝을 지어 서 있다. 궁(천황의 거소라는 뜻으로도 쓰인다.)은 애당초 천황의 궁실의 모형으로서 계획된 것인 동시에 천황과 그 왕좌의 신성성을 환기시키기 위한 것이기 때문에 아마이누가 일본의 옥좌를 닮았을 수도 있다. 사당에 접근하려면 이 두 마리의 아마이누를 지나쳐야 하는데 이들은 중국의 관아의 문 옆에 서 있는 사자상과는 분명히 다르다. 1873년 1월에 필자는 천황을 접견실에서 알현한 적이 있는데 그때 목격한 바에 의하면 옥좌를 바라보니 천황이 앉아

또는 소시모리에서 갔다고 한다.

2) 친(狆) : 몸이 작고 털이 길며 눈이 동그랗고 큰 일본 토종의 개를 의미함.

3) 레반트(Levant) : 동부 지중해의 도서 및 그 연안 지방.

있는 황금 의자에는 앞다리를 들고 엉덩이로 앉아 있는 두 마리의 개가 옥좌의 다리처럼 장식되어 있었다. 이 무섭게 생긴 조각품은 입이 딱 벌어지고 털, 특히 목 부분의 털은 곱슬곱슬하게 덩어리가 져 있었으며, 꼬리는 두 갈래로 갈리어 위로 향해 있었는데, 그것이 "조선의 개"라고 설명하는 것을 들었다. 그 개가 거기에 있는 이유가 무엇인지 우리는 알지 못한다. 이는 신라의 왕을 "일본의 개"라 불렀던 징쿠황후가 신라를 정벌한 증거물로 그렇게 한 것이거나, 아니면 잊혀 가는 지난날의 상징을 되새기거나 또는 일본의 정치에 있어서 그토록 오랫동안 근본적인 독단으로 되어 온 신라의 복속을 정형화하려는 것인지도 모른다. 부여에서는 그토록 숭앙을 받았으나 일본의 천민들 사이에서도 천대를 받던 이 짐승을 천황의 의자 밑에서 볼 수 있다는 것은 분명히 기이한 일이다.

서기 2세기부터 1876년 2월 27[4]일까지 일본은 한국에 대한 권리를 주장했다. 이날 일본의 특명 전권 대신 구로다 키요다카[5]는 조선을 독립국으로 인정하는 조약에 서명했다. 일본의 역사책들은 그들의 군사들이 그 이웃 나라에 대해 최초로 복속을 강요한 이후 17세기 동안 줄곧 한국을 자신의 속국으로 간주해 왔다. 피나는 침략전쟁을 통해 이와 같은 그들의 주장은 계속되었으며, 좀 더 개화된 정책을 통해 일본의 통치자들이 지난날의 적을 하나의 동등한 국가로 인정하게 되었을 때 일본은 2만 명의 인명 손실과 5천만 달러의 재산적 손실을 초래한 7년간의 내전[임진왜란]을 그 댓가로 지불했다. 1877년 사쓰마반란[6]의 주요 원인은 일본 정부가 조약에 의해 공

---

4) 한일수호통상조약이 체결된 일자를 의미하는데, 정확히 말해 체약 일자는 2월 27일이 아닌 2월 26일이었다.

5) 구로다 키요다카(黑田淸隆 : 1840~1900) : 가고시마 출신 메이지 공신으로 외무대승, 병부대승(1868), 개척장관(1870)을 지내면서 대한 정책을 주도했다. 총리대신(1888)과 추밀원 의장을 지냄.

6) 사쓰마반란(薩摩叛亂) : 가고시마의 다이묘이며 메이지 공신인 사이고 다카모리(1827~1877)가 대륙 정복[정한론]을 주장하다가 뜻대로 되지 않자 고향에 돌아가 사설 사관학교

식적으로 한국에 우의를 표시함으로써 한국에 대한 전쟁을 거부한 데에 있었다.

대략 서력기원 초부터 15세기에 이르기까지 양국 관계는 매우 밀접하고도 적극적이었다. 평화와 전쟁이 교차되고 서로 돕고 사신이 서로 왕래한 기록들이 일본의 역사서, 특히 그중에서도 『일본서기』와 『고사기』에 생생하고도 빈번하게 보인다. 상역과 이민의 물결이 반도로부터 일본에로 얼마간 계속된 것처럼 보인다. 양국의 언어를 비교·고찰하는 몇몇 대가들은 이와 같은 과정 속에서 근대 일본의 연원을 찾고 있다. 위와 같은 사실들은 대륙의 부족들이 한반도를 거쳐 다도해에 거주하다가 다시 큐슈로부터 카가[7]에 이르는 해안을 따라 여러 곳에 정착한 것 못지않게 중요한 의미를 갖는 것이라고 그들은 해석하고 있다. 그들 중의 몇몇 사람들이 생각하는 바에 의하면 일본에는 전적으로 그리고 오로지 한국으로부터 또는 한국을 통해 온 북동 지방의 퉁구스족들이 정착하고 있다고 한다. 그들이 이와 같이 믿는 것은 일본 전통의 일반적인 맥락뿐만 아니라 언어적인 증거에 더 근거를 두고 있다.

일본의 역사서에서 한국에 관한 언급이 최초로 나오는 것은 『일본서기』 제5권인데, 이는 아마 절반은 야담인 고대 전설의 기록으로 보인다. 10대 천황인 수진(B.C. 65년~3년)[8]에 사람을 가득 실은 배가 서쪽으로부터 와서 오늘날의 시모노세키의 근처에 있는 조슈 남방에 나타났다. 그들은 이곳에 상륙하고 싶지 않았지만 해안선을 따라 이 곳에서 저 곳으로 배를 저어 가다가 오늘날의 쓰루가 부근에 있는 에치젠의 케지노와라만에 도착했다.

그들은 여기에 정박하여 자신들은 한반도의 남쪽에 있는 임나 삼한에서

를 설립하고 생도들과 함께 1874년에 일으킨 반란을 의미함. 사이고는 이에 실패하고 자살함.

7) 카가(加賀) : 일본의 고지명. 현재의 니시카와현의 일부.

8) 숭신(崇神, 서기전 97~30) : 일본의 10대 천황.

왔노라고 말했다. 그들은 매우 훌륭하게 세공한 보물들은 풀었으며, 그들의 지도자는 이를 수진 천황에게 바쳤다. 이 주민들은 후쿠이로부터 그리 멀지 않은 에치젠에서 서기전 28년까지 5년 동안 머물렀다. 일본을 떠나기 전 그들은 작별 인사를 하기 위해 성도를 방문했다. 이 무렵 3년 전에 미마끼 천황[9]이 죽었는데 이 방문객들은 고국에 돌아가면 일본에 머물렀던 기념으로 자기들은 보살펴 준 미마끼 천황의 이름을 따서 자기 고국의 이름을 미마나라고 지어 달라는 부탁을 받았다. 그들은 일본인들의 이와 같은 부탁에 응낙하고 자기의 조국에 돌아오자 약속대로 자기 나라를 미마나라고 불렀다. 전설에 의하면 그들은 머리에 뿔이 달렸었다고 하며 이와 같은 연유로 인해 그 후로부터는 그들이 살던 근처의 만을 쑤나가라고 불었다고 하는데, 이것이 오늘날에는 쓰루가로 와전되었다고 한다. 덧붙어 말하건대, 일본이나 중국의 역사에 나타나는 영웅이나 신비적인 인물들은 거의 모두가 그들의 머리 위에 한두 개의 짧은 뿔을 가졌다고 기록되어 있으며 그들의 토속적인 예술에서도 그렇게 묘사되고 있다. 그 후 6년이 지나 신라로부터 사신이 도착하여 이번에도 역시 천황에게 선물을 전했다. 선물의 내용은 거울, 보석, 칼 그리고 기타 귀중한 물품들이었는데 이들은 당시 신라로서는 흔한 것이지만 일본에서는 새로운 것이었음은 의심할 나위가 없다. 『고사기』에 의하면 징쿠황후의 소위 "삼한 정벌"의 내용은 다음과 같다.

> 14대 천황인 주아이(서기 192~200)는 에치젠의 쓰루가에 도읍을 정하고 있었는데, 서기 194년에 큐슈에서 반란이 일어났다. 그는 반군을 진압하기 위해 즉시 큐슈로 출병했지만 거기에서 그는 질병과 활에 맞아 쓰러졌다. 그의 후비 징쿠황후는 주아이가 큐슈로 돌아가서는 안 된다는 예시를 받았다. 왜냐하면, 이 지역의 화근을 뿌리째 뽑아 버리지 않고 회군한다면 그는

9) 수진천황(崇神天皇)의 별칭.

영원히 쓰러지기 때문이었다. 그리하여 그는 즉시 서쪽으로 향진했다. 남편이 죽자 징쿠황후는 일본군의 총수가 되어 몸소 병사를 이끌고 난을 평정했다. 그런 후 그는 신라를 침략하기 위해 국내의 모든 가능한 병력을 집결시키도록 명령했다. 현대의 일본 사가들은 신라가 먼저 침략을 함으로써 전쟁을 유발했다는 사실을 특히 강조하며 이 사실을 통해 그들은 징쿠황후의 행위를 정당화시키는 동시에 한국을 지배하는 일본의 권리를 일종의 정당하게 얻어진 권리라고 합리화시키고 있다.

모든 준비가 끝나자 이 용감한 섭정후는 서기 202년 10월[10]에 일본의 히젠을 출발하여 신라의 해안에 전선을 무사히 상륙시켰다. 큐슈의 원시 부족으로부터 파견된 사신들만을 접견해 본 신라 왕은 동쪽에서 온 그토록 훌륭하게 준비된 군대와 그토록 엄청난 전선에 대해 깜짝 놀랐다. 항복의 증거로서 신라 왕은 손을 묶고 징쿠황후 앞에 나아가 자기 스스로가 일본의 노예임을 선언했다. 징쿠황후는 그가 항복했다는 징표로 자기가 타고 온 배의 선수를 왕궁 대문 위에 걸어 두도록 했다. 심지어 일본 사가 중에는 그가 "신라의 왕은 일본의 개"라고 썼다고 말하는 사람도 있다. 아마도 이러한 말은 웨스트민스터 사원의 대관식 의자 밑에 있는 스콘석[11]의 의미와 마찬가지로, 오늘날 천황의 의자 밑에 있는 두 마리의 황금 개에 어떤 의미를 부여하기 위해 만들어 낸 역사 기록으로 여겨진다.

징쿠황후를 따라온 무리들은 한몫 톡톡히 잡으리라고 기대했지만 무혈 정복이 끝난 후 황후는 어떠한 약탈도 금하며 조공 이외에는 어떠한 노획물도 가져갈 수 없다고 명령했다. 그는 신라 왕을 다시 그 속국의 왕으로 복위시키고 조공품을 80척의 배에 실은 다음, 향후 해마다 조공을 받기 위한 볼모를 실었다. 그들이 받은 물건은 그림, 세공예품, 거울, 보석, 금, 은 그리고

10) 200년 10월의 오기임.
11) 스콘석(Scotch Stone of Scone): 스코틀랜드의 왕이 즉위할 때 앉았던 돌로서 영국의 왕이 즉위할 때 사용한다.

비단 등이었다. 이제는 백제마저도 정복할 준비가 되어 있었으나 백제가 스스로 항복하여 조공을 바쳐 온 데 대해 징쿠황후는 깜짝 놀랐다.

일본 군사들이 신라에 머문 것은 단지 2개월에 지나지 않지만 이 짧은 원정은 중대하고도 영원한 결과를 초래했다. 이를 통해 일본은 군사적 영광을 이룩하고 자 하는 날카로운 욕망을 갖게 되었으며, 자신들의 것보다 더 높은 문화·예술에 눈을 뜨게 되었다. 이후로부터 한족의 이민들이 끊임없이 일본으로 흘러들어 감으로써 일본의 진보에 정신적으로 큰 자극을 주었다. 일본인들은 징쿠황후의 역사나 그의 신라 정벌을 정사로 인정하고 있으며, 그가 외국을 정벌하는 모습을 지폐의 뒷면에 인쇄할 정도로 이를 고집하고 있다. 그러나 징쿠황후가 파도를 잠자게 했다든가, 밀물과 썰물을 이용하여 신라군을 물에 빠져 죽게 했다든가, 배띠에 담은 마법의 돌을 이용하여 분만을 늦추었다[12]는 등 징쿠황후의 전설에는 믿을 수 없는 요소들이 많다. 일본인들은 당시 승리의 영광을 그의 뱃속에 들었던 아기에게로 돌린다. 이 아이는 그 후 오진천황이 되어 군신으로 신성시되고 있으며, 불도들은 그를 하치만[13]이라고 경배하고 있다. 아직도 많은 사원에서는 징쿠황후에게 제를 드리고 있다. 특히 그중에서도 유명한 것으로는 효코현 근처에 요코하마에서 몇 마일 되지 않는 오이소 근처의 고려촌에 있는 사원이다. 이는 애당초에서부터 그를 모시기 위해 건축된 것이다. 징쿠황후가 신라를 정복했다고 하는 기술의 핵심은 사실임이 분명하다.[14]

---

12) (필자 주) 『헤이키모노가타리』 전문이 수록되어 있는 이 이야기는 *Japanese Fairy World* 에 영역되어 있음.

13) 하치만(八幡) : 징쿠황후의 신사. 궁시의 수호신으로서 무사들의 숭앙을 받고 있음.

14) 징쿠황후의 "삼한정벌설" : 한국 측 사료로서는 전혀 입증할 수 없는 것은 더 말할 나위도 없으려니와 일본 측 학자들 사이에도 이를 정사로 보는 데 대하여는 비판적인 학자들이 많이 있다. 당시 한반도의 남해안에 왜구의 분탕질이 있었던 것은 사실이나 당시의 문화적 수준으로 볼 때 왜구는 신라를 정복할 만한 군사적·문화적 능력을 갖추지 못하

고대의 조선과 일본

어리고 몽롱하기는 하지만 그래도 믿을 만한 전설들이 밝아 올 무렵에 아무렇게나 분할된 일본의 도서에는 정치적으로 4등급으로 나누어지는 사람들이 살고 있었다. 교토 부근의 중심지에는 천황과 그의 가족으로 구성된

고 있었다. 따라서 징쿠황후의 "삼한정벌설"을 기정 사실로 기술한 필자는 사료 선별에 있어 냉정을 기하지 못했다는 비난을 면하기가 어렵다.

왕실이 군사적인 임기를 가지고 토지를 점유하고 있는 봉신과 영주들은 거느리고 통치하고 있었다. 이곳은 고대 야마도국의 전통적인 영역이었다. 이를 둘러싸고 있는 다른 4지방이 항상 일본국의 핵심을 이루고 있었다. 이들은 고키나이[15]라고 불렸는데 이는 고구려의 5부족을 의미하는 것이다.

바깥 세상에 알려지지도 않았고 문명 수준도 낮았던 동북쪽 일대에는 혈통과 언어가 야마도족과 같은 족족들이 살고 있었다. 이들은 야마도족과 거의 같은 언어를 사용했다(아마도 만주에 살던 동일한 선조들이 조금 뒤늦게 온 것 같다). 이들은 오사카성의 동부 지방에 있었기 때문에 간토라고 불렸으며, 시적으로는 아즈마라고 부른다. 혼슈와 에조[16]에서 좀 더 북쪽으로 올라가면 아마도 이 지역의 원주민이었던 것으로 보이는 아이누족 또는 에비수[17]가 살았는데, 눈이 옆으로 찢어진 이들의 후손들은 아직도 에조와 쿠릴열도에 살고 있다. 북쪽과 동쪽에 살고 있던 부족들은 당초에는 야마도족에 의해 정복되어 철저하게 복속되었으나 그 후 북단으로 도망하여 아이누족이 지배하게 되었다.

혼슈와 큐슈의 최남단에는 그 당시 야마도족이 소위 구마소라고 부르던 다수의 부족이 살았다. 이들은 인종학적으로 볼 때 야마도족과 같은 부족에 속했으나 훨씬 아래쪽으로 쫓겨나 살았다. 그들의 선조들은 만주로부터 한반도를 거쳐 일본으로 건너온 것으로 보인다. 그러나 그들의 혈통과 언어에는 말레이와 남방족의 이입으로 좀 더 혼합되어 있었다. 반도에 살던 한족들은 대륙으로부터 가장 가까운 큐슈로 끊임없이 흘러와 도서족과 섞였다.

야마도족의 왕실에 대한 큐슈족의 충성심은 매우 희박했다. 『일본서기』에서 볼 수 있는 바와 같이 이들의 초기 역사는 그들로부터 멀리 떨어져 있

15) 고키나이(五畿內) : 궁정 직할의 교토 일대의 5구획 즉 야마시로, 야마토, 고치나이, 이즈미, 셋추를 의미함.
16) 에조(蝦夷) : 북해도의 옛 명칭. 또는 그곳에 살던 아이누족의 옛 명칭임.
17) 에비수(夷族) : 아이누의 별칭으로서 야만족을 의미함

는 무사적 천황에 대한 반역의 역사였으며, 따라서 천황의 생활은 주로 전투 바로 그것이었다. 천황은 종종 자기의 도성을 벗어나서 부하들을 앞세우고 출병하여 반도들과 새로운 부족을 정복했다. 이들이 복속되면 정복자는 왕자를 뽑아 그들을 다스리게 했고 그 왕자는 천황의 봉신이 되었다. 큐슈족을 완전히 복속시키려는 야마도족 군주의 야심은 신라로부터 파견된 밀사에 의해 교사를 받은 그곳 주민들이 억세게 저항함으로써 크게 좌절되었다. 신라는 큐슈족을 선동하여 반란을 일으키게 했으며, 그러는 동안 신라의 모험가들이 대거 도일하여 어느 의미에서는 그들의 동족이라고 볼 수 있는 반도들과 합세했다.

만약 일본의 초기 역사가 신빙할 만한 것이라면 일본인들이 그토록 고집스럽게 주장하고 있는 사실, 즉 한국은 지금도 그렇거니와 징쿠황후 이래 일본에게 조공을 바친 복속국이었다는 사실은 시대적으로 징쿠황후로부터 연대를 기산할 수도 있다. 프랑스에 대한 영국 왕의 주장과 같은 성격을 띠고 있는 이와 같은 주장으로 인해 3세기로부터 16세기에 이르기까지 숱한 침략 전쟁을 유발했을 뿐 아니라 최근에는 1874년, 1875년, 1877년의 3차에 걸쳐 내전을 일으키는 화근이 되었다.

이와 같은 침략 전쟁은 때로는 거국적인 것이었고, 때로는 변방민이 중앙 중부의 뜻을 거역하고 자행한 것이었는데, 이를 통해 일본의 문명이, 특히 초기의 문명이 진보·발전하는 자극이 되기는 했지만 결과적으로는 일본의 자원을 고갈시켰다. 1877년에 이르기까지, 한국을 포기하는 것은 비겁한 처사인 동시에 일본의 민족적 명예에 오점이 된다고 하는 확신을 그들의 무사 정신에서 지워 버린다는 것은 거의 불가능하게 보였다. 그러나 수세기 전의 영국이 보여준 바와 같이 일본이 그의 인방에 대한 모든 주장을 포기하고 그들을 동등한 국가로 대해 줄 때 정복자의 영예나 번영은 더욱 빛나는 것이지 결코 사라지지 않는다는 것을 역사는 가르쳐 줄 것이다.

한국은 일본에게 평화의 기술을 가르쳐 준 반면에 그 인방으로부터 전쟁 기술을 발전시키는 법을 배웠다. 기록에 의하면 서기 316년 한국의 한 사신이 통상 예물을 가지고 갔을 때 천황에게 쇠로 만든 방패를 선사했다. 그는 일본의 화살이 이를 뚫을 수 없으리라고 믿었다. 천황은 그의 한 근위병을 불러서 사신이 보는 앞에서 시험해 보도록 했다. 방패가 걸리고 궁수는 활을 당겨 화살로써 그 방패의 철갑을 뚫음으로써 방문객을 놀라게 했다. 한국인들은 그들의 모든 전투에서 참나무와 대나무 활로 3피트짜리 화살을 쏘아 대는 일본의 궁수들 앞에서는 거의 견뎌내지 못했다.

나라 살림이 풍족하고 풍년이 들었을 경우에는 별로 어려움이 없겠지만 다른 나라에게 조공을 바친다는 것은 결코 기분 좋은 일은 아니다. 흉년이 들어서 살림이 곤궁할 때에는 전혀 불가능한 일이다. 그럼에도 불구하고 조공을 바치라고 강요하는 것은 반란을 일으키라고 충동질하는 것이나 다름이 없다. 일본 역사에 보면 정복자가 조공을 면해 주었을 뿐만 아니라 쌀을 실어 보내어 가까스로 한국인의 기아를 면하게 해준 사례가 보인다. 그러나 이유가 충분치 못하거나 노골적인 도전으로써 그들의 의무 이행을 거부할 때에는 또다시 전쟁의 와중 속에서 일본의 철권을 맛보았다. 22대 천황인 유리아키(서기 457~477)[18] 시대에는 삼국이 조공을 바치지 못했다. 일본 병사들이 한반도에 상륙하여 백제를 정복하고 의무를 이행하도록 강요했다. 신라와 고구려에 대한 전쟁은 그리 성공을 거두지는 못했다. 왜냐하면, 일본이 물러간 뒤에 그들은 간헐적으로 조공을 바쳤으며, 완전히 정복되지 않은 민족 기질이란 그런 것이어서 그들을 응징하기 위해 재차 정벌하고 또 조공을 강요하게 되었기 때문이다.

6세기에 백제가 당과 전쟁을 하는 동안 일본이 용감하게 도와주었지만 헛수고가 되고 결과적으로 그 작은 왕국이 멸망했다는 것은 이미 위에서 소상

---

18) 유리아키(雄略) : 일본의 제21대 천황으로 재위는 서기 457~479년이었다.

하게 설명한 바가 있다. 이 전쟁에 참여했던 사람으로서 일본의 문화와 전설에 그 이름을 날리고 있는 사람으로서는 사테히코와 가시와데가 있다. 사테히코는 서기 536년에 천황의 근위병의 한사람으로서 그들의 동맹국인 백제인을 돕기 위해 히젠을 출항했다.

시정이 넘치는 한 전설에 의하면, 그의 부인 사요히메는 멀리 바다 너머로 사라져 가는 남편의 마지막 모습을 보기 위해 마쓰우라의 언덕으로 기어올라갔다. 아물거리는 눈을 무릅쓰고 애써 바라보던 그 여인은 돌로 변했다. 그 이웃에 살고 있는 농부들은 아직도 깎아지른 절벽 위의 바람에 상한 바위들 중에서 꼬리가 긴 예복을 입고 서해의 파도를 향하여 진지하게 얼굴과 몸을 구부린 그 여인의 모습을 알아보고 있다. 오늘날 마쓰우라 사요히메는 헌신적인 사랑의 상징이 되었을 뿐만 아니라 이를 소재로 하여 저 유명한 작가 다키자와 바킨[19]은 마쓰우라석상의 사랑을 주제로 소설을 썼다.

가시와데는 그보다 몇 년 뒤에 반도의 "국경 수비"를 위해 바다를 건너갔다가 방향도 알 수 없는 곳에서 불어 닥친 눈보라로 인해 해안으로 밀려났다. 이처럼 무방비한 상태에 빠져 있을 때 그의 숙소에 한 마리의 호랑이가 습격하여 어린 나이의 그의 아들을 잡아먹었다. 가시와데는 즉시 호랑이를 추격하여 산 위의 굴속까지 따라 들어갔다. 호랑이가 덤벼들었지만 빈틈없는 그 전사는 왼손으로 그의 수염을 움켜쥐고 단검을 그의 목 깊숙이 집어넣었다. 난도질이 끝나자 그는 호랑이의 가죽을 벗겨 이 전승 기념물을 고향으로 보냈다. 예로부터 일본의 어린이들에게는 한국이란 호랑이의 나라로 알려졌다. 그 반면 "장군들이 그의 배낭 속에 넣고 다니는 지휘봉"은 호랑이 가죽으로 만든 칼집인데, 이는 군인들에게 있어서는 그 지위가 높음을 의미하는 것이다.

---

19) 다키자와 바킨(瀧澤馬琴) : 그의 호를 써서 교쿠타이 바킨이라고도 하는데 에도 시대의 대표적인 소설가임. 그는 사요히메를 주제로 하여 『송포좌용희석혼록』을 썼다.

일본의 황실이 신라와 백제를 원격한 복속국으로 생각한 때문에, 마치 혼슈 북부 지방의 사도나 남부 큐슈 지방의 토벌 정도로 취급하여 변방 경영이라는 이름으로 바다 건너의 군사 활동을 빈번히 고려하게 되었다. 조선의 삼국은 그 후 몇 세기가 지난 뒤에도 일본제국의 속방이 되지 않았던 에조나 오키나와보다도 더 가깝고 더 친근한 나라로 느껴졌다. 오늘날 일본인들이 지나라는 말을 쓰는 것과 마찬가지로 그 당시에는 가라국(고려의 변음? sic)이라는 이름으로 한국을 불렀다. 야마도족의 언어로 전승되는 시나 전설에는 바다 건너에 있던 이 서역 지방에 관한 것이 적지 않다. 항해 중 이키에서 죽은 무사태자인 이에마로의 비가와 한국의 여승인 리구완(Riguwan)의 죽음에 관한 슬픈 얘기는 챔벌린(Chamberlain : 이 이름은 영국의 탐험가이며 한국에 관한 작가였던 Basil Hall을 본떠서 지은 것임)이 번역한 『일본의 고시』에 수록되어 있다. 그 한국의 여인은 서기 714년에 집을 떠나서 나라에서 천황의 대신인 오토모 부부와 함께 가정을 꾸몄다. 서기 735년에 그 여인이 죽자 그의 주인들은 코베 부근의 아리마에 있는 광천으로 집을 옮겼다. 그리고 그들의 딸이 그 비가를 썼는데 그중의 한 구절은 그 여인의 새 생활을 읊고 있다.

> "그대 여기에 낯선 무리와 더불어 삶을 택했으니,
> 낮이나 밤이나 깊은 수심에 빠졌어라.
> 그대 또한 여기에서 한 성스러운 보금자리를 마련했으니
> 조용한 나날이 물결처럼 흘러갔네."

또는 미카도 제국의 모든 기념물이나 예술과 과학, 가정 풍습, 식사나 의상의 연원에서 한국이 이들에 미친 영향을 탐구해 보고자 하는 학자들에게는 아직도 흥미 있는 많은 분야가 남아 있다. 즉 애당초에서부터, 또는 이민에 의해서 "고요한 아침의 나라"로부터 이 "해뜨는 나라"에로 전승된 것이

무엇이냐 하는 문제이다. 한국의 어느 왕자[20]는 7세기 초에 일본에 정착하여 한 가정을 이루고 저 유명한 조슈 지방을 통치했다. 그의 후손 중의 하나는 자비에르[21]를 환대하여 그에게 땅과 포교할 특권을 허락해 줌으로써 그의 사업을 도왔다. 교토에 있는 많은 사원에는 한국에서 건너온 불상, 그림 그리고 제례 기기들이 있다. "치교"는 수세기 전부터 아직까지 그 이름을 간직하고 있으며, 그 옆의 정원에는 한국에서 오는 사신들에게 대접하기 위해 꿩이 준비되어 있었다. 일본 황실의 문서보관소와 나라 박물관에 소장되어 있는 아라비아와 페르시아의 예술품과 그들의 훌륭한 솜씨는 외국 관광객들의 놀라움을 자아내고 있는데 이들은 거의 모두가 신라로부터 받은 선물이거나 아니면 교역해 온 것으로 보이며 신라에는 이러한 수입품이 적지 않았던 것으로 여겨진다. 슈호(周鳳)라고 하는 중은 자기의 믿음에 도움이 되는 한 전설과 불교 지식을 수집하여 1586년에 『선린국보기』라는 책을 지었는데, 그는 이 책 속에서 불교가 한국으로부터 전래해 온 과정과 그것이 일본에 미친 문화적·종교적 영향을 기술하고 있다.

한국의 예술과 종교를 논할 때 이 문제를 다시 언급하게 될 것이다. 현 19세기에 있어서 일본인들이 과학과 기독교의 전파에 열중하고 있는 것과 똑같이 지금으로부터 1천 년 전에 그들은 서쪽의 문명, 즉 한국과 중국의 문명을 빌려 쓰느라고 열심이었다.

서기 1~10세기 동안, 특히 7, 8, 9세기 동안 수천 명의 한국인들이 일본에 정착하여 그들이 선택한 나라의 국민들과 평화롭게 살았으며 미카도의 통치에도 충성스럽게 복종했다. 그러나 서기 820년에 이와 다른 예외적인 불

---

20) 일본 측 기록에 의하면 백제의 왕자 부여 풍이 서기 631년 3월에 볼모로 왔다고 기록되어 있음. 『模範最新世界年表』(三省堂, 東京, 1938) 참조.

21) 자비에르(Francisco de Xavier : 1502~52) : 스페인의 선교사로서 제수이트 교단 창립 회원임. 인도의 고아, 말레이반도를 거쳐 일본의 가고시마에서 포교한 후 중국 광동으로 건너가 포교하려다가 얼마 안 있어 병사함.

상사가 일어났다. 이때 얼마 전에 도토리[22]와 스루가[23]에 와서 정착한 7백 명의 신라인들이 반란을 일으켜 일본인들을 죽이고 곡식 창고를 습격한 다음 바다로 도망했다. 이에 무사시와 사가미에 살던 일본인들이 이들을 추격하여 그들의 대부분을 살해했다.

일본에 정착한 한국인들의 일반적인 역사는 두 부분으로 나뉜다. 평화 시에 자발적으로 이주해 온 사람들은 대개가 숙련공이거나 농부로서 그들에게 주어진 토지나 마을에서 살면서 정치적으로나 사회적으로 미카도의 신민과 동등한 대우를 받았다. 그들은 생활 터전을 잡고 일본인들과 혼인하여 일본인들의 일반적인 혈통 속에서 그들의 단일성을 잃었다.

전쟁 포로나 강제 노역장에 끌려 다니는 사람들의 경우는 위와 전혀 다르다. 이들은 그들만이 사는 마을에 별도로 주거하는, 권리가 박탈된 종족으로서 사회적으로 일본인들과는 동등한 대우를 받지 못하고 있다. 처음에 이들은 왕가의 사냥매에게 먹이를 주거나 하인의 일을 했지만, 살생과 육식을 금하는 불교의 금기 아래 그들은 저주받은 종족으로서 그 국가의 최하층민인 에타[24]가 되었다.

그들은 백정이나 모피상이나 피혁업자 또는 사형수들의 시신을 거두고 그 밖의 모든 더러운 일이나 하는 사람이 되었다. 그들은 오늘까지도 존재하고 있는데 풍습, 언어, 외모를 보아서는 순수한 일본인들과 구별할 수 없지만 혈통은 크게 바뀌지 않았다. 1868년 메이지유신 때 미카도의 인도적인 칙령에 의해 그들에게도 모든 시민권이 부여됨으로써 그들의 사회적 지위도 크게 향상되었다.

9세기로부터 16세기에 이르기까지의 양국 관계는 별로 중요한 것이 없는

---

22) 도토리(鳥取) : 일본의 고지명. 중국 지방 동북부의 현. 본문에는 Totomi로 되어 있으나 이는 Totori의 오기로 보인다.
23) 스루가(駿河) : 일본의 고지명. 오늘날의 시즈오카의 일부임.
24) 에타(穢多) : 일본의 메이지유신 이전 사민의 밑에서 하대를 받고 산 천민 계급.

것처럼 보인다. 일본은 북쪽에 있는 혼슈와 에조의 야만인들을 정복하기에 여념이 없었다. 일본의 역사서에 의하면 이 동안 일본은 정치적으로나 종교적으로 중국과의 관계가 밀접하여 오랜 간격을 두고 가끔 보일 뿐이다. 조선이 정체 또는 퇴보하는 동안 일본은 경제적으로나 문화적으로 크게 진보했다. 19세기가 되어 이 개명된 일본은 은자의 나라인 조선에서 지난날의 자신의 모습을 바라보고 있으며 과거 수세기 동안 한국이 일본에게 베풀어 준 바를 이제는 일본이 그 이웃에게 이를 갚기 위해서 의욕적인 손길을 뻗치고 있다.

그러나 한국은 중국의 문명이 일본으로 건너간 교량일 뿐만 아니라 오늘날 일본에 살고 있는 종족의 지배자들이 송화강과 장백산맥 주변의 옛 터전으로부터 그리고 옮겨간 이주의 관문이었음이 거의 확실하다는 사실을 잊어서는 안 된다. 미카도의 선조들이 살던 원주지가 남방의 바다 쪽이냐 아니면 서방의 산간이었느냐 하는 문제는 그 어느 쪽도 절대적으로 확실하지 않은 것이 사실이지만, 한국인과 일본인의 관계는 중국인이나 만주인이나 말레이시아인에 대한 관계보다 더욱 밀접하다는 사실이 언어나 육체적 특징뿐만 아니라 양국의 전 역사와 중국의 사서에 의해 입증되고 있는 것처럼 보인다. 한국인과 일본인은 모두가 그들의 선조인 부여족으로부터 특별한 제도를 그 유산으로 물려받았다. 부여족은 만주에서 일어난 모든 종족 중에서 해가 지는 곳으로 가지 않고 해가 뜨는 곳을 이주한 유일한 종족이다.

제 9 장 고 려

태평양으로부터 바이칼호에 이르기까지, 아무르강과 그 지류에서 물을 공급받고 있는 땅은 많은 민족들의 옛 터전을 이루고 있으며, 아마 지금도 여러 민족들이 발흥하는 터전이 되고 있는 것 같다. 이는 가끔 무서운 힘을 뿜어내는 간헐천에 비교될 수가 있다. 중국과 한국의 역사책을 보면 남쪽으로 향하는 인구 이동은 자연의 법칙만큼이나 거의 정확하다. 중부 아시아의 고원의 정복자들이 흘러 흘러서 인도로 내려온 것이라든가, 야만족들이 로마 제국으로 들어온 것과 마찬가지로 아무르강과 그 지류를 둘러싸고 있는 지역으로부터 여러 차례에 걸쳐 정복자들이 흘러 내려와 중국의 기름진 평야를 차지했다. 꽃과 초목이 무성한 만주 대륙을 생각해 보고 또 큰 벌집의 경우와 마찬가지로 점차 늘어나는 인구의 압력 때문에 번잡한 삶을 누리고 있던 사람들은 옛 생활을 편케 하기 위해서라도 벌떼처럼 몰려다니지 않을 수 없었다는 사실을 생각해 본다면, 우리는 만주족의 이동을 쉽게 이해할 수 있을 것이다. 여러 차례에 걸쳐 인간 벌떼들이 그들의 무기로 침을 삼고 그들의 솟아오르는 힘을 꿀 삼아 이 옛날의 벌집으로부터 구름처럼 몰려 나갔다. 이 벌떼들은 역사상 흉노니, 터키니, 타타르족이니, 몽고족이니 하는 다른 이름을 얻었지만 그들은 모두가 같은 원조로부터 탄생되었으며, 여러 가지 왕국의 명칭을 주고받았으나 실제로는 근본적으로 같은 종족에 속하는 퉁구스족이다.

송화강 유역의 협곡이나 기름진 강안 평야에 살고 있던 부족들은 생활이 넉넉하게 되고 인구도 많이 증가했다. 그들 중의 한 강력한 지도자가 부족을 이끌고 전쟁을 일으켜 승리를 얻었다. 부족과 영토가 합병되었다. 군사적인 용맹과 부와 힘이 증가한다. 그들의 야망과 인구 압력은 또 다른 정복을 유혹한다. 만리장성 너머 저쪽은 금은 보화가 번쩍거리는 중국이다. 부족들은 남쪽으로 향진한다. 여러 차례의 전쟁을 치르고 국경 너머의 제국에 대한 30년쯤의 전쟁이 지나면 목적이 달성된다. 중원 제국은 정복되고 새로운 왕조가 용상에 오르면 오랜 평화는 깨어지고 호화롭던 생활은 피폐하게 된다. 그런 후에는 지난날 북쪽에 자리 잡고 살던 부족들이 새로운 정복의 물결을 타고 밀려 내려오면 이 정복자의 벌떼들은 또다시 벌집을 짓는다. 이와 같이 하여 아무르강과 송화강 계곡을 끼고 있는 그 문명 발생지는 흥망과 역사적·비역사적 시대를 갖게 된다. 통일과 이동은 역사를 만들며, 분열과 무관심은 역사의 공백을 낳는다. 그러나 그 터전만은 그 부족과 미래에 대한 가능성을 간직한 채 아직 그대로 거기에 있다.

아시아 여러 국가의 주변에는 여러 가지의 고대 문명의 집합이 떼를 이루고 있음에도 불구하고 역사학자들은 이곳에서 어느 단일 제국이 수세기 동안 견뎌 냈다는 말을 들으리라고 기대하지 않는다. 일본의 경우는 예외이지만, 아시아의 어느 한 제국이 1천 년 동안 왕통을 잇고 있는 민족은 없다. 아시아의 정복자들에 의해 건국된 제국은 단명한다. 국가와 민족은 남아 있지만 지배자는 항상 바뀐다. 따라서 건국, 번영, 쇠락, 분열은 그 주기가 세기적이라기보다는 차라리 계절적이다. 로마나 브리튼과 같이 오랫동안 견뎌낼 만한 정치적 바탕이 아시아에는 생성되지 않고 있다. 중국과 인도가 참나무처럼 살아가지만 그들의 지배자는 낙엽처럼 바뀐다. 사회적으로 볼 때 아시아 제국은 화석의 상징과 같지만 정치적으로 볼 때, 이들은 만화경과 같다. 이와 같이 끊임없이 계속되는 정치적 변화의 법칙으로부터 한국은 예외일 수가 있다.

8세기가 막이 열릴 무렵 이와 같은 역사적 움직임의 한 신기원으로서 발해가 건국되었는데 그 수도는 오늘날의 길림이었다. 발해의 북경은 처음에는 송화강에 접했다가 그 다음에는 아무르강으로, 그 후로는 다시 송화강에 접경했다. 그 남경은 처음에는 두만강이었으나 그 후에는 오늘날의 함경도도 거기에 포함되었다. 국경선은 남쪽으로는 홍개호[1]를 거쳐 동으로 뻗쳐 있고, 서쪽으로는 봉천에 이르고 있다. 이 국가는 서기 7백년 경부터 925년까지 계속되었다. 이 왕국은 한결같이 중국과는 관계가 나빴으므로 당 황제는 근 1세기 동안이나 이 나라를 복속시키려고 시도했다. 발해는 수많은 고구려인뿐만 아니라 일본인들의 도움을 받아 당에 과감히 항쟁했다. 고구려인은 중국의 공격을 받았을 때 두만강을 건너 도망 온 사람들이며, 일본의 주권에 대해서는 조공을 통해서 잘 알고 있었다. 발해와 일본과의 관계는 항상 평화롭고도 화기애애한 것이었는데, 미카도의 조정을 방문했던 사신들의 문서나 양국 간에 오고간 글들은 아직까지도 일본에 보관되어 있다.

발해가 당에 항거할 수 있었고 또 고구려의 구강을 차지했다고는 하나 글안족의 끈질긴 침략으로 결국 멸망했다. 글안은 서기 907~1125년간 계속된 나라로서 바이칼호 서쪽으로부터 태평양에 그 터전을 이루고 있었다. 10세기 초엽에 이 발해 왕국은 건국한 지 겨우 2세기만에 각 족장에 따라서 부족과 마을로 분해되었다. 정치적 단일성을 상실한 이 나라는 글안 제국의 한 부분처럼 역사가 없는 암흑 속으로 되돌아갔다. 두만강을 건너지 않고서도 한국을 거쳐 중국으로 들어가기 위해서 글안족은 장백산맥 주변으로 진격하여 중국의 요동 계곡까지 내려갔다.

발해의 멸망이 한반도에 아무런 영향을 미치지 않은 것은 아니다. 이미

---

1) 홍개호(興凱湖, Lake Hanka) : 오늘날은 싱카이호라고 발음한다. 북위 44°, 동경 132°, 즉, 블라디보스토크 북방 1백 킬로미터 지점인 러만 국경에 위치하고 있음.

9세기에 글안족으로부터 쫓겨났거나 아니면 평원의 유목 생활이 싫어진 수천 명의 피난민들이 두만강을 건너와 한국의 북쪽 지방에 다수 이주함으로써 이곳은 다시 인구가 번창하게 되고 농지가 경작되고 부유하게 되었다. 생활이 점차 풍족해짐에 따라서 좀 더 훌륭한 정부가 요망되었다.

지배자가 무능하고 혁명이 성공할 가능성이 높아지자 궁예라고 하는 중은 야심을 품게 되었다. 그는 서기 912년에 파계하고 반란의 기치를 들었다. 그는 단명한 정치 체제의 건설을 표명했으나 이는 좀 더 장구한 왕국에게 그 길을 양보했는데, 이 나라는 끝내 한국을 통일했다. 궁예는 그의 부하들과 함께 경기도[2]의 개성을 공격하여 이에 쾌승하고 입성하게 되자 스스로를 왕이라고 불렀다. 그의 개인적인 성공은 단명한 것이었다.

궁예의 부하인 왕건은 고구려의 왕실의 후손이었다.[3] 중국이 점령했을 때나 신라가 종주권을 행사하는 동안에도 그 가문은 항상 자기들의 정신과 전통과 권리를 누리고 살았다. 중보다는 정치를 더 잘할 수 있다고 생각한 왕건은 궁예를 죽이고 자신이야말로 고려의 진정한 왕이라고 선언했다. 이러한 일이 진행되는 동안 중국으로부터 아무런 간섭을 받지 않았다. 이는 그 당시 중국이 내정의 혼란과 발해를 멸망시킨 글안족의 약탈로 만신창이가 되어 있었기 때문이었다. 왕건은 평양과 개성에 도읍을 둠으로써 반도 전역을 정복하여 자신의 왕권하에 통일할 수 있는 기회를 잡고자 했다.

주위 사정이 유리하여 이와 같은 일들은 수월하게 이루어졌다. 중국은 고려에 대해 소극적이었고 신라는 오랜 환락과 태평으로 인해 취약해진 데다가 한족의 피를 가진 반도의 거의 모든 주민들의 호응을 얻음으로써 통일 과업은 쉽게 성취되었다. 장백산맥으로부터 제주도에 이르기까지 전 국토는 정복되어 하나로 통일되었다. 신라는 왕통 56대 993년 만에 역사의 장에

---

2) 본문에는 강원도로 오기되어 있음.
3) 왕건이 고구려 왕실의 후손이었다는 것은 입증하기가 어렵다.

서 사라졌다. 이때 반도는 최초로 통일되었으며 고려라는 이름은 잿더미에서 튀어나온 아라비아의 불사조처럼 되살아남으로써 통일된 한국과 그 위에 살고 있는 민족의 상징이 되었다. 심지어 오늘날까지 고려(한국인들은 "가우리" 또는 "고리"로 발음한다)라는 이름은 한국인들 사이에 일반적으로 사용되고 있다.

옛 부여족과 고구려의 후손들이 다른 용맹한 부족들과 마찬가지로 신라의 영토에 살고 있던 원주민들을 사전에 몰아냄으로써 자기들의 동족인 왕건으로 하여금 이곳을 정벌하는 데 용이하도록 했을 가능성도 있다. 서기 201년부터 655년까지의 삼국의 형세를 보여주고 있는, 일본인 학자 오츠키 도요의 지도에서도 이와 같은 사실을 입증되고 있다. 일찍이 중국에 정복되어 자기의 영토를 벗어났던 고구려인들은 북위 37°의 한강까지 남진하여 점령한 적이 있었다. 그 후 신라는 당의 도움을 받아 서기 593년과 서기 655년에 북위 38° 또는 39°에 이르는 구강을 되찾은 일이 있었으며, 8세기와 9세기에는 중국의 동맹국으로 지내면서 두만강에 이르고 전국토를 차지하고 있었다고는 하지만 그곳에 살 지배자에게 반란을 일으켜서 지난날의 자유와 위대한 위신 그리고 민족을 스스로 영위할 수 있는 한 왕조의 이름으로 신라를 섬멸할 준비를 하고 있었다.

국가를 통합하려고 굳게 마음먹은 왕건은 수도가 될 만한 중심지를 골랐다. 신라의 수도인 경주는 남쪽으로 너무 멀리 떨어져 있으며 고구려의 수도인 평양은 북쪽으로 너무 멀리 있었다. 그러나 한강으로부터 1백마일 떨어져 있는 곳에 송도가 있었다. 이 도시는 오늘날 개성이라고 불리고 있는데 서울로부터 45마일이며 서울과 마찬가지로 바다도 가깝다. 왕건은 9세기의 역사를 가지고 있는 송도를 제1급의 도성으로 만들어 이 나라의 상업 중심지로 만드는 동시에 학문의 보금자리가 되게 했다. 송도는 1392년까지 도성으로 존속했다. 4백 년 동안이나 이곳 주민들을 다스린 이 새 왕조의 창시자인 왕건은 독실한 불교도였다. 차라리 개인적인 목적이라고 볼 수 있는 것을 위해 한 승려[궁예]를 죽였음에도 불구하고 왕건은 이 인도의 교의를 옹호하여 국교로 만들었다. 무수한 수도원과 사원이 건축되었다. 이들을 지원할 재원을 염출하도록 하려고 방대한 토지를 영구히 하사했다. 고려의 4백년의 역사는 한국 불교의 중흥기였다. 이 무렵 찬란한 문예를 이룩한 중국의 송으로부터 학문과 대중 교육의 두 가지 면에서 고려는 자극을 받았다.

신라의 정치가인 설총이 만든 이 나라의 토속적인 음운인 이두가 이 당시에는 일반적으로 사용되었다. 중국의 문학과 불교 정신이 원어인 산스크리트어로 읽혀진 반면에 대중적인 작품은 한국어로 지어져서 자국의 음운인 이두로 쓰였다.

송의 학자들이 발명한 인쇄술이 도입되어 목판으로 서적이 인쇄되었다. 일본은 일찍이 12세기에 고려로부터 인쇄 기술을 도입하여 이 당시에 이미 불교 정전들이 목판으로 인쇄된 것으로 알려지고 있다. "증거를 확실히 댈 수 있는 것으로 한국의 책이 인쇄된 것은 서기 1317~24년 사이인데 이는 유럽에서 최초로 인쇄된 책보다 1세기 이상이나 앞서고 있다." 1420년이 되기까지 한국에서 금속 활자를 주조하여 사용했다고 하는 사실이 분명히 언급된 곳은 없다. 한국의 진정한 독자적 문자인 "언문"이 발명되어 사용된 것도 이 무렵에 속하는 것으로 보인다. 11개의 모음과 14개의 자음이 함께 알파벳과 철음을 이루고 있는데 철음은 가장 오래된 것이고 알파벳도 그것을 토대로 하여 발전시킨 것이다.

고려 태조 왕건은 서기 943년에 죽고 그의 아들 무[4]가 대를 이었다. 그 후 15년이 지나서 중국에서는 단명하게 뒤를 잇던 취약한 5왕조의 마지막 왕조[5]가 멸망했다.[6] 고려는 서둘러 송나라에 조공을 보내고 화친을 맺었는

4) 고려 2대 왕 혜종(惠宗 : 943~945)의 본명.
5) 후주, 후한, 후당, 후진, 후양 중에서 송태조 조광윤에게 멸망한 후주를 의미함.
6) 후주(後周)가 멸망한 정확한 연대는 서기 950년임.

데 이는 송의 황제의 요청인 동시에 고려왕도 그럴 뜻이 있었기 때문이었다. 송은 그 후 166년(서기 960~1101)[7] 동안 중국의 운명을 지배했다.

고려는 다음과 같은 방법으로 곧 글안과 동맹을 맺기에 이르렀다. 고려의 왕통은 옛날 고구려의 왕통을 직접 받은 것이었기 때문에 발해의 왕통과도 관계가 있노라고 주장했다. 이와 같은 주장에 근거하여 고려 왕은 지난날 발해가 지배했던 요동 전체에 대한 영유권을 주장했다. 이 당시 그보다 더 중요한 문제들에 직면해 있던 글안족은 고려군이 이곳을 잠정적으로 지배하는 데 동의했다. 그럼에도 불구하고 고려 왕은 이 지역에 대한 칭호를 분명히 받아 두기 위해서는 글안 왕에게 경의를 표하는 것이 최선이라고 생각했다. 서기 1012년에 고려 왕은 사신을 보내어 글안의 종주권을 인정했다. 그러나 그 강력한 정복자는 이와 같은 구두 인사에 만족하지 않고 고려왕이 몸소 찾아와서 신하의 예를 드리라고 했다. 고려 왕은 이를 거절했다. 두 나라는 즉시 반목하게 되어 전쟁이 일어났으며, 이 전쟁으로 고려는 압록강 서안의 영토를 잃었다. 팔라디우스[8]가 밝혀 낸 흥미 있는 사실에 의하면, 대련으로부터 북으로 약 20마일, 그리고 봉천으로부터 북으로 70마일을 가면 소위 "고려촌"이라고 하는 곳이 있는데, 이는 그 이름 자체가 이곳의 옛 역사를 입증하는 동시에 압록강 서안의 영토가 고려에 의해 점령된 적이 있음을 증명하는 것이다.

요동을 수복한 것으로도 만족하지 않은 글안은 서기 1015년에 압록강을 건너 고려를 침략해 들어왔다. 이때까지만 해도 발해의 구강의 일부인 홍개

---

7) 송의 존속 연대는 북송이 960~1126이며, 남송이 1126~1179로서 도합 319년이었다.
8) 팔라디우스(The Archimandrite Palladius : 1817~1878) : 러시아의 신학자 겸 역사학자. 성 페테르부르그에서 신학을 공부하고 러시아 정교회 선교단을 따라 중국에 입국(1841)함. 귀국하여 성 페테르부르그신학교 교장(1848)을 역임하고 1849~1859년에 2차로 청국을 방문. 1865년에 중국 주재 러시아정교 전도 단장으로 3차 방중. 1970~1871년에 러시아지리학회를 이끌고 우수리강 일대의 고고인류학 탐사. 1878년에 은퇴하여 귀국 중에 사망함. 『중로사전』, 『1858년 영불연합군 침략 일지』를 남김.

호 부근에는 여진이라고 하는 새로운 나라가 있었다. 고려는 이 새로운 접경 민족과 철석같은 동맹을 맺고 이들의 도움으로 글안의 침략자들을 몰아냈다. 그 후 고려의 경계는 고정되었으며 서구인들이 잘 알고 있는 한계선 너머까지 팽창된 적이 없다. 평화와 번영의 시대가 찾아왔으며 여진과 고려 사이에는 교역도 빈번했다. 글안에 대한 공통된 두려움으로 우의가 굳어진 두 나라는 인구나 생활 면에서 급격히 성장했다.

중국의 사가들에게는 이미 5세기경부터 알려지기 시작한 이 글안족들은 당시 7개의 유목 부족으로 이루어진 자신의 깃발 아래 뭉쳐 있었다. 10세기 초에 이 유랑 민족들은 탁월한 기마족으로 변신했다. 정복 전쟁에 의해 재력과 문화가 상승하게 되자 이들은 서기 925년에 대제국을 건설했는데,[9] 그 국토가 동서로는 알타이산맥[10]으로부터 태평양에, 남북으로는 만리장성의 안쪽으로부터 야블로노이산맥[11]에 이르렀으며 북경을 수도로 정했다.

이 나라는 12세기(서기 1125년)까지 내려오다가 금에게 멸망했다. 금은 몽고를 차지하고 오늘날의 중국 본토에서 글안이 점령했던 것 이상의 영토를 차지했다. 금은 여진의 팽창에 따라서 건국된 것으로서 두만강의 북쪽과 송화강의 동쪽에 있던 그들의 터전을 벗어나서 점차로 그 영토를 확대하여 글안족을 정복에 의해 병탄했다.

이 새로운 제국의 시조인 아골타는 자기 나라의 이름을 "황금의 나라"라 했다. 금이 건국되어 있는 동안 고려는 이 거대한 이웃과 아무런 불화가 없었으며 2백 년 동안 자신의 영토 내에서 평화를 누렸다. 고려의 교역은 이제 사방에 퍼져서 육로로는 북방과 서쪽의 이웃 나라와, 동으로는 일본과 그리

---

9) 글안의 야율아보기가 세운 요를 의미하는데 그의 건국 연대는 서기 910년~1125년임.
10) 알타이산맥(Altai Mts.) : 중국의 북쪽과 몽골의 서남 국경(북위 40~50°, 동경 90~100)에 위치한 산맥.
11) 야블로노이산맥(Yablonoi Mts.) : 소련의 남부 지방(북위 60°, 동경 110~130°)에 위치한 산맥.

고 남·서로는 중국과도 교역했다. "남방의 전차"인 나침반의 도움을 받아 영파와 송도 사이에 직접적인 선편 교역이 빈번하게 이루어졌다. 엣킨스[12] 씨가 기술한 바에 의하면, 서기 1122년에 중국의 칙사가 8척의 배를 이끌고 남경을 출발하여 영파를 거쳐 고려에 도착한 중국 측의 기록에서 최초로 나침반을 이용했다는 기록이 보인다고 한다.

이 무렵에 고려인들과 교역도 하고 또 자기 나라를 왕래하던 아라비아 사람들은 즉시 이 말없는 항해사의 친구를 서방에 있는 자기 나라에 소개했는데, 이것이 유럽으로 전해져서 콜럼버스에게 전달되었다. 고려인들의 눈에는 그의 신비한 손가락이 남쪽을 가리키는 것으로 보였으며 서양인들의 눈에는 그것이 북극성을 가리키는 것으로 보였던 것이다. 뱃길을 찾기 위해 뱃머리에 서서 앞길을 바라보던 중국인 항해사의 부릅뜬 두 눈은 틀림이 없

홍화통보

12) 엣킨스(J. Edkins : 1823~1905) : 영국의 목사. 1848년에 안수를 받고 상해에 입국하여, 상해 주재 영국 대리인을 지내면서 서양의 천문과 역법을 소개했다. 태평천구그이 난 당시에는 영국과 태평군의 창구 역할을 했다. 1861년에 천진에 교회를 세우고 북경에 진출했으며, 1890~1905년 동안에는 상해 해관에서 번역관으로 봉직했다. 『중국의 종교』, 『중국의 불교』, 『중국아편사』, 『중국의 통화』를 씀.

는 이 길잡이 앞에서 과거 어느 때보다도 헛된 환상에 사로잡히게 되었다. 미라의 관 위에서 항상 열려진 채로 있는 두 눈동자만큼이나 쓸모없게 된 이들의 꺼풀 없는 두 눈은 시의 세계에로 몰락했으며, 그러는 동안 이 사방으로 흔들리는 나침반의 바늘은 과학과 신발견에로의 새로운 길을 열어 주었다.

제 10 장 중국 · 일본 · 몽고

어느 학자가 이곳의 역사를 읽는 동안 표현한 바와 같이 북방의 늙은 벌떼들은 한동안 숨을 몰아쉬더니 다시 떼 지어 날 준비를 하고 있었다. 역사상으로는 집합명사로 달탄족이라 하는 숱한 이름의 침략자들로부터 자신을 보호하는 데는 만리장성이라는 것이 얼마나 소용없는 것인가를 다시 한 번 알게 되었다. 새 부족들이 바이칼호의 북쪽과 동쪽 부근에 자리 잡고 있던 터전을 벗어나서 남진하기 시작했다. 이 바이칼호는 지리학자들에게도 잘 알려지지 않았고, 보통 지도에는 연못 정도로 그 면적이 표시되어 있지만, 이 호수는 세계에서 가장 큰 호수 중 하나로서 길이가 370마일에 그 표면이 13,300평방 마일에 이른다. 오늘날에는 러시아 이주민들이 그 연안에 살고 있으며 함대와 기선들이 위로 항해하고 있다. 이 호수는 해발 1,280피트에 위치하고 있다. 이때부터 몽고 기마족은 자신의 종족을 더욱 굳게 결속시키면서 막을 수 없는 증가력과 힘으로써 이동을 시작했다.

그들의 무리는 마치 모든 문명을 파괴하고 온 지구를 집어삼키려고 위협하는 인간 사태처럼 보였다. 북으로부터 내려온 이 욱일승천하는 고원 지대의 부족들은 센토어[1] 신화처럼 말 타는 데 탁월했다. 호랑이 가죽으로 말안

1) 센토어(Centaur) : 그리이스 신화에 나오는 반인반마의 괴물로서, 명기수를 의미함.

장을 하고 가죽 끈을 꼬아 등자를 만들고 말의 아래 턱에는 재갈로 끈을 물리고, 창과 시메터[2]로 무장한 이 정복자들은 모든 성벽을 무인지경 드나들 듯, 마을을 쳐들어가 자기들에게 반항하는 모든 무리들을 살육하면서 횡행했다. 그들은 마을을 공격하면서도 그들이 타고 다니는 말에 언제나 음식이 준비되어 있음을 발견하게 되는데, 활이나 사고로 등심이 이미 달아난 그 말에서 떼어 낸 말고기 덩어리가 항상 그들의 칼집에 달려 있기 때문이다. 낮이면 안장 위에서 살고 밤이 되면 안장을 두르고 자는 이 강인한 기마 민족에게는 날것이든 익힌 것이든 간에 이 저며 놓은 고기가 주식이 되고 있다.

이 민족들이 역사에 확연히 등장하여 제국의 국경에 어렴풋이 나타나기까지의 1세기 동안 이 유목 민족의 힘은 날로 성장했다. 이들을 하나의 공동체로 통일시킨 중심인물은 징기스칸(1160~1227)이었다. 그는 어떠한 인물인가? 한국과 중국을 방문한 적이 있는 한 일본인 작가는 이에 관해 영문으로 글을 쓴 적이 있는데, 이 책에 의하면 아시아를 통일한 이 인물은 적어도 일본의 겐지가의 요시쓰네와 동일한 인물임을 강력하게 시사하고 있다. 일본의 영웅 겐지가의 요시쓰네(源義經)는 1159년에 태어난 미나모토(源)[3]의 장군으로서 타이라가를 섬멸했다. 1189년에 질투가 심한 그의 형인 요리토모로부터 도망한 그는 에조에 이르렀다가 다시 만주로 건너간 것으로 믿어진다. 그는 아마 일본이 일찍이 배출했던 가장 위대한 무사였던 것으로 보인다.

스에마쓰 겐조[4] 씨는 이 문제에 관해 양자의 이름, 직함, 연령, 활동, 연

---

2) 시메터(cimeter) : 유목 사회에서 도축용으로 쓰는 칼인데 굽고 길이는 30cm 정도이다.

3) (필자 주) W. E. Griffis, *The Mikado's Empire*, Chapt. XIII and XIV.

4) 스에마쓰 겐조(末松謙澄 : 1855~1920) : 도쿄고등사범학교와 영국 켐브리지대학에서 수학. 도쿄의 『니치니치신문』 기자로 활약하다가 영국으로 건너가 일본대사관에서 근무하면서 영문학과 법학을 공부하고 귀국하여 이토 히로부미의 사위가 된 것을 인연으로 정계에 투신하여 귀족원의원 · 체신대신 · 내무대신 · 추밀원고문을 지내고 많은 번역서를 출판했다. 자작의 칭호와 함께 문학박사 학위를 가졌다.

대, 개인적인 성격, 군기, 신화와 전설, 가계의 명칭, 지명과 신상, 일본의 유적 · 동전 · 무기 그리고 만주에 있는 요새 등에서 양자에 관한 놀라운 일치점이 있음을 열거함으로써 요시츠네와 징기스칸은 동일 인물임을 주장하고 있다.[5] 구체적으로 지적하지 않더라도 그의 위대한 개성, 탁월한 지식은 그가 일본 출신임을 강력하게 시사하는 것으로 보인다. 부단하게 투쟁했던 이 인물이 누구이든 간에 그는 거친 파도처럼 자유롭게 살아가던 이 종족들을 불안한 대해로 통일시킨 것은 분명하다. 만주의 무성한 초원을 벗어난 이 정복의 물결은 아시아를 휩쓸고 일본, 인도, 러시아에까지 그 물방울을 튀겼다. 한국은 몽고족에 의해 완전히 정복당한 민족 중의 하나였다.

서기 1206년 몽고의 지도자인 이 예스게이[6](일본어로는 에조카이〈蝦夷海〉를 의미함)는 족장들의 추대를 받아 징기스칸이라고 이름을 고치고, 한 제국의 재배자임을 스스로 선언했다. 이제 그는 중국을 정복하기 위한 준비로서 글안을 정복하고 그 부족과 영토를 병탄하는 과업이 그 앞에 전개되었다. 이 과업은 6년도 안되어 달성되었다. 요동을 침략하고 1213년에는 그의 군대가 만리장성을 넘었다. 이제 3개조의 막강한 군대가 조직되어, 하나는 중국 전토에서부터 네팔 · 안남에까지 쳐들어가고, 하나는 고려 · 일본을 정복하고, 하나는 아시아를 거쳐 유럽에 몽고의 백기를 게양하려 했다. 이 과업은 하루아침에 이루어지지는 않았지만, 한 세대가 지나기 전에 성취되었다.[7] 징기스칸은 그의 부족들을 이끌고 서쪽으로 향했다.

서기 1218년에 고려 왕은 자신이 징기스칸의 봉신임을 선언했다. 1231년에 고려에 파견된 몽고 사신의 살해 사건[8]은 제1차 정벌의 구실이 되었다.

---

5) (필자 주) K. Suyematz, *The Identify of Great Conqueror, Genghis Khan, with the Japanese Hero Yoshitsune*, London, 1879.
6) 예스게이(Yesugei, Yezokai) : 성길사한의 가명.
7) (필자 주) Horworth, *Hisyory of the Mongols*, London, 1876.
8) 몽고 사신 저고여가 귀국길에 압록강 밖에서 피살된 것은 1225년 1월이었다.

몽고족은 고려에 침략하여 40개의 주요 도시를 함락시키고 강화도로 피난갔던 고려 왕의 항복을 받았으며 지방 행정을 관할하기 위해 72명의 지방장관[9]을 임명함으로써 고려의 독립을 유린하기 시작했다. 새롭고도 이질적인 외국 정복자의 통치 방법에 분개한 고려인들은 그들에 항거하여 모두를 살해했다.[10] 이 사건은 2차로 벌어진 더 끔찍스러운 침략의 서곡이 되었다. 1241년 몽고의 대군이 고려를 침략하여 대전이 벌어졌다. 고려 왕을 패배시킨 몽고 군은 또 다시 이 가난한 봉신에게 무거운 조공을 강요했다. 1256년 고려 왕은 대륙의 정복 왕조에게 신하의 예를 베풀기 위해 몸소 출행했다. 몽고족의 파견 정부는 친절과 잔혹을 혼합해 가면서 고려를 통치했다. 융화 정책이 실패한 다음에는 고려인을 복속시키기 위해 가장 가혹한 군사 조치가 취해졌다. 비록 고려인들이 끊임없이 반란의 기색을 보였지만 이 위대한 한은 강온의 두 가지 방법으로써 이 작은 반도를 지배했다.

이 무렵 유럽과 중국 사이에는 찬란한 반세기의 교류가 시작되었는데 이에 관해서는 율[11]의 저술에서 훌륭하게 연구·기술되어 있다. 1245년부터 1253년 사이에 프란체스코파에 속하는 선교사인 카르피니[12]와 루브루퀴[13]가 중국과 칸의 숙영지를 방문했다.

징기스칸의 전쟁 상황이 설명된 그의 도해에 따르면 그들은 유럽인들에

9) 점령지의 통치관인 다루가치를 의미하는데, 『고려사』에는 이와 같은 기록이 보이지 않는다.

10) 고려인이 그들을 모두 살해했다는 것을 입증하기는 어렵다.

11) 율(H. Yule) : 영국의 동양 학자. 캠브리지 대학을 졸업하고 공병대에 입대하여 대위로 제대했으며, 동양학에 전념하면서 『동방견문록』을 역주했다. 그의 저서 『중국으로 가는 길』(*Cathay and the Way Thither*, 1866)은 동서교섭사에 관한 역저로 평가되고 있음.

12) 카르피니(Giovanni de Carpini : ?~1252) : 이탈리아 프란체스코수도회의 수도사. 교황 이노센트 4세의 친서를 몽골에 있는 카라코룸의 귀유(?~1248)에게 전달한 다음 회답을 받아 귀환하여 『동방견문록』을 썼다. 마르코 폴로 이전의 최초의 동방 여행가임.

13) 루브루퀴(Guillaume Rubruquis : 1220?~1293) : 프랑스 프란체스코 수도사. 교황 이노센트 4세와 루이 9세의 친서를 몽골의 대한에게 전달하고 기독교를 포교하고자 몽골에 파견되었다가 귀국(1253~1255)했으며, 『동양의 지리 · 풍습 · 종교 · 언어에 관한 저술』을 남겼다.

쌍돛배(1871년의 사진에서)

게 낯익은 캐데이라는 명칭을 썼는데 이 단어는 글안[Kitai 또는 Kitan]에서 유래된 것이다. 상역의 대표로 그 뒤에 입국한 마테오, 니콜로, 그리고 마르코 폴로는 그 무렵에 온 숱한 상인 여행가 가운데 일부에 지나지 않는다. 이들은 그 뒤 베니스·제노아와, 영파·하문 간의 무역을 증대시켰다. 북경에는 교회가 건립되었고, 다른 도시에서는 프란체스코파의 선교사들이 활약했다.

많은 유럽인들이 자신과 그 밖의 몇몇 사람의 이름을 잊지 않도록 해주었으며 낭만적이고도 진실한 중세 중국과 몽고의 모습을 우리에게 남겨 주고 있다. 이들은 이곳을 여행하고 교역하면서도 자신의 이야기를 하나도 남기지 않은 무수한 사람들 중의 한 서생에 지나지 않을 뿐이다. 몽고에서 겪을 수 있는 기적 중의 하나는 여행자들이 고려에서 러시아까지 무사히 여행할 수 있는 종교적 관용이 있었다는 사실이다. 그러나 중앙아시아의 몽고족들이 이슬람의 교의를 받아들였을 때 그들의 고집은 유럽으로 향하는 대로를 폐쇄했으며 상호 교신은 끊어졌다. 이제 다시 중국과 일본, 그리고 한국은 유럽의 눈에서 벗어나 역사의 암흑 속으로 잠겨 들어갔다.

조부인 징기스칸의 대를 이어받아 아시아 대륙의 새로운 지배자가 된 쿠빌라이는 1266년에 일본 정벌을 결심했다. 그는 일본의 미카도에게 보내는 글을 썼지만 고려에 도착한 그들은 일본으로 건너가는 것이 얼마나 어려운 것인가를 과장해 설명하는 고려인들의 말을 듣고 너무 놀라서 일본으로 건너가지는 않았다. 1271년과 1273년에 또 다른 사신이 파견되었으며 쿠빌라이는 일본 침략을 위한 막강한 함대와 군대를 마련하기 시작했다. 제주도에서 100척의 배가 건조되었다. 배 300척과 중국인, 몽고인, 고려인 1만 5천 명으로 구성된 함대는 일본으로 항진하다가 이키 앞 바다에서 일본인들과 마주쳤다. 일본인들이 용맹한데다가 폭풍까지 겹쳐서 원정대는 전부 침몰하고 애당초 숫자 중의 소수만이 살아서 고려로 돌아왔다.

이제 외교적 담판에 의해서 일본을 정복하고자 했음이 분명한 칸은 다시 사신[14]을 파견했는데 이들은 미카도는 만나지 못하고 1275년에 어느 쇼군의 막하에 당도했다. 몽고의 사신은 그의 속국인 고려로부터 막대한 수의 종자들을 데리고 갔다. 일본인들은 그들 중의 3명에게만 가마쿠라막부(오늘날의 도쿄로부터 12마일 떨어진 곳에 있음)[15]에로 가도록 허락했을 뿐, 칸의 협박장에 아무런 관심도 나타내지 않았다. 이 용감한 도서 민족들은

14) 이때 파견된 원사는 두세충 등인데, 일본 측 기록에는 이들이 시종에게 피살된 것으로 되어 있다.

15) 가마쿠라막부(鎌倉幕府) : 1185년 일본의 요시츠네(1147~1199)가 가마쿠라에 세운 정치 기관으로서 처음에는 겐지가의 가인 통제 기관이었으나 후에는 전 일본의 지배 기관이 되었음.

너무도 화가 났기 때문에 그 다음 해에 또 다른 칸의 사신이 도착하자 죄수처럼 맞아들여 가마쿠라막부로 보냈는데, 그곳에서 그 사신은 감옥에 처박혀서 4년을 지내다가 목이 달아난 후에야 출옥할 수가 있었다.

이 소식을 들은 쿠빌라이는 최강의 원정군을 준비하기 시작했다. 자신의 제권이 드니에퍼강[16]으로부터 황해에 이르고 있는 이 마당에 자그마한 한 도서 민족으로부터 수모를 당한다는 것은 생각할 수도 없는 문제였다. 각종 함대와 분견대가 중국의 여러 항구를 출발하여 고려의 연안에서 합세했다. 3천 5백 척의 대형 전함으로 구성된 이 함대에는 중국인, 몽고인, 고려인 18만 명이 승선하고 있었다. 전투 무기 중에는 마르코 폴로 부자가 그들에게 제조법을 가르쳐 준 투석기도 있었다.

애당초에서부터 일은 잘못되어 가고 있었다. 총사령관이 병으로 쓰러지고 아무런 작전 계획도 없는 그의 부관에게로 지휘관이 넘어가자 각 부대는 통솔이 되지 않아 뿔뿔이 행동했다. 그들 중의 대부분은 일본에 상륙조차도 해보지 못한 것 같다. 몽고와 고려의 분견대들은 치쿠젠 지방[17]에 다다랐으나 일본인들이 칼과 불로써 공격해 오는 바람에 제대로 상륙할 수가 없었다. 그 후에 도착된 중국 군사들은 무서운 폭풍을 만나서 거의가 섬멸되었으며, 이미 작전 중인 배들도 모두 침몰되었다. 수병과 지상군의 패잔병들은 이키도에 몸을 피했지만 일본인의 공격을 받아 거의 모두가 도륙을 당했거나 포로가 되었거나 아니면 찬 바닥에 피를 뿌리며 목이 달아났다.

이른바 "몽고 문화"라고 하는 것은 고려에 별 영향을 미치지 못한 것 같다. 징기스칸의 강대한 제국은 즉시 사분오열되었다. 그의 광대한 통치 체제는 밀려오는 파도 앞의 사상누각처럼 무너졌으며, 파도가 밀려 간 후 고려의 정치 · 사회 생활에는 눈에 뜨일 만한 앙금이라고는 거의 남아 있지 않

16) 드니에퍼강(Dnieper) : 소련과 유럽 대륙의 서부를 거쳐 흑해에 이르는 강.
17) 치쿠젠(筑前) : 일본의 고지명. 현재 후쿠오카의 북부 지방.

았다. 마르코 폴로는 그의 저서[18]에서 일본에 관해서는 상당한 분량을 기술하고 있지만 한국에 관해서는 거의 언급하고 있지 않다. 고려가 강요에 의해 몽고족을 도와 준 후로 발생된 악영향은 일본인과 한국인 사이의 상호 적의가 증대했다는 사실이다. 몽고족의 침략이 있은 후부터 일본의 모험가들에 의한 한국 연안의 해적 행위와 해상 약탈이 시작되었는데 이로부터 한국인들 사이에는 육지를 벗어나는 항해와 조선술이 거의 잊히고 말았다.

몽고족의 침략이 있은 뒤에 몇 세기는 일본에 있어서 혼란과 내전의 시대였다. 중앙 정부의 권위가 취약하게 되자 해적들을 통제할 수가 없었다. 일본인 중에는 뱃일을 하는 사람이나 전에 뱃사람이었던 무리들이 배를 만들거나 훔쳐서 바다로 나아가 한국의 배나 정크 또는 뗏목들을 나포했다. 해안에 상륙한 그들은 마을을 약탈하고 도적질하고 아무런 방어 능력이 없는 양민들을 살해했다.

점점 더 대담해진 약탈자들은 황해로 항해하여 심지어는 중국 본토와 요동에도 상륙했다. 왜구들은 모든 도시와 마을을 공포의 도가니로 몰아넣음으로써 산동에서는 자신의 지방을 보호하기 위해 해안에 일련의 요새를 만들어야만 했다. 옛날 삼국 시대에 해상의 위험을 알리기 위해 갑에 피어오르던 봉화는 이제 국가적인 체제로 발전했다. 봉화제는 완벽하여 수도인 송도에로 연락망이 집중되었으며, 해안의 각 곳으로부터 들어오는 위험 신호를 전해 주었다. 이와 같은 방법에 의해서 해적들에 대한 좀 더 완결한 보호가 이루어졌다.

중세의 일본 해적에 의해 겪은 이와 같은 좋지 못한 경험들은 한국의 언어에도 강한 흔적을 남겨 놓았다. 이때에서부터 아마도 그 훨씬 전에서부터 왜(倭)라고 하는 접두사를 갖는 사악한 단어들이 나오기 시작했는데 그중

---

18) 마르코 폴로(Marco Polo)가 1271∼1295년 여행가인 그의 아버지를 따라다니며, 원에서 목격한 바를 기록한 『동방견문록』을 의미함.

한두 가지의 예를 들어보자 한국어에는 "왜골"이라는 말이 있다. 이는 마음이야 착할지는 모르지만 머리통이 험상궂게 생긴 사나운 거한을 의미하는데 이는 "일본놈"이라는 뜻이다. 파괴력이 강한 태풍은 "왜풍"이라고 한다.

서구의 기독교인들이 수세기 동안 옛 노르웨이의 해적들로부터 두려움을 겪으면서 "주여! 북해의 해적들로부터 우리를 구해 주소서"라고 기도한 것처럼 해안 일대에 살고 있는 고려인들은 여러 대에 걸쳐서 이 북태평양의 해적들로부터 자기들을 구원해 달라고 신에게 하염없이 간구했다.

시간으로 볼 때 영국 군인들이 북해의 해적들로부터 피해를 입은 기간과 거의 비슷하리만큼 고려와 조선 왕조가 왜구로부터 만성적인 위험을 겪은 결과 한국인들은 적의 통로라 하여 바다를 두려워하는 버릇이 생겼을 뿐만 아니라 한국은 반문명 이상의 수준을 향유하는 국민이면서도 그들의 초라한 배는 조수가 밀려가는 범위 이상으로 향하여 나가는 일이 없는 기이한 현상을 우리에게 보여주고 있다.

제 11 장 조선의 건국

한국에 온 최초의 중국인 정착자이며 이곳에 문명을 이룩한 기자는 자기 나라의 이름을 조선이라고 했다는 사실을 우리는 기억해야 할 것이다. 폭력과 전쟁을 벗어나서 자기 옛집의 동쪽에 위치하고 있는 평화의 나라에 온 기자는 즉시 이 새로운 삶의 터전에 이름을 붙였는데, 그 이름은 그 나라의 외형적인 위치와 기자 자신의 내면적인 감정을 표현하여 "조선", 즉 "고요한 아침의 나라"라고 했다.

한국인들이 믿고 있는 바와 같이 반도의 북반부를 포함한 만주의 일부 지역은 11세기 동안 조선이란 이름을 간직하고 있다. 서력기원부터 10세기에 이르기까지 신라 · 백제 · 고구려의 3국과 고려라는 명칭은 이 국가의 분할된 정치적 상황을 표현할 따름이다. 이들 세 소국이 멸망하자 통일된 반도는 고려라고 불렀다.

고려는 서기 934년에 건국하여 조선이란 고대의 명칭이 부활된 1392년까지 존속했다. 한국인들은 자기 나라를 고려("가우리" 또는 "고리"라고 발음)라고 종종 말하지만 이는 영국인들이 자기 나라를 브리튼이라고 부르는 바와 마찬가지로, 국명을 정확하게 표기한 것이라기보다는 그들의 조국에 대한 충성심을 표현한 것이다. 조선은 아직도 이 나라의 공식적이고도 대중적인 명칭으로 되어 있다. 이 이름은 가장 유서 깊은 이름인 동시에 가장 새로운 이름이다.

한반도에 조선이라는 이름이 최초로 주어진 것은 시적인 분위기 속에서 이루어진 것으로서 평화와 승리를 상징하는 것이었다. 이 이름이 주는 두 번째의 의미는 피를 흘리지 않는 정치 혁명을 지칭하는 것이다. 왕건이 세운 고려 왕조의 후기는 궁중의 방탕과 나약, 그리고 실정으로 특징지어지고 있다. 백성들은 32대에 이르는 왕조의 잔혹성을 증오함으로써 새로운 구원자가 나오기를 열망하고 있었다.

그러한 인물 중의 하나가 태조 이성계인데, 그는 함경도의 영홍만 태생이었다. 그는 젊어서부터 덕망과 지혜와 사나이다운 처신으로 남을 압도했다고 한다. 그는 특히 매와 함께 사냥하기를 좋아했다. 어느 날 그가 숲속에서 사냥을 하는데 그가 아끼던 매가 짐승을 추적하다가 너무 멀리 날아가서 그의 눈에 띄지 않았다. 매를 쫓아가던 그 젊은이는 매가 길가의 한 절간으로 날아 들어가는 것을 보았다. 안으로 들어간 그는 그곳에서 은둔하여 살아가는 한 중을 만났다. 흰 수염을 길게 늘어뜨린 성자의 기괴한 모습에 황송하고도 두려운 마음을 느낀 그 청년은 잠시 동안 아무 말도 못했다. 그러나 그 노인은 이렇게 말했다.

"능력 있는 그 젊은 나이에 길 잃은 매를 찾는다고 무슨 득이 있겠소? 패업보다 더 값진 상은 없다오. 즉시 서울로 올라가 보시오."

노승으로부터 받은 계시에 따라 그는 매를 뒤에 두고 송도로 올라가 왕의 호위병으로 들어갔다. 그는 곧 두각을 나타내어 급속히 승급하여 드디어 전군을 지휘하는 사령관이 되었다. 그는 이미 결혼하여 자녀를 두고 있었는데 그의 딸을 왕에게 출가시킴으로써 국구가 되었다.[1)]

이제 이성계의 영향력은 막강하게 되었다. 그는 군사적인 재능으로써 부

---

1) 이성계가 그의 딸을 고려 왕가에 출가시켰다는 사실은 입증하기가 어렵다.

하들로부터 열광적인 존경을 받는 동시에 오로지 그의 덕망으로 인해 백성들로부터 숭앙을 받았다. 조정과 군부와 백성들 간에 그토록 강력한 영향력을 미치게 된 그는 권력자들의 횡포를 개혁하고 왕의 학정을 시정하려고 노력했다. 심지어 전제자에게 충고를 한다는 것은 용기가 필요한 일이었다.

그러나 이성계는 감히 그 충고를 거듭했다. 그러나 왕은 국구의 자문에 따라 전횡을 고치려 하지 않았다. 이리하여 왕은 그를 받들고 있는 백성 간에 날이 갈수록 적의를 증대시켰다. 이와 같은 상황은 14세기 말까지 계속되었는데, 이때는 이미 혁명을 위해 제반 여건이 무르익어 있었다.

이 무렵 중국에서는 "이 작은 왕국"에 결정적인 영향을 미칠 만한 큰 사건이 벌어지고 있었다. 징기스칸이 세운 제국이 몰락했음에도 불구하고 몽고 왕조는 아직도 용상을 차지하고 있었다. 그러나 왕조 말엽에 이르러 내환으로 어려움을 겪게 되자 고려에 대한 관심이 줄어들고 조공도 보내지지 않았다. 지난날의 봉신을 또 다시 복속시키고 또 고려를 절박한 사태로부터 피난할 수 있는 피난처로 만들기 위해 발작적인 몽고의 시도가 있었으나 이성계의 능력과 용기로 번번이 좌절되었다. 서기 1341년에 몽고의 마지막 황제가 쓰러지고 한족의 명이 세력을 잡기 시작하더니 1368년에는 한 국가로서의 기반을 완전히 갖추었다. 고려에 파견된 명의 사신은 봉신이 될 것을 요구했다. 왕은 이를 무시하다가 끝내는 이를 거절하고 박두해 오는 명의 침략에 대항하기 위해 새로운 징집을 명했다. 자신의 왕조에 대한 음울하고도 비탄에 싸인 이 시대를 맞이해서도 고려군은 명의 막강한 군사에 대항해 싸워야 할 병력이 숫적으로도 초라하기만 했다. 이성계는 자기의 부하들에게 이렇게 말했다.

> "왕명은 모름지기 따라야 하겠지만, 우리와 같은 소수의 병력으로써 명의 군대를 공격한다는 것은 계란으로써 바위를 치는 것과 같아서 한 사람도 살아서 돌아오지 못할 것이다. 나는 죽음이 두려워서 이렇게 말하는 것은

아니지만 우리의 국왕은 지나치게 오만하다. 그는 우리의 직언을 듣지 않는다. 그는 우리의 처자들이 겪어야 할 고통에 대하여는 아무런 관심도 없이 아무 명분도 없는 출병을 갑자기 명령했다. 나는 이러한 명령에 승복할 수 없다. 송도로 돌아가자. 그러면 책임은 오로지 나 한 사람에게만 돌아올 것이다."

자기들의 사령관이 회군하는 동기가 순수한 데에 감명을 받은 장군들은 그의 용단에 찬사를 보내면서 왕명이 아니라 장군의 명령에 복종할 것을 결심했다. 송도에 돌아오자 그는 즉시 왕을 폐하기 위해 조처를 취했다. 왕은 강화로 추방되었는데, 이 섬은 고대나 중세와 마찬가지로 근세사에서도 매우 유명한 섬이다.

왕의 노여움은 매우 컸다. 그는 보복을 획책했다. 그의 음모는 그의 부하에 의해 이성계에게 밀고 되었다. 그는 가장 극단적인 방법으로 반격했다. 중국적인 이 방법에 의하면 사인의 경우에는 모든 권리를 박탈하고, 왕은 폐위하고 왕통은 끊어 버리는 것이다. 이와 같은 조치는 그들의 사당으로부터 왕의 선조들의 위패를 제거하는 것으로 충분했으며 그에 대한 계속적인 제사를 금지하는 명령이 하달되었다. 전 왕조에 대해 소화전을 들이대는 한국적이고도 중국적인 이와 같은 방법은 명령이 내려지자마자 즉시 합법적으로 시행되었다.

이성계는 이제 왕이 됨으로써 백성들에게 큰 기쁨을 주었다. 그는 남경에 사신을 보내어 명의 황제에게 외방에서 일어난 사건을 알리고, 봉신으로서의 예를 드리고, 자신의 행동에 대한 명 황제의 동의를 구했으며, 그를 한 군주로 서임해 주기를 간청했다. 이와 같은 소청은 정중하게 허락되었다. 조선이란 이름은 부활되었으며 이 국명은 이성계의 요구에 따라서 명의 황제에 의해 이 나라에 부여되었다. 명의 황제는 이와 같은 관계를 통해서 조선에게 명의 달력과 연호를 사용하도록 강요했는데 이와 같은 강요를 수락한

서울의 성곽(1876년의 사진에서)

다는 것 자체가 충성을 분명히 선언하는 것과 같은 의미를 가지고 있는 것이다. 이제 명과의 우의가 돈독해지자 조선의 왕은 귀족들의 젊은 자제들을 남경으로 보내어 그곳의 대학에서 공부하도록 했다.

이와 같이 하여 건국된 조선 왕조는 비록 1864년에 그 직계가 끝나기는 했지만[2] 지금까지도 한국에서 왕가를 이루고 있다. 1876년에 체결된 한일 수호통상조약에서 한인들은 이 태조가 등극한 때로부터 기산하여 "조선 개국 484년"이라고 조약문에 일자를 기록하고 있다. 새 왕조가 최초로 해야

2) 1910년에 멸망한 조선왕조를 1864년(철종 말년~고종 원년)에 대통이 끊어진 것으로 설명한 필자의 의도는 자칫 오해되기 쉬운데, 여기에서는 다만 고종 이후부터는 연호 · 국호 등을 새롭게 사용한 사실을 의미하는 것으로 보인다.

할 일은 새로운 수도의 위치를 바꾸는 일이었다. 조선은 한강 연안에 있는 한양을 수도로 선택했는데 이 도시는 강어귀로부터 50마일 떨어져 있었다. 왕은 성채를 확충하고, 인접한 언덕과 계곡에 이르는 대규모의 석성을 둘러 쌓았다. 성 위에는 활을 쏠 수 있도록 구멍이 뚫려 있고 냇물이 흐르는 곳에는 둥글게 석축을 쌓았다. 그는 행정 기구를 편성했는데 이 기구는 약간의 수정을 거쳐 오늘에 이르기까지 존속되고 있다. 이 도시는 위치가 좋아서 곧 번창했으므로, 서울 또는 경성이라는 이름을 얻었다. "경"(京)이라 함은 난징이나 뻬이징에서와 같이 중국어로는 "징"이라 발음되며, 일본어로는 도쿄나 교토에서 보는 바와 같이 "쿄"로 발음된다.

그는 또한 전국을 팔도의 행정 구역으로 다시 나누었다. 이 행정 구역은 아직까지도 그대로 실시되고 있다. 도의 명칭은 각기 2자의 한자에 "도"(돈다는 뜻, 또는 구역이라는 뜻임)라고 하는 글자를 결합시켰는데, 그 대체적인 뜻은 아래에서 보는 바와 같다.[3] "팔도"는 그와 같은 상서로운 이름과 함께 평화롭고도 번영된 시대에로 들어갔다. 수도를 국토 안에서 좀 더 중심지인 곳으로 옮긴다는 것은 군주가 바뀌는 것 이상의 의미를 갖는다는 사실을 백성들은 알게 되었다. 정치 체제에 있어서 뿐만 아니라 사회 생활에 있어서도, 그리고 심지어는 종교에서도 과감한 개혁이 이루어지고 변화가 나

---

3) (필자 주) 동해안 북쪽에서부터 시작하여 남쪽을 돌아 서해안 북쪽으로 순서를 잡아 팔도를 표기하면 다음과 같다. (1) 함경도(Perfect Mirror or Complete View Province) (2) 강원도(Bay Meadow Province) (3) 경상도(Respective Congratulation Province) (4) 전라도(Completed Network Province) (5) 충청도(Serene Loyalty Province) (6) 경기도(The Capital Circuit or Home Province) (7) 황해도(Yellow Sea Province) (8) 평안도(Peace and Quiet Province) 위 표는 오늘날 조선인들이 사용하는 한자음에 포함되어 있는 의미를 영역한 것이다. 오늘날의 조선 사람들은 오늘날의 한자음을 사용하고 있는 반면에 일본인들은 11~12세기 이전 그들이 백제와 신라로부터 받은 것과 똑같은 고대의 한자음을 고집하고 있다. 고대의 순수한 조선의 발음에 따르면 전라도는 "데루라다이"(Teru-ra tai)로, 충청도는 "치쿠샤쿠다이"(Tsiku-shaku)로, 경기도는 "게쿠샤쿠다이"(Keku-shaku tai)로 발음한다.

타났다. 이와 같은 모든 문제에는 명의 황제의 영향이 크게 나타났다.

전국 각처에 세력을 떨치던 불교는 적어도 하나의 수단으로서 국교가 된 적도 있었으나, 이제는 옆으로 밀려 국교로부터 면교되었다. 공자의 윤리와 중국 선현들의 가르침이 왕실의 비호 아래 열심히 가르쳐지고 전파되었을 뿐만 아니라 국교로 편성되었다. 15세기 초에서부터 유교는 번창하기 시작하여 고집스럽고도 관용치 못한 교의로까지 발전했다. 그리하여 방백 수령들은 항간에서 서구 기독교를 발견했을 때 이들이야말로 근절시켜야 할 무리들이라고 취급했으며, 그를 추종하는 사람들은 죽어 마땅하다고 생각했다.

고대의 윤리를 최고의 진리로 신봉했던 탓인지, 아니면 매사에 있어서 심지어는 불교에 있어서까지도 명을 철저하게 본뜨려고 했던 탓인지, 그렇지 않으면 사전을 몰수함으로써 막대한 재정을 확보하기 위해서였는지, 어쨌든 불교를 배척하게 된 근본 동기가 무엇이었든지 간에 종교적인 변화는 전국을 통해 과격하고도 철저하게 이루어졌다. 모든 관찰자들이 증언한 바에 의하면 오늘날 한국에 있어서 석가모니의 의식은 거의 모두가 쇠퇴하고 있다. 그 반면에 전국의 각 도시에는 공자와 그 제자들의 상을 모셔 놓을 사당이 세워지고 있다.

새로운 종교 체제를 강화·보급시키는 반면에 옛 종교를 약화시키고, 새로운 정부에게 힘과 통일을 갖도록 해 주고, 교육을 강화하고, 문인 계급(오늘날 이들은 유교 경전을 논하는 비판적인 선비들이 되었다)을 형성시키기 위해 취해진 이 거창한 조처는 미국인들이 보기에는 일종의 인사 개혁이었다. 과거제도에서 볼 수 있는 바와 같이, 능력 본위의 관리 임용이 법제화되었다. 중국의 제도를 그대로 본뜬 3등급 과거제도와 3등급 위계 제도가 채택되었다. 문·무신직을 원하는 모든 후보자들은 관직에 임명되어 녹을 받기 전에 중앙 정부나 지방 정부에서 발급하는 합격증을 받아야 한다. 오늘날에까지도 실시되고 있는 이 제도는 본서의 제38장에서 좀 더 충분하게 언급하기로 한다.

조선왕조 치하에서 도입된 사회 생활 면에 있어서의 유행의 변화로는 명의 풍습을 채택했다는 점이다. 오늘날 북경에서 벌어지고 있는 바와 같이 중국인의 눈에 비친 한국인의 복식이나 두발형은 호기심과 웃음거리가 되고 있다. 긴 변발을 하지 않고 머리를 달리 깎아서 치장한 이들 동쪽 이방인들의 의관은 중국의 관리와 거리 노동자의 눈길을 끌고 있는데, 이는 무릎까지 오는 짧은 바지에 챙이 뒤로 젖혀진 모자에 가발을 쓴 신사나 또는 캐슬 가든[4]의 농부 차림을 한 사람이 뉴욕에 도착하여 고급 기차에서 내려 브로드웨이로 향하는 모습과 흡사하다.

14세기에서 17세기에 이르기까지 중국의 귀족들은 오늘날의 한국인과 같은 옷을 입었으며 광동이나 남경의 관리들은 오늘날의 서울 사람들과 똑같은 타타르식의 머리 꼬리를 하고 있었다. 한국인들은 지난날 명나라 시대에 유행했던 복식이나 두발형을 단순하게 고집하고 있다. 외국인들이 아무리 역하게 생각한다고 할지라도 복식의 문제에 있어서 중국인들은 그 이웃 나라인 한국보다 훨씬 진보적이다.

조선왕조는 한국인의 미신 속에 뿌리박고 있는 적어도 두 가지의 잔인한 악습을 철폐했다는 찬사를 듣고 있다. 그 이전까지는 이와 같은 풍속이 한국에서는 아무런 도전을 받지 않고 성행하고 있었는데, 이러한 풍속은 일본에서도 오래전부터 유행되어 17세기에 이르기까지 그 흔적을 찾아 볼 수가 있다.

고리장이라고 하는 것은, 그 자세한 내용은 충분히 알려지지는 않고 있지만, 노인을 산채로 묻어 버리는 풍습이었다. 인제라 함은 아마 산신이나 해신에게 사람을 제물로 드리는 풍습이었던 것 같다. 이러한 부류의 미신적이고도 끔찍스러운 풍속들은 고대 사회에서 매우 성행되었으며 자비를 표방하는 불교 의식으로서도 이들을 폐하지 못했다는 것은 가슴 아픈 일이다.

---

4) 캐슬 가든(Castle Garden) : 뉴욕시 배터리에 세워진(1807) 원형 건물로서 처음에는 요새로 건설되었으나 그 후 극장, 이민국 등으로 사용되었다.

양반과 하인

인제의 경우 부락민들은 희생물이 될 그 사람을 목 졸라 죽인 다음 바다에 던졌다. 특히 장산곶은 해신제의 장소로 유명했다.

이태조의 뒤를 이은 초기의 군왕들은 막강한 권력을 쥐고 있었는데, 그들은 그와 같은 권력을 이용하여 선정을 베풂으로써 백성들로부터 큰 칭송을 들었다. 태조를 이은 정종은 2년(1398~1400)동안 통치했으며, 그의 뒤를 이은 태종은 18년간 재위했는데 여러 가지 선정 중에서도 신문고라는 것을 만들어 백성들의 소청을 왕이 직접 들을 수 있게 했다. 백성들의 불평이나 소망은 이 용기 속에서 합법적으로 그리고 용이하게 해소되었다. 신문고는 아직까지도 대궐문 앞에 걸려 있기는 하지만 현재로서는 그것을 이용하기가 어렵다고 한다. 오늘날의 신문고는 이름뿐이며 실제로는 소용이 없는 것처럼 보인다.

해적 행위로 인해 일본의 미카도를 불만스럽게 생각했던 태종은 그의 외교 활동으로서 우선 명의 황제와 동맹을 맺었는데, 당시 조선은 일본을 규제할 수가 없었기 때문이다. 그 후 일본에 대한 항의는 일부가 성공했다. 그러나 개척자연하는 조선의 몇몇 배덕자가 저지르는 악행이 사방에서 횡행했다. 이 역도들은 자기의 조국을 배신함으로써 편안한 생활을 누렸다.

부왕 태종이 죽자 그의 뒤를 이은 세종은 32년의 긴 세월 동안 왕위에 있었는데, 그 동안 그는 서울의 성곽을 중수·보강했다. 장백산맥 너머의 만주족들이 이 무렵 발흥하기 시작했으며, 요동은 몽고족의 침입으로 혼란에 빠졌는데 명의 장수로서는 이들을 막아 낼 수가 없었다. 국경의 강으로부터 50마일도 안 되는 곳에서 전투가 일어나자 이에 긴장한 조선은 자신의 국경과 도성을 방어할 방법을 모색했다.

"평화 시에도 전쟁에 대비했던" 세종이 1450년에 죽자 그의 아들 문종이 왕통을 이었다. 새로운 왕이 등극할 때면 으레 하는 것과 같이, 1614년 이후 명의 수도였던 북경으로부터 중국의 사신이 서울로 파견되어 왕의 서임식을 가졌다. 고국에 돌아간 이 사신은 『조선 기사』라는 이름의 여행기를 썼다. 필자의 기록에 의하면 당시 조선의 군사 경계선은 현재 국경 관문으로부터 북서쪽으로 수마일 떨어진 동산관에 있었다고 한다. 러시아의 사가인 팔라디우스(The Archimandrite Palladius) 기록하고 있는 바에 의하면 만리장성과 압록강 사이에는 "조선인의 침략을 경계하기 위해" 3등급의 성채가 축조되었다고 한다.

그 당시 조선보다는 오히려 요동을 약탈하고 있던 만주족과 그 밖의 북방 민족들의 침략을 경계하기 위해 중국인들이 그 성채를 축조했다고 보는 것이 더 사실에 부합된다. 이와 같은 방어 시설은 그 후 1세대 또는 2세대 뒤에 들어온 침략군을 막아 낼 수가 없었다. 오늘날의 목책선의 훨씬 서쪽에서 중국의 여행자가 발견한 "조선의 경계선"이 보여주고 있는 바에 의하면, 양국 간의 중립 지대는 1450년에 이미 축조되어 있었으며 그 범위도 오늘날보다도 훨씬 컸다는 것을 알 수가 있었다. 수목이 울창하고 인삼밭이 있는 이 일대는 관개가 편리하고 경작이 가능한 계곡이 있어서 한때는 사람들이 이주하여 농사지으며 살았으나 15세기 이후부터 황폐하게 되었다는 사실을 우리는 다시 듣게 될 것이다. 중국의 지도에는 이 지역이 마을 하나 없는 공백으로 되어 있으며, 중국 정부가 이곳 주민을 서쪽으로 이주시키기 이전에는 이곳에 30만 명의 주민이 살았었다. 기름지고 광대한 이 지역으로부터 주민을 퇴거시킨 것은 중국이 단순히 군사적 필요에 따라 취한 조치였다. 중국은 이러한 조치를 통해 그의 우방인 조선으로 하여금 그 자신의 안전을 위해, 1450년에 중국의 사신이 기록한 바 있는 동산관 정도까지 국경을 접하고 있는 강의 서편에 초소를 세우도록 강요했다.

서양에서 미주 대륙이 발견된 당시는 일본 해상 활동이 가장 왕성한 시기였다. 타타르 지방에서 통킹만[5]에 이르기까지, 루손도[6]에서 샴에 이르기까

5) 통킹만(Tonquin) : 북부 월맹과 중국 해남도 사이의 만.
6) 루손도(Luzon) : 필리핀의 주도.

압록강 북안의 중립지대

지, 그들이 다다르는 모든 해안에서는 용맹한 비적 떼를 잘 알고 있었으며 또 두려워했다. 중국인들은 자기들이 발명한 나침반이 이 용맹한 도서 민족의 손으로 들어간 것을 뼈아프게 후회했다. 자기들에게 가져간 나침반을 들고 황해를 횡행하면서 마을을 약탈하는 일본 해적선을 바라보는 중국인의 심정이란 자신의 깃으로 만든 화살을 맞고 상처를 입은 독수리의 심정에 못지않게 처량한 것이었다. 그들은 해안 지대뿐만 아니라 강을 거슬러 올라와서도 약탈을 일삼았다.

이와 같은 해적들의 약탈을 제외한다면 조선은 감미로운 평화를 누렸으며 그러는 동안 이 고요한 아침의 나라에는 2세기가 흘러갔다. 역사상 최초로 일본 남부의 붕고[7]에 정박했던 유럽의 선박들이 조선 연안의 어느 곳에인가 방문했으리라는 가능성도 있다. 1540년부터 1546년 사이에 포르투갈로부터 온 "검은 선박"들의 4차에 걸친 입항은 일본의 어느 지점을 방문한 것으로 알려지고 있다. 16세기가 끝나기 직전에 일본이 조선에서 그토록 가공하게 써먹은 화약과 총의 제조법은 그들로부터 배운 것이었다.

이제 다시 중국과 일본, 그리고 조선에 관한 유럽인들의 관심을 살펴보면, 마르코 폴로와 프란체스코교단의 기록에는 옛 중국과 일본에 관한 것이 발견되지만 마르코 폴로는 조선에 관해 거의 아무런 언급도 하지 않았다. 유럽인들이 명이라고 하는 막강한 대국과 일본이라고 하는 해양 국가 사이에 놓여 있는 이 나라를 최초로 알게 된 것은 포르투갈인들로부터였다.

모험심과 사업욕에 들뜬 영국인들은 이베리아 반도의 국민들만이 모든 영광을 차지하는 데 대해 못마땅하게 생각한 나머지 1555년에 미지세계탐험회를 조직했다. 이들은 일찍이 노바야 젬리아[8]와 웨이가츠[9]까지 항해를 한 적이 있었지만 조선이나 중국에 도착하지는 못했다. 다른 사람들도 인도에 이르는 동북 항로[10]를 발견하려고 시도했지만 실패했으며 미국과 누르덴숄드[11]가 이곳을 개척하기 전까지만 해도 아시아는 선박이 거쳐 가지 않은 미지의 세계였다.

---

7) 풍후(豊後) : 일본의 고지명. 지금의 대분현의 일부.

8) 노바야 젬리아(Novaja Zemlia ; Novaya Zemlya) : 유럽 소련의 북쪽에 있는 두 개의 큰 섬으로서 1594~96년에 바렌츠(Barents)에 의하여 탐험됨. 면적 90,650평방 킬로미터.

9) 웨이가츠(Weigatz Vajgaz) : 노바야 젬리아와 러시아 본토 사이에 있는 작은 섬.

10) 동북 항로(Northeast Passage) : 북대서양에서 유럽 및 아시아의 북해안을 거쳐 태평양으로 빠지는 항로를 의미하는데 한때는 동양에로의 새 항로라고 생각되었다.

11) 누르덴숄드(Nils A. E. Nordenskjold : 1832~1901) : 핀란드 태생의 노르웨이의 지질학자이며 탐험가로서, 북극을 탐험하고 동북 항로를 발견함.

북미주의 끝이 되는 어떤 가상적인 곳을 돌아서 애니안의 상상적인 만을 통과하여 중국에 이르는 서북 항로를 찾으려던 노력의 결과로 캐보트 부자[12], 허드슨[13], 그리고 프로비셔[14] 등이 허드슨 강으로부터 그린랜드에 이르는 미주 대륙을 발견했지만, 중국에 이르는 항로는 그때까지도 아프리카로 돌아야만 했다.

15~16세기 동안에는 이 지역을 항해하자면 오직 일본으로부터만 위험을 당할 가능성이 있었다. 중국 대륙의 북 · 서 · 남에는 명 황제의 깃발이 걸려 있었으며, 당시로서는 조공이 가벼웠기 때문에 조선이 그의 강대한 인방으로부터 받는 보호의 역할은 조선이 명에 보내는 선물 이상으로 훨씬 값진 것이었다. 중국으로부터는 아무런 위험을 겪지 않았다.

조선은 건국 초기에는 일본에게 정기적으로 사신과 선물을 보냈으며, 이들은 교토에 있는 미카도가 아니라 오늘날의 일본 수도인 도쿄로부터 12마일 떨어져 있는 가마쿠라막부[15]의 장군에게로 정식 접수되었다. 그러나 아시카가가[16]가 쇠약해지자 그 권력 역시 쇠약해지고 적대 세력의 우두머리들이 전국적으로 봉기했다. 이로부터 일본에서는 벌족 간의 싸움과 만성적인 내전이 그치지 않았다. 가마쿠라막부는 소수의 지역만을 통치했으며 그

---

12) 존 캐보트(John Cabot : 1450?~1498?) : 이탈리아의 항해사로서 영국의 선박을 타고 탐험에 종사하여 북미 대륙을 발견했음(1497).
세바스찬 캐보트(Sebastian Cabot : 1474?~1577?) : 존 캐보트의 아들로서 허드슨만(1517)과 남미의 동해안을 탐험했음(1526~1530).

13) 허드슨(Henry Hudson : 1576~1611) : 영국의 항해사로서 허드슨 강을 탐험했으며 허드슨만을 발견했음(1611).

14) 프로비셔(Sir Martin Frobisher : 1535?~1594?) : 영국의 항해사로서 라브라도어(허드슨만과 대서양 사이에 있는 반도)의 북부 지방을 탐험했음.

15) 가마쿠라막부(鎌倉幕府) : 1185년 일본의 요리토모가 가마쿠라에 세운 정치 기관으로서 처음에는 겐지가의 가인 통제 기관이었으나 후에는 전 일본의 지배 기관이 되었음.

16) 아시카가가(足利家): 일본의 장군 아시카가 다카우지 씨가 교토에 무가를 개설하고(1338) 가마쿠라막부의 조직을 계승한 이후의 그의 가문을 의미함. 이는 1573년에 오다 노부나가에 의하여 타도되었음.

러는 동안 미카도는 적대적인 다이묘[17]의 도구와 희생물이 되었다. 이들 소영주 중의 하나가 대마도를 장악하여 조선 연안에 있는 부산에 한 상관을 교섭함으로써 양국 간에는 다소의 왕래가 지속되었다. 일본 정부는 조선과 왕래하면서 항상 대마도를 이용했으며, 부산의 주재원은 거의가 대마도주의 부하였다. 서울에서 가마쿠라막부까지의 여정은 보통 2~3개월이 걸렸지만 일본의 내전과 해적들로 인해 양국 간의 왕래는 점차로 소원해졌다. 1460년을 마지막으로 하여 조선의 사신은 끊어졌지만 그 후 계속되는 내전으로 인해 아시카가막부는 조선의 사신이 끊어진 것을 별로 괘념치 않았다. 지난날의 조공이 끊어짐으로써 옛 군주의 노여움을 사는 일이 없도록 하려고 대마도의 주민들은 가마쿠라막부와 교토의 미카도가 쇠약해졌다는 사실을 거래인들에게 고의적으로 숨겼기 때문에 조선은 일본에서 무슨 일이 일어나고 있는지를 전혀 모르고 있었다. 사신을 요청하는 일도 없었으므로 가지도 않았다. 이러한 문제에 관해 일본으로부터 더 이상 안달하는 일이 없자 조선으로서는 그와 같은 언짢은 의무가 더 이상 강요되지 않는 즐거움을 맛보게 되었다. 조선의 사서에 기록된 바에 의하면 조선 정부는 일본에 대해 공세를 취했으며 중종(1506~1544) 때에는 대마도를 정벌하고 지난날 조선에 조공을 바치던 섬사람 몇 명을 잡아왔다고 한다. 이러한 주장이 일면 사실이라고 하더라도 일본은 그 수 자신을 무시하고 지난날의 감정으로 복수했다는 이유로 대량 보복을 감행했음이 틀림없다.

그 후 조선은 평화가 계속될 것이며 조용한 아침은 결코 저녁의 폭풍을 맛보지 않으리라는 생각에서 일본에 대해 방심했다. 일본으로부터의 위험을 예기하지 못한 조선은 군비를 게을리 하고, 군대를 해산하고 성벽은 허물어지도록 내버려 두었다. 해자는 메워져 하수도가 된 채 잡초만 무성했고

---

17) 다이묘(大名) : 에도시대(덕천막부시대 : 1603~1867)의 연봉 만석 이상의 무가를 의미함.

성벽과 성루는 무너지고 병사는 허물어졌다.

평화는 날이 갈수록 감미롭고 전쟁은 일어나지 않을 것 같게 되자 모든 군역은 점점 더 싫증만 났다. 군제는 더욱 약화되었다. 소집된 병사들은 지정된 영지에 응소하여 훈련과 실전을 준비하는 대신에 시골 집회에 모여 휴가를 즐겼다. 소집 명단에는 수천 명이 등재되어 있었다. 명단만 없다면 조선의 군사들은 모두가 유령이었다. 전쟁의 가능성을 전혀 생각지 못한 국민들은 아주 무관심한 채 이 문제를 무관들에게만 일임했으며, 무관들에게는 전쟁 때와 마찬가지로 봉급이 지급되었다. 그들은 그 대신에 방탕과 술과 기분 풀이에만 몰두했다. 조선이 바로 이와 같은 상황에 빠져 있을 때 일본의 위대한 정복자의 명령이 그들에게로 전달되었다. 조선인들은 그제야 아시카가막부가 멸망했다는 사실과 새로이 등장한 세력가의 기질이 어떻다는 것을 처음으로 알게 되었다.

제 12 장 임진왜란사(1) : 전사

중국과 일본의 관계는 영국과 미국의 관계와 같다. 침착한 중국인들은 마치 존 불[1])이 그의 미국인 4촌을 대하는 기분으로 발랄한 일본인을 바라본다. 비록 혈통, 언어, 기질에 있어서는 독일인과 프랑스인 사이만큼이나 극단적으로 다르지만 그들은 서로가 시샘하고 식탐하기에 충분하다. 그들은 화낼 이유를 서로 찾고 있는데 서로 멀리 떨어져 있는 국가들 사이라면 이러한 이유란 서로 감정 상할 일도 없는 것이다. 일본인들은 어리고, 허영되고, 교만한 젊은이어서 그들의 행동은 선생에 대한 제자의 처신이어야 하거나 아니면 아버지에 대한 자식의 처신이어야 한다고 중국인들은 생각하고 있다. 그 반면에 중국이란 시대에 훨씬 뒤떨어진 늙은 구닥다리이며, 제도적으로나 국운의 면에서 모두 쇠퇴해서 차라리 무덤에 들어갈 준비나 하는 것이 좋으리라고 생각하고 있는 일본은 중국이 윗사람인 체 이래라 저래라 하는 것에 분개하고 있다. 금 19세기에 서구 문명의 힘을 받아들이기 전에는 중국인에 대한 일본인들의 그와 같은 오만한 경멸은 일본인들의 감정에 영향을 미친 바가 있었다. 일본은 항상 중국의 봉신이나 조공국이 되는 것을 거부했으며 중국의 황제로부터 일본 왕이라는 칭호를 받았던 어느 장군

1) 존 불(John Bull) : 영국인의 별명.

의 고사는 오늘날까지도 일본인들의 혐오를 자아내고 있다. 일본의 조정이나 국민으로서는 중국의 황제에게나 부여되는 온갖 영예와 칭호 그리고 시적이고도 신성한 찬사를 그들의 미카도에게 기꺼이 바치는 것이 관례로 되어 왔다.

강대한 이웃을 정복하거나 유린하고 신이 단련해 준 연약한 칼날로써 대륙의 용맹을 떨친 투박한 도검을 대적한다는 것은 한 사람의 일본인 장군으로서 엄두도 못 낼 일이었다. 그러나 도요토미 히데요시는 그와 같은 과업을 실제로 시도했던 일본 역사상 유일한 영웅이었다. 중국을 추방한 몽고의 정복자들이 일본을 침략하기 위한 출발 지점으로 고려를 이용했던 것과 똑같이 히데요시도 중국을 침략하기 위한 군대의 길목으로 한반도를 이용하기로 작정했다. 일본에서는 2세기에 걸친 혼란이 지나 이 오만한 다이묘가 자기 군사의 위력을 깨닫게 되자 오다 노부나가[2]가 시작했던 통일 과업을 물려받게 되어 제국에는 평화가 찾아왔다.

이제 일본 안의 봉건 영주들로부터는 신하의 예와 축하를 받았지만, 모든 일본인들과 마찬가지로, 자기 나라의 조공국으로 주장하고 있는 조선으로부터 인사 한 마디도 없게 되자 히데요시는 화가 치밀었다. 옛날에는 아시카가 씨에게 조선이 선물과 사신을 보냈는데, 비록 1세기 이상이나 양국 사이에는 공식적인 관계가 끊어졌다고는 하지만, 지난날과 같은 예우가 없는데 대해 히데요시는 격분했다.

1585년 7월 31일, 히데요시는 미카도의 신하로서는 최고의 지위인 간바쿠[3]에 오른 것을 축하하기 위해 즉시 교토에 큰 잔치를 벌이고 그날을 휴일로 정했다. 이 자리에는 그의 고위 가신, 영주, 쇼군, 궁정 귀족 그리고 궁정

---

2) 오다 노부나가(織田信長 : 1574~1582) : 일본의 장군. 아시카가가(足利家)를 무너뜨리고 장군이 되어 9년간 일본을 지배했으며 히데요시에 의해 타도됨.
3) 간바쿠(關白) : 천황을 보좌하여 국가를 다스리던 최고 중직의 대신.

의 귀부인들이 최고로 호화로운 옷을 입고 참석함으로써 더욱 성대하게 되었다. 그 밖에는 대마도주의 부하인 유타니 야스히로가 있었다. 히데요시는 일본 고대사를 읽음으로써 신라 정벌에 관한 징쿠황후의 기록이 머리에 되살아났다. 그는 자리에서 그의 부하들에게 언명하기를, 조선은 예로부터 일본에 조공을 바쳐 왔으나 아직까지 사신도 없고 조공도 보내지 않는다고 했다. 그는 야스히로를 조선으로 보내어 조선의 왕과 신하들에게 그들의 의무를 일깨워 주도록 했다.

일본 사신 야스히로는 퉁명스러운 늙은 전사로서 키가 몹시 크고 장군다운 풍모를 갖추고 있었다. 그의 머리와 수염은 긴 전진 속에서 이미 오래전부터 희었다. 그의 처신은 남에게 명령하고 즉시 복종을 받으며 말이 아니라 야수적인 용기로써 상대방을 압도하는 것이 생리로 되어 있는 사람의 그것이었다. 서울로 올라가면서도 그는 숙사의 가장 좋은 방을 요구하고 심지어는 거만하고도 괴상한 질문을 함으로써 고관들을 괴롭혔다. 그는 조선의 군대와 무기를 비웃으며 빈정거렸다. 지난날의 사신들과는 무척 다른, 이와 같은 행동에 조선의 관리들은 크게 놀랐다. 그 이전에는 일본의 사신이 부산에 오면 오히려 조선의 관리들이 사나운 행동과 거만한 태도로 일본 사신을 위압하면서 그를 서울로 호송했었다. 히데요시의 지휘 아래 오랫동안 전쟁을 겪은 그는 조용히 말 위에 앉아 위엄의 표시로 든 창을 앞으로 겨누고, 부하들에게는 호위병들을 감시하고 그들의 무례함을 고치라고 호통을 쳤다. 어느 마을에서 그는 재담을 섞어 가며 조선의 창은 너무 짧아 아무 쓸모가 없노라고 한인들과 농담을 했다. 이 말을 들은 일본인들은 큰 소리로 웃어댔지만 그들의 말을 알아듣지 못한 한인들은 그들의 웃음소리만 듣고 그들의 무례함에 놀라움과 격분을 금할 수가 없었다. 다른 마을에서 그는 자기를 접대하는 한 늙은 관리를 모독했다. 그는 자기 부하들에게 말하기를, 자기들은 오랜 전진 속에서 사나이답게 고생하다가 머리가 이렇게 희어 졌지만, "노래와 춤으로 한평생을 보낸 이 사람은 어쩌다가 이렇게 머리가 희었는가?"고 소리쳤던 것이다. 서로 친숙하지도 않은 처지에 감정이 예민한 그 노인은 그와 같은 욕을 먹고서는 화만 낼 뿐 아무 말도 못했다. 서울에 당도하자 신임장을 제정하고 잔치가 마련되자 기생들이 노래 부르며 춤을 췄다.

잔치 중에 모두가 취하자 그 늙은 영웅은 후추 씨가 가득한 단지를 끌어내어 주위 사람들에게 나누어주기 시작했다. 기생들과 하인들은 서로 받으려고 볼썽사나운 난투극을 벌이었다. 이것이야말로 야스히로가 바라던 바였다. 걸신들린 사람들처럼 날뛰는 그들의 행동에 기분이 몹시 역해진 그는 숙소에 돌아오자 한인들의 태도에 대해 마구 욕을 퍼부었으며, 그 말을 들은 한인 역관은 이를 상사에게 그대로 옮겼다. 조선은 일본의 침략에 대해 아무런 대비도 하지 않고 있으며, 국민들의 전투 정신은 크게 하락해 있고 방탕한 생활로 용기마저도 모두 없어졌다고 야스히로는 판단했다.

야스히로의 그와 같은 무례한 태도에다가 히데요시가 보낸 글의 어투가 또한 무례하여 조정을 더욱 화나게 만들었다. 왜냐하면, 그는 그의 서신에서 황제가 사용하는 어투로 자신을 복수로 지칭하고 있었기 때문이었다. 야스히로는 급히 일본으로 돌아가야만 했으므로 히데요시에게 보내는 답서를 요구했다. 그러나 그에게는 아무런 답서도 내려지지 않았으며 뱃길이 험하다는 얄팍한 구실을 내세워서 일본에 사신을 파견하는 일조차도 거절했다. 야스히로의 임무가 이토록 어이없이 실패로 돌아가자 히데요시는 매우 화가 났다. 사신이 그와 같은 결과에 만족하고 돌아왔다는 사실은 그가 조선을 편들고 있다는 것을 입증하는 것이라고 히데요시는 주장했다. 야스히로의 선조 중의 몇몇 사람은 대마도의 다이묘로서 조선에 사신으로 왕래하면서 상역을 유익하게 이끌어 왔으며 심지어는 조선의 조정에서 벼슬까지 지냈었다. 이와 같은 사실들에 비추어 히데요시는 야스히로와 그의 가족을 사형에 처하라고 명령했다.

히데요시는 대마도의 다이묘인 소 요시토시[4]를 두 번째 사신으로 파견했다. 그는 그가 아끼는 한 부하인 야나가와 노리노부와 승려인 겐소[5]를 비서로 대동했다. 그들은 무사히 서울에 도착하여 공식적인 접대를 받은 다음 일본에 사신을 파견해 달라고 요구했다. 조선의 당국자는 즉각적인 회답을 주지는 않았지만 만약 일본이 조선의 연안을 약탈하는 해적들을 뒤에서 조종하고 있는 배덕자들을 물리쳐 주기만 한다면 일본의 요구에 기꺼이 응하겠노라는 말을 숙사의 주인을 통해 비공식적으로 사신에게 전달했다. 이에 요시토시는 수행원 야나가와를 본국으로 보냈다. 그는 놀라우리만큼 신속하게 14명의 범법자들을 잡아 서울로 압송했다.[6] 이 범법자들은 자기의 죄상을 자백한 다음 사형집행장에 끌려 나가 목이 날아갔다.

그러는 동안에 에조와 아이누에 이르는 "천하"(일본)를 통일하고 사해 안에는 이제 더 이상 복속시킬 만한 것이 없음을 알게 된 히데요시는 빨이 없이 "잠자는 용"인 유구라고 하는 남쪽의 작은 왕국에로 눈길을 돌렸다. 옛날 지도에는 "루주"라고 기록되어 있는 이 열도의 주민들은 종족이나 언어나 왕조의 면에서 순수한 일본인들이다. 그들은 사츠마와 같은 언어를 사용하고 있으며, 그들의 역사상 최초의 통치자는 12세기에 일본으로부터 도망친 다메토모의 후손 시마즈 순텐이었다.

12만 명의 인구 중 1/10분이 지배 계급이며 이들은 공공 재정으로 살아간다. 전쟁을 위한 경비가 지출되는 일이 없고, 자기를 끼고 있는 두 강대국으로부터 오는 위험을 잘 막아내고 있는 그들은 두 짐 밑에서 웅크리고 있는 노새처럼 처신함으로써 양국과의 우호를 유지하고 있었다. 그들은 일본을 아버지처럼, 그리고 중국을 어머니처럼 생각하고 있었으므로 양측에 모두

4) 소 요시토시(宗義智) : 1558년에 19대 대마도주가 된 후 한일 교역에 중요한 거중 역할을 했으며 임진왜란 중에는 왜장으로 출전하여 화약에 노력했음.

5) 겐소(玄蘇) : 당시 하카다 성복사의 중이었음.

6) 조선인으로서 일본을 근거지로 하여 해적 행위를 하던 진도인 초을포동 등을 의미함. 이들은 1590년 2월에 조선에 호송되었으며, 김대기 등 116명도 귀국했다.

선물을 보내었다. 일찍부터 그들은 영파로 조공선을 보냈으며, 일본에 중국의 경전과 사회적·정치적 풍습을 소개했다. 명이 건국되자, 명의 황제는 유구국 왕에게 은으로 된 징표와 함께 유구라는 이름을 내렸는데, 이는 이 섬들이 중국이라고 하는 치맛자락에 붙은 술과 같음을 의미하는 것이었다. 그들의 또 다른 고대 명칭은 오키나와였는데, 이는 대만과 일본을 잇는 "긴 밧줄"을 의미하는 것이었다. 사탕과 쌀이 이곳의 주요 산물이다. 중국에 대항하는 동맹국으로서 이 열도를 점령하고 싶던 히데요시는 고등어를 잡기 위해 새끼 정어리를 미끼로 쓰는 원칙에 따라 유구에 글을 보내어 앞으로는 일본에게만 조공을 바치라고 말했다.

강대한 일본 지배자의 노여움이 두려운 유구의 젊은 왕은 한 승려를 사신으로 뽑아 조공선과 함께 일본으로 보냈다. 위엄이 가득한 벼락출세자의 앞에 도착한 사신 김응남은 자신이 융숭하게 대접을 받고 있다는 사실을 알았다. 사신과 개인 회담에 들어간 히데요시는 유구가 일본에게만 붙을 경우의 이익을 설명하고 중국에 대한 조공을 중지하라고 말했다. 그와 동시에 히데요시는 그들이 원하든 원치 않든 그 작은 왕국이 일본제국에게 병합되어야 한다는 뜻을 분명히 했다. 사신이 유구에 돌아와서 이 사실을 왕에게 알리자 그는 즉시 사신을 중국에 파견하여 일본의 의중을 중국 정부에 알렸다.

그러는 동안 조선 정부는 해적의 배후 조종자들을 처단한 일본 정부의 처사에 매우 흡족하여 사신에게 잔치까지 차려 주었다. 요시토시가 조선 왕을 알현하자 왕은 그에게 자기의 말 한 필을 하사했다. 조선의 사신은 요시토시 일행과 함께 악사와 하인들을 이끌고 1590년 4월에 서울을 출발하여 3개월의 여행 끝에 그 해 여름 교토에 도착했다. 이 무렵 히데요시는 동부 지방에 없었다. 그는 오늘날의 동경에서 그리 멀지 않은 오다와라 성을 포위하고 제2의 호조가의 항복을 권유하고 있었다. 가을에 교토에 돌아온 그는 조선 정벌을 꿈꾸고 있었기 때문에 전쟁 준비를 위한 시간을 벌기 위해 조선 사신의 접견을 뒤로 미루었다.

드디어 5개월이 지난 후에야 사신들의 접견이 이루어졌다. 그들은 대궐 문 앞에서도 가마에서 내리지 않고 들어갈 수 있었는데 이는 그들의 높은 신분에 대한 존경을 표시하는 것이었다. 당시로서는 어지간한 고관이 아니면 가마에서 내려 걸어서 들어가도록 되어 있었다. 여는 때와 마찬가지로 악사들이 수행했다. 그들은 천한 신분의 사람들처럼, 그러나 마음속으로는 불을 뿜는 듯한 눈초리로 히데요시를 알현했다. 모든 사람들이 그 앞에서 머리를 숙였지만, 그의 행동은 대체로 보아 매우 천박한 것이었다. 그러나 그렇게 처신한다고 해서 사신들이 그를 높이 평가하는 것도 아니었다. 그의 위치는 미카도의 한 신하에 지나지 않으며, 그가 외교 서한에서 천황이 쓰는 "여"(予)라는 용어를 쓴 것은 사신들이 보기에 자기의 권위를 위한 터무니없는 가면이라는 것도 사신들은 이미 간파하고 있었다. 사신들은 왕의 국서를 그에게 제정했는데, 그것은 히데요시 앞으로 보낸 것으로서 국왕에게 보내는 것과 같은 어투로 쓰여 있었다.(국왕이라 함은 일본의 천황이나 중국의 황제와는 구별되는 것이다) 국서의 내용은 서로의 인사와 사신의 명단. 그리고 선물의 이름 등 진부한 내용이었다.

동양적인 겸손한 말투로 표현한다면, 이 "선물"들은 고삐가 달린 2마리의 당나귀와 15마리의 사냥매, 비단, 귀한 약, 먹, 종이, 붓, 그 외 12장의 훌륭한 호피였다. 면담이 끝나자 히데요시는 사신들이 즉시 귀국하기를 바랐다. 그들은 이를 거절하고 교토를 떠나 사카이항에서 기다렸다. 드디어 조선 국왕에게 보내는 답서가 도착했지만 그 문투가 너무도 무례하여 사신들은 여러 차례 이를 돌려보내어 고치도록 했다. 끝내 고쳤다는 편지도 남을 지분거리는 듯한 일본인들의 허세 섞인 위협이 가득했다. 이러는 동안 시간만 허송했는데, 이 점이야말로 실은 히데요시가 바라던 바였다.

이런 일이 있기 몇 해 전에 포르투갈의 상선이 일본 남쪽의 타네시마에 상륙한 적이 있었다. 이때 일본인들은 최초로 유럽인을 보았으며, 알아들을 수도 없는 그들의 말을 들었다. 처음에는 그들의 말을 이해하려던 모든 노력이 실패했다. 이와 때를 같이하여 한 중국 선박이 이곳에 도착했는데 그 배에는 포르투갈어를 다소 이해할 수 있는 사람이 타고 있었기 때문에 서로의 의사 소통이 이루어졌다.

깔끔한 대접을 받은 그들은 도주에게 아마 권총으로 보이는 몇 자루의 화기를 선물로 주고 그 용법과 화약 제조법을 가르쳐 주었다. 우뢰 소리와 함께 불을 뿜으며 묘한 냄새를 풍기는 이 괴상한 물체는 사츠마의 다이묘인 시마쓰 요시히로에게 보내졌는데, 그는 이 물건을 다시 히데요시에게 선사했다.

조선에 보내진 답례물 가운데에는 일본인들이 만든 이 새로운 무기가 몇 자루 들어 있었다. 피쿼트족[7]들이 뱀가죽에 싼 화살을 선물로 보내는 것과 마찬가지로 이 총들은 아마 어떤 암시로서 보내졌음이 확실하다. 이 총과 함께 꿩, 창과 칼의 걸이, 책, 종이 다발, 그리고 금화 4백 고방[8](약 5달러에 해당)이 함께 보내졌다. 사신이 돌아가는 길에 히데요시는 겐소와 지난날 요시토시의 동료였던 사람을 서울로 함께 파송했다. 그들은 중국과 일본의 평화 관계를 새로이 함에 있어서 조선 왕이 히데요시를 도와주도록 부탁하라는 훈령을 받았다. 이들은 오랫동안 계속된 일본의 해적 행위로 인해 과거 몇 년 동안 외교 관계가 단절되어 있었다.

이제 이 두 이교 민족 사이에는 요시토시의 믿음과 인격으로 그리스도의 가르침인 평화 사상이 깃들었다. 그는 포르투갈에서 온 가톨릭 선교사들에게서 배운 예수의 가르침을 자기 나라에 포교하고 있었던 것이다. 일이 이렇다 하더라도 대마도에 살면서 서울을 다녀온 적이 있는 그는 3국의 군사적 능력을 잘 알고 있었으므로, 전쟁이 일어나면 조선은 쑥밭이 될 것이고, 중국의 군사력과 일본의 군사력을 비교해 볼 때 일본 측이 위태롭다는 것을

---

7) 피쿼트족(Peqot) : 미국 뉴잉글랜드의 남쪽에 살던 호전적인 토인.
8) 고방(小判) : 옛날에 일본에서 쓰던 얇은 타원형의 금화.

간파했다. 어떻게 해서든지 유혈 참극을 피하도록 해야겠다는 생각으로 흥분한 그는 올리브 나뭇가지로써 이 3국을 중재해 보겠노라고 결심했다. 그는 우선 조선이 일본과 중국 사이에서 중재하여 전쟁을 피할 수 있도록 설득하기 위해 자비를 써 가면서까지 독자적인 활동을 개시했다. 1591년에 부산에 도착한 그는 서울로 자기의 청원서를 보내고 그가 바라는 대답이 오기를 바라면서 10일 동안 그 항구에서 기다렸다. 그러나 모든 것이 허사였다. 그는 히데요시가 남을 지분거리는 투로 쓴 지난날의 서신에 대한 항의를 담은 편지 한 통만을 받았을 뿐이었다. 서글픈 심정으로 교토에 돌아온 그는 자기의 일이 실패했음을 보고했다. 조선 정부의 무관심에 대해 한편 놀라고 한편 분개한 히데요시는 새로운 용기로써 전쟁 준비에 박차를 가했다. 그는 중국과 그의 봉신국을 무찌르기 위해 일본의 군사력을 최대한으로 시험해 보고자 결심했다. 이제 방금 종식된 오랜 내전 동안 온갖 전투에서 장군의 군기 아래 승리를 맛본 백전 노장의 일본군들은 조선 정벌을 위한 전쟁 준비 명령을 기꺼이 수락했다.

이 무렵 히데요시는 형식적으로 간바쿠의 자리를 자기의 아들에게 물려주고 자기는 통칭 다이코[9]가 되었다. 그는 오늘날에도 다이코사마라는 이름으로 더 잘 알려져 있으며 우리도 장차 이 명칭으로 그를 부르게 될 것이다. 한국인들 사이에는 심지어 오늘까지도 찬사와 공포를 불러일으키는 "간바쿠"라는 이름으로 그를 기억하고 있다. 중국의 사가들은 히데요시에게 묘한 이름을 붙이고 있는데, 그의 숱한 이름 중에서도 중국인들은 그를 평수길이라고 부른다. 중국인들은 그의 어렸을 적 별명이 기노모토였던 사실을 참작하여 그를 기노시다(木下)라고 부르고 있다. 그에게는 또한 다이코왕이라는 별칭도 있다. 제수이트파의 선교사들은 그의 서간 중에서 그를

9) 다이코(太閤) : 현 간바쿠의 아버지에 대한 경칭인데, 좁은 의미로는 히데요시만을 의미함.

Quanbacudono라고 표기하기도 하고 그의 이름을 따라 Faxiba[10]라고 쓰기도 한다.

이제 한인들은 궁지에 몰렸다. 비록 중국의 보호를 받고 있다고는 하지만 그들은 이제까지 외국과 직접 담판해 왔었다. 중국은 이를 어떻게 생각할까? 모든 사실을 숨기고 말 것인가, 아니면 일본이 중국을 침략하려 한다는 사실을 자신의 종주국에게도 알려야 할 것인가? 그들은 결국 후자의 길을 택하기로 하고 북경에 급사를 파견했다. 이와 거의 때를 같이하여 유구의 사신이 중국에 상륙하여 같은 소식을 가지고 북경으로 들어오고 있었다. 유구가 먼저 북경에 도착하여 소식을 알리고 그 뒤에 도착한 조선의 사신은 그 소식을 확인했다. 그러나 일본의 의도가 그토록 자명함에도 불구하고, 이 거대한 "거북"은 "벌"이 쏘려고 한다는 사실을 선뜻 믿을 수가 없었다.

---

10) 하시바(羽柴) : 히데요시의 젊었을 때의 성.

제 13 장 임진왜란사(2) : 서울 함락

1591년과 1592년에 있었던 일본의 전쟁 준비를 일목요연하게 보여주는 숙영지, 함대, 조병창의 세부 요목, 분견대 그리고 그들의 화려한 행렬과 주변 사정을 알기 위해서 우리는 당시의 일본 사가들뿐만 아니라 일본인의 목격담과 아울러 탁월한 “전쟁 특파원”의 역할을 수행한 당시 큐슈 지방의 포르투갈 선교사들, 특히 그중에서도 프로이스[1]의 기록을 이용하지 않을 수가 없다.

그는 침략을 위한 다이코의 준비가 장대하고 과감하며 찬란했음을 우리에게 보여주며, 전비를 대야만 했던 이단적인 다이묘들의 부담이 얼마나 무거웠던가를 덧붙여 알려 주고 있다. 바다에 접해 있는 지역의 영주들은 막강한 전선을 공급해야만 했고, 거기에 해병을 충원시켜야 했는데, 그 비율을 보면 어업 종사자 1백 가구 당 10명의 해병으로 징집되었다.

육군과 해병은 히젠의 나고야에 집결했다. 히젠은 오늘날의 가라쯔[2]로서

---

1) 프로이스(F. L. Frois : 1532 ?~1597) : 당시 포루투갈의 선교사로서 일본 전도단과 함께 말라카(1554), 요코하마(1563) 등지에서 포교했으며 오다 노부나가의 후의를 받았다. 『일본사』(1586)를 편술했으며, 나가사키에서 사망했음.

2) 가라쯔(唐津) : 큐슈 사카현의 한 도시. 현해탄에 임한 항구 도시로서 임진왜란 이후 한국인들이 도자기를 만든 곳으로 유명함.

가라쯔야키의 주산지로 유명하다. 여기에는 웅장한 성이 있었고 교토로부터 이곳에 이르는 길목에는 큰 여관과 휴게소가 세워져 있었다. 임진왜란 동안 이곳에는 50만 명의 군사가 집결했었는데, 그중 15만은 원정군이며, 6만 명은 1차 원병이며, 10만 명은 다이코의 호위병으로 잔류했고, 그 나머지는 모두가 수병이거나 노복이거나 숙영지의 수행원 등이었다.

노병들 이외에도 젊은이들로 구성된 신병과 화승총 부대가 있었는데, 이들은 그 후 조선에서 큰 몫을 했다. 침략자들은 이와 같은 신형의 가공할 무기를 가지고 있었으므로 그들의 적에 비해 크게 유리했다. 일본에 화기가 소개되고 제조된 것이 벌써 반세기가 되었지만, 이 무기들을 외국에 이토록 대규모로 사용해 보기는 처음이었다.

도요토미 히데요시는 또한 대포를 사용할 수 있도록 하려고 포르투갈인으로부터 2척의 전함을 빌거나 아니면 사고자 했지만 실패했으며, 병사들은 자기들이 만든 배편으로 수송되었다. 이 배들이 수백 척씩 모여 있는 모습이란 장관이었다. 출발 신호의 대포 소리와 함께 이 엄청난 함대는 순풍에 돛을 달고 서쪽으로 떠났다.

돛대의 밑둥으로부터 꼭대기까지, 한쪽 가장자리만을 수직으로(이 점에 있어서는 수평으로 레이스를 다는 중국과 다르다) 매단 긴 화폭과 같이, 펄럭이는 돛에는 그들의 봉건 체제를 상징하는 몇 피트짜리의 문장들이 그려져 있다. 그 꼭대기에는 검은 띠가 얽매어 있었다. 사쯔마의 전함은 원 안의 흰 십자로 구별되었으며 히코의 전함은 둥근 띠로 구별되었다. 그중 한 척에는 두 개의 화살이 십자로 걸려 있었으며, 다른 배에는 장기판, 현찰로 쓰이는 동전, 종려나무의 잎, 나비, 칠보, 해, 부채 등이 그려져 있었다. 문장이 찬란하거나 아니면 불경의 구절이 씌어 있는 무수한 깃발들이 장대 위에 걸려 있거나 돛대 위에서 장엄하게 펄럭거리고 있었다. 유명한 노병이나 장교들의 등에는 수기[삽물]가 꽂혀 있었다.

열렬한 불교 신자인 가토 기요마사는 장군의 표시로서 등에 휘장을 달고 있었으며 그 부대의 깃발에는 그의 교파인 불경의 기도문인 니치렌종[3]의 "남무묘법연화경"이 쓰여 있었다. 갑판의 전면에는 화살을 막기 위해 무거운 통나무를 늘어놓았다. 진지 가까이 접근하여 칼, 창, 갈고리들을 쓸 경우가 되면 이 통나무들을 물위로 던져 부판으로 사용한다.

말의 갈기처럼 뱃머리에 걸려 있는 장식들은 배가 파도를 탈 때면 아래위로 운동한다. 각 전함의 뱃머리에는 큰 눈이 있어서 뱃길을 바라보도록 되어 있었다. 수백 척의 배로 이루어진 분함대에는 절인 고기, 곡주, 말린 생선, 쌀, 콩 등이 주요 보급품으로 선적되어 있다. 육지에 상륙할 기병대를 위해 말을 싣는 것은 물론이고 부싯돌, 화살, 포탄, 의약품, 초, 작은 배, 숙영에 필요한 비품 등, 단 한 가지 비품도 빠뜨리지 않고 실은 수송선들이 곧 뒤따라 출항한다.

히데요시는 그의 노모가 만류하는 바람에 몸소 조선으로 출발하지 못했다. 군대가 해외 원정을 하고 있는 동안 정부의 고삐를 쥐고 있는 손이 약화되는 것을 조정에서도 원치 않았다. 그에게 원정의 중책을 맡긴 사람은 고니시 유키나가와 가토였다. 히데요시는 고니시에게 훌륭한 전마 1필을 주면서 이를 타고 "수염 달린 야만족들을 짓밟으라"고 말했으며 가토에게는 군기를 주었다.

고니시는 이제 겨우 나이가 23세인 혈기 방장한 청년이었다. 그는 히데요시가 아끼는 부하로서 히데요시와 마찬가지로 평민 출신인 약종상의 아들이었다. 그의 문장은 크고 속이 빈 흰 종이 봉투였는데 이는 일본 약장수들이 상호로 사용하고 있는 것들이다. 일본제국의 장수들이 갖는 술이 달린 깃발을 비웃으면서 군기 삼아 깃대 위에 표주박을 걸어 두었던 그의 위대한 대장의 선례를 따라서 그도 그렇게 했다. 그의 표주박 덩어리들은 우산의

---

3) 니치렌종(日蓮宗) : 일본 불교의 일파로서 가마쿠라막부 시대에 일연이 개조한 것임.

댓살처럼 걸려 있었고 그의 숱한 승리를 증명하기 위해 그는 승리할 때마다 과감히 공격하고 그 여세를 몰아서 승리를 쟁취하는 방법을 택했다.

고니시는 천주교 신자로서 제수이트 교리를 열렬히 신봉하여 1584년에 세례를 받았다. 일본 측 역사서에는 그의 세례명이 돈 어스틴(Don Austin)으로 되어 있는데 이는 어거스틴(Augustine)을 줄여 쓴 것이다. 고니시와 같은 야전에서 군대를 이끌었던 다이묘로서 천주교 신자였던 사람으로는 아리마주, 오무라주, 아마쿠사주, 붕고주, 그리고 대마도주 등이 있다. 마지막의 대마도주라는 사람은 전에 조선에 사신으로 파견된 적이 있던 요시토시인데 그에 관해서는 위에서 살펴본 바가 있다. 그는 고니시의 사위였다.[4] 새토우[5] 씨가 기록한 바에 의하면 구로다 나가마사는 제수이트 사가들 간에는 콘데라로 알려져 있다.

가토는 귀족으로서 히코에 있는 쿠마모도에 그의 성이 있었다. 그는 어려서부터 전쟁 속에서 뼈가 굵었으며, 매우 용맹스럽다는 평을 들었다. 조선 침략의 계획을 히데요시에게 암시한 것도 이 사람이라고 한다. 그의 문장은 둥글넓적한 원이었으며 그가 즐겨 쓰는 무기는 날이 한쪽에만 있는 장창이었다.

가토는 제수이트 신부의 토라노스케로서 기독교 신부들에게 욕을 퍼부었던 기억을 기꺼이 간직하고 있다. 이 "세 번 저주받을 녀석"(*vir ter execrandus*)[6]은 열렬한 불교 신자로서 기독교에 대해 매우 적대적이었다. 분명히 가토의

---

4) 이 점은 필자의 오해이다. 왜냐하면, 23살의 고니시에게는 사위가 있을 수 없기 때문이다.

5) 새토우(Ernest Satow : 1843~1929) : 영국의 외교관. 런던 대학을 졸업한 후 북경에 유학하여 중국어와 만주어를 공부하고 1862년에 일본에 입국하여 주일공사관에서 활약했다. 그 후 주일 공사(1895), 주청 공사(1900)를 거쳐 추밀원 고문, 파리국제중재재판소 판정관을 역임했으며 『영일사전』(1876), 『일본문학사』(1899) 등 일본에 관한 귀중한 저작을 남겼다.

6) 이삭이 패륜아인 장남 에서에게 내린 저주를 의미하는 것으로 보임. 구약성서 창세기 28: 40.

부대를 위한 숱한 새로운 전기들이 사원의 승려들에 의해 씌어졌다. 그의 교파인 니치렌종이 쓰고, 가토가 침략 중에 들고 다녔다고 하는 비단 군기가 아직도 도쿄의 가츠아와에 6백 년 동안 소장되어 있다.

두 지휘자 사이에 개재된 이교도간의 적의, 개인적인 경쟁심, 영예를 독차지하려는 욕망, 젊은 야심가에 대한 노장의 경멸 등의 요소로 인해 조화와 일관된 계획을 찾을 수가 없었다. 그럼에도 불구하고 이 장군들의 개인적인 역량은 그 부대의 사기를 최고도로 고무하기에 충분했으므로 일본군들은 승리를 확신하면서 배를 저어 나갔다.

그렇다면 히데요시가 이와 같은 전쟁을 일으킨 목적은 도대체 무엇인가? 그의 본래의 목적은 명을 침략하여 쓰러뜨리려고 했던 것이 분명하다. 그와 같은 계획이 서자 그는 조선을 정복하기로 결심했다. 옛날, 어머니의 모태 안에서 이미 신라를 정벌하고 일본의 군신이 되어 하치망에 봉안되어 있는 오진천황에 맞먹는 일을 수행하고자 하는 야심을 그는 가졌던 것이다.

드디어 이번 전쟁에는 천주교 지도자들을 외국에 보내어 죽게 함으로써 일본 내의 천주교를 말살하려는 음모가 포함되어 있다는 사실을 제수이트 신부들은 알아차렸다. 천주교도들을 해외로 보내어 부상이나 질병으로 죽게 하는 것은 그들을 대량 학살하기보다 쉬운 일이었다. 그렇게 되면 천주교도들은 히데요시를 다윗왕[7]으로 만들어 주고 그의 우수한 장군들을 우리아[8]로 만드는 것인데, 이는 임진왜란이 일어나기 20년 전에 죽은 꼴리니[9]가 좀 더 근대적인 사례를 제공해 준 것이었는지도 모른다. 일본 국내에서

---

7) 다윗왕(David : B. C. 1004?~965?) : 고대 이스라엘 2대 왕. 골리앗을 죽이고 왕이 되어 이스라엘 역사상 큰 치적을 쌓았다.

8) 우리아(Uriah) : 다윗왕에게 모살된 히티테의 군인(구약성서 사무엘 하 11 : 14).

9) 꼴리니(Gaspard de Coligny : 1519~1572) : 프랑스 제독으로서 위그노 전쟁에서 큰 공을 세웠으나 왕의 모후인 카트린느 드 메디치(C. de Medici)로 인하여 성바르톨로메오(St. Bartholomew) 학살의 최초의 희생자가 되었다.

벌어진 가혹한 박해는 천주교 지도자들이 없는 동안에 일어난 것이 확실하다. 천주교 장군들이 승리를 하게 되면 결과적으로 백성들의 신망을 얻으리라는 사실에 대한 질투심으로 인해 히데요시는 마음이 흔들렸으며 결과적으로는 원정군에 대한 적절한 지원을 소홀히 함으로써 그토록 끔찍한 패전을 당했을 가능성도 있다.

끝으로 우리는 일본인 친구인 에기 다카토의 주장을 언급하지 않을 수가 없다. 그의 주장에 의하면, 히데요시는 서로 질투심에 불타고 있는, 그러나 임직이 없는 무사들을 거느리고 있었는데 일본 국내의 안정을 도모하기 위해서 그들의 무력을 행사할 곳을 찾지 않을 수가 없었다고 한다. 천주교도들을 멀리 떨어져 있는 외방의 전쟁에 파견하여 그들로 하여금 향수를 느끼게 함으로써 앞으로는 일본에 있어서 평화적인 삶이 얼마나 절박하게 필요한 것인가를 느끼도록 만드는 것이 그의 파병 의도였다.

조선은 자신이 믿고 있는 바에 따라 아시아에서 가장 훌륭한 군사와의 전쟁에 대해 그 준비가 형편없었다. 실로 16세기의 일본의 군사력은 확실히 아시아에서 가장 훌륭했다. 한인들에게는 그들의 대전 능력을 통솔할 만한 능력이 있는 지도자도 없었다. 조선왕조 14대 왕인 선조는 이미 재위 26년이 지났지만 훌륭한 인물이 못 되어 자기의 쾌락에만 몰두하는 술고래의 방탕자였다.

왕은 즉시 영을 내려 백성들로 하여금 각기 자기 고을에 성을 쌓도록 하고 허물어진 성을 개축하도록 하고 진흙과 잡초로 오랫동안 메워진 해자를 파도록 했지만 백성들의 반응은 너무도 더뎌서 일본군이 이곳을 점령했을 때 제대로 정비된 성곽은 몇 곳에 지나지 않았다. 무기는 많았지만 그들에게는 화기가 없었으며, 히데요시가 골동품 삼아 왕에게 보낸 몇 자루의 총이 있었을 따름이다. 군사 조직은 문서상으로만 있었으며 해군 방위력도 처량했다. 그러나 그들은 모병과 훈련을 시작했으며, 군사를 위한 생선과 곡식을 축적하고 배를 만들고 성벽을 수리하고 심지어는 조야한 화기들을 만

임진왜란 때의 왜병 작전도(1592)

들기 시작했다.

그러나 아직도 아무리 낙담한 한인이라 할지라도 일본이 상륙하자마자 회오리바람처럼 모든 것을 쓸어버리고, 부산에 도착한 지 18일 만에 서울에 입성하리라고는 꿈에도 예측하지 못했다. 왜병이 최초로 대적한 성으로서 수비대와 기타 장비가 갖춰진 곳은 부산 가까이에 있는 동래성이었다. 1592년 5월 25일 아침 해안의 초병은 고니시의 부대를 실은 8백 척의 왜선을 발견했다. 밤이 되기 전에 상륙한 침략군들은 부산을 장악하고 동래를 공격하여 즉시 함락시켰다. 공격이 너무도 신속했기 때문에 그 당시 성 안에 있던 수령[10]은 도망할 틈도 없었다. 고니시는 왕에게 보내는 글을 써서 그 수령에게 주어 만약 시키는 대로만 하면 해치지 않겠다고 약속하고 그 편지를 안전하게 전달하겠고 맹세하도록 했다. 수령은 이에 동의하고 즉시 서울로 향했다. 그러나 서울에 도착한 그는 자신이 도망해 왔노라고 말했을 뿐 편지에 관해서는 아무 말도 하지 않았다. 그 후의 사태가 입증한 바와 같이 그의 위증은 발각되지 않은 채 오래 지속될 수가 없었다. 동래를 출발한 고니시의 부대는 한시도 지체하지 않고 낙동강을 따라 상주로 진격했다.

폭풍을 만나 지체되었던 가토의 부대는 그 다음날 도착했다. 상륙하는 즉시 그는 동래의 성루에서 그의 적수인 고니시의 깃발이 나부끼는 것을 분노의 눈길로 바라보았다. "어린 아이"에게 뒤떨어진 데에 대해 화가 치민 그는 서울로 향하는 두 길 중에서 좀 더 북쪽으로 기울어진 진로를 택했다. 이 두 적수의 군대들은 이제 서울로 향하는 경주에 신경을 곤두세웠으며, 그들의 앞에 닥치는 모든 적들을 쳐부수고 먼저 서울에 입성해야겠다는 생각에 각

---

10) 동래 부사 송상현(宋象賢 : 1551~1592)을 의미함. 이 기록은 사실과 많이 다르다. 임진왜란이 일어나자 병마사 이각이 도망했으나 그는 홀로 소 요시토시를 대적했다. 적장 다이라 시게요시가 그의 충성심에 감동하여 피할 것을 권유했으나 버티다가 끝내 성루에서 피살되었다. 그의 충절에 탄복한 적장은 그를 살해한 부하를 죽이고 그를 후히 장사했다. 이 기록은 아마도 송상현과 이각을 혼동한 것으로 보인다.

기 여념이 없었다. 구로다 나가마사와 그 밖의 장수들은 전라도와 충청도의 남부 지방을 쳐들어갔다. 이 지방을 정복하고 군사를 주둔시킨 그들도 서울로 진군하기로 되어 있다.

한인들은 그들이 특히 궁술에 있어서 재주가 뛰어남을 입증했지만, 다른 무기에는 서툴렀다. 그들의 무기는 오직 철로만 만들어졌고 짧으며 무디고 또 쉽게 휘었다. 차라리 꼬챙이라고 부르는 것이 좋을 그들의 창은 왜병의 창에 비하면 술이 달린 부분에서부터 실제 쇠로 된 부분의 날이 무디고 짧다. 창과 장대의 접합 부분을 보면 창끝에 구멍이 뚫려 있어서 장대를 끼우도록 되어 있다.

그 반면에 일본의 창은 장대에 꽂혀 있고, 그 부위에 쇠로 띠를 감아서 훨씬 더 안전하고 고장 나는 일이 적으며 창신은 강철로 날이 서 있다. 조선의 기병들은 무거운 삼지창을 가지고 있었는데, 이들은 보기만 해도 무시무시하지만 너무 무거워 거의 맞닿을 만큼 가까운 거리에서도 휘두를 수가 없어서 적을 거의 죽이지 못한다.

조선의 병사들이 입은 갑옷의 대부분은 쇠와 가죽으로 보기 좋게 장식되어 있으나 왜병의 것에 비해 움직이기가 불편하기 때문에 쉽게 공격을 받는다. 왜병의 갑옷은 거친 사슴 가죽의 배면에 비단과 쇠로 장식되어 있으며 소매도 쇠사슬로 되어 있다. 보병은 양측 모두가 쇠사슬과 철판을 조합해 만든 갑옷을 입었다. 조선의 병사들은 날이 넓은 칼이나 날이 비스듬한 창이 없기 때문에 기병대를 만나면 거의 무기력하다. 왜병들은 수염을 말끔히 깎고 귀가리개와 면갑이 달린 튼튼한 투구를 쓰지만 조선의 병사들은 면갑이 없이 앞이 확 트인 모자를 쓰고 얼굴에는 수염이 텁수룩하여 "털난 야만인"이란 별명을 들었다. 그들은 화약의 사용법을 배우기 시작했지만 배합이 잘 되지 않아서 분통이 터질 정도로 뒤늦게 폭발했다.

그들에게는 극소수의 화기가 있었지만 그것은 매우 조야하고 성가신 것이었다. 그들은 대나무로 테를 둘러서 만든 대노를 성 위에서 쏘았는데, 이

16세기의 무사도

무기로서 그들은 날이 날카롭고 촉이 Y형으로 갈라진 길이 3피트짜리의 무거운 나무 화살을 쏘았다. 이 투박한 미사일의 사정거리는 매우 짧았다.

그 반면에 왜병들은 어느 공격에서는 가벼운 놋쇠로 만든 대포를 사용하여 성벽 위의 수비대를 신속하게 제거하고서는 길고도 가벼운 대나무 사다리를 이용하여 성 위로 기어 올라갔다. 이 사다리는 들고 뛸 수 있을 만큼 간편한 것이었다. 왜병은 장비도 더 좋았을 뿐만 아니라 전술에 있어서도 우세했다. 그들의 총은 조선 군사들의 말을 놀라게 만들었으며, 기병들의 장창과 미늘창은 부상을 입었거나 말에서 떨어진 패잔병이나 또는 떼를 지어 칼을 맞는 도망병을 추격함으로써 무서운 전과를 올렸다. 화시, 화약 그리고 사다리를 이용하여 신속하게 성을 함락하는 동안, 소수의 조선 군사들은 야전에서 적을 맞았다. 사정거리가 긴 화승총 부대의 명사수들에 의해 성채 안에서 사살된 장교들도 적지 않았다.

위대한 영광은 청년 고니시에게로 돌아갔다. 남쪽 진로를 택했던 그는 경상도의 북서쪽에 위치한 상주성에 도착하여 이를 함락시켰다. 이곳에 수비대를 잔류시킨 그는 곧 충주로 진격했다. 이 충주성은 충청도의 북동쪽에 위치하고 있었는데, 그 당시 가토가 진격하고 있던 두 진로 중에서 가장 북쪽에 위치하고 있었다. 그 당시로서는 이 성이야말로 반도 내에서 가장 튼튼한 곳이라고 인식되어 있었다. 서울의 운명도 이곳에 달려 있었다. 충주는 성루를 통과하여 흐르는 한강의 한 지류 가까이에 위치하고 있다. 충주에는 서울로 향하는 두 개의 대로가 있는데 두 적수들이 진격하고 있는 이 두 대로는 거의 닿을 듯이 가깝게 인접하고 있었다. 충주성은 가토의 진격로에 위치하고 있었는데 이 부근의 길을 진격하고 있던 고니시는 이곳에 자기의 군대를 진격시켜 며칠간 공격을 감행한 다음 이 요충을 함락시켰다. 프로이스(Friar Frois)의 기록에 의하면, 고니시가 함락한 3개의 성채에서 입은 조선인의 인명 피해는 5천 명이었는데, 그중 3천 명이 충주성에서 손실을 입었다. 그 반면에 왜군의 피해는 1백 명의 전사에 4백 명의 부상병을 냈을 뿐이다. 이와 같은 승리를 얻은 후 "고니시는 자기의 힘만으로써 전 조선을 정복하기로 결심했다."

고니시가 승리한 며칠 뒤에 도착한 가토와 그의 부대는 자신들이 또 한 번 늦었음을 알았다. 모든 성루에서는 고니시의 깃발이 나부끼고 있었고 전리품은 이미 처분되었다. 이제 두 부대의 최후의 목표는 조선 왕국의 도성을 장악하는 것이었다. 신경이 곤두선 가토는 매우 신속하게 진격했으므로 왜병의 이 두 부대는 각기 다른 성문을 통해 같은 날 서울에 입성했다. 왕과 조신들, 그리고 군사들은 이미 3일 전에 성을 비우고 도망했기 때문에 아무런 저항도 없었다. 아름다운 비단과 번쩍이는 갑옷을 입고 장엄한 대오를 이루며 진격해 들어오는 왜병의 화려한 행렬은 황폐된 서울의 텅 빈 거리로 그 빛을 잃었다. 조선에서 그의 부하가 승전했다는 소식을 들은, 특히 고니시의 전과를 들은 히데요시는 기쁨에 가득 차 이렇게 소리쳤다.

"이제 내 죽은 자식이 되살아난 것 같구나."

제 14 장 임진왜란사(3) : 북부 지방에서의 전투

이와 같은 기습을 당한 조선 정부는 어떤 효과적인 대응책을 세워야 할지 망연자실했다. 고니시 유키나가는 부산과 상주에서 조선 왕에게 편지를 보냈지만 행정의 무신과 전쟁의 와중 속에서 이 글은 전달되지 않았다. 상주가 함락되었다는 급보가 서울에 이르자 대궐에서부터 오두막집에 이르기까지 모든 사람들이 크게 당황해 삽시간에 서울을 떠났다. 군사들은 그 직책을 버렸으며 대신들은 왕을 돌보지 않았으며 백성들은 산으로 도망했다.

왕은 조신들과 함께 요동으로 파천할 것을 결심했다. 그러나 왕자들을 북부 지방으로 보내자 백성들도 사태의 진상을 깨닫게 되었다. 6월 9일에 시작된 대전 준비가 너무도 조급했기 때문에 피난을 위한 식량이 마련되지 않았다. 탈주병들로 인해 왕의 마굿간이 텅 비어 있었기 때문에 왕의 일행이 구한말이라고는 농사짓는 말이거나 아니면 마차 끄는 말이었다.

비는 억수같이 쏟아져서 길은 흙탕이 되고 아녀자들을 흠뻑 적셨다. 한국인들의 옷은 날이 궂으면 더욱 차갑고 무거워지며, 속에까지 물이 배면 더욱 무거워져서 걷기에 몹시 힘들다. 설상가상으로 왕의 행렬이 지나가자 길가의 백성들은 슬피 울며, 그들이 적을 버리고 도망치고 있다고 울부짖었다. 허기와 피곤이 겹친 이 가엾은 행렬은 비틀거리며 걸었다.

첫날은 서울에서 45마일 떨어진 송도까지 갔다. 임진강에 이르기 훨씬 전에 벌써 어둠이 찾아왔다. 이 강은 한강의 지류로서 몇 마일만 더 가면 강화에 이른다. 강 건너에 마을이 있었다. 그들은 등 뒤에서 일어나고 있는 화재를 등불 삼아 강을 건넜다. 왕은 강의 남쪽을 지키고 있는 영채에 불을 지르라고 명령했다. 이와 같은 방화의 또 다른 이유는 그들을 추격하는 무리로 하여금 도강에 필요한 재료를 준비하지 못하도록 하기 위함이었다.

허기와 피로로 반죽음을 당한 이 가엾은 피난민들은 자정이 되어서도 그 마을에 들어가지 못했다. 도강할 기구가 없는 왜의 추격 병들이 강을 건널 수 없으리라는 생각에 잠시나마 마음이 놓였지만 왕의 근신들은 대부분이 허기로 고통을 겪어야만 했다. 병사들은 왕의 일행을 위해 마련한 식량을 훔쳐 갔으며 왕은 저녁도 제대로 들지 못했다.

그러는 동안 왕의 일행은 그 다음날까지도 굶었는데 그제야 군사들이 약간의 쌀을 가져왔다. 그 다음날 행군은 다시 계속되었으며 평양에 도착할 때까지 잠시도 멈출 수가 없었다. 여기에서 그들은 사태의 진행을 관망하기 위해서 잠시 멈추었다. 왕은 그의 패잔병들에게 임진강에 집결하여 그 북쪽 강변을 사수하라고 명령했다.

가토 기요마사와 고니시는 서울에서 잠시 머물다가 그들의 부대를 통합하여 북으로 진격했다. 임진강에 다다른 그들은 조선의 배들이 강 건너에 전열을 갖추고 묶여 있음을 보았다. 배가 없는 왜병들은 강을 건너지 못하고 무슨 묘책이 나올 때까지 며칠을 허송했다. 드디어 그들은 거짓으로 퇴각했다. 이러한 작전은 조선의 군사 몇몇이 강을 건너오도록 유도했다. 이때 왜병들은 그들을 덮쳐서 무참하게 도륙을 내었다.

적이 사용하던 배를 얻게 된 일본의 화승총 부대는 나는 듯이 강을 건너 배 안에 있던 사공과 군사들을 사살했다. 이렇게 하여 배를 얻은 왜군은 모두 강을 건너 평양으로 진군을 시작했다. 이제까지는 공개적인 싸움을 참아온 왜병의 두 적수 가토와 고니시는 이제는 더 이상 함께 작전을 수행할 수 없음을 알고 북쪽의 두 지방에 대한 작전을 제비뽑기로 정하기로 했다. 함경도가 뽑힌 가토는 즉시 동쪽으로 부대를 진격하여 원산에 이르는 대로에 이르렀으며, 평안도가 뽑힌 고니시는 평양으로 진격하여 서울을 출발한 지 3주 만인 6월 하순에 대동강 남쪽 대안에 이르렀다. 여기에서 그는 막사를 치고 쿠로다 나가마스와 요시토시 휘하의 지원 부대를 기다렸다. 이들은 황해 연안의 4도를 지나 곧 합세했다.

왜군이 가장 필요한 것은 도강에 필요한 도구를 구하는 일이었으며, 그 다음으로는 강의 수심이 낮은 곳을 찾는 것이었다. 7월 20일에 그들은 몇몇 화승총 사수를 뗏목에 태워 보냄으로써 평양의 전면을 지키고 있는 조선의 전선에 자기들의 실력을 과시했다. 이와 같은 작전은 성공을 거두지 못했지만, 왕은 이와 같은 광경에 크게 놀라 수행원들과 함께 다시 의주로 피난했다. 그러나 수비대는 남아서 빈틈없이 경계했다.

진격이 중지됨에 따라서 왜병들의 전의가 저하되었다. 이와 같은 사실을 알아차린 조선의 장수는 야간에 적을 기습하기로 작전을 세웠다. 그러나 통솔이 잘 되지 않고 더뎌서 날이 밝기까지도 분견대는 강의 대안에 집결되지 않았다. 병사들이 집결되자 그들은 고니시의 막사를 맹렬히 기습하여 그의 부하들의 간담을 놀래 주고 수백 명의 포로와 말을 되찾았다. 피해는 보병보다 기병대 측이 더욱 컸다. 그러나 쿠로다의 부대가 용맹스럽게 고니시를 지원하여 조선의 군사들을 강쪽으로 퇴각시켰다. 그제야 날이 밝아 왔다. 자기 군사들이 패주하는 데 놀란 조선의 비겁한 사공들은 배를 강 가운데로 저어 갔다. 수십 명의 조선 군사들은 배가 없어 물에 빠져 죽었으며 주력 부대는 대패한 채 낮은 곳을 이용하여 강을 건너지 않을 수가 없었다. 이들의 도강을 본 왜병들은 그토록 알고 싶던 비밀을 알아내게 된 셈이다.

승리에 의기양양한 왜군의 전 병력은 그날 늦게 강을 건너 평양에 입성했다. 패전에 낙담한 수비대는 무기를 해자와 수채에 버리고 달아났다. 그러나 이제 화약과 마른 생선 등이 모두 침략자의 손에 넘어 갔다. 그 당시 소문에 의하면 8만 명의 조선 군사들이 고니시의 막사를 습격했다가 그중 8천

명이 도륙을 당했다고 프로이스(F. Frois)는 기록하고 있다.

평양이 함락되었다는 소식은 조선인들을 크게 낙담시켰다. 아직도 말이 많이 있음에도 불구하고 조신들은 왕을 돌보지 않았으며 마을 사람들은 곳곳에서 군량미를 약탈했다. 많은 피난민들은 그들의 피난을 멈추지 않고 압록강을 건너 중국 땅에 정착했다. 이들은 요동 태수의 치하에 몸을 의탁했다. 태수는 평양이 함락되었다는 소식과 이번의 침략이 불가항력이라는 점에 대해 근심스럽게 사태를 바라보고 있었다. 조선군의 주력 부대는 안동과 만주 순천 사이의 순안[1]에서 야영에 들어갔다. 일본에서는 외지에서 들어오는 승전 소식으로 크게 즐거워하고 있었는데, 프로이스가 기록하고 있는 바와 같이, 고니시는 "불과 20일 만에 그토록 강대한 왕국을 일본 천황에게 안겨 주었기 때문이었다." 히데요시는 그 위대한 젊은 사령관에게 양쪽으로 날이 선 칼과 말 한 필을 보냈는데 이는 "그에게 내릴 수 있는 최대 영예가 되는 것이었다."

자신의 승리에 의기양양한 왜병들은 즉시 중국에로의 진격 명령이 내려지기를 기대하고 있었다. 이와 같은 목적을 예상한 고니시는 부산에 있는 함대에게 글을 보내어, 평양의 승전군과 합세하기 위해 서해안을 돌아서 대동강으로 항해하라고 말했다. 이와 같은 합류가 이루어진다면 중국은 왜병에게 침략을 당할 것이고, 이 적대적인 양국 사이의 전면 전쟁은 아시아 역사의 흐름을 바꾸어 놓게 될 법도 했다. 그러나 이런 일은 일어나지 않았다. 화약과 우수한 해군 장비를 지원 받아 용기를 얻은 조선 군사들은 왜병의 만주 침략을 저지했으며 왜군을 그들의 보급 기지로부터 산간으로 3백 마일을 상거하도록 만들어 놓았다.

동양의 수사학으로는 이때의 상황을 다음과 같이 훌륭하게 묘사할 수도

---

1) 순안(順安) : 안동(만주)과 순천 사이에 있는 지명이 아니고 순천과 평양 사이의 평원군에 있다.

있다. 동해의 용이 날개가 달린 배를 타고 바다를 건너 쳐들어가 순식간에 승리의 진주를 잡았다. 그러나 육지의 용은 배로 걸어야 한다. 조선의 수군은 그 용의 발톱으로부터 진주를 빼앗아 감으로써 용으로 하여금 몸이 뒤틀리고 허기지게 만들었다.

서구의 밉살스러운 표현을 빌려 말한다면, 이는 불길하기는 하나 매우 심각한 표현인데, 고니시는 그 후 곧 베이스[壘]를 바꾸지 않을 수 없었다. 지상군이 이토록 찬란하게 승리를 이룩하게 되자 일본 수군은 이제 그들을 위해서 더 이상 할 일이 없다고 생각하게 만든 것처럼 보인다.

그런 반면에 조선인들은 그들의 배에 이중 갑판을 만듦으로써 조선술을 개선하는 작업에 착수했다. 그들은 또한 뱃전을 튼튼하게 만들고 상갑판을 따라서 두터운 널빤지를 비스듬히 세워 나사로 조임으로써 전투병의 안전을 도모했다. 사수들은 그 뒤에서 아무 위험 없이 활을 쏘았으며, 그러는 동안 그 밑 칸에서는 포수들이 포문을 통해 그들이 조악한, 그러나 성능이 좋은 포를 쏘아 대었다.

조선의 수군은 왜군의 함대가 닻을 내리고 있는 곳의 입구에 슬쩍 나타나서 처음에는 거짓으로 퇴각하여 적이 추격해 오기를 유혹하다가 너른 바다로 나오면 추격자에게로 뱃머리를 돌려 그들의 무기와 장비가 더 우수함을 곧 입증하게 된다. 치열한 전투가 시작되었지만, 이미 이때는 조선의 군사들이 패할 것 같지는 않았다. 그들은 긴 창과 갈고리를 포크처럼 휘둘러 적을 바다에로 끌어내릴 뿐만 아니라 대포를 쏘고 뱃머리로 들이받아 왜군의 수많은 전선들을 격침시켜 큰 전과를 올렸다. 패전한 함대의 잔해는 부산으로 예인되었으며 지상군을 지원할 모든 희망은 무산되었다. 수군의 승리가 조선인에게 미친 정신적인 영향력은 대단하여 그들로 하여금 자신을 희생하면서까지 적에게 저항하도록 고무했으며, 작은 전투에서도 숱한 전과를 올렸다. 이제 그들은 명의 지원병이 도착하기만을 희망차게 기다리고 있었다.

가장 튼튼한 성으로 둘러싸인 서울과 북부의 가장 큰 도시가 조선인의 내

임진왜란 시의 북부 지방의 전투도(1592~93)

부적인 모반이 없었는데도 함락되었다는 사실이 중국인에게는 도무지 믿어지지 않았다. 자신의 기분을 달래기 위해서 중국의 조정은 조선에 특사를 보내 사태를 알아보고 보고하도록 했다. 북경 정부는 미심하기는 했지만, 다소 주저하다가 의심을 하면서도 소수의 부대를 파견하여 조선 왕을 호위토록 했다. 이 용맹한 군사들은 국경을 넘었지만 평양을 향하는 도중 평양이 함락되었다는 소식을 듣고 말머리를 돌려 요동으로 회군했다. 이제 조선 왕과 그의 남은 조신들은 연이어 북경에 급사를 보내어 구원을 애소했으며,

심지어는 이번에 도와주면 그 댓가로 중국의 신민이 되겠다는 말까지 했다. 이에 요동에서 5천 병력이 급히 모병되어 조선으로 급파되었다.[2] 8월 초순이 되어 일본의 척후병은 처음으로 중국 군사들의 누런 비단 깃발을 발견했다. 이 깃발에는 "대명"이라는 두 글자가 새겨져 있었는데 이는 명 왕조를 의미하는 문장이다. 8세기만에 처음으로 두 적대 국가의 군사들은 당당한 대전을 겪게 되었다.

명나라의 군사들은 승리를 확신한 듯이 보였으며 별다른 주의나 두려움이 없이 평양을 향해 진격했다. 성을 포위한 그들은 8월 27일에 공격을 시작했다. 왜병들은 그들을 입성토록 하여 좁은 골목에서 시가전을 전개했다. 왜군은 화살을 퍼붓고 그들의 긴 창을 휘두르면서 이미 차지해 둔 유리한 위치에서 명군을 공격했다. 명군의 일부는 왜병이 별로 대수롭지 않게 생각하고 있는 것처럼 보이는 한 요새의 성벽을 기어오르려 했다. 그러나 성의 꼭대기 가까이에 명의 군사들이 전면으로 기어 올라갔을 때 뒤에 숨어 있던 수비대들이 튀어나와 명군을 뒤로 밀어젖히거나 창으로 찔렀다. 명군들은 자기들의 동료들이 있는 성 밑으로 굴러 떨어졌다. 밀치거나 떨어지고도 죽지 않은 군사들은 성 위에서 쏘아 대는 화승총에 맞았다. 명군들은 그들의 가슴에 총알을 맞았으며 가죽과 철로 만들어진 그들의 갑옷은 총알에 대해 아무런 소용이 없었다. 명군은 너무도 완패했기 때문에 국경을 안전하게 넘어 중국 땅으로 들어갈 때까지 도주의 발걸음을 멈추지 않았다.

그제야 북경 정부는 그들이 대적해야 할 적의 실력을 알기 시작했다. 침략군을 막기 위해 4만의 군사를 모병하고, 시간을 벌기 위해 조선 정부와는 별도로 심유경이라는 사람을 보내어 고니시와 강화를 담판토록 했다. 여러 해 전에 일본의 해적들은 한 중국인 심가왕을 납치해서 일본으로 데려간 일

---

2) 이때의 지휘 장수는 청의 북경에서 공을 세운 요동부총병 조승훈이었다.

이 있는데 그는 그 후 일본에서 여러 해 동안 억류되어 있었다. 중국에 돌아온 그중국인은 심유경과 알게 되자 자기를 감금했던 일본인에 관해 많은 정보를 그에게 주었다. 심유경은 돈을 바라보고 모험하는 사람이었음이 확실하다. 그는 일본말도 알고 있었으므로 이 기회에 중재자 노릇을 함으로써 명예와 승진을 성취하고자 했다. 그에게는 어떤 언질이나 실질적인 권한은 없었다. 중국인들은 그를 앞잡이로 이용만 해먹은 것처럼 보인다.

10월 초 순안에 있는 조선 군사의 막사에 도착한 심유경은 왜장의 명성을 잘 아는지라, 놀란 조선인들의 경고에도 불구하고 그들의 치하를 받으며 왜병의 경계로 용감히 들어가서 고니시, 요시토시 그리고 겐소와 회담했다. 이 중국의 외교관은 북경으로 갔다가 50일 후에 평양으로 돌아와 본국 정부의 가부 의사를 보고하기로 했다. 고니시도 이에 동의하고 휴전이 이루어졌다. 고니시가 제시한 평화의 조건은 소위 한반도 중 옛날 일본이 점령했던 지역, 이를테면 고대 신라와 백제가 차지했던 지역은 일본에게 인도하여 속국이 되게 해야 한다는 것이었다. 이와 같은 주장은 고대의 소유권과 근대의 정복·병탄에 의거하여 차지했던 대동강[3] 이남의 전 조선을 사실상 요구하는 것이었다.

북경에 도착한 심유경은 이미 명군의 진격 준비가 거의 끝났음을 알았으며 정부에서는 왜병과 교섭하는 자신의 권한도 박탈되었기 때문에 이번 교섭을 통해 얻은 것이라고는 명군을 위해 시간을 벌었다는 것밖에는 없었다. 그러는 동안 가토는 그의 군사를 이끌고 큰 도인 함경도의 전역을 휩쓸었다. 정정당당한 대전은 벌어지지 않았지만 매우 어려운 싸움이 계속 전개되었으며 유혈 공격을 감행한 이후 많은 성이 함락되었다.

피난길에 부왕의 명에 의해 북쪽으로 파견되었던 두 왕자[4]와 그리고 많

3) 대동강이 아니라 임진강임.
4) 임해군 진과 순화군 보(보)를 의미함. 이들은 근왕병을 모집하기 위해 파견되어 포로가 되

은 고위 관리들이 이곳에서 포로가 되었다. 이들 포로 중에는 "조선 전국에서 가장 아름답다는 평이 있는 한 처녀"가 있었다. 왜병들은 도망병들을 추적하다가 거칠고 외진 지역이나 길이 없는 산간이나 숲속 깊이 빠져 들어가는 경우가 많았는데, 이들은 그곳에서 인간 적(敵)은 물론 그들의 공격에 놀란 호랑이의 습격을 당했다. 그들은 종종 야영에 들어가지 않을 수가 없었는데 그럴 때면 이 용맹한 짐승들은 분견대나 잠자는 왜병들을 공격했다. 가토는 처절한 싸움 끝에 그의 창으로 호랑이 한 마리를 포획했다.

어려운 싸움을 치른 다음 그의 주력 부대는 안변에서 야영에 들어갔다. 안변은 원산 가까이에 있지만 오히려 강원도 쪽에 가깝다. 그곳으로부터 3일 정도의 행군 거리인 강원도에는 나베시마 나오시게의 막사가 있었다. 이 부근의 해안에서는 날씨가 좋으면 울릉도의 봉우리가 솔방울처럼 보인다. 그 산에 대해 묻는 가토의 질문에 조선의 포로들은 그것이 후지산이라고 거짓으로 대답했다. 후지산은 그들의 고향에 있는 영산으로서 일본인들에게는 "영원한 미와 환희의 상징"으로 되어 있다. 왜병들은 즉시 경건하게 모자를 벗고 해변에 꿇어앉아 향수에 젖은 눈길로 오랫동안 그곳을 바라보았는데, 이때의 장면은 오늘날 그들의 토산품에 자주 그려지고 있다.

이러는 동안 1592년도 저물어 갔다. 왜병들은 어쩔 수 없이 무기력해졌지만 조선인들의 애국 정신은 더욱 충천했다. 지방의 의병들을 모집하여 유격대를 조직한 그들은 평양에 이르기까지 잠시도 게을리 하지 않고 왜병의 야영지를 압박했다. 통신이 두절된 고니시는 명의 엄청난 군사들이 자신을 향해 오고 있다는 사실을 모르고 있었다.

조선에 명의 정규군이 투입되어 있다는 사실을 왜병이 안 것은 전혀 우연이었다. 중국 측의 사료에 의하면 이여송은 북쪽에서 발흥하던 만주족에게

어 화전과 함께 석방되었다.

큰 전과를 올림으로써 일약 유명해진 용맹한 영웅이었다. 6만 명의 그의 주력 부대가 겨울에 요동을 행군한다는 것은, 더구나 산간 지대를 통과한다는 것은 매우 고통스러운 일이었으며 말은 피땀을 흘렸다고 한다. 이여송은 침략자를 몰아내고 조선을 명에 병합시킬 의사를 가졌음이 분명했다. 압록강에 도착하여 조선의 산이 나타나자 그는 이렇게 소리쳤다. "저기를 보라. 우리 선조들의 유지를 찾고 못 찾는 것은 우리의 용맹에 달려 있다."

국경을 넘은 지 6일째 되는 날 이여송은 순안에 도착했다. 1593년 1월도 다 가고 새해도 손에 잡힐 듯이 가까워졌다. 심유경이 도착하여, 협상을 재개할 준비가 되었으니 우호적인 회답을 바란다는 글을 고니시에게 보냈다. 고니시는 즉시 장수 한 명과 20명의 호위병을 파견하여 심유경을 만나서 영내까지 호위하도록 했다.

1593년 2월 2일 구정이 되자 초병은 타국의 전진에 지쳐 평화와 고국이 그리워진 그의 동료들과 함께 한잔 하러 어울렸다. 엉뚱한 생각을 품고 있는 중국 병사는 왜병으로부터 따뜻한 대접을 받았으며 그들이 몹시 취할 때까지 술을 권했다. 아무런 의심도 하지 않고 있던 왜병들은 칼도 빼보지 못하고 적의 공격을 당했다. 왜병은 두세 명만 살고 모두 살해되었다.

또 다른 기록에 의하면 그들은 복병을 만나서 용맹스럽게 싸웠으나 3명만이 살아서 돌아왔다고 한다. 고니시는 그 생존자를 통해 처음으로 명의 정규군이 투입되었음을 알았다. 그 후 거짓말을 한 그 중국인이 제시한 살해의 구실은 통역이 잘 되지 않았기 때문이었다는 것이다. 전투가 시작되었다. 어느 편의 상황이 더 유리한가 하는 것이 곧 분명해졌다.

왜병에게 병력의 수효가 알려지지 않은 명군은 전면에서 공격해 들어왔으며, 자신의 가정과 국가를 위해 새로운 투쟁을 전개하려는 결의에 불타고 있는 수많은 조선인들이 그들을 포위하고 있었다. 명의 신병들은 장비나 훈련이나 보급 면에서 우세했다. 왜군들은 적지에 깊숙이 들어와서 보급 기지로부터 멀리 떨어져 있을 뿐만 아니라 뒤에는 황폐한 들판이 있을 따름이었다. 이와 같이 사태가 어둡게 되자 왜병들의 얼굴에는 낙심하는 빛이 역력했다.

이제 고니시는 전쟁을 감행하든가 아니면 개성으로 퇴각하든가 양자택일을 해야 할 입장에 빠졌다. 그는 전자를 택하는데 긴 시간이 걸리지 않았다. 그가 이 길을 택한 것은 앞으로도 명군이 도착하기에는 6일의 여유가 있기 때문이었다. 6일이 되는 날 명군은 번쩍이는 무기와 찬란한 전차, 그리고 용이 새겨져 있는 비다 깃발을 휘날리며 성루의 시야 속으로 들어왔다. 자신의 소수 병력을 최선의 위치에 배치한 고니시는 근심스러운 눈초리로 적의 접근을 바라보았다. 이 고을은 서쪽에는 가파른 산등성이로 막혀 있고 북쪽은 언덕으로 막혀 있으며, 남쪽에는 강으로 막혀 있었다. 북쪽 언덕에 자리잡고 있는 왜군들은 흙과 목책으로 요새를 만들었다.

2월 10일, 동이 트자 연합군은 사방에서 맹렬한 공격을 개시했다. 왜병들은 처음에는 소총 사격으로 포위한 군사들을 격퇴했지만 명군은 사다리로써 요새의 안으로 들어왔는데 여기에서야 명군의 수효를 알 수가 있었다. 공격 이틀째의 밤이 되자 모든 외보는 명군의 손에 넘어 갔으며 왜군은 거의 2천 명이 전사했다. 이제 왜군의 최후의 거점을 조선의 장수들이 손쉽게 취할 수 있게 되었으나 왜군이 최후까지 이를 사수할 기미를 보이고 또 자기 부하들도 피곤한 것을 안 명의 사령관은 다음날 아침 공격을 다시 하리라고 생각하고 일단 본진으로 퇴각하도록 명령했다.

고니시는 황해도에 있는 작은 요새인 봉산에 본진을 두고 있는 왜장 오토모 요시무네에게 부하를 보내어 구원을 오도록 했다. 오토모는 명령을 복종하기에는 거리가 너무 먼데다가 명군의 과장된 숫자에 놀란 나머지 자신의 위치를 버리고 서울로 퇴각했다. 다른 수비대로부터 구원병을 얻을 수도 없고 전사자와 병사자가 많은데다가 대부분은 부상과 질병으로 더 이상 싸울 힘이 없게 되자 고니시는 퇴각 명령을 내렸다. 용맹한 장수 중 하나를 뽑아 후비를 맡기고 밤중에 조용히 성을 벗어났다.

이와 같은 퇴각이 성공한 뒤 성 안에는 시체밖에 남은 것이 없었다. 그 당시 수 피트의 두께로 얼은 얼음 위로 강을 건너 그들은 곧 명군을 뒤로 떨쳐 버렸다. 그 다음날 적군의 대항이 없는 데 놀란 연합군이 성 안에 들어가 보니 사람은커녕 전리품도 하나 없었다. 조선인들은 적을 추격하고자 했으나, 이여송은 이를 금할 뿐만 아니라, 다른 사람에게 비난을 전가할 수 있는 구실을 찾은 데 반가워하며 왜병을 그토록 쉽게 도주시킨 조선의 장수를 면직시켰다. 개성에서도 퇴각의 발걸음을 멈추지 않은 고니시는 이렇게 하여 서울에 도착할 수 있었으며, 여기에서 전 침략군의 새로운 사령부를 수립했다. 명군이 곧 쳐들어오리라는 것을 잘 알고 있는 그들은 이제 서울의 요새화 작업에 착수했다.

승전에 의기양양한 명군은 가토와 나베시마에게 사신을 보내어 거만스럽게 항복을 요구했다. 이에 대해 가토는 무시하는 말투로 대답하고 지위 높은 포로들의 감시를 더욱 철저히 하는 한편 사신이 보는 앞에서 조선의 한 아름다운 처녀를 나무에 묶어 놓고 칼로써 어깨에서 허리까지 베어 죽였다. 그는 당시 적으로부터 위협을 받고 있는 길주로 즉시 지원병을 파견했다.

조선의 의병들은 소규모의 분견대를 조직하여 여러 곳에서 침략자들을 공격·격퇴하기 시작했으며, 심지어는 왜병이 점령하고 있는 성 중에서 수비가 허약하다고 짐작이 가는 곳을 포위하기 시작했다. 몇 자루의 소총과 조악한 대포는 그들을 더욱 용감하게 만들었다. 그들은 다음과 같은 방법으로 가토의 부하들이 장악하고 있는 한 요새를 탈환했다. 일본 측 기록에 의하면 이장손이라고 하는 한 조선인은 독이 든 비격진천뢰라고 하는 폭탄을 발명했다. 은밀히 성 밑에 접근한 그는 대포로써 이 폭탄을 쏘아 성 안으로 보내었다. 폭탄이 떨어져 물건에 닿자마자 이들은 폭발하여 독을 뿜음으로써 독을 마신 사람들은 모두 죽었다. 첫 폭탄은 성의 정원에 떨어졌는데, 왜군들은 그것이 무엇인지를 몰랐다.

그것이 무엇인가를 알아보기 위해 그들이 주변에 모여들어 살펴보는 순간 폭탄이 터졌다. 폭음은 천지를 진동했다. 폭탄은 천 조각이 나면서 별처럼 흩어졌다. 파편에 맞은 사람들은 모두가 즉사했으며 이렇게 해서 죽은 사람이 30명이 넘었다. 파편에 맞지 않은 사람도 기절해서 넘어졌으며, 왜병들은 전의를 잃었다. 그 후에도 많은 폭탄이 발사되어 끝내는 그 성을 탈환했다.

이상의 기록을 볼 때 조선인들은 오늘날에 쓰는 철편과 유사한 폭탄을 실제로 발명한 것으로 보인다. 나무 줄기에 구멍을 뚫어 구경을 만들고 포신을 강한 대나무로 감아서 만든 일종의 유탄포인 투박한 목제 대포로 이 폭탄이 발사되었는지도 모른다. 그와 같은 대포는 오늘날 일본에서 흔히 사용되고 있다. 이 대포는 10~20파운드의 포탄이나 불덩어리를 수백 피트의 공중으로 쏘아 올릴 것이다. 조선의 군사들은 성으로부터 가장 먼 거리를 발사 지점으로 택하여 성 안의 돌격대들이 이를 노획하지 못하도록 했음이 틀림없다. 조선의 폭약은 문자 그대로 폭발이 늦어서 그것이 착지한 뒤에도 터지기 전에 왜병이 그 주위에 모여들만한 시간적인 여유가 있었다는 사실을 설명해 주고 있다.

그 폭탄은 얇은 철판으로 만들어 화약을 집어넣었을 것이 틀림없는데 화약은 중국의 혼합 가스와 마찬가지로 다량의 유황을 포함하고 있었음이 틀림없다. 왜병의 풍습에 의하면 부상을 당해 움직일 수 없는 사람들은 누구나 할 것 없이 할복을 해야 하는데, 이에 따라 파편을 맞은 부상병들이 자살함으로써 실질적인 전사자의 수가 증가했음이 틀림없다. 왜병들은 너무도 사기가 저하되었기 때문에 성을 비우고 퇴각했다.

경성과 길주에 있는 또 다른 두 성이 의병에게 포위되자 가토는 이 취약한 수비대를 구원하기 위해 출발했다. 이러한 소식을 들은 의병들은 그가 도착하기 전에 성을 함락하기 위해 그의 노력을 배가했다. 의병들이 크게 승리를 거두게 되자 부하를 거의 잃고 최후의 거점에 있던 왜병은 성의 가운데에 있는 아성인 방화사로 들어가 스스로 할복함으로써 조선인들로 하여금 적을 죽이는 쾌감을 맛보게 하기보다는 차라리 목숨을 끊는 길을 택했다. 바로 이 무렵 검은 원을 그린 가토가 나타났다. 성에 불을 지르고 멸시와 승리를 외치던 의병들은 사라졌다.

가토와 나베시마는 그들의 전 병력을 이끌고 와서 명군에 대항해 전 병력을 통합하라는 급보를 서울로부터 받았다. 이와 같은 전갈을 고니시가 보내온 것을 잘 알고 있는 가토는 이에 복종하는 것이 무엇보다도 싫었지만 그는 끝내 조선을 가로지르는 행군을 시작했다. 행군 동안에 군기는 엄정했으며 강도 무사히 건넜다. 왜병들은 나무를 베어 통나무로 가지런히 묶어서 5~10명이 한 조를 이루어 반은 떠내려가다시피 하면서 그 사나운 격류를 건넜다.

그러는 동안 기병대들은 의병들을 강어귀에서 저지했다. 의병들의 측면 공격을 걱정했지만 큰 소실 없이 왜병들은 서울에 입성하는 데에 성공했다. 왜군이 퇴각하여 서울로 집결함에 따라서 조선의 절반을 차지하고 있는 북쪽의 4도가 사실상 수복되었다. 평양을 함락한 당시가 이 전쟁의 극점이었는데 이는 그 후 왜병이 다시는 그와 같은 행운을 잡지 못했기 때문이었다.

제 15 장 임진왜란사(4) : 서울 수복

연합군은 보급품을 충분히 장만한 다음 2월 중순경 서울을 향하여 진격했다. 왜군은 그 무렵 연합군의 병력을 20만 명으로 추산했다. 경기병이 전방 호위를 맡았다. 주력 부대는 2월 26일 흙탕길을 허우적거린 뒤 서울 북서쪽 약 40마일 지점에 도착했다. 그 직후에 그 마을 부근에서 최초의 소규모 전투가 벌어졌는데, 이때 연합군은 왜군의 전방 부대에 막대한 손실을 입히고 패주시켰다.

이제 명장 이여송은 서울 진격을 명령했다. 왜장들의 진중 회의에서 고니시와 마찬가지로 천주교 신자인 이시다 미쓰나리는 서울의 철수를 주장했다. 이와 같은 발언이 가토 기요마사를 화나게 만든 것은 더 말할 나위도 없다. 가토는 일어나서 화를 내며 이렇게 말했다.

"명나라 군사의 깃발을 보기도 전에 서울을 포기하는 것은 우리의 수치요. 조선 사람들과 우리의 동포들은 우리를 비겁자라고 부를 것이며 우리가 중국인을 무서워했다고 말할 것이오."

두 적대적인 왜장 사이에는 뜨거운 설전이 일어났으나 오타니 요시쓰구와 그 밖의 장수들이 그들을 화해시켰다. 왜군은 적군을 막으려면 서울에 있는 모든 조선 사람들을 다른 곳으로 보내야 한다는 데로 결론을 내렸다. 이에 따라 서울의 대부분이 불길에 싸였고 가옥, 궐문, 교량, 공사 건물이 순식간에 잿더미로 변했다. 남녀노소, 병약자 모두를 창으로 겨누어 몰아냈다.

비정한 전쟁의 필요성 때문에 불필요한 대량 학살이 자행되고 무고한 양민 몇 십 명이 잔혹하게 살해되었다. 건장한 남자 몇 사람만이 사역을 위하여 살해되지 않았다. 전쟁이 끝난 뒤 이때 일어났던 끔찍스럽고도 비인도적 살육의 기억은 많은 왜군들의 양심을 짓눌러 그들로 하여금 절로 들어가 참회의 속죄를 하게 만들었다. 속세를 벗어난 그곳에서 그들은 삭발하고 장삼을 걸친 채 부처님의 내세에 이르려고 노력하면서, 금식하고 밤새워 참회의 기도를 드리며 여생을 마쳤다.

그러는 동안 요새화 작업은 계속되었다. 명군의 전방 부대는 이제 서울 몇 마일까지 접근하여 왔으며 매일 소규모의 전투가 일어났다. 젊은 왜장들은 명군에 대항할 선봉대를 이끌겠노라고 소란스러웠지만 노장인 고바야카와 다카가게가 전투를 지휘하도록 허락을 받았다. 왜군은 3대로 나누어 적을 공격하고자 성을 나와 진격했는데 고바야카와는 1만 명의 주력 부대인 제3대를 이끌었으며, 다른 부대는 각기 3천 명의 병력을 이끌었다.

계속되는 전투에서 왜군은 우선 숫적으로 압도적인 적군에 대하여 자신의 위치를 지킬 수가 없었다. 연합군은 왜군의 제1대와 제2대에게 막대한 손실을 입히고 이를 패퇴시켰다. 그러나 승리를 확신한 그들은 보병과 기병으로 추격을 시작함으로써 왜군은 질서를 잃고 기운이 빠지게 되었다. 그때까지 훌륭하게 참아 온 고바야카와는 저들이 본진으로부터 멀리까지 쳐들어와서 지원군을 받을 수 없을 때까지 기다렸다가 그의 부대를 이끌고 연합군을 공격했다.

이제 전투는 대규모의 백병전이 되었다. 명나라 군사들은 짧고 무거운 양인도로 무장되어 있었다. 연합군에는 많은 기병이 있었지만 폭우로 땅이 질척거려 효과적으로 대오를 이룰 수 없었다. 그들은 여러 가지로 유리하기는 했지만, 왜병의 장검과 튼튼한 갑옷, 그리고 그들의 노련한 전의와 냉정으로 말미암아 오히려 더 불리하게 되었다. 보병들은 보통 양인도를 휘둘렀지만 그 길이는 고작 3~4피트였다.

왜군들은 자기들의 칼이 길고, 날렵하며, 가볍고 양날이 날카로운 것을 늘 자랑하면서 짧고 투박한 중국인의 무기를 형편없이 무시하고 있었다. 그들은 자기 나라를 "날렵한 칼로 다스리는 나라"라고 뽐내고 있었다. 그들의 전설이나 문학, 그리고 검(날이 양쪽으로 달린 단검)과 도(날이 한 쪽으로 서 있고 두 손으로 사용하는 군도)에 관한 정사는 놀라우리만큼 신기하고 또 양이 많다.

비록 소총이 결정적인 도움을 주었다고는 하지만 적어도 이번의 서울 전투에서 문제를 결정지은 것은 바로 그 검이었다. 왜군의 보병이 가지고 있던 날이 엇갈린 장창은 일차적으로 명나라의 기병대가 내리치는 칼을 막아내고, 두 번째로는 기수를 찍어 낙마시킴으로써 큰 효과를 보았다. 명나라의 한 높은 장수는 말에서 찍혀 내려 살해되었다.

왜장들은 무기도 좋았음은 물론 사기가 충천했다. 전쟁터에는 번쩍거리며 남의 눈에 유난히 띄는 높은 금빛 투구를 써 특히 두드러지게 보이는 사람이 있었다고 하는데 그는 가토였음이 틀림없다. 그의 투구는 항상 믿을 수 없을 만큼 높고 삐죽했다. 오랜 시간의 전투와 무시무시한 살육이 지나자 연합군들은 큰 혼란에 빠졌다. 일본 측 기록에 따르면 임진왜란 중 가장 피를 많이 흘리고 가장 치열했던 이날의 전투에서 1만 명의 연합군이 피살되었다고 한다.

명나라 군사들은 장교를 수없이 잃었으며, 히데요시의 군대와 같은 노병과 최초로 야전을 경험한 뒤 그들의 사기는 극도로 떨어졌다. 이여송은 병력을 후퇴시키고 곧 송도로 퇴각했다. 가토가 서울에 있는 것을 모르고 평양으로부터 후방 공격이 있을 것을 겁낸 이여송은 주력 부대를 송도로 철수시켜 수비하도록 했다. 지치고, 싫증나고, 겁이 난 그 의심 많은 이여송은, "삐죽이 뻗은 풀잎만 보아도 겁을 냈다."

이여송은 패잔병이 되어, 북경에 거짓 보고서를 보내 왜군의 숫자를 과장했으며, 건강이 좋지 않은 동양인들이 흔히 엄살 피우는 방법으로 본국으로부터 응원군을 보내 줄 것을 요청했다. 왜군으로서도 너무나 막대한 인명 피해를 입었기 때문에, 그러고도 승리라고 말할 수 있을지 모르겠지만, 승리를 장담할 수 없었다. 그러나 소규모의 군대가 진격하여 송도를 점령했으며, 그 동안 주력 부대는 타국의 도성에서 비참한 겨울을 지낼 준비를 했다.

안음[1]에 있는 조선의 요새도 또한 함락되었다. 이 성은 깎아지른 듯한 절벽 위에 축조되어 접근할 수 있는 곳이라고는 한쪽의 문밖에 없으며, 그 길도 바위를 깎아 내어 만들어서 좁고 거의 수직에 가까우리만큼 경사가 심했다. 숲이 울창하여 대낮에도 길이 어둠침침한 계곡으로 공격 부대는 쳐들어갔다. 성 위와 입구 쪽으로 툭 튀어나온 바위 선반 위에서 조선의 군사들은 유리한 거점을 차지하고 있었으며 다른 수비대들은 선반 근처에다 많은 바위와 통나무를 쌓아 놓고서 이들을 침략자들에게 퍼부을 준비를 하고 있었다.

적의 접근을 조용히 기다리던 그들은 부채 모양으로 된 왜군의 깃발이 가까이 오는 것을 보았다. 그들이 성 바로 밑까지 오자 모든 활들이 현악을 뜯는 소리를 내고 화살이 비 쏟아지듯이 침략자들에게로 날아갔으며 돌덩이들이 대열 위로 떨어져 머리와 투구를 함께 부숴 버렸다. 포위한 왜군들은 일단 퇴각하여 새로운 공격을 준비하지 않을 수 없었다. 그러나 그날 밤이 되자 수비대는 물러갔다. 다음날 왜군들이 입성하여 수비대를 배치하고 자기들의 깃발을 내걸었다.

전쟁과 3국 군사의 주둔으로 오랫동안 농지를 돌보지 않게 되자 자연의 섭리대로 기름진 조선의 토지는 기아의 땅으로 변했다. 기근으로 말미암아

---

1) 경상남도와 전라북도 사이에 있는 요충 황석산성을 의미함. 본서에서는 임진란 당시에 함락된 것으로 되어 있으나 이는 사실과 다르다. 정유재란 당시 가토 기요마사가 쳐들어오자 조방장 백사림이 도주하고 현감 곽준이 피살됨으로써 함락되었다.

적과 동지를 가릴 것 없이 시체를 약탈하기 시작했다. 농부들은 조정에 구호 양곡을 호소했지만 아무도 양곡을 받지 못했다. 몇 천 명의 빈민들이 굶어 죽었다.

아버지들은 병사에서 고통을 겪고 어머니들은 집안에서 시체로 묻히지도 못한 채 나뒹굴었으며, 허기에 지친 아이들은 먹을 것을 달라고 울부짖었다. 어느 날 명나라의 한 장수는 길가에서 말라빠진 한 아이가 죽은 어머니의 싸늘하게 굳은 젖꼭지를 물고 헛되이 빨고 있는 모습을 보았다. 동정을 느낀 그 전사는 그 아이를 거두어 성인이 될 때까지 돌보아 주었다.

어느 곳에서는 가엾은 사람들에게 정부의 창고로부터 약간의 쌀을 배급했지만 배고픈 사람들의 신음과 울음소리는 하늘을 메웠다. 왜군의 진중에는 악질이 퍼졌고 향수병에 걸린 몇천 명의 병사들이 불명예스럽게 죽었다. 오랜 겨울비는 삶을 낙심케 하고 할복하기에 충분할 만큼 울적하게 되었으며, 사정이 나쁜데다가 사방으로부터 쳐들어오는 용맹스러운 의병 때문에 말먹이를 얻는 것은 왜의 진중에서 가장 싫어하는 직책이 되었다.

이와 같은 불안 속에서 어느덧 겨울이 가고 굼뜬 봄이 다가왔다. 이러한 상황에 왜군은 화전의 소식만을 기다렸으며, 연합군에서도 화전의 준비가 되어 있었다. 이준진이라고 하는 한 조선 병사는 상부의 허락을 얻어 포로가 된 두 왕자를 면회하고자 서울로 들어갔다. 본진에 돌아온 그는 왜장들이 몹시 고향을 그리고 있으며 전쟁에 무척 피로해 있더라고 보고했다.

이 무렵 고니시로부터 화전의 조건을 수락할 준비가 되어 있다는 편지가 왔다. 협상을 위하여 다시 심유경이 뽑히었다. 개성[2]에 있는 일본의 진중에 도착한 그는 고니시를 만나서 다음과 같은 사항을 합의했다.

(1) 삼국 간의 화평.

---

2) 이 당시 화전 담판이 진행된 곳은 개성이 아니고 용산이었다.

(2) 일본은 조선의 남부 삼도를 소유한다.

(3) 앞으로 조선은 일본에 조공을 바친다.

(4) 히데요시가 조선의 왕임을 인정한다.

다른 3개조의 초안은 공개되지 않았지만 명나라 황제와 동등하게 히데요시를 인정해야 한다는 것이 그 가운데 한 조문이었음이 확실하다. 일본 측에서는 화약이 이루어지면 포로가 된 왕자를 석방하고 부산까지 모든 군사를 철수했다가 조선에서 철병하기로 했다. 양측이 모두 전쟁에 지쳐 있었다.

명나라의 사령관 이여송은 자기의 직책에서 물러나 중국으로 돌아가기를 원했으며, 왜군 막사에 군사 고문으로 있는 세 늙은이는 교토로 돌아가고 싶은 마음에 히데요시에게 글을 써 귀국을 간청하는 동시에 히데요시의 꿈은 이제 이루어질 것 같지 않으며, 그는 중국의 황제로부터 서임을 받아 그와 동등한 지위를 인정받게 될 것이라고 말했다.

그 무렵 왜군 사이에서는 학식이나 문장이 중요시되지 않았다. 전사들의 시간과 생각은 책을 읽거나 문장을 익히는 대신에 군사적인 덕망이나 전적을 쌓는 데 소비하였다. 무사는 칼이요, 승려는 붓이라는 것이 원칙으로 되어 있었다. 갑옷을 입은 퉁명스러운 전사들은 경멸의 눈초리로 그러나 우러러보는 눈길로 머리를 박박 깎은 붓과 먹의 인사들을 바라보았다. 사령관을 받들고자 사원의 승려 한 명이 반드시 배종했다.

히데요시가 명나라 황제와 동등한 인정을 받는다고 믿은 것을 생각할 때 그와 같은 실수가 가능했던 것은 왜장들이 허세에 차 있음은 물론 무식했기 때문이었다. 협상의 중재자로서 자기에게 유리하도록 담판을 이끌어 간 지모의 심유경은 고니시를 눈가림으로 속였는데, 만약 고니시가 그 화약의 초안을 검토할 승려라도 한 명 거느리고 있었더라면 그는 그와 같이 속지는 않았을 것이다. 그러나 천주교 신자였던 그는 중들에 대하여 좋은 감정을 가지고 있지 않았다.

두 진영에서는 이번 전쟁을 무력으로 결판내지 않은 채 화평하는 것을 신랄하게 비난하는 사람들이 있었다. 조선의 장수들은 휴전 회담으로 시간을 소비하는 것을 안타깝게 생각하면서, 곧 일본군에게로 진격하기를 바랐다. 일본 진영은 질병으로 10%가 죽었으며, 서둘러 집에 돌아가겠다는 생각으로 사기와 군기가 해이해졌다는 사실을 조선의 군사들은 잘 알고 있었다. 그들의 말에도 전염병이 퍼졌는데 이는 여물이 부족했던 탓으로 보인다.

이와 같이 전의를 잃고 사기가 떨어지게 되면 용의주도하게 공격하는 측에로 승리가 가는 것은 분명한 사실이다. 침략자의 진중에서는 아가멤논[3]과 아킬레스[4]가 전혀 조화를 이루지 못했다. 가토는 퉁명스럽게 화전을 거절했는데 그 이유는 고니시가 이를 주장했다는 점에도 있지만 그보다 더 중요한 것은, 두 왕자가 석방되면 자기가 이룬 공적이 이제 아무것도 없게 되며, 결국 전쟁의 모든 영예는 그의 적수에게로 돌아가기 때문이었다.

그러나 곡물 창고가 텅 비어 있어 기아가 목전에 임박하여 있는 진중에는 많은 사람들이 병들어 있으며, 말이 무섭게 줄고 있다는 사실을 그의 막료들이 진지하게 설명하고 나서야 가토는 서울 철수에 동의하게 되었다. 그러는 동안 연합군들은 서울로 진격하여 오고 있었다.

1593년 5월 22일, 왜군은 조심스럽게 서울을 벗어났으며, 같은 날 명나라의 선봉이 서울에 입성했다. 왜군의 퇴각은 질서 있게 진행되었다. 그들은 명군의 위약에 대비하기 위해서 집안이나 마을에서 자지 않고 노숙했으며, 각 부대의 군기와 분견대의 경계를 더욱 엄정히 했다.

이와 같은 방법으로 왜군의 각 부대는 부산·동래·김해 그리고 그 밖의 해안 각처에 무사히 도착했다. 여기에서 막사를 친 그들은 자기의 고국을

---

3) 아가멤논(Agamemnon) : 호머의 대서사시 『일리아스』에 나오는 희랍인으로서, 트로이 전쟁 당시 그리이스군의 총사령관이었음.
4) 아킬레스(Achilles) : 호머의 대서사시 『일리아스』에 나오는 그리이스인으로서 트로이 전쟁의 용사였다. 그는 불사신이었으나 발꿈치에 약점이 있었다.

눈앞에 둔 채 전쟁의 공포를 잊고 잠시 휴식을 취했다. 연합군들은 그 뒤 남쪽으로 진군했다가 왜군이 있는 북쪽 몇 마일 지점에서 야영에 들어갔다. 명나라의 군사들은 압록강을 건넌 이후로 질병과 총칼로 2만 명의 목숨을 잃었다.

제 16 장 임진왜란사(5) : 세스페데스 신부

이제 왜군은 조선을 거쳐 북경으로 향하던 의기양양한 행군에서 길고도 지루한 막사 생활을 하는 패잔병으로 바뀌었으며, 반도에서 오래도록 머물러야 하는 불측의 운명에 직면하게 되었다. 이제 고니시 유키나가는 자신의 인생을 반추하여 볼 수 있는 시간적 · 공간적인 여유를 갖게 되었다.

포르투갈 제수이트 교단의 교리와 관행을 따라 열렬한 기독교 신자가 된 고니시는 자신과 자기의 부하 신도들을 위하여 군목의 역할을 할 유럽의 수도사가 시무하여 주기를 소망했다. 그리하여 그는 부산이나 또는 그 부근에 머물러 있는 동안 일본에 있는 선교사들의 고위층에게 편지를 보내어 신부를 보내 줄 것을 부탁했다.

1593년이 저물어 갈 무렵 제수이트교단 부교구장은 세스페데스(Gregorio de Cespedes) 신부와 푸칸 에이온(不干 Eion)이라고 하는 일본인 신자 한 명을 조선에 있는 왜군에게 파견했다. 그들은 대마도에서 겨울을 보냈는데 그 당시에는 기독교도 영주인 소 요시토시가 이곳을 지배하고 있었다.

1594년 이른 봄에 세스페데스의 일행은 조선에 도착하여 고니시의 사령부가 있는 곰내(웅천)[1]에 이르렀다. 이 두 성직자는 곧 왜군에게 그들의 포

---

1) (필자 주) 이 지명은 일본인들이 그들의 유명한 영웅인 구마가예(熊谷直實 : ?~1208)의

교 사업을 시작했다. 그들은 이 성에서 저 성으로, 이 막사에서 저 막사로 다니며 찬송을 부르는 병사에게 설교를 하고 신앙을 고백하거나 십자가의 성호를 그리는 모든 사람들에게 세례의 의식을 거행했다.

그들은 기독교를 믿는 일본인들에게 성례전을 거행하고 병든 자를 위하여 위안과 기도를 베풀고, 악습을 고치고, 부상병을 도와주고 죽어 가는 사람에게는 참회를 듣고 그의 죄를 사하여 주었다. 새로운 신자가 생기고 옛 신자들은 그 믿음이 더욱 강해졌다.

타국에서 열병과 부상으로 죽어 가던 일본 병사들의 영혼은 외국인 신부의 입술로부터 나오는 희망의 말씀을 듣고 위로 받았다. 그가 응시하는 곳에 걸려 있는 십자가가 어렴풋이 빛을 냈으며, 그 위에는 세상의 죄를 대속한 구세주의 영상이 떠올랐다. 처자식이 그리워 향수를 이기지 못하던 전사들은 "인간의 손으로 만들어지지 않는 천당"에 관한 설교를 들었다.

이들 두 형제는 왜군들 사이에 매우 인기가 있는 듯이 보였다. 그들은 이미 조선 사람들에게 신앙을 심으려고 꿈꾸고 있는 것 같았는데 그들의 과업이 고비에 이르렀을 무렵 가토 기요마사가 갑자기 이를 저지했다. 그는 자기의 불교적 신앙심과 꼭 같은 강도로 그들을 미워했던 것이다. 일본에 돌아온 그는 기독교 교리를 전파시키려던 그들의 열렬한 노력이 자신과 천황에 대한 엄청난 음모를 은폐했을 뿐이라고 공언함으로써 그 외국인 신부를 도요토미 히데요시에게 모함했다.

이 무렵 히데요시는 일본에 있는 제수이트교단에 신경을 쓰고 있던 차에 그들을 배에 태워 중국으로 보냄으로써 그들의 존재를 일본으로부터 몰아내려고 노력하고 있었다. 그들은 종교적인 밀사일 뿐만 아니라 정치적 인물

이름을 따서 지었음이 확실하다.

(역주자 주) 곰내(熊川) : 경상남도 창원군에 있는 지명. 본래는 신라의 웅지현인데 신라 경덕왕(742~764) 때 웅신으로 개명되었다. 조선 문종 때 웅천으로 고쳐 계속 현·군으로 존속하다가 1914년에 창원에 병합되었다.

이며, 그들의 목적은 세속적 권력에 있는 것이라고 히데요시는 확신하고 있었다. 모든 일본 학자들이 알고 있는 바와 같이, 그와 같은 의심에는 그럴 만한 이유가 충분히 있었었다.

가토는 세스페데스를 비난하는 이외에도 고니시가 역모를 꾸미고 있다고 고해바침으로써 환심을 샀다. 일본에서는 조데키[2]가 되었다는 소문이 나면 아무리 용감하고 위대한 충신이라 할지라도 그의 명망을 파멸시키기에 충분하다. 천황에 대한 역모는 대역죄가 되는 것이다.

고니시는 교토로 돌아가 히데요시를 만나 자신에 대한 의혹을 밝힘으로써 명예를 깨끗이 할 필요가 있음을 알았다. 심유경의 협상으로 실전이 잠시 소강 상태에 들어가자 그의 귀국은 가능하게 되었다. 세스페데스를 곧 귀국시킨 그는 곧 뒤따라 귀국하여 히데요시를 만나 온갖 비위를 맞춤으로써 모든 의혹을 푸는 데에 성공했다.

고니시의 아내도 또한 천주교 신자로서 마리아라는 세례명을 받았다. 고니시는 진중에 있을 때 아내에게 조선의 두 남자 아이를 보냈는데 이들은 모두가 문벌 좋은 사람들이었다. 제수이트교단의 서간에 따르면 그 가운데 나이가 많은 아이는 "조선 왕의 비서"였다고 한다. 그는 조선의 한 용맹스러운 장수의 아들로서 그 무렵에 13세였다.

그들의 불행을 본 마리아는 그 가운데 나이가 어린 아이를 맡아 자기의 신앙에 따라 가르치고, 나이가 많은 아이는 교토에 있는 제수이트학원으로 보냈다. 우리는 선교사들의 서간에서 이 어린 아이의 생애를 엿보게 된다. 그는 학교에 다니면서 훌륭한 인격, 점잖은 태도, 고운 마음씨로 다른 사람의 사랑을 받았다. 자기의 믿음을 고백한 그는 1603년에 빈첸시오라는 세례명을 받고 신자가 되었다.

---

2) 조데키(朝敵) : 천황에 대한 반역이나 또는 그의 적.

그 소년은 일본인들과 나가사키에 살고 있는 자기의 수많은 동족들에게 교리를 가르치고 문답함으로써 그의 종교 활동을 시작했다. 그가 33세 되던 해, 조선에서 선교 활동을 벌이고자 하던 제수이트교단은 그를 선교사로 조선에 파견하고자 했다. 그러나 그 당시 일본에서 일어나고 있는 종교 박해로 말미암아 이 제안이 불가능하게 되자 교구장은 그를 뽑아 북경으로 파견하고 그곳의 제수이트 교도들을 만난 다음 중국으로부터 조선으로 들어가도록 했다.

빈첸시오는 북경에서 4년을 머물면서도 만주족의 방해로 말미암아 자기의 조국으로 들어가지 못했다. 그 당시 만주족들은 만주의 북부 지방을 장악하고 있으면서 아직도 중국의 지배 왕조가 되고 있는 왕실로부터 왕관을 빼앗고자 북경으로 진격하고 있었다. 빈센트는 1620년에 일본으로 소환되어 도쿠가와 막부의 3대 장군인 도쿠가와 이에미쓰로부터 박해를 받다가 믿음 때문에 1625년에 44세의 나이로 순교했다.

이제 금지된 종교를 후원한다는 것이 위험하다는 경고를 받았지만 고니시나 그 밖의 지도자들의 신앙심을 되돌리지는 못했으며, 조선에 기독교의 씨앗을 뿌릴 기회는 주어지지 않았다. 많은 조선 사람 포로들이 때때로 일본에 호송되었으며, 선교사들이 배속된 곳에 살고 있는 많은 조선 사람들이 천주교도가 되었다. 그보다 더 많은 사람들이 포르투갈인에게 노예로 팔려갔다. 나가사키에 살고 있던 300여 명의 조선 사람 가운데 대부분이 천주교에 귀의하여 세례를 받았다. 그들은 신앙 고백을 위하여 통역이 필요치 않을 만큼 쉽게 일본어를 배웠는데, 이와 같은 사실은 양국의 언어가 매우 동질적임을 입증하여 주는 것이다.

훌륭한 가문 출신이거나 학문적 재질이 있는 다른 사람들은 중앙 정부나 다이묘 밑에서 높은 지위에 올랐다. 조선의 많은 사내아이는 귀국한 왜병들의 양자로 들어갔거나 아니면 노예가 되었다. 피비린내 나는 박해가 시작되고 그에 따라 증오와 살의에서 발상된 숱한 고문 끝에 몇 천 명의 일본인들이 죽었다.

그런 상황에서도 조선의 개종자들은 자신의 새로운 신앙을 굳게 지켰으며 일본인 교우들과 마찬가지로 굽히지 않고 순교를 당했다. 그러나 조선에 있는 왜군이나 세스페데스에 의해서도 기독교의 씨는 뿌려지지도 않았으며 그들의 빌지취도 남기지 않음으로써, 2세기가 지난 다음 그리스도의 역사가 있을 때까지 조선에의 천주교 전래는 연기되었다.

제 17 장 임진왜란사(6) : 강화 회담

심유경은 사절단을 이끌고 부산을 출발하여 6월 22일에 히젠의 나고야에 도착했다. 히데요시는 그들을 맞이하여 융숭하게 대접했다. 그의 군벌들도 그들에 대한 히데요시의 선례를 따름으로써 사신들은 선물과 대접을 푸짐하게 받았다.

그들이 받은 환대 가운데 하나로서는 봉건적 문장으로 장식된 몇 백 척의 배가 늘어선 함대를 돌아본 일이었다. 배는 행렬을 지어 전진했으며, 노를 젓는 수명들은 합창을 했다. 선수에 정리되어 번쩍거리고 있는 칼, 창, 갈고리의 더미에도 금과 진주가 세공되어 있었다. 선실은 거대한 금란과 약탈한 그림, 그리고 엄청나게 큰 문장과 장엄한 국화꽃으로 장식되어 있었다. 사신들은 훌륭한 경관과 자신들에게 베풀어주는 환대를 흡족하게 즐기면서 8월까지 일본에서 체류했다.

그러나 명나라 사신들이 얻은 것이라고는 별로 없었다. 히데요시는 가토에게 지시하여 조선의 두 왕자와 귀족들을 석방토록 했고, 절바의 격철식 소총처럼 천대만 받던 심유경은 이러한 소식과 양보에 대하여 신용을 얻기 위해 허둥거리며 조선으로 돌아갔다. 조선 사람들은 이번 전쟁에 대한 비난을 뒤집어쓰게 되었으며 명나라의 사신들은 시시덕거리면서 일본 사신을 대동하고 북경으로 돌아갔다.

히데요시는 중국과는 화평을 맺고 싶었지만 아직도 그 불행한 조선을 그대로 두려고 하지 않았다. 가토를 진정시키고자 부산으로부터 40마일 서쪽에 위치한 진주성을 점령하라는 명령이 내려졌는데, 이 성은 이미 지난날에 한번 공격을 했었지만 왜병이 아직 점령을 하지 못한 곳이었다.

침략자들의 행위에 놀란 조선 군사들은 그들이 소중히 생각하는 요새에 식량과 수비대를 다시 투입하고 심지어는 퇴각하는 적을 공격하려 했다. 그러나 적을 대항할 수 없었던 조선 군사들은 무참하게 학살되었다. 가토는 조선 군사의 약을 올리고 그렇게 함으로써 그가 두려워하는 화평을 결렬시킬 수 있도록, 신속하게 성을 함락시키고자 공격군을 지휘했다.

가토는 조선군들이 아직 병력을 재정비하지 못한 성을 공격했지만 수비대는 용맹스럽게 저항하여 침략자들의 머리 위에 돌과 나무토막을 집어던지게 되자, 가토는 거북의 등을 모방한 구갑차를 만들기에 이르렀다. 가토는 몇 백 장의 생 쇠가죽을 수집하여 불에 말린 다음 육중한 네 개의 기둥 위에 지붕이 비스듬한 포장마차를 가죽으로 뒤집어 씌었다.

화공과 유탄, 그리고 무거운 하중을 견딜 수 있는 이 차량은 병사를 가득 싣고 성 밑으로 접근했다. 성루에서는 화승총 부대가 열을 지어 이들을 공격했지만 성벽 아래 삐죽이 나와 붙어 있는 이 방탄 거북 차의 보호를 받으며 왜병들은 성 밑을 파들어 가기 시작했다. 성을 파자 곧이어 구멍이 생길 만큼 넉넉한 돌이 쏟아져 나왔다. 이 구멍을 통하여 새로운 교체 병력이 쳐들어가 신속하게 성을 습격했다.

성안에서 무서운 살육이 자행되었다. 이 가장 중요한 요새가 함락되었다는 소식은 명나라 군사들과 서울로의 환궁을 준비하고 있던 조선 왕에게 날벼락처럼 떨어졌다. 중국 정부는 새로운 전쟁 책임자를 임명하여 새로운 대군을 조직하도록 명령했다. 침략자들은 즉각 서울로 진격하리라고 예상했지만 가토는 히데요시의 명령에 복종하여 진주성에는 수비대만 남겨 둔 채 부산으로 돌아왔다.

중국의 장수는 심유경의 무성의함을 꾸짖고는 다시 고니시에게 그를 보냈다. 그들의 면담은 피차의 불신에 대한 상호 비난으로 일관했다. 명나라 군사의 본진에 돌아온 심유경은 조선에서 퇴각하든가 아니면 적어도 국경까지 후퇴하라고 명나라의 사령관을 설득했다. 사령관은 그의 설득을 거절했지만 아직도 전쟁을 수행하라는 황제의 명령은 유효했기 때문에 명나라 군사들은 서울로부터 만주까지만 퇴각했다.

그 반면에 고니시 유키나가는 자기의 책임하에 명나라의 황제에게 글을 보냈다. 많은 왜병들이 사실상 부산을 떠나 일본으로 돌아갔다. 전투 행위가 소강 상태로 들어가자 대적하고 있던 막사에서는 물론 북경과 교토에서 담판이 진행되었다. 이제 붓이 화승총을 대신하게 되었으므로, 벼루로 화약을 내뿜었다.

히데요시는 아들이 태어나자 도요토미 히데요리라고 이름을 지었다. 교토 부근의 후시미에 새로이 지어진 화려한 성에서 이 어린 아이를 위한 성대한 잔치가 벌어졌다. 이 성은 조선에서 싸우던 수많은 장병들의 손으로 치장되었다. 협상이 중단된 동안 그들은 잠시 휴가를 얻어 귀국했던 것이다.

일본의 사신이 북경을 방문한 답례로 명나라의 전권 대신 정사 이종성이 부사 양방형과 함께 부산으로 파견되었다. 부산에 도착한 그는 고니시의 면담을 요청했으나, 고니시는 히데요시로부터 회답이 있은 뒤에야 면담하겠다고 약속하고 그를 피했다.

그 뒤 고니시는 심유경과 함께 일본으로 건너갔다. 일본에서 돌아온 그는 히데요시로부터 아무런 명확한 지시를 받은 바 없었으며, 다른 장수들도 교토에 있는 그들의 다이코로부터 직접적인 명령이 없이는 어떠한 행동도 할 수 없다는 이유를 내세워 아직도 중국 사신을 회피했다. 그러는 동안 북경 관리들이 자기를 무시하고 공식적인 신임과 명예를 철회한 데 대하여 질투와 분노에 사로잡혀 있던 심유경은 이종성에 대한 보복을 계획하고 있었다.

왜냐하면 심유경은 조선과 명을 위하여 많은 공을 세웠지만 아직 자기의 노고에 대하여 아무런 치하도 못 받았을 뿐 아니라 봉급이나 승진이 없는 데에도, 이종성은 나이도 어리고 아무런 경험이 없음에도 불구하고 오로지 그의 직위와 본국 정부의 연줄로 말미암아 고관으로 대접을 받고 있었기 때문이었다. 히데요시는 조선의 왕이 되고 싶지는 않지만 좀 더 지위가 높은 명나라 사신을 일본으로 파견토록 만들고자 중국에 이미 사신을 파견했다.

이와 같은 히데요시의 처사는 이종성을 포로로 만들거나 아니면 그를 죽임으로써 중국의 황제를 모독하거나, 사신 문제로 말미암아 야기된 자신에 대한 중국 황제의 모독에 보복하려는 의사가 있는 것이라고 심유경은 떠들고 다녔다. 이러한 그의 태도는 이종성을 해치려는 의도에서 나온 것임이 분명했다. 고니시와 심유경은 중국 사신의 접견에 관한 문제를 조정하고자 다시 일본으로 건너갔다.

심유경의 그와 같은 발언이 이종성의 귀에 들어가, 이에 너무도 놀란 그는 변복을 하고 부산을 떠나 중국으로 도망했다. 그의 일행들은 그를 비겁자라고 욕했다. 중국 정부는 다만 "명예로운 평화를 원할 따름"이라고 선언하고, 그들의 남은 수행원과 두 명의 조선 관리와 함께 일본으로 건너갔다. "그들 가운데에 사탄 심유경도 끼어 있었다."

사신들은 1596년 10월 8일에 오사카 근처에 있는 사카이에 모두 무사히 상륙했다. 10월 24일 후시미에 있는 화려한 성에서 성대한 접견이 이루어졌다. 사신은 칙서와 히데요시의 직위를 인정하는 서임장과 금인, 왕관 그리고 비단에 수를 놓은 조복들을 가져갔다. 그 다음날 벌어진 잔치에서 히데요시와 가신들은 이 조복을 입었다. 공식적인 의식이 끝나자 칙서가 히데요시에게 전달되었다. 그는 곧 이 칙서를 중국어에 능한 승태 등 3명의 고승에게 넘겨주고 번역하도록 했다.

그 당시 교토에 있던 고니시는 외교관으로서 자신의 능력에 회의를 느꼈다. 그는 승태를 찾아가 문맥 가운데 히데요시를 화나게 만들 수 있는 내용을 점잖은 문구로 부드럽게 표현해 달라고 진심으로 간청했다. 그러나 그 승려들은 융통성이 없이 고지식하기만 해서 칙서를 그대로 일본말로 직역했다. 그 안에는 아시카가 장군(1403~1425)에게 최초로 내려졌던 관직으로 히데요시를 부르고 있었다.

이 마지막 칙서의 요점은 "중국의 황제인 짐은 그대 다이코를 일본 왕에 봉하노라"라는 것이었다. 바꾸어 말해서 일본의 천하를 지배하는 간바쿠가 옛날 아시카가 장군만도 못하게 취급을 받음으로써 수모를 당한 것이었다. 그와 같이 거대한 외교를 통하여 결과적으로 얻은 것이라고는 한 사람을 비겁자로 만든 것밖에는 없었다.

히데요시는 너무도 화가 났기 때문에, 그 고승들이 용서를 빌지 않았더라면 손수 고니시를 처치할 뻔했다. 이번 협상이 실패한 것은 그가 아닌 다른 세 사람에게 그 책임이 있다고 고승들은 말했다. 흔한 문자로 "성실치 못한 조선 사람들"이 이번의 오해에 대한 증오의 대상이 되었다. 불명예스럽게도 물러 나온 명나라의 사신은 1596년 1월에 귀국하여 그들이 겪은 수모를 정부에 알렸다.

협상이 진행되는 동안 서울에 살고 있던 조선의 왕은 목전에 닥친 왜군의 침략에 대하여 급히 원조하여 줄 것을 곧 호소했다. 히데요시는 새로운 군대를 뽑아 훈련시키고 배와 보급품을 장만하려는 새로운 활력으로 부풀어 있었다. 그는 16만 3천 명에 이르는 마보군을 직접 점검했다. 구로다 나가마사와 그 밖의 장수들이 각기 자기의 부대를 이끌고 1597년 1월 7일 부산을 향하여 출항하여 고니시와 가토의 군대와 합세했다.

이와 때를 같이하여 무장하고 기다리고 있던 명나라의 새로운 군사들은 압록강을 건너 서쪽으로부터 조선으로 들어왔다. 서울과 평양을 거쳐 진격하여 내려오던 1만 명의 명나라 군사들은 전라도 남원성에 주둔했다. 그러는 동안 조선의 군사들은 해상에서의 두 번째 승리를 기대하면서 양원 휘하에 전선을 정비했다. 고니시에게 고용되어 있다는 혐의를 받아 온 심유경에게 다시 소환기가 들려졌다.

심유경은 북경 정부로부터 아무런 실권도 받지 못하고 다만 그들로부터 미끼처럼 이용만 당하는 위험한 참견장이로서, 실제로는 일본인들로부터 돈을 먹고 있어서 연합군의 승리에 가장 큰 장애물이 되고 있다고 명장 양원은 오랫동안 확신하고 있었다. 그 반면에 그의 야심으로 턱없이 탐내 온 높은 벼슬과 명예를 중국으로부터 받지 못함으로써 실의에 빠진 이 자발적인 정치인은 난처한 입장에 빠졌다.

히데요시는 조선의 삼남을 요구하는 자신의 요구에 대하여 중국으로부터 응낙을 받아 보라고 심유경에게 요구했다. 그와는 달리 중국은 왜군의 퇴각을 권유하라고 그에게 명령했다. 입장이 이렇게 되자 심유경은 어찌할 바를 몰랐다. 그는 한 승려를 통하여 가토에게 글을 보내어 화평을 맺든가 아니면 명나라의 10만 대군을 막든가 하라고 요구했다. 가토는 다음과 같이 간결한 답장을 보냈다.

"나는 이미 싸울 준비가 되었다. 그들에게 쳐들어오라 해라."

자기의 마지막 행동으로 허세를 부려 보았으나 정적인 양원의 의중을 잘 알고 있는 심유경은 어찌할 바를 모르다가 고니시의 진중으로 도망가기로 결심했다. 양원의 첩자는 심유경을 요절낼 준비를 하고 있던 그의 대장에게 이와 같은 사실을 곧 보고했다. 이제 막 그를 처형하려는 순간 그들은 심유경에게 자기들의 심부름을 해줄 것을 요구했다. 그러자 심유경이 말했다.

"나는 왜장 가토와 담판할 작정입니다. 1개월 내에 돌아오겠습니다."

심유경은 체포되어 끌려가 투옥되었다. 곧 수색대를 그의 집으로 파견했다. 거기에서 그들은 "산더미같이 많은" 금은 보화와 호사가 지나친 그의 아내를 발견했다. 이 모든 것들이 왜병의 돈으로 사들인 것이거나 뇌물로 받은 것이라고 확신한 중국인들은 그의 전리품을 몰수하고 그 반역자의 가족을 투옥시켰다. 이로써 전쟁이 끝날 때까지 모든 협상은 중단되었다. 그 뒤 연합군과 침략군은 모두 수륙 양면에서 노병과 신병이 함께 총칼과 포위 공격으로써 결판을 내려고 노력했다.

제 18 장 임진왜란사(7) : 정유재란

재침의 계획에 따르면 모든 왜군을 부산에 상륙시킨 다음 이를 3대로 나누어 1대는 전라도의 남원성으로 북진하고 다른 2대는 서쪽과 북쪽 길을 따라 서울로 북진하기로 했다. 지난날과 마찬가지로 고니시 유키나가와 가토 기요마사가 각기 사령관을 맡고 16세의 귀족 청년인 도요토미 히데아키[1)]가 명목상 총사령관이 되었다.

조선 사람들은 육지에서는 물론 바다에서도 왜군을 맞아 싸울 준비를 했다. 함대는 최대한의 수군을 태움은 물론 적선을 부딪쳐 침몰시키고자 육중하게 만든 약 2백 척의 전선으로 구성되었다. 전선의 전장은 250~300피트로서 거대한 선미와 커다란 키를 갖추고 있는데 키를 잡는 사람만도 8명이나 되었다. 높고 평평한 뱃머리에는 잡아먹으려고 대드는 듯한 용이나 악마의 얼굴과 떡 벌어진 입이 흉측스럽게 그려져 있었다.

뱃전을 따라 높이 쌓여 있는 억세고 매듭진 통나무들은 노수를 보호하여 주었으며, 지붕이 육중한 선실은 병사들의 대피처가 되어 궁수들에게 큰 잇점이 되었다. 노를 젓는 사람들은 선실과 뱃전 사이에, 아니 오히려 뱃전 위

---

1) 도요토미 히데아키(秀秋) : 히데요시의 삼자로서 그 뒤 고바야카와 다카가게의 양자가 되었음.

에 있는 억센 나무로 된 창살 안에 앉아 있었다.

궁노는 선수 사이의 갑판 위에 놓여 있다. 궁노의 길이는 24피트로서 지름이 1야드가 되는 통나무로 만들어졌다. V자형의 활 끚이에 밧줄로 고정된 거대한 활은 길이 6피트에 지름이 4인치인 쇠 축의 화살을 쏜다. 어떤 배에는 탑이 세워져 있고 그 위에는 화전, 돌멩이, 탄환 등을 쏘는 대포와 투사기 그리고 소총수들이 자리 잡고 있다.

선수와 맞닿은 갑판에는 전체 면적의 1/3 정도가 비어 있어 창검을 휘두르는 사람이나 갈고·널빤지 등을 가지고 일하는 사람들이 자유롭게 활동할 수 있도록 되어 있다. 무장한 병사들이 우글거리는 갑판, 번쩍이는 창검과 물을 튀기는 노, 조선 사람들이 쓰는 길쭉한 나팔 소리, 몇 천 개의 비단 깃발과 장식 테이프가 나부끼는 합창은 그들의 출전을 장엄하게 만들고 있었다.

왜군은 조선 수군의 도전을 받아 배를 저어 그들에게 접근했다. 그들은 가능한 한 측면으로 달려가 선수에서 전투를 전개했다. 왜군의 배는 더 작았지만 더 기동력이 높았다. 어떤 경우에 그들은 높은 선미 밑으로 접근하여 조선 전선의 갑판으로 기어 올라갔다. 일단 백병전이 벌어지면 그들의 우세한 검술로 승부를 결정지었다.

왜군들이 사용하는 대포 다음으로 가공할 무기로서 그들에게 승리를 안겨 준 것은 화전이었다. 그들이 화전을 선미에 쏘아 대면 마른 나무에 불이 붙어 수병들이 바다로 빠져 죽었다. 174척의 조선 전선을 태우거나 나포하는 데 2시간의 전투면 충분했다. 이와 같이 눈부신 승전을 했다는 소식은 곧 쾌속선을 타고 일본에 전달되었다.

남원의 수비를 강화하고자 원군이 파병되었지만 도중에서 이 들을 만난 왜장 가토 요시아키가 그들의 계획을 저지했다. 가토 기요마사는 자기의 본래 계획을 변경했다. 그는 가능하다면 그의 적수로부터 전공을 빼앗기로 결심하고 남원으로 진군했다. 대개의 경우가 그렇듯이 이럴 경우 젊은 사람이

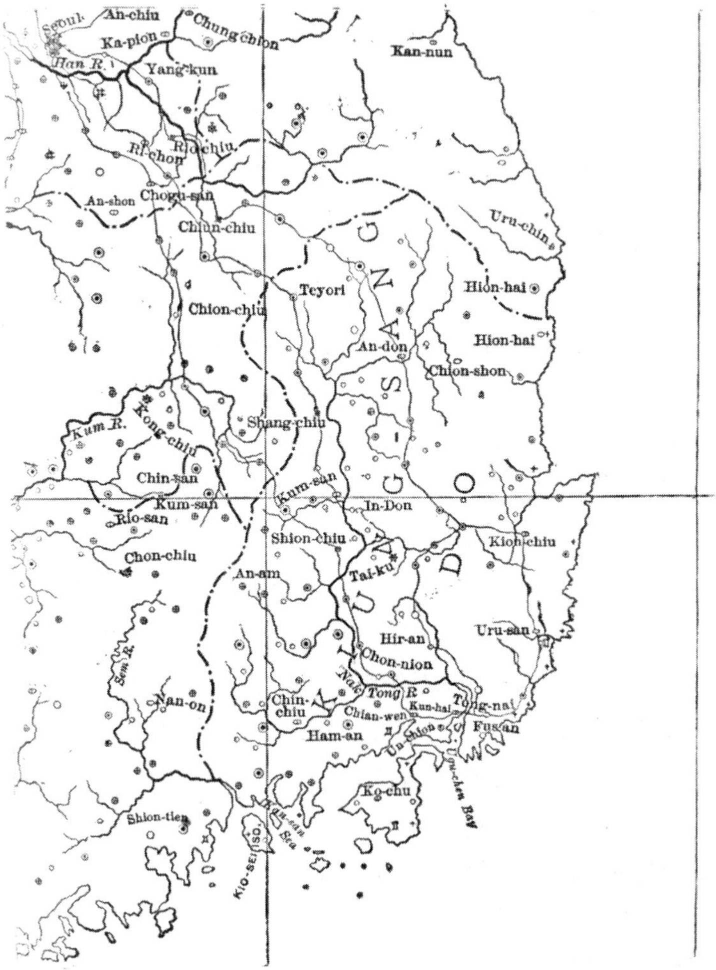

정유재란 작전도

역시 빠른 법이다.

고니시는 모든 함선을 이끌고 전라도 섬진강을 거슬러 올라와 남원에서

18리 떨어진 웨양에 상륙하여 진을 쳤다. 그는 초원에서 5일을 쉬며 오랫동안 뱃속에 갇혀 지내 온 말들의 발을 풀어 주었다. 그들은 이 지방에서 만난 중으로부터 남원의 수비대는 명군과 조선군을 합하여 2만 명이 넘으며, 이 지역으로 오고 있는 증원군의 숫자가 2만 명이며, 북쪽에는 또 다른 명군 2만 명이 있다는 사실을 알았다.

진중 회의에서는 지원군이 오기에 앞서 곧 이 성을 진격하기로 결정했다. 아직도 많은 말들이 절룩거리며 분견대의 상태도 호조가 아님에도 불구하고 진격 명령을 내렸다. 말과 사람이 사기충천했지만 기병의 강행군으로 많은 말들이 죽거나 못쓰게 되었다. 9월 21일 이른 아침에 전위 부대는 남원으로부터 1마일 떨어진 곳에서 아침 안개 속에 막사를 쳤다. 뒤따라온 주력 부대는 남원을 사방으로 포위하여 막사를 세우고, 목책을 증축하고 깃발을 세우고 신속하게 그들의 전선을 요새화했다.

남원성은 거의 2평방 마일의 면적에 장방형의 성으로 한 쪽면의 길이는 9천 피트 정도였다. 성벽은 12피트의 높이로서 석회를 섞지 않고 큰 돌로 쌓아 만든 것이었다. 성벽이나 성루에 석회를 사용하지는 않았지만 그 바깥쪽에는 조개 가루를 발랐기 때문에 수없이 많은 진주 조각이 에나멜처럼 번쩍거려 마치 그 구조는 찬란한 자기와 같았다. 모서리와 측면의 중간마다 2~3층 높이의 성루가 있었다.

돌로 만들어진 육중한 성문은 높이가 14피트나 되었다. 적의 방어를 위한 준비는 중국의 병법을 따른 것이었다. 너비가 300피트인 메마른 해자에는 나무토막으로 채를 쌓고 바깥쪽에는 나뭇가지를 쌓았으며, 그 뒤쪽에는 궁수와 창수가 가득한 철판 수레가 놓여 있었다. 성루에는 화전과 소총을 쏠 준비가 되어 있었다. 왜적으로서 알고 있지 못한 취약 지점으로서 방비가 충분치 못한 곳은 동쪽과 서쪽이었다.

처음 이틀 동안 화승총과 화전으로 아무런 효과를 보지 못한 고니시는 추수를 기다리는 논으로 많은 사람을 파견했다. 이 벼는 평화가 오리라는 희망에서 농부들이 그간에 가꾼 것이었다. 아직 푸르고 마르지 않은 벼를 벤 몇 백 명의 왜군은 이들을 모아 큰 더미를 만들고, 대나무 장대와 사다리를 갖춘 채 밤이 되기를 기다렸다.

어둠이 두텁게 깔리고 정적이 깃들이자 왜군은 높이가 20피트나 되지만 경계가 허술한 성벽으로 접근하여 그 볏짚으로 단을 쌓기 시작했다. 네 명의 왜군이 기어 성 위로 올라가 군호를 외치자 화전이 날아가며 성루에 불이 붙었으며, 그제야 수비대는 왜군의 작전을 알았다. 성을 지키던 화승총 부대는 왜병의 총에 맞아 모두 쓰러졌으며 볏짚과 대나무를 쌓는 작업은 계속되었다.

아직도 푸릇푸릇한 볏짚은 튼튼하고도 내구적인 계단이 되었다. 드디어 제단은 성을 넘을 수 있을 만큼 높게 되었다. 이제 몇 백 명의 왜군이 성벽을 넘어갔으며, 성 안으로 들어간 도수들은 백병전을 전개했다. 대부분의 명군들은 전의를 크게 잃었으며, 다른 사람들은 큰 혼란에 빠져 성문을 열고 도망함으로써 더 많은 포위군들이 입성했다.

전후방으로 공격을 당한 수비대는 고니시의 부대에 쫓겨 최후의 보루까지 달아났다. 다른 한쪽에서는 가토의 정예 부대가 살육에 참가했다. 그들은 험한 산길을 기어 후방으로 입성했다. 이 통로는 오직 조선 군사들만 알고 있었지만 왜군은 목숨을 살려 준다는 조건으로 그들을 배신시킬 수가 있었다. 양면의 공격을 맞아 연합군은 도망할 수도 없어 몇 천 명이 살육을 당했다.

이 당시의 공방전을 말하고 있는 오가우치 히데모토[2]의 기록에 따르면, 많은 기이한 사건 가운데 특히 다음과 같은 일도 있었다. 연기와 혼란으로 뒤범벅이 된 성안에 들어갔을 때 당황한 수비대 가운데 몇 사람이 서로 싸

2) 오가우치 히데모토(大河内秀元) : 다이묘 오가우치 가문의 젊은 사무라이로서 오다 가쓰요시의 막료였음. 그는 귀국하여『조선이야기』를 씀.

우고 있었다. 오가우치는 두 사람의 조선 군졸을 죽인 다음 오늘 8월 보름은 군신인 하치망에 참배하는 날이라는 것이 문득 생각났다. 그는 피가 흐르는 칼을 꽂고 빨건 손을 합장한 다음 머리를 숙이고 자기의 사랑하는 일본을 향하여 기도를 드렸다.

기도 가 끝나자 그는 자기가 죽인 병졸의 머리에서 코를 베어 종이에 싸서 허리춤에 찬 다음 다른 세 동료와 함께 50명의 기병대를 대적하고자 앞으로 나아갔다. 이 왜군이 첫 번째 휘두른 칼은 그 가운데 가장 가까이 온 기수의 다리를 베었다. 그가 반대쪽으로 말에서 떨어지자 오가우치의 동지가 그를 죽이고 다른 사람들은 도망쳤다.

이제 성루에 붙은 불은 성안의 곳곳을 비추었으며, 보름달은 붉고 밝게 떠올랐다. 그는 혼자 명나라 장수 게쿠슈를 죽였다. 금실로 수를 놓은 그의 갑옷을 벗겼더니 상패 삼아 고향에 보낼 물건들이 그의 소지품에서 쏟아져 나왔다. 그는 내일 아침에 있을 고니시의 사열이 생각났다.

그들은 전승자의 야만적인 풍습에 따라 전쟁 중에 목이 달아나지 않은 시체에서 목을 잘라 성 안의 공터에 커다란 도살장을 만들어 한자리에 모았다. 그들은 머리를 쌓아 놓고 공식적으로 전과를 헤아리기 시작했다. 이 무시무시한 상패, 아니 "영광된 훈장"의 수는 모두가 3,726개였다. 시체의 코와 귀는 대장의 머리와 함께 소금에 절여 생석회와 함께 통에 담아 거대한 이총을 만들고자 오늘날의 교토로 수송되었다. 이것이야말로 가장 불의한 전쟁의 끔찍스러운 전승기념비가 되었다. 성과 도시의 지도와 함께 가장 공을 많이 세운 병사들의 명단이 히데요시에게 발송되었다. 그런 다음 성벽, 성루, 창고, 병사들을 파괴했는데 이 일을 하는 데 이틀이 걸렸다.

9월 30일에 왜군은 신속하게 전주로 진격했으나 기병대들이 밤낮으로 달려 성에 도착해보니 수비대는 모두 서울로 도망가고 황량한 빈터만 남아 있었다. 왜군들은 방화와 망치로 성채를 파괴하면서 이곳에서 10일간 머물렀다. 날씨가 추워지자 왜장들은 회의 끝에 곧 서울로 진격하기로 결정했다.

가쓰요시와 가토도 이에 합세했으며 곧 북진이 시작되었다. 10월 19일에 그들은 서울 17마일[3] 지점에 도착했다.[4]

지상군의 전투는 혁혁한 공을 세웠지만 남해안에서는 왜군이 패퇴함으로써 정유재란은 그 균형을 이루었다. 남원이 함락된 며칠 뒤 조선[5]의 수군 제독 이순신은 조선의 군사들과 합동하여 구로다 나가마쓰의 수군에 대승을 거두었다. 이 싸움에서 조선[6]의 전선은 가공하리만큼 무섭게 적선에 충돌하기에 넉넉할 정도로 육중했다.

뿐만 아니라, 그들은 아마도 금속으로 씌운 듯한 나무 창틀 속에서 적의 공격을 받지 않고 앉아서 노를 젓는 무수한 사공들의 힘으로 훨씬 기동력 있게 움직였던 것 같다. 전투병들도 훨씬 더 긴 창으로 무장했던 것으로 보인다. 조선[7]의 장수들은 그들의 전술을 개발하여 함대를 훌륭하게 지휘했기 때문에 왜선은 격침되거나 도주했다.

이 전투는 정유재란의 운명을 결정지었다고 말할 수도 있다. 그대로 두었더라면 서해로 돌아서 지상군의 보급 기지가 되었을 함대를 잃은 왜군은 이제 마초와 보급품도 없이 지상으로 진격하지 않을 수 없게 되었다. 임진왜란 때와 마찬가지로 그들은 이제 또 결정적인 시기에 함대를 상실함으로서 승리의 순간에 퇴각이 불가피하게 되었다.

그러는 동안 조선의 혹독한 겨울에 막사 생활을 하는 것이 몹시 싫은데다가 타국에서 자기의 부하들이 노천에서 고생하는 것을 몹시 애처롭게 생각

---

3) 이 점에 관하여는 필자가 오기하고 있는 것으로 보인다. 정유재란 당시에는 소사평(경기도 최남단), 죽산까지 왜군이 진격했는데 이 거리는 서울 남방 "17마일 지점"(70리)이 아니라 70마일(280리)이다.

4) (필자 주) 일본 측 사료에 따르면 이들의 진격로는 다음과 같다. 선건(10월 11일)–금산(첫 서리 내림)–금위(10월 21일)–진천–풍기–청주–고란–직산. 이들은 전라도와 충청도에 있는 지명으로서 일본어와 조선어의 옛 발음임.

5) 본문에는 "명"의 수군 제독으로 오기되어 있음.

6) 본문에는 "명"으로 되어 있음.

7) 본문에는 "명"으로 되어 있음.

한 명나라 장수 형개[8]는 가능한 한 빨리 전쟁을 종식시키기로 결심했다. 제단을 쌓고 병사들을 불러 모은 그는 천지신명에게 바치는 제물을 차린 다음 침략자에 대한 승리를 축원했다. 부대와 장비를 돌아본 그는 속전속결로써 전쟁을 종식시킬 요량으로 전 연합군에게 총공격령을 내렸다.

고란에 있던 왜병은 첩자와 선발대를 통하여 적의 동태를 상세히 알고 있었다. 직산의 국지전에서 명나라의 선발대는 전투에 지고 큰 손실을 입었으나 왜군은 곧 퇴각하기 시작했다. 주력 부대보다 훨씬 동쪽에서 전투 중인 시시다와 오다 가쓰요시는 적이 자기들보다 압도적으로 우세한 것을 알자 가토의 부대가 이미 점령한 마산으로 퇴각했다.

가토와 가쓰시는 직산에 주둔하고 있는 동안 대대적인 호랑이 사냥을 제안하여 이를 감행했는데 이 사냥에서 한 병졸은 두 군데를 물려 죽었다. 그들은 호랑이 고기를 먹는 외에도 여러 종류의 두루미, 꿩 그리고 "일본에 있는 것과는 다른 몇 천 가지의 동물"에서 더 많은 날고기를 얻어 부족한 양식을 보충했다.

한강이 얼어 그 위를 안전하게 건널 수 있을 때까지 막사 안에서 기다릴 것인가 아니면 곧 진격할 것인가 하는 것이 왜병들의 현안 문제였다. 이를 논의하고 있는 동안 명군이 서울에서 집결하여 그 수가 10만 명에 이른다는 소식이 들어왔다. 왜군들은 이러한 소식을 듣자 "가슴이 써늘해졌다." 보급기지는 멀고 함대는 격침된 데다가 굶주린 땅에서 겨울을 문턱에 맞은 그들은 싫지만 경상도로 퇴각하지 않을 수 없었다.

이와 같이 그들이 서울을 등진 것은 사실상 그들의 귀향의 시초였다. 이렇게 되자 침략자들은 남해안으로 퇴각하면서도 절과 민가를 습격하여 전리품을 끌어 모았다. 수단, 비단 꾸러미, 그림, 예술품, 값진 전적, 푸른 종이

---

8) 형개(邢玠) : 산동성 청주 출신. 1597년에 병부좌시랑에서 상서로 승진했고, 그 뒤 소요총독이 되어 경략비왜를 겸임하고 있으면서 조선에 원병을 보냄.

위에 금으로 쓴 책, 금박을 새겨 놓은 무기와 갑주, 두툼한 외피 등 유서 깊고 풍요한 이 나라에서 나오는 것이면 무엇이든지 그들의 기호를 즐겁게 해 주었다.

도로와 지방의 경계선에서 그들은 옷을 입힌 거대한 8각의 석주에 글자가 새겨져 있는 것을 보았다. 그들은 10월 25일에 초토화된 직산을 출발하여 도중에서 약간의 전투를 감행하면서 진안, 호원, 호긴, 가론을 거쳐 신라의 고도인 경주에 도착했다.

신라의 문화와 학문의 옛 터전인 경주의 건물들이 크고 장엄함에 왜군들은 깊은 감명을 받았다. 지난날 이곳은 인도의 비경 저 너머의 서역과 가까이로는 오늘날에도 흥륭을 구가하고 있는 중국으로부터 조선으로 전래된 예술, 문자, 종교, 과학의 중심지였다. 이곳은 또한 일본의 고대 천황이 사신을 보냄으로써 이 유서 깊은 고도로부터 문명이 일본으로 건너간 곳이기도 하다.

불교가 신라와 고려의 국교였기 때문에 이곳 경주는 반도의 유서 깊은 성지였다. 역사적 유적 가운데에 구원한 석가모니를 경배하여 지은 전당과 탑들이 아직도 남아 극찬을 받고 있다. 일본인에 대한 경주의 가치는 미국인에 대한 런던, 신교도에 대한 제네바 또는 홀란드인에 대한 도르트레히트[9]와 꼭 같다. 지난날의 숱한 인연에도 불구하고 이제 이 도시는 야만적인 수단에 의하여 파괴되었다.

11월 2일 아침, 장엄한 사원에서부터 시작하여 이 도시는 불길에 싸였다. 30만 채의 주택이 불타고 그 불길은 대낮처럼 긴 밤을 비추었다. 다음날 아침, 잿더미에 싸인 경주를 뒤로 한 왜군은 다시 행군을 시작하여 고교, 군위,

---

9) 도르트레히트(Dordrecht) : 네덜란드의 서남부에 있는 도시. 1018년에 창설되어 중세 종교 개혁의 발상지가 되었으며 유명한 도르트종교회의(1618~1619)가 개최된 바 있는 유서 깊은 도시이다.

신내를 통과했다. 소규모의 전투를 벌이고, 성을 파괴하고, 창고를 불태우는 것이 행군 가운데 재미 거리였다.

11월 18일 왜군은 강에 이르렀다. 조선의 군사들은 이곳에서 야습을 했지만 실패했으며, 다음날 아침 왜군들이 강을 건너는 동안 또다시 공격했지만 의도한 것과는 반대의 결과를 얻었다.

그 뒤 왜병은 예천을 지난 신라의 옛 장관을 이루고 있는 또 다른 유명한 유적지인 경주[10]에 도착했다. 이 마을의 기름지고 아름다운 비경에 매혹된 침략자들은 방화를 하기에 앞서 인적이 끊긴 거리를 한동안 서성거리었다. 시내의 중심에 자리 잡은 거대한 사원을 둘러싸고 "30만 채의 가옥"이 옹기종기 붙어 있었다. 18층 높이의 시계탑[11]은 특히 상찬을 받았다. 공중에 매달려 있는 거대한 통나무가 지름이 8~9피트나 되는 거대한 청동의 연꽃을 두드렸다. 극동에서는 이와 같은 통나무로써 혀가 없는 벨, 곧 종을 쳐서 시간을 알리고 있다.

열반의 경지에서 얻어지는 평화와 고요함을 나타내는 불교의 상징인 이 성화는 조선의 예술에서 공중에 다는 종을 대신했는데 그 모습은 입을 똑바로 한 컵 모양의 쇳덩이 같기도 하고 종을 거꾸로 세운 것 같기도 하다. 중국 문화권의 아시아에 있는 사원에서 이와 같은 모습은 흔히 볼 수가 있다.

이번에도 이곳의 고대 문명이나 종교, 또는 인간의 덕성은 침략자들의 만행을 억제시키지 못했다. 마음에 끌리는 전리품들을 챙긴 다음 그들은 모든 것을 불태워 버렸다. 기란에서 야영한 다음 그들은 11월 18일에 마산의 해안에 도착했다.

---

10) 본문에는 Keku-shiu로 표기되어 있으나 이는 경주를 의미하는 것으로 보인다. 행로가 중복된 것은 3대로 나누어 퇴각한 것을 단일 퇴각으로 오해한 데에서 온 것으로 보인다. 앞(p. 220)에 등장하는 명나라의 장수 이름인 Kekushiu와 스펠링이 같은 것이 미심하다.

11) 본문에는 "clock-tower, eighteen stories high"라고 되어 있는데, 타종하는 탑을 뜻하는 것으로 보인다.

제 19 장 임진왜란사(8) : 울산 전투

이제 왜군은 격노한 조선 병사와 복수심에 젖은 명나라 군사를 막아내고자 삽을 무기로 들었다. 2만3천 명의 왜군들은 곧 작업에 착수하여 왜군 기사가 그린 선에 따라 "비가 오나 바람이 부나" 쉬지 않고 일했다. 성루와 성문, 병사, 그리고 병기에 필요한 재목을 조달하고자 2천 명의 도부수와 노동자들이 말 탄 28명의 파수병과 3백 명의 소총 부대의 보호를 받으며 매일 삼림으로 들어갔다.

월동 막사가 급히 세워지고, 성벽을 세우고, 해자를 파고, 성루를 세우고, 초소를 만들었다. 이른 아침부터 저녁 늦게까지 작업이 계속되었으며 목수들은 추위에 손이 얼어 "손톱이 빠져나갔다." 1598년 1월 초순이 되자 성은 거의 완성되었다. 11일부터 수비대는 휴식에 들어갔다.

요새는 3면으로 둘러싸여 있고 남면은 바다에 닿아 있었다. 작업의 전장은 약 3.5마일이었으며, 세 개의 성문이 나 있었다. 내부 방어선은 3중으로 되어 있었다. 제3방어선은 석성으로 1개의 성루와 1개의 문이 있었고, 제2방어선은 성루와 문이 각각 2개, 제1방어선은 최후의 보루로서 높이가 48피트인 석성과 2개의 문과 2개의 성루가 있었다.

지난날 전국을 뒤덮었던 전투 작전이 이제 부산 북방 35마일 지점의 해안에 위치하고 있는 경상도 지방의 이 도시로 압축되었다. 또 다른 왜장 아사노 나가요시는 명군이 도착하기에 앞서 수비대를 지원하고자 입성했다. 그의 선발대는 적진을 순찰하다가 조선 군사들에게 패했으나 맹렬히 반격하여 입성에 성공했다.

직산의 패전으로 크게 놀란 데다 조선 군사들의 조롱에 자극을 받은 명나라 군사들은 이제 왜군을 통째로 삼키고자 울산으로 서둘러 진격했다. 왜군의 진지 주위에 모여 있던 조선의 군사들은 곧 명군의 선봉대와 합세했다. 안국사의 암자에 본대를 두고 있던 한 왜장이 전초 부대를 인솔했다.

어느 날 밤 한자로 쓴 한 널빤지가 진의 문 앞에 걸렸다. 아침에 일어나 이를 본 병졸들은 한자를 읽을 줄 몰라 그것을 대장에게 보고했다. 대장은 이를 다시 종군 승려에게 보였다. 그 글은 명군이 가까이 와 있으며, 곧 울산을 공격한다는 내용이었다.

아무런 내색도 하지 않고 아무 말도 하지 않은 그 대장은 곧 자기를 환자 명단에 포함시켜 놓고 몰래 부산으로 도망했다. 압도적인 군세의 명군들이 이제 그들 앞에 와 있으며, 그들의 목적은 성을 함락시키는 것이라는 사실이 그와 같은 사건을 통하여 밝혀졌다. 이제 모든 왜군들은 성벽 밑이나 성 안에 집결했고 초병은 두 배로 늘었다.

적을 유혹하려는 미끼로 파견된 결사대임이 분명한 소수의 분견대가 성벽을 기어오르려다가 화승총 부대에게 쫓겨 퇴각하기 시작했다. 이를 보자 저들이 단순히 조선 군사들이라고 생각한 왜군들은 무모하게 성문을 열고 그들을 추격하기 시작했다. 유인 전술에 빠져 멀리까지 따라온 그들은 자신이 많은 병력에 포위되었음을 홀연히 깨달았다. 황색과 흑색의 군기와 그들의 탁월한 전술로 보아 명군임을 왜군 장교는 알았다. 수비대가 보기에는 자신을 향하여 짓쳐오는 기병대의 먼지가 일본의 아타고산 만큼이나 높게 보였다. 이제 그들은 8만의 명군이 자기들 성문 앞에 와 있음을 알았다. 한바탕 어려운 싸움을 겪은 다음에 출격 부대의 소수만이 성안으로 들어올 수 있었으며, 성을 포위한 연합군은 마치 당장 성을 함락시키려는 듯이 맹렬하

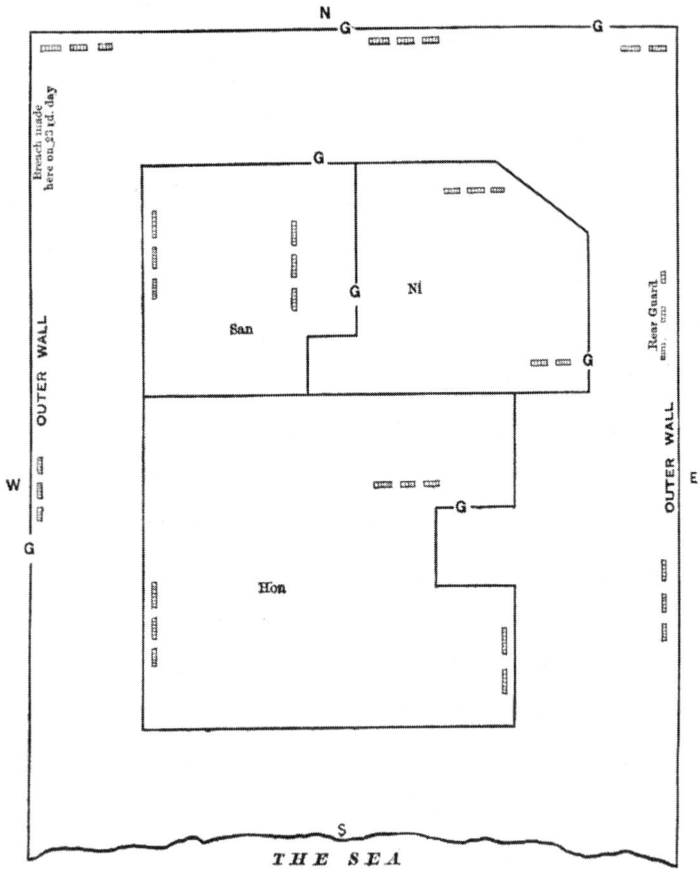

울산성의 도면

게 쳐들어 왔다.

수비대 가운데 몇몇 용맹스러운 장수들이 밖으로 떨어졌지만, 성문이 닫히자마자 미우라 가쓰요시는 상처에 박힌 두 자루의 화살도 빼지 못하고 지혈도 시키지 못한 채 성 위에 수비병을 배치했다. 오가우치 히데모토는 성 밖으로 짓쳐나가 성 밖의 막사들을 불태워 버리는 모험적인 공훈을 세웠다. 그는 상처를 입지는 않았지만 옷에 화살이 꽂힌 채 다시 성안으로 들어왔다. 전투는 밤까지 맹렬하게 계속되었으며, 그제야 명나라 군사들은 물러갔다.

왜군은 성 밖과 성 위에서 수행한 최초의 전투에서 무서운 피해를 입었다. "모든 사람이 다섯 대, 열 대 또는 열다섯 대의 화살을 맞은 것 외는 아무것도 없었다." 한 왜장이 추산한 바에 따르면 그들은 18,360명의 목숨을 잃었으며, 이제는 겨우 5천의 전투 병력이 남게 되었다. 이웃 나라에서 모병된 많은 우방 국가의 병사들을 포함한 대다수의 비전투 요원들은 성채 안에서 우글거리며 급식을 했다.

식량은 떨어지고 위험은 점점 더 심해지자 아사노 나가요시는 가토에게 구원을 청했다. 나는 듯한 말을 타고 달린 지 이틀 만에 전령이 도착했다. 일본에 있던 가토는 어떠한 난국에서라도 그를 구원하여 주겠노라고 아사노의 아버지에게 맹세했다. 그는 곧 7척의 배에 70명의 정병을 이끌고 열심히 노를 저어 울산성으로 들어가는 데에 성공했다.

1598년 1월 31일, 명나라의 진중에서는 공격 신호의 나팔 소리가 울려 퍼졌으며, 8만 명의 포위 군사들이 지르는 함성에 성안의 왜병들은 곧 귀가 먹먹했다. 왜군들은 처음에는 그들이 일으키는 구름과 같은 먼지에 몸을 떨었다. 그 먼지를 뚫고 20열의 대열이 무시무시한 모습으로 사방에서 나타났다.

새의 날개와 같은 방패로 무장한 명나라 병사들은 수비대의 사격을 그 위에 받으면서 성 밖까지 밀려오더니 해자에 이르러서는 방패를 벗어버리고 도끼, 도검, 창 등을 빼어 들었다. 일곱 번의 공격을 격퇴했지만 끝내 성벽은 무너지고 명군이 막대한 군세를 이용하여 외곽을 장악하게 되자 수비대는 최후의 거점인 내성으로 쫓겨 들어갔다.

피나는 전쟁 위에도 밤은 찾아왔다. 그러나 다음날 이른 아침이 되자 연합군들은 소나기처럼 화살을 퍼부어 수비대를 깨웠다. 그들은 사다리와 대나무를 이용하여 성벽을 기어오르려 했다. 4시간에 걸쳐 7회의 공격을 물리쳤지만 아직도 전투는 계속되었다. 그토록 혹독한 추위에도 불구하고 병사들은 비 오듯 땀을 흘려 갑옷은 얼어붙었다. 명나라 군사들은 동지들의 시체를 넘으면서 한쪽 성문을 부수려고 했으며, 최후의 거점인 내성의 성벽과 높은 성문 위에서 왜병들은 그들을 공격했다.

다음 날은 인시부터 신시까지 살육이 멈추었다. 2월 3일, 사다리로 공격하여 오던 명나라 군사들은 다시 격퇴되었다. 밤이 되자 왜군은 그들이 가장 두려워하는 내습을 밤새도록 경계하면서 "하얀 서리를 그들의 투구에 끌어모았다." 구름같이 밀려오는 명군의 또 다른 공격이 살육 행위를 계속했다.

이제 어떤 전사들은 양말과 정강이받이를 수없이 끌어올렸지만 계속 흘러 내렸다. 그들의 살은 뼈가 거의 보일 만큼 말랐으며 그들의 다리는 "대쪽처럼 여윈 것"이 사실이었다. 한 병사는 투구와 면갑을 벗었더니 얼굴이 너무도 여위어 자기의 동료들에게 이 지옥의 굶주림 귀신을 다시 소개하지 않을 수가 없었다. 그들의 모습이란 일본의 사원 벽에서 흔히 볼 수 있는 악마와도 같았다.

2월 5일 명나라의 장수들은 울산성의 축도를 놓고 이 성이야말로 행군하는 도중에 간단히 처리할 수 있는 작은 성이라고 생각했지만 단 한 번의 공격으로 함락시킬 수 없는 데 약이 오른 나머지 협상을 시도했다. 사실상 그들도 보급이 부족하여 고통을 겪고 있었다. 왜군은 이를 무시하는 답을 보냈다.

어떤 병사들은 전투가 소강 상태에 들어가자 부러진 화살과 창으로 불을 피우고 죽은 동료와 말의 얼어붙은 시체에서 갑옷을 벗기고 따뜻한 말고기를 즐김으로써 기운을 차렸다. 성안으로 떨어진 무수한 화살은 더미로 쌓여 있었고 부러진 것들은 땔감으로 비축하여 두었다. 내성 밖의 담벼락 밑에는 부러진 무기들이 몇 피트의 높이로 쌓여 있었다.

그 다음날인 2월 6일은 조용했지만 날씨가 몹시 추워 의복이 낡은 수비대가 많이 얼어 죽었다. 양지바른 성루에 앉아 햇볕을 쪼이다가 그 자리에서 얼어 죽은 시체도 발견했다. 이와 같은 고통을 겪으면서도 왜병들은 서로 농담과 인사를 주고받으며 가벼운 마음으로 도도했다. 2월 2일 부산에서 진중 회의가 열렸고 울산의 수비대를 격려하고자 전령이 파견되었다. 그 전령은 어떤 수단을 썼는지 그들은 자기의 포로된 형제들에게 소식을 전할 수가 있었다. 장수들은 투구를 벗어 들고 그 전령의 찬사를 들었으며 더 오래 항전할 것을 약속했다.

전투가 소강 상태와 휴전으로 들어가자 명군들은 오가우치를 이용하여 왜장들을 옭아 낼 궁리를 하고 있었다. 그들은 이와 같은 방법을 오코모토에게서 배웠다. 오코모토는 본시 일본인이었으나 오랫동안 중국에 살아 온 관계로 지금은 명군 8천 명 가운데 한 부대장으로 있었다. 명군에서 최초로 화해안을 가져왔던 사람도 바로 그였다.

명나라의 장수들은 왜의 장수들이 무기를 지참하지 않고 성 밖으로 나와서 제단을 쌓고 천지신명께 화평을 맹세하자고 제안했다. 그러는 동안에 명군들은 왜장을 포위하여 사로잡을 속셈이었다. 오코모토는 명나라 장수들의 무신함에 마음이 위축되었다.

밤을 이용하여 언덕 가까이에 있는 성문에 도착한 오코모토에게 입성이 허락되었다. 그는 명군의 계획을 폭로하고 위험에 대비하라고 일깨워 주었다. 이에 감사하는 왜장들의 얼굴에는 깊은 감회가 어렸다. 그들은 곧 오코모토에게 감사를 표시하는 방법을 생각하여 내었다. 그들은 아직도 일본에 살고 있는 그의 아들·딸들에게 이 은혜를 갚아 주겠노라고 하늘에 맹세했다.

이러한 말을 들은 그는 흐느끼면서 자기의 처자를 잠시도 잊지 못했노라고 말했다. 그는 꿈속에서는 자기의 가족들을 보았지만 아직도 "바람결에도 그에게 소식을 전하여 주지 않았다." 그 다음날 아침 명나라의 장수가 성 아래로 와서 자기의 깃발로 신호한 다음, 오코모토가 폭로한 것과 꼭 같은 조건을 제시했다. 왜장은 몸이 아파 그럴 수 없노라고 변명했으며, 담판은 헛일로 돌아갔다.

이제 왜군의 고통은 시시각각으로 더 심하여 갔다. 식량의 부족으로 병사들은 식사량이 반으로 줄거나 아니면 굶었으며 이로 말미암아 사실상 죽음이나 다름없는 허기가 찾아왔다. 불행하게도 성안에 샘이 없어 왜군들은 처음에는 어둠을 타고 밖으로 나가 산골짜기의 개울에서 물을 길어 왔다.

이러한 사실을 알아차린 명나라의 군사들은 그들이 접근하여 올 만한 개울의 전면에 궁수를 배치하여 놓고 밤이건 낮이건 접근하는 자를 모조리 막았다. 허기에다 기갈마저 겹치게 된 것이다. 낮에 전투를 한 병졸들은 밤이면 몰래 밖으로 나가 죽은 적군의 상처를 핥았으며 중국인 시체에서 오려낸 생살을 몰래 씹었다. 성안에서는 이와 같은 최악의 상황 속에서 식량을 마련하고자 한없이 머리를 짜냈다.

허기진 병졸들은 종이를 씹고 쥐를 잡아먹었으며 말을 죽여 모든 부분을 먹어 치웠다. 명군의 파수병이 쏘는 화살도 겁내지 않고 그들은 밤이 되면 적병의 시체가 있는 곳을 돌아다니며 주머니를 뒤져 그 속에 든 볶은 쌀의 부스러기를 찾았다. 어떤 중국 병사는 목을 지키고 있다가 시체를 뜯어먹고 사는 도깨비처럼 시체의 주위를 돌아다니며 먹을 것을 찾는 왜군을 1백 명이나 생포하는 데 성공했다. 이와 같은 일이 발생하자 왜장들은 성을 이탈하는 병졸을 죽이기로 했다. 이제 성안에서는 아귀가 판을 쳤으며, 아사자와 동사자의 수는 몇 십 명에서 몇 백 명으로 늘어나 시체실이 필요하게 되었다.

울산의 왜병들의 수가 줄어간다는 비보가 다른 곳에 있던 왜장 나베시마와 구로다에게 들어가자 그들은 자기들의 동포를 구출하고자 그리로 진격했다. 명나라 장수 가운데 하나인 이여매가 출진하여 그들을 공격했다. 작전에 실패한 명나라 총사령관은 왜군이 항복을 거절한 데 화가 치밀어 울산성에의 새로운 공격을 명령했다. 이번에는 공격군이 피로하면 다른 부대로 교체했다. 말굽에서 일어나는 먼지, 포연, 구름처럼 날아가는 화살, 그리고 깃발에 가려 해가 잘 보이지 않았다.

또다시 사다리가 동원되었지만, 땀이 얼어붙은 갑옷을 입고 뼈가 보이도록 살갗이 벗겨진 용맹한 수비대에 의하여 좌절되었다. 그칠 줄 모르는 그들의 전쟁은 일각이 여삼추였다. 공격은 2월 12일까지 쉬지 않고 계속되었다. 이때서야 기진맥진 한 왜군 수비대는 명나라 군사들이 물러감을 알았다. 부산에서 온 자원군의 선봉대가 명군의 후위를 공격하여 피나는 전투를 전개했다. 이와 때를 같이하여 보급품을 적재한 함대가 항진하여 이 굶주린 수비대 가까이 까지 와 있었다.

그 다음날 아침 왜장의 날카로운 눈은 야생조의 무리가 명군의 진중으로 내려앉는 것을 보았다. 왜군들에게는 야생조의 활동을 유심히 살피는 것이 군사 교육의 일부를 이루고 있었다. 명군의 진은 비어 있었으며 찌꺼기 음식에 이끌린 새들이 아무런 두려움도 없이 쪼아 먹고 있는 것이라고 그들은 추측했다.

왜장은 한 분견대에게 곧 성을 나서 명군을 추격하라고 명령했다. 인적이 없는 명군의 진지를 지나 그들은 연합군에게 대승한 구로다와 나베시마의 군대를 만났다. 1598년 2월 9일 양산의 강변에서 벌어진 이 전투에는 왜군 1만8천명이 참전했다. 그들의 승리는 완전한 것이었다. 연합군이 물러난 다음 왜군은 13,238명의 연합군의 시체에서 머리를 베었다. 여느 때와 마찬가지로 코와 귀를 베어 교토로 가는 배편에 실었다.

용맹한 수비대의 고난은 이제 끝났다. 11시가 되어 보급품이 도착했다. 14일 동안 그들은 눈과 얼음을 녹인 것 외에는 쌀 한 톨, 물 한 모금 먹지 않았다. 굶던 사람이 갑자기 포식을 하면 오히려 즉사하기 때문에 그러지 않도록 구호선에서 내린 풍부한 식량을 주린 병사들에게 조심스럽게 나누어 주었다. 화약을 보급하는 동안 수비병들은 수비대의 용맹스러웠던 방어를 축하했을 뿐만 아니라 수 없이 많은 깃발과 테이프로 포혼 투성이의 성벽을 장식했다.

9시가 되어 수비대는 그들의 쇠진한 원기를 회복하고자 해안의 다른 지역인 진해로 가는 배를 탔다. 전사들은 마치 죽음에서 살아난 기분으로 갑옷을 벗었다. 무서운 긴장이 일순에 풀어지자 그들은 자신들이 다리를 절고 있으며 앉거나 설 수도 없다는 것을 알았다. 심지어 그들은 꿈속에서도 명나라 군사들과 백병전을 벌였으며, 칼 위에 손을 얹고 자는 그들은 꿈속에서도 전쟁을 했다.

그 뒤 3년이 지나도록 그들은 이 전쟁의 악몽을 씻지 못했다. 군령에 따라서 2~3퍼롱[1]의 성안에서 얼어붙은 땅위에 누워 있는 시체를 헤아려 본 결과 총계가 15,754명이었다. 왜군으로서 성안에서 굶어 죽거나 얼어 죽은 수는 897명이었다고 보고되었다.

연합군의 진중에서는 책임 추궁과 책임 전가를 계속했다. 조선 군사들은 울산에서의 패퇴를 원통하게 여겼으며, 명나라의 군사들은 수비대가 있는 한 요새를 함락시키지 못한 데 대하여 치욕을 느끼고 있었다. 그들은 다시 울산으로 돌아가 새로운 공격을 개시하려고 했으나 이 무렵 그들의 화약고가 폭발하여 많은 사람이 죽자 그와 같은 계획을 바꾸었다. 이 패전으로 말미암아 명나라의 총사령관[2]은 불명예스럽게 면직되었다.

5월 10일이 되자 왜군 수비대는 이제 완전히 구조되어 일본으로 호송되었다. 이와 같이 하여 만 1년간 계속되었던 울산의 전투는 끝이 났다. 이후로는 임진왜란 중 별로 중요한 일이 발생되지 않는다. 침략자들은 쓸쓸한 타국에서 추위와 기후가 다른 풍토, 그리고 허기로 말미암아 심한 고통을 받았다. 숱한 소규모의 전투가 벌어지고 끊임없는 유격전이 계속되었지만, 대포를 자유로이 사용했던 왜군과 명군의 해전을 제외한다면 그 어느 쪽도 결정적인 행운을 잡지는 못했다.

이와 같은 소강 상태가 이루어지는 동안 히데요시는 병이 들어 1598년

1) 1퍼롱(furlong) : 8분의 1마일. 약 220야드.
2) 조선경리군무 양호를 의미함.

9월 9일 63세를 일기로 죽었다. 그의 유언에 가까운 말은 조선으로부터 그의 군사들을 회군시키라는 것이다. 그의 정책을 수행하고자 히데요시가 임명한 통치자들은 곧 명령을 내려 군대를 철수시키도록 했다. 회군 명령이 전달되자 왜군의 진중에서는 곳곳에서 환호가 일어났다. 이제 그들의 고난이 끝마친 것이다. 그러나 조선을 떠나면서도 많은 왜군들은 기회가 있을 때마다 적군에게 작별의 상처를 남겨 주었다.

한 믿을 만한 역사가의 기록에 따르면 교토에 있는 이총을 마련하고자 그 끔찍스러운 매장품을 구하느라 214,752명의 시체로부터 목을 잘랐다고 한다. 오가우치가 계산한 바에 따르면 조선 병사의 머리 185,738두와 명군 29,014두를 모아 눈과 코를 베었다고 한다. 조선에 뼈를 두고 온 왜군 전상자의 수는 5만 명 정도였을 것이다.

이리하여 일찍이 조선이 겪은 전쟁 가운데 가장 불필요했고, 가장 불의했고, 가장 참혹했고 또 가장 적막했던 전쟁이 끝이 났으며 조선은 이때에 입은 전쟁의 상처를 회복하는 데에 2세기 이상이 걸렸다.

제 20 장 임진왜란사(9) : 전후의 변화

전쟁은 끝나고 평화가 다시 찾아왔다. 피난민들은 고향을 찾아오고 농부들은 그들의 땅으로 돌아왔다. 전 국토는 황폐하게 되고 어느 곳을 가나 전쟁의 상처를 볼 수 있었으며 저주스러운 가난이 찾아 들었다. 화재로 재만 남은데다가 전쟁과 기근으로 백성마저 드문 도성의 왕과 조신으로부터, 부족한 씨가 땅에서 싹이 터 천천히 여물 때까지 초근목피로 살아간 농부에 이르기까지 모두가 전쟁이 뿌려 준 비참한 결핍으로 고통을 받게 되었다. 그러나 자비로운 신의 섭리는 그치지 않고 그의 넉넉한 창고를 내주었으며, 언제나 준비가 되어 있고 언제나 가득한 바다의 보고는 매 맞은 이 땅을 먹여 주었다.

전쟁은 조선의 관습과 제도를 거국적으로 변화시키는 결과를 초래했다. 대부분의 정부 조치와 마찬가지로 제안된 개혁들이 원만하게 수행되지는 못했지만 우선은 군사 조직을 좀 더 철저하게 정비하고 옛 성을 다시 짓거나 보수하고 새로운 성을 쌓았다. 새로운 경비대로 국경을 경비했다. 왜군에 대하여 여러 차례 큰 공을 세운 사령관 이순신에게는 새로운 직함이 부여되고 삼남의 해안 경비를 그에게 위임했다.[1] 이 직함은 그 뒤 경상도에

---

1) 전쟁이 끝나기에 앞서 이순신은 전사했으니 이는 사실과 다르다.

그 사령부를 두고 있는 세 관리에게 수여되었다.

시간의 여유가 생김에 따라 많은 기록들이 나타났는데 그 가운데 조정의 한 고위 관리가 1586년에서부터 1598년에 이르기까지의 기간 동안 임진왜란으로 이끈 여러 가지 사실들을 한문으로 기록한 것이 있다. 이 책은 아마 조선의 입장에서 전쟁을 기술한 것으로 일본에서 복간된 유일한 책인 것 같다. 지나치리만큼 겸손한 유성룡은 그의 서문에서 "인간은 과거에 비추어 현재를 돌아보아야 하기 때문에" 그 책을 썼노라고 말하고 있다. 한문으로 쓰인 이 책은 일본의 일반 독자로서는 읽기가 어렵다. 이 『징비록』에는 신기한 8도의 지도가 수록되어 있다.

일본은 조선으로부터 철병한 뒤 귀향한 무사들의 힘을 전적으로 국내에 이용했다. 도요토미 히데요시의 지지자와 새로이 등장한 도쿠가와 이에야스의 지지자들은 내전에 돌입했으며 1600년 10월의 세키가하라대전에서 도쿠가와는 그의 적을 무찔렀다. 임진왜란의 많은 영웅들이 전장에서 쓰러졌거나 아니면 명예를 중히 여기는 일본의 율법에 따라 타살 시체처럼 스스로 배를 가르고 죽었다.

고니시 유키나가는 천주교 신자였던 때문에 그의 신앙 양심으로 말미암아 할복[腹切]하지 못하고 처형되었다. 사쓰마 무사들의 천박한 무사 정신과 분노도 진정되었으며, 그들로 하여금 유구를 정복하도록 허락함으로써 돌파구를 만들어 주었다. 이와 같은 작업은 1609년에 용의주도한 계획 아래 과감하게 수행된 원정을 통하여 이루어졌다. 이때의 정복 전쟁으로 말미암아 이 작은 다도해는 일본제국의 일부가 되었다.

1597년 조선에서 돌아온 다이묘 나베시마 나오시게 장군은 사쓰마에 조선 사람 도공 마을을 세움으로써 자신의 위대한 무사적 명예를 실추한 데 대한 위로를 삼았다. 그는 자기의 영지 안에 도자기 산업을 일으키면서 "고대 사쓰마의 도자기"라고 하는 아름다운 물건의 제일인자가 될 만큼 그는 자신이 알고 있는 것 이상으로 훌륭한 도자기 촌을 만들었다. 자기의 영지에 도공이 있는 다른 다이묘들도 그와 마찬가지로 이 능숙한 기술자들에게 넋을 잃었다. 이들은 그 뒤 그의 영주에게 명예와 돈을 안겨 주었다. 그 반면에 도쿠가와 이에야스는 일본에 있는 조선 사람 포로들을 그의 고향으로 돌려보냈다.

무기, 깃발, 수단, 도자기, 조각품, 그림, 그리고 문적 등, 임진왜란 당시에 약탈하여 간 전리품들은 목록과 함께 사원이나 보관소에 귀중하게 보관되거나 아니면 참전 용사의 가문에 가보로 진열되었다. 문학적인 자질이 있는 몇몇 사람들은 글을 남기는 것으로 시간을 보냈는데 그 가운데 몇 편은 역사적 사실들을 망각으로부터 회생시켜 주었다. 어떤 사람은 예술적 충동을 느껴 이제는 끝난 전쟁 당시의 도시, 경관, 전장, 성벽 등을 훌륭하게 그림으로 남겼다.

몇몇 용사들은 머리를 깎고 중이 되었다. 다른 사람들도 아마 중이 된 용사들과 같은 심정에서 화살에 뚫린 투구며 명군의 칼자국이 난 갑옷을 자기 고을의 사당에 봉납물로 걸어 놓았을 것이다. 필자는 그들에 관한 연구에 몰두하는 동안 이 믿을 만한 유물들이 필자에게 감명을 준 바에 대하여 개인적으로 증언할 수도 있다.

1878년 히데요시의 가신들이 가보로 가지고 있던 임진왜란 당시의 수많은 유물들이 천황의 정부에게로 귀속되었다. 교토에서는 귀무덤 이외에도 히데요시의 미망인이 중수한 거대한 사원 안의 시조 사당의 천정을 손질했는데 이때 쓰인 재료는 히데요시를 위하여 만들어진 전선의 잔목들이었다. 조선은 무역업자나 천주교도들에게 문호를 개방하지는 않았지만 상인이나 선교자의 입장에서는 관심이 없던 것도 아니었다.

영국에서는 일본에, 그리고 그 다음으로는 가능하다면 조선에 상관을 세우든가 아니면 적어도 이 "섬"에서, 그 다음으로는 조선에서 무엇을 할 수 있을 것인가를 알아보려는 계획이 수립되었으며, 그 뒤 오랫동안 이 계획은 계속 추진되었다. 그들은 일본에 있는 네덜란드인의 제수이트 교단과 영국인 아담스[2])를 통하여 임진왜란에 관하여 들은 바가 있었다.

새리스 선장[3])은 후추, 폭이 넓은 비단, 화약, 그리고 영국산 제품을 싣고 1613년 6월 중순에 히라토섬에 도착했다. 다이묘가 제공한 25명의 사공과 60명의 승객을 실은 배를 타고 새리스와 17명의 영국인 일행은 스루가(오늘날의 정강)를 거쳐 에도에 있는 도쿠가와를 방문하고자 출발했다. 이틀 동안 노를 저은 뒤 그들은 식사를 하기 위해 하카다(박다 또는 복강)라고 하는 크고도 깔끔한 도시에 정박했는데 실제로 이 도시는 이중적인 가치를 가진 도시였다.

영국인들이 도시를 구경하고자 여기저기를 걸어 다니자 어린 아이들과 무척이나 게으른 일본인들이 그 주위에 몰려들면서 "조선 사람이다, 조선 사람!"이라고 소리쳤다. 그들은 영국인들을 이렇게 부름으로써 그들을 성실치 못한 조선 사람인 것처럼 놀려댔으며, 영국인으로서는 무슨 말인지도 알아들을 수 없는 소리로 떠들며 불러 댔다. 어느 곳에서는 주민들이 이 "조선의" 영국인들에게 돌멩이를 던졌다.

하카다는 서울의 사신들이 에도로 가는 도중에 머무는 도시였는데, 이때의 사건으로 보아 일본의 선머슴 녀석들이나 평민들은 불성실하기로 유명한 조선 사람들을 잊지 않고 있었으며, 그들과 친숙한 포르투갈인이 아니면 모두가 조선 사람이라고 생각했음이 분명하다. 이와 꼭 같은 식으로 남경에서는 오랫동안 모든 외국인들이, 심지어는 미국인까지도 왜인 취급을 받았다.

비록 이에야스가 새리스에게 준 무역 허가 규정 8조 가운데 마지막 조항에서 "그리고 더 나아가서 그들은 여행 허가증이 없이도 에조나 또는 일본

---

2) 아담스(Will Adams : 1564~1620) : 영국의 해양인. 1598년 홀란드의 동양 함대에 참가했다가 난파하여 후코에 표착했으며(1600) 그 뒤 이에야스의 외교 고문으로 봉사하다가 끝내 귀국하지 못하고 일본에 묻혔다.

3) 새리스(John Saris : ?~1646) : 영국의 상인이며 선장. 영국인으로서 최초로 일본에 상륙하여(1612), 막부의 허락을 얻어 일본에 정착하여 상업에 종사했다.

제국의 내륙이나 주변의 다른 지역을 탐사하고자 항해할 수도 있다"는 허락을 받기는 했지만 오늘날 알려진 바에 따르면 그가 조선을 탐색했다거나 또는 그의 문호를 서구의 상인들에게 개방한 일은 없다.

일본인들은 마지막 조항에서 조선과 유구는 일본에 속하는, 그러나 "문명된" 일본으로부터는 제외되는 땅이라고 이해했다. 나가사키를 출발한 새리스는 밴탐[4]에 기착하여 후추를 싣고 영국으로 출항하여 1614년 9월 27일에 플리머드[5]에 도착했다.

도미니크교단[6] 수도승들도 조선에 선교 사업을 벌이려고 시도했다. 고니시 유키나가의 후견을 받던 빈첸시오(일명 Caun)[7]는 제수이트 교단에서 공부를 하고 외국에 있는 동포들에게 기독교 사상을 심어 주고자 파견된 선교사였다. 그는 북경에 도착하여 자기의 목적을 이루고자 4년이나 그곳에서 기다렸으나 요동에 있는 만주족들의 적대적인 태도로 말미암아 그 목적을 달성할 수가 없었다.

그러나 1618년 빈첸시오가 방금 일본으로 돌아갔을 때 도미니크교단에서는 이 비경의 나라로 들어가고자 또 다른 계획을 시도하고 있었다. 1601년 이래 필리핀에서 선교 사업에 헌신하여 온 카스틸 왕국[8] 출신의 스페인인 후앙 드 세인트 도미니크(Juan de Saint Dominique)가 조선에 파견될 선교

---

4) 밴탐(Bantam) : 서부 자바의 이슬람교국. 1752년 네덜란드의 보호국이 되었으며, 그 뒤 직할령이 되었다.
5) 플리머드(Plymouth) : 영국 데번셔의 군항.
6) 도미니크교단(Dominic Order) : 1216년에 스페인의 가톨릭교회 수도사인 도미니쿠스(Domincius : 1170~1221)가 창설한 탁발수도회. 청허와 연학을 기초로 하여 설교와 완덕으로써 이단자의 개종을 목적으로 하고 있다.
7) 빈첸시오(Vincent) : 임진왜란 당시 고니시 유키나가에게 잡혀 갔던 한 한국인 소년이었다. 그는 소서행장의 아내의 사랑을 받으면서 천주교도가 되었으나 그 뒤 순교했다. 그를 일명 Caun이라고 소개한 것은 그가 권씨임을 의미할 수도 있다. 본서, p. 204 참조.
8) 카스틸(Castile) : 이베리아반도 가운데 동부(포르투갈)와 남부(그라나다 왕국)를 제외한 전 지역에 걸쳐 건설되었던 고대 스페인의 왕국.

사로 뽑혔다. 말레이군도에서도 그곳의 언어를 쉽게 익힌 바 있는 그는 조선어를 습득하기에 가장 적합한 인물로 뽑혔다.

도미니크는 같은 교단의 다른 두 사람과 함께 "고요한 아침의 나라"로 배를 띄웠다. 어떤 알 수 없는 이유로 말미암아 그들은 조선에 상륙하지 못하고 일본으로 되돌아 왔다. 그들은 일본에서 그 다음 해인 1619년 3월 19일 박해를 받아 옥사했다. 화장터 불 속에서 꺼낸 그의 재는 바다에 뿌려졌지만, 그의 한 손과 한 발을 불에서 건져낼 수 있었던 그들의 동료는 이 끔찍스러운 시체의 일부를 성스러운 유물로 보관했다.

일본 사람들이 말하기 좋아하는 소위 "정복 국가와 조공 국가"와의 정확한 관계, 이를테면 일본과 조선의 관계는 정확하게 상하 관계로 고정되지 않았기 때문에 히데요시의 마지막 가통이 끊어질 때까지 전쟁의 위협은 사라지지 않았다. 히데요시의 가통은 그의 아들 도요토미 히데요리가 1612년에 죽음으로써 끊어졌다.

최근의 어느 프랑스 학자가 기록한 것처럼 정복자들이 "30벌의 생사람의 가죽"을 매년 바치도록 조선에 강요했다는 사실에 대하여는 털끝만한 증거도 없다. 도쿠가와가 일본의 천하를 지배하고 있는 동안 그는 히데요시가 기독교도의 싸움터로 이용했던 조선에 대하여 별로 관심을 기울이지 않았다. 도쿠가와는 히데요시와 전혀 다른 태도로 제수이트교단이나 기독교 또는 그 밖의 외국인을 다루었으며 그와 같은 명백한 이유로 그 결과 면에서도 히데요시보다 훨씬 더 성공적이었다.

도쿠가와는 천하를 통일하자 천황과 장군의 이원적 체제를 다시 확립하고 도성도 교토와 에도의 두 곳에 두어 권력을 이원화했다. 그는 자기의 손자인 도쿠가와 이에미쓰에게 자리를 물려주었다. 이에미쓰는 곧 조선에 조공을 재개하도록 요구하고 에도로 사신을 보내어 신하의 예를 드리도록 했다. 그는 1623년에 자기의 권위를 과시하면서 조선 왕에게 글을 보냈는데, 그는 그 속에서 자신을 다이쿤이라고 표현하고 있다.

이 명칭은 중국어로 발음하면 옛날 천황에게만 사용하던 순수한 일본어인 오기미와 문자가 같다. 그러나 도쿠가와의 후계자들은 그의 권위를 표현하면서 그와 같은 참람을 주저하지 않았다. 이 다이쿤이란 칭호는 그들의 영주나 아시카가막부의 지배자들이 중국의 황제로부터 받아서 사용했으나 히데요시가 혹독하게 거절했던 국왕이란 칭호보다도 더 높은 것이기 때문에 다이쿤이란 칭호를 사용한 데에는 조선을 위압하려는 의사도 포함되어 있었다.

조선 정부는 도쿠가와막부의 이와 같은 요구에 따라 1624년에 축하하는 글과 비싼 예물을 갖추어 사신을 파견했다. 사신은 히젠에 상륙하여 육로로 여행을 했는데 이들이 지나간 통로는 데시마[9]의 네덜란드인들이 자주 통과한 곳으로서 캠퍼[10]와 툰바리[11] 등의 기록에도 나타나 있다.

에도에 살던 한 화가가 그린 그림에는 그 당시 다이쿤의 성에서 벌어진 호화로운 모습을 잘 나타내고 있다. 그는 다른 사람보다 높은 자리에 비단 방석을 깔고 앉아 있으며, 뒤에는 대나무 발을 치고 칼을 든 신하를 배종하게 하고 그의 가신들이 배석을 하고 있었는데 이는 교토에 있는 천황의 왕좌를 그대로 본뜬 것이었다. 이 거만한 지배자는 조선의 사신으로부터 복속의 상징으로 흰 종이 띠가 둘러진 깃발[御幣]을 받았다. 그 다음 공식적인 잔치가 벌어졌다.

---

9) 데시마(但馬) : 일본의 고지명. 포르투갈 상인과의 교역을 위해 나가사키 앞바다에 만든 인공 섬으로 1903년에 연륙하여 지금은 존재하지 않음.

10) 캠퍼(Engelbert Kaempfer : 1651~1716) : 독일의 박물학자이며 일본 연구가. 모국에서 박물학과 의학을 전공한 뒤 1685년 이후에는 홀란드 동인도함대의 외과의로 동인도 각지를 순회했으며, 1690년에는 나가사키 상관의 부의를 지냈다. 그 뒤 파리 등지에서 개업하고 『일본사』(1727)와 『동방여행기』(1712) 등을 저술했다.

11) 툰바리(Karl P. Tunberg : 1743~1828) : 스웨덴의 식물학자. 웁살라대학에서 의학과 박물학을 전공하고 1775년 나가사키에 도착. 1776년 상관장의 수행원으로 에도에 여행한 뒤 귀국하여(1778) 웁살라대학 교수를 역임하면서 『일본식물지』(1784)와 『일본식물도』(1794~1805)를 저술했다. 영문으로 표기할 때는 Thunbery라고 하는 경우도 있다.

임진왜란 이후 부산은 그 전과 마찬가지로 대마도주의 부하들이 장악·수비하고 있었다. 이 항구에서 양국 간의 모든 교역이 벌어졌다. 생활필수품의 교환은 우호적인 바탕에서 이루어졌다. 일본의 칼, 군대 장비, 예술품, 원자재 등이 조선의 상품과 교환되었다. 일본도의 위력이 대단함을 안 조선 사람들은 경도의 날카로움이나, 그 재료에서 자기들의 투박한 쇠칼을 완전하게 만들 수 없었으므로 일본도를 기꺼이 구입함으로써 일본의 도공들을 바쁘게 만들었다.

1690년 9월 24일부터 1692년 11월까지 나가사키에 있었던 캠퍼의 기록에 따르면 일본인들은 부산에서 진귀한 약재와 특히 인삼, 호두, 과일, 절인 물고기 그리고 약간의 수공품을 수입했다고 하는데 그 가운데에 "타타르 지방인 자피즈와 닝케에서 만든 일종의 토기"가 들어 있었다고 한다. 이 괴상하게 생긴 오지그릇은 "일본인들이 몹시 좋아하여 비싼 값에 팔렸다."

미국이나 영국의 입장에서 본다면 조선과 일본 사이에 별로 교역이 없었지만 1862년에 러셀 경[12)]은 이 적은 숫자를 믿고 일본과 조선 사이의 중개무역상으로 미국을 개입시키려고 노력했다. 바다의 위험으로 말미암아 양국의 연안에서 조난할는지도 모를 수부들에 관한 규약도 만들었다.

에도막부의 비용으로 나가사키에는 조선 사람을 위한 가옥이 섰다. 동해안의 어느 곳에서나 표착하는 사람들은 나가사키로 호송되어 부산으로 배가 뜰 수 있을 때까지 보호받았다. 이 불행한 조난자들은 거의가 어부였으며, 어떤 경우에는 처자까지도 거느리고 있었다. 지볼트[13)]가 그의 위대한

---

12) 러셀 경(Earl Russel : 1792~1878) : 영국의 정치인. 이 당시 그는 제2차 파머스톤(H. Palmerston) 내각의 외상으로 재직하고 있었다.

13) 지볼트(P. F. Van Siebolt : 1796~1866) : 독일의 의사이며 일본 연구가. 1820년에 비트부르크대학을 졸업하고 1823년에 나가사키에 도착하여 대민 의료 활동을 하는 한편 에도 정부의 후원 아래 일본 연구에 몰두했다. 1829년에는 금제품소지죄로 추방되어 고국에 돌아가서 그동안 수집한 자료를 이용하여 『일본자료집』(1832~1854), 『일본식물지』(1833), 『일본동물지』(1835~1844)를 저술했으며, 1859년에 다시 일본에 건너가서

『지볼트문서』의 조선편에 수록하고 있는 기록이나 삽화는 그와 같은 사람들로부터 자료를 얻은 것이다.

일본인이 부산을 점유했다는 사실은 1876년에 이르기까지 임진왜란에 조선이 패배했다는 사실에 대한 끊임없는 증거가 되었으며 조선 사람의 민족적 자존심에 영원한 자극물이 되었다.[14] 이와 같은 사실들을 지나쳐 버리고 있는 대중적인 역사가들은 대중의 입맛을 맞추고자 재미있게 꾸며진 사실들로 대체하고 있다. 조선 사람들이 그린 조선 지도에 붙어 있는 달레[15]의 보충 설명에서는 부산에 외국인이 있다는 사실을 소상하게 설명하고 있다. 거기에 기록된 내용은 다음과 같다.

> 16세기에 대마도에 살던 야만족들은 그 섬을 떠나 조선으로 건너와 부산포 · 염포 · 제포 등의 조선의 연안에 정착했는데 그 수가 급속도로 증가했다. 중종 5년(1510)에 부산포와 염포의 야만인들이 소란을 일으켰다. 그들은 부산포의 성을 부수고 그 고을의 첨사 이우증을 죽였다. 그들은 정부군에 의하여 진압되자 더 이상 이 삼포에서 살 수가 없어 내륙 지방으로 도망했다.
>
> 그 뒤 얼마 지나지 않아 그들은 자신의 잘못을 빌어 용서를 받자 다시 삼포로 돌아와 정착했다. 그것도 잠시 뿐이었다. 몇 년이 지난 임진왜란 직전에 그들은 모두 그들의 고향인 대마도로 돌아갔다. 1599년 선조는 대마도의

일본의 과학 발전에 기여했음.

14) 임진왜란 이후 일본인이 부산을 점유했다는 필자의 기록은 지나치게 일본 측 사료에 의존한 오해이다. 임진왜란 이후 일인들은 다만 일정한 거주지(상관) 내에서 무역에 종사했을 따름이다. 이하의 기록은 대체로 필자의 그와 같은 오해로 일관되어 있다.

15) 달레(Charles Dallet : 1829~1878) : 프랑스의 파리 외방전교회 소속의 신부로서 포교보다는 문필로 유명했다. 그는 조선을 방문한 적은 없으며 파리에 있으면서 조선 교구의 다블뤼(M. N. A. Daveluy) 신부가 수집하여 보낸 자료에 입각하여 『조선교회사』를 집필했다. 1877년에 월남을 거쳐 도쿄에 도착했으나 곧 병사했다.

야만족들과 교신을 가졌다. 그는 지난날 야만족들이 허락 받은 바 있는 조선의 연안으로 그들을 초청하여 집도 지어 주고 매우 친절하게 상대하여 주었으며, 그들을 위하여 매달 초 3일부터 5일 동안 시장을 세워 주었으며, 야만족들이 처분해야 할 상품이 넉넉하게 되면 심지어 선조는 그들이 시장을 좀 더 자주 열도록 허락하여 주기도 했다.16)

위의 기록은 조선 사람들이 역사를 호도한 좋은 예이다. 거친 사실들이 접착성이 좋은 토산 옻칠로 반들반들하게 다듬어져 눈으로 보기에는 금을 닮았다는 말을 듣는다. 근대사에서는 양국이 대등했다고 공식 기록들로 호도되어 있으며, 심지어는 패전도 위대한 승리로 바뀌어 가고 있다.

그러나 가엾은 조선은 자신이 겪은 그 숱한 불행을 통하여 값진 교훈을 얻었으며, 심지어는 자기의 적으로부터 많은 잇점을 얻었다. 지난날 자신을 침략한 나라에게 신하의 예를 드리고자 해마다 파견된 사절들의 비용은 일본이 지불했다. 자존심이 강한 일본인들은 목록대로 비싼 값을 쳐줌으로써 실속 없는 공물을 구입했다. 피정복자는 그들의 정복자를 골탕 먹이고자 어떤 무시무시한 농담이나 하지 않았을까 의심이 갈 정도였다.

해마다 이 행렬의 규모와 숫자가 늘어나 끝내는 4백 명이라는 어리석은 숫자에 이르기까지 했다. 조금도 동요되지 않고 넉살좋게 그들은 다이쿤이 주는 보물을 낭비해 버렸다. 에도로 가는 사신으로 뽑힌다는 것은 돈 많이 버는 한직으로 여겨졌다. 그들은 그렇게 호화로운 석 달을 보냈는데 그 가운데 두 달은 해양 휴양지에서 보냈다. 치쿠젠이나 히젠에 상륙한 그들은 서서히 에도로 올라갔다가 수도에서 즐긴 다음 유유자적하며 고향으로 돌아가는 소풍을 계속했다.

거의 1세기 동안 에도 정부는 많은 사람들이 신하의 예를 드리고자 바다

16) Dallet, *Histioir de L'Eglise de Corée*, Paris, 1874, p. 14의 주를 인용한 것임.

를 건너와 도쿠가와막부의 위대한 모습을 바라보느라고 떠들썩한 데 맛을 들인 것 같이 보였다. 1710년에는 다음해에 도착하기로 되어 있는 조선의 사신들에게 도쿠가와 이에노부 장군의 평화로운 영광을 보여주고자 특별한 대문을 성안에 세웠다. 사신들의 숙소 가까이에 있는 관람석에서는 다이쿤 자신이 말을 타고 활을 쏘는 묘기를 관람했다. 이 경기에서 조선 사람들은 탁월한 솜씨를 보여줬다.

드디어 에도의 지배자들은 그토록 비싼 공물을 받아들이고 또 그들의 손님에게 즐거운 놀이를 제공하고자 막대한 경비를 지불하지 않을 수 없게 되었다. 앞으로는 대마도까지만 사신을 보내라는 말에 따라서 그들은 대마도주 소씨로부터 접대를 받았다. 이와 같은 목적에 사용할 수 있도록 다이쿤은 소씨에게 경비를 승인하여 주었다.

일본인들이 조선에 전래하고 그의 특성과 재배법, 그리고 용법을 가르쳐 줌으로써 하나의 전국적인 습관이 되어 버린 한 거창한 사회적 풍습이 소개되었다. 담배의 재배·시약, 그리고 그의 가공에 관한 모든 방문객들의 증언이나 오고간 숱한 얘기에 따르면 단순히 연기로 낭비하기 위해서 재배되는 이 일년초의 수확량은 매우 많다고 한다.

조선의 모든 남성들은 물론이고 때때로는 아낙네나 아이들의 개인적인 소지품 가운데에 담배쌈지와 부싯돌이 필수적인 일부를 이루고 있다. 담배를 태우는 사람들은 주머니가 두둑하지 않고서는 "몸치장"을 한 것 같이 느껴지지 않는다. 호의를 표시하고 수인사를 나누거나 사회적인 즐거움을 위한 요건으로서, 그리고 니코틴이 도와 줄 수 있는 실제적·환상적인 그 밖의 여러 가지 목적을 위해 이제 담배는 단순한 사치품이나 장식물이 아니라 하나의 필수품이 되었다.

복장의 진보라는 면에서 좋은 의미의 또 다른 중요한 변화가 16세기부터, 아마도 임진왜란 때부터 일어났다. 이는 다름 아닌 목화 재배법이 소개되었다고 하는 사실이다. 그 이전까지는 돈이 많은 사람은 비단을 쓰고 빈민은 대마나 해조를 쓰는 것이 통례였다. 북부 지방에서는 모피가 매우 널리 사용되고 있는 반면에 볏짚을 꼬아 만든 제품이 비바람으로부터 수족의 여러 부분을 보호하여 주는 것은 물론 의복 구실을 하고 있다. 초목의 섬유 제품은 흙색을 내고자 바래게 한다. 이제 목화는 일반적으로 재배·직조되고 있다.

목화를 최초로 사용한 연대에 관해서 권위자들은 위와 같은 연대에 동의하지 않는 것은 사실이다. 달레(C. Dallet)의 기록에 따르면, 일찍이 조선에는 목화가 알려지지 않았지만 중국에서는 재배되었다고 한다. 그런데 중국인들은 한반도에 그들의 면직물을 계속하여 팔기 위해 이 귀한 작물의 씨가 한 톨도 유출되지 않도록 온갖 주의를 기울임으로써 이를 열심히 감시했다는 것이다.

북경에 연하사로 파견되었던 한 사신은 교묘한 한 꾀를 내어 목화씨 몇 알을 얻는 데 성공했다. 이와 같이 하여, 지휘봉에 중국의 누에알을 숨겨 콘스탄티노플로 가져간 옛날 방법과 같이 꼭 같이, 이 귀한 관목이 5백 년 전에 고려에 도착했다. 오늘날 조선에서 목화는 미국, 심지어는 만주의 목화 재배 지대보다도 더 북쪽의 위도에서 성공적으로 재배되고 있는데, 이는 목화가 생장할 수 있는 최북단의 위도이다.

목화, 악어, 그리고 호랑이가 있는 나라의 기후가 매우 쌀쌀할 수 없다는 것은 분명하다. 목화씨가 중국으로부터 최초로 전래되었다고는 하지만 임진왜란을 겪은 뒤에야 이 작물의 광범한 재배가 시도되었을 가능성이 높다. 조선의 일반 전설에 나타나고 있는 목화 전래의 연대에 관하여 우리가 정확도를 의심하는 이유로는 5백 년 전에 중국의 북부 지방에는 목화가 알려지지 않았음이 확실하기 때문이다.

중국의 최남단에는 그 이전에 목화가 전래되었지만 중국의 중부지방에 목화가 전래된 것은 14세기에 터키스탄으로부터였다. 중국인들은 실을 뽑고 천을 짜는 것을 가르쳐 준 저 유명한 여교사 황도파를 신성시하고 있다. 그 여인은 해남도에서 왔다고 한다.

목화는 서기 799년에 힌두인에 의하여 최초로 일본에 전래되었지만, 중세기의 오랜 내전으로 그 재배 기술은 망각되었던 것으로 보인다. 목화 재배가 단절되었다는 사실은 1248년에 한 궁정 귀족이 지은 싯귀에서 밝혀지고 있다.

> 이방인들이 재배했던 목화씨는
> 본토인들이 재배하지 않아
> 이제 사라져 버렸다네.

1570년에 쓰인 일본의 또 다른 책에는, 목화가 다시 전래되어 남부 지방에서 재배되었다고 기록되어 있다.

나가사키에서 무역하던 포르투갈인은 목화를 일본의 무사들에게 친근한 존재로 만들었다. 왜군이 조선을 침략하고 있는 동안 항로를 훨씬 벗어났다가 심한 폭풍우를 만난 한 유럽의 선박이 요코하마에 기항했다가 배를 수리하는 동안 친절한 대접을 받은 적이 있다. 그때 그 선장은 그 지방의 다이묘에게 주는 선물로 목화씨 한 자루를 주었는데 그는 이 씨를 백성들에게 배포했다. 이것으로 짠 실이 비싼 값으로 팔리게 되자 이 관목은 일본의 동부와 북부 지방에 급속도로 파급되었는데, 이때 이미 남부 지방에는 목화가 널리 알려져 있었다.

목화의 재배가 임진왜란 당시 왜군에 의하여 조선에 전래되지 않았다 하더라도, 과거 2백 년 동안에 대량의 목화가 일본으로부터 수입되었다고 하는 것은 확실하다. 이 단일 품종의 직물로 말미암아 그들의 복식 상의 편안함이 보편적으로 상승되었다고 평가하기는 어렵다. 그러나 조선은 목화로 말미암아 직물로서 뿐만 아니라 그 씨앗에서 나오는 기름으로 더욱 부가적인 축복을 받았다.

비단과 대마, 볏짚, 뽕나무 껍질, 그리고 그와 비슷한 여러 가지 원료로써 중국인들은 오래전부터 종이를 만들어 썼지만, 조선 사람들은 중국 문화권의 아시아 민족으로서는 처음으로 목화로써 종이를 만들어 쓴 것 같다. 그들은 오늘날에도 이 제품으로 평판이 높다. 한지는 매우 두텁고 질겨 북경과 일본에서 매우 평판이 좋다. 한지는 해마다 북경에 보내는 조공 가운데 일부를 이루고 있다.

한지는 몇 겹으로 쪼개어 쓸 수 있을 만큼 두터우며 북경의 양복 재단사들은 관리나 신사의 코트를 만드는 안감으로 한지를 많이 사용한다. 이는 또한 문창호지로 쓰이며, 10~15겹 두께로 누벼 병사들이 입는 갑주로도 사용된다. 이렇게 만든 갑주는 현대식 총알에는 견딜 수 없지만 옛날 화승총 정도에는 견딜 수 있었을 것이다.

제 21 장 병자호란과 만청관계 : 동아시아의 이삭[1)]

장백산맥은 한반도의 북방 경계선을 따라 벽처럼 둘러서 있다. 불규칙하게 뭉쳐 있는 산봉우리와 연속적으로 뻗어 나온 구릉이 그 장벽을 이루고 있으며 그 중간중간에는 거친 산봉우리가 탑처럼 솟아 있다. 이 산맥은 높이 1천 피트가 넘는 백두산을 정봉으로 둘러서 있다.

압록강, 두만강 그리고 목단강[2)]이 산기슭으로부터 흘러내리고 있다. 구름 속에 가려진 채 백설로 번쩍이는 백발의 정봉을 본 이 산의 주민들은 태곳적부터 그 꼭대기에는 흰옷의 처녀 산신령이 살고 있다고 생각했다. 그의 비복들은 흰털의 짐승과 흰털의 새들이었다.

불교가 한반도에 전래되었을 때, 중국이나 일본과 마찬가지로 조선에서도 이 종교는 인도에서 불타가 화신되기에 앞서 탁신한 것이라든가 그의 고귀한 신앙이 그의 제자들을 통하여 훌륭하게 강림한 것과 같은 새로운 명성으로 이 고장의 여러 신을 흡수하고 거룩한 불타에게 귀의했다. 녹지 않는 눈 속에 살고 있으며 만추스리라고 하는 이름을 가진 소복 처녀인 장백산맥

---

1) 이삭(Issachar) : 『구약성서』에 나오는 12지파의 하나인데 여기에서는 국가를 잃은 이스라엘을 비유한 것임.

2) 목단강(牧丹江) : 송화강의 지류로서 백두산에서 시작하여 길림성과 흑룡강의 중서부 지방을 거쳐 송화강으로 흘러 들어가고 있다.

의 신령도 그들 가운데 하나였다. 세계적으로 유명한 댕기 머리를 하고 중국의 지배 왕조의 선조가 된 만주족도 이 신위로부터 그 이름을 딴 것 같다. 더글라스 교수[3]가 발굴한 만주의 전설에는 다음과 같은 이야기가 있다.

> 오랜 옛날 하늘에서 내려온 세 처녀가 장백산맥 밑에서 살고 있었다. 어느 날 그들은 그 위로 우뚝 솟은 눈 덮인 산봉우리를 물 가운데 비치고 있는 호수에서 목욕을 하고 있었는데, 까치 한 마리가 그 가운데 제일 어린 처녀의 옷 위에 빨간 과일을 떨어뜨렸다. 그 처녀는 본능적으로 그 과일을 게걸스레 먹은 뒤 태기가 있어 아들을 낳았다. 이 아이의 이름은 아이싱교르[4]였는데 그 의미는 "황금 가문"이라는 뜻이다. 이 가문의 명칭은 오늘날 중국 황실의 가명이 되고 있다.
>
> 그 처녀의 어머니가 죽어 얼음 굴에 안장된 뒤 그는 작은 배를 타고 목단강을 내려가 한 지역에 도착했는데 그곳은 세 가문이 서로 각축하고 있었다. 신비스러운 이 청년의 모습에 탄복한 그곳의 전투적 주민들은 그에 대한 적개심도 잊은 채 그를 자기의 지배자로 추대했다. 그는 돈화[5]에 도읍을 정했는데 그날부터 백성들은 풍요해지고 그들을 억압하던 중국 민족도 축출했다.

이 전설이 보여주고 있는 바와 같이 만주족의 터전은 목단강 기슭에 있는 장백산맥의 북쪽이었다. 이 산맥 너머로부터 불안해지기 시작한 만주족들은 16세기에 이르러 많은 부족들을 통합했고, 병마가 강성해지자, 그들은 공공연히 중국에 도전했다. 임진왜란이 일어나기에 앞서 이여송은 만주를

3) 더글라스(Sir Robert K. Douglas : 1838~1913) : 영국인으로서 중국 · 일본의 연구가임. 런던대학의 중국어 교수와 왕립아시아학회 부회장을 했으며, 『중국』(1900), 『중국 편람』(1914), 『유럽과 극동』(1904) 등의 저술이 있다.

4) 아이싱교르(愛親覺羅) : 청나라의 태조 누루하치의 성.

5) 돈화(敦化) : 만주 길림성(북위 43°, 동경 128°)의 한 도시.

치명적으로 소탕하여 그들을 당분간 궁지에 몰아넣을 수 있었다.

그러나 일본과 싸우는 동안 엄청난 인명과 재화가 소모되고 명 황실의 자원이 고갈되자 북쪽에 대한 관심을 기울일 겨를이 없게 되자 만주족들은 군사를 모으고 재화와 인구와 군사 훈련과 용기의 면에서 날로 강성해졌다. 임진왜란은 명조의 쇠퇴와 멸망을 가져온 한 원인이 되었다.

북쪽에서 일어나는 세력을 억압하고 신흥 민족의 목숨을 끊고자 북경 정부는 야만적이리만큼 잔인하고도 가혹한 무력을 사용함으로써 유혈이 그치지 않았다. 요동의 동쪽 국경을 막을 길이 없게 되자 4개의 도시와 많은 부락에 살고 있던 30만 명의 이전 주민들이 서쪽으로 이주하여 새로운 땅에 다시 정착했다.

북쪽으로부터 밀려오는 불안한 기마족을 막고자 황폐한 땅에 요새를 세우려고 계획했으나 완성을 보지 못했다. 이렇게 되자 어물어물하는 사이에 이 지역에 폭이 50마일이나 되는 중립 지대가 설정되고 1만 평방 마일의 옥토가 이리와 호랑이의 소굴로 버려졌다. 그리하여 이 지역은 곧 짐승들만이 울부짖는 쓸쓸한 광야가 되었으며, 이러한 상태는 얼마 전까지 계속되었다.[6]

무명 갑옷을 입은 이 광야의 침략자들을 대적할 수 없게 되자 명나라의 황제는 그들의 왕을 암살하도록 명령했는데 그의 지령은 1615년에 수행되었다. 이와 같은 처사는 모든 만주족들을 복수심에 불타도록 만들었다. 곧 그들은 남서쪽으로 쳐들어와 요동을 침략함으로써 전면적인 적대 행위가 시작되었다. 이제 중국은 임진왜란 때의 왜군보다 더 막강한 침략자를 대적해야 했다. 이때는 왜군의 침략 때와는 달리 사채가 더욱 심각했는데 이는 만주족의 전 부족이 이 침략에 가담하고 있었기 때문이었다.

명나라는 그의 복속국인 동방의 왕국에게 군사 2만 명을 파견토록 요구하

6) (필자 주) 본서 앞 쪽의 지도 참조.

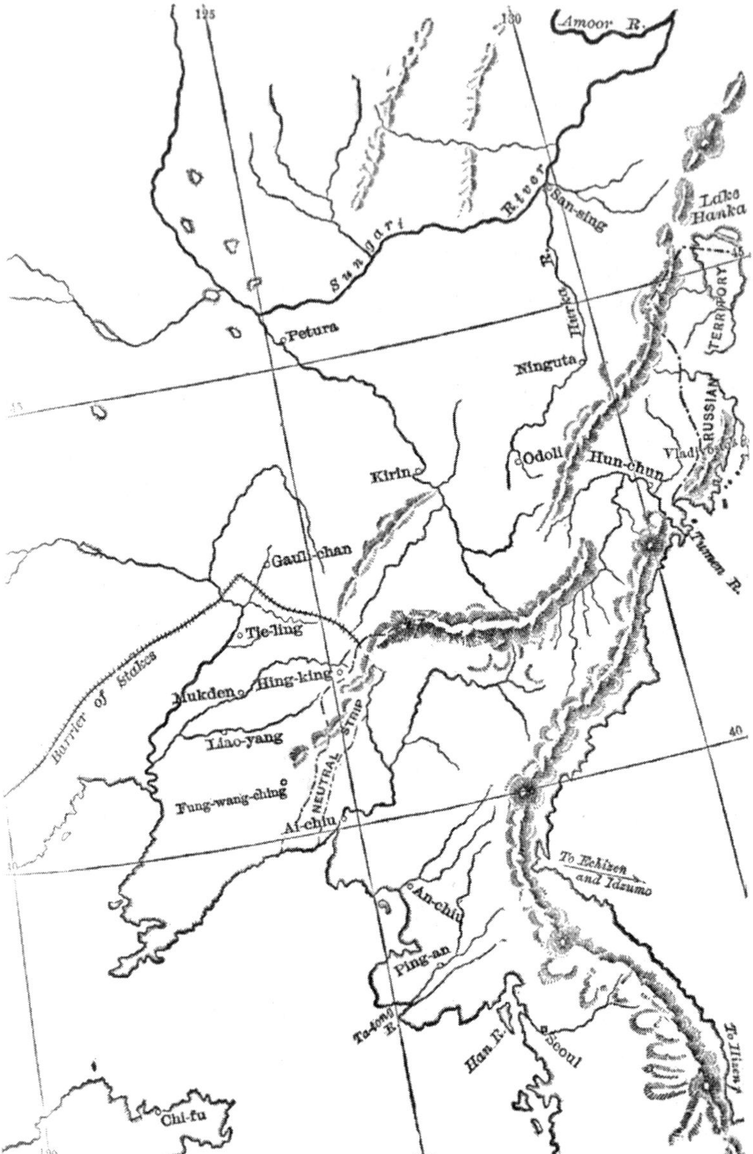
Amoor R.
Sungari River
San-sing
Lake Hanka
Hurka R.
Petura
Ninguta
RUSSIAN TERRITORY
Odoli
Hun-chun
Kirin
Tumen R.
Gauli-chan
Tie-ling
Barrier of Stakes
Mukden
Hing-king
Liao-yang
NEUTRAL STRIP
Fung-wang-ching
Ai-chiu
To Echizen and Idzumo
An-chiu
Ping-an
Ta-tong R.
Han R.
Seoul
To Hizen
Chi-fu
만주족의 터전

는 한편, 홍경에서 명군과 합세토록 명령했다.[7] 오늘날에는 엔덴[8]이라고 불리는 이 도시는 북위 42°부근 압록강 서쪽 약 70마일 지점에 있으며, 그곳을 지나면 바로 "중립 완충 지대"가 있고 그 후에 그 안쪽으로는 목책이 세워졌다. 그 뒤 일어난 전투에서 조선의 군사들은 만주족과 대적했다. 명나라의 국토는 유린되었으며 승패가 어찌 되리라는 것을 알고 있는 조선의 군사들은 1619년 명군에서 이탈하여 적에 투항했다.

만주국의 장수는 조선의 패군을 그들의 왕에게 돌려보내고 그들이 비록 임진왜란 당시 자기들을 도와 준 명군을 도와 정중하게 행동했다고는 하지만 앞으로는 중립을 지키는 것이 더 좋을 것이라고 말했다. 이와 같은 편지에 냉담한 반응을 보인 조선 정부는 압록강 건너로 자기의 군사를 파견하여 만주족과 싸우는 요동의 주민들을 돕도록 했다. 이 무렵 만주족은 홍경에 도읍을 정하고 있었다.

이와 때를 같이 하여 명나라의 장수는 조선 정부의 양해를 받아 조선의 영토에 들어가 만주족을 토벌함으로써 적에게 크게 타격을 주었다. 이와 같은 토벌은 1827년 겨울까지 계속되었다. 이제 만주족은 조선에 대한 분노를 더 이상 참지 못하고 한반도에 대한 침략을 준비했다. 두 도망병을 안내자로 앞세운 그들은 4개 부대로 나누어 1627년 2월 얼어붙은 압록강을 건넜다. 그들은 곧 명나라의 군사를 공격하여 요동으로 몰아냈다.

그 뒤 만주족은 서울로 진격을 개시했다. 그들은 의주를 함락하고 청천강을 건넌 뒤에 평양으로 향하는 대로상의 이웃 도시들을 차례로 함락했다. 그 뒤 그들은 대동강을 건너 서울로 밀려 내려왔으며, 그들이 나타나기만 하면 조선의 군사들은 곳곳에서 도주했다. 몇 천 채의 가옥과 창고가 불탔

---

7) 이때 파견된 장수는 강홍립(姜弘立 : 1560~1627)이다. 그는 1618년 2만 명을 이끌고 명을 도와 후금국을 치러 출병했으나 사세를 보아 후금에 항복했다.

8) 지금의 중국 요녕성 무순시 일대를 뜻하는데, 그것이 왜 Yenden으로 표기되는지는 알 수 없다.

다. 그들의 행렬은 피와 잿더미의 바로 그것이었다. 희생자 가운데 이 나라에서 포로 생활을 하던 두 사람의 네덜란드인[9])이 포함되어 있었다.

이후로는 튼튼한 목책선이 조선과 만주를 갈라놓았지만 이 무렵 끊임없이 자행된 약탈로 이 지역의 대부분이 황폐하게 되었다. 금(19)세기 말엽에 이르기까지도 만주 지방을 여행하는 사람들은 아직도 성하게 남아 있는 목책선을 가끔 보았다고 한다. 그 뒤로, 중국의 거대한 석성을 왜소하게 본떠 만든 이 목책은 점차로 허물어졌다.

만주족들은 서울을 포위하고 끈질기게 공격하기 시작했다. 조정의 비빈들은 이미 강화도로 피신했다. 왕은 더 이상의 유혈을 막고자 침략자들에게 조공을 바치고 한 조약[10])을 체결함으로써 조선은 다시 그 종주국을 바꾸었다. 이제 만주국의 왕은 조선의 왕을 서임할 뿐만 아니라, 그 백성에 대하여도 직접적인 권한을 미치게 되었다. 이를테면 새로운 주종 관계가 이루어진 것이었다.

그러나 아직 명이 멸망한 것은 아니었기 때문에 조선 사람들은 그들이 애초부터 그토록 역겹게 생각한 새로운 한청 관계를 바꿀 만한 어떤 사건이 발생하지나 않을까 기다리고 있었다. 침략군들이 물러가자 대신들이 용기를 회복하여 왕에게 권고하자 왕은 점차로 조약을 파기·무시함으로써 무효로 만들었다.

청나라는 자신들의 목적을 위해 군사력을 갖추게 되자마자 명나라를 공격하던 화살을 돌려 군수품과 수송 마차로 훌륭하게 무장한 10만 강병을 조선에 투입했다. 의주와 북경로를 거쳐 반도에 입국한 청나라의 군사는 서울

---

9) 월터브레(Janse Weltevree, 박연)와 함께 표착한 두 사람을 뜻함. 본 전집의 11권인 『하멜 표류기』 참조.

10) 정묘화약(1627)을 의미하는데 그 내용을 보면, (1) 형제의 맹약을 맺을 것. (2) 화약과 동시에 철병할 것. (3) 상호 압록강을 넘지 않을 것. (4) 청과 강하를 맺을지라도 조선은 명을 배반하지 않을 것.

에 도착하자 치열한 전투를 거친 다음 서울에 입성했다. 이번에는 대포와 선박이 준비되어 있었기 때문에 그들은 조선의 모든 왕족과 고위 관리, 그리고 부녀자들이 피난하여 있는 강화도를 장악했다.[11)]

이제 조선의 왕은 적의 조건을 수락하고 1637년 2월에 화약을 체결함으로써 명나라 황제에 대한 충성을 한스럽게 부정하고, 두 왕자인 소현세자와 봉림대군(후의 효종)을 인질로 보낼 것에 동의했으며, 해마다 청나라의 조정에 조공과 함께 사신을 보낼 것과 요동의 국경 성문에 시장을 세울 것을 약속했다. 왕과 왕자, 그리고 대신들이 자신의 잘못을 고백하고 아홉 번 절을 올리는 예[고두지례]를 엄숙하게 거행함으로써 이 맹약은 비준되었다.

타타르족과 한민족은 함께 하늘에 제사를 드렸으며, 하늘에 드리는 제단을 쌓았다. 이 성소 가까이에 세워진 비석은 만주 정복자의 아량을 찬미하고 있다. 새로운 주인의 명령에 복종하여 조선 정부는 명나라와 싸우는 군대에게 보급하고자 양곡을 실은 배를 파견했으며 정복자에 대항하여 반란을 일으킨 부족들을 응징하고자 두만강 건너로 소규모의 병력을 파견하고, 화승총 정예부대를 만주에서 작전하도록 했다.

승전군은 서울을 물러나 이미 피나는 내전이 벌어지고 있는 명나라로 진격했다. 명나라의 군대는 반역자 이자성이 이끄는 부대에게 대패했다. 청나라의 군사는 명나라의 군사와 합세하여 이자성의 군대를 무찌르고 승리의 댓가를 요구했다. 그들은 북경에 입성하여 명조의 멸망을 선포했다. 이제 봉신국이었던 Tatar는 Tartar(거칠어 다루기 힘든 존재)가 되었다. 선왕의 아들[12)]은 용상에 올라 황제가 됨으로써 중원과 그의 복속 국가의 군주가 되었다.

---

11) 이때는 이미 강화도로 가는 길이 막혔기 때문에 왕과 조신들은 남한산성으로 피난했다.
12) 태종의 아들이며, 청나라의 제3대 황제인 세조를 의미하며, 그가 북경에 도읍을 정한 것은 1644년이었다.

조선의 두발형

조선이 해마다 바치도록 되어 있는 조공품은, 금 1백 온스, 은 1천 온스, 쌀 1만 석, 비단 2천 필, 아마포 3백 필, 무명 1만 필, 대마포 4백 필, 세마포 1백 필, 큰 종이 1만 권(매 권은 50장), 작은 종이 1천 권, 칼 2천 자루, 우각 1천 개, 화문석 40장, 염료 2백 파운드, 후추 10상자, 호피 1백 장, 녹비(녹피] 1백 장, 수달피 4백 장, 춘풍피(사향 나무 가죽?) 2백 장이었다.

바로 그 이듬해에는 일본의 막부가 증량하여 에도에 조공을 바치도록 조선에 요구하자 조선 정부는 병자호란으로 말미암은 자원의 고갈을 빙자하여 무거운 짐을 새로이 줄여 책정했다. 일본은 그들의 구실을 받아들였다.

이 작은 한반도는 한 세대 만에 두 번의 큰 침략을 겪어 국토가 유린되었다. 북쪽에서 내려온 산적 떼와 바다를 건너온 비적들 사이에서 조선은 국제적인 이삭(Issachar)의 신세가 되었다. 한때에는 그 힘이 강대했던 노새가 두 개의 무거운 짐을 견디지 못하고 꼬꾸라졌다. "그리고 그는 지난날 편히 쉬던 때가 좋았다. 그래도 자기가 기뻐할 수 있는 것은 자기 땅밖에는 없다는 것을 알았다. 그는 이제 짐을 싣고자 어깨를 늘어뜨리고, 남에게 조공이나 바치는 속국이 되었다."

혈통이나 족속이 중국과 다른 만주족들은 몇 백만 명의 한족들에게 자기들의 복식과 두발형을 실시했지만 그들의 횡포는 이 정도로 그치는 것같이 보였다. 그 이전까지는 머리를 위로 틀어 올리는 상투의 풍습이 중국과 조선에서 오랫동안 유행해 왔다. 새로운 군주에 대한 충성의 표지로 중원의 모든 백성은 앞부분의 머리를 강제로 깎고 돼지 꼬리처럼 생긴 변발을 등 뒤로 기르지 않을 수 없게 되었다. 처음에 한족과 조선 사람들은 이에 대하여 저항했으나 많은 피를 흘리고서야 이에 굴복했다.

그러나 한때 추악했던 야만족과 침략자의 표시였던 이 변발은 끝내 중국의 안팎에서 유행이 되어 중국인의 자존심으로 자리 잡게 되었다. 오늘날 중국 안에 있는 정치적 비밀 결사들이 조장하고 있는 변발 타파 계획의 목적은 중국인으로부터 청조의 부속물과 타타르 민족 지배의 상징들을 떼어 버림으로써 북경의 황실을 모독하려는 것이다. 만주의 새로운 종주국에게 최초로 복종한 조선 사람들에게는 특별한 호의로써 변발 시행을 보류하고 그들의 전통적인 두발형을 유지하도록 했다.

조선의 왕은 서둘러 청나라의 황제 순치제에게 축하 사신을 보냈는데 그는 이렇게 함으로써 좀 더 북경 정부의 마음에 들도록 아첨했다. 정묘호란 때 잡혀간 조선의 한 처녀는 1650년에 청조 황실에서 여섯 번째로 높은 여인의 지위에 올랐다. 이 여인의 영향력에 힘을 얻어 그의 아버지인 조선의 사신은 1637년의 항복 당시에 약정되었던 연공을 상당히 감면 받을 수 있었다.[13)]

1643년에는 연공의 1/3이 감면됐고 이와 같은 계속적인 감면으로 1650년에 조선의 왕실이 바쳐야 할 연공은 극히 미미한 것이 되었다. 조선은 그들

---

13) 이 여인은 기자오의 딸로서 순치제의 빈이 된 기황후를 뜻한다. 그는 모국의 국익을 위해 애썼고, 그의 친정 식구들은 조선에서 부귀와 영화를 누렸다.

이 주는 것만큼 받는 것이 있었으며, 사신들은 조공을 바치러 오는 것이라기보다는 오히려 의례적인 것이라고 북경 정부는 오랫동안 생각했다. 그들이 북경에 조공을 바치는 것은 봉신국의 상징을 의미하는 것이 아니라 무역의 허가를 위한 몫이었다. 그럼에도 불구하고 17~18세기의 조선 사람들은 자신이 손해를 보면서 청국에 대하여 적절한 경의 표하지 않는다는 것은 자기들의 자유에 값비싼 댓가를 초래한다는 사실을 알고 있었다. 오만한 만주족들은 다만 극소수의 분량일지라도 박하나 향료를 예물로 바칠 것을 강요했다.

1695년에 조선의 왕은 봉신국으로서 지켜야 할 사소한 의식을 지키지 않았다는 이유로 은 1만 온스를 벌금으로 물었다. 서울에서 왕의 즉위식이 있을 때면 북경 정부는 그 왕통을 서임하고자 2명의 대공을 파견했다. 이 값비싼 은전에 대하여 대공들은 은 1만 냥의 약소한 청구서를 내밀었다.

조선 사람 들은 또한 서울 성문 가까이에 만주족의 내침을 이끌었던 한 장수에 경배하는 사원을 지었다. 이 사원은 아직도 있는데 조선 사람들은 오늘날까지도 이에 대하여 반신성의 예를 올리고 있다. 그러면서도, 조선 정부는 애국심을 고취시키고자 압록강에서 만주족의 침입을 거부하다가 목숨을 잃은 대신들의 후손들에게 그들을 추모하는 사당을 세울 것을 왕명으로 허락했는데 이와 같이 그들에게 높은 영예를 내리는 것은 그리 흔한 일이 아니었다.

북경의 제수이트 교도들은 정복자들과 순치제에게 아부하는 데에 성공했는데, 이들은 흠천감 감정인 독일의 제수이트 교도 아담 샬[14]의 제자였다. 그럼에도 불구하고 평화가 정착되기 이전의 와중에서 정직한 사람들이 많

---

14) 아담 샬(Adam Schall : 1592~1666) : 중국명은 탕약망. 독일의 제수이트 교도로서 1622년 중국에 입국하여 명 · 청년간에 포교와 역학 등 신문화의 보급에 크게 기여했으며, 당시 청나라의 볼모가 된 소현세자를 통하여 조선에도 종교적 · 문화적인 영향은 미치었다. 그는 회회교도의 모함으로 북경 감옥에서 옥사했다.

이 죽었으며, 콘스탄티노플의 기독교도들이 터키인을 미워했던 것과 마찬가지로, 그들이 그토록 사랑하던 중국을 멸망시킨 타타르의 정복자를 미워한 몇 백 명의 학자들이 조선과 일본으로 도망하여 이곳의 문물에 매우 유익한 영향을 끼치었다.

조선과 일본에 제수이트 교도들이 나타나자 한문화에 대한 비판적인 학풍이 크게 자극을 받았다. 일본에 건너온 그들은 미도와 에도에 있는 일본 학자들과 함께, 내전 기간에 오랫동안 등한시해 온 문예를 부흥하는 데 도움을 주었다. 국성야(Coxinga)가 대만에서 네덜란드인을 추방시킴으로써 명나라를 부활시키려던 마지막 희망이 사라지자 나가사키에는 중국의 이민이 정착하여 양국 간에 무역이 열렸다. 이와 같은 학자들의 탈출은 비잔틴 제국이 멸망한 뒤 그리스의 학자들이 유럽 각처로 흩어진 것과 다소 같은 점이 있다.

거의가 프랑스인이었던 북경의 제수이트교단은 중국에서 근대 문화의 전반적인 체제를 최초로 시작했다는 영광을 받고 있다. 그와 같은 체제로써 근대 과학과 천주교는 이제 중국인의 심성을 변혁하고 자연과 신에 관한 이 강대한 민족의 사상을 개작하려 하고 있다. 제수이트 선교사들은 중국과 그 주위의 속국들에 관한 값진 정보를 유럽에 알리기 시작했다.

제수이트 교도은 조선의 지도를 자기 나라에 발송했는데, 이는 유럽에 알려진 최초의 조선 지도이다. 그 지도는 불충분한 것이기는 하지만, 이 은자의 나라를 단순한 이름 이상의 실체로 만들었다. 제수이트 선교사인 마르티니[15]가 저술하여 출판업의 중심지이며 당시의 라이프지크[16]인 암스테르담에서 1649년에 출판한 『중국 도해』에 조선의 지도가 수록되어 있다.

---

15) 마르티니(Martino Martini : 1614~1661) : 이탈리아계 제수이트 선교사. 1643년 이후 죽을 때까지 명·청의 중국에서 선교하면서 중국의 지리를 최초로 서방 세계에 전파했다.

16) 라이프지크(Leipsic) : 독일의 남부 도시인 라이프치히의 옛 이름인데, 여기서는 출판업의 중심지를 의미한다.

근면한 마르티니는 또 『만주족과 중국인의 전쟁』이라는 이름으로 라틴아판을 안트워프(1654)와 암스테르담(1661)에서 출판했는데, 이 책은 영어, 프랑스어, 스페인어로 각기 번역되어 런던, 도네, 마드리드에서 출판되었다. 이 책의 영어판 서명은 『타타르족의 전쟁 : 만주족의 침략에 의한 위대한 중국 제국의 정복』으로서 1654년에 8절판으로 런던에서 출판되었다.

네덜란드인은 중국과 교역 관계를 맺고자 오랫동안 노력했으며, 1604년, 1622년, 1653년에 중국의 연안 항구에 상선을 파견했지만 번번이 거절당했다. 그러나 다른 유럽 여러 나라들이 중국으로부터 특권을 얻어내기에 앞서 이미 러시아인들은 중국과 북부 국경 지대에서 최초로 특권을 얻었다.

1579년에 최초로 우랄 산맥을 넘은 코자크족들은 태평양을 향하여 그들의 진격을 멈추지 않음으로써 끝내 미국 또는 유럽의 절반에 해당하는 국토를 러시아 황제에게 보태 주었다. 러시아의 대초원 지대에서 코자크족과 타타르족 사이의 오랜 결투가 시작되었는데 이 결투는 러시아의 국경이 조선, 일본, 그리고 오늘날의 알라스카에 접경될 때까지 그치지 않았다.

코자크족들은 쌍두 독수리의 날개 아래 있는 6백만 평방 마일이 넘는 기름진 토지와 얼어붙은 늪지대, 그리고 삼림을 발견·개척하여 정복·정착했다. 그들은 조선에 관한 견문을 러시아에 전하여 주었는데, 캠벨 경(Sir John Campbell)이 자신의 여행 중 얻은 지식을 책으로 엮어 1771년 런던에서 출판한 『한일상역사』의 내용은 러시아인들의 자료를 토대로 하여 쓴 것이다.

1645년에 일단의 일본인들이 의주에서 부산까지 조선의 전국토를 끝에서 끝까지 횡단했다. 그 가운데 한 사람은 『조선 이야기』라는 책을 썼다. 다케우치 토사에몽과 그의 아들 도조, 그리고 구니다 히소사에몽은 1645년 4월 26일 에치젠 지방의 미쿠니항을 출발했다. 이곳은 전설 시대에 최초의 한인들이 일본에 도착한 곳이라고 한다.

세 척의 큰 범선에 58명의 선원을 태우고 그들은 북쪽으로 상업 항해를 떠났다. 사도시마를 지나자 무서운 폭풍이 불어왔다. 15일 동안 바다에서 표류한 뒤 그들은 폭풍에 밀려 타타르 지방의 산악 해안에 이르렀다. 5월 12일에 그들은 배를 수선하고 물을 얻고자 그곳에 상륙했다. 처음에 원주민들은 그들을 평화적으로 상대해 주면서 일본의 곡주인 사케와 인삼을 교환하기도 했다.

그런 뒤 일인들은 원주민의 공격을 받아 25명이 피살되었다. 생존자들은 북경으로 호송되어 그곳에서 1646년 겨울까지 머물렀다. 청제 순치제의 생환 조치에 따라 그들은 모든 죄를 용서받고 고향으로 돌아가고자 조선으로 송환되었다. 그들은 12월 18일에 출발하여 눈 덮인 산과 요동의 얼어붙은 강을 건너 28일 만인 1647년 2월 3일 서울에 도착했다.

일본인들은 어느 왕실에서 지내는 동안 잔칫상을 받고 하인들의 시중과 선물도 받고 한 관리의 보살핌을 받는 등 정중한 대접을 받았다. 간순이라고 하는 관리는 그들을 데리고 서울 거리를 구경시켜 주었다. 왕궁의 벽화, 호피로 된 담요, 손으로 깔끔하게 만든 서적, 정월 초하루의 명절, 상록수와 아름다운 경치—이 모든 것들이 고상하고 또 일본인의 마음을 즐겁게 해 주었지만 아직도 그들은 고향에 돌아가고 싶은 심정뿐이었다.

2월 12일 에 서울을 출발한 그들은 어느 큰 도시를 통과했는데 그곳에서 그들은 해가 뜰 때와 해가 질 때면 나팔을 불어 일꾼들이 작업을 시작하고 마치는 소리를 들었다. 관리의 가정에서는 태조로부터 선왕에 이르기까지 열성조의 재위와 생몰 연대를 벽에 써 붙인 것을 보았다. 상인들의 집에서는 옛날 훌륭한 상술로 막대한 재산을 벌어 자기의 친구들에게 모두 나눠주었다는 태조궁의 그림을 간직하고 있었다. 2월 21일 그들은 임진왜란 당시 왜군이 대승을 거둔 상산(尙州?)을 통과했다.

낙동강을 따라 내려오던 그들은 해마다 거행되는 무과의 궁술 시험을 관람했다. 과녁은 강심의 배 위에 세워진 볏짚의 허수아비였다. 3월 6일 그들은 부산에 도착했다. 일본인들이 사는 소위 니혼마치는 성 밖에 있었으며 자기들의 주거를 벗어나지 못하도록 감시하는 초소가 서 있었다.

연중 8월 15일과 16일의 두 차례에 걸쳐 일본인들은 거주지를 떠나 그 도시의 절에 참배하는 것이 허락되었다. 그러나 조선 사람들은 무역이나 방문을 위해서 일본인의 거주지에 자유로이 출입할 수가 있었다. 이 니혼마치를 배회하는 일본인 부랑자들은 대마도의 다이묘가에로 호송되었다. 일본인들은 자기의 동족들을 만나자 참으로 반갑게 이야기를 누었다. 대마도에 도착한 그들은 그제야 일본 복장을 입을 수가 있었다.

일본인들은 7월 19일에 오사카에 도착하여 에치젠의 자기 고향집으로 돌아갔다. 그들 가운데 한 사람은 자기의 모험담을 책으로 남겼다. 여러 가지 흥미 있는 사실 가운데 그는 북경의 왕궁에 일본의 영웅 요시쓰네[17]의 초상이 걸려 있는 것을 보았다고 말하고 있다. 몇몇 일인들이 믿고 있는 바에 따르면, 요시쓰네는 자기 나라를 벗어나 만주에 정착하여 저 유명한 전사 징기즈칸이 된 사람이다. 그 일본인의 기록이 사실인지 아닌지는 모르겠으나 여하튼 흥미 있는 사실이다.

페이지[18] 씨가 『일본기독교회사』라는 책에서 지적하고 있는 바에 따르면, 위에서 언급한 일본인들은 서울에서 일본인 상관을 보았는데 그들은 데시마에 있는 네덜란드인이 겪은 것과 똑같이 매우 가혹한 제약을 받았다고 한다. 이는 분명히 잘못된 기록이다. 왜냐하면, 부산에는 예로부터 왜관이 있었고 지금도 매우 번창한 조건에 운영되고 있지만 서울에는 상관이 없기 때문이다.

만주족들은 애당초부터 자신들이 "아시아에서 가장 개량하기 쉬운 종족임"을 스스로 보여주었다. 1707년 북경에 있는 제수이트 신부들은 저 유명한 강희제[19]의 도움을 받아 거대한 지도 작업, 곧 그들의 복속 국가를 포함

17) 요시쓰네(義經 : 1159~1218) : 가마쿠라막부의 무장인 미나모토 요시쓰네를 의미함.
18) 페이지(Leon Pages : 1814~1886) : 프랑스의 외교관. 북경 주차 프랑스 공사관에 근무하면서 일본을 연구하여 『日佛辞典』, 『日本書誌』, 『日本切支丹宗門史』 등을 저술하였으며, 三省堂의 『大辞林』에 나오는 외국어의 표기를 감수했다.

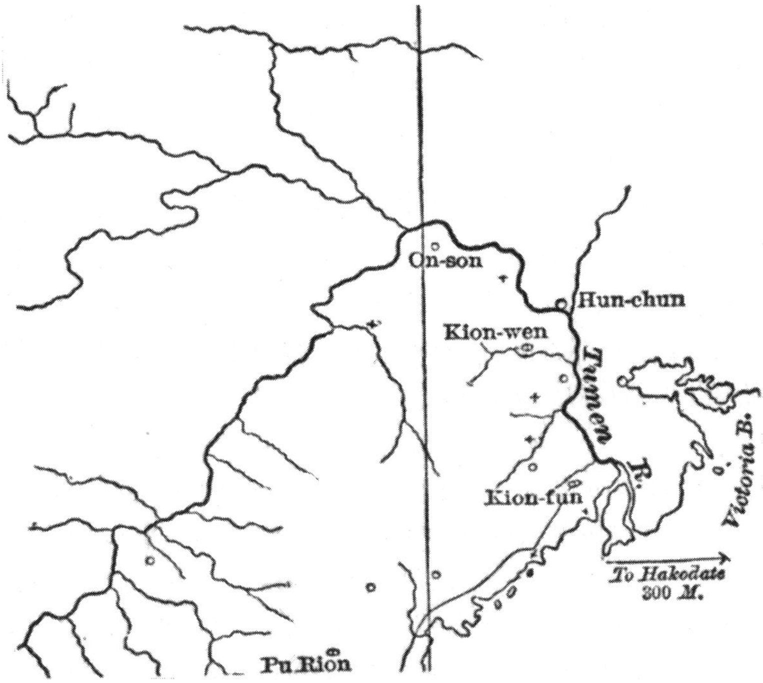

제수이트 교단의 탐사지역

하여 중국제국을 탐사하는 작업을 시작했다. 강희제의 사신은 조선의 왕실에서 조선 지도 한 장을 얻어 이를 조판·인쇄하고자 축도를 만들어 유럽으로 보냈다.

그 뒤에 출판된 서적에 수록된 대부분의 지도나 가정된 조선 지명은 이 원본을 토대로 하여 복사한 것이다. 측근에 조선의 통역이 없던 제수이트의 제도사는 이 지방의 지명을 표기하는 데 중국 음을 사용했다. 이후부터 조

19) 강희제(康熙帝, 재위 1661～1722) : 청나라의 4대 황제로서 순치제의 아들. 밖으로는 삼번의 난을 평정하고 러시아를 몰아냈으며, 안으로는 문무를 장려하고 제정을 확립하여 청조의 기틀을 세움.

선의 토착 발음을 사용한 네덜란드인, 일본인, 프랑스인, 그리고 미국인의 기록과 이 지도 사이에는 서로 다른 점이 생기게 되었다. 은자의 나라에 관하여 유럽에 알려진 대부분의 지식을 처음부터 끝까지 우리는 이들 프랑스의 천재와 그 노력에 빚을 지고 있다.

제수이트교단이 그린 지도는 여러 지역의 위도와 경도가 정확하지만 해안선의 정확도가 미흡하다. 그들이 탐사 작업을 하는 동안 동만주 일대를 담당한 선교사들은 1세기 이내에 자기들에게 포교가 약속된 땅을 내려다볼 수 있는 피즈가산[20] 같은 것을 얼핏 보았다. 1709년 그들은 두만강 건너를 바라보면서 이렇게 기록하고 있다.

> 우리가 숱한 삼림을 지나 놀라운 산맥을 따라 두만강 연안에 이르렀을 때 한 쪽에는 숲과 맹수뿐이며, 다른 한 쪽은 최고 문명의 왕국에서 예술과 노동이 창출할 수 있는 모든 것을 보여주는 새로운 모습이 눈앞에 전개되었다. 거기에서 우리는 성으로 둘러싸인 여러 도시를 보았다. 우리는 인근 산 위에 측지기를 설치하고 북쪽으로 조선에 접하고 있는 네 도시의 위치를 지리적으로 측정했다.

제수이트교단의 탐사자들이 보았다는 네 도시는 경원·온성과 아마 경흥·종성인 것 같다. 조선 사람들은 타타르인과 중국인들이 프랑스인들을 데리고 다니는 이유를 알 수 없었다. 그러나 혼춘에서 이 일행은 통역을 찾았는데 그가 그들에게 조선의 도시 이름을 가르쳐 주었다. 프랑스 선교사들은 강을 건너 "가시 돋친 장미"처럼 매혹적으로 보이는 그 성으로 들어가 보고 싶어 몹시 안달했지만 칙령으로 금지되어 있었기 때문에 마지못해 미소 짓

---

20) 피즈가산(Pisgah) : 요르단 강 동쪽에 있는 산으로서, 모세는 이산 위에 올라가서 멀리 약속의 땅을 바라보았다고 함.(『구약성서 신명기』 3 : 27)

고 있는 그 도시에서 등을 돌렸다.

위의 기록은 이 지대가 황폐하게 되기 이전인 1707년의 북쪽 국경의 모습인데 그 뒤 이곳은 러시아인들이 도강의 유혹을 느끼지 못하도록 하려고 고의적으로 국토를 황폐하게 만들었다. 1860년까지 2년 동안 만주의 혼춘과 조선 측 강안의 경원에서 각각 1년씩 상품 전시회가 열려 조선과 중국의 상인들이 물건을 교환했다. 양국 국민들에게 국경을 넘나드는 것이 허락되고 굼벵이 같은 대상이 발걸음을 재촉했지만 이와 같이 활발한 교통도 반나절만에 그치고 말았다.

외국인, 만주인, 중국인, 그리고 심지어는 외국인으로 의심되는 사람은 설령 조선 사람이라 할지라도 두만강의 남쪽에서 적발되기만 하면 고해를 하거나 동정을 느낄 틈도 없이 곧 처형되었다. 그리하여 조선의 북쪽 국경의 외계와 통교할 수 있는 관문이란 마치 총구나 콧구멍 같았다.

드디어 코자크족의 창이 번득이고 러시아 학교가 설립되고 교회의 뾰족탑이 두만강 건너로 그 빛을 보내게 되자, 이 관문은 조선의 농노들이 캐나다로 넘어가고, 조선의 천주교도들이 고문과 땅굴 속의 유폐와 죽음을 피하여 자유를 찾는 지하도의 마지막 종착역이 되었다.

제 22 장 하멜의 표착

신기한 나라를 여행하고 돌아와 경험담을 털어놓을 때면 "사실은 소설보다도 더 기이하다"(Truth is stranger than fiction)는 옛 속담을 새삼 확인하게 된다. 마르코 폴로는 중국을 얘기하면서 "백만"이라는 엄청난 수사를 태연스럽게 그리고 너무도 빈번히 사용했기 때문에 그의 말을 믿지 못하는 방청인들로부터 밀리아노 각하(Signor Milliano)라는 명칭을 얻었다.

멘데즈 핀토[1]는 일본에 관한 견문을 꽤 진실하게 말했지만, 그는 매우 비기독교적인 이야기라고 여겨지는 것을 말했기 때문에 그의 동음이의의 기독교 세례명에 따라 멘다시우스[2]라는 칭호를 들었다.

요즈음 샤우[3]가 아프리카의 야생 지대에서 돌아와, 고릴라는 사람처럼 꼿꼿이 서서 걸으며, 이빨로 총신을 깨물어 움푹 들어가게 만든다고 말을 하자 모든 사람들은 믿기는 하면서도 순문학을 가르치는 대학 교수처럼 "그

---

1) 멘데즈 핀토(Mendez Pinto : 1509?~1583) : 최초로 일본에 총포를 전한 포르투갈의 여행가. 1558년에 고국으로 돌아가 여생을 보내면서 동방에 관한 『여행기』(1614)를 썼는데 내용에는 허구가 많으나 문학적인 작품으로 평가받고 있음.

2) 멘다시우스(Mendacius)를 형용사로 쓰면 "거짓말 잘 하는 이"라는 뜻이 됨.

3) 샤우(Paul Du Chaillu : 1831~1903) : 프랑스 태생의 미국인. 아프리카 탐험가. 『아프리카 기행』(1968) 등 많은·탐험기를 썼으나 너무도 기이하여 아무도 믿어 주지 않았다.

친구 거짓말을 재미있게 하는구먼."하고 점잖게 논평했다. 그러나 그 신비한 고릴라가 필라델피아에 산 손님으로 방문하고, 그들의 두개골이 박물관에서 흔히 볼 수 있는 지금에 와서 보라. 심지어는 스탠리[4]의 아프리카 탐험담도 처음에는 믿어지지 않았다.

조선을 최초로 여행한 유럽인들은 그들의 고향에 돌아가 경험담을 얘기할 때 마르코 폴로, 핀토, 샤우, 그리고 스탠리와 꼭 같은 입장을 겪었다. 그들의 얘기는 오랫동안 의심을 받았으며 어떤 사람은 새빨간 거짓말로 취급했다. 평원을 감시하던 인디언의 용사들이 "붉은 구름"이나 "얼룩진 꼬리"의 이야기를 들으면 정부군이나 문명인으로부터 습격이 있으리라는 의심을 품었던 것과 마찬가지로 동방 여행자들의 이야기를 들은 사람들은 그들이 "못된 약"을 먹었다고 확신하고 있다. 그러나 그 뒤에 계속적으로 들어오는 보고서나 개인적인 경험담은 최초의 기록들을 뒷받침하게 되고, 진실한 사실로 일상화됨으로써 초기의 기록들은 신기함과 의혹의 짐을 모두 벗게 된다.

조선에 최초로 입국한 유럽인들은 1627년 풍랑으로 정박했던 홀란드의 선박 홀란드라호의 승무원으로 알려져 있다. 이 무렵 홀란드인들은 미주 해역은 물론 동양의 해상에서 모험적인 항진을 계속하고 있었다. 그들은 자바, 수마트라, 몰루카제도, 그리고 남부 일본의 여러 항구에서 요새나 상역지, 또는 번창한 도시를 이루고 있었다.

이들 다도해와 대륙의 연안은 그 당시 거의 알려지지도 않았고 탐사도 되어 있지 않았기 때문에 난파 사고가 빈번하게 발생했다. 해상 활동이 빈번할 때면, 상 가운데 60%가 실종된 것으로 오늘날 추정되지만, 그럼에도 항해는 모든 해상의 손실을 메울 수 있었다. 설령 중국의 일급 항해사라 할지

---

4) 스탠리(Henry Morton Stanley : 1841~1904) : 영국의 탐험가이며 신문기자. 『뉴욕 헤럴드』의 아프리카 특파원이 되어 그곳에서 행방불명되었던 리빙스톤을 찾는 등 아프리카 탐험에 크게 공헌했으며, 그 뒤 하원 의원이 되었다.

라도 중국과 일본 사이의 항로나 조선 남해안의 항해는 예로부터 어려운 일이었다.

북부 홀란드의 리프 태생인 웨테레[5]는 푸른 눈에 붉은 수염의 억센 거한이었다. 그는 일본에 가고자 1626년에 홀란드의 선박에 자진 승선했다. 지난 17년 동안 이 경이의 나라에서 그의 동족들은 때로는 포르투갈인이나 당시의 해적들과 해상 전투를 벌이면서 상역 활동을 통하여 막대한 돈을 벌고 있었다.

이 훌륭한 배는 오랜 항해 끝에 희망봉을 돌아 인도양과 남지나해를 거쳐 거의 일본에 접근했다. 조선의 해안을 따라 항해하던 웨테레와 그의 동료[6]들은 물을 얻고자 해안에 상륙했다가 이곳 원주민들에게 생포되었다. 조선 사람들은 그들을 부려먹기 위해서가 아니라 하나의 장식품으로 그와 같은 이방인들을 잡아 두기를 몹시 좋아했음이 분명했다.

임진왜란을 겪은 뒤로 그들은 성채를 쌓고 건물을 짓고 군사적 자원을 개발하는 데에 여념이 없었으며, 코가 크고 수염이 붉은 진짜 남만인을 갖는다는 것은 멋있는 상품으로서의 가치가 있었다. 유럽인들은 배를 타고 남쪽으로부터 올라왔기 때문에 조선 사람이나 일본인들은 그들을 "남만인"이라고 불렀다. 그 뒤 지리에 관한 새 학문을 배운 그들은 유럽인들은 양인 또는 양이라고 불렀다.

백인은 신령이라고 믿기 때문에 이를 한 명쯤 갖고 싶어 하는 아프리카의 검은 군주나, 파헤카 마오리(Paheka Maori : 영국인)가 나타나면 길조로 아는 뉴질랜드의 추장처럼 그 무렵의 조선 사람들은 양이란 호피에 못지않게 값진 재산이 된다고 생각했다. 그 무렵 쇄국정책을 시작하고 있던 일본인들도 백인들을 그들의 재산으로 감금하여 두고 있었으며, 그 뒤 조선 사람들

---

5) 박연(朴淵 : Jan John Wetterree)을 의미함. 우리에게는 흔히 웰터브레로 알려짐.
6) 히스벨츠와 베어배스트를 의미함.

도 그와 같은 생각을 본떴다는 사실을 기억하여 두는 것이 좋다.

일본에 감금되어 있던 그 백인은 바로 영국인 아담스(Will Adams)였는데 그는 웨테레와 마찬가지로 텍셀강에서 출항한 홀란드 선박의 항해사였다. 웨테레는 소년 시절에 홀란드 항구의 선창에서 그 용감한 영국인을 만나 얘기를 나누어 본 적이 있을지도 모른다. 아담스는 통역으로, 국가의 고문으로, 조선공으로, 수학자로, 그리고 여러 가지 유익한 방법으로 일본인을 위하여 봉사했지만 일본을 떠나는 것은 결코 용납되지 않았다. 조선에서 파견된 사신들은 에도에 머무는 동안, 1620년 5월까지 그곳에 살면서 공사 간에 많은 사람을 상대한 아담스를 만났을 가능성은 매우 높다.

서울에 살고 있던 고관들도 이와 같은 잡부 하나쯤은 갖고 싶어 했을 만한데, 이러한 사실은 웨테레가 비록 감옥에 갇혀 있었다고는 하지만 친절하고도 비교적 정중한 대접을 받았던 이유를 설명하여 주고 있다. 1635년에 만주족이 조선을 침략했을 때[7] 그의 두 동료가 전쟁에서 죽자 웨테레는 혼잣몸이 되었다. 함께 얘기를 나눌 사람이 없게 된 그는 모국어를 거의 잊게 되었다. 27년의 포로 생활을 겪은 뒤 59세가 되던 해에 그는 자기의 동족인 홀란드인 몇 사람을 만나, 다음과 같은 상황에서 조선 사람들에게 통역을 해주었다.

1653년 1월, 홀란드 선박 스파르웨르호는 나가사키를 향하여 텍셀도를 출항했다. 선원 가운데 화물 감독인 하멜(Hendrik Hamel)이 타고 있었는데, 그는 그 뒤 자신의 모험담을 기록으로 남긴 역사가가 되었다. 거의 5개월에 걸친 항해를 한 다음 그들은 6월 1일에는 바타비아[8]에, 그리고 7월 16일에는 대만에 기착했다. 대만에서 그들은 일본을 향하여 배를 저어 나갔는데, 그 동안 다행히도 중도에서 "사나운 중국인"이나 해적을 만나지 않았다.

---

7) 1636년의 병자호란을 오기한 것임.
8) 바타비아(Batavia) : 인도지나의 수도인 자카르타의 옛 이름.

제주도 앞 바다에서 무서운 폭풍이 몰아쳤다. 모든 사람의 얼굴에는 죽음의 공포가 감돌고 배는 바람이 부는 쪽의 해안 가까이에로 접근하게 되자 선장은 선원들에게 "돛대를 자르고 각기 기도에 들어가도록" 명령했다. 배는 파선되었지만 선원 64명 가운데 36명이 살아서 해안에 상륙했다. 홀란드어를 조금은 알고 있던 70여 세의 지방 장관[9]은 그의 부하들과 함께 그들을 만나고 그들은 누구이며, 어디에서 왔는가 하는 등의 사정을 알게 되었다.

홀란드인들은 우선 미음을 먹어 기운을 차렸다. 그 뒤 조선 사람들은 난파선의 조각과 그 배에서 나온 모든 것을 모아 쇠를 골라내고자 이를 태웠다. 어떤 쇠붙이는 장탄이 된 소총이었으므로 불길 속에서 마구 총알을 발사했다. 술통은 역부들의 식도로 급히 들어갔으며, 이교도들의 왁자지껄한 소란이 일어났다. 그러나 그 늙은 수령은 선악의 구별을 분명히 하기로 결심했다. 그는 도적 몇 사람을 체포하여 즉석에서 볼기를 치고 다른 사람들은 발바닥을 대나무로 갈겼는데, 그 가운데 한 사람은 너무 심하게 맞아 발톱이 빠졌다.

10월 29일 생존자들은 통역 웨테레의 심사를 받고자 관리를 다라 호송되었다. 오랜 유수 생활을 해 온 그이지만 큰 코, 붉은 수염, 그리고 흰 얼굴의 조난자들이 자기의 동족임을 곧 알아보았다. 웨테레는 27년 동안의 유수 생활에서 거의 사용하지 않은 자기의 모국어에 몹시 "녹이 슬어" 있었지만 새로운 표류객들과 어울리는 동안 그의 입이 모두 풀렸다.

표류객들의 생각은 처음부터 끝까지 어떻게 하면 탈주할 수 있을까 하는 것에만 몰두했음은 더 말할 나위도 없다. 조선의 어선들이 일본으로 떠나는 경우가 자주 있었는데, 그들은 이것을 놓쳐서는 안 된다는 사실을 잘 알고 있었다. 어느 날 밤 그들은 해변에로의 탈출을 시도했다. 처음에 그들은 안

9) 당시의 제주 부사는 이원진(李元鎭, 1654~?)이나 대정 현감 권극중을 의미하는 것으로 보임. 그러나 그들은 홀란드어를 몰랐다. 그 뒤에 만난 웰터브레를 혼동한 것으로 보인다.

전하게 탈출했다고 생각했으나 그때 개들이 쫓아오며 짖어대어 경비원들을 깨웠다. 유럽인들의 몸에서는 몽골족들과는 전혀 다른 냄새가 나는 것이 분명하다.

위크 신부[10]가 기술하고 있는 바에 따르면 심지어는 변복을 하고 밤중에 티베트와 인도를 여행할 때에도 개들이 끊임없이 짖어대며 쫓아왔다는 것이다. 필자도 여행을 하면서, 특히 일본의 후쿠이에 살 때 그러한 경험을 했다. 밤중에 거리를 걷다 보면 심지어 몇 백 야드 밖에 있던 일본 개들까지도 짖어 대며 달려오곤 했다. 본토인 몇 십 명과 함께 섞여 걸어감으로써 눈으로는 알아볼 수 없을 경우에도 이러한 사건은 계속 일어났다. 조선에서 심지어 변복까지 하고 다닌 프랑스 선교사들도 이와 꼭 같은 사실들을 보고하고 있다.

모든 계획이 수포로 돌아간 네덜란드인들은 다시 체포되어 양어장의 붕어를 몰아대는 식으로 공식 형벌을 받았으나 그 형벌이 너무도 가혹하여 어떤 사람들은 뒤틀린 옆구리를 교정하느라고 한 달 동안 침대 신세를 졌다. 끝내 그들은 그들이 "시오르"(Sior)라고 발음되는 수도로 올라가라는 명령을 받았다. 하멜은 그가 통과한 몇 군데의 도시 이름을 제시하고 있다.

이 도시들은 지방 사투리로 발음한데다가 홀란드 철자 표기로 거의 알아볼 수가 없이 되었지만, 그래도 대부분의 지명은 지도에서 찾아볼 수 있다. 하멜은 그의 글에서 조선어의 발음은 8분 음절이나 32분 음절로 표기하려고 시도했다. 그는 Corea를 Coeree로, 조선국을 Tyocen-koeck으로 기록하고 있다. 그는 아마 그들의 배가 표착한 제주도에 관하여 최초로 언급한 유럽인일는지도 모른다.

그들이 내륙에서 통과한 최초의 도시는 전라도의 최서남단에 있는 해남

10) 위크(Abbe Regi Huc : 1813~1860) : 프랑스의 선교사로서 1839년 바타비아를 거쳐 중국에 입국하여 포교한 뒤 『타타르 · 티베트 여행기』(1846~1848)를 저술했음.

이었다. 이때가 5월 말 무렵이었다. 그 뒤 그들은 나주에서 밤을 지내고 영암을 향하여 길을 걸었다. 스파르웨르호의 사수는 제함(Je-ham)에서 죽었다. 그들은 어떤 산성을 지나 꼭대기에는 입암산성의 널찍한 요새가 있는 높은 산을 넘은 다음 정읍으로 들어갔다. 여기에서 두 번 사용된 산성이라고 하는 단어는 전시에 인근의 주민들이 난을 피할 수 있도록 산에 세워진 요새를 의미한다.

그 다음에 도착한 곳은 태인이었다. 그 뒤 금구라고 하는 작은 마을에서 요기를 하고 전라고 감영이 있는 전주에 이르렀다. 이 도시는 바다로부터 1백 마일이나 떨어져 있지만 이 지역 교통의 중심지였다. 전주를 지난 그들은 전라도의 마지막 고을인 여산에 들렀다가 은진과 연산을 지나 충청도 감영이 있는 공주에 도착했다. 그들은 발길을 재촉하여 경기도 접경에 이르러 한강을 건넌 다음 1리그[11] 쯤 지나 서울에 입성했다. 그들은 자기들이 통과한 거리를 75리그로 추산했다. 지도에서 볼 수 있는 바와 같이 이 거리는 대충 계산하여 해남으로부터 서울에 이르는 거리이다.

서울에 이른 이 홀란드인들은 그 동안 길에서 겪은 것과 마찬가지로, 동물원의 코끼리와 같았다. 얼굴이 희고 수염이 붉은 이 외국인들을 보려고 사람들이 떼를 지어 몰려들었다. 영국의 어린이들이 『펀치』[12]를 보는 기분으로 조선 사람들은 그들을 보았음이 틀림없다. 이 멋있는 장면을 보고자 여자들이 남자들보다 더 안달이었다.

홀란드인들이 물을 마실 때면 그들의 코를 귀 쪽으로 추켜들리라고 그들은 믿고 있었기 때문에 그들이 물 마시는 장면을 보려고 특히 안달했다. 코카서스족의 코는 크고 그 모양이 특출하여 우선 우랄알타이어족을 놀랍고도 두렵게 만든다. 양이들은 엄청난 양을 먹지만 지렁이나 두꺼비는 먹지

11) 1리그(league)는 대략 5km임.
12) 『펀치』(*Punch*) : 영국의 유명한 주간 만화 잡지.

않는다고 수많은 사람들이 애당초에는 의심 없이 알고 있었다. 하멜이 표현하고 있는 바와 같이 심지어 어떤 여자들은 홀란드인의 잘 생긴 얼굴과 불그레한 볼을 상찬하고자 가까이 다가갔다.

궁중에서도 왕(효종 : 1650~1659)[13]이 이 작은 재미를 보기 위한 기회를 만들었다. 그들의 공연은 너무도 훌륭한 것이어서 동물원의 놀이도 따라갈 수 없었다. 그들은 전하를 위해 웃고, 노래하고, 춤추고, 뛰고, 그 밖의 여러 가지 공연을 했다. 그 댓가로 그들은 마음껏 마시고 먹는 것으로 상을 받았다.

그 뒤 그들은 말직의 근위병이 되었으며 그들을 먹이도록 양곡이 별도로 배정되었다. 중국인과 홀란드인들은 궁정 수비대를 교련·지휘했는데, 이들이야말로 조선의 군사 가운데 가장 훌륭했음이 분명하다. 서울에 사는 동안 그들은 조선이라는 나라와 이곳 주민들에 관하여 많은 것을 알게 되었으며 조선어를 말할 수 있게 되기 시작했다.

조선 사람들의 무지와 편협성은 거의 믿을 수 없을 정도였다. 포로들이 그들에게 지구의 크기를 말해도 그들은 믿지 않았다.

"태양이 어떻게 당신들이 우리에게 말하는 그 모든 나라들을 한꺼번에 비칠 수가 있을까?"

그들은 비웃으며 믿지 않았다. 그 외국인들이 과장된 거짓말을 하고 있다고 생각한 조선 사람들은 그들이 말하는 나라들이라 함은 주나 "도시" 정도일 것이라고 추측했다. 조선은 이 세상의 중심인 중국으로부터 가장 가까운 곳에 있는 나라라고 그들은 생각했다.

추위는 몹시 혹독했다. 11월이면 강이 모두 얼어 3백 마리의 짐 실은 말이 얼음 위로 지나갔다.

그들이 서울에서 3년을 보낸 뒤 청나라의 사신이 서울을 방문했지만 그들

---

13) 본문에는 효종의 재위가 1648~1658로 오기되어 있다.

이 도착하기에 앞서 포로들은 6~7리그나 멀리 떨어진 한 요새로 호송되어 그 사신들이 3월에 떠날 때까지 감금되어 있었다. 이 요새는 남한산 위에 있었는데, 이 산을 오르는 데에는 3시간이 걸렸다. 전쟁이 일어나면 왕은 이곳에로 피난했는데, 그 안에는 3년을 견딜 수 있는 준비가 되어 있었다. 하멜은 자신과 그의 동료들이 왜 그곳으로 호송되었는지를 말하지 않고 있지만 그것은 아마 외국인이 왕의 호위군을 조련하고 있다는 사실을 숨기기 위한 것으로 보인다. 북경에 새로이 등극한 황제[14]는 쉽게 의심을 품는 사람이었다.

청국의 사신들이 막 서울을 출발하려던 때 몇몇 포로들은 탈주 계획을 수행하기를 결심했다. 그들은 한복 속에 홀란드 옷을 받쳐 입고 기회를 기다렸다. 사신이 막 길을 떠나려고 나서는 순간 그들 가운데 몇 사람이 사신의 말고삐를 잡고 홀란드 옷을 보이면서 자기들을 북경으로 데려가 달라고 애걸했다. 그러나 이 계획도 실패로 돌아갔다.

홀란드인들은 체포되어 감옥에 쑤셔 박혔다. 아무 말도 들어주지 않았다. 그의 동료들은 주모자들이 죽으리라고 생각했다. 이 일이 일어난 것은 3월이었다. 6월에 제주도 앞 바다에서 또 다른 난파선이 표착했으나 이때 웨테레는 이미 너무 늙어 여행을 할 수 없었으므로 하멜의 일행 가운데 3명이 통역으로 파견되었다. 그들의 임무가 어떻게 되었는지에 관하여 하멜은 아무런 언급이 없다.

8월에 청국의 사신이 다시 서울에 왔다. 대신들은 홀란드인들을 죽여야 한다고 주장했지만 그들에게 별일은 없었다. 왕은 대신들의 주장을 거절하고 그들을 전라도로 보내면서 1개월 보급품으로 쌀 50파운드씩을 주었다. 그들은 1657년 3월 서울을 출발하여 그들이 처음 상경하던 도시들을 말을

14) 청나라의 순치제(順治帝 : 1644~1661)를 의미함. 그들이 "서울에서 3년을 보낸 뒤"라 함은 1656년에 해당된다.

타고 통과했다.

작주에 도착한 그들은 제주도 앞 바다의 난파선을 조사하고자 파견되었던 3명의 동료들과 합류함으로써 총원은 33명이 되었다. 그들의 주된 업무는 성을 지키고 관청을 보살피는 일이었는데, 이러한 일이라면 깔끔하고 질서를 사랑하는 홀란드인들에게 쉽고도 마음에 맞는 일이었다.

하멜은 조선 사람들의 생활 관념을 많이 배웠다. 조선 사람들은 그들의 국토를 "트럼프 카드 모양의" 장방형으로 표시했다. 홀란드인들은 유수의 괴로움을 달랠 수 있는 트럼프 한 벌을 가지고 있었던 것 같다. 그들은 그때까지도 다음의 기회에 사용할 수 있도록 무기와 오렌지[15] 기(旗)를 가지고 있었음이 분명하다.

수령이 바뀐 후면 새로운 수령이 "새로운 고난으로써 그들을 괴롭히는" 경우가 있기는 했지만, 수인들은 거친 대접을 받지는 않았다. 이와 같은 "관직의 교체"는 왕의 변동 때문이었음이 분명했다. 효종이 1658년[16]에 왕위에서 물러났으며 요셉[17]이 누구인지도 모르는 사람이 새로운 왕으로 등극했다.[18]

두 갈래의 꼬리를 혜성들이 하늘에 나타나 조선 사람들을 놀라게 함으로써 큰 혼란이 일어났다. 군대가 출동하고 수비대가 2배로 증가되고, 침략자가 적대 세력을 유혹하거나 인도하는 일이 없도록 하고자 해안에는 등불을 켜지 못하게 했다. 과거 몇 십 년 동안에 몇 차례 혜성이 나타났는데, 그들은 번번이 전쟁을 미리 알려 주는 것이었다고 조선 사람들은 말했다. 첫째로 임진왜란이 일어났고 두 번째에는 병자호란이 일어났다.

홀란드에서는 혜성을 어떻게 생각하느냐고 그들은 홀란드인에게 근심스

---

15) 오렌지(Orange) : 그 당시의 네덜란드 왕실을 의미함.
16) 1659년의 오기.
17) 요셉(Joseph) : 예수의 아버지며, 성모 마리아의 남편.
18) 현종의 재위는 1660~1674년이었다.

럽게 물었는데 아마 그 때 그들은 천체에 관하여 몇 가지 새로운 지식을 얻었음직하다. 그러나 전쟁은 일어나지 않았으며 그 정직한 혜성들은 그들의 사나운 머리카락을 흔듦으로써 악질이나 전쟁을 일으키는 일도 없이 점차로 시야에서 사라져 갔다.

홀란드인들은 많은 고래들이 앞 바다에서 물을 뿜는 것을 보았다. 12월에는 청어 떼가 몰려와서 다음해 1월까지 계속 불어나더니 이때부터 줄어들기 시작하여 3월에 사라졌다. 고래들이 이 작은 치어들을 게걸스럽게 잡아먹음으로써 청어 떼를 몰아내었다. 이 무렵에 황해도 앞 바다 나타나서 떼를 지어 연안까지 올라와서 살던 무리들도 청어였다. 북부 중국에서 온 몇 백 척의 어선들은 청어잡이로 큰 재미를 보았다.

홀란드인들의 관찰에 따르면, 라페루스해협[19]이 생기기 120년 전에는 노바야 젬리아와 러시아의 서북단 앞 바다의 섬 사이에 있는 웨이가츠해협(오늘날에는 Strait of Kara라고 불리고 있음)과 마찬가지로 조선의 북쪽에는 북빙양과 연결되는 해협이 뚫려 있었음이 틀림없다고 홀란드인드은 주장했다. 따라서 그들은 사할린 서쪽의 타타르해협[20]이 유럽의 지도 위에 나타나기에 앞서 이미 그의 존재를 추정했다.

웨이가츠해협을 발견한 사람은 영국인 버로우즈[21]였는데, 그는 중국으로 가는 서북 항로를 발견하고자 무스커비상사가 파견한 사람이었다. 홀란드들이 언급한 바에 따르면, 그들이 홀란드를 떠나기 단 7년 전인 1556년[22]에 그 해협이 발견된 이래로 그들은 북극 탐험로에 친숙했다고 한다. 그러나

---

19) 라페루스해협(La Perouse) : 일본 홋카이도와 사할린 사이에 있는 소야해협.

20) 타타르해협(Straits of Tartary) : 소련 대륙과 사할린 사이의 해협.

21) 버로우즈(Stephen Burroughs : 1765~1840) : 영국의 탐험가로 『버로우즈회고록』(1798)을 남겼다.

22) 이 점은 필자가 오해하고 있다. 그들이 홀란드를 떠나기 7년 전의 해가 1556년이라면 그들이 출항한 것은 1563년이 된다. 그러나 그들이 출항한 것은 1563이 아니라 1653년이다. 따라서 "홀란드를 떠나기 단 7년 전"은 "홀란드를 떠나기 97년 전"이 맞는다.

이미 그 무렵 그곳은 고래잡이와 청어잡이들의 유명한 어로지가 되어 있었다. 포로들이 지난날에 탈주를 계획한 바 있다는 사실을 생각할 때 그들이 이토록 해양을 연구했다는 사실은 정부의 의혹을 불러일으켰을지도 모른다.

1663년 2월, 그들은 조정의 명령에 따라서 각기 나누어서 3개 도시에 수용되었다. 12명은 여수좌수영에, 5명은 남원에, 그리고 나머지 5명은 순천에 수용되었으며, 이제 그들의 수효도 22명으로 줄었다. 이들 가운데 남원과 순천은 일본 지도에서도 쉽게 찾을 수가 있다. 그들은 포로 생활을 하는 전 기간 동안 부산에 일본인들이 있다는 사실을 전혀 모르고 있었던 것 같으며, 일본인들도 마찬가지였다.

이들은 이와 같이 흩어져 있었다고는 하지만, 때때로 상호 방문이 허락되었다. 그럴 때면 그들은 방문한 그곳에서 파이프 담배나 궐련을 즐기었다. "그들이 건강했던 것은 신이 내린 커다란 은총이었다"고 하멜은 경건하게 부언하고 있다. 그들에게 새로운 관리가 임명되어 오면 그들은 자기 나라의 생산 기술을 개선하려는 뜻에서 이 수염 달린 외국인들의 솜씨를 시험하여 보려는 생각을 가졌음이 분명했다.

그 관리들은 포로들을 도요지로 보냈는데 그들은 이곳에서도 자기나 기와를 굽는 데 홀란드형을 가미했을 것이고 화구에서 성경을 인용하는 델프트식[23]을 사용했음직하다.

이와 같은 처사는 어느 분야에서도 외국의 영향을 가미해서는 안 된다는 국책을 너무도 분명히 어긴 것이기 때문에 그 가엾은 관리는 관직이 박탈되

---

23) 델프트(Delft) : 홀란드의 헤이그 남방에 위치하고 있는 도시로서 교육과 교통의 중심지이며 도자기로 유명하기. 필자는 조선왕조 백자의 제작에 홀란드의 영향이 가미되었으리라고 추측하고 있지만 이는 사실과 다르다. 그와는 오히려 반대로 델프트의 도자기는 고려 자기의 영향을 받은 일본의 도자기가 당시의 해상 활동가들에 의하여 큰 영향을 미친 바가 있다. 뿐만 아니라 귀국한 하멜은 델프트 근교에 살았기 때문에 강진 도요지에서 배운 기술을 어떤 형태로 델프트 도자기에 접목했을 것이다.

고 벌을 받았다. 한 밀정이 그에 관한 정보를 왕에게 아뢰었던 것이다. 이에 왕이 진노하여 그 관리는 정강이에 90도의 장을 맞고 신분과 관직이 함께 박탈되었다. 지난날 조선의 도기를 개량하던 홀란드인들은 이제 다시 관청에서 잡초나 뽑고 기타 하인들이 하는 작업을 맡게 되었다.

해가 바뀜에 따라 이 가엾은 수인들은 더욱 생활이 어렵게 되었다. 그들의 옷은 남루해지고, 거지꼴이 되었다. 그들은 주민들에게 구걸하고자 한번에 2~3주씩 짝을 지어 밖으로 나가는 데 익숙해졌다. 이들이 구걸을 하러 나간 동안 집에 머물러 있는 사람들은 적은 돈이라도 벌고자 별의별 일을 다 했는데 특히 그중에서도 화살 만드는 일을 했다.

그 다음해인 1664년에 그들은 다시 삶이 좋아졌다. 친절하고 점잖은 사람이 감독관으로 부임하여 온 것이다. 그러나 1665년 향수를 이기지 못한 동지들은 탈주를 계획했다. 1666년에 그들은 자기들을 인정스레 보살펴 주던 그 좋은 감독관을 잃었다. 이제 탈주의 시기가 왔다. 준비물을 축적하고, 물을 준비하고, 탈출 지점을 알아두는 등, 만반의 준비를 갖추었다. 그들은 감시병의 경계가 소홀해질 수 있도록 감독관이 아프거나 출타하기만을 기다렸다.

1667년 8월 하순[24]이거나 9월 초순이 되자 14년에 걸친 그들의 유수의 생활이 막을 내리고 있었다. 그들의 감독관이 발병한 것이다. 기회를 잡은 홀란드인들은 9월 4일 밤 어둠이 깃들자마자 곧 성을 기어 넘었다. 해변에 이른 그들은 잠시 홍정한 다음 배를 구하는 데 성공했다. “물건 값을 두 배로 쳐주면 눈이 멀어 버리는 한 조선 사람이” 그들에게 자기의 어선을 팔았다.

그들은 다시 마을로 돌아왔다. 밤이 되자 그들은 성벽을 기어올랐다. 그들은 줄곧 심장이 터질 듯했지만 이 날은 개들도 잠이 들었거나 밖에 나갔

24) 대부분의 국내 기록에는 조선 탈출 일자가 1668년 8월로 되어 있다.

거나 아니면 바람이 그쪽으로 불고 있었다. 그들은 쌀통과 물통, 그리고 그 가운데 한 사람의 마스코트인 튀김 냄비를 운반했다. 그들은 조용히 나무와 돌로 만든 닻을 걷어 올리고 선원들은 모두 바닥에 엎드린 채 항구의 배들 사이를 빠져나갔다.

그들은 곧장 동남쪽으로 노를 저었으며 9월 6일에는 자신들이 고토열도[25] 앞 바다의 해류를 타고 있음을 알았다. 그들은 섬의 상륙에 성공하여 몇 가지 음식을 익혀 먹었다. 오래지 않아 무장한 토인 몇 사람이 조심스럽게 접근하여 왔다. 일본인들은 그들이 조선 사람이거나 아니면 침략군의 선방이나 아닌가 하여 두려워하고 있었다. 그들은 아직도 혜성이 나타났던 사실을 미심쩍게 생각하고 있었는지도 모른다.

하멜은 곧 오렌지 공(Prince of Orange)의 무기와 색깔이 있는 그들의 국기를 꺼내었다. 그들은 일인들에게 포위된 채 자기들의 과거와 처지를 설명하고 쉴 곳이 필요하다고 말했다. 일인들은 친절했지만 "홀란드인들의 선물에 대하여 아무런 보답도 하지 않았다."

하멜 일행은 드디어 일본 배를 타고 나가사키에 도착하여 데시마에서 그들의 동포를 만났다. 그 무렵 바타비아에서 온 연하선이 방금 돌아가려는 때였는데 표류객들은 아슬아슬하게 그 배에 승선했다. 그들은 1667년 11월 20일 바타비아에 도착했으며 12월 28일 홀란드로 가는 배를 타고 1668년 7월 20일에 고국에 도착했다.

스파르웨르호의 화물 책임자인 하멜은 고국에 돌아가자 간결하고도 솔직하게 자기의 모험담을 책으로 출판했다. 원본은 홀란드어로 씌어졌으며 그 뒤 곧 프랑스어판, 독일어판, 영문판으로 번역 출판되었다. 홀란드어판은 현재 4판이 출간되었다. 영문판은 애슬리사와 핑커튼사의 『여행선집』에 그

---

25) 고토열도(五島列島) : 일본 나가사키 앞 바다의 군도.

전문이 수록되어 있다.

프랑스어판의 번역자는 특히 그의 지리 서술에 의문을 제기하면서 하멜의 기록에 회의를 표시하고 있다. 그러나 조선 지도를 앞에 놓고 대체로 비슷하게 맞아 들어가는 지명의 원음을 비교하여 보면 하멜의 이야기가 솔직하고도 꾸밈없이 사실을 기술한 점이 있다는 것이 밝혀진다. 조선 사람들의 생활, 주민, 습속을 실제로 목격한 그가 조선 사람들에 대해서는 그토록 적은 정보를 우리에게 제공하고 있다는 사실은 참으로 유감스럽다.

스파르웨르호의 다른 생존자들의 운명에 대하여는 알려진 바가 없다. 이에 대하여는 결코 밝혀지지 않을 것이다. 왜냐하면, 조선 사람들은 그들의 묘지에 비석이라도 하나 세워 주는 수고를 할 것 같지 않기 때문이다. 그러나 힐드레즈[26]의 책을 읽은 한 독자가 일본에서 아담스의 무덤을 발견한 것과 마찬가지로 아마 조선에 있는 어느 외국인 탐색가가 이 표류자들의 묘지나 그들이 살던 터를 발견할 수도 있을 것이다.

19세기 후반기 이전에 또 다른 표류 선박이 스파르웨르호와 꼭 같은 운명을 겪었다고 추측할 만한 가능성이 전혀 없는 것은 아니다. 난파선은 철을 얻고자 불에 태웠으니 흔적조차 없을 것이고 많은 표류자는 갇힌 몸이 되어 안타까운 나날을 보냈을 것이고, 이역에서 홀로 죽은 그의 무덤에는 비석도 하나 없을 것이다.

이제 우리는 조선의 고대·중세사의 기술을 끝내게 되었다. 한반도에 기독교가 전래되기까지 이 은자의 나라는 훌륭한 현대 문명이 자기들만의 것이라고 내세우는 어떠한 다른 사상도 수용하지 않았다. 다른 모든 세계의 국가들과 마찬가지로 조선은 고대사의 문을 조금도 열지 않다가 기독교가 그들의 마음을 움직이게 되자 현대사의 문을 열었다.

---

26) 힐드레즈(Richard Hildreth : 1807~1865) : 미국의 역사학자로서 『미국사』(1849~1852) 전6권의 대작을 남겼다.

이제 앞으로 우리는 조선 사람들의 지리, 정치, 사회 생활, 그리고 종교를 살펴보게 될 것이다. 그런 다음 우리는 기독교의 씨가 흘러 들어간 때까지의 그들의 국가 생활의 이야기를 서술하게 될 것이다.

제 2 부

정치와 사회

제 23 장 8도의 지리와 문물

1. 평안도

평안도는 어느 모로 보나 평안이라는 이름이 적절하지 않다. 이 도에는 조선의 변경으로서 조선이 자의적으로 복속하고 있는 한 인방으로 통하는 유일한 관문이 있다. 이 관문은 몇 세기 동안 중국으로 통하는 유일하게 알려진 곳이었다. 함경도를 제외한다면, 평안도는 아마 가장 큰 도일 것이다. 북부와 서부의 대부분은 압록강에 닿아 있다. 이 강은 영어로 얄루(Yalu)라고 하는데 이는 "용이 꿈틀거리는 모습"을 상징하는 것이며 "압록"이라 함은 짙푸름을 뜻하는 것이다.

압록강은 조선에서 가장 긴 강으로 서 북위 40°근처에서 발원하고 있다. 북쪽으로부터 80마일을 흘러 내려오면서 함경도와 평안도의 경계를 이루고 있는 이 강은 다시 서쪽으로 물줄기를 돌려 만주 방면으로는 장백산맥의 협곡에서 흘러나오는 12지류를 받아들이고 있다. 이 지류들은 각기 서쪽에서부터 시작하여 숫자를 따서 그 이름이 붙어 있다.

북쪽이나 서쪽은 물론이고, 서쪽에 있는 압록강으로 흘러 들어가고 있는 물줄기들은 봄과 가을이 되면 격류를 이루어 용처럼 꿈틀거리며 흐른다. 압록강이란 이름도 여기에서 나온 것이다. 여름이 되면 그 물은 아름답게 맑으며, 그 빛은 푸른데(blue or green), 한국어에는 이 두 색깔을 구분하는 어휘가 없다. 강물은 황해나 삼각주 또는 섬들 쪽으로 삼분되어 흐르는데, 봄이 되어 눈이 녹는 동안이면 이 섬들은 완전히 잠겨 보이지 않는다.

거룻배를 타고 창성[1]까지도 쉽게 올라갈 수 있다. 이 도시는 유명한 교역지로서 어귀로부터 60마일 지점에 있다. 압록강 연안의 계곡은 매우 비옥하고 삼림이 울창하며 그 경치가 빼어나다. 중국인들에게는 오랫동안 이곳의 항해가 금지되어 있지만, 기선이나 군함들이 드나들고 있어 이 기름진 계곡의 이권과 이 지역 일대의 교역이 다른 나라에게로 넘어가게 될 것 같다. 통화강[2]은 중립 지대[3]에까지 거슬러 올라간다.

국경에서 가장 가까운 도시로서 조선의 관문이 되고 있는 도시는 의주이다. 이 도시는 압록강을 내려다보고 있는 언덕 위에 위치하고 있으며 엷은 갈색의 석벽으로 둘러싸여 있다. 연례적으로 중국에 파견되는 사신들은 항상 이곳의 관문을 지난다. 이곳에는 또한 세관과 엄중한 초소가 있는데 이들의 주요 업무는 이 도시를 관통하고 있는 대로를 따라서 조선을 왕래하는 사람들을 면밀히 조사하는 일이다.

강을 따라 100마일 이상의 거리에 순찰대와 초소가 지키고 있다. 그럼에도 불구하고 대부분의 프랑스 신부들은 나무꾼으로 가장하고 얼음 위로 압록강을 건너 물기가 흐르는 화강암 절벽을 기어올라 의주를 지나 비경의 한반도에 입국했다. 그런 다음 그들은 국경 지대의 약속된 장소에서 기다리고 있던 동지들을 만나 서울로 들어왔다.

조선은 또한 이 통로를 통하여 연안에 표착하는 선원들이나 부랑자들을

1) 창성(昌城) : 평안북도의 일군으로서 삭주군과 벽동군 사이에 위치하고 있음.
2) 통화강(通化江) : 평북 초산 대안의 생모오와 만주의 통화 사이에 흐르는 압록강의 지류.
3) 중립 지대(Neutral Strip) : 압록강 하류의 대안에 있는 남만주 일대로서 한인과 만주인의 충돌을 막고자 거주를 금지했던 완충 지대를 뜻함.

Yenden
Gate
Wall of Stakes
Gate
Gate
Sho-san
Piok-ton
Gate
Road to Peking
Chan-son
Hei-chon
Ai-chiu
Rion-chon
Yalu R.
Tel-san
Kok-san
Chon-chiu
Ka-san
Ching-chong R.
Anchiu
Sun-chon
An-ton
Ping An
Ham-chon
Ta Tong R.
Sam-wa
To Chifu 150 M.
Kok-san
P I N G A N D O

평안도

북경이나 봉천으로 보냈다. 많은 미국인 표류자가 조선 사람의 친절한 간호를 받은 다음 봉천을 거쳐 본국으로 돌아갔다. 인구가 20만이 넘는 이 번창한 도시는 공업, 특히 금속공업이 발달되어 있는 곳으로서 신경(옛날의 요동)의 성도로 되어 있다. 이 도시는 긴 성으로 둘러싸여 있고 8개의 문이 있는데, 중동 북쪽으로 뚫려 있는 문은 조선문이라고 불리고 있다. 우장[4]에도 조선문이 있다.

조선의 국경으로부터 50마일 떨어진 곳에는 변문이 있는데 이곳에서는 1년에 서너 차례씩 상품 전시회가 열리며 조선의 사신들이 중국으로 들고 날 때에는 큰 장이 벌어진다. 1년 동안 이곳에서 팔리는 물건의 매상고는 평균 50만 달러가 넘는다. 중국의 관리와 조선의 관리가 각기 거주하고 있는 한 건물의 중앙에 세관원이 앉아 거래되는 물품에 세금을 부과한다.

조선의 상인들은 이곳에서 가장 가까운 거리에 있는 중국인 도시인 봉성[5]의 관리에게 약 4백 달러의 "뇌물"을 바쳐야 하는데, 이는 그 관리가 봄철의 물품 전시관의 문을 열고자 몸소 이곳에 오기 때문이다. 두 번에 걸친 가을철의 전시회를 열도록 해주는 댓가로 조선의 상인들은 총 이익금의 절반을 바쳐야 한다.

그 돈을 바치면 그제야 만주의 하급 관리들은 변문을 열어 그들이 돌아갈 수 있도록 해 준다. 겨울철 전시회는 별로 보잘 것이 없다. 조선의 상인들은 모피, 생가죽, 사금, 인삼 그리고 창호지나 중국의 재단사들이 옷의 안감으로 사용하는 상지를 가지고 와 여러 가지의 중국 상품이나 유럽의 면직물과 바꾼다.

평안도는 광물질이 많기로 유명하다. 보고된 바에 따르면 금과 은이 많지만 정부에서는 원주민들의 광물 채굴을 금지하고 있다고 한다. 조선과 청나

---

4) 우장(牛庄) : 요녕성 요양 서남방에 위치하고 있는 작은 마을.
5) 봉성(鳳城) : 만주 요녕성에 위치하고 있는 상업 도시.

라 사이의 통화강을 따라 폭이 60마일에 길이가 3백 마일에 이르는 한만 중립 지대는 1875년까지만 해도 청국 정부에 의하여 보호를 받아 왔었다.

그러다가 이 지역의 중립이 지켜지지 않게 되자 이홍장은 조선 왕의 요구에 따라 이 지역에 들어온 만주의 범법자들과 무단 거주자들을 단속했다. 그들을 단속하고자 군대를 실은 전함을 압록강으로 거슬러 올려 보낸 이홍장은 중립 지대가 모두 경작되고 있다는 사실을 알게 되었다.

이곳의 토질이 비옥하고 또 압록강은 항해가 가능하다는 사실에 눈이 번쩍 뜨인 이홍장은 북경에 글을 올려, 이 지역을 청나라의 영지로 귀속시키고 한만 국경을 설정하여 성과 해자를 만드는 동시에 조선의 영토로 들어간 청국의 이주자들을 모두 체포한 다음 봉천으로 호송하여 처형하는 한편, 호송되기를 거절하는 중국인들은 조선 사람들이 죽여도 좋도록 하라고 진언했다.

이러한 의견에 대하여 조선 정부도 동의했다. 이와 같은 약삭빠른 외교로 청국들은 광막한 옥토를 차지하게 되었는데, 그 뒤 그들은 애당초에 약속한 대로 해자를 파거나 목책을 세운 것 같지도 않다. 옛날에 세워 놓은 목책들이 다 쓰러져가는 채 그대로 남아 있을 따름이다.

이 지역의 연안 앞 바다에는 몇 개의 섬과 물이 얕은 사주가 있으며 그 주위에는 여러 가지 어족이 풍부하다. 해마다 어로기가 되면 수많은 중국 어선들이 몰려왔지만 결코 연안에 상륙하지 않는다는 조건으로 출어가 허락된다. 그러나 실제로는 많은 금수품들이 밀수업자들에 의해 연안에서 거래되고 있다. 압록강 어귀 근처에 있는 섬들은 오랫동안 중국 해적들의 보금자리가 되어 오다가 이홍장의 전함에 의하여 일망타진되었다.

평안도에서 압록강 다음으로 중요한 하천은 대동강인데, 이 강은 해마다 막대한 양의 물을 바다로 흘러 보내고 있다. 강 연안에는 수많은 도시가 자리 잡고 있으며, 강을 따라서 대로가 달리고 있다. 조선의 역사상 대동강은 루비콘강6)과 같으며, 고대에는 여러 시대에 걸쳐 중국 또는 반도 내의 적대 국가와의 국경선이 되었다. 강어귀로부터 50마일 떨어진 지점에는 평안도의 관찰사가 있는 평양이 있는데 이 도시에는 기원전부터 10세기까지 왕성이 있었다.

평양은 위치 그 자체가 천연의 요새를 이루고 있다. 평양은 여러 차례에 걸쳐 중국 군사들과 왜군으로부터 공격을 받았으며 그 주위에서는 숱한 전쟁이 벌어졌었다. 미국 범선의 승무원들을 살해함으로써 신미양요(1871)를 유발했던 1866년의 제너럴 셔먼호의 훼비거 선장[7]은 1869년에 대동강의 어귀에 도착하여 살인자의 구인을 헛되이 기다리는 동안 그 입구를 탐사하고 이곳을 쉐난도아라고 명명했다.

공식적인 집계에 따르면 평안도는 총 293,400호에, 군역에 동원될 수 있는 인구는 174,538명이라고 한다. 관찰사는 평양에 거주하고 있다. 8도의 주민들 사이에는 현저한 기질적 차이가 있다. 북부의 양도, 특히 그중에서도 평안도 사람들은 타도 주민에 견주어 더 공격적이다. 평안도에는 양반이나 고관이 매우 적기 때문에 이제는 도성으로서의 품위는 거의 찾아 볼 수가 없다.

평안도 주민들은 왕조에 대하여 열렬한 충성심을 보이지도 않으며, 오히려 왕실에 대하여 적의를 품고 있는 무리로 여겨지고 있다. 진압하기 어려운 폭동이 아예 머리도 들 수 없게 하려고 불온한 조짐을 애당초부터 탄압함으로써 정부는 이곳을 엄중히 감시하고 있다. 러시아 한인촌에 살고 있는 대부분의 망명객들은 이곳 출신이다. 제너럴 셔먼호 사건이 일어난 곳도 이곳인데, 그 배의 승무원들의 살해자들에게 모든 사람들이 크게 동조적이었던 당시로서는 대원군이 설령 범법자들을 색출하려고 했을지라도 그는 그

---

6) 루비콘 강(Rubicon) : 이탈리아와 갈리아와의 경계에 있는 작은 강. 서기전 50년에 시저(J. Caesar)는 이 강 위에서 "주사위는 던져졌다"고 말하고 갈리아족에게 진군했다.

7) 다른 기록에 따르면, 제너럴 셔만호의 선장은 페이지(Page)였다.

렇게 하기가 두려웠을 가능성이 높다.

2. 황해도

조선의 팔도가 모두 바다에 접하고 있지만 황해도는 그 경계가 닿아 있는 바다에서부터 이름을 딴 유일한 도이다.[8] 황해도는 황해로 돌출하여 있으며 그의 최첨단은 반도 가운데 중국의 산동반도에 가장 가깝다. 해안선의 길이는 육지에 접하여 있는 도경보다 길다.

서력기원전에는 황해도가 마한족이 정착하여 있었으며 2~6세기에는 백제왕국이 지배했다. 이곳은 또한 전쟁이 일어날 때면 각국의 군사들이 숙영한 곳이기도 하다. 인접한 적대 국가 사이의 변경 침략 이외에도, 왜군, 중국군, 몽골군 그리고 만주 군사들이 이곳에서 끝없이 승리를 기도했다. 다소 척박한 토질에 전쟁의 참화까지 겹쳐 황해도는 조선의 8도 가운데 가장 인구가 적은 도가 되었다.

예로부터 한반도는 진주로 유명했다. 이들은 광채가 훌륭하고 크다. 심지어는 기원전에 그들이 동굴이나 토담 속에 살면서 말이나 소를 기르지 않았던 때에도 이곳 원시 부족들은 진주로 된 목걸이를 차고 옷에 줄줄이 진주를 꿰어 달았다. 그들은 풍요와 야만의 어울리지 않은 혼합으로 한의 침략자들을 놀래게 만들었는데 이는 황금에 걸신이 들린 발보아[9]의 전사들이 인디안을 보고 놀란 것이나 다름이 없다. 인디안들은 황사에 무심하게 되자 황금에도 흥미를 보이지 않았던 것이다.

---

8) 이 점은 필자가 오해하고 있다. 황해도의 명칭도 여느 도와 마찬가지로 도내의 두 도시 곧 황주와 해주에서 딴 것이며, 황해와 인접한 것은 우연일 뿐이다.

9) 발보아(Vasco de Balboa : 1475~1517) : 스페인의 탐험가. 파나마 총독. 1513년에 파나마지협을 횡단하여 유럽인으로서 최초로 태평양을 바라보았다. 그는 파나마가 스페인 령임을 선언했으나 반역죄로 단죄되었다.

그 뒤 조선에서 나오는 진주의 찬란함과 그 크기는 전 중국에 유명하게 됨으로써 대량 수출되었다. 중국의 상인들은 이 값진 보석을 얻어 고향에 돌아가면 당장 부자가 될 수 있었기 때문에 이들을 얻고자 험한 항해와 거친 한인들 사이에 뛰어 드는 모험을 서슴지 않았다. 12세기 당시의 소위 "동방의 진주"는 통킹만[10] 어장의 진주를 능가했으며, 일확천금의 꿈은 침략자들로 하여금 장차 쳐들어오도록 유혹함으로써 이곳의 진주는 한반도에 대한 정복 전쟁의 원인이 되기도 했다.

조선의 진주 어장은 『아라비안 나이트』의 이야기꾼에게까지 그 명성이 알려졌을지도 모를 일이다. 진주에 관한 중국의 신비한 철학이 조선 사람들에게 대부분 전승되고 있다. 조선 사람들의 에리지움[11]은 진주의 호수이다. 사람을 매장하면서 진주를 구할 수 있는 사람들은 세 알의 진주를 죽은 이의 입속에 넣는데, 만약 그 진주가 크면 시체가 썩지 않는다고 그들은 믿고 있다.

이 반짝이는 세 알 진주의 상징은 조선의 토착 예술에서 매우 성행하고 있다. 이 진주들은 남쪽으로 뻗쳐 있는 다도해와 제주도는 물론 황해도 연안의 구릉에서도 발견된다. 오늘날 이곳의 진주 가공업은 거의 보잘 것이 없다. 진주를 고이 간직하기는 하지만 섭조개의 찬란한 진주층들은 아무 쓸모가 없는 것처럼 보인다. 이들은 일본에 수출되어 상감에 사용된다.

오늘날 거의 버려지다시피 된 진주조개의 해상보다도 더 현대인에게 값진 것은 청어잡이인데, 제철이 되면 중국의 북부 해안에서 청어를 잡고자 수많은 거룻배와 수 천 명의 어부들이 몰려든다. 양편 육지의 거리를 측정하여 볼 때 까마귀가 날아가서 닿을 수 있는 약 80마일 거리의 대안은 인구

10) 통킹만(Tonquin Bay : 東京湾) : 남지나해의 북서단을 이루며 뇌주반도와 해남도에 안겨진 만.
11) 에리지움(Elysium) : 그리스 신화에 나오는 행복의 이상향.

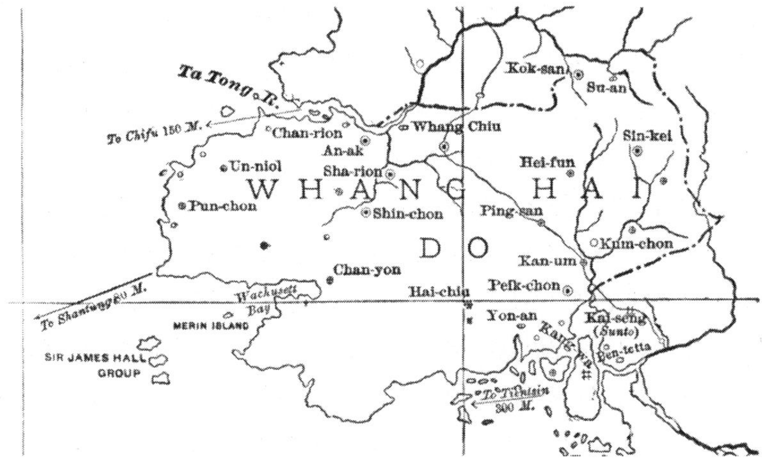

황해도

가 조밀한 산동이다.

산동반도의 끝에는 지부[12]와 등주[13]가 있으며 동쪽[14]으로 좀 더 올라가면 북경의 후부인 천진이 있다. 태곳적부터 중국의 함대와 침략군들은 한반도를 향하여 이 항구들을 출항했다. 대동강은 꼭대기에 용의 깃발이 펄럭이는 거룻배의 함대로 항상 붐비었다. 또한 중국의 해적들은 산동반도의 갑을 출발하여 조선의 아름다운 해안과 푸른 섬들에로 항진하여 약탈, 파괴, 살인을 일삼았다.

이와 같은 침략자들을 감시하고 외국인들의 상륙을 알리고자 언덕 위에서 신호 불이 비치는데, 이들은 불빛의 연속을 이루어 몇 시간 안에 해안의 위급함을 도성에 신속히 전달한다. 이 신호 불은 봉화라고 한다. 서울의 남

12) 지부(芝罘) : 지금의 연대. 산동반도의 동북에 위치하고 있는 발해만의 항구 도시.
13) 등주(登州) : 산동반도에 있는 지금의 위해를 의미하는 것으로 보임.
14) 천진(天津)은 지부의 동쪽이 아니라 서북쪽에 있음.

쪽에 있는 목멱산[15]에서 3남의 봉화를 수신한다. 때에 따라서는 불기둥을 올리는 대신에 불 속에 젖은 볏짚이나 왕겨를 태움으로써 연기를 피워 올린다. 곧 짙은 흰 연기가 공중으로 솟아오르는데, 이것이 각 봉화 꼭대기의 초병에게 이어져 위험이 닥쳤음을 알린다.

다소 평화로울 때는 조선의 목재가 대량 지부로 수출되고 조공선이 천진으로 떠난다. 중국 어부들은 보통 4월(음력 3월)에 황해도 앞 바다에 나타나 6월까지 머무르는데, 이때가 되면 그들의 흰 돛은 고향으로 기운 채, 그들이 상륙하지 못하도록 끊임없이 감시하는 언덕 위 초병들의 눈초리로 움츠러든다. 설령 바다에서 죽을 고초를 겪을지라도 그들은 조선의 육지에 상륙하는 것이 금지되어 있다. 그러나 초병들의 엄중한 감시에도 불구하고 이 무렵 조선 사람들과 중국 선원들 사이에는 엄청난 양의 밀수가 자행되고 있었다.

프랑스 선교사들의 선박은 백령도를 통과했는데, 그들은 이후 이 땅에서 순교했다. 1865년 6월 어느 날 4명의 프랑스인들[16]이 함대를 떠나 "사자의 소굴"로 들어갔다. 해안 앞 바다에는 모래 언덕과 많은 섬들이 있는데 이 섬들 가운데 가장 중요한 것은 써 제임스 홀 군도[17]이다. 1816년 맥스웰 선장[18]과 홀 선장[19]은 각기 리라호와 알세스트호를 타고 이곳을 방문한 적이 있다.

---

15) 목멱산(木覓山) : 지금의 남산을 가리킴.

16) 브레티니에르(J. M. Bretiniere), 볼리외(B. Beaulieu), 도리(P. Dorie), 윙(M. Huin) 등 4명을 의미함.

17) 써 제임스 홀 군도(Sir James Hall Group) : 황해도 웅진 앞 바다의 백령도, 대청도, 소청도 등의 서하여 5도를 의미함.

18) 맥스웰(Capt. Murray Maxwell) : 그는 당시 알세스트호의 선장이었다. 그 배의 군의였던 맥레오드(J. M'Leod)는 귀국하여 『조선과 사라진 이스라엘 부족』(1876)이라는 책을 써서 한민족은 구약성서 시대에 사라진 이스라엘 부족이 이곳에 와서 정착한 것이라는 특이한 가설을 제시했다.

19) 홀 선장(Captain Basil Hall : 1788~1844) : 영국의 해군 · 작가. 영국의 저명한 지리학자인 제임스 홀의 아들. 유구 · 일본 · 조선 등지를 여행했으며 귀국 길에는 1817년에 센트 헬레나를 들러 나폴레옹에게 조선의 문물을 소개했다는 일화로 유명하다. 저서로서 『조선 · 유구심사기』(1818)가 있음. 이에 관한 자세한 논의는 본 한말 외국인 기록 제

숲이 우거지고 훌륭하게 개발된 이 섬들은 영국의 에딘버러지리학회 회장 제임스 홀(James Hall)의 이름을 따 그렇게 명명되었다. 그는 용감한 항해사의 아버지이며,[20] 생동감 넘치는 작가로서 황해의 미지의 물결을 헤치고 영국의 배를 항진시킨 최초의 인물이었다. 이 군도로부터 동쪽으로 가면 커다란 만이 있고 그 위쪽으로는 요새화된 도시인 장연이 자리 잡고 있다.

1867년 1월 미국 함선 와추세트호의 슈펠트 제독[21]은 미국 상선 제너럴셔먼호 승무원의 살해 사건을 추궁하고자 장연만을 방문한 적이 있었는데 그는 헛되이 조선 정부의 회답을 기다리는 동안 그 일부를 탐사하고 그가 정박했던 곳을 와추세트만이라 명명했다. 오늘날 일본의 지도제작자들도 그의 지도를 본뜨기는 했지만 조선 사람들이 그린 지도에 비하면 슈펠트 제독의 탐사로 만들어진 지도의 축도는 너무 크다.

남해안도 수많은 열도가 점찍은 듯하며 수많은 사주로 항해가 위험하다. 서울이나, 교역지인 송도로 가는 사람들은 한강으로 말미암아 생긴 넓은 사구 사이를 요리조리 헤치며 이어진 꼬불꼬불한 수로를 통하여 거룻배로 항해할 수가 있다. 황해도의 관찰사가 있는 해주는 남쪽의 중앙 연안 가까이에 위치하고 있다. 호화로운 성도인 황주는 북쪽에 있는데 예나 이제나 훌륭한 경계선을 이루고 있는 대동강 위에 위치하고 있다.

황해도는 부유하다고 여겨지는 곳은 아니지만 크기는 8도 가운데 겨우 여섯 번째로서 아직도 몇 가지의 중요한 산물이 나오고 있으며 암염이 풍부하다. 우수한 화총의 부싯돌은 중국으로부터 수입되기는 하지만 가용이나 일반 화총의 부싯돌은 주로 이곳에서 출토되고 있다. 황린 성냥이나 격발총은 그 원시 산업을 무너뜨려 왔으며 또 머지않아 완전히 무너뜨리게 될 것이다.

10권인 홀의 『조선 서해 탐사기』의 서문을 참조할 것.

20) 그는 이 전집의 제10권인 『조선서해탐사기』의 필자인 배질 홀의 아버지이다.

21) 슈펠트 제독(Adm. Schufeldt)에 관해서는 본서 48장의 각주 3에 실린 그의 약전을 참고할 것.

어느 한 도시에서는 우수한 인삼이 산출되어 잘 팔리고 있으며, 예로부터 황해도의 배는 유명하다. 도금에 거의 손색이 없는 광택 있는 황색 칠도 이곳에서 나온다. 탁월한 일본인에게 뒤떨어지기는 하지만, 조선의 칠장은 그 기술이 높아 그들의 작품은 품위가 있다. 늑대의 꼬리털로 만드는 붓도 또한 서생과 상인들 사이에 인기가 높다.

서울로 향하는 대로는 송도를 지나 동쪽의 중앙을 거쳐 산골을 통과하는데 이곳의 경치는 참으로 아름답다. 작은 도로는 도계와 대도시를 잇고 있지만 황해도 동서를 잇는 중앙의 대부분 지역은 산이 많은 듯이 보이며, 어느 모로 보나 인구가 조밀한 것 같지는 않다. 전체적으로 수령이 있는 고을은 28개소이다.

선교사들은 황해도가 가장 확실한 선교지라고 결코 생각하지는 않았지만, 그들의 지도상에는 15개소 이상의 십자가가 보이는데, 이는 이곳에도 개종자가 나타나고 있음을 보여주는 것이다. 황해도는 다른 지방과 마찬가지로 이교적인 배교자의 무가치한 삶을 살기보다는 차라리 자신의 종교적 확신을 위하여 죽기를 바라는 사람들의 피로 붉게 물들었다.

북쪽에 있는 황주도 해주만은 못하나, 순교자의 처형지로 악명이나 있지만, 대부분의 순교자들은 해주에서 처형되었다. 서울 사람들이 들려준 바에 따르면, 황해도의 주민은 편협하며 굼뜨다고 한다. 그들은 탐욕스럽고 신의가 없으며, 조선 사람들 가운데 특히 뛰어나게 거짓말을 좋아한다는 오명을 쓰고 있다. 공식 통계에 따르면 황해도의 총 가구 수는 103,200호이며 군역을 치를 수 있는 인구는 87,170명이라고 한다.

3. 경기도

8도 가운데 가장 작은 경기도는 정치적으로 보면 왕도이며 실제로는 반도 안에서 가장 큰 강으로 둘러싸여 있는 분지이다. 강물은 매우 빠르게 흘러

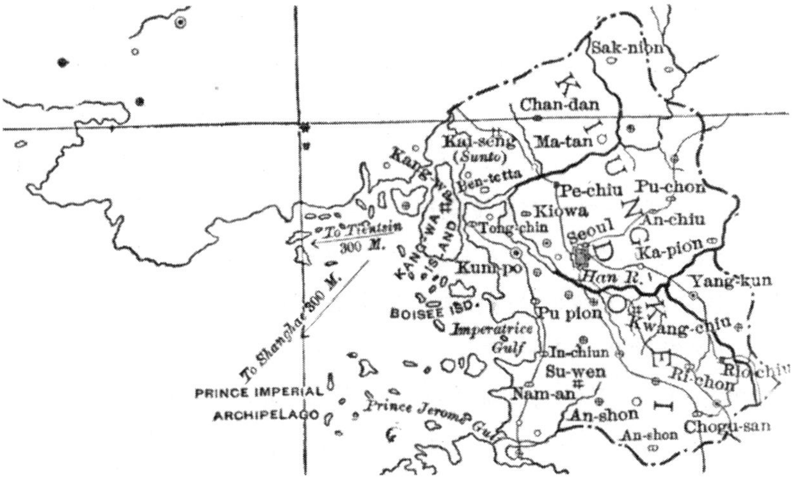

경기도

유수는 해마다 상당한 양의 해감을 바다로 떠내려 보낸다. 서울 근처의 한 지점에서 시작하여 넓은 사구가 형성되어 있는데, 이는 물이 얕을 때면 노출되지만 우기나 봄철에 눈이 녹을 때면 강물에 휩싸인다.

조수의 간만의 차이는 20~30피트여서 물이 들어 올 때면 큰 소용돌이와 밀물이 일어나 이때는 배를 다루기가 몹시 어렵다. 1866년[병인양요]에 두 척의 프랑스 함대가 입증한 바와 같이 한강은 선박의 항해가 가능하여 적어도 서울까지는 쉽게 거슬러 올라갈 수 있으며, 소형 선박일 경우에는 그 이상까지도 항진할 수가 있다.

프랑스 선박을 괴롭힌 한강(서양의 지도에는 Salt River나 Salée River로 표기되어 있음)의 조수가 왜 그렇게 격렬하고 차고 빠른지의 이유는 그 근본을 탐구함으로써 밝혀질 것이다. 한강의 원천은 멀리 떨어진 강원도에서 발견되기 때문에 그 발상지에서부터 따진다면 이 강은 반도의 전폭에 맞먹는다. 강의 원천을 이루고 있는 강원도의 거의 전역은 동해안에 닿아 있는 산맥의 서쪽 분수령을 포함하고 있으므로 한강의 여러 지류로 배수하고 있다. 한강은 또한 다른 두 도에서도 지류를 받아들이고 있다. 합류는 서울을 지나 수로를 바꾸고 다른 두 도에서도 지류를 받아들이고 있다.

한강은 전혀 새롭고도 예기치 않던 모래톱과 간석지를 형성함으로써 항해 특히 해전의 수행을 어렵게 만들고 있다. 바다에서는 그 항로를 찾기가 매우 어렵다. 1845년에 프랑스 선박이 이곳의 탐사를 시도했으나 실패했다. 조선에 있는 대부분의 강들과 마찬가지로 한강도 각 지방의 지류에 따라 그 이름이 각기 다르다.

한양은 한강의 북쪽 강안에 위치하고 있는데 어귀로부터 직선의 거리는 35마일, 수로로는 50마일가량 떨어져 있으며, 위도는 북위 37° 30′, 동경 127° 4′이다. 한양이란 이름은 한강 위의 요새라는 뜻이다. 왕성을 보통 "서울"이라고 말하는데 이는 수도라는 뜻으로서 일본인들이 자기의 수도를 말할 때 교토라 하지 않고 미야코, 또는 교라고 말하는 것과 마찬가지이다.

따라서 서울이란 단어는 보통 명사이긴 하지만 흔히 고유 명사화되기 때문에 영어로는 대문자로 쓰는 것이 옳을 것이다. 출신 지방에 따라서는 "서울", "셔울" 또는 "서우르"로 발음한다. 한양은 왕도라고 불리는 경우도 흔히 있다. 외국의 지도에는 서울이 "경기도"라고 표기되어 있는데, 이는 서울을 둘러싸고 있는 지방을 의미한다. 정확히 말해서 도성은 강안으로부터 거의 1리그 떨어진 곳에 있다. 그러나 서울의 변두리는 사구까지 연장되어 있다.

최근에 발행된 책자에 따르면 서울의 가구 수는 총 30,723호인데, 1가구를 5인으로 추산할 때 총인구는 15만으로 추정된다. 서울의 천연적 잇점은 매우 뛰어나다. 북쪽으로는 북한산맥이 벽처럼 솟아 있고 동쪽으로는 관산이 있으며, 남쪽으로는 한강이 힘차게 흐르며, 그 포구는 서쪽의 교외를 지나고 있다.

서울의 경치는 매우 아름답다. 성벽을 따라 산책하는 사람들은 산등성이를 오르고 계곡을 따라 발걸음을 옮기는 동안 이 나라의 특징인 무성한 숲과 장엄한 산 경치로 눈이 매우 즐겁게 될 것이다. 성벽은 높이가 다양한 석조로서 총안이 있으며 평균 높이는 20피트 정도이다. 배수로는 이 책의 펜화[22]에서 볼 수 있는 바와 같이 아치형의 석교가 걸려 있다. 도로는 좁으며 꾸불꾸불하다.

왕궁은 도성의 북쪽에 위치하고 있다. 8방으로 뻗어 나간 대로는 왕궁에서 출발하여 성문을 지나고 있다. 강에서 바라보면 오봉산과, 프랑스인들이 콕스콤(Cock's Comb)이라고 명명한 삼각산이 보인다. 도성의 북쪽에는 조계가 있는데, 이곳에는 높이 40피트의 폭포가 흐른다. 봄·여름이면 이곳은 관광객과 소풍객들의 훌륭한 명소가 되고 있다.

근처의 어느 산마루에 올라가면 섬이 점을 찍은 듯 떠 있는 강의 아름다운 풍경을 볼 수 있다. 봄이 되어 물이 흐르는 광경이라든가, 겨울이 되어 강 위의 얼음이 부서지고 무서운 힘으로 엄청난 얼음 조각들이 조류 속으로 들어가면서 여러 가지 재미있는 모양을 만들거나 강안으로 훌뿌리는 모습을 바라보기란 참으로 즐겁기만 하다.

경기 지방에는 강의 범람이 잦고 또 무시무시하지만, 보통 홍수는 쉽게 빠진다. 홍수가 일어 모래가 농토 위를 덮는 것을 제외한다면, 별 다른 피해가 없으며 오히려 토질을 비옥하게 만들어 준다. 강에는 큰 다리가 별로 없지만 도시에는 아치형의 훌륭한 석재로 만들어진 석교들이 건조되어 있다. 서울 근교의 강 위에 떠 있는 섬에는 어부들이 살고 있다. 그들은 어염세를 납부한다.

강화도 부근의 강어귀로부터 몇 마일 떨어진 곳에서 한강과 합류하는 또 다른 큰 강으로는 임진강이 있다. 이 강은 강원도 북부의 산간에서 그 원류가 이어지고 있으며 그 원천으로부터 30마일쯤 북으로 올라가면 동해안에

22) (필자 주) 본서 제11장의 그림 참조.

서울의 군사 지도

새로 개항한 원산이 있다. 임진강 주변에는 몇몇 중요한 도시들이 있다. 중국, 일본 그리고 호족들이 우글거리는 북쪽으로부터 내려와 이 강을 건넜거나 되돌아 건너간 군사들의 활동을 기술하고 있는 역사책에는 임진강이 자주 언급되고 있다.

우리로서는 대가들이 훌륭하게 연구한 이 지방의 군사 지리나, 튼튼하게 방비되고 있는 전략 지점을 돌아보고 싶어 하는 것이 당연하다. 지도를 살펴보면 그와 같은 우리의 생각에는 잘못이 없음을 알게 된다. 네 개의 커다란 요새가 도성으로 접근하여 오는 무리를 감시하고 있다. 남쪽으로 수원이, 동남쪽으로는 광주가, 북쪽으로는 송도가, 그리고 서쪽으로는 강화가 있다. 이 모든 요새들은 지난날 포위 공격과 전투의 무대가 되었었다.

수원 · 광주 · 송도의 성벽에는 중국의 명군과 일본의 도요토미 히데요시의 군대가 가지고 왔던 군기들이 조선의 병사들에 의하여 노획되어 가지런히 걸려 있었다. 1592~1597년 사이에 왜군이 이 나라를 점령하고 있던 동안 조선의 승자들이 이들을 노획했었다. 1637년의 병자호란 당시에 만주족들이 가지고 있던 군기와 1866년 병인양요 당시에 프랑스군이 가지고 있던 독수리 군기도 강화도의 성벽에 걸려 있었다.

이와 같이 성으로 둘러싸인 도시 이외에도 한강변에는 유리한 고지와 지휘 망루를 갖추고 있는 요새와 작은 보루들이 있다. 미국의 군사들이 이 요새를 점령했던 1871년 신미양요 무렵에는 미국의 성조기가 3일 동안 펄럭인 적이 있다. 위에서 지적한 도시들의 경우에는 성벽의 높이가 20피트 가량 되지만 대부분의 경우 도시나 요새의 성벽은 그 높이가 10피트를 넘지 못한다. 현대의 포화를 갖춘 공격군으로서는 그 탈취가 별로 어려울 것이 없다.

개성[송도]은 조선에서 으뜸가는 상업 도시는 아니지만 가장 중요한 상업 도시 가운데 하나로서 서기 960~1392년 사이에이 나라의 왕도였다. 이곳의 주산 교역품은 무명이다. 이곳의 무명은 결이 굵고, 흰색과 물감을 들인 것이 있으며, 이 나라의 주된 의류가 되고 있다. 한강 어귀에 있는 강화도에는 훌륭한 요새가 있는데 전쟁이 일어나면 왕족들이 이곳으로 피난하며, 반정으로 퇴위된 왕도 이곳으로 유배된다. 강화라 함은 "강의 꽃"을 의미한다.[23] 병자호란 당시에 왕은 이곳으로 피난하여 얼마 동안 이곳을 왕도로 정했다.

광주는 서력기원 초에서부터 당나라의 침략이 있던 7세기까지 번창한 백제의 옛 도성이다.[24] 서울 주변에 있는 그 밖의 주요 도시로는 강화도 대안의 통진,[25] 김포 그리고 부평이 있는데, 이들은 모두가 대로상에 위치하고 있다. 영종만[26]에 위치하고 있는 인천은 외국인들의 교역과 거주가 허락된

---

23) 필자는 江華島를 江花島로 생각하고 있다. 본시 華는 花와 통한다.

24) 백제가 광주를 도성으로 정한 것은 서기전 5년(온조왕 14년)부터 서기 371년(근초고왕 26년)까지임.

25) 통진(通津) : 현재의 경기도 김포군의 옛 지명. 1694년 이후 부 또는 군으로 되어 있었으나 1914년부터 김포군에 포함되었다.

새로운 개항지이다.

일본인들은 인천을 닌센이라고 발음하고 중국인들은 젠추안이라고 발음한다. 1882년 6월의 미청조약[27]이 체결된 곳도 여기이다. 이 당시 미국의 전권 대신은 증기 코르베트함[28] 사와타라호의 슈펠트 제독이었다. 남부 지방으로부터 올라오는 대로상에, 서울과 바다의 중간 지점에 자리 잡고 있는 인천의 위치는 한강의 위험한 수로를 피할 수 있어 교역지로 적합하다.

경기도 연안 앞 바다에 있는 섬들은 대부분 숲이 울창하며, 사람들이 많이 거주하고 있다. 대부분의 섬에는 절간이 서 있고, 성자로 숭앙 받는 은자들이 그 안에 살고 있다. 이 섬들의 무방비한 위치는 중국의 해적들을 유혹하여 그들의 침략이 종종 자행되고 있다. 경기도는 반도 내의 군사들의 격전장이 되어 왔으며, 선사 시대로부터 최근 10년 동안에 이르기까지 이주민의 통로가 되어 왔다.

조선의 대로는 대도시로 집중되고 있다. 경기도에서는 또한 천주교들이 위대한 승리와 피어린 패배를 함께 기록했다. 천주교의 씨앗은 순교자들의 피를 먹고 끊임없이 자랐다. 서울의 동쪽에 있는 가평은 천주교의 요람이며, 최초로 개종한 신도들의 보금자리이다.

정치적인 이유로 경기도는 좌우로 분리되어 있는데, 좌도에는 22개 군이, 우도에는 14개 군이 포함되어 있다. 경기 감사는 서울에 대하여 거의 또는 전연 권력적 상관이 없기 때문에 서울에 살기는 하지만 성 밖에 살고 있다. 그는 서대문 근처에 살고 있다.

---

26) 영종만(永宗灣) : 영종도와 인천 사이의 만을 의미함. 본시 우리의 지명에는 이런 명칭이 없으나 이왕에 영어의 명칭이 있으므로 여기서는 편의상 이렇게 명칭을 붙였음.

27) 미청조약(美淸條約) : 한미수호조약을 오기한 것으로 보임. 다만 그 당시 청국이 사실상 그 담판을 대신했기 때문에 이렇게 표현한 것으로 보인다. 조약 일자도 정확하게는 1882년 5월 22일(양력)이었다.

28) 코르베트함(Corvette) : 일단 포장의 구식 목조 전함.

서울을 제외한 경기도의 호구를 보면 총 136,000호에 680,000명의 인구를 가지고 있으며, 그 가운데 106,573명이 군역에 종사하고 있다. 경기도의 주민들은 경박하고 변덕스러우며 사치와 환락에 흠뻑 빠져 있다는 평판을 다른 도민들로부터 듣고 있다. 그들은 이렇게 말한다.

"조선 8도의 관리들에게 탐욕과 낭비와 사치를 가르쳐 준 녀석들은 바로 경기도의 관리들이다."

고관, 양반, 문인 그리고 직업적 전문가들은 경기도에 가장 많이 살고 있으며 따라서 창기나 다른 사람들을 즐겁게 해주고자 사는 사람들도 이곳에 많이 있다고 말할 수가 있다. 전시에 격전이 벌어지면 정부에서는 북쪽 지방에 사람을 보내어 모병한다. 이 지방의 역사를 살펴 볼 때 애당초 고대에 이곳을 지배했다고 알려진 종족들은 마한이라고 하는 독립심이 강한 부족이었다. 이들은 서력기원 초에 백제로 통합되었다가 7세기에 이르러 당나라에 멸망될 때까지 존속했다.

그때로부터 서기 930년에 이르기까지 이 지역은 신라의 일부가 되었다. 신라는 다시 통일 고려에 멸망되었다. 고려는 한반도를 정치적으로 통일한 최초의 왕조로서 오늘날의 조선, 곧 우리가 오늘날 코리어(Corea)라고 하는 나라가 건국된 1392년까지 존속했다. 백제로부터 조선에 이르기까지 도성은 광주에서 송도로, 그리고 송도에서 다시 한양으로 옮겨졌다.

4. 충청도

충정도는 대체로 북위 36°~37° 사이에 위치하고 있다. 주요 하천으로서는 군산만으로 흐르는 금강과 남양만으로 흐르는 또 다른 강[29]이 있다. 충

---

29) 예산을 관통하여 아산만으로 흘러 들어가는 삽교천을 의미하는 것으로 보임.

청도의 동북 지방은 백운산[30]을 감고 도는 한강으로 그 도계가 이루어지고 있다. 이곳에는 비옥한 평야와 계곡이 많다.

북서쪽의 내포반도는 "조선의 곡창"이라고 흔히 일컬어지고 있다. 내포와 충청도의 쌀의 대부분은 대체로 서울과 북부 지방에 보내고자 재배되고 있다. 다른 도에서는 흙을 돋우어 봇도랑을 만들어 개울물을 끌어들임으로써 논에 물을 대는 것과는 달리 충청도와 전라도에서는 농부들이 좀 더 부지런하게 큰 저수지나 연못을 만들어 물을 저장하여 두었다가 가뭄에 이용한다.

한반도에서는 어느 곳을 가 보아도 괄목할 만한 크기의 호수가 없기 때문에 산맥이 이어져 큰 저수지의 역할을 한다. 해안선은 만과 항구로 톱니처럼 발달되어 있으며, 거룻배나 심지어는 무개선으로서도 황해를 거쳐 쉽사리 산동에 다다를 수가 있다. 그렇기 때문에 조선 사람 기독교도나 프랑스 선교사들은 순교자의 땅으로 들어가는 관문으로 흔히 이 지방을 선택했다.

조선의 기독교사에서는 이 지방이 신교의 요람지로서 오래도록 기억될 것이다. 이 땅은 조선 교인들의 피가 매우 짙게 젖어 있다. 별로 중요하지 않은 예외가 있기는 하지만 충청도 북부 도계에 있는 도시, 특히 내포 지방에 있는 도시에도 신앙의 씨가 뿌려졌다. 최초의 개종자와 신앙 고백자들, 프랑스 선교사들에게 가장 충실했던 신자들, 그리고 가장 천부적인 재능이 있고 지적이었던 순교자들이 내포에서 나왔다. 천주교의 불길은 아직도 이곳에서 연기를 뿜고 있으며, 마땅한 사건이 일어나 일단 부채질만 하면 또 다시 불길이 일어날 것이 거의 확실하다.

부산에서 서울로 향하는 3대로가 충청도의 동북 지방을 거쳐 가고 있다. 1592년 가토 기요마사와 고니시 유키나가는 바로 이 대로상에서 그 시샘의 경주를 벌였다. 그들은 노상에서 전투를 감행하고 성을 함락하면서 부산에

30) 백운산(白雲山) : 충북 제천과 강원도 원주 사이에 있는 해발 1,087미터의 산.

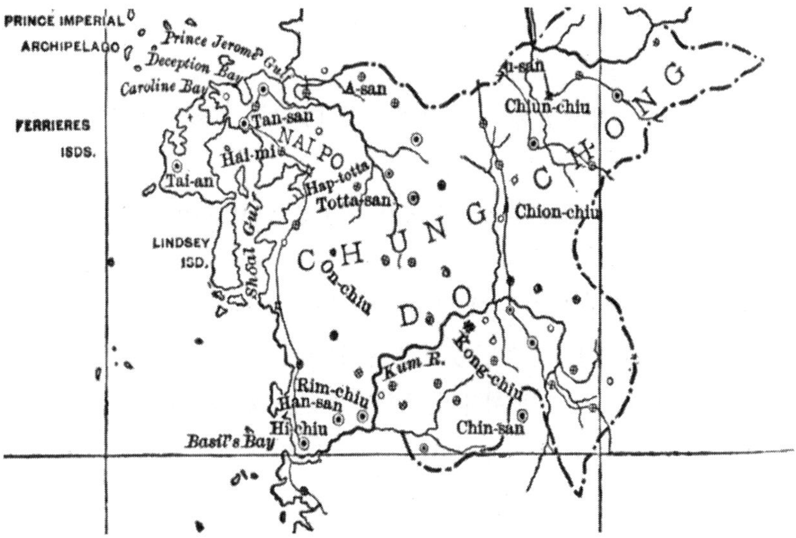

충청도

상륙한 지 18일 만에 서울에 도착했다. 서울의 운명이 걸려 있는 청주성[31]은 충청도의 동북쪽에 위치하고 있는데 이곳에서 2개의 대로가 일치하고 있다.

서로, 곧 남쪽으로부터 올라오는 해로는 충청도의 전장을 통하여 해안을 지나고 있다. 1592년과 1597년에 왜군이 진격했던 또 다른 길들도 이 지방의 중앙을 관통하고 있다. 조선에 최초로 입국한 유럽인이라고 볼 수 있는 홀란드의 포로들도 1663년에 이 길을 따라 올라갔으며 하멜이 기록한 도시 가운데 하나인 공주는 충청도의 수부로서 지방 장관이 이곳에 거주하고 있었다.

외국의 선원들이 방문한 바 있던 만이나 도서는 유럽이나 일본의 지도에

31) 청주성(淸州城, Chong-chiu) : 305p 지도에 표기된 것과 비교하여 볼 때 청주를 표기한 것이 분명하나, 그 내용을 보면 충주를 의미하는 것으로 보인다.

그 이름이 나타나고 있다. 사기만[32], 모욕도, 그리고 허위강 등과 같이 조선 지명의 서양 명칭 가운데 언짢은 것이 있다. 1832년에 귀츨라프[33]도 홀(Basil Hall) 선장의 이름을 따서 명명한 군산만에 상륙하여 감자를 재배했으며 떠날 때는 그 씨와 책을 남겨 주었다.

충청도 북서쪽에 있는 덕적군도는 1878년 줄룰랜드[34]에서 죽은 임페리얼 공(Prince Imperial)의 이름을 따 임페리얼 군도라고 1866년에 명명되었다. 남양만은 『금단의 나라』의 필자인 오페르트(Ernst Oppert)가 타고 온 로버호와 엠퍼러호가 방문했던 곳으로 유명하다.

오페르트가 여러 번 되풀이하여 언급하고 있는 해미[35]라는 마을은 내포로 뻗어 올라간 천수만[36]에 인접하여 위치하고 있다. 카롤라인만[37]과 사기만이라고 명명된 다른 두 만도 내포반도에 오목하게 들어가 있다. 충청도 연안 앞 바다의 사주는 차서리라고 불리고 있다.

이 밖에도 또 다른 넓고 위험한 사주들이 해안에 줄을 잇고 있어 항해를 극도로 위험하게 만들고 있다. 안개가 빈번히 끼고 또 매우 짙어 모든 이정표를 여러 시간씩 가린다. 호수와 해류가 몹시 거세어 어느 곳에서는 그 높

32) 사기만(詐欺灣, Deception Bay) : 다음 페이지의 지도에 따르면 충남 서산군의 태산과 당진군 통정 사이에 있는 만을 의미하는 것으로 보임.

33) 귀츨라프(Karl F. A Gützlaff : 1803~1851) : 독일의 선교사. 중국 명은 곽실렵. 독일의 메리니아의 루터교 가정에서 출생하여 재닉스 미션 스쿨과 할레대학에서 수학. 프로테스탄트 동양 개척자의 1인. 1826년 홀란드 전도교회 소속으로 동양에 파견되어 자바, 바타비아, 광동, 홍콩 등지에서 30년간 전도 생활에 종사하면서 서양 근대 문명의 이입에 공헌했고, 한국에 입국하여(1832), 백령도, 군산만의 창선도, 홍주의 고대도 등에 머물면서 감자의 재배를 가르쳐 주고 주기도문을 한자로 번역하여 주었다. 홍콩에서 사망. 그의 『약한복음지전』 3권은 노작으로 손꼽히고 있음.

34) 줄룰랜드(Zululand) : 남아프리카 연방의 동해안에 있는 나탈의 한 지방.

35) 해미(海美) : 충남 서산군 해미면으로 1895년에 군이 되었다가 1918년에 서산군에 흡수되었다.

36) 천수만(淺水灣, Shoal Gulf) : 홍성과 안면도 사이의 만.

37) 카롤라인만(Caroline Bay) : 충남 서산의 덕적군도와 태안 사이의 만으로 우리말로는 가로림만이라 한다.

이가 60피트나 된다. 1867년에 태공 묘의 시신과 유물을 파내고자 프랑스 신부와 독일 상인과 미국인 통역이 자행했던 국제적인 굴총 사건[38]은 그와 같은 호기를 이용하여 감행하기로 계획되었다.

남양만으로 흘러 들어가고 있는 강은 약 30마일 가량 내륙에 뻗쳐 있어서 만조 때면 거룻배나 경기선으로 30시간이면 상류까지 올라갈 수가 있다. 간조 때면 이 강은 완전히 말라버리지만 만조 때에는 수위가 최고 3피트까지 오른다.

육지로 가느라고 발길이 더뎠고, 거리를 잘못 측정했으며, 조선의 무덤들은 도굴을 막으려고 석곽으로 되어 있었기 때문에 오페르트의 계획은 실패로 돌아갔다. 이 주목할 만한 도굴 사건에 대한 기록은 조선에 관한 한 책[39]과 1867년도 중국 상해의 미국 영사 재판 기록에 수록되어 있다.

식물상은 여름철의 경치를 매우 아름답게 꾸며 주고 있다. 참나리, 화사한 국화, 탱알, 선인장, 십자화, 순형과 식물 그리고 그 밖의 여러 가지 유럽 종자들이 차례로 열대적 다양성을 띠면서 풍성히 자라고 있다.

공중에는 곤충들이 가득하며, 조류의 수와 종은 일본의 그것을 능가한다. 비둘기, 개고마리, 파리통, 딱따구리, 티티새, 종달새, 찌르레기, 쇠새, 굴뚝새, 저어새, 메추라기, 마도요, 깨새 등이 눈에 띈다. 물길을 따라 줄을 지어 종종 서 있는 흰 왜가리는 검은 수탉과 좋은 대조를 이룬다. 모래톱 위에 서 있는 가마우지, 갈매기 그리고 숱한 종류의 오리와 잠수조들은 조류의 삶이 얼마나 풍성한가를 보여주는데, 이들의 종자는 대부분이 유럽의 그것과 다

38) 프러시아의 상인 오페르트(E. Oppert), 프랑스 신부 페롱(Stanislas Feron : 1827~?), 그리고 미국인 젱킨스(Jenkins)에 의한 남연군 묘 도굴 사건을 의미함. 이 사건이 1867년에 일어났다고 하는 필자의 기록은 오기이며 정확히는 1868년 4월이었다.

39) 오페르트(E. Oppert)가 쓴 『금단의 나라 : 조선 기행』(1880)을 의미함. 프러시아의 상인 오페르트는 1851년에 상해에 도착한 뒤 1866년에 두 차례에 걸쳐 조선에 상륙하여 통상을 요구하다가 실패하자 1868에는 충남 덕산 군청을 습격하고 대원군의 생부인 남연군의 묘를 도굴하려다가 실패함으로써 대원군의 쇄국정책을 가속화시켰다.

르다.

섬과 육지는 거의 모두가 과학사가의 처녀림이다. 과학자는 이 전인미답의 계곡에서 지구에 사는 생물의 발전 과정에 관한 흥미 있는 문제점들을 풀게 될 것이다. 이제까지 알려진 바에 따르면 조선 사람들은 생물의 연구와 분류에서 일본인에게 뒤떨어져 있는 것으로 보인다.

조선 사람들은 해양 민족이 아니다. 드문 예외가 있기는 하지만, 그들은 육지를 떠나 바다로 나가지 않는다. 대부분의 한인들에게는 아직도 기선은 흥미 있는 물건이 되고 있다. 주민들은 기선을 가리키면서 "하늘에서 내려온 배"라고 말한다. 그 배는 저 멀리 땅 끝에 있는 나라에서 왔으며, 인간의 힘으로는 풍랑을 견디면서 수백만 리그를 항해할 수 없으니, 아마 그 배는 여하튼 하늘의 도움을 받았음에 틀림없다고 그들은 믿고 있기 때문이다.

어선은 이물과 고물이 꼭 같으며 목침으로 깨끗하게 못질이 되어 있다. 그들은 원목 그대로의 통나무를 돛대로 사용한다. 돛대는 밀짚 천에 대나무를 엮어 만든 것이다. 돛은 배의 이물에 달려 있다. 그들은 3면에 바람을 맞으면서도 훌륭하게 달린다. 어부들은 3면에서 불어오는 바람을 이용하는데 매우 능숙하다.

작업선에서는 양 옆에서 여러 개의 노를 젓지 않고 뱃전이나 돌양의 축에 고정된 노를 사용한다. 이 축에 고정된 노는 그 휘두르는 범위가 매우 크며 2~3명, 또는 많을 때면 10명이 젓는다. 좁은 강을 가는 데에는 이와 같은 방법이 매우 편리하여 많은 배들이 좁은 간격을 유지하면서도 서로 스쳐 지나갈 수도 있고 또 가지런히 함께 갈 수도 있다.

바위 사이에서 고기를 잡거나 파도 속에서 물건을 양육하는 해안에서는 모두가 뗏목을 엮어 만든 부선을 사용한다. 이 뗏목의 부선 위에는 널빤지가 깔려 있어 8~10명이 탈 수 있다. 보트나 거룻배는 놀이에 사용되며 높은 이물과 아름답게 가꾸어진 고물을 가지고 있다. 이들은 조각되어 있거나 아니면 그 밖의 어떤 방법으로 미장되어 있다.

선유도

배의 가운데에 말총 술이 달린 천개가 네 개의 기둥 위에 걸려 있어 뱃놀이를 하는 동안 유람객들을 햇볕으로부터 보호하여 준다. 위의 선유도를 살펴보면, 관리이거나 아니면 지체가 높은 세 사람이 술상에 둘러앉아 즐기고 있는데 상 위에는 차, 인삼탕, 곡주 그리고 과일 접시가 있을 것이다. 그들은 비단 방석에 앉아 있으며 서로 우정 어린 술잔을 권커니 잣거니 하고 있는 것으로 보인다.

그들은 제법 시 한 수씩을 지어 교환하거나 아니면, 다른 두 사람은 지금 짓고 있는 중일는지도 모른다. 그들은 삿대를 저어 강물을 따라 배를 점잖게 몰고 있으며 뒤에서는 키잡이가 다소 다루기 어려운 키를 조종하고 있다. 일반인들은 칠이 되지 않은 판자로 만든 배를 사용한다. 이 배는 못이나 철을 사용하지 않고 나무로 죄어서 깔끔하게 짜 맞춘 것으로서 짚방석과 해조로 만든 밧줄이 갖춰져 있다.

공식 집계에 따르면 충청도는 54개 현에 인구가 244,080호에 군역에 종사하는 사람은 139,201명이다. 충청도에는 성으로 둘러싸인 도시가 10개소 있으며, 다른 도와 마찬가지로 우도와 좌도로 나뉘어 있다.[40]

5. 전라도

전라도는 8도 가운데 가장 남쪽에 위치하고 있으며 기후가 가장 온화하고 토질이 비옥하다. 이 도는 상해와 해외 통상로에 가장 가깝다. 섬이 다닥다닥 붙어 있는 연안은 난파 선원들의 상륙지가 되어 왔는데, 이들 가운데 프랑스의 소형 전함인 글로리호와 빅토리호는 고군산열도의 사구에서 명예롭지 못한 짓을 한 것으로 오히려 더 유명하다.

1816년 맥스웰 선장(Capt. Maxwell)과 홀 선장(Basil Hall)이 각기 앨세스트호와 리라호를 타고 이곳을 항해하기 전까지만 해도 조선열도[41]는 유럽에 전혀 알려져 있지 않았으며, 심지어는 중국의 지도에도 표시되어 있지 않았다. 17세기에 북경의 제수이트 교도들이 그린 중국의 지도에는 반도의 본토가 오늘날 몇 백 개의 도서로 뒤덮여 있는 곳까지 확장되어 있었으며, 커다란 코끼리가 지도 위를 차지하고 있었는데, 이는 당시의 지도 제작자들이 얼마나 무지했던가를 보여주는 표시가 된다.

홀 선장은 아무도 가보지 않은 바다에 환상적인 숲과 도시의 사이를 항해했으며, 지도상으로는 코끼리의 몸통 곧 육지로 되어 있는 부분을 향하여 곧장 항해했다. 자연과학자로서 뒤늦게 이곳을 찾아왔던 홀 선장의 말에 따르면, 어느 한 섬의 꼭대기에 올라갔더니 135개의 작은 섬을 헤아릴 수 있었다고 한다. 그리고 남북으로 길게 벌려 있는 검푸른 섬들이 물 표면 위로 아련히 떠오르더라는 것이다.

바다에는 한 폭의 커다란 그림처럼 배들이 덮여 있었다. 흰 도포의 본토인들을 가득 태운 그 배들은 인근 마을에서 온 것으로서 이상한 외국배를 방문하고자 투명한 물을 헤치며 오고 있었다. 이들 섬에는 아담스[42]가 말하

40) 대체로 이 당시의 좌 · 우도는 그 뒤 1896년에 실시된 남 · 북도 분할의 기준이 되었다.
41) 조선열도(朝鮮列島, Corea Archipelago) : 전라남 · 북도 연안의 다도해를 의미함.

고 있는 바와 같이 물개들이 뛰어 놀고, 저어새, 메추라기, 마도요, 깨새, 할미새, 검둥오리, 학 등의 수많은 조류가 서식하고 있다. 숲이 우거진 정봉은 사냥하기에 좋으며, 해변은 자연과학자들의 훌륭한 채집장이 되고 있다.

해면이 풍부하여 어느 곳에서는 무한정 채취할 수가 있다. 이곳에는 학술적으로 매우 가치 있는 해면의 품종들도 많다. 모양도 갖가지여서 평퍼짐한 것, 리본처럼 갈래가 난 것, 둥근 것, 손가락 모양으로 된 것, 원통형 등도 있고 어느 것은 구멍 뚫린 튜브처럼 생긴 것도 있다. 어떤 것은 딱딱하거나 각질의 흰 잎이 빽빽이 난 것도 있지만, 다른 것들은 물렁물렁하고 유연하다. 이들은 다만 잠수부의 손길을 기다리고 있다. 조선 사람들의 화장품에는 이 유용한 물건이 포함되지 않은 채 바다 속에 사장되어 있다.

녹색, 청색, 자주, 노랑색의 은은한 빛깔을 띠고 있는 산호층은 몹시 아름다우며, 맑고 투명한 물 위를 내려다보면 마치 해양 식물의 아름다운 화원처럼 보인다. 바다 밑 꽃밭에 있는 가지 친 산호들의 변화무쌍한 모습들 가운데 머리 모양, 평퍼짐한 모양, 또는 거대한 버섯의 갓 모양과 같은 녹석들이 진홍색의 해면과 진청색의 불가사리와 함께 얽혀 있다. 많은 섬에는 물개들이 사람을 해치지 않으며 놀고 있고, 때때로 해변은 살아 있는 게로 푸르게 빛난다. 이 다도해는 해산물의 훌륭한 보고이다.

칼스[43] 씨가 지적하고 있는 바와 같이, 8도의 명칭은 그 도시에 있는 양대 도시의 이름을 따서 지은 것이다. 예컨대 황해도는 그 도에서 가장 큰 도

---

42) 아담스(Arthur Adams : 1872~1936) : 뉴질랜드 로렌스 출신의 극작가 · 소설가. 웰링턴대학을 졸업하고 종군 기자 윌리암슨(J. C. Williamson)의 조수로 의화단 사건을 취재했으며, 영국과 오스트레일리아를 여행했다. 제임스(James James)라는 필명으로 『신혼여행』 등의 작품을 남겼다.

43) 칼스(William R. Carles : 1848~1929) : 영국 워위크 출신. 말보로대학에서 수학. 외교계에 투신하여 1867년에 중국을 방문, 공사관 번역생과 대리 참찬을 지냄.(1881~1883) 그 뒤 조선 주차 부영사(1884~1885), 상해 부영사(1897), 천진 총영사(1897~1901)를 지냄. 한국에서의 견문을 토대로 『조선풍물지』(1888)를 씀. 본 전집의 제17권 참조.

시인 황주와 해주의 첫 음을 합하여 지은 것이며, 전라도의 경우에는 전주와 나주의 첫 자를 따서 발음하기 쉽게 "절라도"라고 하는 것이다. 하멜은 이 지방에는 악어가 살고 있다고 말하고, 이 악어는 "길이가 18~20엘[44]이며", "등에는 60개의 관절이 있고", 사람 하나를 삼킬 수 있다고 주장한다.[45]

전라도의 땅은 매우 기름지며, 훌륭하게 농지화되어 있다. 이곳에서 나는 많은 곡물들은 서울로 수송된다. 넓은 계곡은 고기를 제공하는 소떼들의 훌륭한 목초지가 되고 있는데, 한인들은 일본인보다도 쇠고기를 더 좋아한다. 여행이나 난파로 이 나라를 방문하게 된 사람들은 살찐 소와 그들이 먹어 본 맛있는 고기를 몹시 칭찬한다.

오늘날 상당한 양의 생가죽, 뼈, 뿔, 가공 가죽 그리고 수지가 대일 수출의 기본 품목을 이루고 있다. 일본의 주민들은 단추 달린 옷을 입고 가죽신을 신기 때문에 이러한 품목의 수입이 필요하다. 쇠고기 시장에 관해서는 조선이 중국이나 일본을 능가하고 있는데, 이는 육식을 주로 하는 개항지의 많은 외국인들에게는 중요한 의미를 갖는 것이다. 초원에는 말떼들이 풀을 뜯고 있다.

전라도는 북쪽으로 노를 저어 올라가는 거룻배들을 위해서 훌륭한 항구들을 제공하여 주고 있다. 일본인들은 북위 34° 40′에 위치하고 있는 목포를 상역과 거주를 위해 가장 좋은 도시로 보고 있는데, 이 항구도 1876년의 한일수호통상조약 제5관에 따라 머지않아 개항될 것이다.

이 지방에는 위대한 역사적 유적지가 적지 않다. 동북부에 위치하고 있는

---

44) 1엘(ell)=45인치.

45) (필자 주) 조선에서의 동물의 수집 · 조사하고자 1884년에 6개월을 보낸 바 있는 스미소니안연구소의 쥬이(Pierre L. Jouy) 씨의 말에 따르면, "조선에서는 원숭이나 악어를 볼 수가 없다. 조선에 악어가 있다는 말이 어디에서 나왔는지 이해할 수가 없다." 조선 사람들이 말하는 악어라 함은 거대한 불도마뱀을 의미하는 것이 아닌지? 일본의 미술품이나 전설에는 악어가 자주 등장한다.

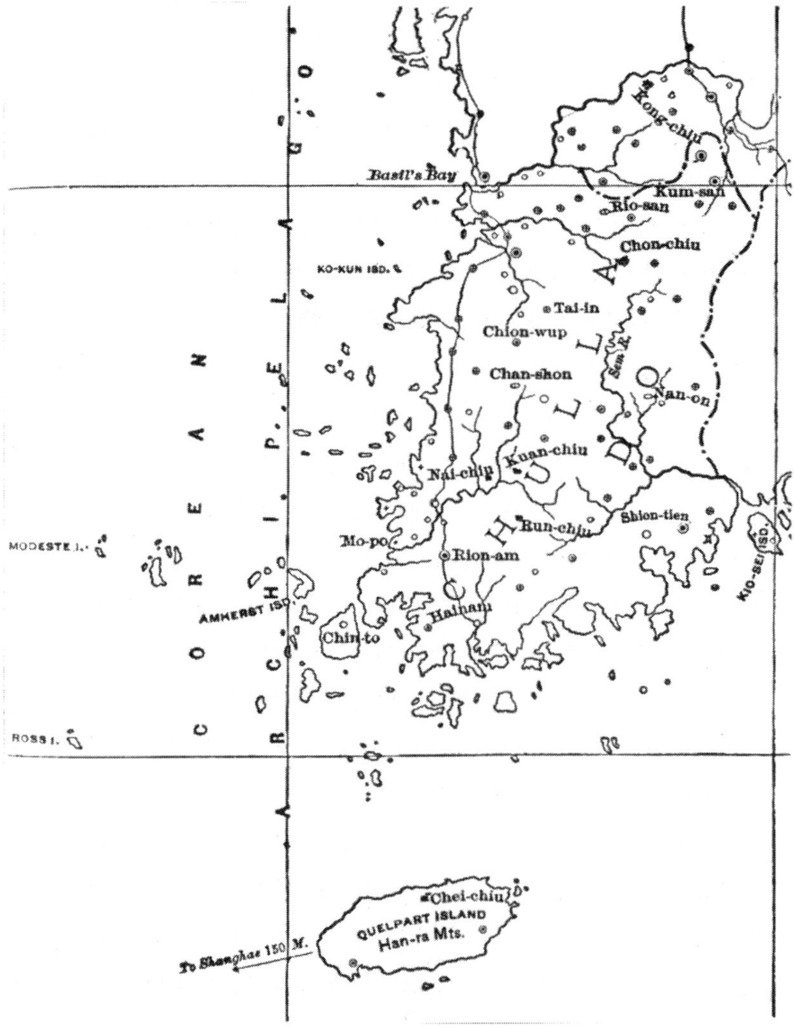
Basil's Bay
Kong-chiu
Kum-san
Rio-san
Chon-chiu
KO-KUN ISD.
Tai-in
Chion-wup
Chan-shon
Nan-on
Kuan-chiu
Nai-chip
Mo-po
Run-chiu
Shion-tien
Rion-am
Hainam
Chin-to
AMHERST ISD.
MODESTE I.
ROSS I.
KIO-SEI ISD.
COREAN
ARCHIPELAGO
CHULLA DO
Chei-chiu
QUELPART ISLAND
Han-ra Mts.
To Shanghae 150 M.

전라도

남원성은 1597년의 정유재란 당시에 명·조 연합군과 왜군 사이에 공방전이 있던 곳으로 유명하다. 홀란드의 난파선 스파로우호크호의 선원들 가운데 어떤 이는 13년 동안을, 어떤 이는 종신토록 유수의 몸이 되었던 곳도 바로 여기인데, 이들의 생활에 관해서는 하멜이 생생하게 기록한 바 있다. 2세기 동안 이 작은 책자는 조선에 관하여 알고자 하는 유럽인들에 대한 유일한 지식원이 되었다.[46]

여러 가지 작업 가운데 홀란드의 포로들은 도자기 작업장에 고용되었는데, 이 지방에는 도자기 예술에 몰두하고 있는 마을들이 많다. 물이나 곡식을 담아 두는 거대한 독을 만드는 제조법은 대체로 변했다. 이러한 독은 조선 일반 가정에서 흔히 볼 수 있는 것으로서 『아라비안 나이트』에 나오는 40인의 도적 하나를 잡아넣기에 충분할 만큼 크다.

프랑스 선교사들의 노력으로 기독교가 전라도에 보급되었으며, 많은 도시들, 특히 그중에서도 북북 지방의 도시에 오늘날에는 기독교 신자들이 있다. 이들은 훌륭한 신앙 고백을 위하여 자기의 삶을 바꾼 남녀들의 후손이거나 아니면 친척들이다. 달레(C. Dallet)는 전라도와 그 밖의 지방에서 죽은 기독교 순교자들의 비극과 사랑을 기록하고 있다. 대부분의 순교자들은 관찰사가 있는 전주에서 처형되었다. 많은 사람들이 제주도나 연안의 많은 도서로 유배되었는데 이곳에서 아직도 많은 사람들이 목숨을 부지하며 안타까운 나날을 보내고 있을 것이다.

전라도에는 3개의 큰 강[47]과 몇 개의 작은 강이 흐른다. 이들 가운데 2개는 황해로 흐르며, 다른 하나는 남해로 흐른다. 이 지방의 주요 대로는 바다 쪽의 서해안 지방을 관통하고 있으며, 다른 도로는 별로 중요한 것이 없다. 이 지방은 7년에 걸친 왜란 당시에 철저하게 유린되었으며 많은 전쟁을 치

---

46) 하멜(H. Hamel)의 『난선제주도난파기』를 의미하는데 자세한 것은 본서 제22장 참조.
47) 영산강, 동진강, 섬진강을 의미함.

렀기 때문에 이곳에는 요새화된 도시와 성으로 둘러싸인 고을이 많다.

공식 집계에 따르면 전라도는 총290,550호에 206,140명의 남자들이 군역에 종사하고 있다. 군은 56개소이다. 관찰사가 있는 곳은 전주이다. 이곳은 조선에서 두 번째로 큰 도시로 평가된 적도 있다.

조선을 "동양의 이탈리아"라고 견준다면 제주도는 이탈리아의 시실리에 해당한다. 제주도는 본토 남방 60마일 지점에 있다. 이 섬은 계란형의 바위섬이라고 말할 수 있다. 섬은 헤아릴 수 없이 많은 원추형의 산으로 덮여 있으며, 대개의 경우 그 꼭대기에는 사화산의 분화구가 있다.

"모든 봉우리는 중간에 우뚝 솟은 한 주봉에 머리를 숙이고 있다. 주봉은 섬의 중심부에 뿌리를 내리고 있으며, 그 머리는 구름 속에 잠겨 있다." 이 주봉이 한라산이며, 높이는 6,500피트이다. 산꼭대기에는 세 개의 사화산 분화구가 있으며, 분화구 안에는 각기 맑은 물의 호수가 있다. 하늘을 찌를 듯한 이 세 봉우리에는 세상을 창조한 세 사람이 아직도 살고 있다고 조선의 학동들은 배우고 있다.

평지와 산골짜기 그리고 산비탈에 이르기까지 섬의 모든 표면은 조심스럽고도 아름답게 개발되고 있다. 들은 돌담으로 깔끔하게 분할되어 있다. 제주도에는 여러 개의 마을과 섬으로 둘러싸인 3개의 도시가 있으나 마땅한 항구가 없다. 제주도는 오랫동안 죄수의 유배지로 이용되어 왔기 때문에 섬 주민들은 거칠고 버릇이 없다. 그들은 내륙 지방을 위하여 훌륭한 보물과 과일을 재배하고 있다. 엄청난 말떼와 소떼가 방목되어 어느 원도 가운데 하나는 우도라는 이름이 붙었다.

제주도는 고대에서부터 알려진 섬이다. 그 당시 이 섬에는 탐라라는 독립된 왕국이 있었다. 서기 100년경에 탐라의 주민들은 대륙의 어느 한 나라[48]

48) 백제를 의미함. 탐라는 백제 동성왕 20년(서기 498년)에 백제에 조공을 바쳤으며, 백제가 멸망한 뒤에는 서기 662년(문무왕 2년)부터 신라에 조공을 바치다가 고려 숙종 10년

에 조공을 바쳤다는 기록이 있다. 섬 주민들의 전설에 따르면 한라산이라고 하는 중앙 정봉은 다음과 같이 하여 이루어진 것이라고 한다.

> 구름과 안개가 바다를 덮고 땅은 7일 낮, 7일 밤 동안 우레 소리로 흔들렸다. 드디어 파도가 갈라지면서 1천 피트 높이의 산이 나타났는데 그 둘레가 40리였다. 그 위에는 수목이 전혀 없고, 널찍이 퍼져 나간 연기 구름은 주로 유황으로 이루어진 듯이 보이는 그의 정봉을 덮었다.

조정에서는 한 학식 있는 사람을 파견하여 그 섬을 자세히 조사토록 했다. 그는 섬을 돌아본 다음 본토로 돌아와 바위 위에 생긴 산의 그림과 함께 자기의 여행기[49]를 글로 펴냈다. 그의 기록은 이 산을 연구하고 그 기원을 탐구한 항해사들의 생각과 일치한다는 점에서 주목된다.

6. 경상도

경상도는 일본에 가장 가까운 도로서 주로 낙동강과 그 지류의 계곡으로 이루어지고 있다. 경상도는 강 유역에 생긴 경계선에 따라 지역을 구획한다는 원칙이 가장 잘 나타난 곳이다. 8도 가운데 가장 따뜻하고도 비옥한 지방의 하나인 경상도는 고대 · 중세 · 근대를 통하여 일본과 많은 역사적 관계를 맺었던 터전이기도 하다.

3세기에서부터 10세기에 이르기까지 신라의 수도였던 경주와 교토의 조정 사이에는 전쟁과 평화, 교신, 그리고 종교 등의 관계가 끊어지지 않았으며, 그 결과도 풍성했다. 일본인들은 해안을 향하여 벽처럼 둘러서 있는 산

(1105)에 고려에 병합되었다.

49) 효종 4년(1653)에 이익한이 저술 · 편찬한 『탐라지』를 의미하는 것으로 보임.

간의 천연적인 진입로인 낙동강 어귀에 여러 차례 상륙했다.

왜군들은 전략적 요지를 전격적으로 점령하여 그 지방을 다스렸다. 왜군이 이곳을 자주 내왕했던 영향은 조선 남부 지방의 언어, 생활양식 그리고 지방 풍습에서 나타나고 있다. 경상도 사투리는 평안도 사투리와 현저하게 다르며, 오히려 오늘날 일본의 그것과 흡사하게 닮았다.

경상도가 조선 문화의 가장 유서 깊은 터전 가운데 하나라는 사실은 경상도 사람들의 삶의 표면에 잘 나타나고 있다. 이 지방의 도로나 여행 제도를 살펴보면 이와 같은 사실은 더욱 확실해진다. 정부 사업과 여행자들을 위하여 유지되는 크고 작은 길과 역참은 다른 어느 도보다도 많다. 경상도는 또한 조직적인 지방자치적 행정 체제를 갖춘 도시들이 가장 많으며, 8도 가운데 가장 인구가 조밀하다. 천연 자원의 면에서도 이 도는 타도를 압도하고 있는 것 같다.

경상도는 방백 수령이 있는 71개 군현으로 나뉘어 있으며, 총 421,500호에 군역에 종사할 수 있는 남자는 310,440명이다. 2명의 고위 관리가 관찰사를 보좌하고 있으며, 삼도수군통제사의 본영도 경상도에 있다. 조선의 무반 가운데 가장 영예로운 직책인 이 직함은 임진왜란을 겪은 뒤 수많은 전쟁에서 왜군을 성공적으로 막아 낸 한 조선의 장수에 경의를 표하고자 만들어진 것이다.[50]

방백의 직권하에 있는 대도시는 5개소이다. 모든 도시에 말직의 관리가 임명되는데, 이 관리는 모든 외국인 입국자들에게 되도록이면 빨리 떠나도록 성공적으로 설득한 조정을 항상 좋아했다. 부산은 아주 먼 옛날부터 오늘에 이르기까지 일본에게 점유되어 왔다. 1868년까지 부산은 대마도주 영지의 일부였다.[51]

---

50) 여기에서 조선의 장수라 함은 이순신을 의미하는 것이다. 다만 삼도수군통제사의 직함은 임진왜란 2년째인 1593년에 이순신이 해상권을 장악한 뒤에 제수된 것이다.

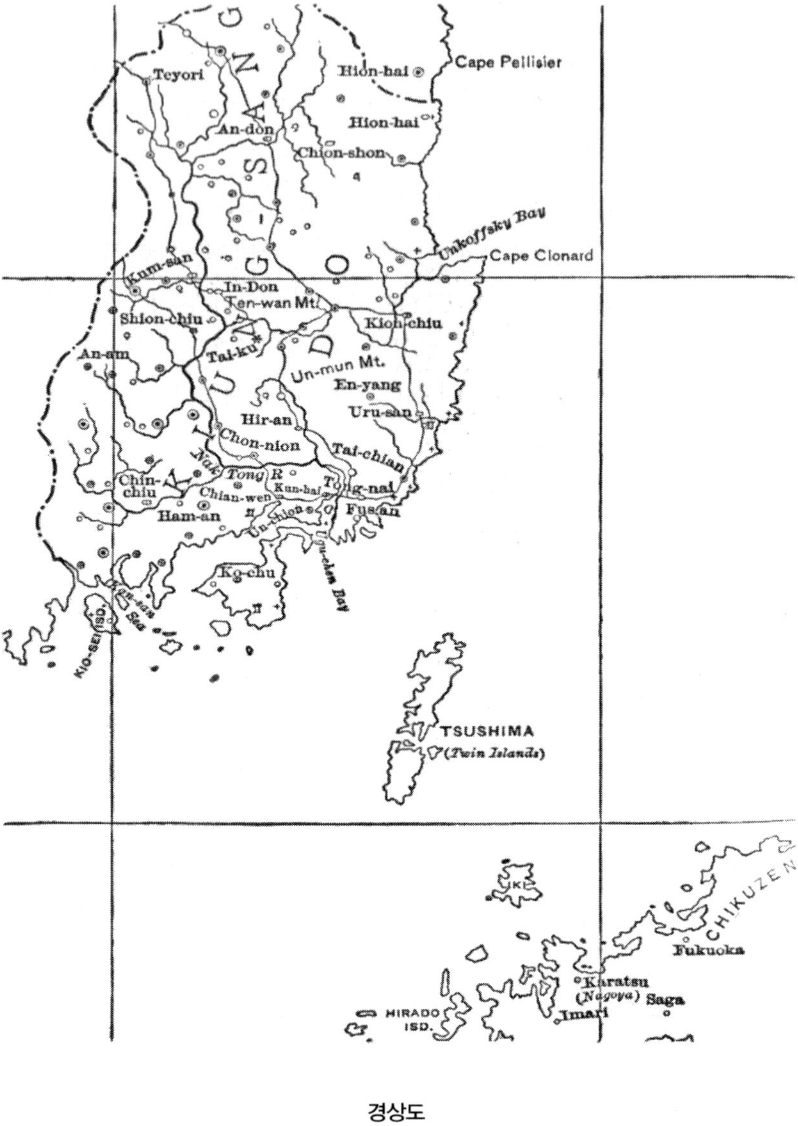

경상도

51) 이 기록은 필자가 일본 측의 기록을 무비판적으로 인용한 오류이다.

부산은 위도상으로 북위 35° 6′, 동경 129° 1′으로 동해안에서 가장 가까운 거리에 있으며, 직선 거리로 150마일가량 된다. 부산은 1876년의 한일수호통상조약에 따라 일본에 개항되었으며, 오늘날에는 떠들썩한 교역 장소가 되고 있다. 부산이라고 하는 글자는 "금산"을 의미하는 것이 아니라 "가마솥처럼 생긴 산"이라는 뜻이다.

항구를 향하여 배를 타고 부산항 안으로 들어가노라면 산이 많은 육지와 점찍은 듯한 푸른 섬의 경치가 매우 아름답게 보인다. 부산의 남쪽 앞 바다에는 절영도라고 하는 큰 섬이 있는데 높이가 800피트인 언덕이 그 위에 있다. 옛날에는 이 섬에 몇 백 마리의 말이 방목되었는데 그 후부터는 이 섬을 목도라고 종종 부른다.

북쪽에 있는 부산성은 바다를 향하여 언덕 위에 있다. 부산 주변의 땅은 검붉은 색이며, 훌륭한 전나무들이 무수하게 서 있다. 요새는 주거지로부터 1리그 정도 떨어져 있으며 조선 사람 부사가 살고 있는 동래는 2리그 정도 떨어져 있다.

경상도의 수부인 대구는 그 중심지에 위치하고 있다. 북서쪽에 있는 상주는 동남부 지방에서 서울로 올라가는 길목을 지키는 요새화된 도시 가운데 하나이다. 상주는 임진왜란 당시 고니시 유키나가가 18일 만에 서울로 진군할 때 함락된 바가 있다. 수부인 대구는 기독교도를 살해한 곳이라는 오명을 쓰고 있기는 하지만, 최근에는 상주에서도 기독교도들이 많은 피를 흘렸다.

남쪽으로 몇 마일 떨어진 울산은 모든 일본인들에게 옛 일을 상기시켜 주는 곳이다. 왜냐하면, 1597년 조선과 명나라의 연합군은 만 1년 동안 이곳에서 저 용맹스러운 가토 기요마사와 수치를 모르는 왜장 오가우치 히데모토를 공략한 적이 있기 때문이다. 1년 동안 왜병 수비대는 극심한 기근으로 사람의 고기를 뜯어먹지 않을 수가 없었다. 명군이 퇴각하는 동안 인근에서 추격전이 벌어져서 명군과 구원병 사이에 1만 명의 피살자가 발생했다.

외국의 항해사들은 해안을 따라 자기들의 이름을 뿌리며 다녔다. 영일만과 장기곶은 북위 36°에 위치하고 있다. 조산항이라는 명칭은 브로튼 선장이 지은 것이다. 1797년에 그가 그곳의 지명이 무엇인가를 물었더니 주민들이 "조산"이라고 대답했다고 한다. 그런데 주민들이 대답했다고 하는 "조산"이라 함은 그 항구의 이름이 아니라 그 나라의 이름인 조선을 의미하는 것이었다.

유럽에서 만들어진 지도에는 자기들만이 알고 있는 지명들이 보이고 있다. 해안에는 유인도가 많은데 이들은 기독교도나 또는 그 밖의 범법자들의 유형지로 이용되고 있다. 경상도의 기독교는 주로 해안 일대의 도시에서 번창하고 있는 것으로 보인다. 거의 모든 해안은 바다로 향한 두 산맥으로 이루어지고 있으며, 내륙 지방보다 인구 밀도도 낮고, 강이나 중요한 항구가 없다.

그러나 대마도 맞은편에 있는 낙동강 어귀만은 예외이다. 이곳은 경상도로 들어가는 관문이며, 일본으로부터 가장 공격을 받기 쉬운 곳이다. 경상도 전체를 흐르고 있는 이 강은 부산만 쪽으로 넓어지고 있으며, 그 주변에는 인구가 번창한 도시와 부산항 그리고 서울로 올라가는 2개의 대로가 있다. 조선과 일본 사이에는 대마도가 징검다리처럼 놓여 있다. 지난날 조선 사람들은 이 섬이 자기들의 소유라고 주장한 바 있다. 그들은 이 섬을 대마도라고 부른다. 대마도의 악포는 부산으로부터 30마일 거리이며, 폭풍을 만나는 배들의 피난처가 되고 있다. 날씨만 좋으면 두 나라 사이는 배로 하루 만에 갈 수 있다.

군사전략적 입장에서 본다면, 대마도는 대한해협의 초소 역할을 하고 있으므로 일본제국으로서는 이 섬이 매우 중요한 가치를 가지고 있다. 오늘날 동해 북단에 한 기다란 섬 사할린을 차지하고 있는 러시아는 1859년에 대마도에 발을 붙이려고 시도한 적이 있다. 그들은 이곳에 막사를 세우고 농지에 씨를 뿌린 것으로 보아 이 섬을 영구히 장악하려는 의사를 가졌었음이 분명했다. 때마침 호프 경[52]이 이끄는 영국 함대가 나타남으로써 대마도에 대한 러시아의 야심은 좌절되었다.

한 일본인 필자의 기록에 따르면, 경상 도민은 다른 도에 견주어 풍속이 단순하며 생활 습속도 깨끗한 편이고, 옛 풍습도 신실하다고 한다. 사치를 모르고, 어리석게 낭비하는 일도 적어서 적은 재산이라 할지라도 동일 가계의 부자 사이에 여러 대에 걸쳐 충실하게 물려받는다.

주민들에게는 공부하는 풍습이 풍미하고 있으며, 문예를 사랑한다. 젊은 이들은 주경야독하는 풍습이 있어 조선 사람들은 이 상찬할 만한 몸가짐을 특별히 좋게 말하고 있다. 양가집 아낙네들은 다른 도처럼 그렇게 심하게 은거하지 않고, 비복들을 데리고 바깥 출입을 하면서도 불량배들에게 놀림을 당하리라는 두려움을 느끼지 않는다.

경상도에서는 불교도의 수가 가장 많다. 신라의 고도인 경주는 조선 불교의 학구적·선교적 영향의 중심지가 되고 있으며, 1597년에 왜병들에 의해 불타기는 했지만 아직도 그 영향력은 막중하다. 주민들은 미신에 몹시 의존하고 있어 쉽게 바꾸기 어렵지만, 일단 한 종교에 귀의하게 되면 외곬으로 충성한다. 경상도의 많은 유생들은 대체로 남인에 속해 있다.

7. 강원도

강원도는 동해안의 중앙에서 일본에 대면하고 있으며, 함경도와 경상도의 중간에 위치하고 있다. 강원도라 함은 "강이 흐르는 초원"이라는 뜻이다.[53] 한강의 상류가 이곳에서 발견되고 있으며, 8도 가운데 가장 산이 많

52) 호프 경(Sir James Hope : 1808~1881) : 영국의 해군 원수. 1859년에 중국 방면 총사령관이 되었으며 영불연합 함대를 지휘하여 백하를 항해했으며, 1862년에는 태평천국군을 공격했다. 1863년에는 북아메리카 방면 사령관이 되었다가 1879년에 원수의 칭호를 받았다.

53) 이 점은 필자가 오해하고 있다. 다른 도명과 마찬가지로 강원도도 도내의 대표적인 두

은 곳이기도 하지만, 주로 서쪽으로 흘러 한강을 이루고 있는 지류들로 축축이 젖어 있는 기름진 평야들이 몇 군데 있다. 한강은 한반도 전체를 가로질러 황해로 흘러 들어간다.

이곳 사람들이 태백산맥[54]이라고 부르는 조선의 중추 산맥은 동해안 근처를 치달리고 있으며, 강원도의 대부분은 그 산맥의 서쪽에 위치하고 있다. 인구의 대부분과 중요 대로, 그리고 관찰사가 있는 원주는 바로 이 서부 지역에 있다. 서부 지역의 총 군현은 26개소이며, 동부 지역은 17개소이다. 공식적인 국세조사에 따르면 강원도는 총 93,000호에 44,000명이 군역에 종사하고 있다.

이 지역의 산 이름은 조선의 지리 명명의 일반적인 성격을 보여주는 것 가운데 하나로서 조선 사람들의 뜻과 이상을 잘 표현하여 주고 있다. 산 이름 가운데에 황룡산, 비봉산, 또는 잠룡산[55] 등이 있다. 금강산, 오두산, 일출봉, 남곡, 야소, 백운산, 그리고 공작산 등은 야만적인 것은 아니라 할지라도 시적인 것은 못된다. 어느 산은 봉우리가 12,000개이며, 그 한 봉우리에서는 높이가 몇 백 피트나 되는 강물이 눈처럼 쏟아진다고 한다. 이 "눈이 흐르는 강"은 소위 폭포를 말하는 것이다. 사슴이 매우 흔하며 중국에서 약재로 쓰는 녹용은 이곳에서 나온다.

해안으로부터 동경 1° 5′쯤 되는 동해에는 한 섬이 있는데 일본인들은 이 섬을 마쓰시마라고 부르며, 조선 사람들은 울릉도라고 부르며, 유럽인들은 다줄레라고 부른다.[56] 이 섬을 외국인이 최초로 발견된 것은 1787년 6월 프

도시 곧 강릉과 원주의 두음을 딴 것이다.

54) 태백산맥(太白山脈) : 본문에는 Makira라고 표기되어 있음.

55) (원저자 주) 잠룡이라 함은 아직 구름이나 하늘에 이르지 못하고 땅 위에 머물러 있는 용 또는 왕위에 오르기를 기다리는 세자를 말함.

56) 이 점에 대해서는 필자가 오해하고 있다. 일본인들이 말하는 소위 마쓰시마라 함은 울릉도가 아니라 독도를 의미한다. 울릉도가 서유럽의 지도에는 Dagelet로 기록되어 있다. 독도는 Liancourt이다.

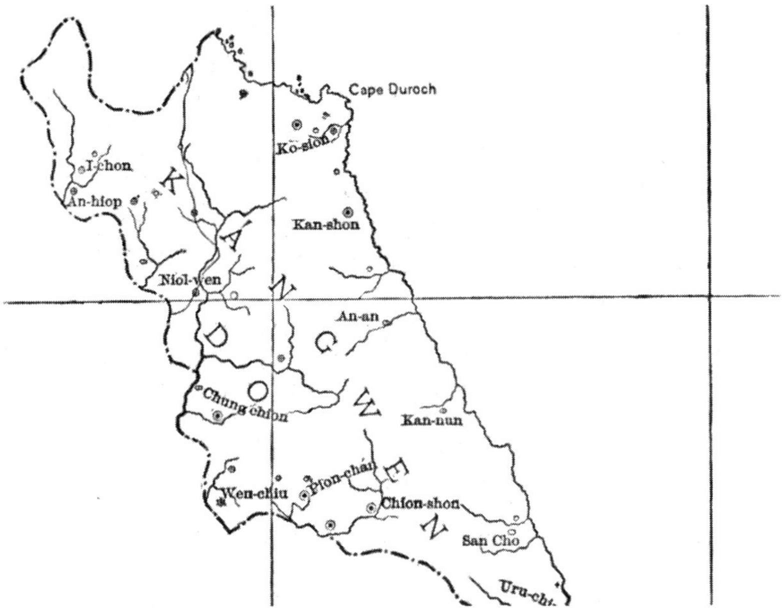

강원도

랑스의 항해사인 라 페루스[57]에 의해서이다. 한 천문학자를 기념하고자 이 섬은 다줄레[58]라고 명명되었다. "이 섬은 매우 가파르지만 해안으로부터 정봉에 이르기까지 훌륭한 나무들로 덮여 있다. 벽처럼 깎아지른 듯한 바위

57) 라 페루스(La Pérouse : 1741～1788) : 프랑스의 항해사이며 탐험가. 7년전쟁(1756～1763) 당시에는 대영항쟁에 참전했으며 1780년에는 선장이 되어 1785년부터 1788년까지 아시아 일대를 탐험했다. 동해안의 울릉도를 거쳐 라 페루스해협(사할린과 북해도의 사이)과 호주 · 타스마니아 등지를 탐험했으며, 스코틀랜드 서북부의 헤브리데스해를 탐험하다가 실종되었다.

58) 다줄레(Lepaute Dagelet : ?～1788) : 프랑스의 과학원 회원이며 군사학교 교수로서 전공은 천문학이었음. 라페루즈 함대가 남태평양의 솔로몬군도 근해에서 폭풍을 만나 좌초하였을 때 일행과 함께 실종됨. 이진명, 『독도 : 지리상의 재발견』(서울 : 삼인, 1998), pp. 19, 28ff.

절벽이 온통 둘러싸고 있으며, 7개의 자그마한 모래사장이 있어서 사람이 상륙할 수도 있다."

4천 피트의 주봉은 구름을 뚫고 서 있다. 전나무, 큰 단풍나무, 노간주가 많다. 물에는 바다 곰과 바다표범이 살고 있으며, 이 섬에 살고 있는 소수의 가난한 조선 사람들은 시장이나 내륙에 팔고자 바다표범의 고기와 많은 양의 바다제비, 귀조개를 말린다. 주변 바다에는 고래가 많기 때문에 일본 어선과 외국의 포경선들이 가끔 이 섬을 방문한다. 일본인들은 원산에 새로이 생긴 자기들 거주의 공공 건물과 기타의 주택을 짓는데 필요한 재목을 울릉도에서 얻었다.

이곳을 방문하는 여행자들이 한결같이 입을 모아 하는 말을 들어보면, 이 "고요한 아침의 나라"는 매우 경치가 아름다운 곳으로서 그들의 풍속과 문예를 볼 때, 한반도의 수려하고도 영감을 주는 산천경개가 주민들에게 흠씬 젖어 들어갔음을 알 수 있다는 것이다. 하층계급의 사람들이 산골에서 놀이를 하는 일이 흔히 있음은 물론이고 돈 많은 사람들은 단순히 산천의 경개를 구경하고자 먼 길을 여행한다.

묵객들은 그들이 좋아하는 곳에 모여 자기들 앞에 펼쳐진 경치를 음미하고, 시인들은 폭포 아래에서 시상을 찾고, 승려들은 웅대한 자연의 경치 앞에 경외를 느끼면서 험준하고 높은 산에 절과 암자를 짓는다. 나이아가라나 요세미티 공원이 미국인들에게 잘 알려지고, 샤모니[59]가 모든 유럽인들에게 알려진 바와 마찬가지로 이들 자연의 경치를 사랑하는 사람들이 자주 가는 곳은 이미 조선 사람들에게 잘 알려져 있다.

창조주의 영광이 어느 곳에서 가장 훌륭하게 나타났느냐 하는 문제는 8도 도민들 사이에 열띤 논쟁과 경쟁의 대상이 되고 있다. 지방 안내서나 여행

---

59) 샤모니(Chamouni) : 몽블랑 북쪽에 있는 프랑스 동부의 산협으로서 경치가 빼어남.

안내서 또는 지명록에는 8도를 대표하는 명승지들이 소상하게 설명되어 있다. 강원도에는 해안을 따라서 소위 "관동팔경"이라는 절경이 있다. 남쪽에서부터 북쪽으로 차례대로 그 이름을 들면 다음과 같다.[60]

(1) 울진의 망양정 : 울진은 북위 37° 바로 밑에 있으며, 이 정자를 망양정[61]이라 한 것은 대양에서 떠오르는 해가 이곳에서 보이기 때문이다. 앞바다에는 바다의 보석처럼 한 섬이 놓여 있다. 해가 떠오르는 모습, 일출의 하늘, 강, 파도, 육지 그리고 산의 빛깔은 찬란한 절경을 이룬다.

(2) 평해의 월송정 : 평해 앞바다에는 작은 섬들이 많이 있다. 달이 떠오를 때면 이 섬들은 은빛 바다 위에 동동 떠 있는 것 같다. 달이 수평선 위에 완전히 떠오르기 직전의 경치가 가장 아름답다. 지체 높은 사람이나 돈 많은 사람의 집에는 대부분 경치 삼아 즐기기 위한 특별한 정자가 마련되어 있고, 방에 앉아 그곳을 바라본다. 여럿이 함께 즐길 수 있는 방과 함께 이 정자는 특별한 구색을 갖추고 있다. 평해에는 참으로 아름답게 보이는 정자가 하나 있는데 그 이름은 월송정이다. 그 안에는 조망실이 몇 개 있다.

(3) 삼척의 죽서루 : 자연의 경치 가운데 가장 아름다운 것 가운데 하나는 상록수 위에 깨끗하게 쏟아진 눈의 조화이다. 짙푸른 나무 위의 흰 눈은 특히 일본인들이 좋아하는 경치이다. 그들은 장식품이나 은 · 동 장식이나 자수, 그리고 그림이나 래커에 이 모습을 즐겨 담는다. 소나무의 짙은 그늘이나 거대한 대나무의 미묘한 색깔 위에 얹힌 눈을 바라보면서 즐거워하는 것은 조선 사람들도 마찬가지이다. 삼척 가까이에는 무성한 나뭇잎 밑에 반짝거리면서 바위 위로 꾸불꾸불 흐르는 냇물이 있는데 그 사이로 한 정

60) 남쪽에서부터 순서를 따진다면 울진의 망양정보다는 평해의 월송정이 앞서야 한다. 오늘날 이 두 경승지는 모두 경상북도에 포함되어 있으며, 월송정은 주춧돌만 남아 있을 뿐이다.

61) 망양정(望洋亭) : 필자는 이를 望陽亭(The House of the Emerging Sun)으로 오기하고 있다.

자가 서 있다. 이 정자에는 관광객들이 죽설을 감상할 수 있는 한 조망실이 있다.[62]

(4) 강릉의 경포대 : 강릉 가까이에 있는 언덕에 올라가면 바위 위에 자란 무성한 숲의 아름다움을 감상할 수가 있다. 봄철에 비가 내려 짙은 안개 사이로 빗방울이 떨어지고 싱싱한 나무들이 새롭게 푸른 도포를 갈아입고 나타날 때면 그 모습이 매우 매력적이다.

(5) 양양의 낙산사 : 양양의 언덕 아래에는 강물이 잔잔하게 흐르고[63] 서산에 지는 해로 반짝인다. 이곳의 일몰 광경은 그 아름다움이 볼 만하다.

(6) 간성의 청간정 : 고성으로 둘러싸인 간성[64]에는 청간정이 있다. 이곳은 계곡이 가파르며, 흐르는 물 가운데 부도가 있다. 이 섬들은 마치 물 위를 헤엄치는 것 같아 이렇게 부른다.

(7) 고성의 삼일포 : 사람들은 해 떠오르는 여름 아침의 그림 같은 경치와 가을 저녁 달빛을 즐긴다. 반짝이는 물 위로 이리저리 떠다니는 어부의 나룻배는 참으로 아름답다.

(8) 통천의 총석정[65] : 이곳 깎아지른 듯한 바위 사이로는 환상적인 나무들이 자라고 있다. 바위와 잎이 무성한 숲이 조화를 이루어 이곳의 경치를 매혹적으로 만들고 있으며, 시인 · 묵객들이 이곳을 찾는다. 봄과 가을이면 바위를 사랑하는 사람들을 위해 지은 이 정자로 문인들이 찾아 든다. 이곳에서 그들은 문재의 우열을 떠나 시를 짓고, 모임을 단합하고, 건강과 즐거움을 찾을 수 있는 방법에 관하여 한담을 나눈다.

강원도 주민들은 남부 주민들에 견주어 체력이 떨어지면서도 근면하며

---

62) 죽서루(竹西樓) : 필자는 이를 죽설루(竹雪樓, Snow and Bamboo Effect)로 오기하고 있다.
63) 이 부분은 바닷물을 잘못 표현한 듯하다.
64) 간성(杆城) : 필자는 이를 강릉에 있는 것으로 오기하고 있다.
65) 필자는 이를 총석정(寵石亭, Rock-loving Chamber)으로 오기하고 있음.

지성적이며, 북부 주민들과 마찬가지로 용맹스러우며 고집스럽고 남과 잘 다툰다는 평판을 듣고 있다. 흉년이 들거나 정치가 잘 못되면 "부랑자"들은 30~50명씩 떼를 지어 지방을 돌아다니면서 마을의 값진 물건이나 음식을 도둑질한다. 좀도둑들도 많다.

겨울철에 눈이 많이 내리면 주민들은 설피를 신고 산길을 다니며, 눈이 많이 내리면 눈 밑으로 굴을 뚫고 이웃 간에 연락한다. 군인들은 강궁을 잡아당김으로써 힘을 시험하고, 노동자들은 어깨 위에 무거운 짐을 들어 올림으로써 힘을 시험한다. 장사들은 6백 파운드의 구리나 쌀 두 가마니(1가마니의 무게는 260파운드)를 어깨에 멘다.

이 지방 여인들은 조선에서 가장 아름답다는 말을 듣는다. 심지어는 고대로부터 이 지방 미녀들이 중국 황실의 궁녀로 끌려가 크게 칭송을 받았다.

강원도에서는 기독교가 거의 진전을 보이지 못하고 있으며, 다만 프랑스 선교사들의 지도상에는 남쪽의 몇몇 도시가 십자가로 표시되어 있을 뿐이다.

태곳적에는 진한의 부족들이 이 지방을 다스렸다. 서력기원 때부터 10세기에 이르기까지는 고구려와 신라가 번갈아 가며 다스렸다.

8. 함경도

함경도는 조선의 영토와 러시아의 국경이 접경하고 있는 지역이다. 단 몇 년 전까지만 해도 조선의 변경은 온통 중국의 신민으로 둘러싸여 있었으나 오늘날 조선 사람들은 이제 착탄 거리 안에 유럽인을 마주하게 되었다. 다만 두만강이 중간에서 한반도의 은자와 러시아인을 갈라놓고 있을 뿐이다.

아시아에서의 러시아의 국경은 중국과 유럽 열강과의 전쟁 이후 훨씬 남쪽으로 획선된 것으로서, 조선과 접경하게 된 것은 1858년이었다. 지난날 유동적이던 국경선은 이제 각기 제정 러시아의 "과학적인 국경"이 되었다. 무라비에프 백작[66]은 1858년 3월 28일에 체결된 애훈조약[67]의 속약에 따

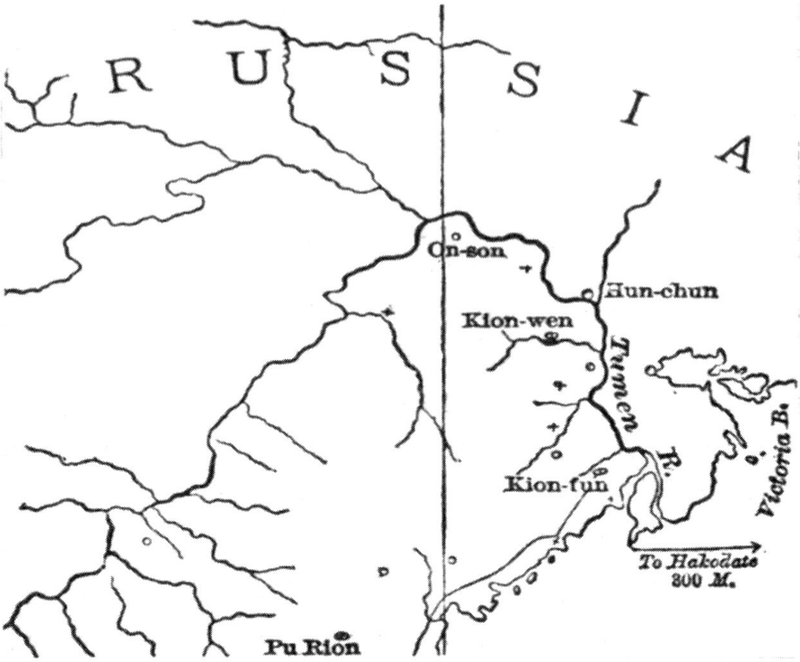

한 · 만 · 러 국경

라 흑룡강 남쪽의 광막한 옥토와 타타르해협과 우수리강[68] 사이의 폭 150마

---

66) 무라비에프 백작(Nikolj N. A. Mouraviev : 1809~1881) : 러시아의 군인이며 정치가. 1848년 동부 시베리아 총독으로 임명되어 빈번히 흑룡강을 침략하여 러시아의 극동정책에 기여했으며, 1858년에 일어난 장발적의 난을 기회로 청국을 협박하여 애훈조약을 체결하여 흑룡강 북쪽 땅을 얻는 동시에 우수리강 동쪽의 땅을 청 · 러의 공유지로 만들었고 그 공로로 백작의 칭호를 받았다.

67) 애훈조약(愛琿條約 : Aigun Treaty) : 청 · 러 간의 조약. 러시아는 Arrow호 전쟁 등에 간섭하여 흑룡강 좌안의 기슭을 빼앗고 우수리강 동쪽을 공동 관리하기로 함으로써 영토를 넓혔다. 체약 일자는 1858년 11월이며 속약은 그 이후에 체결된 것이다.

68) 우수리강(烏蘇里江 : Usuri River) : 흥개호에서 발원하여 타타르해협으로 흐르는 흑룡강의 지류.

일에 이르는 땅을 요구하여 끝내 차지함으로써 제정 러시아는 극동의 국경을 "수정"했다.

아시아 한 모퉁이에 있는 이 땅은 오지이기는 하나 매우 욕심나는 지역으로서 금, 비단, 석탄, 목화, 쌀 그리고 담배가 많이 난다. 정열과 모험에 가득 찬 러시아 정부는 곧 이민을 권장하고 뉴욕에서 건조된 기선을 우수리강과 흥개호에 취항시키고 블라디보스토크와 포시에트[69]에 항구를 시설하고, 발틱해와 태평양 사이에 전신을 가설하고, 반야만·야만족에게 법을 실시했다.

아무르 강과 오호츠크해 사이에 새로 생긴 러시아 영토의 이름은 프리모르스카야인데 피터대제만(또는 Victoria Bay)[70]에 훌륭하게 위치하고 있는 블라디보스토크를 그 수도로 정하고 있다. 엄청난 요새의 건축이 구상 중에 있으며 러시아는 이곳을 태평양 연안의 세바스토폴[71]로 만들 작정이다.

이 거대한 작업은 고 포포프 제독[72]의 책임 아래 착수되는데 그의 이름은 그가 발명한 포탑함과 조선 중부 지방의 한 산에 명명되었다. 포시에트는 조선의 국경으로부터 25마일밖에 안 되는 곳에 있다. 이 도시와 나가사키 사이에는 전신선이 가설되어 있다.

중국과 러시아 사이에 전쟁이 일어나거나 영국과 러시아 사이에 적대 관계가 발생하게 되면 제정 러시아 황제는 중국에 대한 작전 기지로 조선을 이용할 것이 확실하다. 왜냐하면, 중국에 대한 조선의 의미는 미국에 대한

---

69) 포시에트(Possiet, Posjet) : 동부 시베리아의 혼춘 동남방 100km에 있는 항구 도시.

70) 피터대제만(Bay of Peter the Great) : 블라디보스토크 항구 전면의 바다.

71) 세바스토폴(Sebastopol) : 소련 우크라이나공화국의 크리미아 반도 남단에 있는 항구 도시로서 흑해에서 가장 중요한 항구이며, 소련 흑하여 함대의 기지임.

72) 포포프 제독(Andrei A. Popov : 1821~1898) : 페테르부르그 출신. 해군유년학교를 졸업하고(1838) 흑해함대에 배속되어 크리미아전쟁(1853~1856)에 참전했으며, 핀란드 크린쉬탓트함대 참모(1856~1858)를 거쳐 태평양함대의 구축함 함장(1858~1864)을 지냄. 미국의 남북전쟁 당시(1862)에는 샌프란시스코에 출항했으며, 해군기술국(1870~1880)과 해군제독위원회(1876)에 근무하면서 피터대제호를 건조하는 등, 전함의 장갑화와 편제 개혁에 커다란 공헌을 남김. 1891년에 제독이 됨.

캐나다의 그것과 같은 의미를 갖기 때문이다. 조선 사람들이 말하고 있는 바와 같이 중국과 조선은 순치지간이다.

러시아는 겨울에도 얼지 않는 항구를 갖춘 태평양의 해안을 필요로 하고 있다. 그의 야심은 해양 강국이 되는 것이다. 지중해와 유럽에서는 영국이 러시아의 야심을 견제하고 있기 때문에 이 무방비한 한반도를 자신의 동부 국경 속에 끌어넣기 위한 러시아의 야망은 더욱 강렬하며 또 절실하다. "게걸스럽게 먹어대는 러시아"가 자신을 병탄하는 것은 피터대제[73]의 후계자들이 추구하고 있는 병탄 정책의 필요 조건으로 간주되고 있다.

조선 사람들은 이러한 사실을 너무나 잘 알고 있다. 장백산맥의 뿌리에서 일어나 러시아로부터 조선을 갈라놓고 있는 두만강은 그 길이가 약 2백 마일에 이른다. 이 강은 산이 많고 비가 많이 내리는 지역에 흐르고 있다. 대체로 이 강은 얕고 잔잔하지만 봄철이나 폭우가 쏟아진 뒤 또는 지류가 범람하게 되면 물결이 거칠고 무섭게 흐른다.

겨울이 되면 여러 달 동안 얼어 두만강 위로 쉽게 건널 수가 있다. 굶주림과 관리의 탐학을 견디지 못하여 도망 온 무리들, 자신의 신앙으로 말미암아 박해를 받은 천주교도들, 법망을 피하여 도망 온 무리들, 그리고 좀 더 잘 살아 보려고 이주한 무리 등 몇 천 명의 조선 사람들이 이 강을 건너 프리모르스카야에 정착하여 이제는 그 숫자가 모두 약 8천 명에 이르고 있다.

이들 가운데 대부분은 함경도의 농민들이어서 조선의 남부 지방에 관하여는 거의 아는 바가 없다. 그러나 "지하 통로"가 하나 있어 이를 통하여 박해받는 천주교도들이 러시아의 보호 하에 피난하기 위해서 도망칠 수가 있다.

그들의 집은 억센 통나무로 지으며 수수깡을 엮어 벽을 만들고 진흙을 바

73) 피터대제(Peter the Great : 1672~1725) : 제정 러시아의 표트로 1세(Pyotr 1)를 의미함. 청년 시절에 구미 각지를 여행하여 견문을 쌓아 러시아의 근대화에 많은 공헌을 했다. 북방전쟁(1700~1721)에 참가하여 발틱해 등을 장악하고 군사력과 관료 정치, 매뉴팩처 등의 강화를 통하여 러시아 자본주의의 발전에 힘썼다.

노령의 한인촌

르며, 가지가 무성한 나무를 엮어 깔끔한 울타리를 둘러친다. 그들은 대나무를 쪼개어 집을 덮고 이엉으로 잘 씌운다. 굴뚝은 집에서 떨어져 세우며, 구멍 뚫린 통나무를 사용한다. 따뜻한 방바닥 밑에는 흔히들 방고래를 만들며 이를 통하여 겨울에도 방안을 아늑하고, 열이 분산되지 않게 한다.

주식은 기장, 콩, 사냥에서 잡은 고기 그리고 소고기이다. 그들은 멜론처럼 생긴 과일을 껍질을 벗겨 말려 겨울 양식으로 잘게 썰어 둔다. 그들은 자기 민족 고유의 색인 흰 무명의 누비옷을 입으며 우마차를 썩 잘 이용하고 담배를 즐겨 피운다. 그들의 국가적 산물인 두툼한 한지는 매우 여러 가지로 쓰이는데 몇 장을 겹쳐 기름을 먹인 것은 문창호지로 쓴다.

몇몇 러시아의 상인들은 조선의 여인들에게 장가를 들었는데, 이 여인들은 착한 아내인 듯 보인다. 조선 사람의 몇몇 아이들은 요코하마에 있는 "미국인의 집"으로 가 그곳에서 미국여성동맹선교회의 부인들에게 영어를 배운다. 이 러시아 영토를 통하여 조선의 자유주의자 김인수가 망명했다. 일본 관리들은 이 사람을 통하여 한반도의 정세를 많이 알았으며, 일본 군부의 관리들은 그의 도움을 받아 매우 값진 조선 지도를 작성·출판했는데, 그 지도가 너무도 정확하여 그의 동포들을 놀래 주고 있다.

러시아인들은 학교에서 한인들을 가르치느라고 애를 먹고 있으며, 스냅 사진에서 보는 그들의 얼굴 모습과 깔끔한 풍습으로 미루어 보건대, 한인들은 배우는 즐거움을 누리고 있다. 그들을 가르치는 목적은 그들을 제정러시아 황제의 충실한 신민으로 교화시키려는 데에 있을 뿐만 아니라 그들을 러시아적 형태의 기독교로 개종시키려는 데에 있다. 이와 같은 과업에서 러시아의 신부들과 교사들은 상당한 성공을 거두고 있다.

두만강 북쪽에 살고 있는 조선 사람 가운데에 문맹자가 거의 없으며, 사무직원으로 고용되어 있는 청년들은 언어에도 능통하다. 그들 가운데 대다수는 어부로서 해안 가까이에 살고 있다. 그리스 정교로 개종한 사람들의 대부분은 블라디보스토크에 몰려 살고 있다.

러시아에 대한 조선의 두려움과 질투는 너무도 심하기 때문에 과거 2세대 동안 두만강 연안의 땅은 황폐하게 버려져 있었다. 강안에는 초소를 세우고 강을 건너 왕래하는 자는 사형에 처했다. 조선이 홍륭을 구가하던 당시의 고대 유물 가운데 흥미 있는 것들이 아직도 만주와 노령에 많이 남아 있다. 지금은 나무만이 울창하게 자란 폐허에 여행자들이 찾아와서 유적들을 설명·평가하고 있다.

높이 30피트의 성벽으로 둘러 싸여 있고, 하나의 해자와 두 개의 외곽천으로 방어되고 있으며, 몇 개의 성문이 나 있는 넓이 6에이커의 요새가 발견되기도 한다. 유적지에는 갑주나 무기 조각과 함께 정교하게 조각된 기둥이나 석상, 석조물들이 발견된다.

이제는 묵묵히 서 있는 이들 폐허 가운데 어느 것은 유명한 공방전을 겪기도 했으며, 한때는 횃불로 번쩍이기도 했고, 전쟁의 함성으로 메아리치기도 했다. 이 유적들은 평원과 계곡을 바라보면서, 그리고 고대의 건축가들이 얼마나 훌륭한 전략적 기술을 터득하고 있었던가를 보여주면서 산마루나 벼랑 위에 서 있다.

조선 쪽 강안에서 보아 길게 뻗어 있는 샨얀알린은 높이가 8천 내지 1만 2천 피트 정도이며, 1년 가운데 대부분 눈으로 덮여 있다. 산얀알린이란 이름은 장백산맥을 의미하는 것이다. 산봉우리 가운데 2개는 중국 황제들의 이름을 따서 명명한 것이다. 장백산은 조선 전체를 통하여 잘 알려진 영산으로서 중국, 일본, 조선의 작가들이 즐겨 쓰는 소재가 되고 있다.

중국의 작가들은 백두산을 가장 자리가 엷게 붙은 백자 화병에 비유한다. 이곳의 식물상은 대체로 희다. 이곳의 동물상은 머리가 희다는 말을 듣고 있으며 인간을 해치지도 않고, 인간이 해치지도 않는다. 이곳은 장백산을 다스렸던 흰옷 입은 여신의 성스러운 거주지로 되어 있다. 이 여신은 팔에 한 아이를 안고 있는 것으로 묘사되고 있는데, 전설적인 성격을 넘어서 소설에도 잘 알려져 있다. 일찍이 그 여신을 받들고자 한 사원이 건축되어 오랫동안 중들이 관리했다. 중들은 이 백두산을 만주의 터전으로, 자기 민족의 성지로, 또는 부처의 화신으로 생각하고 있다.

주맥 위에 솟아 있는 해발 8천 피트 이상의 백두산 꼭대기에는 순 암벽으로 둘러싸여 있는 호수가 있는데 이는 아마 사화산의 분화구인 것 같다. 이 산의 대부분은 석회석으로 이루어지고 있다. 1년 가운데 10개월 동안 덮여 있는 눈과 함께 그 석회석으로 말미암아 이 산의 이름은 백두산이 되었다.

또 다른 산맥 하나가 해안을 따라 당당하게 달리고 있는데, 이 산맥은 숲이 울창한 고원으로 장관을 이루고 있어 항해사들의 경탄을 자아내고 있다. 조선 사람들이 이름을 지은 그 밖의 주요 산으로는 대덕산, 천불산, 두운봉, 검덕산, 대안산, 마천령 등이 있다.

이 산악 지방에는 24개의 강이 흐른다. 북으로부터 북위 40°까지의 함경도 해안에는 이렇다 할 만 한 항구가 없다. 외국인들이 그린 이 곳의 지도를 대충 살펴보면, 프랑스, 러시아, 영국의 많은 항해사들이 이곳을 지나가면

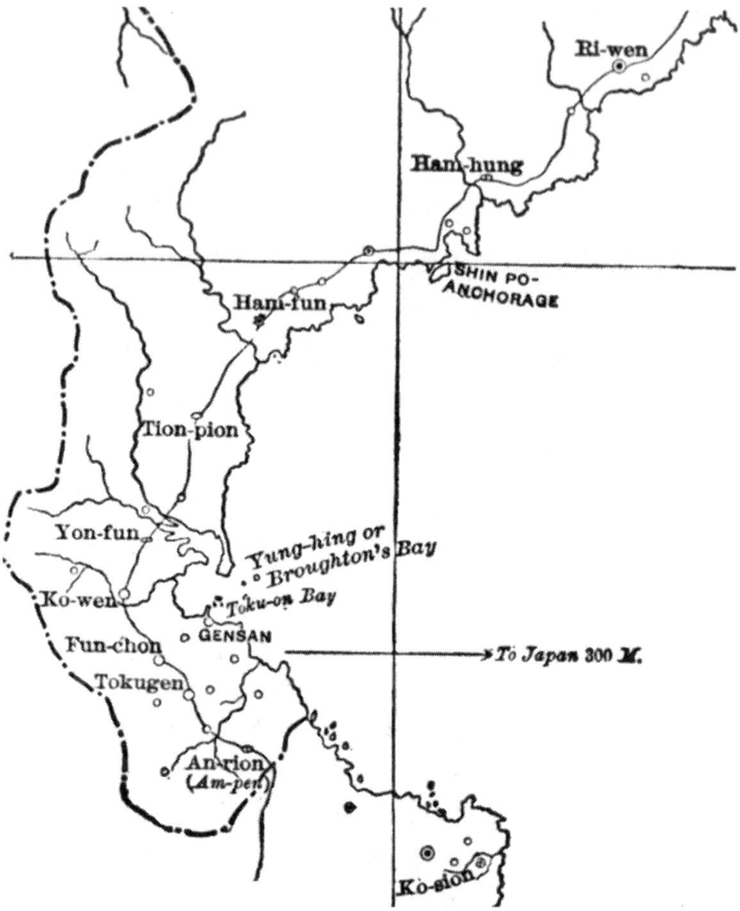

함경도 남부

서 각 갑곶에 추정적인 외국 명칭들을 뿌려 놓았음을 알 수가 있다.

남쪽에 있는 영흥만은 1797년에 용감한 영국 선장에 의하여 그렇게 명명된 곳으로서 항구가 좋고 호수가 높기로 유명하다. 영흥 주변의 지방은 함경도에서 가장 인구가 많고 또 토지가 비옥하다. 동한강 입구의 영흥 동편,

버지니만 서쪽에 있는 라자레프항은 잘 알려진 곳이다.[74] 임진왜란 당시에는 가토 기요마사의 대군이 이곳을 점령한 적이 있다.

최근 일본과 체결된 조약[75]에 따르면 영흥만 남쪽에 위치하고 있는 원산은 1880년 5월 1일부터 상역을 위하여 개항되었다. 원산은 북위 39° 부근에 위치하고 있다. 해안 가까이에는 조덕도[76]가 있다. 일본의 상인들이 여행이나 그 밖에 자유로운 활동을 할 수 있도록 허락된 둘레 25마일의 면적은 덕원의 고성이 있던 곳이다.

조선왕조의 시조묘는 해안 가까이에 위치하고 있는데 크게 숭앙을 받고 있다. 조선 사람들의 생각으로 용이란 매우 강력하고 훌륭한 것이기 때문에 이곳의 지명을 등용이라 하고 있다. 조선의 대로 가운데 하나는 함경도를 통하여 남북으로 해안을 따라 달리고 있는데 어느 지점에서는 바다와 닿는 곳도 있다. 함경도 주민의 대부분은 이 대로를 따라 살고 있다. 내륙 지방에는 산이 많고 인구가 적고 처녀림 속에는 호랑이와 그 먹이가 되는 짐승만이 주로 살고 있다.

함경도의 해안을 쓸어내리고 있는 해류 속에는 청어와 리본어[77]들이 헤엄치고 있으며, 공해에는 다른 어족들이 살고 있다. 그 뒤를 따라 이들을 먹이로 삼고 있는 고래 떼들이 바짝 쫓아다닌다. 고기잡이 계절이 되면 내륙 지방과 연안 마을의 수많은 주민들이 몰려나와 고기를 잡는다. 그들이 흰

---

74) 이 점에 관해서는 필자가 오해하고 있는 것으로 보인다. 영흥 일대에는 동한강이 없는데 이는 동한만을 오기한 것으로 보인다. 라자레프항은 본디 동부 시베리아의 타타르만을 사이에 두고 사할린과 최근접 거리에 있는 항구인데 원산만 북안의 송전만을 의미하는 기록이 많다. 우리의 현대사에는 흔히 영흥만으로 보는 견해가 많다. 버지니만은 확인되지 않는다.

75) 조선의 예조판서 심순택과 일본 서리 공사 하나부사 요시타다 사이에 체결된 "원산진 개항 예약"(1879. 8. 30.)을 의미함

76) 조덕도(朝德島) : 본문에는 Island of Chotoku라고 되어 있으나 정확한 명칭이나 위치는 확인할 수가 없다.

77) 리본어(Ribbon-fish) : 가늘고 긴 심해어로서 그 모양이 리본 같기에 이렇게 명명된 것이다.

옷을 입고 무릎까지 올라오는 물위에 서 있는 모습은 마치 논 위의 황새 떼와 같이 보인다.

그들은 일종의 통나무배나 뗏목 배를 사용하는데, 이들은 고기를 잡거나 파도를 타는 데 몹시 유용하다. 그들은 고래를 사냥하거나 얕은 곳에서는 고래를 해안 쪽으로 몰아 고래가 모래 위에 얹히면 사로잡는다. 유럽의 고래잡이들이 사용하는 창이나 작살이 그 거대한 몸뚱이에 꽂혀 있는 것이 보인다. 고래가 청어를 쫓는 모습은 조선의 최남단에서도 볼 수 있다고 하멜과 홀란드의 난파 선원들은 말하고 있다. 최근 조선 사람들은 이 거대한 해양 포유동물을 잡는 법을 익히고자 일본의 포경 업자들과 손을 잡고 있다.

함경도에서 가장 큰 도시로 관찰사가 있는 곳은 함흥이다. 함흥은 북위 40° 가까이에 위치하고 있다. 조선의 지리책에 따르면, 함경도는 총 103,200호에 309,600 내지 516,000명의 유동적인 인구를 가지고 있으며, 군역에 종사할 수 있는 사람은 "서류상" 87,170명이다. 행정의 편의상 이 도는 남북으로 나뉘고 있고 성으로 둘러싸인 도시는 15개소이다.

예로부터 러시아가 프리모르스카야 지방을 점령할 때까지 국경 가까이에 위치하고 있는 경원에서는 해마다 또는 한 해 걸러 상품전시회가 열렸다. 만주와 중국의 상인들은 자기들의 차, 쌀, 담뱃대, 금, 모피로써 조선의 인삼, 가죽 그리고 가정 용품과 교환했다. 수천 가지의 모피, 면직물, 비단, 조화 그리고 우량 목재들이 신속하게 교환된다.

이곳에 모이는 사람들은 거리가 멀 경우에는 2~3일, 가까울 경우에는 정오에서 해질 무렵까지 반나절이 걸린다. 이와 같은 교환은 혼잡과 법석 통에 진행되기 때문에 전시회가 싸움으로 끝날 때도 흔히 있어 마치 유명한 도니브루크[78]를 연상케 해준다.

---

78) 도니브루크(Donnybrook) : 아일랜드의 한 지명으로 난장판과 같은 축제가 벌어지는 곳으로 유명하다.

조선 사람들로서 가장 이문이 남는 물품 가운데 하나는 그들의 버림받은 머리카락이다. 젊은이들, 특히 곧 결혼하게 될 사람들의 머리카락이 막대하게 중국인에게 팔리는데 중국인들은 자기들이 만주족의 정복자들에게 복속되었던 표지로 간직하고 있는 그 "돼지 꼬리"같이 생긴 변발을 길게 장식하고자 예나 이제나 조선 사람의 머리를 사고 있다.

교역이 진행되는 동안에 중국인이나 만주족들은 조선 사람의 집에 들어가서는 안 되며, 거리와 대문간에는 군인들이 지키고 서서 전시회가 끝나면 머무적거리는 중국인을 몰아낸다. 만약 그들이 곧 국경을 넘어 돌아가지 않으면 창끝에 밀려 억지로 몰려난다. 철이 지난 다음 조선의 국경 안에서 발견되는 외국인들은 무참하게 살해될 수도 있는데, 그런 예는 흔히 있다.

국경 너머 가장 가까이에 있는 도시로서 중국인들이 자주 모이는 곳은 훈춘[79]이다. 조선에 들어올 수 있는 이 구멍은 서부 지역의 압록강에 있는 의주에 해당한다. 의주의 경우와 마찬가지로 외국인들과 천주교를 믿는 조선 사람들이 경원의 금지된 지역에 잠입하고자 하나 성공하지 못하고 있다.

함경도의 정치사를 개관하여 보면 이곳에는 수많은 지배자들이 일어섰다가 사라졌음을 알 수 있다. 대동강과 두만강 사이의 한반도와 요동을 차지하고 있던 고조선이 서기 1세기 말엽에 무너지자 오늘날의 함경도 북반부는 옥저라고 불리게 되었으며, 남반부는 예라는 작은 왕국을 이루었다. 이 두 부족 국가는 모두 고구려에 의하여 정복되었다. 고구려는 7세기까지 그 지배권을 지속하다가 한의 황제에게 멸망되고[80] 그 영토는 신라의 통치에로 귀속됨으로써 9세기부터 10세기에 이르기까지의 조선의 영토는 동해에서 두만강까지 확장되었다.

---

79) (필자 주) 훈춘은 중국령 만주에 있다. 위치는 빅토리아만(피터 대제만이라고도 함) 남방 러시아영까지 뻗쳐 있으며 두만강 어귀로부터 몇 마일에 지나지 않는다.

80) 이 점에 대해서는 필자가 오기하고 있다. 고구려는 서기 668년 나당 연합군에 의하여 멸망했다.

신라 이후 고려와 조선이 일어났는데 이들의 시조는 모두 이곳 출신으로서[81] 함경도 지방을 개척하는 데 심혈을 기울였다. 태곳적부터 이 지방의 국경은 산, 강, 바다 등 거의 대부분이 천연적인 요소로 이루어진 채 오늘날까지 변함이 없다.

81) 조선 태조 이성계는 러시아령인 알동 출신이며, 고려 태조 왕건은 황해도 송악 태생이었다.

제 24 장 왕과 왕궁

조선에서는 전하에 대한 칭호를 합문이라고 한다.[1] 왕은 왕복을 정장하고 그의 종주국인 중국의 황제가 내린 비단 포를 입는다. 제왕의 권력을 상징하는 용을 수놓았다. 옥좌 둘레에도 용들이 새겨 있다. 옥좌에 이르는 계단을 옥계라 한다. 죄인을 묶는 포승의 끝에도 용의 머리가 있는데 이는 그 관리가 왕명에 따라 행동하고 있음을 뜻하는 것이다.

왕의 최고 상징은 옥새인데, 이것을 가지고 있는 사람이 사실상 조선의 왕권을 장악하고 있다. 다음에 다시 언급하겠지만, 1866년에 프랑스군들은 이 옥새를 노획했던 것 같다.[2] 전쟁이 일어나거나 어떤 위험이 닥치면 왕실의 도서나 문서 그리고 옥새는 강화도로 보내어 보호한다. 리델(F. Ridel)[3] 주교는 이렇게 기록하고 있다.

---

1) 합문(閤門) : 본래는 임금이 평시에 거처하는 편전의 앞문을 의미함.

2) 1866년의 프랑스군 침입이라 함은 병인양요를 의미한다. 그러나 이 당시 프랑스군은 서울까지 진격하지 못했으므로 옥새를 탈취하여 가지 못했다.

3) 리델(Félix C. Ridel : 1830~1884) : 파리외방전교회 소속의 프랑스 신부로서 1861년에 조선에 입국하여 베르뇌 주교 이하 11명의 프랑스 신부와 함께 전교에 힘썼다. 병인사옥(1866)때는 천진으로 도피하여 사태를 보고함으로써 병인양요를 일으켰으며 1870년에 조선 5대 교구장으로 임명되었다. 1877년에 입국했다가 체포, 일본으로 추방되어 조선어를 연구했다.

어떤 경우 사람들은 훌륭하게 조각된 대리석 거북상을 보게 되는데 그 대좌에 옥새가 있다. 일반 평민으로서는 이를 보거나 가까이 갈 수 없으며, 이것만 가지면 여러 차례에 걸쳐 왕통을 바꿀 수 있고 반도를 진압할 수 있다. 이 옥새는 조선 왕의 상징물이다. 왕이 사용하는 것은 새로 만든 것으로서 과거에 사용되어 오던 것을 다시 내어 오는 법은 없다.

왕은 자신을 말할 때 합문이라는 용어를 사용하는데 이는 아시아 국가의 공식 문서에 나오는 황제 용어인 "짐"에 해당되는 것이다. 합문이라는 단어는 왕이 스스로 쓰거나 또는 다른 왕을 지칭할 때 사용하는 파라오,[4] 서브라임 포트,[5] 미카도 등과 다소 유사한 것인데 이들은 모두가 그 나라에 있는 대문 가운데 "가장 큰," "으뜸 되는" 또는 "제일가는" 문(門)을 의미하는 것이다. 그러나 합문의 첫 글자는 미카도나 어문의 첫 글자와는 다르지만 합(閤)이라 함은 경칭이다. 백성들은 왕 이외의 어느 누구에게도 말이나 글에 이 단어를 써서는 안 된다.

심지어 "합"이라는 글자 하나만을 쓸 경우라고 할지라도 이 글자를 홀로 사용하는 지체 높은 분에 대한 존경의 표시로 글자 가운데 한 획을 누락시켜야 한다. 왕이 죽으면 그를 "추모하는" 뜻에서 쌀 3종지를 집안에 차려 두어야 하는데 왕 이외에는 누구를 위해서도 이 의식을 모방해서는 안 된다.

또 현재 왕위에 있는 중국 황제의 이름 글자가 평민의 이름이나, 대문 또는 서울에 있는 대궐이나 건물의 이름에 사용되고 있으면 발음을 그대로 두더라도 그 글자를 당분간 다른 글자로 바꿔야 한다. 조선에는 이와 같이 등급을 매겨 영예를 주는 제도가 일반 평민들에게까지도 전승되어 법으로 보호를 받고 있는데 이러한 제도의 최고 정점은 역시 왕에게서 비롯되고 있다.

---

4) 파라오(Pharaoh) : 이집트의 왕에 대한 칭호.
5) 서브라임 포트(Sublime Porte) : 터키의 왕에 대한 칭호.

왕의 몸은 철에 대하여 상극적인 성격을 가지고 있는 신성한 물체로 둘러싸여 있다. 철은 결코 왕의 몸에 닿아서는 안 되는데, 만약 찔리게 되면 그 자리에 종상을 일으킨다. 정조는 이와 같은 증세로 1800년에 죽었다. 누구도 그에게 흉기를 대어서는 안 되며, 만약 사고로 이와 같은 일이 발생하게 되면 범인은 포박을 당하게 된다.

이와 같이 왕의 몸에 대하여는 법으로 존숭하고 있지만 그의 규방에는 몇백 명의 후궁들이 내시의 지휘를 받고 있다. 오로지 왕만이 금잔을 사용할 수 있었으며 그 외의 어느 사람이 그렇게 했다면 중벌이 내린다. 왕이 대궐 밖에 나가면 신민에 대한 왕의 생사여탈권의 3가지 표지로 도끼, 칼 그리고 삼지창을 든 군사가 따른다. 거대한 파초선과 빨간 일산이 그를 수행한다. 중국의 사신이 오면 언제나 위의 세 상징을 들고 있는 군인과 악사들이 배종한다.

왕의 나이가 어리면 섭정대비가 중신회의의 발 뒤에 앉아서 정사에 참여한다. 만약 왕비의 몸에 태기가 있으며 3개월 동안 소의 살생을 금한다. 이와 같은 조치는 "절제하며 하늘에 경배하기 위한" 것이며, 비를 바라는 뜻에서 그렇게 하는 경우도 있다. 왕비는 매년 한 번씩 생활이 어려운 양가집의 80세 노파들을 궁 안에서 대접하며 왕도 또한 이와 같이 생활이 어려운 노인들에게 은전을 베푼다.

경사스러운 일이 일어나거나 왕실에 행운이 닥치면 70세가 넘은 관리와 80세가 넘은 평민들은 관비로 대접을 받는다. 왕에게 세자가 탄생하면 죄인을 사면하고 큰 잔치를 벌인다. 왕과 왕비의 생일은 해마다 경축한다. 왕자들은 정사에 관여할 수 없으며, 그러다가는 파당을 이루고 있는 대신들로부터 질투에 찬 노여움을 산다.

도성의 면적은 3에이커(15,202 평방 야드)가 넘으며, 20피트 높이의 성벽으로 둘러싸여 있다. 오늘날에는 모두 메워졌지만, 옛날에는 50피트 너비의 해자가 둘러싸고 있어 몇 곳에서 석교로 건너갈 수 있었다. 성벽으로 둘러싸인 왕궁을 정청이라고 부르며 동궁과 서궁으로 나뉘어 있다. 동궁 또는 하궁은 왕이 거처하는 곳으로서 평지에 위치하고 있기 때문에 이런 이름이 붙었다.[6] 서궁은 중국의 사신을 맞이하는 장소로 쓰인다.

도성의 외곽이나 왕궁의 문은 영은문, 숭례문, 홍화문, 소덕문 등 품위가 높은 글자로 명명되며, 조신회의를 여는 곳은 인정전이라 한다. 1866년에 온 중국의 사신들은 남별궁[7]이라고 부르는 별궁에서 머물렀는데, 여기에서 "남"이라 함은 중국 황제의 칭호나 은전을 의미하는 글자임이 분명하다.[8]

소위 "도시 왕래의 자유"에 관한 현저한 차이는 한·중 양국 사신에 대한 상대적인 예우에서 잘 나타나고 있다. 고관, 노예, 상인, 짐마차꾼 등 조선의 모든 사람들은 북경에 들어가 거리의 사람들 사이를 자유롭게 돌아다닐 수 있는 반면에, 서울로 파견되는 중국의 사신은 수행원을 변경에 남겨 두고 몇몇의 하인들과 함께 입경하여 은둔된 생활을 해야 한다. 요동과 조선의 길고도 고달픈 여행을 마친 중국의 사신들은 1866년, 3일도 못 되는 기간을 서울에서 머물렀다.

1646년 서울을 방문하는 동안 동궁의 한 모퉁이에서 대접을 받은 바 있는 일본 사신들의 기록에 따르면, 벽은 번쩍이고 풍경과 짐승, 새와 꽃을 그려 넣었고 금분과 금박으로 예술적인 효과를 살려 훌륭하게 치장되었다고 한다. 왕의 가족들은 각기 별채에 살고, 9촌 이내의 친족들은 왕궁 내에 살며,[9] 그 밖의 친족들은 왕궁 밖의 도성 안에 산다.

만약 왕비가 아이를 낳게 되면 그는 별채에서 기거한다. 왕비는 가장 유서 깊고 충성된 양반 가문에서 간택된다. 왕을 밤낮으로 모시는 시녀는 모

---

6) 동궁에 대한 설명은 사실과 다르다. 동궁은 세자궁을 의미한다.
7) 남별궁(南別宮) : 지금의 조선 호텔 자리에 있던 경정공주(태종의 공주)의 별궁으로서 임진왜란 당시 이여송이 주둔한 이후로는 중국의 사신들이 이곳에서 머물렀다.
8) 남면은 다스림을 뜻하고 북면은 복종을 뜻한다. 『예기』 대전.
9) 왕의 직계 존비속이 아니면 궁내에서 살 수 없다.

두 30명이나 되며 300명의 상궁이 있다. 정당한 절차에 따라 임명된 궁정 신하들 가운데 내시도 포함된다.

왕의 문서와 전적은 왕실의 중요한 일부를 이루고 있다. 1866년, 강화도에 보관되어 있던 서적 가운데 일부가 프랑스군에게 노획되었다. 리델 주교는 다음과 같이 기록하고 있다.

> 도서관에는 책이 많다. 아름다운 종이에 그려진 여러 가지 그림과 함께 2~3천 권의 한적이 소장되어 있다. 이들은 훌륭하게 분류되어 있으며, 그 대부분은 구리로 테를 두르고, 녹색이나 진홍색 비단으로 표지를 씌웠다. 이들 가운데 나는 60권으로 되어 있는 조선의 고대사를 보았다.
>
> 그 가운데 가장 신기한 것은 대리석 서판으로 만들어진 책이었다. 이 책은 대리석에 금으로 글자를 새겨 놓은 것으로서 병풍처럼 겹쳐 있고, 고리는 도금된 구리였다. 각 면 사이에는 빨간 비단의 면지가 끼워 있다. 이 책은 구리로 만들어진 훌륭한 함 속에 보관되어 있는데, 이 함은 반짝이는 구리로 장식이 아로새겨진 빨간 나무 상자 속에 보관되어 있다.
>
> 네모난 대리석 서판은 12면이 한 책을 이루고 있다. 어떤 사람의 말에 따르면, 이 책에는 조선의 도덕률이 기록되어 있다 하고, 또 다른 사람의 말을 들어보면, 중국의 황제가 조선 왕에게 내린 찬사가 수록되어 있다고 하는데, 뒷사람의 의견이 더 정확한 것 같다. 조선 사람들은 이 책을 몹시 중요시한다.

서울에는 옛날 영국의 저녁 종[10]의 풍습이 유행하고 있다. 해가 지면 큰 종이 울리는데, 일단 종소리가 난 뒤, 남들은 심지어 이웃집을 찾아가는 일일지라도 바깥출입이 금지된다. 만약 그와 같은 야간 배회자들이 체포되면

---

10) 저녁종(curfew) : 영국에서 중세기에 밤이 깊어지면 소등하라는 뜻으로 치던 종.

그들은 발바닥에 매질을 당할지도 모르는 위험을 겪어야 한다.

저녁 8시가 되면 다시 3번의 종이 울린다. 자정과 새벽 2시 그리고 새벽 4시에는 북을 치고 징을 울린다. 이 신호와 함께 대궐의 초병들이 순라를 시작한다. 야경은 18명 한 조의 10교대로 구성되어 있다. 자정에는 20명이, 새벽 2시에는 30명이, 새벽 4시에는 20명이, 새벽 6시에는 10명이 보초를 선다. 이 이외에도 장교와 함께 대기조가 또한 있다. 초병은 암호를 전달한 다음 교대한다.

도성의 수비대는 궁정 수비대에 4조를 더하여 5조로 나뉘어져 있다. 이러한 제도는 옛날 고구려가 5부족에 따라 도성을 나누던 제도의 현대판이다. 조선에는 몇몇 명절이 있는데 이날에는 "저녁 종"도 치지 않고 백성들은 밤에도 자유롭게 다닐 수 있다. 섣달그믐과 정월 초하루, 열나흘, 보름 그리고 8월 보름이 바로 그날이다.

비록 전제군주의 치하라고 할지라도 백성들에게는 자유를 누릴 수 있는 방법이 있다. 왕은 백성들의 불만에 귀를 기울인다. 대궐 안에서 일하는 궁인들이나 왕명에 따라 전국에 밀파된 관리를 통하여 대궐과 백성 사이에는 긴밀한 의사 소통이 이루어지고 있다. 백성들의 감정을 파악하고 관리들의 행동을 보고하고자 멀리 떨어진 지방에도 왕이 관리를 파견하는데, 이 사람을 암행어사라고 부른다.

암행어사는 왕으로부터 밀서를 받는데, 도성을 벗어날 때까지는 그것을 펴 보아서는 안 된다. 그 뒤 그는 자기 집에도 들르지 않고 예정된 곳을 향하여 출발하며 정부에서는 그의 경비를 마련하여 준다. 그는 마패를 가지고 있는데, 이는 은[11]으로 만든 것으로 그 위에 말이 조각되어 있다. 그는 생사여탈권을 갖는 경우도 있다.

11) 마패는 대체로 동제품이었다.

그러나 암행어사라 할지라도 그를 감시하는 밀정이 없는 것은 아니다. 왜냐하면, 그의 대역인 야사가 그의 뒤를 추적하면서 그의 행위와 그가 거친 지방의 사태를 왕에게 보고하기 때문이다. 이 밀사가 있는 곳이 어디인지를 백성들이 아는 경우란 거의 없다. 왜냐하면, 그들은 남이 알아볼 수 없도록 철저히 위장하고 다니기 때문이다.

이 제도는 일본의 오메쓰케[12]에 거의 정확히 해당된다. 이 제도는 여러 세기에 걸쳐 실시되어 오다가 1868년의 메이지유신 무렵 천황의 정부에 의하여 폐기되었다. 조선의 많은 기독교도 고관들이 적발되어 처형된 것도 바로 이 어사 제도에 의한 것이었다. 자유 국가에서는 역겹겠지만 이 제도는 왕과 백성 사이의 훌륭한 매체가 되고 있으며, 관리의 탐학과 수탈을 규제하는 역할을 훌륭하게 감당하고 있다.

왕이 궁을 벗어나 시골이나 다른 도시로 출행하는 일이란 거의 없다. 그의 출행은 중대한 일이어서 미리 백성들에게 공포한다. 도로를 말끔히 치우고 어가가 지나는 동안 일체의 통행이 금지된다. 모든 문을 닫아야 하고 집주인들은 충성의 표시로 손에 비와 쓰레받기를 들고 대문 앞에 엎드려 있어야 한다. 모든 창문들, 특히 위에 달리 창문은 창호지로 싸 발라 백성들이 그 문을 통하여 왕을 내려다보는 일이 없도록 해야 한다.

이때 유배를 당하여 있거나 억울한 벌을 받은 사람으로 자신에 대한 처벌이 부당하다고 생각하는 사람은 왕 앞에 나아가 자신이 억울함을 소청할 수 있는 권리가 있다. 그들은 빨래 방망이처럼 생긴 버팀대 위에 놓인 작은 북을 치면서 길가에 서 있다. 그 앞을 통과하던 왕은 그의 소청을 직접 듣거나 아니면 대나무 위에 쓴 상소문을 받아 읽는다. 왕이 그의 딱한 사정을 조사하여 보는 경우가 흔히 있다. 만약 그의 불평이 무근한 것이라면 그는 목이

12) 오메쓰케(大目付) : 에도막부 시절의 벼슬 이름으로서 주로 지방 영주들을 감독하는 일을 맡았다.

달아나기 쉽다.

왕이 대궐을 떠나 행차하는 모습은 백성들이 일찍이 보지 못한 장관이다. 호위병과 수행원이 몇 천 명에 이른다. 행렬에는 꼭 같이 생긴 두 개의 가마가 있는데 대신들을 제외하고는 어느 가마에 왕이 타고 있는지 아무도 모른다. 가마는 회전을 해서는 안 되며, 양끝에는 문이 열리도록 되어 있다. 이때 울리는 음악은 조선 사람들이 듣기에는 은은한 것이다.

행렬하는 동안에 깃발이 달린 창으로 신호하여 명령을 전달한다. 갑작스러운 위험이 발생하여 후방으로부터 전방 또는 행렬의 선발대에게 명령을 전달할 필요가 있을 때에는 활을 쏘아 소식을 전한다. 이 화살에는 편지가 달려 있으며 행렬의 이쪽 끝에서 저쪽 끝으로 쏜다. 수를 놓은 마구로 성장한 5마리의 말이 어가를 끈다. 사방 14피트가량 되는 커다란 용기를 튼튼한 말 위에 꽂아서 사열병의 기수처럼 4명의 보군이 버팀줄을 잡고 가는데, 행렬 가운데에 이것이 가장 눈에 띈다.

왕통의 양위는 왕의 의중에 달려 있다. 왕은 자기의 적자를 왕으로 뽑을 수 있으며, 그가 원할 경우에는 왕자 가운데 어느 하나나 사촌이나 숙부를 천거할 수도 있다. 중전의 아들이 다른 왕자에 앞서 왕위에 오르지만 중전에게 후사가 없으며 후궁의 아들이 왕위에 오르는데, 중전에게 딸만 있을 경우 후궁의 아들이 왕통을 잇는 것이 덕스러운 일이라고 조선 사람들은 생각한다.

1392년에 조선왕조가 건국한 이래 오늘까지 29대[13]의 왕통이 계승되었는데 그들 가운데에 왕의 조카, 4촌 또는 어린 아들이 왕으로 승계된 예도 몇 번 있다. 그들 가운데 4사람은 왕의 세자가 아닌 군으로서 왕통이 적자 계승이 아니었다.[14] 그들은 왕의 칭호를 듣지 못하고 공식적으로는 군의 칭

13) 이 점은 필자가 오해하고 있다. 필자가 이 책의 초판을 쓸 당시인 1880년의 왕 고종은 26대였으며 본서가 나온 당시(1907)까지만 해도 27대였다.

호를 듣는다. 왕보다는 격이 낮은 군의 칭호를 들은 4명[15] 가운데 하나[16]는 재위 14년(sic)만에 폐위되어 유배되었으며, 다른 한 사람[17]은 재위 11년(sic)만에 꼭 같은 처분을 당했다.

왕의 적자는 왕의 칭호를 듣지만 세자의 아우들은 군의 칭호를 듣는다. 1392년부터 1882년까지 정식으로 서임된 조선의 20명의 왕이 누린 평균 재위는 거의 정확히 말해서 16년 6개월이다.[18]

---

14) 조선왕조 27왕 가운데 적자 계승이 아닌 왕은 태종(3대), 세조(7대), 성종(9대), 중종(11대), 명종(13대), 선조(14대), 인조(16대), 영조(21대), 정조(23대), 헌종(24대), 철종(25대), 고종(26대) 등 12왕임.

15) 왕으로서 군(君)의 칭호를 받은 왕은 4명이 아니라 연산군과 광해군 2명이었음.

16) 10대 연산군(1494~1506)을 의미함.

17) 15대 광해군(1608~1623)을 의미함.

18) 이 기간의 평균 재위는 18년 9개월이다.

제 25 장 정 파

과거 3세기 동안 조선의 양반들은 줄곧 정권 투쟁[당쟁]에 종사해 왔다. 아니, 그들은 조정에서 그들의 옛 위신을 되찾으려 노력했다고 말할 수도 있다. 그들은 왕자들이 절대적으로 정치적 중립을 지키도록 강조했으며, 중앙 정부의 정책은 배타적으로 양반들에 의해서만 수행되었다. 벼슬에 오르지 못한 양반들은 그들의 정파에게 가장 강력한 영향력을 행사하였다.

조선의 근대사에서 그토록 강력한 위치를 차지하고 있는 정파의 발생은 대략 미대륙의 발견과 그 때를 같이하고 있다. 조선왕조 9대 왕[1]인 성종(1469~1494)[2] 재위 시에 두 유력한 양반[3] 사이에 분쟁이 일어났다. 다른 나라의 봉건 제도에서 볼 수 있는 바와 마찬가지로 이 투쟁에는 두 양반의 가족, 친척, 문인 그리고 심지어는 하인들까지도 가담했다. 왕은 신중하게 두 적대 세력 사이에서 중립을 지켰지만 이들은 곧 동인과 서인이라는 이름으로 조직적인 정파를 형성했다.

---

1) 본문에는 11대로 오기되어 있음.
2) 한국 측의 사서에는 성종 원년을 1470년으로 보고 있으나 여기에서는 1469년으로 기록한 것은 그의 원년을 그가 즉위한 해, 곧 예종이 사망한 해로부터 기산한 까닭이다.
3) 심의겸(沈義謙 : 1535~1587)과 김효원(金孝元 : 1532~1590)을 의미하는 것으로 보이나 이들은 모두가 선조조의 문신들이다.

그 뒤 외국인에 대한 부질없는 의견 차이로 또 다른 두 파가 남인과 북인을 형성했다. 동인들은 곧 남인과 결탁했으며 수적으로 많던 북인들은 대북과 소북으로 갈리었다. 대북은 성공하지 못한 한 궁중 음모에 가담했다가 대부분이 참형을 당했다. 그 가운데에서 살아남은 사람들은 소북이라는 기치 아래 정권 쟁탈을 위한 전열을 서둘렀다.

정파들은 새로운 노선에 따라 정비시킨 그 다음의 반동은 숙종(1675~1720)[4] 재위 시에 일어났는데 이번의 사건은 나라가 태평할 때 문인 계급들이 그토록 정열을 쏟았던 현학이 얼마나 심각했던가를 잘 보여주고 있다. 윤[5]이라고 하는 한 젊은 양반은 서인에 속하여 있던 사람으로서 그의 아버지가 죽자 비문을 지었다. 그의 스승[6]은 문장에 재주가 있는 사람으로서 자기 제자가 지은 비문이 마음에 들지 않자 다른 것을 쓰도록 제안했다.

이에 적절한 비문에 합의를 보지 못하게 되자 심한 논쟁이 일어남으로써 문예적인 한 도토리에서 정치라고 하는 단단한 참나무가 솟아올랐다. 여기에서 서인은 소론과 노론으로 갈렸는데, 이들은 제자의 추종자들과 스승의 추종자들임을 알 수가 있다. 여기에서 상대적인 의미를 갖는 노(老)와 소(少)라는 단어는 늙은이와 젊은이 또는 보수파와 진보파 또는 급진파를 의미하는 것이다. 이제 정파는 넷으로 갈라졌다.

사색이라고 하는 이 네 파는 오늘날까지도 존속되는데, 이는 영국의 정치보다는 프랑스의 정치에서 더 좋은 예를 찾아 볼 수가 있다. "기회주의자"들은 그 모습을 드러내지 않았지만 8도의 모든 양반들은 이들 가운데 어느 한 파에 가담했다. 이 "양다리들"은 방심하지 않고 결정적인 기회를 노리다가

---

4) 본문에 숙종의 재위를 1676~1720으로 기록한 것은 오기이다.
5) 윤증(尹拯 : 1629~1711)을 의미함. 소론의 거두로서 1694년 이후 왕의 부름을 받았으나 사관(하지 않았다.
6) 송시열(宋時烈, 1607~1689)을 의미함. 윤증은 송시열의 애제자였다. 윤증의 아버지인 윤선거와 송시열이 같은 시대의 인물이었으나 서로 화목하지 않았다.

정치적 풍향이 바뀌면 곧 승리한 쪽으로 붙는다.

서구인들의 눈으로 보면 그와 같은 파쟁을 야기하게 된 이유가 아무리 경망된 것이라고 할지라도 당사자들이 생각하고 있는 그들의 목적은 유럽 각국이나 미국 정당의 목적과 꼭 같은 것이다. 겉으로 보기에 각 정파의 일차적인 목적은 국리민복을 증진시키려는 것이다. 그러나 실질적이고도 매우 유력한 동기는 엽관에서 찾아 볼 수 있다.

각 정파는 가능한 한 많은 수와 고관대작을 끌어들이려고 애를 쓴다. 그들은 세자로 책봉된 왕자의 측근에 집결하며, 가능하다면 왕의 주변에 몰려든다. 강력하고도 건실한 왕이 등극하게 되면, 정치 활동이 냉각될 수도 있다. 왕이 죽고 그 후계가 불명확하게 되거나, 왕비나 후궁을 뽑거나, 정승이 죽거나 사직할 경우 조선의 정치 용광로는 더욱 가열된다.

1720년에 숙종이 세자를 책봉하지 않고 재위에 머물러 있는 동안 사색은 왕당파와 그 반대파로 압축하여 응결했다. 반대파에서는 이럴 경우 왕위 계승의 성공 가능성이 가장 높은 왕의 형제를 지지했으며, 왕당파에서는 숙종의 의중에 있는 왕자를 지지했는데, 이 왕자는 숙종이 죽을 때까지도 세상에 태어나지를 않았다.

후사가 없이 죽은 왕의 형제를 후계자로 지목하고 그에게 왕위를 잇게 하려 반대파에서는 북경으로 급사를 비밀리에 파견하여 중국 황제의 서임을 받으려 했다. 반대파에서는 자객을 보내어 중도에서 매복하여 있다가 급사를 덮치도록 했다. 결국 그는 압록강을 건너지도 못하고 살해되었다.[7)]

반대파에 의하여 추대된 영조는 그의 형인 왕이 죽은 뒤에 왕위에 등극하여 1724년부터 1776년까지 재위했다. 그는 매우 유능한 군주였다. 그는 그

---

7) 이상의 기록은 필자가 혼동하고 있는 것으로 보인다. 다음 구절에서 볼 수 있는 바와 같이, 그의 대를 이은 왕이 영조라고 기록되어 있는 점으로 보아 이 권력 투쟁은 경종 연간에 있었던 왕위 쟁탈전을 의미하는 것으로 보인다. 후사가 없이 죽었다는 왕은 숙종이 아니라 경종이다.

당시까지 시행되고 있던 여러 가지의 고문, 특히 죄인의 얼굴에 낙인을 찍는 형벌을 폐지했다. 그러나 인간적으로 본다면 그는 잔인하고도 무분별한 사람이었다. 풍문에 따르면 그는 두 번이나 죄를 짓는 방법으로 왕위에 오를 수 있는 기회를 잡았다고 한다. 곧 그는 여러 가지 약을 써 왕인 그의 형에게 후사가 없도록 했으며, 이에 더 나아가 그 뒤 그를 독살했다고 한다.

이와 같은 소문에 고민하던 영조는 왕위에 등극하자마자 자신의 적이라고 생각되는 많은 신하들을 처형했다. 몇 년이 지난 뒤 맏아들이 죽자 그는 차자를 세자로 책봉하고 정사를 함께 의논했다. 이 젊고 영악한 세자는 부왕으로 하여금 시파에 대한 쓰라린 혐오감을 잊고, 대사령을 내리도록 노력했으며, 신하들 사이에 화해책을 쓰도록 노력했다. 아들의 성화에 짜증이 난데다가 근신들의 충동질을 받은 왕은 세자 책봉을 철회하기로 했다.

왕명에 따라 큰 뒤주가 만들어지고 젊은 세자는 살아 있는 한 그 안에서 잠을 자도록 했다. 그가 잠을 자는 동안 그 위에는 무거운 뚜껑이 덮이고 옥새로 봉인했다. 그런 다음 그들은 이 목관을 나뭇가지와 잎으로 덮어 그 젊은 세자가 빠른 시간 안에 질식하도록 했다. 이와 같은 끔찍스러운 범죄 행위는 세자의 정파를 격분시켰을 따름이다. 그들은 세자의 이름이 열성조에 포함되어야 한다고 주장했고, 그들의 반대파는 이를 거절했다.

이 논쟁은 지금까지도 불타고 있다. 왕의 옹호자들은 오늘날까지도 그 질식하여 죽은 세자의 복위를 거절한다. 다른 사람들은 왕이 역사적 결단을 내릴 것을 요구한다. 그 뒤 이보다 더 시급한 문제들이 야기되었지만, 논쟁의 여지가 있는 이 특수한 문제점은 조선 정치의 역광 속에서 그 특이한 빛을 잃지 않고 있다.

그러나 이 문제는 세습적인 불화의 형태로 발전하지는 않았다. 왜냐하면, 동일한 가족 가운데 부자·형제간에도 이 역사적인 논점에 대하여 견해를 달리하는 경우가 흔히 있을 뿐만 아니라, 이 문제로 견해가 다른 사람들 사이의 혼사를 막지 못했기 때문이다. 조선의 로미오와 줄리엣은 아무런 방해나 위험이 없이 서로 구애하고 결혼할 수 있다. 일반적으로 말해서 벽파는 과격하고 사나우며, 시파는 보수적이고 화해적이다.

정조(1776~1800)는 세손 시절에는 현명하고 온화하고 신중했으며, 왕이 되어서는 문인을 사랑했고, 남인 시파 가운데 능력 있는 사람을 아꼈다. 그는 또한 법전[8]을 개편한 것으로도 유명하다. 정파에서 남달리 과격한 사람들은 그 목적이 자기 파의 무리에게 벼슬자리를 주려는 것일 뿐만 아니라 정적의 엉덩이와 허벅지를 후려쳐 벼슬에 이르지 못하도록 하는 데에 있다. 그 뒤로도 계속된 음모는 지도자의 죽음을 초래하는 일이 자주 있었다. 그러는 동안에도 정적을 몰아내고 자신이 대신 들어앉고자 왕에게는 그들을 죽이거나 귀양 보내도록 탄원한다. 우세한 정파에서는 폭동의 발생을 피하고 평화를 유지하고자 약한 정파에게 양보도 한다.

이처럼 반목이 그칠 새 없다는 점에서 볼 때 중세의 스코틀랜드나 이탈리아처럼 조선이 끝없는 소란의 요소로 저주받고 있다는 사실은 놀라울 것이 없다. 양반의 가족은 문객을 거느리고 있고 또 싸움은 대를 잇기 때문에 인간 본성의 감정은 크게 흔들린다. 인간의 잔혹성과 함께 질투와 악의에 찬 모든 방법들이 얽히고설킨 가시덤불처럼 무성하다.

남인과 노론이 항상 숫적으로 가장 많아 가장 유력하고도 고집스러웠다. 그들 사이에는 통혼도 없다. 정치적 음모로 말미암아 신분과 명예와 생명을 잃은 양반은 아들이나 근친에게 복수심을 남겨 준다. 때때로 이와 같은 성스러운 의무는 밖으로 보이는 서약으로 나타나는 수도 자주 있다. 예컨대 그 양반은 죽을 때 자기의 아들에게 도포를 넘겨주면서 복수할 때까지는 이것을 벗지 말라고 유언한다.

그리하여 복수심을 도포처럼 뒤집어 쓴 그 자손은 그 옷을 받아 죽을 때

---

8) 『대전통편』을 의미함. 김치인 등이 왕명에 의하여 『경국대전』과 『속대전』 및 그 이후에 임금이 내린 조명과 현행법을 통편한 책임.

까지 입으며, 자기 대에 복수가 이루어지지 않으면 자기 아들에게 꼭 누더기 같은 유언을 하면서 그 옷을 입힌다. 양반의 신분으로서 2~3대에 걸쳐 누더기 옷을 입고 사는 모습을 흔히 볼 수 있다. 밤낮으로 그 도포는 선조들의 영혼을 위로하고자 지불해야 하는 피어린 빚을 상기시키면서 그 옷을 입은 자손에게 복수하라고 외치고 있는 것이다.

조선에서는 아버지의 원수를 갚지 않는 것은 용서받지 못한다. 원수를 갚았다고 해서 불법이라거나 가문을 이을 권리가 없다고 말하는 것은 근본적으로 이 나라의 국교인 조상 숭배 사상을 파괴하는 것이다. 만약 아버지가 법에 따라 죽었다면 그를 죽게 만든 그의 정적이나 또는 그 정적의 아들도 그와 꼭 같은 방법으로 죽어야 마땅하다.

만약 그의 아버지가 유배되었다면 그의 정적도 유배되어야 한다. 만약 그의 부모가 자객의 손에 죽었다면 그의 정적들도 그와 꼭 같은 방법으로 쓰러져야 한다. 이럴 경우 복수를 한 그 아들은 효도와 종교의 성스러운 명령을 달성했다고 하여 대중의 찬사를 받는다.

적대 파벌에 의하여 가장 흔히 이용되는 고변의 구실은 그가 역모에 가담했다는 것이다. 상소와 허위 증거를 계속적으로 제시하고 대신의 매수를 계획한다. 흔히 있는 예와 마찬가지로 상소문의 우두머리가 투옥되어 고문을 겪거나 또는 강등되거나 유배되면 그 정파에서는 돈을 모아 벌금을 대납해 주거나 새로운 수단으로 일을 수습하기도 하고, 왕의 약세를 이용하기도 한다. 이렇게 되면 패배한 정파에서는 관직이 삭탈되는 반면에 이긴 측에서는 자신의 이익을 챙기고 적을 파멸시키고자 직책을 남용하다가 끝내는 거꾸로 자기들도 권좌에서 물러나게 된다.

1882년에 도쿄를 방문한 조선의 한 자유주의자는 조선이 당면하고 있는 국가 발전상의 애로는 일찍이 일본이 극복했던 애로(그것이 아무리 심각했을지라도)보다도 더 심각하다는 자신의 소신을 일본 관리들에게 피력한 적이 있는데, 이는 조금도 놀라울 것이 없다. 1868년에 메이지유신을 이룩하고 그 뒤 계속하여 혼란했던 1세기 동안에 얻은 결실과 외국인의 입국에 따라 일본은 승려와 무사의 예종으로부터 자신을 해방시킴으로써 자신의 정치 체제로부터 봉건주의와 신분적 계급제도를 없애버렸다.

그러나 조선은 봉건주의, 궁정의 음모, 완고한 유교 사상 그리고 해묵은 은둔과 미신의 쇠진한 유산과 더불어 극복해야 할 또 하나의 허망한 과제를 안고 있다. 기독교라고 하는 새로운 동요 세력이 들어와 정감과 자선을 불러일으켰음은 물론 야망과 복수에 대한 감화의 역할을 감당했을 때, 조선에서 벌어지고 있는 내정의 그와 같은 요소들은 더욱 명료하게 노출되었다.

30년 전에 그려진 조선의 한 그림을 통하여 외국인들은 당시 욱일승천하던 한 정파의 상대적인 입장을 훌륭하게 이해할 수가 있었다. 그 그림에는 진수성찬을 차린 식탁에 한 노론의 인물이 편안히 앉아서 풍성한 음식을 들고 있었다. 그 뒤에는 한 소론의 인물이 앉아 기꺼이 시중을 들면서 그 자리를 찾아 준 데에 대한 댓가로 건네주는 일부 음식을 받아먹고 있었다.

한 소북의 인물은 자기에게 음식이 없음을 알면서도 침착하고도 심각한 얼굴로 역시 옆에 앉아 있었다. 끝으로 남인의 인물은 누더기를 입고 자기를 알아보지도 못하는 노론의 먼발치에 서서 복수심에 불타는 사람처럼 이를 갈고 주먹을 휘두르면서 분통을 터뜨리고 있었다. 이것이 1850년 이전의 조선의 정치적 정세였는데 어떤 재치 있는 조선 사람이 서울 사람들을 즐겁게 해주려고 이를 그림으로 나타낸 것이다.

적대적인 여러 정파로부터 자신에게 더해지는 압력을 감당하려면 진실로 능력이 있는 지도자가 필요하다. 이 나라의 명목상의 군주는 특권으로 무장된 백발의 유력한 양반들의 견제를 당하는 동시에 봉건주의의 반동적인 온갖 영향력을 뒤에 지고 있다. 조선의 정치 문제에서 양반은 강력한 중간 인자로서 왕과 백성을 함께 규제한다. 양반들은 정부의 후원을 받는 유리한 입장에 놓여 있으며, 자기를 추종하는 무리들로 관직을 채운다.

양반의 영향력은 과거제도와 같은 법리론이 허락하는 범위를 훨씬 초월하고 있다. 조선의 어느 그림은 당시의 상황을 이렇게 묘사하고 있다. 곧 조선을 하나의 사람으로 묘사하여 왕은 머리이고 양반은 몸이고 평민은 다리이다. 가슴과 배는 불룩한데 머리와 다리는 수척하게 움츠러들어 있다. 양반들은 탐욕스럽게도 백성의 피를 빨아먹을 뿐만 아니라 왕의 대권도 가로챈다. 조선은 관권 만능의 수종증에 걸려 있으며 그로 말미암은 출혈로 고생하고 있다.

조선의 가까운 이웃인 메이지유신 이전의 일본도 조선과 마찬가지로 권력의 남용과 관료적 정실을 겪었다. 그러나 일본은 혁명을 거치면서 정화되었다. 쇼군과 봉건 체제를 제거함으로써 군주와 백성 사이의 장벽은 깨끗이 사라졌다. 외국인들의 모험 앞에서 국가의 통일이란 절대적으로 필요한 것만은 아니었다. 그리고 외국인들은 순식간에 일본에 정착했다.

오늘날 일본은 진정한 정치적 통일을 누리고 있으며 강력하고도 원만한 정치 체제 속에 백성을 다스리고 있었다. 인민들은 상호 제약, 곧 의무는 물론 권리의 기초가 무엇인가를 배우고 있다. 천황 메이지유신을 공약했으며, 자신의 손으로 1881년의 성스러운 칙령을 입안했다. 이 칙령에 따라 천황의 권력은 이제 흔들리지 않게 되었다. 그것은 자신의 제권이 신격적인 선조들의 무력에 의하여 얻어진 것이기 때문이 아니라 바로 인민의 의사 위에 보편적으로 의존하고 있기 때문이다.

이와 마찬가지로 조선에서도 지성적인 애국자들이 장차 수행해야 할 과업은 왕과 백성을 더욱 밀착시키고 양반들의 권력을 약하시키고 봉건 유습을 제거하는 일이다. 이미 이와 같은 목적을 위해 목숨을 던질 준비가 되어 있는 사람들이 있다.

과거 10년 동안에 일본의 압력과 중국의 질투와 러시아로부터의 위험, 그리고 처음에는 멈칫했으나 그 뒤에는 어쩔 수 없이 굴복하게 된 외국과의 조약 체결의 필요성으로 말미암아 조선에서의 정치적 동기와 목표는 변질되었다. 지난날의 문제점들은 사라지고 이제는 19세기가 자기들에게 강요하는 문제점들을 해결하고자 진보파[과격파]와 수구파[보수파]라는 두 개의 정당이 형성된 것이다.

제 26 장 정부 조직과 통치

왕의 다음으로 권세를 누리는 사람은 정승이다. 3정승 가운데 우두머리는 이 나라에서 일인지하, 만인지상의 몸으로서 왕의 나이가 어리든가 무능하다든가 또는 정신적으로 결함이 있을 경우에 명목상이 아니라 실제로 제왕권을 휘두른다. 왕이 통치를 할 수 없을 경우, 그에게는 초석 대신이라는 명칭이 붙으며, 마치 가옥이 그 초석에 의지하고 있는 것처럼 왕과 국가가 모두 그에게 의지한다.

일본의 다이쿤에 해당하는 대원군이라는 직함은 유사시에 세우는 특명관으로 보인다.[1] 이 직함은 현왕의 아버지인 섭정에게 부여되었는데, 그 왕이 즉위한 1863년부터 그가 성년이 된 1882년까지 거의 절대적인 권력을 행사했다. 1882년 7월 서울에서 소란(임오군란)이 일어나자 그의 직함이 서구의 신문에 소개되었다.

왕과 3정승 다음으로는 육조가 있다. 육조의 우두머리는 3정승 다음의 위계로서 최고 의결 기관을 이룬다. 육조의 우두머리를 판서라고 부르는데 참판·참의라고 하는 두 관리의 도움을 받는다. 실질적인 권한은 3정승의 최

---

1) 대원군이라 함은 특명관이 아니라, 왕위의 적자 승계가 불가능하여 종친 가운데 왕을 옹립할 경우 그 왕의 살아 있는 아버지를 의미한다.

고 의결 기관에 귀속되어 있지만, 정승·판서·참판·참의의 4품계와 21명이 고위 관리들이 대신 회의를 구성한다.

육조라 함은 이조·호조·예조·병조·형조·공조를 의미한다. 육조 판서는 자기 관할 안에서 일어난 모든 일을 날마다 기록하며, 그 가운데 중요한 일을 3정승에게 보고한다. 그리고 왕의 언행을 날마다 기록하는 3명의 승지가 각기 하급 관리를 거느리고 있다.[2)]『조보』라고 하는 정부의 일간지가 발행되어 정사에 관한 정보를 알려준다. 조정의 일반적인 직제는 북경 정부의 거창한 모형을 본뜬 것이다.

8도는 각기 감사가 다스린다. 도시는 부, 대도호부, 목, 도호부, 군, 현으로 나누어 각기 그 위계에 상응하는 관리가 다스린다. 각 마을은 말직의 수령이 다스리는데 직계상 12등급이 있다. 법리상으로는 과거 급제한 모든 남자들이 벼슬할 수 있지만 요직 대부분은 양반이나 그 동료들에게 돌아간다.

군주로부터 거지에 이르기까지 공공 생활이나 가족 관계에서 문은 외형적으로나 실제적으로 매우 중요한 의미를 갖는다. 대부분의 예는 문에서 이루어지는 것을 볼 수가 있다. 예나 지금이나 대궐의 입구에는 나무에 새겨진 커다란 두 마리 붉은 마상이 서 있다. 오직 고위 관리만이 이 무언의 초병 앞을 지나갈 수 있으며, 말을 타고 궁중에 들어가던 사람은 여기서부터 말을 내려 걸어 들어가야 한다.

사대부의 집에는 보통 두세 개의 문이 있다. 대신 자신은 가장 큰문으로 출입하며, 그의 부모나 가까운 친구들은 동문으로 출입하며, 하인들은 서쪽에 있는 가장 작은 문으로 출입한다. 같은 직위의 방문객이 관리나 양반의 집을 찾아올 경우 주인은 반드시 바깥 대문까지 나아가 손님을 맞이해야 하며, 그가 돌아갈 때도 그와 같이 해야 한다. 만약 손님이 주인보다 한 계층

---

2) 승지(承旨)는 3명이 아니라 도승지(吏曹), 좌승지(戶曹), 우승지(禮曹), 좌부승지(兵曹), 우부승지(刑曹), 동부승지(工曹)의 6명이 있었다.

낮은 사람이라면 주인은 중문 밖까지 나간다. 만약 손님이 3~4품의 사람이라면 그는 중문 안에서 맞아들인다. 손님이 5~6품의 사람이면 예우도 점차 낮아져서 집주인은 마루까지만 나간다.

동헌 앞대문에는 칼이나 삼지창과 같은 권위의 상징들이 서 있다. 문은 하인들의 커다란 외침과 함께 매일 열린다. 문을 열고 닫을 때 소리를 지르거나 악기를 울리는 것은 이 나라의 풍습으로서 성문은 물론 관청 문에서도 볼 수 있다. 해질녘에 문을 닫았다가 해돋이 때 문을 여는 문지기들은 이때 나팔을 한바탕 울리는데, 그 소리가 15분 정도 계속되는 경우도 자주 있다. 이 폭발적인 음성은 이곳 외국인들의 귀를 괴롭히고 있지만 조선 사람들이 귀에는 훌륭한 음악으로 들린다.

자리에 앉을 때에는, 관습이라고 하는 혁대 쇠에 붙은 고리못은 각 인간들로 하여금 사회라고 하는 현대의 한 구멍에 고착되도록 했다. 위계가 같은 사람들이라면 손님은 동쪽을 향하여 앉고 주인은 서쪽을 향하여 앉는다. 보통 평좌를 할 경우 손님은 주인의 동쪽을 향하여 앉아 있기 때문에 그는 콧김을 남쪽으로 뿜어야 한다. 보통 사람들은 북쪽을 향하여 앉는다. 사교적인 접대를 할 경우에는 손을 잡고 허리를 숙여 읍한 뒤에 술을 네댓 차례 마시며 소위 음악이라는 것이 따른다.

조선에서는 "사치단속법"이 특이하여 여러 모로 서구인들을 놀라게 한다. 범람한 행위를 하는 것은 바로 이러한 신기한 규율들을 어기는 것이다. 무슨 옷을 입어야 하며 무엇을 타야 하는가 하는 것이 법령으로 성스럽게 규정되어 있다. 양반들은 평교에 앉는다. 3품 이하의 벼슬아치들은 끈으로 엮어서 만든 의자에 앉는다.

그러나 의자는 흔히 사용되는 가구가 아니며, 그렇게 해서도 안 된다. 풍년이 들었을 때나 시골의 잔치 자리, 활쏘기 대회 그리고 대중이 보는 자리에서는 나이가 많은 사람들을 위한 대접으로 이 사치품이 자주 사용된다. 요컨대 의자는 필요나 편안을 위해 쓰는 가구라기보다는 의례적인 가구로 보인다.

앞에서 지적한 3품 이상의 사람들만이 비단 방석에 앉을 수 있다. 미관말직들은 무명옷을 입어야 한다. 상인이나 농부들은 관복을 흉내 낼 수 없으나 좀 더 좁고 경제적인 두루마기와 바지를 입는다. 관리들에게는 흔히 "청운"이라는 단어를 쓰는데 이는 그들의 푸른 관복과 연유가 있다. 그들의 하인들은 상전에게 말할 때는 항상 허리를 굽히기 때문에 "등이 굽은 사람"이라는 별명을 붙이는데 이는 영예로운 것이지 비꼬려는 것은 아니다.

수령은 백성들을 겁주고자 시시한 예법을 몹시 강조하며 자신의 위엄을 유지하느라고 엄청난 수선을 피운다. 그들이 출행하면 눈앞에 보이는 말 탄 사람들을 향하여 구종별배들이 "물러 섰거라." "치워, 치워."하면서 소리친다. 행렬에는 우산처럼 생긴 일산이 앞장선다. 행렬의 앞길을 가로질러 가려다가는 체포되어 벌을 받으며, 말을 내리지 않거나 말에서 내리는 데에 꾸물거리다가는 곧 체포되어 매를 맞거나 벌금을 문다.

소를 도살하기 위한 허가를 얻으려면 대개 수령이나 그 앞잡이들에게 소의 머리, 가죽 그리고 다리를 상납한다. 조선에서는 수령의 앞잡이들이 총체적으로나 부분적으로 또는 우선적으로나 지엽적으로 백성들에게 부과하는 여러 가지의 세금과 벌과금 그리고 수탈에 관한 숱한 어휘들이 있는데, 이는 조선의 백성들이 얼마나 가혹하고도 과중하게 지배당하고 있는가를 입증하여 주는 것이다.

백성들이 민요를 일으키고자 하는 충동을 느낄 정도로 불의한 탐관오리들이 처벌되는 경우도 가끔 있다. 옛날에는 탐관오리에 대한 형벌의 하나로서 벌을 받아야 마땅한 관리를 기름 솥에 삶아 죽이는 증살법이 있었던 것 같다. 그러나 오늘날에는 피고를 유배하며 죽이는 일은 드물다. 그 반면에 처벌을 감형하고 그의 화상을 태워 기름에 삶아 죽이는 시늉을 한다.

선정을 베푼 수령이 있으면 그에게 덕을 입은 백성들이 동구에 그의 덕을 새긴 목비를 세워 그를 기념하는 일이 흔히 있다. 대개의 경우 이러한 기념물들은 돌에 글씨를 새긴 것들이다. 이와 같은 비석들은 대로상에 많이 서 있다. 쉬어 갈 만한 곳의 방향이나 그 거리를 표시하고 있는 돌비석과 함께 그러한 송덕비들은 조선을 여행하는 사람들에게 재미있는 구경거리가 되고 있을 뿐만 아니라 사원이나 관청 앞에 서 있는 하마비보다는 말 탄 여행자들을 더욱 즐겁게 해 주고 있다. 지체가 높은 사람의 장례식에는 실물 크기의 죽마를 만들어 관 앞에 끌고 가 고인의 옷과 함께 불태우고 그 재를 시체의 옆에 묻는다.

수령들은 문인이기 때문에 그들의 관아는 시적이거나 암시적인 당호를 붙이는 경우에는 주변의 자연 경치를 나타내는 것이 많다. 이를테면 소화당, 등운각, 영일당, 수정각, 세검정, 자하문, 곤수재 등이 있는가 하면, 일성, 천촉, 혈령, 운봉, 운폭 등의 글자가 그 이름에 들어가는 경우도 있다. 자연을 몹시 좋아하는 조선의 선비들은 자기를 매혹하는 경치를 글로 옮겨 서판을 달수도 있다. 어떤 것은 "해동제일강산"이라 쓴 것도 있다.

만약 프랑스인들이 말하는 것처럼 파리가 프랑스의 모든 것이라면 서울은 조선의 모든 것이다. 서울에 관한 수많은 어휘들의 의미를 이해할 수만 있다면 이 나라의 이해 관계가 불균형 하리만큼 서울에 집중되어 있다는 사실이 분명해질 것이다. 서울의 주민과 서울의 이모저모는 서울과 다른 도시를 구분 짓고 있다.

서울에는 3천 명의 관리가 살고 있는 것과는 달리 다른 도시나 지방에 살고 있는 관리의 총수는 단 8백 명이라고 한다. 서울만이 도시이고 그 이외의 모든 곳이 시골이다. 품위 있는 행동을 하는 지방 사람을 "서울 사람"이라고 부른다. 전국을 말할 때는 경향이라고 말한다.

지방의 행정은 그 구분 단위가 매우 세밀하다. 매 5가구를 하나의 사회 단위로 만드는 오가작통법이 보편화되어 있다. 범죄가 발생하면, 죄인이 소속되어 있는 통에 범인에 대한 책임이 부과된다.

지체 높은 양반을 제외한 모든 백성들은 자신의 신분[호패]을 명시한 신분증을 소지해야 하며, 관원의 요구가 있을 때는 언제든지 이 신분증을 제시해야 한다. 백성들의 신분증은 나무 조각에 글자를 새긴 것이며, 무관들은 뿔로, 문인 계급이나 중앙 관리들은 뼈로 만든 신분증을 가지고 있다. 이 서판은 반쪽씩 나뉘어 있어서 한 쪽은 본인이, 그리고 다른 한 쪽은 관청에 보관되어 있는 경우가 흔히 있다.

문맹인 사람들은 이 신분증을 자기의 옷에 정성스럽게 꿰매어 달고 다닌다. 중요한 문서에 서명하거나 또는 재판에 증언해야 할 경우 그들은 자기 앞에 놓여 있는 글자를 따라 자기의 피로서 투박한 혈서를 그린다. 호패라고 하는 이 신분증에도 소지자의 성명, 주소 그리고 통의 번호를 기입한다.

조선에서 재판이 실제로 어떻게 운영하고 있는가 하는 것은 기독교에 대한 그들의 태도에서 잘 나타나고 있다. 조선에서의 기독교는 사회 생활의 한 인자로서 이 이교도적인 재판장에게 많은 일거리를 제공하고 있다. 민사 문제는 일반 문신 수령이 판결한다. 그는 재판관인 동시에 배심원이다. 형사 사건들은 무관이 처리한다. 매우 중요한 문제는 감사에게 보고한다. 역모와 반란 그리고 고위 관리에 대한 범죄는 서울에서 왕명에 의하여 구성된 특별 재판에서 처리된다.

수령에게는 군교[3]와 아전이라고 불리는 두 계층의 보조원이 있는데 이들은 보안관과 공안연락책 그리고 간수의 역할을 한다. 프랑스의 학자들은 이들을 치안관과 종자라는 어휘로 부르고 있다. 이들은 사실상 재판의 권한을 가지고 있으며 지방 행정의 세부 사항이나 근본 정신은 그들의 권한에 따라 처결된다.

3경찰에 해당하는 군교는 사회에서도 독자적인 계층을 이루어 다른 신분과는 통혼하는 일도 드물며, 자기의 직책, 도구 그리고 기술 등을 대대로 전

3) 본문에는 hai-seik로 되어 있으나 무엇을 의미하는지는 확인할 길이 없다.

승한다. 지위가 낮은 포졸, 간수 그리고 고문관의 역할을 하고 있는 아전들은 가장 낮은 계급의 출신으로서 대체로 생활과 성격이 냉혈하다.

아직도 조선을 반야만적이라고 낙인을 찍기에 충분할 만큼 이 나라에는 고문에 관한 어휘가 많다. 재판과 감옥의 도구로서는 쇠사슬, 등을 치는 대나무, 볼기를 치고자 만든 노처럼 생긴 몽둥이, 장딴지의 살이 뭉그러지도록 때리는 몽둥이, 살과 신체의 각 조직을 톱질하듯이 문지르는 밧줄, 족쇄, 수갑 그리고 무릎과 정강이를 때리는 널빤지 등이 있다.

이밖에도 팔을 허공에 매다는 고문, 팔을 무릎 앞으로 묶고 팔꿈치와 무릎 사이에 작대기를 끼우고 사람을 공처럼 굴리는 고문 등이 있다. 옛날에 쓰던 방법으로서 오늘날까지도 사용하고 있는 낙후된 고문 방법으로서는, 죄수의 사지를 네 마리 소의 뿔에다 묶고 소를 불로 지져 날뛰게 함으로써 죄수가 갈기갈기 찢어지도록 하는 방법이 있다.

곤장으로 때리는 형벌은 평생토록 흉터를 남기는 수가 많으며, 쉽게 낫지 않는 궤양을 일으킨다. 1백 대를 맞으면 거의가 다 죽지만 40~50대를 맞고 죽는 경우도 많다. 어떤 범죄 행위에 대하여는 무릎과 정강이를 때린다.

여자의 경우에는 옷을 입힌 뒤 물을 적셔 피부에 붙게 한 다음 고통을 준다. 곤장을 치는 우두머리를 "소유"[4]라고 부른다. 길고도 유연한 손잡이를 잡고 머리 위로 쳐들어 윙윙 소리를 내면서 무릎 관절 바로 위의 맨살을 때리는 동안 간수 4명은 피고를 붙잡고 있다.

죄수를 교정하는 방법은 가부장적 정권의 한 중요한 특징으로서 수령의 변덕에 따라 백성들에게 공개적으로 수행되는 경우가 흔히 있다. 조선과 일본 사이에 성행했던 몇 백 가지의 다른 풍속과 마찬가지로 발바닥을 때리는 형벌도 지난날 일본에서 유행했었다. 그 밖의 많은 예와 마찬가지로 이러한

---

4) 이들의 명칭은 부서에 따라서 각기 다르다. 사헌부는 소유라 했고, 병조 · 형조 · 도총부 · 전옥서에서는 사령으로, 사간원에서는 창도라고 불렀다.

형벌은 문명화되지 못한 나라에서 존속되어 오고 있다.

조정의 문무관이 사형 언도를 받으면 차라리 목을 베는 것이 다른 사형 집행 방법보다 영예롭다. 오늘날의 사형 집행수는 조선 사람들이 전부터 사용하여 오던 도끼나 장도 또는 일본에서 수입한 강철로 날이 선 칼을 사용한다. 이 일본도는 요즘 조선에서 매우 인기가 높다.

오늘날 조선의 형률은 하멜이 표착했던 당시[5]보다 그 가혹함이 많이 누그러진 것은 의심할 나위도 없다. 하멜이 관찰한 바에 따르면, 아내가 간음을 하면 그 남편은 그 여인을 죽이는 것이 보통이다. 남편을 죽인 여자는 대로변의 땅에 어깨까지 묻고, 지나가는 사람들은 그를 구타하거나, 도끼나 칼로 찍어도 좋다. 상전을 죽인 종은 고문으로 죽이며, 도둑은 뭇매를 쳐 죽인다. 옛날 일본의 형제와 마찬가지로 가장 잔혹한 방법은 죄인의 목에다 초를 부어 넣어 부풀게 한 다음 몽둥이로 때려 죽게 하는 것이다.

오늘날 실시되고 있는 형률은 주로 1785년에 당시의 왕[6]에 의하여 수정 공포된 것으로서[7] 옛날보다는 상당히 완화된 것이다. 모독적인, 그러나 가혹하지는 않은 교정 방법으로는 죄수의 목에 북을 달아 거리에서 치고 다니면서 자기의 죄상을 크게 외치도록 하는 방법이 있다. 가엾은 피고에게 고통을 주는 야만적인 옛 법들이 많이 개선되었지만, 아직도 비인격적인 사형 제도가 남아 있어 그 잔혹함은 야만의 근성을 풍겨 주고 있다.

조리 돌림은 극단적인 경우에만 사용하는 방법이다. 죄수의 얼굴에 흰 가루를 바르고 손은 등 뒤로 묶고 등에는 종을 달고 화살 하나로 두 귀를 꿰어 뚫는다. 형리는 관중들 앞으로 그를 돌게 하고 종을 치면서 "이 놈은 간음(또는 살인, 역모 등)을 한 놈이오. 그 죄를 씻어 주시오."라고 소리친다. 서

---

5) 하멜이 조선에 억류된 것은 1653~1666년의 14년간이다. 자세한 것은 본서 제22장 참조.
6) 정조(1776~1800)를 의미함.
7) 『대전통편』을 의미함.

울 부근에서 처형된 프랑스 신부들은 모두가 이와 같은 야만적인 방법으로 사형이 집행되었다.

중국 문화권의 아시아에서는 효도가 최상의 미덕이기 때문에 관리들은 흔히 개인적인 휴가를 받아 고향에 돌아가 부모를 찾아본다. 효성이 지극한 아이는 이승에서나 저승에서 풍성한 상을 받는다. 부모에게 불효했거나 봉양을 게을리한 아이는 그 벌로 이승에서 저주와 치욕을 당하고 저승에서 뜨거운 지옥에 떨어진다. 부모를 때린 사람은 목을 자르고, 부모를 죽인 사람은 불에 태워 죽인다. 부모가 죽으면 여러 달 동안 낙향하여 오래도록 성실하게 호곡해야 하는데, 그렇지 않으면 이는 엄청난 대죄가 되는 것이다.

일본인들과 마찬가지로 조선 사람들은 말하기를, 법은 죄인을 다스리는 것일 뿐만 아니라 미덕을 포상하는 것이어야 한다고 주장한다. 따라서 일본이나 조선에서는 효성이 지극하여 남의 본이 되는 사람에게 공식적으로 상을 내리는 제도가 유행하고 있다.

일본에서는 효도에 대한 댓가로 돈, 은전, 비단, 또는 겉이 번지레한 물건을 상으로 주지만 조선에서는 정문이나 사당을 지어 주거나, 공식적인 영예를 내리거나, 벼슬을 높여 주는 형식을 취한다. 어머니에 대한 효도는 아버지에 대한 효도만큼 그렇게 자주 포상하지는 않는다.

다른 나라와 마찬가지로 조선의 관리들도 음지와 양지가 무상하지만, 지금의 세대나 다음 세대의 지배 계급들의 앞에 놓인 가장 어려운 작업 가운데 하나는 부지런히 자신의 약속을 식언하지 않을 수 없다는 사실이다. 기독교 국가에서 온 외국인들을 비난하고 깎아 내리는 데 몇 세기 동안 익숙해진 그들은 이제 백성들이 서구인의 우월성을 인정하는 것처럼 매우 거북스러운 입장에서 "기립하여 설명해야 할 것이다."

지식, 정치, 과학, 사회 풍속, 수공, 기술, 정교함, 학술의 소유 그리고 생활의 이기라는 면에서 외국인들이 우세하다는 것을 그들은 곧 알게 될 것이다. 그리고 조선의 지식인들은 자기 나라가 얼마나 지혜롭지 못하게, 그리고 얼마나 불필요하리만큼 잔혹하게 통치하고 있는가를 알게 될 것이다.

일본의 관료 사회는 이와 같은 경험을 겪었다. 조선과 일본이 공통된 조상과 공통적으로 전승된 종족적 특성을 가진 민족이라고 주장할 수 있다면, 일본의 경우와 마찬가지로 조선에서도 이상과 풍습의 면에서 불가사의한 혁신이 이룩되리라는 가능성을 우리는 예상할 수도 있는 것이다.

제 27 장 봉건제도 · 농노 · 사회제도

팔라디우스(The Archimandrite Palladius)가 지적한 바에 따르면, 오늘날 조선 사람의 선조인 부여족은 봉건적인 통치 체제의 황막한 토지에서 일어난 최초의 부족이었다. 북부 · 동부 아시아에서 발흥한 신흥 민족들이 수없이 서쪽으로 이주하여 군주적 통치 체제하에 집결했다. 해가 지는 곳을 바라보지 않고 해가 뜨는 곳으로 머리를 돌림으로써 이민의 방향에서 특이한 현상을 보여준 부여족들은 정치적인 천품을 가지고 있었다는 점에서도 또한 독특하다.

만주에 있던 동일한 선조들의 터전으로부터 내려와 한반도를 거쳐 동해를 건너 일본에 정착한 이 이주민들은 거대한 중화 민족을 대적하려는 야심에서 당의 중앙집권적 군주제를 도입한 7세기까지 봉건 체제를 견지했다. 천황은 중국인들과 같은 회의체와 대신들을 거느림으로써 12세기까지 그의 신민을 지배했다.

그러다가 모든 부족들을 자기의 지배하에 복속시킨 군벌들의 자부심과 야심을 통하여 이미 뿌리를 내리고 있었던 봉건주의가 머리를 들기 시작했다. 승리한 장군들의 비호 아래 급속히 성장한 봉건주의는 일본 전역에 무성하게 퍼졌다. 1868년의 메이지 혁명이 일어나고 최근 통일된 천황의 군사들이 전쟁에서 이김으로써 인명과 재산의 끔찍한 희생을 남긴 채 일본의 봉건주의는 드디어 뿌리째 무너졌다.

한반도에 남은 부여 이민들의 일부도 일본에 건너간 무리들과 마찬가지로 그들의 선조들로부터 전하여 내려오던 봉건 제도를 지속시켰다. 조선의 고대사를 보면 토지는 무반들에게 일정 기간 동안 점유되었으며, 전시나 또는 새로운 왕조가 등극하게 되면 승자의 부하들에게 토지를 상으로 내렸다.

죄인이나 권속들을 노비로 만드는 관습에 따라 정치 집단의 한 계급에 속하여 있는 사람을 영원히 노예로 만드는 규정이 마련되었다. 일단 노비의 중핵이 형성되면 부채, 기근, 포로, 자발적인 노비 등에 의하여 몸과 노동력이 전체적으로나 부분적으로 타인에게 소유되고 있는 사람의 숫자는 증가하게 된다. 사회적으로 풍요하게 되고 종교가 전파되고 일반적인 지식 수준이 높아지는 현상은 농노의 생활이 개선되고 노비 계급이 자유민으로 향상되는 요소로 볼 수도 있다.

오늘날에 이르기까지 조선 사회의 형태는 봉건적 신분과 분열에서 연유된 것이며, 양반의 권력 · 신분 · 분열 · 정치 활동은 "정복 이전까지"[1] 존재했던 고대의 봉건 제도에 그 뿌리를 두고 있다. 그 결과와 유산은 오늘 날 조선의 "국내적" 또는 "특수" 제도인 농노나 노비 제도에서 그 모습을 찾아볼 수가 있다.

일반적인 표현으로 말한다면, 사회라고 하는 사닥다리는 왕 이외에 양반과 또 다른 3계급의 4계단으로 이루어져 있는데, 소위 칠반이라는 계급은 그 마지막에 속하여 있다. 구체적으로 말한다면, 조선의 계급은 10~20으로 나눌 수 있다. 제4 신분의 칠반이라 함은 상인 · 수군 · 옥리 · 역보 · 승려 · 백정 · 무당 등이다.[2]

---

1) 중국이 문화적으로나 군사적으로 한반도에 본격적인 영향을 미치기 이전 곧 삼국 시대 이전의 고대사를 의미하는 것임.

2) 칠반이라 함은 (1) 조례 · 나장 · 일수 · 조군 · 수군 · 봉군 · 역보를 의미하는 경우; (2) 노비 · 기생 · 상여군 · 혜장 · 무당 · 백정을 의미하는 경우; 그리고 (3) 노비 · 영인 · 기생 ·

4계급이라 함은 사·농·공·상을 의미한다. 양반은 공신, 조정의 고관, 호족 등 여러 계층으로 나눌 수 있다. 조선의 속어에는 "사람은 소도 아니고 말도 아니다"라는 말이 있는데 이는 그가 양반도 아니고 평민도 아님을 뜻하는 것이다. 양반들은 대체로 농노나 종의 소유주이다. 양반들은 선조들의 유산과 함께 수많은 노비나 농노들을 상속받아 집안에 소유하고 있는 경우가 많다.

주인은 자기가 원한다면 노비의 자식들을 팔거나 또는 달리 처분할 수 있는 권리를 가지고 있다. 남자 노예는 "종놈"이라고 부른다. 평민 남자는 여자 노예와 결혼할 수 있는데 이럴 경우 그 남자를 비부라고 부른다. 이러한 결혼에서 낳은 남자 아이는 자유인이지만 딸은 그 어머니의 주인에게 귀속되어 매매될 수도 있다.[천자종모법] 자유인이 된 노비를 "발신"이라고 부르며, 그는 지난날의 상전을 "구상"이라고 부른다.

종과의 관계에 관한 조선어의 어휘는 매우 많다. "도망한 종", "종자 사냥꾼", "종몰이 꾼"과 같은 어휘는 "미국의 남북전쟁 이전"의 오랜 세월 동안 미국인들이 들어온 것만큼이나 조선 사람의 귀에도 익숙하여 왔다. 도망치려던 노비는 반노라 하며 추노라 함은 도망간 노비를 잡아 되돌아옴을 의미한다. "인창"[3]은 그 마을의 공용 노비를 의미한다. 아직도 조선에서는 양반집의 하인들이 농민들을 잔인하게 억압하는 일을 흔히 볼 수 있다. 몇몇 양반 집의 거드럭거리는 하인배들에게 매를 맞는 사람을 구원하여 준 프랑스 선교사들은 "덕분에" 하는 인사를 자주 듣는다.

조선에서는 노비의 색깔이 없기 때문에 외양이 헌칠하고 건장한 옛날 버지니아의 흑인들이 "쓰레기와 같은 가난한 백인"들을 부러운 듯이 바라보던 감정과 조선의 노예 감정은 분명히 다르다. 그러나 본질적으로 그 처지는

혜장 · 향리 · 사영 · 승려를 의미하는 경우가 있다.

3) 인창 : 본문에는 In-chang이라고 기록되어 있는데 어떻게 표기하는지는 확인할 수 없다.

같다. 오랫동안 세습적인 재산을 장악해 오면서 자기들의 성이나 반요새화된 저택 안에 소왕국을 이루고 있는 옛 공신이나 대지주의 노비들 사이에서 그와 같이 거드럭거리는 버릇이 생겨난 것같이 보인다.

조선의 노비나 농노 제도는 계속적으로 기울어지고 있으며, 노비의 수효도 줄곧 감소되고 있다. 더욱이 벽지에서는 이들을 거의 찾아 볼 수가 없다. 중부 지방에서는 아직도 상당수의 농노가 호족들의 토지에 기식하고 있음이 발견된다. 노비들은 노비의 신분으로 태어난 사람들이거나, 돈을 받고 자기 스스로 노비가 된 사람들이거나, 부모로부터 버림은 아이를 주어다가 공부를 시켜 노비로 만드는 경우도 있으나 이럴 경우 그 자식은 자유민이다.

농노 제도는 사실상 매우 부드럽다. 다만 활동적인 청년들만이 농사에 동원되며 젊은 여자들은 집안일을 한다. 장가갈 나이가 되면 남자들은 사경을 받아 자유의 몸이 된다. 종종 노비들은 결혼하여 별채에 살면서 단지 고정된 일만을 한다. 비록 주인은 자기의 노비에 대하여 생사여탈권이 있지만 그 권리를 부당하게 행사하는 경우는 드물다.

선교사들의 기록에 따르면, 지나치게 잔혹한 행위가 자행되는 경우는 거의 없다고 한다. 부당한 주인은 관가에 불려 나가 문초를 받는다. 농노들의 실제 생활 조건이 가난한 시골 사람들의 그것보다 나은 사례가 흔히 있으며, 가난한 사람들이 양반의 탐욕을 피하여 인자하다고 소문난 상전에게 스스로 몸을 맡기고 자유를 희생한 댓가로 편안함을 구하는 경우란 흔히 있는 일이다.

사노 이외에도 관노가 있는데 이는 2천년 동안이나 계속되어 온 고대 고구려의 한 제도가 끈질기게 전승되고 있음을 보여준다. 어떤 사람이 큰 죄를 짓게 되면 그의 처자는 위노위비의 파문을 당하여 곧 관관의 노비가 되도록 되어 있다. 이 불행한 사람들은 수령에게 봉사할 수 있는 영광된 특권을 갖지 못하고 여러 "관청"에 비천한 신분으로 대기하는 신세를 겪어야 하는 것이 보통이다.

출생에 따라 관노가 되는 경우는 적으며 대개는 큰 죄를 짓고 형을 받음으로써 그 처자들이 관노가 된다. 그러나 대역죄인의 처자들은 일반 노비들보다 훨씬 더 비참하다. 그들은 대체로 여자인데 짐승이나 거의 다름이 없는 취급을 받는다. 그들은 벼슬아치들뿐만 아니라 그들의 앞잡이, 하인, 마부 또는 그들을 일시 고용한 사람들의 처분에 달려 있다. 그들이 겪는 수모는 세상의 어느 것과도 비길 수 없으며, 정직하고 순진한 여인들의 경우, 그 사람의 운명이란 차라리 몇 번 죽는 것보다 더 가련하다.

현대의 조선 사람의 선조들인 고구려인들의 초기 기록에서 우리는 농노를 계속적으로 조달하던 고대 봉건주의의 한 형태를 찾아 볼 수 있다. 기독교인들의 눈으로 보면 이러한 제도는 끔찍스러운 야만적 유제이다. 해안이나 특히 제주도의 유배지는 그와 같은 남자 관노나 죄수들의 이주에 의하여 개발되고 있다. 여자들이 그들의 부모가 있는 곳이나 그들이 죄지은 곳으로부터 멀리 보내지는 예란 것이 없다.

고대의 고구려와 고려 시대에는 관료와 그의 자유민인 부하, 그리고 농노 또는 노비의 두 계급만이 있었다. 관료는 일본의 다이묘와 마찬가지로 도시나 성의 주인으로서 그 수효가 매우 많다. 그들은 전국토를 소유하고 있거나 아니면 명의만은 적어도 왕으로 되어 있으면서 무관들이 차지하고 있다. 이는 일종의 선취득권으로서 그 기한은 늘어날지언정 줄어들지는 않는다.

오랜 평화의 시대가 계속되자 시조는 용맹스러웠으나 자손들은 나약하게 된 이 옛 명문들이 사라지게 되었고, 왕에게 귀속되었거나 또는 백성들에게 소유가 넘어간 토지는 이제 매우 복잡하고도 다수한 계급의 소유가 되고 있다. 그 반면에 거의 모든 도시와 부락은 서울의 중앙 정부에서 파견된 관리의 통치를 받는다. 지난날의 농노들은 근면과 지식과 그들의 특수 직업에 부여된 권리의 축적으로써 이제는 중간 계급으로 성장했다.

오늘날 양반들은 그 권력이 증대하고 있지만 그 수효는 적으며 선조들로부터 물려받은 토지는 전체의 적은 부분에 지나지 않는다. 중세 유럽의 경우와 마찬가지로 지금의 왕조에 대한 개인적인 충성이나 어느 특정한 왕실의 계보에 의존하는 봉건주의가 풍미하고 있는 조선에서 왕조가 바뀌면 공훈이나 토지 소유도 다소 변화를 일으킨다.

1392년에 조선왕조가 창건되자 고려의 옛 귀족들은 시들어지거나 이태조의 부하가 되었으며, 그 창건에 가담했던 사람들은 모두가 곧 새 왕조의 귀족이 되어 사전을 받았다. 전리품은 승자에게 돌아갔다. 영예와 재산과 수많은 요직에 취임할 수 있는 배타적 권리가 귀족들에게 영원히 부여되었다. 민중들은 양반들의 권력 밑에 놓이게 되었거나 아니면 스스로 양반의 지배 밑으로 들어갔다. 토지에 붙어살던 농민 계급들은 단순히 지주만을 바꿨으며, 도시와 마을의 주민들이나 해안의 주민들은 다만 명목상으로 양반의 소작농이 되었다.

그러나 능력과 수완이 있는 사람들은 점차로 완전한 자유를 얻게 됨으로써 1/10세나 양반들에게 세금을 바치지 않고 다만 중앙 정부에 세금을 납부했다. 평화의 시대가 오자 재산, 지식, 협동, 계, 조합, 그리고 특히 과거 제도를 통하여 백성들 가운데 여러 계급이 독립적인 존재로 등장하게 되었고 최하층 계급의 소수만이 농노나 노비의 신분으로 잔존했다.

1653년에 쓴 하멜의 기록과 최근 10년 동안에 쓴 프랑스 선교사들의 기록을 견주어 보면 신분 제도에 많은 진보를 보여주고 있다. 노동자, 공인, 상인, 무사 등은 오늘날 독자적으로 벌어서 생활할 수 있는 권리를 가지고 있다. 조선의 일반적인 계급 분류는 양반, 평민, 노비 · 농노의 세 계급으로 나눌 수 있다.

일반적으로 말해서 조선의 특이한 제도는 노비 제도라기보다는 봉건 제도의 유제인 농노 제도에 있다. 그러나 러시아에는 알렉산드르 대왕[4]이 있

---

4) 러시아의 황제 알렉산드르 2세(Alexandr Ⅱ : 1818~1881)를 의미함. 그는 크리미아전쟁의 선후책으로 농노를 해방시키고 사법 제도의 개선, 도시의 제한적 자치, 자본주의의 발

고, 미국에는 링컨이 있고, 일본에는 무쓰히토[5]가 있는 것과 마찬가지로 우리는 이 "고요한 아침의 나라"를 일으켜 줄 위대한 해방자가 나타나기를 기대할 수 있다.

대개의 아시아 정부들이 모두 그렇듯이 절대적인 전체주의 아래에서 민중들은 어떻게 해서 자유를 조금이라도 누릴 수 있지 공화주의자들은 의아하게 생각한다. 만약 그들에게 자유가 있다면, 그 문제를 연구하여 보는 것은 흥미 있는 일이다. 정치적인 의미에서 본다면 그들은 자유가 전혀 없다. 그들은 세금을 바치고 충성을 바치는 것 이외에는 정치가 무엇인지도 모른다. 그들의 정치적 영향력이란 아무것도 없다.

조선에서는 법에 따라 어느 평민도 문반이나 무반에 오르고자 과거에서 겨룰 수 있으나 실제로 급제하여 합격증을 받는다 해도 아무런 쓸모가 없는 경우가 많다. 왜냐하면, 합격증만 가지고서는 관직에 취임할 것 같지는 않기 때문이다. 권력과 돈이 권리를 만들어내고, 집단화되지 않고서는 인간은 정치적으로 무의미하여 소나 말처럼 하잘 것 없는 존재에 불과한 것이 된다면, 민중들은 어떻게 자신을 보호하고 어떻게 자유를 얻을 것을 것인가? 농노들이 사회적 자유의 길을 쟁취할 수 있도록 하는 방법은 어떤 것인가?

그 길은 단결과 조직에 있다. 오늘날 조선에서는 가장 고귀한 가문으로부터 가장 미천한 노비에 이르기까지 모든 계층에는 공동체 정신이 퍼져 나가고 있는데 이는 너무도 당연하고 너무도 필요한 일이다. 일반적 형태의 동업조합, 협동조합 또는 공동 기금을 가지고 있는 어떤 단체에 관심이 있거나 일거리가 있는 사람들은 남들이 필요한 때 도와주고자 단체로 봉사하고

전 · 촉진 등을 실시했다.

5) 무쓰히토(睦仁 : 1852~1912) : 일본의 122대 메이지 천황을 의미함. 16세에 즉위하여 왕정복고(메이지유신)를 이룩하고 국사 다난한 가운데 폐번 치현, 학제 개혁, 징병제의 확립, 지조 개정, 국회 개설, 헌법 반포 등 봉건 체제를 개혁했다. 쇄국 정치를 타파하고 청일전쟁과 러일전쟁을 거쳐 조선을 합병했다.

있다.

기사나 짐꾼, 마부, 짐말몰이꾼과 같은 노동자들, 그리고 갓장, 관장, 목수, 석수들 사이에는 매우 강력한 노동조합이 결성되어 있다. 이 단체들은 각 계층으로 하여금 그 직업의 독점권을 갖도록 해주고 있는데, 설령 어느 양반이 이를 깨뜨리려 해도 부질없는 일이다. 때때로 그들은 흔히 시효가 있는 것이라고는 하지만, 정부로부터 받은 문서에 따라 자기들의 권리를 유지한다.

대부분의 동업조합들은 자기들의 독점 행위에 대한 댓가로 정부에 세금을 문다. 그들 사회에는 두목이 있다. 이 두목은 거의 전제적인 권한을 가지고 있으며 심지어 어떤 조합에서는 생사여탈권까지도 행사한다. 새로 가입하는 회원이나 도제들은 자기에 배당된 회비를 납부하고 조합의 규정에 복종함으로써 그 가입이 허락될 수도 있다. 수준이 높은 단체에서는 연대 의식 같은 것도 볼 수 있다.

절간 지기, 양반집 하인, 정원사, 역보, 그리고 대궐의 나인, 임시 고용원, 관청의 고용인들—이들은 모두 외부인으로서는 깨뜨릴 수 없는 "고리"[環]를 가지고 있다. 심지어는 양반 가문 사이에도 그와 같은 관념들이 정당하게 존재하고 있다. 마을은 각기 작은 공동체를 형성하여 모든 가구들이 불입하고 이용을 할 수 있는 공동 기금을 마련한다. 땅속에 숨겨 있거나 또는 이자를 받고 대출되어 있는 이 기금 가운데 세금, 혼사비, 장례비 등이 지불되며, 그 지방의 관습이나 마을의 의사에 따라서 여러 가지 일들이 공동 문제로 취급된다.

영어 사용 국가의 자유 경쟁에 익숙한 외국인들은 그들이 일본에서 본 바와 같이, 아니 오히려 그보다 더 도가 심하게 조선에서 조직된 그와 같은 보호 단체나 독점의 정신이 몇 백 가지 형태로 나타나고 있으며 이러한 현상들은 재미있는 일도 있지만 그 대신 못된 일을 저지르는 경우도 있다는 사실을 알게 될 것이다.

만약 어떤 고용주가 떳떳치 못하게, 또는 변덕으로, 아니면 한때 기분으로 자기가 부리던 마부나 하인 또는 목수를 해임시켰다가는 설령 임금을 더 주더라도 다른 적임자를 쉽게 구할 수 없다는 것을 없다는 것을 알게 될 것이며, 가령 구한다고 하더라도 새로운 하인이 내놓는 노동 조건에 곧 기겁을 할 것이다. 중국 문화권의 아시아에서 편하게 살고자 하는 사람은 싫든 좋든 이 유서 깊은 나라들의 모든 사회에 퍼져 있는 노동조합주의의 가시·불가시적인 정신에 따라야 한다.

동업조합 가운데에서 가장 강력하고 조직적인 것 가운데 하나는 짐꾼(보부상)이다. 조선의 내륙 산업은 거의 모두가 사람의 등이나 말(馬)로 이루어지기 때문에 이 사람들은 이 업종을 독점하고 있다. 그들의 숫자는 약 1만 명이 되며, 두목·부두목·검수·조사원 등의 명령에 따라 도나 지방별로 분권되어 있다.

이들 가운데 다수는 여자인데 가난한 과부나 결혼할 수 없는 여인들도 흔히 볼 수 있다. 그들 가운데 많은 사람들이 건장한 체구를 가지고 있는데, 밖에서 활동하는 그들의 생활이 그들로 하여금 남자의 체력과 튼튼한 몸을 갖도록 해주는 경향이 있다. 그들은 자기들 사이에서 쉽게 알아들을 수 있는 은어를 쓰며 회원 상호간에 인사를 차려야 할 경우에는 인심이 매우 후하다.

짐꾼들은 자기들의 조합을 유지하면서 매우 엄한 규율을 가지고 있으며 회원 간에 범죄 행위가 발생하면 반수의 명령에 따라 사형에 처한다. 그들은 너무도 강력하며, 심지어는 정부로서도 자기들에게 감히 간섭하지 못한다고 위세를 부린다. 마치 독일의 어느 대학의 학생들이 학교 당국에만 책임질 뿐 경찰에게는 책임지지 않는 것과 마찬가지로 그들은 방백 수령들의 권외에서 활동한다.

보부상들은 조선 안의 아무리 먼 곳일지라도 정확히 물건을 배달할 만큼 자기들의 업무에서 정직하고 신의가 있다. 그들은 일반 백성들과도 구별되는 별난 무리들이어서 심할 경우에는 벼슬아치들을 지분거리기도 한다. 그들이 모욕이나 부당한 대접을 받거나, 또는 너무도 낮은 임금을 받게 되면 일제히 "파업"으로 들어가 그 지방으로부터 철수한다. 그렇게 되면 모든 여행과 업무가 중단되어 끝내는 그들의 불평이 해결되거나 그들의 조건에 항복하게 된다.

다른 나라에서 흔히 볼 수 있는 시장이나 가게가 조선에서는 대체로 부족하고 그 대신에 어느 지정된 날에 도시나 마을에서 장을 벌이는 일이 많기 때문에 등짐장수나 도붓장수들의 동업조합은 매우 크고 강력하다. 이 계급은 약 20만 명의 건장한 성인들을 포함하고 있으며, 각도의 백성들 사이를 자유롭게 돌아다니기 때문에 밀정, 수사원, 통신원, 그리고 필요에 따라서는 군대의 역할을 함으로써 정부를 돕는다. 1887년 12월 4~6일 사이의 행사[6]에서 탁월하게 구성된 바 있는 조선의 보병이 소집된 것도 바로 이 계급을 통해서였다.

6) 미국의 군사 교관의 초빙으로 거행된 연무공원의 개교 행사를 의미하는 것으로 보임.

제 28 장 여성과 혼속

조선 사람의 사회 생활을 잘 알고 있는 프랑스 선교사들의 의견에 따르면, 조선의 여자들은 도덕적인 존재 가치가 없다. 여자는 환락과 노동의 도구일 뿐 남자의 반려라거나 동등한 존재로서의 의미가 없다. 여자는 이름도 없다. 어렸을 때에는 별명을 얻어 가족이나 가까운 친구들에게 불리다가 처녀가 되면 그의 부모들만이 이름을 부른다. 다른 사람들은 "누구의 누이" 또는 "아무개의 딸"이라고 부른다.

시집을 가면 여자는 그 별명마저도 없어진다. 그는 정말로 이름 없는 여인이 된다. 오직 그의 부모들만이 그가 시집간 지방이나 시댁의 이름으로써 그를 넌지시 부른다. 시부모들은 그가 시집오기에 앞서 살던 곳의 이름으로써 그를 부르는데, 조선의 여인들은 같은 마을의 남자에게 시집가는 일이 드물기 때문에 별 혼란이 없다. 아이를 낳게 되면 "아무개 엄마"라고 부른다. 여자가 수령 앞에 끌려나와 재판을 받을 경우에는 시간을 절약하고 혼란을 피하고자 당분간 특별한 이름을 받게 된다.

중류 계급 아래의 여인들은 매우 심하게 일한다. 농사일은 주로 그들이 한다. 비료는 여자들이 주며, 남자들이 주는 경우는 드물다. 여자들은 들판의 일꾼들에게 점심을 날라다 주며, 남자들이 먹고 남은 음식을 먹는다. 장보러 갈 때면 여인들이 무거운 짐을 머리에 인다. 화장을 할 때에는 연지를 칠하고 분을 바르고 머릿기름을 쓴다. 여인들은 눈썹을 가늘게 면도하여 주변이 너절하지 않은 깔끔한 아치를 이룬다. 그들은 화사하게 머리를 치장하며 이에 더 나아가서는 커다랗게 땋은 머리를 묶고자 큰 비녀를 사용한다.

상류 사회에서는 남녀가 8~10세가 되면 자리를 함께 하지 않는 것이 예의이다. 그 나이가 지나면 남자 아이들은 공부하고 심지어는 먹고 마시는 일도 모두 남자들의 거처에서 이뤄진다. 여자 아이들은 규방에서 은거한다. 집안의 여인들이 사는 곳에 발을 들여놓는 것마저도 부끄러운 짓이라고 남자들은 배운다. 여자들은 남자들의 눈에 띄면 불명예스러운 것이라고 배우기 때문에 남자들이 나타날 때면 그들은 점차로 자신을 숨기는 버릇이 생겼다. 어릴 적부터 늙은이가 될 때까지 계속된 이와 같은 풍습은 가정 생활을 파괴하는 결과를 낳는다.

조선의 남자들은 다정다감한 사람일지라도 아내와 대화를 나누는 경우는 매우 드물다. 그는 자기의 아내가 자기보다 훨씬 비천한 존재라고 생각한다. 아내와 중요한 문제를 의논하는 일이란 거의 없다. 같은 지붕 밑에 살면서도 부부는 멀리 떨어져 있다고 말할 수가 있다. 사대부 집의 규방은 여러모로 인도의 제나나[1]와 흡사하다.

남자들은 바깥채에서 한담을 나누면서 담배를 피우고 즐기는 동안 여자들은 내당에서 친정 부모나 친구들을 맞이한다. 그와 같은 편견에 기초를 둔 풍습으로 말미암아 평민들은 여가가 생겨도 자기의 집에 머물러 있지 않는다. 남자들은 이웃에 사는 남자들의 모임을 찾아가며 여자들도 자기네들끼리 모여 마을의 뒷소문들을 늘어놓는다.

상류 사회에서는 젊은 여자가 결혼할 나이에 이르면 그의 가장 가까운 혈족 이외에는 설령 그 여자의 친척이라 할지라도 그를 만나서도 안 되고 그

1) 제나나(Zenana) : 인도의 상류 사회의 부인들만이 거처가는 방.

와 더불어 말을 해서도 안 된다. 이러한 관습의 예외로 그 여자를 만나 말을 하려면 가장 정중한 의식을 갖추어야 한다. 여자가 결혼을 한 뒤에는 누구도 그에게 접근할 수 없다. 그들은 거의 항상 규방에 감금되다시피 되며, 바깥주인의 허락 없이는 거리에 나갈 수도 없다.

이러한 율법은 너무도 준엄해서 경우에 따라서는 아버지가 그의 딸을 죽였고, 남편이 아내를 죽였으며, 외간 남자의 손가락만 닿아도 여인들은 자살했다. 이 나라의 소설이나 연담들은 조선의 수많은 루크레시아[2]의 미덕을 자세히 담고 있다. 그러나 어떤 경우에는 이와 같은 지나친 정절이 애당초의 의도와는 반대의 결과를 초래할 수도 있다.

만약 어느 용감한 불한당이나 열렬히 사랑하는 간부가 규방을 몰래 침입하게 되면 그 여자는 주위의 도움을 청하고자 감히 소리를 지르지도 못하고 저항도 하지 못한다. 왜냐하면, 일단 이런 일이 발생하게 되면 그 여자가 범간을 당했든 당하지 않았든 간에 한 남자가 그의 방에 들어갔었다는 단순한 사실만으로도 그 여자는 평생토록 불명예스럽게 되기 때문이다. 이런 문제에 관해 조선의 모든 남자들은 제왕이 된다. 그러나 만약 외간 남자가 들어왔었다는 사실이 탄로되지 않으면, 그 여자의 명예는 보장되는 것이다.

그러나 다른 측면에서도 이를 생각하여 볼 수가 있다. 여인들은 사회적으로 별로 중요시되지도 않고 또 가족 내에서도 거의 그렇다고는 하지만 그들은 여하튼 외부로부터 일종의 숭앙을 받는다. 그들에게는 항상 정중한 경어를 쓴다. 여자들이 지나갈 때면 남자들은 그가 지나가도록 길을 비켜선다. 여염의 여인이라고 할지라도 남자들은 그가 지나가도록 길을 비켜선다.

여자의 거실은 법의 집행자일지라도 범할 수 없다. 아내의 방으로 도망하여 들어간 남자는 체포할 수도 없다. 다만 그가 역모에 가담했을 때에는 그

---

2) 루크레시아(Lucretia : ?~510 서기전) : 로마의 열녀로서 섹스투스로부터 폭행을 당하자 남편과 아버지에게 복수를 부탁하고 자살했다.

를 끌어내올 수 있다. 왜냐하면, 이럴 경우에는 그의 가족들도 그 죄의 공범자로 취급되기 때문이다. 그 밖의 범죄의 경우에는 어떤 방법으로든지 죄인을 밖으로 꾀어내어 법적으로 체포할 수 있다.

등짐장수가 자기의 물건을 팔고자 집안으로 들어갈 때는 규방의 문이 닫힐 때까지 기다린다. 문이 닫히면 문이 사방으로 열린 바깥채에서 물건을 보여준다. 남자가 지붕에 올라가 수선하고자 할 때에는 먼저 이웃집에 알려 여인들이 창문을 모두 닫음으로써 그가 여인의 거실을 넘겨다보는 끔찍스러운 일이 벌어지지 않도록 해야 한다.

그들이 가장 친숙하게 알고 있는 범어나 중국의 얘기에 따르면 "달에는 남자란 없고" 약을 빻는 토끼 한 마리와 어떤 잘못을 저지르고 추방된 한 여인이 있다고 생각하기 때문에 여인들은 달을 두려워하지도 않고, 남자들은 달을 쳐다보는 여인들을 질투하지도 않는다. 그들의 관념상 달은 여성이다.

조선에서는 결혼을 하면서 여자로서는 거의 또는 전혀 할 일이 없다. 젊은 남자의 아버지는 자기가 며느리로 맞고자 하는 처녀의 아버지를 방문하거나 글로써 청혼한다. 이럴 경우 처녀 총각의 기질이나 성격은 따지지 않고 중매쟁이를 통하여 혼인이 이루어지는 것이 통례이다. 양가의 아버지들은 혼인을 약정한 다음 택일한다. 점쟁이에 의하여 길일이 정해지면 양가의 조정 작업은 끝난다.

이런 면에서 본다면 결혼이란 별로 중요하지도 않은 일처럼 보이지만, 한 인간이 어떤 시민적인 신분을 얻거나 사회적으로 영향력을 미치는 것은 오로지 결혼을 함으로써 이루어진다. 미혼인 사람은 누구나 어린아이 취급을 받기 때문에 철없는 짓을 해도 대수롭지 않게 취급 받는다. 그는 철없이 뛰어 놀아도 상관없다. 왜냐하면, 주위 사람들은 그가 깊이 생각하거나 행동할 것을 기대하지 않기 때문이다.

25세나 30세가 되었을지라도 장가를 들지 않았으면 사회적인 활동에 참여하거나 중요한 문제에 발언할 수 없으며 입을 다물고 있어야 한다. 설령 그가 무슨 말을 해도 들어주지 않는다. 결혼은 해방이다. 설령 12~13세에 장가를 갔을지라도 일단 결혼을 하면 어른이 된다. 새댁은 부인들의 모임에 참여할 수 있고, 신랑은 어른들 틈에 끼어 발언하고 갓을 쓸 권리를 갖는다.

결혼을 했는지 안 했는지는 머리를 보면 안다. 장가들기 전의 총각들은 갓을 쓰지 않고 한 가닥으로 머리를 땋아 뒤로 늘어뜨린다. 결혼 선물은 사실상 상투를 올리는 것이 전부이다. 왜냐하면, 결혼식 날이면 머리칼을 두상 위로 감아올리고 온통 치장하기 때문이다. 옛 풍속에 따르면 남자들은 머리칼을 하나라도 잘라서는 안 되지만 서울의 멋쟁이들은 기성에 대한 저항적인 요소와 함께 자기의 개인적인 매력을 돋보이게 하려고 상투의 크기를 계란보다 더 크지 않도록 치장한다.

그와는 달리 여인들은 자기의 머리를 그대로 간직할 뿐만 아니라 쪽을 아름답게 부풀어 보이게 하려고 체[3]와 댕기를 사용한다. 여인들은 머리를 두 갈래로 크게 갈라 뒤로 감아 머리 위에 얹고 은이나 구리로 만든 비녀를 꽂아 고정시킨다. 평민들은 머리를 땋아 터번처럼 머리 주위에 감고 앞이마의 잔털을 깎는다.

혼인하고 싶지 않은 젊은이들이나, 나이가 찼는데도 아내를 구하지 못한 총각들은 장가든 사람처럼 꾸며 어린 아이의 취급을 받지 않으려고 몰래 자기의 머리를 자르거나 아니면 거짓으로 머리를 꾸민다. 그러나 이와 같은 습관은 도덕과 예법을 조잡하게 깨뜨리는 것이다.[4]

결혼식이 있기 전날 밤, 시집갈 처녀는 자기의 한 친구를 초대하여 처녀 머리를 결혼한 여인의 머리로 바꾼다. 신랑이 될 사람도 또한 친지 가운데 한 사람을 초대하여 어른처럼 머리를 "올린다." 이 일을 할 사람은 매우 신

---

3) 체(髢) : "다리"라고도 함. 여자들의 머리칼이 적을 경우 숱이 많아 보이도록 하고자 집어 넣는 딴 머리.

4) (필자 주) 본서 제21장 삽화 참조.

중하게 선발된다. 머리를 바꾼다는 것은 인생의 전환점이 되기 때문에 혼사에 머리를 치장하는 사람은 “영광스러운 손”이라고 불리며, 다른 지방에서 온 신랑의 들러리와 신부의 들러리에게 그 날에 있을 일을 가르쳐 준다.

혼례일이 되면 신랑의 집[5]에서는 상을 차리고 편물로 된 장식으로 호화롭게 꾸민다. 부모와 친구, 친척들이 모여 성황을 이룬다. 얼굴도 모르고 말을 나누어 보지도 못한 이 신랑 신부는 단상으로 인도되어 각기 자리를 잡은 다음 마주 보며 선다. 단상에서 그들은 잠시 동안 서 있는다. 그들은 정중하게 맞절을 하지만 한 마디 말도 하지 않는다. 이것으로 결혼이 이루어진 것이다.

그들은 각기 자기의 방으로 퇴장한다. 새댁은 여자의 방으로, 신랑은 남자의 방으로 들어가 그곳에서 조선에서 유행하는 풍습에 따라 잔칫상이 벌어지고 함께 즐긴다. 결혼 비용이 상당히 많이 들지만 새 신랑은 선심을 베풀면서 인색하지 말아야 한다. 만약 이 일이 잘못되면 그는 언짢은 놀림을 받게 될는지도 모른다. 혼인날 새댁은 식장에서나 신방에서 절대로 침묵을 지켜야 한다.

적어도 사대부의 집안에서는 이 예절을 지켜야 한다. 질문과 칭찬이 쏟아지더라도 침묵을 지키는 것이 그의 의무이다. 그는 벙어리가 되어야 하며, 조각처럼 무감각해야 한다. 새댁은 몸에 걸칠 수 있는 옷이란 모두 걸치고 방구석에 앉아 있어야 한다. 남편이 원한다면 아내의 옷을 벗길 수도 있는데 이때 새댁은 남편의 일에 참견이나 방해를 해서는 안 된다. 만약 새댁이 말을 하거나 몸짓을 하게 되면 그는 시댁이나 이웃의 놀림이나 입방아의 대상이 된다.

그 집의 계집종들은 자리를 신방 앞에 잡고 앉아 그들을 엿보거나 엿들으

---

5) 한국의 혼속에서 대례상을 차리는 곳은 신랑의 집이 아니라 신부의 집이다.

며 그들이 듣고 본 바를 섣불리 퍼뜨릴 것이 틀림없다. 신랑이 새댁을 얼마나 좋아하며 새댁에게 어떻게 하는가를 알아보기 위해서 이런 짓을 할 수도 있는데 이는 일본에서도 그 예가 같다. 달레(C. Dallet)의 기록에는 다음과 같은 한담이 있는데 이는 우스개 얘기임이 분명하다.

> 갓 장가를 든 한 신랑이 자기 아내와의 첫 대면에서 무슨 말을 좀 들어보고자 남자 친구들과 하루 온종일 보냄으로써 몇 시간 떨어져 있게 되었다. 새댁도 그 기미를 눈치 챘으며, 아마 말하지 않기로 고집을 피워 보리라고 결심했는지도 모른다. 새댁으로 하여금 말을 하도록 하려다가 헛수고만 한 신랑은 끝내 아내에게 말을 건다.
>
> "전에 점쟁이에게 물어 봤더니 나의 아내는 태어날 때부터 벙어리라고 말합디다. 이제 보니 그 말이 사실이고 나로서는 벙어리를 아내로 삼을 수야 없소.
>
> 오늘날 조선의 혼속으로 볼 때 이런 경우는 흔히 있을 수 있는 일이다. 부부 가운데 하나가 귀머거리이거나 벙어리이거나 장님이거나 또는 바보일 수도 있다. 그것은 문제가 되지 않고 결혼은 유효하게 성립되는 것이다. 그러나 남편의 말에 약이 오른 새댁은 화가 나서 쏘아붙였다.
>
> "휴우-! 점쟁이 말이, 나는 쥐새끼에게 시집을 간다더니 남편 팔자가 그대로 맞았구려."
>
> 조선 사람에게 이와 같은 발언은 큰 모독이 된다. 왜냐하면, 그 욕은 부자를 함께 욕주는 것이어서 남편과 시아버지를 욕주는 것이기 때문이다. 문밖에서 엿듣던 계집종들의 킬킬거리는 소리를 듣고 신랑은 더욱 난처하게 되었다. 그는 값진 댓가를 지불하고 새댁의 입을 여는 데 득점했지만 오랫동안 그의 친구들은 그의 허세를 비웃었으며 아내를 잘못 얻었다고 놀려 주었다.[6]

---

6) Charles Dallet, *Histoire de L'Eglise de Corée*, Paris, 1874, p. 122.

조선의 언어와 일본의 자료를 보면 우리는 결혼 예식과 결혼 생활을 다소 이해할 수 있다. 조선에서는 혼인과 상례가 일생에서 두 가지의 중요한 일이다. 한국에는 결혼에 관한 어휘와 부부의 결합에 관한 유사어가 많다. "관을 쓴다," "머리를 깎는다", "깃을 단다", "자리를 잡는다"는 말은 모두가 결혼 행위나 결혼 상태를 지칭하고자 조선의 남자들 사이에서 사용되는 말들이다.

관이라든가 머리는 독신이 성혼을 하면서 중요한 부분을 이룬다. "트레머리"를 한 사람은 모두가 처녀 총각이다. 갓에 깃을 꽂았거나 상투를 올린 사람은 기혼이다. 결혼하는 날과 신혼 첫해 동안 신랑은 노란 풀로 만든 초립을 쓰는데 이 풀은 송도 부근에서만 자란다고 한다. 신행 때에는 담비 가죽으로 만든 참외 모양의 모자를 쓴다.

중매쟁이가 혼사를 조정하여 날을 받게 되면 신부는 2~3명의 친구를 뽑아 들러리를 삼는다. 신부의 집이 부자이면 시댁으로 갈 때 가마를 타며, 가난하면 말을 타고 간다. 아무리 가난한 여자일지라도 가슴, 등, 허리에 장식을 달고 모자나 장옷을 쓴다. 이들을 살 형편이 못되면 빌린다. 혼례에서 가장 눈에 띄는 상징은 거위[7]이다. 조선 사람들의 눈에는 거위가 부부애의 상징으로 보인다. 때때로 이 목안은 금박을 올린 나무로 만들었으며, 어떤 때는 물고기로 대신할 때도 있고 또 살아 있는 새를 머리만 밖으로 보이도록 옷에 싸서 가져오는 경우도 있다.

대개의 경우 그렇듯이 집안에서 혼례를 올릴 때 신랑 신부는 약간 높게 쌓아 올리고 돗자리를 깐 단 위로 올라가 맞절을 하거나 또는 상호 동의의 태도를 취하는 것이 의식의 성스러운 부분을 차지하며, 이로써 혼인이 이루어진 것이다. 새댁은 시아버지에게 네 번 절을 올리고 신랑에게는 두 번 절

7) 기러기를 오기하고 있는 것으로 보인다.

을 한다.

혼례의 또 다른 상징물로서는 신랑과 새댁에게 주는 것으로 밀짚 모자 모양으로 묘하게 생긴 "오주가"[8]라는 것이 있다. 또 말린 꿩고기를 내와서 자른다. 청실홍실로 장식한 호리술병이 새댁에게서 신랑에게로 전달된다. 신랑 새댁의 옆에 서 있는 새댁들의 들러리들은 작은 잔에 술을 따라 주어 "합근의 잔"을 각각 마시게 한다. 이 술잔은 몇 번 오고 간다. 그런 다음 잔치가 벌어지고 손님들은 술을 마시며 즐거워한다.

결혼한 사실을 입증하는 중요한 문서로서는 혼서지라는 것이 있는데 여기에 양가가 서명한다. 여자가 글을 쓸 줄 모를 경우에는 종이 위에 손을 펼쳐 놓고 붓으로 손바닥, 손목, 손가락을 그대로 복사하여 수본을 만든다. 신랑은 새댁에 대한 사랑을 서약하는 중요한 의미로 장인에게 네 번 절을 하고 나서 딸을 평생토록 사랑하겠다는 서약을 글로써 바치는 경우도 있다.

그러나 이 은자의 나라에서는 부부간의 신의란 남자의 것이라기보다는 여자의 것이다. 부부간의 사랑의 상징으로 아내에게는 봉황을 전달한다. 오리보다는 다소 큰 징경이[9]라고 하는 새는 짝이 죽은 뒤에도 결코 다시 짝을 구하는 법이 없다고 한다. 사람들은 조선의 과부들이 이 부덕을 갖춘 새를 본받기를 기대한다. 어느 곳에서는 수절한 과부의 정절을 기리고자 홍살문을 세운 것을 볼 수가 있다. 결혼한 여자는 무명지에 두 개의 가락지를 낀다. 결혼 생활의 이상적인 기간은 60년인데 이때가 되면 금혼식[10]이라 하여 잔치를 지낸다.

---

8) 오주가 : 본문에는 Otsuka로 되어 있는데 무엇을 의미하는지 알 수 없다.

9) 징경이 : 징경이과에 속하는 해조로 휴구라고도 한다. 암수의 사이가 좋으면서도 남이 보는 앞에서는 교합치 않는 예의 있는 새라 하여 공자가 이르기를 "징경이는 즐거워하되 음탕하지 않으며, 슬픔이 몸을 상하지 않는다."(關雎樂而不淫 哀而不傷, 『論語』 八佾章)라 했다.

10) 결혼 60주년 기념일은 회혼식(다이아몬드 식)이며, 금혼식은 50주년 기념식이다.

조선의 여권으로서 가장 특이한 것 가운데 서울에서 저녁 8시가 지나면 남자들의 출입을 금하는 기이한 풍습이 있다. 저녁 종이 울리면 모든 남자들은 서둘러 집안으로 들어가야 하며, 그 반면에 여자들은 새벽 1시까지 자유롭게 나돌아 다닌다. 이 야간통행금지의 법을 어기다가는 혹독한 벌을 받는다. 집안에서 규방의 사생활을 침해하면 귀양을 보내거나 혹독하게 태형으로 처벌한다.

달레의 기록에 있는 다음의 이야기는 조선의 몇 가지 혼속을 좀 더 소상하게 보여주는 것으로 일부다처제를 허락하고 있지는 않지만 축첩이 허락되고 있음을 보여준다.

> 어느 날 한 양반이 자기의 딸과 죽은 형의 딸을 적당한 신랑에게 출가시키고 싶었다. 이 두 처녀는 동갑 나기였다. 그 양반은 이들을 모두 좋은 곳으로 시집보내고 싶었지만 특히 자기 딸에게는 그럴 욕심이 더 많았다. 그런 생각에서 그는 이미 좋은 혼처를 몇 번 거절했다. 드디어 가문 좋고 돈 많은 어느 집안으로부터 청혼이 들어왔다.
>
> 어느 처녀를 먼저 보낼까 잠시 망설이던 끝에 그는 자기 딸을 먼저 보내기로 드디어 결정했다. 장차 사위될 사람을 보지도 않고 그는 혼약하고 택일했다. 혼인을 3일 앞두고 그는 사윗감이 바보이고 몹시 못생긴 데에다가 무식하다는 사실을 점쟁이를 통하여 알게 되었다. 그렇다고 파혼할 수도 없다. 일단 혼약을 한 이상 달리 어쩌지 못하도록 법으로 되어 있다. 낙심천만한 그는 이제 돌이킬 수 없는 자신의 과오로 말미암은 피해를 적게 할 수 있는 방법을 궁리했다.
>
> 잔칫날이 되자 그는 규방으로 들어가서 자기의 딸이 아닌 조카에게 원삼 족두리를 씌우고 대례청에 나가도록 엄히 명령했다. 정신이 멍해진 그의 조카딸은 그렇게 따를 수밖에 없었다. 이 두 사촌 형제는 키도 비슷하여 쉽게 바꿔칠 수 있었다. 아무 일도 없었던 듯이 결혼식은 진행되었다. 새 신랑은 그날 오후 어느 집에서 지냈으며 이곳에서 장차 장인이 될 사람을 처음 보

았다.

그런데 새 신랑은 점쟁이가 말한 대로 바보스러운 추남이기는커녕 외모가 헌칠하고 건장하며 학식 높고 덕망 있어 보이는 귀공자임에 그 늙은 영감은 기겁을 했다. 그토록 훌륭한 사윗감을 놓친 데에 대하여 뼈아프게 후회한 그는 사태를 바로잡아 보리라고 결심했다. 그는 자기의 조카 대신 자기의 딸을 신방에 넣도록 은밀히 지시했다. 대례를 치르는 동안 신부는 원삼을 입고 여러 가지 장식으로 치장하면 신랑으로서는 그를 분간할 수 없다는 사실을 그는 잘 알고 있었다.

매사는 그 늙은이가 원하는 대로 되었다. 새신랑이 처갓집 식구들과 2~3일 지내는 동안 장인은 그토록 훌륭한 사위를 본 것을 자축했다. 신랑이 그 나름대로 더욱 사랑스럽게 보이고 장인의 마음을 완전히 사로잡게 되자 자신이 생긴 장인은 근간에 있었던 모든 일들을 사위에게 털어놓았다. 그는 사위에 대한 점쟁이의 말이며, 딸과 조카를 바꾸었다가 다시 조카를 따로 바꾼 성공담을 털어놓았다. 처음에는 아무 말이 없던 사위는 냉정을 되찾은 다음 이렇게 말했다.

"잘됐군요. 장인께서도 머리를 잘 쓰셨습니다. 그러나 두 여자는 모두 제 것이니 그리 아십시오. 조카는 저와 대례를 올렸으니 합법적인 제 아내이고, 따님은 장인께서 손수 신방에 인도했으니 저의 측실이 됨이 마땅합니다."

자승자박이 된 그 교활한 늙은이는 대답할 말이 없었다. 젊은 두 각시는 주인 양반인 신랑 집으로 가고 그 늙은 양반은 주변머리가 없고 흉물스럽다는 이유로 남의 비웃음을 받았다.[11]

완전히 적법하게 성혼이 되는 것은 결혼식 날 증인들 앞에서 맞절을 한 후부터이다. 그 순간부터 남편은 그 여자를 아내로 주장할 수 있다. 남자는

---

11) Charles Dallet, *Histoire de L'Eglise de Corée, op. cit.,* pp. 121~122.

그 여자와 이혼하지 않고서는 그의 전처가 살아 있는 한 다른 여자에게 장가갈 수 없지만, 벌어 먹일 수 있는 한 얼마든지 첩을 얻어도 좋다. 남자로서는 그 처녀 또는 과부와 남다른 관계가 있다는 것을 입증할 수만 있다면 그것으로 첩을 맞기에 충분하다. 그렇게 되면 그 여자는 그 남자의 법적 재산이 된다. 그 남자가 그 여자를 계속 데리고 살겠다고 고집을 부린다면, 설령 그 여자의 부모라고 할지라도 그에게 아무런 권한이 없다. 만약 여자가 도망가면 남자는 그 여자를 자기의 집으로 데려오고자 폭력을 써도 좋다.

부부간의 순결, 구체적으로 말해서 아내에 대한 의무 같은 것이 남편에게는 필요 없다. 아내는 상류 사회의 계집종보다 조금 더 상위인 정도이다. 양반들은 자신이 아내를 별로 대수롭지 않게 보고 있다는 것을 입증하고자 새신랑은 3~4일간만 새댁과 함께 지낸 뒤에 상당한 기간 동안 아내를 멀리한다. 예법 때문에 여자가 생과부 노릇을 하고 있는 동안 남편은 첩들에 싸여 방탕한 시간을 보낸다.

남자가 본처에게만 빠지는 것은 매우 나쁜 버릇이며 극히 바람직하지 못한 행위로 취급을 받는다. 아내의 죽음에 대하여 눈물을 흘리면 그와 같은 못난 짓을 했다는 야유를 받기 싫어 동료들이 모여 있는 동네 사랑에도 가지 않는 양반들의 예도 있다. 그러한 기이한 풍습으로 말미암아 그 남자는 오랫동안 조롱의 대상이 된다.

어릴 적부터 그와 같은 멍에에 익숙해 있고 또 자신을 하나의 열등한 족속으로 취급하고 있는 대부분의 아낙네들은 깨끗이 체념하고 자신의 운명을 따른다. 발전하여 보고자 하는 의욕이나 기존 관습에 거역하려는 의욕도 없이 그들은 모든 것을 참고 따른다. 아내는 남편의 명성이나 출세를 선망하면서 헌신적으로 복종하는 아내가 된다. 그들은 심지어 폭군과 같은 남편과 무분별한 시어머니에게까지도 묵묵히 복종한다.

그러나 가정에서는 순수한 반란이 일어나는 경우도 흔히 있다. 성격상의 결함, 폭력, 불복종을 자행하는 데 그치지 않고, 아낙네들은 시어머니와 싸우고 남편에게 짐을 지우고, 악다구니와 추태의 장면을 끝없이 보인다. 하층 계급에서는 이럴 경우 여편네를 몽둥이로 갈기거나 주먹으로 갈겨 끝장을 내지만, 점잖은 양반 집에서는 아녀자를 때릴 수가 없기 때문에 남편으로서는 아내를 쫓아 버리는 수밖에는 달리 도리가 없다.

재취를 하기 쉽지 않으면 그 못된 아내와 참고 사는 수밖에 없다. 만약 아내가 남편을 괴롭히는 것으로 만족하지 않고 남편에게 신실하지 않고 잠자리를 버리고 친정으로 간다면 남편은 그를 수령에게 끌고 갈 수도 있다. 이럴 경우 수령은 그 여자의 볼기를 친 다음 자기 부하에게 첩으로 준다.

재치 있고 활달한 여인들은 스스로 존경 받도록 처신하면서 자신의 정당한 위치를 차지하는데, 다음의 예가 그런 경우이다. 이 이야기는 달레가 조선 청년 남녀들의 수신서에서 뽑은 것이다.

> 지난 세기 말엽, 서울에 살던 한 지체 높은 양반이 아이들을 남겨 둔 채 상처했다. 나이가 많아 재취하기도 어려웠다. 그럼에도 불구하고 중매쟁이들은 경상도의 어느 가난한 양반집 딸과 혼사를 이루어 보려고 마음먹었다. 혼례일이 되어 그 홀아비는 처갓집이 될 곳에 나타났다. 두 신랑 신부는 혼속대로 맞절을 하고자 대례청에 올라갔다. 신랑은 눈을 들어 새댁을 쳐다보다가 벼락을 맞은 듯이 기겁을 했다.
>
> 그 여자는 뚱뚱보에다가 얼굴은 박색이며 곱사등이었고, 육신이 그렇듯이 마음씨도 또한 그럴 듯이 보였다. 그렇다고 해서 내려올 수도 없어 그는 예식을 끝까지 마쳤다. 그는 그 여자를 집에 데려오지 않을 뿐만 아니라 그 여자와는 아무런 관계도 갖지 않으리라고 결심했다. 격식에 필요한 만큼 처갓집에서 2~3일을 보낸 다음 그는 서울에 올라가 자신의 새댁에 대하여 아무런 관심도 보이지 않았다.
>
> 상당한 학식을 갖추고 있던 이 소박데기는 때때로 남편의 소식을 알아보면서 친정에서 절개를 지켰다. 2~3년이 지나자 그는 남편이 2품의 판서가

되었으며 두 아들을 잘 키워 훌륭하게 성혼시켰다는 소식을 들었으며, 그 뒤 몇 년이 다시 지나 그는 남편이 환갑을 성대하게 차리려 한다는 소식도 들었다. 부모의 충고와 반대에도 불구하고 그 여인은 주저하지 않고 곧 서울로 길을 떠났다.

서울에 이르러 가마를 빌어 타고 판서의 집 앞에 이른 그는 판서의 아내가 왔음을 알렸다. 그는 가마에서 내려 대문을 당당한 태도로 들어서면서 한자리에 모인 가족 가운데 여인들을 조용히 쳐다보았다. 상석에 앉은 그는 불을 가져오도록 하여 어리둥절한 가족들 앞에서 태연히 담배에 불을 붙였다. 이와 같은 소식이 바깥사랑채에 전해졌으나 예의상 누구도 놀란 표정을 보이지 않았다. 드디어 마님은 모든 비복들을 한자리에 불러 모으고 엄한 어조로 말했다.

"무슨 가문이 이러냐? 나는 너희 마님인데 아무도 나를 맞이하려 하지 않으니 너희들은 이런 버릇을 어디서 배웠느냐? 너희들은 엄히 벌하는 것이 도리이겠으나 이번만은 용서를 해 줄 것이다."

비복들은 서둘러서 그를 여자 손님들 가운데로 모셨다.

"나의 며느리들은 어디 있느냐?"

마님이 물었다.

"어째서 그들은 나에게 인사를 드리지 않느냐? 나는 혼인에 의해서 시어머니가 되었음은 의심할 나위도 없으려니와 나는 그들로부터 그들이 자기들의 친정어머니에게 드리는 것과 같은 인사를 받을 권리가 있음을 그들을 잊었구나."

곧 두 며느리가 부끄러운 얼굴로 나와 잘못의 용서를 빌고 앞으로는 잘하겠노라고 아뢰었다. 마님은 그들의 잘못을 점잖게 꾸짖은 다음 앞으로는 자식의 도리를 차리면서 좀 더 조심성 있게 하라고 타일렀다. 몇 시간이 지났는데도 남자들이 보이지 않자 마님은 하인을 불러 말했다.

"오늘 같은 날에 나의 두 아들이 집안에 없을 리가 없다. 그들이 사랑에 있는가를 보고 이리로 오라 일러라."

아들들이 당황한 모습으로 마님 앞으로 나오더니 머뭇머뭇 변명을 늘어놓았다. 마님이 말했다.

"너희들은 내가 온 지 한참 된 줄을 알면서도 어찌하여 내게 인사를 드리지 않느냐? 그렇게 배우지 못하고 처신의 도리를 모른대서야 어떻게 출세를 하겠느냐? 비복들과 며느리들이 예의를 차리지 못한 것은 용서를 해주었지만 남자들인 너희들의 잘못은 그대로 둘 수가 없다."

이렇게 말한 마님은 하인을 불러 회초리를 가져오도록 하여 아들들의 종아리를 치도록 명령했다. 그리고서 마님은 이렇게 덧붙였다.

"너희 아버지인 판서로 말하면, 나는 그분의 수하이니 그 분을 꺾을 명령은 하지 않았다마는 너희들은 앞으로는 예의를 잊는 일이 없도록 처신하라."

그 동안에 있었던 모든 일들에 적이 놀란 판서도 이제는 항복하고 아내에게 인사하지 않을 수가 없었다. 3일 뒤 잔치가 끝나고 판서는 입궐했다. 왕은 그간 모든 일들이 잘 끝났는지를 자상하게 물었다. 판서는 그간 자기가 결혼을 했었다는 사실과 아내가 느닷없이 나타났다는 사실, 그리고 그가 어떻게 처신했는가를 소상하게 왕에게 아뢰었다. 사리가 밝은 왕은 이렇게 대답했다.

"그대는 아내에게 잘못을 저질렀소. 듣자 하니 공의 아내는 의기 있고 비범한 재주가 있는 여자인 것 같소. 부인의 행동은 칭찬 받을 만한 것이오. 과인은 부인을 어떻게 칭송해야 할지를 모르겠구료. 아무쪼록 그대는 부인에게 저지른 과오를 고치기 바라오."

판서는 그렇게 하겠노라고 약속했다. 며칠이 지나자 그의 부인에게 정경부인의 칭호를 내렸다.12)

12) *ibid.*, pp. 124~126.

적법하게 출가한 여인은 과부이든 종이든 남편과 동등한 사회적 신분을 누리게 된다. 설령 그의 혈통이 양반 출신이 아니라고 할지라도 양반에게 시집을 감으로써 양반이 되며 그의 자식들도 또한 같다.[13] 예컨대 두 형제가 한 가문의 고모와 조카를 각기 아내로 맞아들였는데 조카가 형의 아내가 되고 고모가 동생의 아내가 되었다면 조카는 맏동서가 되고 고모는 작은 동서가 된다. 중국 문화권의 아시아에서 맏동서와 작은 동서와의 관계는 생활이나 지위나 대우에서 커다란 차이를 갖는다.

과부가 개가를 하는 것은 옳지 못하다. 상류 사회의 과부는 평생토록 망부를 위해 곡 하고 상복을 입어야 한다. 아무리 나이가 젊더라도 개가를 한다는 것은 추악한 일이다. 1469~1494년 동안 재위에 있었던 왕[14]은 개가한 여인의 자식들로 하여금 과거에 응시하지도 못하게 하고 공직에 취임하지도 못하게 했다. 심지어는 오늘날까지도 그들의 자식들은 사생아처럼 취급을 받는다.

조선 사람처럼 정열적인 민족에게 그와 같은 개가금법은 심각한 사회적 혼란을 일으킨다. 개가할 수 없는 사대부 집의 청상과부들은 대부분 공공연히 또는 비밀리에 그 여인을 도와주고자 하는 남자들의 첩이 된다. 수절하고자 하는 과부들은 겁탈 당할 위험이 있다. 어떤 때는 음료수에 몽한약을 넣음으로써 실신하여 쓰러진 뒤 깨어나 보면 이미 능욕을 당해 있다.

밤이 되면 돈으로 매수한 불한당들의 도움을 받아 폭력으로 과부를 겁탈하는 남자도 있다. 일단 폭력에 희생되면 달리 구제할 방법이 없다. 청상과부들은 남편에 대한 정절을 입증하고 자신의 명예와 평판에 오점이 찍히지 않게 하려고 죽은 남편을 따라 자살하는 경우도 흔히 있다. 그와 같은 여인

13) 이 점에 대해서는 필자가 오해하고 있는 것으로 보인다. 한국에서 혼인에 의한 신분의 변화는 천자종모법에 따르기 때문에 어머니가 천민이면 아버지의 신분에 관계없이 그 소생도 서족이 된다.

14) 성종을 의미함. 과부의 개가금법이 거론된 것은 정확히 1477년이다.

들은 정절의 표본으로 평가받으며 양반들 사이에서는 그런 여자들을 입이 마르도록 칭송한다. 양반의 성화에 못 이겨 왕은 그 여자에게 사당이나 홍살문을 내리어 그의 영웅적 행동과 덕망을 기념한다.

그렇기 때문에 천주교를 믿는 과부들은 자기의 가문이나 자기의 몸이 더럽혀지게 될 경우에는 신부를 찾아와 자살을 허락하여 달라고 간청하는 경우가 자주 있다. 신부들은 자살에 관한 천주교의 교리를 이해시키느라 진땀을 흘린다. 흔히 쓰이는 자살의 방법으로는 목을 찌르는 자문과 배를 가르는 할복이 있다. 자살할 경우 조선 사람들은 일본인들과 마찬가지로 여자들은 목을 찌르며, 남자들은 배를 가르는데, 일본인들은 이를 하라키리라고 부른다.

평민들 사이에는 법률상으로나 관습상으로 개가가 금지되어 있지 않다. 부잣집 가정은 다른 경우도 마찬가지지만, 개가에 관한 관습에서는 양반들의 관습을 모방하려고 한다. 가난한 사람들은 그런 법을 알 필요도 없다. 남자들은 처자들을 벌어 먹여야 하며, 남편이 그들을 벌어 먹이려고 나서는 한, 여자들은 굶어 죽을 수도 없고 굶어 죽으려고 하지도 않는다. 따라서 하층 계급에서는 개가를 흔히 볼 수 있다.

이 장에 기술된 사실의 대부분은 달레의 『한국교회사』에서 발췌한 것이다. 그 기록들은 종교나 민족성이나 문명이 다른 독신 신부의 기록들이라는 사실을 고려한다면 조선의 사회 생활에 관한 묘사는 조선의 입장에서 볼 때 불쾌한 이교도의 기술인 셈이다.

제 29 장 아동 생활

조선 어린이들의 장난감들로 보나 여러 가지 정감이 넘치는 놀이, 운동, 축제, 오락에 관한 용어나 육아기를 보면 돌쇠나 이쁜이의 생활은 즐거운 것임에 틀림이 없다. 부모는 자식을 축복하는 의미에서 삼신 항아리에 쌀을 담아 놓는다. 이 자그마한 항아리는 가장 좋은 방의 벽감 속에 장식을 꾸며 고이 보관하여 둔다.

아기들이 자라기 시작하면 요람이란 것은 없지만 어머니들은 아기의 배를 가볍게 "토닥토닥" 두드려서 잠을 재운다. 아기가 첫발을 떼어놓으며 마루를 건널 수 있게 되면, 넘어지더라도 아프지 않도록 호피를 깔아 주는데, "자박자박"이라고 재미스럽게 표현된 이 중요한 집안 경사는 이웃집에까지 알린다.

아이가 걸어서 뛰어다닐 수 있게 되면 머리의 대부분을 깎고 다만 "옥황상제의 꼭지"만을 머리 꼭대기에 남겨 둔다. 어린 아이들의 머리 송이는 겨울철에 쓰는 남자들 모자의 끝에 달린 동곳에서 그 이름을 따온 것이다. 아름답고 몸매가 잡히고 유순하고 토실토실한 삼척 동자는 천리마라고 부르는데 이는 사려 깊고 듬직한 성인이 됨을 약속하는 것이다.

효성 이 지극한 아이는 자기의 부모의 병을 고치는 데 약으로 쓸 피를 뽑고자 기꺼이 손가락을 자른다. 아이가 죽으면 그 무덤 앞에 석상을 만들어

세운다.

서울이나 상류 사회 어린이들의 장난감은 매우 깔끔하여 실제 예술품의 경지에 이르고 있다. 그런가 하면 모든 계급의 어린이 노리개들은 어른 생활의 축도품일 따름이다. 살아 있는 애완물로서는 원숭이가 사랑을 받는다. 이 원숭이들은 조끼를 입고 있으며, 포동포동하게 살이 찌고 할퀴지만 않는다면 어린이들로부터 가장 사랑을 받는다. 강아지들은 바퀴가 달린 호랑이와 함께 보모들의 사랑을 받는다. 아이들은 종이로 만들어 색칠한 이 백수의 왕을 끈에 꿰어 끌고 다닌다.

깡충깡충 뛰는 장난감 수병은 그것을 끌고 다니는 그 꼬마를 복사한 것에 지나지 않는다. 끈을 잡아당기면 종이로 만든 혓바닥이 날름거리며, 나팔을 입으로 가져간다. 관리들의 생활은 일산과 재미있게 생긴 바퀴가 달린 장난감 전차에서 잘 나타나고 있다. 그 밖에 딸랑이, 깃발, 북 등의 장난감들은 성인 남녀들이 즐기는 실물과 꼭 닮았다. 이들에게는 모두 이름이 있고 유행이 있으며, 조선 특유의 모양으로 장식되어 있다. 어린이의 놀이 가운데 가장 보편화된 것은 다음과 같은 것이다.

고리를 모래 더미 속에 감추어 둔다. 장난꾸러기들은 그것을 찾고자 꼬챙이로 모래 더미를 쑤신다. 누구든지 그 고리를 꿰어 올리는 사람이 이기는데 시간이 좀 더 오래 걸리기는 하지만 미국의 소녀들이 즐기는 굴렁쇠 던져 넣기를 연상케 한다. 종이로 만든 바람개비는 나뭇가지 끝에 매어 단다. 바람이 부는 곳을 향하여 뛰어가면 이 작은 풍차는 신나게 돌아간다.

아이들이 비를 부르는 방법은 볼을 부풀어 올리고 입술로 숨을 내뿜으면서 투레질을 하는 것이다. 아이들은 조그마한 밥그릇으로 소꿉을 하면서 어른들의 정중한 예법을 흉내내는 놀이를 가장 좋아한다. 널뛰기는 서양 것보다 더 거칠지만 더 재미있다. 상대방의 행동을 따라 하는 놀이는 손, 머리 또는 발을 놀리는 경우가 많다. 하나는 상대방의 행동을 눈여겨보며 손을 폈다 오므렸다 하는데 상대편의 행동을 제대로 따라 하지 못하면 벌금을 물거나 놀이에서 지게 된다.

해안에 살고 있는 사람들로서는 조개의 안식처가 되고 있는 바위와 함께 바다가 어린이들에게 무한한 놀이터가 되고 있다. 다도해의 맑고 깊은 물을 내려다보면서 아이들은 산호초며 찬란한 해상의 꽃밭이며, 줄무늬가 있는 물고기, 띠를 두른 물고기, 빨간 꼬리의 물고기, 파란 지느러미의 물고기 떼의 노는 모습을 즐긴다. 동해안에서는 이 물고기들이 금빛 · 은빛을 내며 반짝인다.

어린이들은 반은 벌거숭이가 된 채 게와 바닷가재를 잡는다. 그들은 이 전리품들을 잡은 뒤에 어떻게 처리하는가를 알고 있다. 물리기라도 하는 날이면 꼬마들은 눈물을 흘리며 울어댄다. 조선의 아이들이 흔히 가지고 노는 장난감 가운데 하나로는 "딸랑이"가 있다. 이것은 홍어의 마른 가시를 달걀처럼 만든 것으로, 그 안에 조약돌을 집어넣고 흔들면 어른들이야 듣기 싫을지 모르지만 아이들은 소리를 지르며 좋아한다.

아이들은 물을 튀기고 찰팍찰팍 두드리는 외에도 꼬챙이나 낚싯줄, 또는 반두로 고기 잡는 놀이를 즐긴다. 고기를 잡는 방법으로는 여뀌[1]를 사용하는 경우가 있다. 이 식물은 독성을 가지고 있어 물고기들이 먹을 수 있도록 미끼로 만들어 물에 뿌리면 이를 먹은 고기들은 중독이 되거나 마비를 일으킨다.

아낙네나 아이들이 실내에서 가장 즐기는 놀이로서는 바둑, 쌍편, 80장의 카드로 하는 수투전,[2] 그리고 장기가 있다. 이러한 오락들은 모두가 같은 이름의 서양 오락과는 전혀 다르지만 동일한 부류에 속한 것으로 인식될 만큼 비슷한 데가 있다. 아이들이 가장 즐기는 답교 놀이, 칠석 놀이 그리고

1) 여뀌 : 한국 · 일본 등지에서 자생하는 1년생 잡초로서 늪지대에서 자란다. 높이는 60센티이며 독이 있다. 잎에는 "八"자 형의 짙은 자주색 무늬가 있다.

2) 수투전(數鬪牋) : 민속놀이의 한 가지로 사람 · 물고기 · 새 · 꿩 · 별 · 말 · 노루 · 토끼를 그린 8종 10목의 80수로 시합을 한다.

쥐불놀이가 있다.

1년 가운데 어느 날[3]이면 아낙네들은 물론 남자들과 아이들이 도성의 거리를 나돌아 다닐 수 있다. 이들은 돌다리 위를 오락가락 하는 것으로 그 밤의 대부분을 보낸다. 이날 모든 사람들은 밤새기를 한다. 광대, 창부, 재담꾼 그리고 그 밖의 모든 연예인들이 밖으로 나오는데, 달이 밝아 답교놀이하기가 썩 좋다.

음력 7월 초이레(칠석)가 되면 중국・조선・일본에서는 잔치가 벌어진다. 아이들은 며칠 전부터 이 날을 손꼽아 기다린다. 이 날은 떡을 빚고 색종이 줄을 대나무에 꿰어 즐거움의 상징으로 만든다. 이날 밤이 되면 견우와 직녀가 은하수 위에서 만나는데, 이날 비는 소망은 이루어진다고 한다.[4]

쥐불은 섣달의 쥐날에 피운다. 아이들은 볏짚이나 갈대 뭉치로 횃불을 만들어 길가에 있는 잡초나 관목 등에 불을 지르는데, 이는 지표의 털이나 또는 그 속에 은신하고 있는 벌레들을 태움으로서 목화를 풍성히 추수하고자 함이다.

서당에서 아이들은 아시아 전역에서 사용되는 방법 곧 큰 소리를 내어 글을 읽는 방법에 따라 공부한다. 귀가 멍하게 되는 이 강송은 책을 잘 이해하고자 필요한 방법이라고 여겨지고 있다. 아이들은 눈과 붓으로 한자와 한글을 공부하는 이외에도 구구법을 익히며 더 나아가서는 가감승제, 분수, 제곱법 그리고 주판을 배운다.

공부를 잘하면 학생은 선생으로부터 주점을 받으며 시험 성적이 좋으면 그의 집에서 훌륭한 식사를 한 턱 내거나 문방사우인 지필연묵을 상으로 내린다. 친필 낙관은 크게 칭찬을 받는다. 때때로 아이들을 격려하여 주는 뜻에서 돈을 주는 경우도 가끔 있는데 장래성 있는 녀석이라면 그 돈을 흙으

---

3) 음력 정월 보름을 의미함.
4) (필자 주) See, W. E. Griffis, "The Meeting of the Star Lovers," in *Japanese Fairy World*.

로 만든 저금통에 보관하여 둔다. 미천한 계급의 청년으로 주경야독함으로써 입신양명하여 고관대작에 오르는 경우도 적지 않다.

프랑스 선교사들의 증언에 따르면, 정상적인 가정에서는 아이들을 귀여워하는데, 특히 아들은 딸보다 열 곱절 더 귀하게 생각한다. 아이를 유기하는 일은 거의 없다. 기근이 심하여 한 계절쯤 자녀들을 다른 집에 맡겼다가 되찾아 올 수 있는 방법이 애당초에서부터 불가능하게 되면, 기아가 되는 수도 있다. 지나치게 많은 자녀를 원하는 부모는 드물다.

아이들이 제일 먼저 유념하는 일은 아버지에 대한 효도이다. 아버지에 대한 불복종은 곧 그리고 가혹하게 응징을 받는다. 어머니의 경우에는 많이 다르다. 어머니는 아들의 변덕을 용서해 주며, 실수나 잘못이 있더라도 꾸짖지 않고 웃음으로 받아 준다. 그렇게 되면 어머니의 권위란 별것 아니라는 사실을 아이들은 곧 알게 된다.

아이들이 자기 아버지를 말할 때는 흔히 엄친이라고 부르는데 이는 그가 자기의 아버지에 대하여 두려움과 깊은 존경심을 품고 있음을 의미한다. 이와 같은 감정을 일본에서도 찾아 볼 수가 있다. 일본에서 아이가 가장 두려워하는 4가지의 두려운 존재는 지진, 바람, 불 그리고 아버지라고 운치 있는 격언으로 표현한다. 그와 반대로 어머니를 말할 때는 자모라고 하는데 이는 "나는 어머니를 두려워하지 않는다."는 뜻이다.

아들은 아버지 앞에서 담배를 피워서도 안 되며 자세를 흩트려도 안 된다. 젊은 사람들이 편히 쉬기 위해 아이 방과 마찬가지로 특실이 있다. 아들은 밥상에서도 아버지가 먼저 들기를 기다리며, 아버지의 잠자리를 보아 드린다. 아버지가 연로하거나 와병 중이면 아들은 그 옆에서 잠을 자며 밤낮으로 옆을 떠나지 않는다.

만약 아버지가 투옥되면 아들은 그 부근으로 숙소를 옮겨 부모와 연락을 취하며 옥바라지를 한다. 아버지가 대역죄로 투옥되면 아들은 옥문 앞에서 밤낮으로 꿇어앉아 노예로 격하시킬지도 모르는 판결을 기다린다. 만약 죄인이 유배를 당하면 적어도 아들은 그 유배지까지 아버지를 모시고 가야 하며 어떤 경우에는 아버지와 함께 귀양살이를 한다. 길거리에서 아버지를 만나면 아들은 진흙 구덩이이든 하수구이든 간에 무릎을 꿇고 큰절을 해야 한다. 아버지에게 글을 쓸 때는 자기가 알고 있는 최대의 경어를 거침없이 사용해야 한다.

조선 사람들의 조상 숭배는 비정상적이리만큼 크게 성행하고 있을 뿐만 아니라 모든 종교의 기조가 되고 있기 때문에 양자 제도는 흔히 볼 수가 있다. 가문을 잇는다는 것은 생활의 지상 목표이다. 실제로 모든 조선 사람들은 조상 숭배를 고집하는 어느 특정한 조상의 자손들이기 때문에 신주를 모시고 여러 가지 장례나 매장의 의식을 준수한다. 이러한 예식들은 동아시아에서 하나의 큰 짐이 되고 있다.

딸은 위에서 지적한 여러 가지 의식을 수행할 수가 없기 때문에 딸을 입양하지는 않는다. 무남독녀일 경우에는 데릴사위를 들이며 그가 집안의 대를 잇는다. 양자가 될 사람이나 그의 친생 부모의 동의는 필요가 없다. 왜냐하면, 양자란 종교적 필요에 따른 것일 뿐만 아니라 사회적인 것이어서 양자가 필요한 사람은 관청에 호소하거나 또는 경우에 따라서는 강제로 입양을 요구할 수도 있기 때문이다. 이럴 경우 기원전의 가부장 시대와 마찬가지로 그 사람은 고인이 된 선조들의 "대를 잇도록" 강제를 받을 수도 있다.

법적으로 본다면 양자는 아마 예조에 등록되어야 하는지는 모르지만 이러한 실행은 불필요하게 되었고 양가 사이에 입양 사실을 인지하는 것으로 충분하다. 일단 입양이 되면 예조의 명령에 따르지 않는 한 무효화될 수 없는데, 그와 같은 예조의 명령을 받는다는 것은 어려운 일이다. 실제로 양자 제도는 많은 추문과 싸움과 질투와 온갖 악행을 일으킨다. 실증적인 사실이 뒷받침하여 주지 않더라도, 남자와 여자의 존재에 대하여 잘 알고 있는 사람이라면 이와 같은 치부를 선험적으로 감지하고 이에 대하여 반론을 제기할 수도 있다. 아시아의 제도적 굴레는 인간의 본성을 억누를 수가 없다.

장자 상속은 불변의 법칙이다. 맏이가 아닌 아들은 결혼 때나 그 밖의 인륜 대사를 만나면 자기의 용처, 집안의 지체 또는 당시의 가세에 따라 부모로부터 선물을 받지만 재산의 태반은 장자에게 돌아가며 다른 형제들은 맏이를 아버지처럼 생각한다. 맏이는 그 가문의 어른이며 자기 아버지의 소생들을 자기의 자식처럼 생각한다.

모든 동아시아에서는 가족의 유대가 오늘날의 백색 인종들보다 더 밀접하다. 사회적 지위나 빈부나 유식 · 무식이나, 관리나 천민에 관계없이 15촌이나 20촌이 될지라도 모든 혈족들은 같은 문벌, 곧 좀 더 정확하게 말하면 단일 가족이며, 이 공동체의 모든 구성원들은 서로 지켜야 하는 상호 이해관계를 가진다. 이 사람의 집은 저 사람의 집도 된다.

모든 가족은 돈을 벌거나 관직에 오르거나 이권을 얻고자 다른 가족을 최대한 도울 것이다. 그 문중의 어느 개인이 빚이나 세금을 감당할 수 없을 경우에는, 각 개인을 책임지고 있는 계를 조직하고 있는 그 문중에게 이를 부과함으로써 법으로 그와 같은 제도를 인정하고 있다. 이와 같은 제도에 대하여 누구도 불평하거나 항의하지 않는다.

서양의 경우와 같이 가족은 하나의 단위 공동체 구실을 하지 않고 부족의 한 부분 곧 혈족의 거대한 단체 안의 한 분절을 이룬다. 친족 관계를 표시하는 어휘는 영어의 경우보다 훨씬 더 많고 또 복잡하다. 조선어에는 친족 관계에 관한 어휘가 많은 데 대하여 놀라게 된다. 조선 사람들은 중국인들과 마찬가지로 전적으로 혈족중심적이며 이런 경향은 아일랜드인들보다 더 강하다. 중국에서의 경우와 마찬가지로 그와 같은 혈족주의는 기독교나 개인적인 변화에 대한 커다란 장애물이 되고 있다.

성이 같은 사람들끼리는 혼인할 수 없다. 조선에는 140~150개의 성이 있다. 아직도 많은 성들이 전국에 산재되어 있다. 성은 모두가 하나의 한자로 이루어지며, 그 가운데 다만 6~7개만이 복성이다. 발음은 같고 한자가 다른 가문을 구분하려고 성에 본이라는 것을 덧붙여 그 가문이 애당초에 일어난 장소를 나타낸다. 두 사람이 결혼을 하고 싶더라도 본이 같으면 법적으로는 친족이므로 혼인은 금지된다. 본만 다르면 결혼은 가능하다.

미국의 스미스(Smith)나 존스(Johnes)에 해당하는 김 씨나 이 씨와 같이 가장 흔한 성들은 20개 이상의 본을 가지고 있다. 이들 본은 각기 20여 가문을 이루고 있는데, 이는 그 가문이 시작된 곳이 각기 다름을 의미한다. 호칭으로 성만을 부르는 경우란 없다. 성은 항상 다른 명칭을 부수한다. 이를테면 나이가 어리면 "김 서방", "이 서방"이라고 부르며, 나이가 높거나 지체가 높으면 "김 생원", "이 생원"이라고 부른다.

성인 여자는 아잇적 이름, 보통 호칭 그리고 신분적 칭호 등 통상 세 가지의 이름을 가지고 있는데, 마지막의 신분적 칭호에는 경칭이 붙는 경우가 흔히 있다. 이러한 이름 이외에도 여러 가지 당호, 별명 또는 놀림 명칭이 있어서 기쁨이나 노여움을 표시하는 데 사용된다. 이와 같은 풍습은 문서나 일상 생활에서 끝없는 혼란을 일으키는 원인이 되고 있다.

이런 관습은 일찍이 일본에서 유행된 적이 있지만 1872년에 천황의 정부에 의하여 폐지되었으며, 영어의 알파벳이나 철자의 개혁이 영어 사용 세계를 구원하여 줄 수 있었던 것과 마찬가지로 오늘날에는 그와 같은 개혁이 발음, 타자, 글씨 등에서 많은 불편을 덜어 주었다.

일본의 경우와 마찬가지로 조선의 여성들은 요람에서 무덤까지 오직 하나의 이름을 갖는다. 나이가 들면 "마님"이니, "과수댁 마님"이니 하는 칭호가 붙는다. 옛날 일본의 경우와 마찬가지로 평민들은 독자적인 개인의 이름을 갖지 않는 것이 통례이며, 그들 사이에는 별명이 매우 흔히 쓰인다. 조선의 예법에는 아버지나 어머니, 또는 아저씨의 이름을 대화 가운데 사용해서도 안 되며 심지어는 크게 발음해서도 안 된다.

제 30 장 가정 · 음식 · 복식

조선의 건축은 매우 원시적인 상태이다. 성, 요새, 절, 암자 그리고 공공 건물은 웅장하고 화려한 일본이나 중국의 그것에 미치지 못한다. 조선 사람들은 고색창연한 유적들을 자랑하지만 석조물은 거의 없다. 주택은 기와나 초가지붕이며 거의 모두가 단층이다. 작은 마을에는 도로가 정비되지 않은 채 아무렇게나 뻗어 있다. 심지어는 도시나 서울의 거리도 좁고 꼬불꼬불하다.

시골 지방에 있는 부호들의 주택은 아름다운 숲으로 둘러싸여 있으며 정원 둘레에는 매혹적인 울타리가 쳐 있거나 골풀 또는 대나무로 둘러싸여 있다. 도시에는 빨간 지붕의 건물이 우아하게 솟아 있는데, 관청이나 사대부의 가옥만이 이와 같은 사치를 누릴 수 있다. 판자 지붕은 그리 흔하지 않다. 이엉은 볏짚이거나 보릿짚을 바짝 베어 만든 것으로서 처마가 넓으며 매우 깔끔하게 끝마무리가 지어져 있다.

시멘트를 사용하지 않은 높이 5~6피트의 낮은 돌담이 주택을 둘러싸고 있으며 수리를 계속하면 아담한 멋과 함께 그 집안의 당당한 신분을 잘 나타내 준다. 골풀이나 단조로운 대나무를 청어 가시처럼 엮어 아름다운 성루를 만들어 담장 위에 세우는 경우도 흔히 있다. 담장은 돌멩이로 만들거나 아니면 바위를 쌓고 회반죽으로 바르는 경우도 있다. 때때로 성루는 나뭇가지를 엮어서 만들고 매끈한 흰 칠을 씌운다.

성루는 출입로와 함께 기와를 둥글게 얹는다. 박공지붕에서 통상 볼 수 있는 경사진 선 대신에 육중한 중앙의 용마루, 그리고 일본의 등자쇠나 귀면와와 같이 진흙을 구워 불쑥 튀어나온 장식과 함께 중국에서 볼 수 있는 곡선미 있는 탑형의 지붕을 조선에서도 볼 수 있다. 이와 같은 곡선미는 조선에서 볼 수 있는 선의 단조로움을 깨뜨리기 때문에 가옥의 아름다움을 더욱 돋보이게 한다.

문, 창, 상인방 등은 보통 장방형이며, 일본 건축처럼 미묘하게 만들어 눈을 홀기는 것과는 달리 규칙적으로 짜여 있다. 문틀을 만드는 데 흔히 쓰는 재료로서는 대나무가 있다. 땅 위에 돌을 놓아 초석을 삼으며, 하층 계급에서는 지표의 일부가 그대로 방바닥을 이루고 있다.

빈민보다 한 계층 높은 평민들은 단단한 방바닥에 유지를 바른다. 이 유지는 융단이나 양탄자의 역할을 한다. 상류 사회에서는 땅으로부터 1피트 정도 높이의 마루를 깔지만 평민 가정의 침실 겸 거실에서는 고래[炕]가 반원형 천장으로 된 방안의 바닥과 침대, 그리고 난로의 구실을 함께 한다.

고래는 동북아시아 지방에 있는 주택의 한 특징이다. 고래는 관으로 된 일종의 화덕으로, 감자 대신에 사람을 굽는다. 고래는 서양 사람들이 벽돌로 침대를 만들고 그 밑에 발을 따뜻하게 하는 난로를 설치하는 것과 꼭 같다. 집의 이쪽 끝에 있는 아궁이로부터 저쪽 끝의 굴뚝에 이르기까지 연관 위를 벽돌이나 구들로 덮는다. 이와 같이 하여 부엌에서 주전자의 물을 끓이고 고기를 굽는 불은 저쪽의 방안에서 앉아 있거나 자고 있는 사람을 따뜻하게 하는 데 사용된다. 다만 불을 때지 않으면 식거나 밑불을 죽이면 열을 지속시킬 수 없다는 애로가 있다.

나무를 때서는 열을 지속시킨다는 것이 거의 불가능하지만 요령을 부려 규칙적으로 조금씩 불을 땐다면 그것이 가능할 수도 있다. 스웨덴의 도자기용광로와 마찬가지로 불이 붙어 있는 한 양동이의 석탄이 밤새도록 열기를 지속시킨다. 고래는 일본의 고다쓰[1]에서 되살아났다.

"불"이라 함은 정신적으로나 실제적으로 조선 가정의 중심이 되고 있다. "그 사람은 마음의 불을 껐다"는 속담은 그 사람이 냉혈할 뿐만 아니라 더 이상 살 필요가 별로 없음을 의미하는 끔찍스러운 동의어이다. 이불과 요는 비단, 부풀어 오른 솜, 두터운 종이 그리고 호랑이 · 여우 · 개의 가죽으로 만든다. 짐승의 가죽을 양탄자처럼 서로 이어 한 장의 커다란 천으로 만들어 쓰는 경우도 있다. 양반 집의 침구는 겨울이면 편안하고 깨끗하고 화사하며, 여름이면 서늘한 깔개가 된다.

그러나 살림이 구차하면 그 더러운 누더기를 덮는데 겨울이면 춥고 여름이면 물것이 심하여 조선의 오막살이에서 잠을 잔다는 것은 매우 고통스럽다. 부잣집에서는 방석이나 왕겨를 넣어 만든 자루를 베개로 쓴다. 가난한 사람들은 매끈하게 깎은 목침이나 방바닥에 약간 튀어나온 부분을 베개로 쓴다. "할일 없이 빈둥거리는 사람은 베개가 딱딱하게 느껴지지만, 피곤한 사람은 부싯돌 위에서도 코를 골며 잘 수 있다."

일반 가옥에는 보통 3개의 방이 있다. 이 방에서 요리를 만들고 먹고 잔다. 부엌에서 가장 먼저 눈에 띄는 것은 쌀이나 보리쌀 또는 물을 담아 두고자 만든 커다란 토기인 앙팍[2]이다. 이 앙팍은 사람 하나가 수월히 들어갈 수 있을 만큼 큼직하다. 구들이 되어 있는 두 번째 방은 잠을 자는 곳이며, 그 다음 방은 가장 좋은 곳으로 거실로 쓴다. 이곳에는 약간의 가구를 차려 놓는 것이 격식으로 되어 있다.

조선 사람들은 일본인과 마찬가지로 다리를 꼬아서 앉지 않고 발뒤꿈치를 고여서 앉는다. 생활이 유족한 사람들은 개 가죽을 양탄자 삼아 바닥에

---

1) 고다쓰(火燵) : 일본 화로의 한 가지로서 불 위를 나뭇살이나 덮개로 덮고 그 위에 이불을 씌워 발이나 손을 넣어 몸을 덥게 한다.
2) 앙팍 : 본문에서는 ang-pak으로 되어 있으나 무엇을 의미하는 것인지는 확인할 수가 없다.

잔칫상[3)]

깔거나 아니면 값진 호피를 융단으로 사용한다. 방석을 흔히 사용하며, 남쪽에서 사용하는 것이 가장 좋다.

일본의 경우와 마찬가지로 모든 손님마다 바닥에 낮은 상을 차려 음식을 대접하며, 겸상을 차리는 경우도 가끔 있다. 가장 훌륭하게 상을 차리려면 흰 쇠붙이나 구리 용품과 함께 도자기와 일반 토기를 사용한다. 상보는 윤기 있는 종이로서 기름먹인 비단과 비슷하다.

나이프와 포크는 사용하지 않지만 그 대신에 종이로 싸 놓은 젓가락을 쓴다. 중국이나 일본에서보다 더 흔히 볼 수 있는 것은 모든 식사에서 숟갈을 사용한다는 점이다. 길쭉하고 위가 뾰족한 찻주전자와 함께 옛날 조선의 공

3) 이 삽화는 어느 모로 보나 조선의 잔칫상으로 보기는 어렵다. 이 그림을 비롯하여 잘못 인용된 몇 장의 삽화로 말미암아 이 책의 가치가 오해를 받는 경우도 있다.

인들이 만든 고색창연한 도자기와 장식물들을 자개상 위에 늘어놓고 토산의 진미들이 그득하게 나올 때면 입맛은 최고조에 이른다.

벽은 방바닥으로부터 색깔 있는 벽지에 이르기까지 훌륭하게 치장되어 있다. 조선의 벽지는 여러 가지 등급이 있는데 어느 것은 비단처럼 부드럽고 어느 것은 도화지처럼 딱딱하다. "새벽"이라 함은 질이 좋은 붉은 흙이나 회를 바르는 것을 말하는데, 원색 그대로의 짙은 초벽 위에 발라 벽의 본디 색깔을 나타내는 구실을 한다.

그림은 그다지 흔치 않다. 조선 사람의 예술적 감각이란 고전에서 뽑은 수신의 구절이나 문예적 글귀를 한문으로 쓴 족자나, 왕·명유 또는 문우들로부터 받은 붓글씨 족자로써 만족하기 때문이다. 윤·홍·오 3인의 낙관이 찍힌 친필 족자는 담청색 종이 위에 금박 글씨를 넣은 족자보다도 더 값진 것으로 여겨진다. 이들 세 사람은 조선에서 가장 유명한 대가들이다.

창문은 네모꼴이며 안이나 바깥쪽으로 살을 대었고, 기름을 먹였거나 먹이지 않은 거친 종이로 바른다. 창문은 아래위로 홈을 파서 여닫는데 이는 일본의 미닫이 창문의 원조가 되었다. 조선의 가옥에서는 어느 곳을 보아도 종이가 중요하고도 유용한 부분을 이루고 있다. 어느 곳에서나 유용하게 사용되는 대나무를 잘게 쪼개어 만든 발은 창의 장식을 매우 다양하게 꾸며주고 있다. 문은 나무나 종이 또는 대나무를 엮어 만든다.

유리는 아직도 조선의 평민 사회에서 거의 알려지지 않은 장식품이다. 심지어는 상류 사회에서도 오히려 신기하게만 보일 따름이다. 창문은 유지나 얇은 종이로 바르기 때문에 유리는 필요하지 않다. 그들에게는 유리가 없다는 사실로 볼 때 이 투명한 신제품을 갖고자 하는 조선 사람들의 열의가 어느 정도인지 알 수 있다. 심지어 조선 사람들은 외항 선원들이 버리고 간 맥주병까지 열심히 모으거나 구걸하여 얻거나 사거나 아니면 몰래 가져간다.

조선 사람들 사이에서는 옛날의 약병이 서양 사람들 사이에서 팔리는 수정 술잔의 값으로 매매되는 경우가 흔히 있다. 마치 미국의 거장들이 그가 가장 아끼는 사쓰마의 최신 꽃병이나 소주[4]의 칠기를 자랑삼아 내보이는 것과 같이 배스[5]의 맥주병과 같은 물건을 가진 사람은 이를 양이에게서 얻은 희귀한 골동품이나 되는 것처럼 이웃에게 보여줄 것이다. 영국 상선의 선장들이 조선의 해안을 방문했을 때 조선 사람에게 술 한 병을 주었더니 그들은 술을 비운 다음 보물이나 되는 것처럼 깍듯이 예의를 차리면서 조심스레 그 병을 되돌려 주었다고 한다.

1871년 미국의 박람회에 참석했던 최초의 방미 조선 사람은 식당 종업원이 그에게 빈 병을 한 아름 안겨 주자 좋아서 어쩔 줄을 몰라 했으며, 이제까지의 그 근엄한 얼굴로서는 생각할 수도 없을 정도로 입이 함박처럼 벌어졌다. 조선의 가장이 유리를 한 조각 얻어 창이나 미닫이에 끼워 놓고 이 은자의 구멍을 통하여 바깥세상을 관조할 수만 있다면, 그 집안의 즐거움은 최고조에 이른다.

이제는 호기심을 채우고자 손가락으로 창호지에 구멍을 뚫어야 하는 역겨운 일도 없을 뿐만 아니라 문밖에 서 있는 하인들을 불러들여 자기의 생활이 노출되는 일도 없게 되었다. 완전한 유리 한 장을 구하여 끼웠을 때 주인의 가슴속에 흐뭇함과 자랑스러움이 어느 정도이리라는 것은 이루 표현하기 어렵다.

촛대는 길고 삐죽하며 일본식으로 바닥에 놓고 쓴다. 일반용 기름을 쓰는 등잔도 사용된다. 나뭇조각에 유황을 적셔 만든 성냥을 켜고자 부싯돌을 사용한다. 이 부싯돌은 소위 "불꽃"이 일어나는데, 좀 더 평범한 영어로 표현한다면 화염이 일어나는 것이다. 일본에서 수입하는 인으로 된 성냥은 "불

---

4) 소주(蘇州) : 중국 강소성 남부 태호 동안의 도시로서 칠기 · 견직물 · 자수 등이 특산물이다.

5) 배스(Bass) : 배스가 창설한 영국의 유명한 맥주 회사.

의 요정", "도깨비 불" 또는 "귀신 불"[6]이라는 의미의 단어로 불린다.

양반집에는 보통 곁방이나 문간방이 있어 이웃 사람이나 방문객들이 여기에 앉아 이야기도 나누면서 담배를 피우거나 술을 마신다. 이 방에서는 행동이 매우 자유로우며 격식을 별로 차리지 않는다. 서구 사회의 클럽이나 커피하우스 또는 비어홀에서 찾아 볼 수 있는 기구와 분위기를 이곳에서 찾아 볼 수 있을 뿐만 아니라 신문에서 얻을 수 있는 정보나 지식도 이곳에서 얻을 수 있다. 이를 그림으로 그려본다면 어떤 사람이 방안에 앉아서 정원을 바라보고 있다.

선반이나 창가에는 꽃을 꺾어다 꽂아 놓는다. 작은 통에는 부채가 들어 있다. 또 다른 통에는 담배나 또는 그 밖의 어떤 기호품이 아마 들어 있을 것이다. 짤막한 커튼과 측면의 긴 병풍들은 세상 물정에 관한 소식과 잡담들이 오가는 이 자유롭고도 편안한 방의 분위기를 더욱 아늑하게 해 준다. 이 바깥사랑채는 외래객과 남자만을 위해 있는 방이기 때문에 여자들이 그 방에 들어오기를 기대하지도 않으며 또 들어올 수도 없다.

정자는 강가에 세운 작은 집으로 자연의 경치를 다소 관망할 수 있는 곳이어서 들놀이를 하는 사람들이 모여든다. 하늘과 물과 낙엽이 함께 조화의 미를 이루는 이곳에서 조선 사람들은 야외 놀이를 마음껏 즐긴다.

대문에는 한자의 큰 글씨로 "입춘대길"(立春大吉)과 "건양다경"(建陽多慶)과 같이 도덕적인 경구나 싯귀를 써 붙이는 경우가 흔히 있다. 새 집을 준공하기에 앞서 깨끗한 흰 종이에 동전 몇 닢과 술 담그는 쌀을 싸서 벽이나 담 위에 매단다. 이렇게 대하여 정중하게 제물로 바친 이 종이 봉지는 그 집의 수호신이 된다. 의미를 확대하여 본다면 조선의 많은 가정을 주재하는 신은 바로 주신이다.

---

6) 귀신불(ignis-fatuus)라 함은 늪지대의 메탄 가스 폭발로 말미암은 불빛을 의미함.

술은 기호에 따라서 쌀이나 수수 또는 보리로 담근다. 이 주류들은 도수나 색깔이나 맛이 맥주와 브랜디의 차이만큼이나 다양하다. 서양의 증류기에서 나온 최상의 상품에서도 퓨젤유[7]가 흔히 남아 있는 것과 마찬가지로 일반적으로 조선의 주류들은 서양 사람들이 맛을 보면 탁하고 기름이 뜨고 유정이 그대로 남아 있다.

하멜부터 최근의 미국인에 이르기까지 이곳을 찾아온 많은 방문객들에게 조선 사람들이 맥주에서부터 위스키에 이르기까지 온갖 독주를 모두 좋아한다는 사실이 무엇보다도 인상적으로 보였다. "조선 사람들은 바커스[8]에 대한 경배에 몹시 열중하고 있다"는 것이 중론이다.

조선어에는 그들이 조야한 방법으로 만든 곡주를 매우 익히 알고 있다는 사실을 입증하여 주는 어휘가 많다. 반도의 주민들은 부여와 고구려 시대에도 술고래들이었다. 근대 조선이 상역의 문호를 개방하자마자 조선은 양조장을 세웠으며, 유럽의 과일주, 브랜디, 위스키, 진 등이 수입되어 조선 사람의 술맛을 바꾸어 놓았으며, 전국적으로 술 소비량을 늘렸다.

이상스럽게 보일는지 모르지만 조선의 농민들은 세계의 양대 차 생산국인 일본과 중국의 중간에 살고 있는 동시에 위도 상으로도 차의 생산권에 살고 있으면서도 차의 맛을 거의 모르고 있다. 향초는 거의 사용되지 않는데 이는 일본에서 커피를 마시지 않는 것과 그 정도가 같다. 구름이 직접 내려 준 것으로서 조선 사람들이 가장 즐겨 마시는 것은 숭늉이다.

말린 인삼과 귤껍질 또는 새앙을 섞어서 끓인 차는 잔치 때나 마시며, 이것을 만들 수 없을 때는 꿀을 쓴다. 그러나 전형적인 아일랜드인들의 경우와 마찬가지로 조선 사람들이 말하는 "차"라 함은 무엇을 섞어서 달인 것을

---

7) 퓨젤유(fusel-oil) : 알코올이 발효할 때 생기는 혼합물. 황색 및 갈색의 기름 액체로서 술의 향기를 돋우는 성분이 되며 과음하면 숙취의 원인이 된다.

8) 바커스(Bacchus) : 희랍 신화에 나오는 술의 신.

의미한다. 차라는 단어는 융통성 있는 인간미와 함께 수많은 악습, 그중에서도 주로 나태를 의미한다. 관습으로나 발음 편의상 차로 사용되는 물건의 이름 앞에는 접두사를 붙인다. 어떤 음료수는 진짜 차인 것도 있다.

주식은 일본 사람의 경우보다 육류와 지방이 더 많다. 일본인들의 기록이 보여주는 바에 따르면 평상 조선 사람은 일본인의 두 배를 먹는다. 쇠고기, 돼지고기, 닭고기, 사슴 고기, 생선 그리고 엽조수들을 별로 버리는 부분 없이 먹는다. 짐승들의 고기 가운데 먹을 수 있는 것들은 거의 모두 작은 조각의 음식물이 된다.

푸짐한 잔치를 치른 뒤에는 기묘하게 요리한 부스러기 고기들이 음식을 가리지 않는 주인의 밥상 위에 오르는 것을 자주 볼 수 있다. 통닭이라 함은 군 닭을 말하는데, 이때에도 날갯죽지, 머리, 발톱, 내장이 함께 나온다. 호방한 주인들은 "통닭을 대접했다"고 손님에게 말을 하는데 이는 "살찐 송아지를 잡았다"는 말과 같다.

어느 잠시 동안의 계절에는 물고기를, 특히 작은 물고기를 통째로 날로 먹는 경우가 흔히 있다. 어회는 진미이다. 일반 푸줏간에서는 개고기를 파는데, 조선 사람들은 미국의 인디언들처럼 이 고기를 즐긴다. 그러나 음력 정월에는 종교적 금기로 말미암아 개고기를 먹지 않으며, 개처럼 천한 신분들만이 먹도록 되어 있다.

한일수호통상조약이 체결된 다음에 일본인들에게 대접한 정찬은 가루·설탕·기름으로 만들어진 2평방 인치짜리의 과자, 접시에 수북이 쌓은 삶은 달걀, 가루·참께·꿀로 만든 과자, 곶감, 잣, 빨갛고 흰 산자, 닭고기를 꾸미로 한 국수, 삶은 돼지 다리, 쌀·수수 등 온갖 것을 섞어 만든 곡주 등으로 되어 있다.

성대한 잔치의 경우에는 조화로 상을 꾸미는 것이 관례로 되어 있으며, 실제로 먹기 위해서라기보다는 우선 눈요기로 꾸미는 것이 첫째의 과정이다. 예컨대 1646년 일본의 사신 일행이 서울에서 큰상을 받은 적이 있었다.

그들이 먼저 자리에 앉자 그 가운데 한 사람은 자기가 몹시도 좋아하는 생선을 마구 집어먹기 시작했다. 그 가운데 어느 접시에는 양념을 칠하여 구운 통 잉어가 있는 것 같았다. 그러나 그 생선을 떼어 낼 수가 없어 그 배고픈 손님은 당황했다. 그의 옆에 있던 한 하인이 그것은 볼품으로 상위에 차려 놓은 것이라고 말하자 그 일본 사람은 손을 떼었다.

식사가 진행됨에 따라 생선, 고기, 닭, 야채, 국, 떡, 과자, 차 등과 같은 영양가 높은 음식들이 나왔다. 조선어의 몇몇 어휘들을 음미하여 볼 때 이와 같이 눈요기로 나오는 접시들은 잔치의 첫머리에 으레 차리는 격식이 되고 있다. 여인들이 아름답게 익힌 밥은 김으로 뜸을 들여 만든 것으로서 밥상에 올라왔을 때에도 낱알의 원래 모습이 그대로 남아 있다.

이 밖에 잘 알려진 요리로는 보리 · 수수 · 콩 · 익힌 감자[9] · 마늘 · 해초 · 도토리 · 왜무우 · 무 · 감자 등이 있다. 국수는 국말이나 시원한 점심 식사로 먹는다. 서양의 과일에 견주어 향기가 떨어지기는 하지만 사과 · 배 · 오얏 · 포도 · 감 그리고 여러 가지 종류의 과일들이 식탁의 맛을 돋운다. 온갖 양념, 겨자, 초, 고추, 그리고 집에서 만든 간장 등은 향기가 풍부하다. 식료품 행상들은 중국의 경우처럼 그렇게 흔하지는 않지만 푸줏간과 국수틀 집은 많이 있다.

아침은 간단히 먹고 점심과 저녁을 든든하게 먹는 것이 격식이다. 점심을 가장 든든하게 먹는다. 아침 · 저녁에 규칙적으로 먹는 밥을 대식이라 한다. 저녁별이 나타나면 기다리던 저녁 식사를 한다는 뜻이 된다. 이 별은 그날의 마지막 식사와 동의어이다. 장례식과 같이 밤을 새우는 날과 잔칫날에 소모되는 음식의 양은 엄청나다. 죽은 사람을 추모하는 매우 유쾌한 방법으로는 제사를 지낸 술을 음복하는 것이다.

---

9) 익힌 감자 : 본문에는 taro(익힌 감자 요리)라고 되어 있으나 무엇을 의미하는지는 확인할 수가 없다.

조선 사람들은 얼음을 저장하여 두면 얼마나 유용한가를 알고 있다. 겨울이면 엄청난 분량의 얼음을 잘라 저장하여 두었다가 여름에 고기나 생선을 보관하는 데에 사용한다. 얼음 창고는 땅을 파고 그 위에 흙과 잔디를 덮은 것으로서 여름이 되면 필요한 만큼의 얼음을 꺼내어 쓴다. 이들 얼음 창고[10]는 정부의 지시를 받는데, 전쟁이 일어나 막대한 양의 생선을 군용으로 저장하고 있을 경우에는 특히 더하다. 이 작업을 감독하는 사람을 별좌[11]라고 부른다.

조선 사람들의 식사법 가운데 눈에 띄는 결함은 그들이 식탐한다는 사실인데, 일본인 · 프랑스인 · 홀란드인 · 중국인들이 조선 사람의 그와 같은 성격을 증언하고 있다. 가볍게 식사하는 프랑스인들은, 영국인들 같으면 조용하게 있을 곳에서도 수다를 떤다고 남들은 생각할 수 있겠지만 사실은 그렇지 않다. 조선 사람들의 식사법에 관한 모든 기록들은 일치된 의견을 보이는 것 같다. 적어도 이 문제에서는 빈부나 반상 사이에 전혀 다름이 없다.

식사를 많이 하는 것은 자랑스러운 것이며 잔치의 평가는 음식의 질에 있는 것이 아니라 그 양에 있다. 말을 하다가는 입 가득히 먹을 수가 없으므로 식사를 하면서 거의 말이 없다. 따라서 많이 먹을 수 있는 배를 가졌다는 것은 큰 덕이기 때문에 어릴 적부터 아무 것이나 많이 먹을 수 있도록 배를 훈련한다.

어머니들은 아이들을 무릎 위에 앉히고 총구에 마개를 쑤셔 넣듯이 밥을 먹인 뒤에 나뭇가지나 국자로 가끔씩 아이의 배를 톡톡 때려서 밑바닥까지 꽉 차 있는가를 알아본 다음 아이가 신체적으로 더 이상 삼킬 수 없을 경우가 되어야 그만 먹인다.

---

10) "빙고"를 의미한다. 1396(태조 5년)에 예조의 속청으로 창설되어 얼음 저장의 일을 맡았는데 서울에는 동빙고와 서빙고가 있었다.

11) 정오품의 벼슬로서 빙고 이외에도 교서관 등에 배속되어 있었다.

조선 사람들은 언제든지 먹을 준비가 되어 있다. 닥치는 대로 아무 것이나 공격하며, "그만 먹겠다"는 말을 하는 일이 드물다. 심지어 식사 때가 아니라 할지라도 먹을 것이 나오면 마음껏 먹어 치우려 한다. 노동자 한 사람이 보통 먹는 양은 쌀 1쿼트[12] 정도인데 이것으로 밥을 지으면 그 용량은 매우 많다. 그러나 그가 먹을 수만 있다면, 그 양의 2~3곱이라도 먹어 치우려는 그의 식욕을 막을 수 없다.

먹기 내기는 흔히 볼 수 있다. 소를 잡아서 고기를 내어 올 때면 김이 무럭무럭 오르는 고기가 수북이 쌓인 접시를 보고 놀랄 사람은 없다. 개고기는 가장 흔히 먹는 식품이다. 손님들마다 각기 작은 소반을 앞에 놓고 그 위에 큰 나무 쟁반에 담은 개의 허리를 내어 온다.

복숭아나 참외와 같은 과일이 나오면 껍질도 벗기지 않고서 먹는다. 한 사람 앞에 20~30개의 복숭아가 배당되는데 눈 깜짝할 사이에 없어진다. 그러나 항상 음식이 그렇게 풍성한 것은 아니다. 잔치가 끝나면 굶는 경우가 많다. 쇠고기는 농부의 일용 식품이 아니다. 쇠고기의 사용은 법으로 규제되고 있기 때문에 백정은 일종의 관리이다.[13] 큰 잔치가 열리는 경우와 같이 특별한 경우에 한해서 왕은 어느 마을에서 도살할 수 있도록 허락하여 준다. 조선 사람들은 식사에 까다롭지도 않으며, 요리에 애를 쓰지도 않는다. 그냥 버리는 것이라고는 없다. 무엇이든지 반드시 이용한다.

조선 사람들이 날 생선을 먹는 것은 일본 사람들과 마찬가지이다. 모든 날 음식들이 얼굴 한번 찡그리지 않고 꿀꺽 들어간다. 심지어는 내장까지도 그들 사이에서는 진미로 통한다. 빈민들의 밥상에서는 익은 생선을 거의 볼 수 없다. 왜냐하면, 잡자마자 입을 벌리고 집어넣기 때문이다. 날 음식에는

---

12) 1쿼트(quart) : 액체일 경우에는 1/4갤런, 고체일 경우에는 2파인트(1pint=4홉 8작).
13) 여기에서 백정을 "관리"라고 표현한 것은 그에게 어떤 직품이 있음을 의미하는 것이 아니라 그의 신분이 법적으로 제한 받음을 의미하는 것이다.

보통 고춧가루나 겨자를 많이 쳐서 먹지만 양념 없이 먹는 경우도 흔히 있다.

강둑을 따라서 걷다 보면 낚싯대를 드리고 고기를 잡는 사람을 흔히 볼 수가 있다. 이들 가운데에는 그것을 먹을 수도 없는 양반이나 또는 먹고살고자 일하지 않아도 좋을 사람도 있다. 그러나 그들은 운동 삼아 그리고 먹을 것을 얻고자 낚시질을 한다. 그들은 고기 담을 바구니나 그릇 또는 고기를 꿸 꼬챙이 대신에 고추장이나 일종의 간장 뚝배기를 옆에 두고 있다. 고기가 낚시에 걸리면 곧 끌어내어 두 손가락으로 집어 고추장에 찍어서 기도도 하지 않고 먹는다. 가시 같은 것은 두려워하지도 않는다. 그들은 새의 작은 뼈도 먹는 정도이니 생선 가시 정도는 문제도 되지 않는다.

민족적으로나 개인적으로 볼 때 조선 사람들은 화장실 시설에서는 매우 불충분하다. 목욕통은 거의 없으며, 더운 여름이 되어 강이나 바다에 들어가는 경우 이외에는 물에 잠기는 일이 흔하지 않다. 1876년 일본인들이 조약을 체결할 무렵 그들은 배에 있는 목욕통을 해안으로 내려 보내지 않을 수 없었다. 조선 사람들은 구리로 된 대야에 물을 담아 아침 세수를 한다. 서해안에서 자라고 있는 해면은 가정에 소용되지 않는 것처럼 보인다.

하멜이 말한 바와 같이 이처럼 물을 멀리하게 되자 최하층 계급의 사람들은 그 살결이 "백인과 흑인 사이의 트기처럼 보인다." 귀츨라프(K. Gützlaff), 아담스(W. Adams) 그리고 그 밖의 사람들, 특히 일본인들은 이와 같은 조선 사람들의 결함을 지적하고 이들에게는 비누와 따듯한 물이 필요하다고 암시했다. 복식과 피부 사이의 대조적인 모습 때문에 그들의 모습을 과장되게 악평할 수도 있다. 흰옷을 입는 사람은 특별히 몸을 깔끔하게 할 필요가 있다. 아마 비누 공장이 머지않아 세워질 것이다.

조선 사람들은 수염을 몹시 자랑스럽게 생각하며, 노인들은 희고 깨끗한 수염을 특히 자랑한다. 지체가 높은 사람들은 영예와 남성의 우월성을 나타내는 표지로 수염을 자랑한다. 남자로 태어나 수염이 겨우 여자와 구별하는 노릇을 하는 정도로 만족한다면 그 사람은 가엾은 사람이다. 볼과 턱에 난 그득한 수염은 그 사람에 대한 무한한 찬사를 보장하여 주는 반면에 조선 사람들의 욕설 가운데 수염이 짧은 데 대한 비난의 어휘가 매우 많다.

유럽 사람들은 단발족이라고 모욕적인 어휘로 불리는데 그들은 뉴욕의 지방 정치에서 이 용어가 이용되고 있음을 모르고 있는 것이다. 늙은 양반들은 작은 주머니를 가지고 다니면서 빗질하다가 빠진 머리카락, 빠진 수염 그리고 손톱 조각을 넣는데, 이는 자기의 육신에 포함된 모든 것들을 죽은 다음에도 관 속에 넣어 가기 위해서이다.

사람의 머리카락은 청나라와의 무역에서 중요한 품목을 이루고 있다. 청나라는 변발을 잇고자 이들을 수입하고 있는데 이는 청국 정부가 만주족에 대한 충성의 표시로서 변발의 착용을 고집하고 있기 때문이다. 이 머리의 일부는 가난한 여인들로부터 공급되기도 하지만 가운데로 가르마를 타서 길게 땋아 뒤로 넘긴 소년들의 댕기 머리가 주요한 공급원이다. 결혼을 하게 되면 그들은 머리를 자르고 나머지를 꼭 묶어 두상에 상투를 올리는데 이때에는 동곳을 사용하거나 그것이 마음에 들지 않으면 사용하지 않을 수도 있다.

궁중의 동자들이나 대관을 모시는 미모의 소년들은 보통 홍안에 영양 상태도 좋고 계집아이처럼 보여 성별을 알아볼 수가 없어서 외국인들 그들이 남자인지 여자인지 몰라 골탕을 먹을 때가 흔히 있다. 수염 없는 얼굴과 긴 댕기 머리는 마치 계집애처럼 보인다. 대부분의 외국인 선원들은 그들의 성별을 알아보지 못한다. 서울의 첫 사신들이 요코하마에 도착했을 때 이 외관을 분간할 수 없는 사람들이 남자인가 여자인가에 관하여 논쟁이, 아니 내기가 매우 활발했었다.

브로튼 선장(Captain Broughton)의 말에 따르면 이 동자들이 하는 일은 대관의 비단 옷을 손질하는 일처럼 보였다고 한다. 관리와 양반들은 말총이나 풀 먹인 실로 만든 검은 망건을 상투 위에 쓴다. 시골이나 마을의 남자들은 흐트러진 머리가 흘러내리지 않게 하려고 옛날 일본인들이 했던 것처럼 앞이마에 띠나 흰 나무껍질 또는 나뭇잎을 두른다.

아낙네들은 숱 많은 검은 머리로 쪽을 찌고 핀이나 금·은·동으로 된 비녀를 꽂는다. 비녀의 머리는 대체로 용의 머리 모양을 하고 있다. 그들은 일종의 식물성 기름을 머리에 바른다. 궁중의 여인들이나 창기들은 머리 모양이 매우 다양하여 8자형 머리댕기를 한 머리, 물결치는 듯한 머리, "앞머리를 가지런히 깎은 형" 등 어느 것은 매우 아름답다.[14]

조선은 확실히 큰 모자를 쓰는 나라이다. 그들의 폭으로 본다면 이 모자들은 지붕 또는 적어도 우산이라고 불러도 좋을 만큼 크다. 모자의 지름은 너무 커서 모자에 싸인 사람의 머리는 수레의 중축처럼 보인다. 갓은 고지에서 내려 뛰는 낙하산의 역할을 능히 해낼 수 있을지도 모른다. 널찍한 갓 아래 이 대관은 자기의 처자식을 가릴 수 있다. 사람의 숫자는 갓의 수로 헤아리기 때문에 갓은 머리나 코 대신에 셈의 단위 구실을 한다.

조선의 양반들이 그 갓을 쓰고 어떻게 견디는가 하는 것은 하나의 불가사의한 일로 남아 있다. 이를 밝혀내는 것은 불가능한 듯이 보이며 또 누구도 이를 시도하여 본 것 같지 않다. 마른 사람은 분명히 태풍 앞에서 불리하다. 조선에서는 체중이 많이 나가는 것이 크게 칭송을 받는다. 체중은 배가 항해할 대 무게 중심을 잡아주는 바닥 짐처럼 매우 유용하다.

바다에 나간 조선의 양반들은 돛을 만들 자료가 부족하지는 않을 것이다. 갓의 모양은 둥근 탁자 위에 놓인 꽃병 같기도 하고 중국의 징 위에 큰 컵을 올려놓은 것 같기도 하다. 그 지름은 보통 2피트 정도이리만큼 원 주위는 6피트가 된다. 9인치 높이의 원통은 그 윗부분의 폭이 3인치밖에 안 된다. 굴뚝처럼 생긴 이 윗부분은 장식과 통풍의 구실을 한다. 이 부분은 머리를 씌우고자 있는 것은 아니다. 왜냐하면, 갓 안에는 머리에 꼭 맞는 망건이 있

14) (필자 주) 본서 제21장의 삽화 참조.

기 때문이다.

머리 위에 얹혀 있는 이 망건은 풀 먹인 끈으로 귀밑으로 동여매어 있다. 그러나 평민들이 쓰는 갓의 테는 그 반경이 약 6인치가량 된다. 표백한 대나무로 만든 커다란 삿갓은 양반들이 상중에 쓴다. 주인이 죽으면 갓은 관가 위에 정중하게 놓아두며 장례할 때에는 중요한 부장품이 된다. 조선 사람들은 이 모자를 갓 또는 "갓시"라고 부른다.

보통 삿갓을 만드는 데 쓰는 재료는 대나무로서 실처럼 잘게 쪼개어 말총갓처럼 엮은 것이다. 올에는 칠을 입혀 햇볕이나 비를 맞아도 완전히 견딜 수 있도록 되어 있지만 바람에는 견딜 수가 없다. 조선 사람들이 흔히 입는 면직물은 쉽게 비에 젖고 비에 젖은 뒤에는 불편하여 어깨와 등에 비가 맞지 않도록 해주어야 하는데 우산처럼 생긴 이 갓이 그 역할을 한다.

비가 많이 올 때에는 유지로 만든 "갈모"라는 깔때기 모양의 덧 모자를 갓 위에 꼭 끼게 씌운다. 참으로 조선 사람들의 갓은 세속적인 용도로서보다는 신분이나 지위의 상징으로 사용되며, 끈이나 줄로 장식하는 경우도 흔히 있다. 제주도는 갓 제조공의 본거지로서 이곳에서 만들어지는 유행 상품은 서울이나 전국의 멋쟁이들과 양반들에게 공급된다.

중앙 정부의 고위 관리들은 좀 짧고 끝이 둥근 사모를 쓴다. 사모에는 매우 멋지고 든든한 학 모양의 은제 장식이 꽂혀 있다. 다리가 긴 이 새는 문관의 상징이다. "사모를 쓴다"는 말은 바티칸의 추기경과 마찬가지로 중앙 정부의 고관이 되는 것을 의미한다. 다만 이때 쓰는 모자는 추기경의 모자처럼 빨갛지 않고 검을 따름이다.

조선에서는 갓을 쓰고 있는 것이 예의이다. 이 점과 함께 챙이 넓다는 점에서 본다면 은자의 나라는 퀘이커교도와 유사한 바가 있다. 혼인을 했는지 상중인지는 그 모자를 보면 알 수 있다.

양반이 아닌 다른 계급에서도 여러 가지 표지를 사용한다. 무반들은 챙이 검거나 푸르고 큰 모자를 쓴다. 이 모자는 멕시코인들이 쓰는 넓은 챙의 중절모와 비슷한 것으로서 빨간 말총이나 꿩의 깃으로 장식했으며 동그란 알맹이를 줄에 꿰어 끈으로 사용한다. 이 끈은 양옆으로 늘어져 귀를 지나 목을 두르고 있는데, 사기 · 홍옥수 · 호박 또는 뉴질랜드산 커우리송의 송진과 같은 것을 동그란 알맹이로 만들어 줄에 꿴 것이다.

평민들은 여름에는 밀짚이나 갈대로 만든 여러 가지 모양의 모자를 쓰며, 겨울에는 스라소니, 여우, 곰 또는 사슴 가죽으로 만든 군모, 러시아산 사과 모양의 모자, 일본 모자 또는 그 밖의 형태의 모자를 만들어 쓰는 것이 통례이다. 이들 가운데 접시 모양, 부채처럼 세로로 줄이 쳐 있는 모양, 날개 모양, 양말 모양 또는 침실모 등의 모양이 있는데 그 모양은 유행에 따라 다양하다.

교황의 삼중관이 추기경의 모자와 다른 것과 같이 궁정 대신들의 관모는 시민의 그것과 다르다. 이 모자는 테두리를 없이하고 가톨릭의 사교관 정도로 높직한 관이다. 염주처럼 된 끈으로 묶도록 되어 있지는 않지만 그 치장이 매우 요란스럽다. 이들이 쓰는 모자 가운데 어느 것은 꼭대기에 박공이 되어 있는, 테 없는 모자도 있다. 어떤 것은 모자 위에 6개의 봉우리가 삐죽삐죽 솟아 있는 것[정자관]도 있다. 또 어느 모자에는 팔괘의 무늬가 있다. 팔괘라 함은 64개의 묘한 도식으로 되어 있는 것으로서 유교의 성스러운 상징인 동시에 점쟁이들이 매우 많이 이용하는 것이다.

양반의 옷은 예복과 실내복으로 나뉜다. 예복은 보통 값진 비단으로 되어 있으며, 실내복은 거친 비단이나 무명으로 되어 있다. 이 "찬란한 조선의 복장"은 분홍이나 청색으로 되어 있으며 어떤 것은 그 색깔이 매우 화려하다. 관복은 보자기처럼 생긴 외투로서 느슨하고 자루처럼 생긴 소매가 걸려 있다.

문관의 경우에는 황새나 불사조 수를 놓으며, 무관들의 경우에는 기린, 사자 또는 호랑이의 수를 놓는다. 단추는 사용하지 않는다. 남장이든 여장이든 조선의 복식에는 단추를 사용하지 않기 때문에 바늘을 이용하는 아내나 어머니의 수고를 덜어 주고 있다.

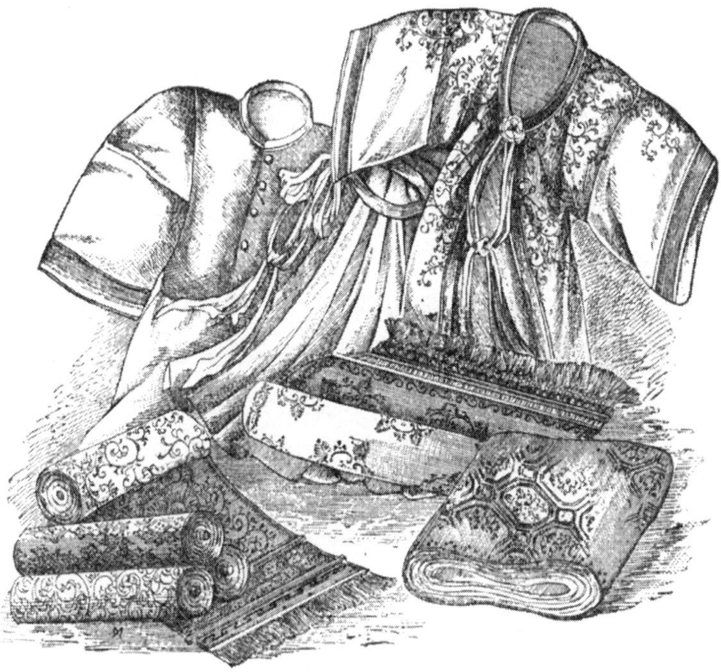

남자의 복식

조선 사람들은 바늘구멍을 "눈"이라고 말하지 않고 "귀"라고 말한다. 띠를 두르고 옷의 무게를 어깨에 쏠리게 함으로써 단추를 대용하고 있다. 죄수들은 서구 복식의 부착물인 단추를 달고 있다. 각 가정의 아낙네들이 자기 집안의 옷을 만들어 입기 때문에 양복점은 거의 없다.

정장을 한 무사는 소매가 없고 앞이 탁 트인 외투를 볼품으로 입는다. 남녀의 내복은 소매가 꼭 끼는 짧은 저고리로서 남자의 경우에는 가랑이까지 내려오며 여자의 경우에는 허리까지만 내려온다. 하의 내복으로서는 허리에서 발목까지 내려오는 바지를 입는데 남자의 경우에는 다소 헐겁게 내려오다가 발목에서 대님으로 동여매었지만, 여자의 경우에는 몸에 꼭 끼며 발목을 묶지 않는다.

여자들은 이 내복 위에 작은 외투를 입기 때문에 조선 사람들은 말하기를 아낙네들은 서양 여자들처럼 옷을 입으며 외제 양말과 외투 밑에 받쳐 입는 옷이 필요하게 되었다고 말한다. 비록 그들은 자기들의 눈으로는 쉽게 분간할 수 있는 다양한 옷을 입고 있다고는 하지만 아직도 그들이 입고 있는 복식의 모습은 여름에는 자루 같고, 빳빳하고, 넓고, 풀을 먹여 부풀어 있으며, 겨울에는 꼭 달라붙게 되어 있으며, 그 모양은 자루 같다.

노동자들은 몸에 꼭 끼며 절약적인 옷을 입고 부유층에서는 옷감을 아낌없이 쓰는 것이 통례로 되어 있다. 여인들의 옷에는 주머니가 없기 때문에 허리띠에 작은 주머니를 달고 다닌다. 주머니는 끈에 꿰어 오른쪽에 찬다. 이 주머니 속에는 보석, 가위, 은장도, 행운을 비는 호랑이 발톱, 향낭 그리고 금·은으로 만든 작은 고누판이 들어 있다. 부인들은 손가락에 반지를 끼는 이외에도 새나 마늘 모양을 한 금장식을 머리에 꽂는다. 대부분의 여자들은 얼굴에 분을 바르며 여러 가지 화장품을 경대 속에 넣어 두고 사용한다. 또 그 경대 속에는 예법에 관한 책인 『소학』이 들어 있는 경우도 있다.

조선의 일반적인 복식은 명나라 시대의 중국 복식과 같다. 중국 사람들이 보기에 조선 사람들이 옛날 중국의 복장을 입어 신기하게만 보인다. 지리적으로 조금 떨어져 있는 일본의 복식은 점차 사라져 가고 있는 과정이지만 유령이나 논에 앉아 있는 백로를 연상케 한다. 그런가 하면 미국인들이 보기에 조선의 멋쟁이는 주로 잠옷 바람에 나다니는 것처럼 보이며 가장 정장을 했다는 모습은 마치 속옷 차림처럼 보인다.

여름에는 의복에 풀을 잔뜩 먹이고 겨울에는 솜을 아끼지 않는 것이 조선 사람들에게 필요하다. 옷을 희게 입음으로써 그들의 안색은 실제보다 검게 보인다. 문관들은 자주색 띠를, 무반들은 진한 청색의 띠를, 그리고 중류 계급에서는 연한 청색의 띠를 두름으로써 표백한 그들의 단조로운 깃 색깔은 경감된다.

유생들은 도포의 깃에 푸른 테를 두르며, 아이들은 분홍과 하늘색의 옷을 입는다. 가까이 가서 보면 좋던 인상을 흐리기 때문에 그들에게 가까이 접근하는 것은 바람직한 것이 못된다. 다소 떨어져 보면 눈처럼 희게 보이는 옷도 가까이서 보면 우중충하고 더러운데, 이는 그들이 비누라는 것을 전혀 모르고 있기 때문이다.

조선의 의상은 중국보다는 단조롭기는 하지만 장식품이 전혀 없는 것은 아니다. 푸른 비단이나 수를 놓아 짠 옷감으로 띠를 만들어 매는 경우가 흔히 있다. 폭이 몇 인치되는 관리의 띠에는 금·은 또는 무소뿔로 만든 고리가 달려 있고 금·은의 장식물로 치장되어 있다. 삼정승의 경우에는 청옥으로, 4~5품의 관리의 경우에는 백옥으로, 그리고 5품 이하의 관리의 경우에는 뿔과 같은 재료로써 띠를 장식한다. 평복의 띠는 무명, 삼베 또는 보통 끈으로 쓴다.

부채도 또한 신분을 나타내 주는 것으로서 여러 가지 재료로 만드는데 특히 비단이나 그 밖의 천을 부챗살 위에 붙인다. 부채는 예절상의 한 도구이다. 부채로 얼굴을 가린다는 것은 정중한 행동이 된다. 상중인 사람은 소뿔을 못으로 사용한 부채 이외에는 어떠한 것도 가져서는 안 된다. 유지로 만든 부채는 여러 가지로 쓰인다. 어떤 경우에는 부챗살을 이중으로 접는다. 양반들의 고급 부채에는 진주나 자개를 박는다.

왕명을 전달하고자 표면상으로 대관들이 손에 들고 있는 표지는 삼정승의 경우에는 상아로, 4품 이하의 경우에는 나무로 만들어져 있다. 관리의 또 다른 표지로서는 장난감 회초리와 머큐리의 지팡이[15]의 중간 크기인 작은 목판이 있다. 이 목판은 검은 칠을 하여 푸른 비단 끈으로 달아맨다. 문관들이 소지하고 있는 이 목판은 오늘날 일본인들이 나무에 칠을 하여 종이 리

---

15) 머큐리의 지팡이(Mercury's Caduceus) : 로마 신화에 나오는 머큐리의 지팡이로서 올리브 나무에 두 마리의 뱀이 감겨 있고 꼭대기에는 두 개의 날개가 있는 평화의 상징물.

본을 늘어뜨린 지휘봉의 원조가 되는 것이다.

양반이나 관리들이 상을 입으면 지팡이를 짚는다. 해안을 항해하던 유럽 함대의 갑판에서 보면 마치 종종 창처럼 보였던 이 긴 지팡이는 매끈한 대나무로 만든 상장으로써 상주임을 나타내는 것 이외에는 아무런 뜻이 없다.

조선 사람들은 포켓이 없기 때문에 주머니, 허리띠 또는 소맷자락을 그 대용으로 쓴다. 부인들은 일종의 주머니를 허리띠에 매고 다니며 남자들은 담배 도구를 가지고 다니는데, 부싯돌과 잘게 썬 담배를 담은 달걀 모양의 쌈지 그리고 길고도 가는 담뱃대 등이 그것이다.

신발은 국내산과 중국산의 두 가지가 있다. 노동자들은 며칠밖에 신을 수 없는 짚신으로 만족한다. 좀 더 고급인 것으로는 대마로 만든 것으로서 노끈으로 발등까지 씌운다. 상중인 사람은 발등에 단지 네 개의 노끈이 달린 신을 신는다. 양말은 너무 비싸 가난한 사람들로서는 겨울에만 신는다.

대마를 꼬아 밑창을 만든 무명 신을 도시에서 흔히 볼 수가 있다. 벨벳과 같은 천이나 소가죽으로 만든 나지막한 신은 발가락 위까지만 덮는데, 관리들이 신는 이 신발은 중국으로부터 수입된다. 발이 작은 것이 아름답게 여겨지는 것 같지는 않다. 중국에서 유행하고 있는 전족의 풍속은 조선이나 일본에서는 찾아 볼 수가 없다.

제 31 장 상제와 장례 풍습

예법에 따라서 언제, 어느 곳에서 울어야 하고, 조문은 어떻게 하는가 등의 상제는 정부에서 발표한 관제 상규에 엄격하게 규정되어 있다. 시신은 두터운 목관에 넣어야 하며, 장례를 위하여 특별히 마련하여 치장해 놓은 방에 여러 달 동안 안치해야 한다. 빈소에서만 하루에 서너 번씩 곡을 해야 한다. 상례에 들어가기에 앞서 상제는 특별한 상복을 입어야 한다.

이 상복은 회색 무명으로 만든 것으로 너덜거리고, 기워 붙이고, 몹시 더러우며, 모양은 연미복과 같다. 볏짚과 비단을 섞어서 꼬아 투박한 줄로 띠를 만들어 허리에 둘러야 한다. 엄지손가락 굵기의 또 다른 끈을 머리에 두른다. 머리는 지저분한 모시 건을 뒤집어쓰며, 이 건에 달린 끈의 끝은 볼까지 늘어져 있다. 특별하게 만든 짚신을 신으며 매듭이 굵은 지팡이를 짚으면 복상은 끝난다.

상주는 이와 같은 상복을 입고 해가 뜰 무렵의 아침과 매 식사 전에 빈소에 들어간다. 그는 쌀이 그득히 담긴 작은 소반을 가지고 들어가 관 옆에 있는 쟁반 위에 걸쳐놓는다. 상주가 의식을 집행한다. 그는 지팡이를 짚고 허리를 구부린 채 슬픈 목소리로 우는데, 부모가 죽었을 때는 "아이고 아이고" 하며, 다른 친척들은 "어이 어이" 한다. 요란스럽고 길게 울어야 보는 사람들로부터 칭송을 듣는다. 곡이 끝나면 상제들은 빈소에서 나와 상복을 벗고 음식을 먹는다.

초하루와 보름이면 모든 친척들이 초대되어 예식에 참여해야 한다. 이러한 예는 장례를 치른 뒤 얼마 동안과 몇 년에 걸쳐 간격을 두고 계속된다. 양반의 경우에는 무덤 앞에 엎드려 울면서 하루를 보내며 심지어는 이런 자세로 하루 밤을 보내는 경우도 있다. 어떤 경우에는 무덤 앞에 작은 여막을 짓고 몇 년 동안 묘를 지키는데, 이렇게 해야 효자라는 말을 듣는다. 가난한 사람들은 빈소를 차리거나 성대한 장례를 치를 수 없어 매장할 때까지 관을 거적으로 싸서 문 밖에 둔다.

조선에서는 화장의 방법이 있기는 하지만 대개의 경우는 매장을 한다. 아이들이 죽으면 죽을 때의 옷과 침구에 싸 그대로 묻는다. 장가들지 않은 사람은 아이로 취급을 받기 때문에 수의나 매장의 방법이 아이의 경우와 같다. 장가를 든 사람과 성인들이 죽으면 장례는 좀 더 비용이 들며 더 까다롭고 기간도 길다. 상례는 로스의 『조선전』에 소상하게 기록되어 있고 하멜의 퉁명스러운 기록으로 뒷받침되고 있다.

상례는 유교 의식에 따라 초혼, 휘장, 향촉, 공궤 등과 함께 평소의 거상 방법, 세수, 빗질, 손톱깎이, 상복 등이 포함되어 있다. 흥미 있는 많은 사실 가운데서도 고대 중국의 예법이 오랫동안 중국에서 망각되어 오다가 한반도에서 재생되었다는 점은 흥미 있는 일이다. 최근 상해 부근에서 고분이 발굴되었는데 규토의 채색이 여러 겹으로 칠해진 관은 조선의 그것과 몹시 같았다.

관은 몸에 꼭 끼도록 되어 있으며 송진으로 공기가 밀폐되어 있고 직업적인 매장례 풍습장꾼이무덤 안의 관가에 운구한다. 관 속에 다시 관을 넣어 이중으로 입관하는 경우도 자주 있다. 아들들은 걸어서 상여를 따르며 친척들은 가마나 말을 타고 따른다.

고인의 작위 또는 벼슬이 적힌 빨간 깃발은 장례의 맨 앞으로 간다. 명정[1]이라고 하는 이 깃발은 귀신을 놀래어 쫓아 보내기 위해 그 끝이 두 갈래로 갈라져 있다. 고관의 장례에는 역시 귀신을 쫓아 보내고자 흉악한 가면을 쓴 방상시를 앞세운다. 벼슬을 하지 않았을 경우에는 고인의 이름만을 깃발 위에 쓴다.

좋은 묏자리를 얻는다는 것은 노력과 시간과 금전상 중요한 의미를 갖는 것이다. 왜냐하면, 지관에게 돈을 주고 이 문제를 상의해야 하기 때문이다. 풍수는 고인이나 그 후손들의 안녕을 위하여 필요한 것이므로 명당을 꼭 찾아야 한다. 매장에 관계된 어휘에 "산"이라고 하는 글자가 들어가는 횟수로 미루어 보건대 대부분의 묘는 산허리에 있다.

묏자리가 좋지 않으면 불행한 사태가 일어날 것이고, 따라서 후손들은 묘를 파헤치고 뼈를 골라서 묘를 다시 쓰는데 이럴 경우에는 흔히 경비가 많이 든다. 이와 같은 미신을 통하여 유족들의 감정을 충동질함으로써 몇 천 명의 직업적 사기꾼들과 자기 기만자들이 생업을 이어 가고 있다. 가난한 사람들의 무덤은 다만 묘혈과 낮은 봉분으로만 되어 있다. 이 봉분은 풍우에 씻기고 소가 짓밟아 만든 지 얼마 되지 않아 망각만이 그 위에 깃들일 따름이다.

부자들은 묘 앞에 기념비를 세우는데 이들은 깔끔하고 당당하며 때로는 그 모습이 기괴하다. 비각[2]의 경우에서 볼 수 있는 바와 같이 이들 가운데 집이나 또는 작은 사원의 모습으로 된 것도 있다. 말과 양의 모습을 한두 개의 석상이 묘 앞에 서 있다. 두 개의 석주로 되어 있는 망주석은 양편에서 묘를 지킴으로써 고인의 넋이 새가 되어 평화롭게 안식할 수 있도록 해 준다.

묘 앞터의 사당 주변에는 화강암 석판으로 덮인 무덤들이 많이 있다. 그러나 대부분의 경우 공동묘지에는 푯말이나 삐죽하고 네모난 기둥으로 가득 차 있다. 이들은 묘 위에 꽂혀 있거나 아니면 사람의 두상이나 조야하게 조각된 석상과 함께 있는 경우도 있는데, 이상하게도 이를 본 외국인들은

---

1) 본문에는 sa-jen으로 되어 있음.
2) 본문에는 pipopi로 되어 있음.

"비탄 속에서도 웃으면서 서 있는" 석상의 인고를 연상한다.

묘역의 긴 수풀 위로 솟아오르는 인두상의 출현은 눅눅한 수풀 속에서 음산한 바람을 불러일으키는 것처럼 보이는 망령을 그린 일본화의 원조가 되는 것일는지도 모른다. 묘 앞에 서 있는 비명들은 너무도 거칠어 판독할 수 없는 경우가 많다.

상례는 등급이나 기한에서 천차만별인데 상복, 음식과 활동의 절제, 성묘, 제물, 위패, 그리고 기타 현저한 규율 등이 어리석으리만큼 소상하게 규정되어 있다. 환락의 색깔인 적색과 대비되는 백색 또는 백색에 가까운 색깔을 상복으로 입는다. 심지어는 부채의 못, 짚신의 끈 그리고 굴건에 지팡이를 짚는 문제까지도 상복으로 본다.

양반들이 머리는 물론 얼굴까지 덮는 삐죽한 굴건을 쓸 때면 그들은 세상과 절연한 것이나 다름이 없어 말을 붙이는 사람도 없고 성가시게 구는 사람도 없으며, 심지어는 죄를 지어도 잡아가지 않는다. 이 굴건은 기독교도들에게 "구원의 모자"와 같아 오랫동안 변복을 하고 사는 프랑스 선교사들이 어떻게 해서 안전할 수 있었던가를 설명하여 준다. 상복을 입으면 포졸들이 스라소니나 사냥개처럼 퍼져 있는 이 나라에서 아무런 피해를 입지 않기 때문이다. 제수이트교도들은 자기에게 보장된 이 피난처를 놓치지 않았다. 그들은 즉시, 그리고 그 뒤에도 계속하여 이 굴건을 이용했다.

조선에 있는 왕릉들은 다른 어느 것보다도 더 조선 연안에의 불법적인 상륙을 유혹했다. 화려했던 삼국 시대에는 그들의 고도에서 숱한 왕조가 부침했고 고구려는 평양에서, 고려는 송도에서, 그리고 조선은 서울에서 왕통이 계승됨으로써 이 나라는 2천 년 동안 그들의 왕릉을 화려하게 만들어 놓았다. 왕릉은 전국 각처에 산재되어 있으며, 이제까지 알려진 것은 정부의 관리를 받고 있다.

그렇다면 이 왕릉들은 과연 금은 보화로 가득 차 있는가? 외국인 도굴범들은 그렇게 믿었으며, 다음에 기술하는 바와 같이 그들이 그렇게 확신했었

서울 근교의 초가집

다는 사실은 그들의 행동에 잘 나타나고 있다. 조선에 있던 프랑스 신부들도 그렇게 말했다. 부여족의 풍속을 기록하고 있는 중국의 고대 사적들도 그와 같은 일반적인 인상들을 뒷받침하여 주고 있다.

왕릉을 도굴하고자 안달했던 외국인들이 확신했던 바를 입증할 만한 사실들을 지금 가지고 있지는 않지만 왕릉을 치장하고 그 위에 기념비적인 건물들을 세우고자 막대한 재물이 소모되었다. 조선 사람들은 외국인이나 자기 나라의 범법자들이 왕릉을 범할까 여러 세기 동안 걱정하여 왔다는 사실을 우리는 알고 있다.

역사상 기억할 만한 1866년의 사건[3] 기록을 보더라도 그들의 걱정은 당연한 것이었음을 우리는 알게 될 것이다. 조선에서는 매장, 상례 그리고 위패 등에 관한 용어가 많은 것으로 보아 조선 사람들이 유교의 윤리에 얼마나 강렬하게 집착하고 있으며, 미신의 힘이 얼마나 강하게 작용하고 있으며, 죽은 사람을 위해서 살아 있는 사람들이 그들의 재물을 얼마나 아낌없이 낭비하는가를 알게 된다.

수다스러운 조선의 사신들이 도쿄의 해군학교를 방문한 적이 있었다. 이곳에 재직하고 있는 지방 출신의 학생들은 비상이 걸리면 부모의 장례에 참석할 수도 없으려니와 부모의 죽음에 대한 애도의 뜻으로 학업에 빠지는 일이 있어서도 안 된다는 사실을 안 조선의 사신들은 측량할 수도 없을 만큼 아연실색하여 얼마 동안 말도 못했다. 예수의 한 제자가 예수를 향하여 "주님, 저의 부모를 장사지낼 수 있도록 제가 먼저 갈 것을 허락하여 주십시오."라고 말했을 때 예수는 그를 향하여 "죽은 자를 묻는 일은 죽은 자에게 맡기라."[4]고 말했는데 조선 사람들은 도무지 이 말을 이해하지 못한다.

경제적 의미로 본다면 죽은 자와 미신을 위하여 아낌없이 소모되는 시간적 · 정력적 · 금전적 · 지적 소비는 유익한 것이다. 말사스(T. R. Malthus)나 그의 『인구론』을 모르면서도 조선 사람들의 인구 억제의 주요 방법은 우연히 적중했으나 나라는 만성적인 빈곤에 빠져 있다. "조선과 같이 산이 많은 작은 반도에 갇혀 있으면서도 그 국민들은 어떻게 몇 세기 동안 인구 과잉을

---

3) 1866년에 미국의 프레스턴 선장이 제너럴셔먼호를 이끌고 평양성을 포격하다가 격침된 사건을 의미함.

4) 『신약성서』 「마태복음」 8 : 21～2

일으키지 않고 존속할 수가 있을까?"라는 질문을 필자는 이제까지 받아 왔다.

전쟁, 기근, 유행병 그리고 일상의 빈곤 등이 그와 같은 질문에 대하여 부분적으로나마 대답을 해준다. 상사가 있으면 엄청난 비용을 쓰고 젊은이들은 혼기까지 놓친다. 심지어는 약혼을 했다가도 상을 당하면 부모나 조부모를 위해 3년간 상복을 입어야 하는데 이는 실제로도 그렇고 사회도 또한 그렇게 기대한다. 이 밖에도 상사로 말미암아 가산이 기울고 마땅한 계절에 결혼하지 못하는 등 어리석고도 고집스러운 상례로 말미암아 인구가 증가하지 않는다.

이러한 사실을 민담이나 소설의 주제로 설정되는 경우가 자주 있다. 예법에 따라 그 게으른 몽상을 오랫동안 지속함으로써 흔히 야기되는 약 오르고 지루한 정황은 다음의 이야기에서 잘 나타나고 있다. 이 얘기는 『조선 문전』에서 뽑은 것으로서 백성들에 대한 정조(1776~1800)의 사랑을 보여주기 위한 것이다. 이 이야기의 이름은 "상감마마의 걱정"이다.

> 새해가 가까워 오던 어느 날 정조는 대궐 안 이곳저곳을 거닐고 있었다. 과거를 보고자 대기하는 유생들이 거처하는 곳에 이른 왕은 대문 안을 들여다보았다. 시생들은 설을 쇠고자 거의 모두 고향으로 돌아가고 다만 두 명만이 남아 서로 얘기를 나누고 있었다.
>
> "자! 모두들 설을 쇠러 집엘 내려갔는데 갈 곳 없는 우리 두 사람은 이렇게 여기에 못 박혀 있어야 하다니 서글프기 짝이 없군."
>
> "정말 그렇군. 자네야 처자도 없고 집도 없으니, 이럴 수가……."
>
> 다른 한 시생이 대꾸했다.
>
> "내 얘기나 들어보게."
>
> 처음 입을 열었던 시생이 다시 말했다.
>
> "우리 부모는 나를 장가보내려고 혼처를 정하여 두었다네. 그런데 준비가 끝나기 며칠 앞서 여자 측의 할아버지가 죽었지. 그래서 나는 3년을 기다

릴 수밖에 없게 되었다네. 여자 측 조부의 상복을 벗자마자 이번에는 나의 가엾은 부친의 상을 입게 되었다네. 그래서 다시 3년을 더 기다릴 수밖에 없게 되었지. 부친상을 마치자 이번에는 다시 생명이 위독하던 장모 감이 또 가셨지. 마지막으로 나는 가엾게도 모친상을 당하여 다시 3년상을 네 번 치르고 나니 12년이 지나더군. 그 동안 우리는 서로를 기다렸지. 그 날까지도 내 아내가 될 그 여자는 병으로 누워 있었다네. 처녀의 생명이 위독했기 때문에 나는 처갓집을 찾아갔었지. 처남 될 사람이 다가와서 나를 보더니 그렇게 말하더군.

'혼례는 치르지 않았지만 혼인을 한 것이나 다름없이 다들 생각하고 있으니 들어가 보게.'

그의 요청에 따라 나는 방에 들어갔지. 그러나 처남 매부 사이에 담배 한 모금 빨자마자 그 여자가 죽었어. 그래서 나는 아직 장가를 가지 않았어. 이제 자네는 내가 왜 처자와 가정이 없는지를 알겠지."

얘기를 마치자 다른 시생이 이렇게 말했다.

"우리 집안은 찢어지게 가난했었지. 굶기를 밥 먹 듯 했으니까. 그렇다고 어떻게 가난을 면할 길도 없었다네. 시험 날이 되어 나는 시험장엘 나갔지. 내가 없는 동안 아내는 한 가지 방법을 생각하여 냈어. 그는 화로에다 반에 반 푼 어치의 숯을 넣고 냄비에 밥 지을 쌀을 한 움큼 집어넣어 끓이면서 그 옆에 앉아 나를 기다렸어. 내가 돌아올 때면 아내는 내게 그렇게 해주었다네. 그러나 나는 합격을 못했어. 드디어 내가 초시에 합격하던 날 시험을 마치고 돌아오니 아내는 전처럼 숯을 피워 놓고 국 냄비를 끓이고 있었네. 그는 불 옆에 앉아서 나를 기다리고 있었는데, 알고 보니 아내는 이미 그 자세로 죽어 있더군. 그 꼴을 본 나의 비통함이야 한이 없었지. 그 뒤 나는 새 장가를 들 생각을 버리고 이제까지 홀아비로 살고 있다네."

이러한 이야기를 들은 정조대왕은 측은한 생각이 들었다. 대전으로 돌아가 왕좌에 앉은 왕은 그 두 유생을 불러 이렇게 말했다.

"유생들은 설을 쇠러 모두 자기 집으로 갔는데, 너희 둘은 가지 않은 이유가 무엇인가?"

유생들이 대답했다.

"신들은 돌아갈 집이 없기에 여기에 남아 있나이다."

정조대왕이 그들에게 말했다.

"그게 무슨 소리인고? 짐승들도 각기 집이 있는 법이요, 새들도 깃들 보금자리가 있는데 사람으로 태어나 집이 없다니? 여기에는 반드시 연유가 있을 터인즉 숨김없이 아뢰어라."

한 시생이 대답했다.

"신의 일은 여차여차하여 아직까지 재취하지 못했고 그런 연유로 처자와 가정이 없나이다."

그들의 이야기는 상감이 조금 전에 들은 것과 조금도 다름이 없다. 왕은 소리쳤다.

"너무도 가엾구나."

그리고는 다른 시생을 향하여 이렇게 물었다.

"그리고 너는 어이하여 이 지경이 되었느냐?"

그가 대답했다.

" 신의 말씀도 거의 다름이 없사옵니다."

왕이 그에게 물었다.

"너의 소원이 무엇인지, 말하여 봐라."

"사정이 그러저러 하와 신은 지금도 아내와 먹을 것이 없습니다. 그것이 신의 처지이옵니다."

어느 모로 들어보나 지난번과 다름이 없었다. 왕은 동정하는 마음이 들어 그들에게 곧 좋은 벼슬을 내렸다.

만약 왕이 스스로 돌아보지 않았더라면 왕이 어찌 그토록 불행한 사람들의 정상을 알 수 있었으며, 어떻게 그들에게 그 좋은 자리를 내릴 수 있었겠는가? 참으로 정조대왕의 사랑은 이제까지도 칭송을 받고 있다.

제 32 장 옥외 생활 : 그 성격과 이용

조선의 내륙 지방에 있는 6개의 1급 공로는 반도와 서울의 중심부를 통과하고 있다. 이 도로는 폭이 20~30피트이며 배수를 위해 양쪽에 하수구가 있다. 이 도로 가운데 하나는 전라도의 해안 가까이에서 시작하여 황해 연안으로 흘러 전라 · 충청 · 경기 3도를 지나 강화 앞 바다에 있는 통진까지 이르렀다가 소로로 서울에 이른다.

또 다른 대로들은 황해 연안 삼도의 내지를 관통하고 남대문을 통하여 서울로 들어간다. 하멜과 그의 동료 포로들은 바로 이 길을 통하여 호송되었다. 해마다 북경에 파견되는 연하사는 서울을 출발하여 송도 · 평양 · 의주를 거쳐 중립 지대를 지나 봉천을 거쳐 만주로 들어간다.

이 길은 프랑스 선교사들과 조난당한 미국과 일본의 선원들이 자주 다니던 길로서 중국으로부터 뻗어 나온 군사 도로이다. 이 도로는 쾨이링이 쓴 『조선선교보』에 지도와 함께 훌륭하게 기술되어 있다. 이 책은 쉐르쩌(F. Scherzer) 씨가 영어로 번역했다.

동남부 지방에 있는 부산과 동래로부터 서울에 이르는 대로는 3개밖에 없다. 하나는 충청도를 지나 서쪽으로 향하여 남쪽으로 올라오는 대로와 마주친다. 다른 하나는 낙동강 분지를 따라 가다가 전라도로 뻗은 산맥을 넘어 남대문을 거쳐 서울로 들어간다. 이 길은 8개의 강을 건너는데 1592년 고니시 유키나가는 이 길을 통하여 진격했다.

경부간의 제3로는 좀 더 북쪽에 자리 잡고 있는데 울산으로 향하는 해안선을 따라 경주를 거쳐 동대문을 통하여 서울로 들어간다. 서울의 북문으로부터 시작되는 제5로는 강원도를 지나 원산으로 향하여 뻗어 올라가 두만강의 변경에 이른다.

2급의 도로는 폭이 8~9피트이며 양측에 배수로가 없다. 이 도로는 8도에 가지처럼 뻗어 있지만 특히 남부 5도에서는 더욱 많다. 북부 3도는 산이 많아 대로로 수송되는 경우는 드물며 보통 강을 따라 도로가 전개되고 있다.

3급의 도로는 우마차 길이나 들길에 지나지 않는 것으로서 시골을 잇고 있다.

국토는 언덕길이 많고 더구나 아시아인들은 도로를 관리하는 데 무관심하여 여행하기가 어렵다. 물은 빨리 빠지지만 침수하는 일이 잦다. 그리하여 여름이면 노반이 지저분하고 겨울이면 수렁으로 질척거린다. 짧은 거리가 아니고서는 쇄석을 깔거나 포장을 하는 일은 거의 없다.

넓은 강에도 다리가 놓여 있는 경우란 거의 없어 발을 걷고 건너거나 나룻배를 타야 하는 경우가 자주 있다. 아치형으로 만든 석교가 자주 침수되지 않는 냇물 위로 보이는 경우가 가끔 있으나 길이가 180피트가 넘는 목교는 거의 없다.

어느 면에서 본다면 도로는 잘 이용되고 있으며 거리는 도로 표지도 훌륭하다. 매 10리마다 작은 둔덕이 있고, 매 30리마다 큰 둔덕이 있으며 그 위에는 "장승"이라고 하는 이정표가 서 있다. 옛날에 "장승"이라고 하는 사람이 있었는데, 그는 자기의 종과 아내를 죽였다고 한다. 그를 처형하여 그의 머리를 작은 둔덕 위에 올려놓았다.

전설에 따르면 그의 머리는 전국 각지를 돌며 둔덕 위에 전시되었다고 한다. 이것이 경계선이나 거리를 나타내는 둔덕의 시초였다고 하는데, 아담스(W. Adams) 씨가 보여 주고 있는 바와 같이 로마 사람들의 경계신을 연상하게 한다. 돌로 만들었을 경우에는 비석이라고 말하지만 나무로 만든 경우도 자주 있다. 나무로 된 것은 도끼로 통나무를 찍어 투박하게 조각된 거대한 인상으로서 그 외모는 매우 우스꽝스럽다. 그의 얼굴은 그 살인자 장승의 얼굴을 의미하는 것이다.

『금단의 나라 조선 기행』의 필자 오페르트(Ernest J. Oppert)는 이 장승을 마을의 우상이라고 오해했다. 그는 마을의 소년들이 땅 위에 쓰러져 썩어 있는 장승을 무엄하게 걷어차는 경우가 있음을 보고 놀랐다. 그러나 도로의 신들은 그 형태를 갖추고 있어서 경배를 받기도 하고 모독을 당하기도 한다.

각 방향의 모든 거리는 관아의 대문 앞에서부터 측정하며, 모든 기준은 서울의 대궐까지의 거리이다. 여행자들의 눈을 적지 않게 끄는 것은 비석이다. 이 비석에는 향토적이거나 국가적인 긍지 또는 전쟁·기근·박애 등을 기념하는 구절이 명기되어 있다. 조선 사람들은 "문자를 우상처럼 숭배하는 사람들"이다. 기념물이나 기념비를 세운다는 것은 경우에 따라 하나의 정열이 되고 있다.

다음의 경구에서 볼 수 있는 바와 같이 비문은 애국심을 불러일으키기 위한 수단이 되는 경우가 가끔 있다. 병인양요와 신미양요를 겪은 뒤에 성 앞에 세워 놓은 비석의 글씨를 일본의 특파원들이 베껴 온 것이 있는데 그 내용은 다음과 같다

> 서양 오랑캐가 침입하여 오는데 싸우지 않으면 화해할 수밖에 없고, 화해를 주장하는 것은 나라를 파는 것이니, 우리들 만대의 자손에게 이를 경계하노라. 병인년에 짓고 신미년에 세우다.(洋夷侵犯 非戰則和 主和賣國 戒吾萬年子孫 丙寅作 辛未立)

조선에서는 상인들이 말을 타는 것을 법으로 금하고 있다. 역마차나 증기기관차가 없어서 길은 수많은 보행자들로 붐빈다. 지체가 높거나 돈이 많은

사람들은 가마를 이용한다. 할 일이 없이 어슬렁거리는 사람들이 많고 서구 사회에서는 알려지지 않은 방랑객들이 엄청나게 많은데다가 보부상, 과거 제도, 정부 사업, 성지 순례 등으로 말미암아 대로상에는 잡초가 자라지 못한다.

조선에서 대로를 여행하노라면 찰스 디킨스[1]나 『도카이도주히자쿠리게』를 쓴 일본인 작가[2]를 만족시켜 줄 만한 일들을 많이 겪게 된다. 대과나 향시를 보러 가는 시생들의 무리들이 발걸음도 총총하게 걸어가는데, 젊은이들 가운데에는 득의만만하게 뽐내며 걷는 사람도 있고, 어떤 사람은 머리가 희끗희끗하니 점잖게 20회째 과거를 보러 가고 있다.

말을 타고 화려한 갓을 쓰고 별배들의 소리도 드높이 양반이 행차할 때면 상인들은 높은 자리에서 내려 무릎을 꿇거나 절을 한다. 점잖은 옷을 입은 성지 순례자들은 명산 대찰을 찾아 여행을 하는데 남자들은 입신양명을 빌고 여인들은 아들을 낳게 해 달라고 빈다. 다리가 불구이거나 류머티즘으로 다리를 절뚝거리는 사람이나 얼굴이 창백한 병자들은 온천으로 데려간다.

명승지에는 술을 마시고 시를 짓고 경치를 구경하려는 시인 묵객들이 모여든다. 이곳에는 빈둥거리는 놀이꾼과 가면무도회의 참석자들이 일정한 직업도 갖지 낳고 무위도식하려고 무서우리만큼 애쓰면서 생계를 찾아 어슬렁거리고 있다. 상중인 양반들은 얼굴을 가리고 다닌다.

화물의 수송 업무를 담당하고 있는 역졸과 아낙네들은 송도로 돌아가는, 또는 원산으로 출발하는 상인과 짐 실은 말을 통과시킨다. 조선의 도붓장수는 수송 업무에서 말의 역할을 한다. 이곳에서는 아낙네들이 나뭇짐 실은

---

1) 찰스 디킨스(Charles Dickens: 1812~70): 영국의 소설가로서 빅토리아조 최고의 서민 작가로 유명하며, 『데이비드 커퍼필드』, 『올리버』 등의 작품이 있다.

2) 일본 에도시대의 희극 작가인 집벤샤 잇쿠(十返舍一九 : 1765~1831)를 의미함. 그의 소설인 『도카이도주히자쿠리게』는 동해의 53개소를 돌아다니며 본 풍물을 회화적으로 묘사한 것임.

팔도의 역제(驛制) 통계표

	찰방(察訪)	역보(驛保)	말(馬)
경기도	6	47	449
충청도	5	62	761
전라도	6	53	506
경상도	11	115	1,700
강원도	4	78	447
황해도	3	28	396
함경도	3	58	792
평안도	2	30	311
계	40	471	5,362

황소를 몬다. 거지와 기근으로 굶어 얼어 죽은 강시들이 노상 생활의 명암을 이룬다.

말을 타거나 걷거나 또는 가마를 이용하는 이외에도 또 다른 여행 방법이 있다. 곧 황소 등에 덮개를 씌우고 그 중심에 네 개의 나무를 얽어 임시 가마처럼 길마를 만들어 남자들이나 가난한 여인들이 그 위에 걸터앉아 여행을 한다. 북부 지방뿐만 아니라 전라도 지방에서도 산간에 사는 사람들은 겨울이 되면 설피를 신고 다닌다. 설피는 그 모양이 서양 제기 채처럼 생긴 것으로 그 길이가 몇 피트나 된다.

일정한 거리마다 역이 있으며, 이곳에는 대오를 이으며 내려오는 노예나 농노, 짐꾼, 안내원, 행낭 운반자 그리고 역리와 함께 역졸들이 정부의 보호 아래 머물고 있다. 이들은 여행자들에 대한 봉사를 담당하며, 특히 짐승치고는 훌륭한 역졸들이 대관의 행차를 위하여 대기하고 있다.

한 지역을 완전히 연결하고 있는 이 역들은 각 도마다 여러 곳이 있으면 역참격인 찰방[3]의 감독을 받는다. 도로가 가장 많은 경상도는 역보와 역리가 가장 잘 갖추어져 있다. 다음에서 볼 수 있는 도표[4]는 달레의 『조선교회사』에서 인용한 것으로서 8도의 역제에 관한 구성을 보여주고 있다.

기동력은 이 정도 마련되어 있지만 이 나라에는 공용 건물이 매우 부족하다. 대로상에는 주막이라는 것이 있으나 소로나 벽지에는 그마저도 드물다. 이러한 부족 현상은 그들이 가난하기 때문이라기보다는 오히려 그들이 많은 주막을 필요로 하지 않을 만큼 인간미가 넘치기 때문인 것으로 보인다. 조선 사람들은 몰인정하고 격렬하고 거칠다고 외국인들은 너무도 종종 표현하고 있기 때문에, 아니 오히려 잘못 표현하고 있다.

그러나 조선에 있는 프랑스 선교사들이 수집한 자료에서 볼 수 있는 바와 같이, 그들의 내면 생활을 조감하여 본다는 것은 흥미 있는 일이다. 우리는 조선 사람들과 사귀다 보면 이 반도의 백의민족들이 그들의 사촌인 일본인과 얼마나 닮았는가를 알게 되며, 그들의 커다란 갓 아래에는 질적으로나 양적으로 매우 훌륭한 인간성이 깃들어 있음을 알게 된다.

여행자들은 많은 음식물을 가지고 다니지만 그것을 옥외에서 먹을 필요는 없다. 조선 사람들은 길가에 앉아 있는 사람을 집안으로 청하여 따뜻한 음식을 권한다. 여행자가 산간벽지에 들어가 나무를 꺾어 숯을 만들 처지가 되기에 앞서 그는 자기가 유숙할 수 있는 집을 발견하게 될 것이 분명하다. 그는 쌀만 있으면 된다. 마을 사람들은 그를 위하여 밥을 지어 줄 것이고 필요한 반찬까지도 대접할 것이다. 농번기만 아니라면 소라도 쉽게 빌려준다.

조선 사람이 가지고 있는 커다란 미덕은 인간은 모두가 한 형제라고 하는 법칙을 충실히 존중하고 또 매일매일 실천한다고 하는 사실이다. 그들의 민족성은 상부상조하고 후덕한 인정을 베푼다는 점에서 다른 민족성과 구별된다. 혼사나 상사와 같은 인륜대사를 당하면 그들은 가장 직접적으로 이해

---

3) 찰방(察訪) : 조선왕조 때 각도의 역참 일을 맡아보던 종육품의 외직.
4) Charles Dallet, *Histoire de L'Eglise de Corée*(Paris : Victor Palme, 1874), pp. 43–56.

관계가 있는 가족을 돕는 것을 자신의 의무로 삼고 있다. 어떤 사람은 물건 사들이는 일을 맡을 것이고 다른 사람은 의전을 맡을 것이다.

가난하여 부조를 할 수 없는 사람은 밤낮을 가리지 않고 걸어 다니면서 원근에 있는 친구·친지들에게 소식을 전함으로써 무보수로 일할 것이다. 그들에게 그러한 대사는 어느 개인의 문제가 아니라 그 부락 전체의 관심사이다. 화재나 홍수 또는 그 밖의 재난을 만나 마을 안의 어느 집이 무너지면 이웃 사람들은 이를 보수하는 데에 손을 빌려주는 것을 의무로 삼는다.

누구는 돌을 가져오고, 누구는 재목을 가져오고, 또 누구는 볏짚을 가져온다. 이와 같이 재료를 대는 일 이외에도 2~3일씩 보수를 받지 않고 일을 해준다. 마을에 새로운 사람이 이사를 오면 집짓는 일을 항상 도와준다.

조선 사람들에게 인정은 가장 성스러운 의무이다. 식사를 하는데 어떤 사람이 나타나 요기를 부탁할 경우 그가 아는 사람이든 모르는 사람이든 간에 그에게 한 끼의 식사를 거절하는 것은 파렴치한 일이다. 심지어는 길가에 앉아 점심을 먹고 있는 가난한 노동자라고 할지라도 과객에게 자기의 보잘것 없는 음식을 나누어준다.

잔치가 벌어지면 그 이웃 사람들은 으레 초대받은 것으로 생각한다. 원근을 쫓아다니며 소식을 전하는 것이 임무로 되어 있는 가난한 사람들은 세밀한 준비를 할 필요가 없다. 지팡이, 담배 그리고 옷가지가 들어 있는 보따리를 어깨에 걸고 주머니가 있다면 그 속에 엽전 몇 닢만 넣으면 그의 행장은 완전하다.

밤이 되면 숙박료를 들고 여관을 찾아가는 대신 민가를 찾아간다. 그 집에는 어떤 손님에게도 개방되어 있는 사랑채가 준비되어 있다. 그곳에서 그는 음식을 대접받고 그 밤을 쉬어 갈 것이 확실하다. 나그네에게는 쌀밥을 대접할 것이다.

밤이면 이불과 요를 내어 주고 발목 크기의 목침을 베개 삼아 담벼락에 기대어 베고 그 밤을 쉴 것이다. 설령 출발이 2~3일 늦어지더라도 주인은 그에게 싫어하는 기색을 조금도 보이지 않는다. 조선에서는 물고기와 그의 동료가 함께 지내다가 3일 뒤에 어떻게 되었다는 서양의 옛날이야기가 좋게 보이지도 않는다.

쉽게 추측할 수 있는 바와 같이 이러한 풍속으로 말미암아 인정 많은 사람들에게 얹혀사는 거지, 부랑자, 공갈배 그리고 게으른 촌뜨기들이 많이 나온다. 부잣집에는 부르지도 않은 식객들이 찾아와서 염치없이 몇 주일씩 먹고 간다. 심지어 그들은 의관을 소홀히 하지 않는다. 아니 좀 더 솔직하게 표현한다면 그들은 의복까지도 가져오라고 호령한다. 이러한 요구를 거절하다가는 중상이나 손해만을 입을 뿐이다.

보부상, 유랑객, 광대, 점쟁이들도 마찬가지로 얹혀 살 기회를 놓치지 않고 약탈적인 하피[5]처럼 행동한다. 어떤 때는 이들이 떼를 지어 아예 마을에 숙영하면서 마을을 배회하기 때문에 주민들은 관가가 이 문제에 개입하여 자기들을 보호하여 줄 것을 부탁한다.

조선은 미코버[6]로 가득하다. 이들은 낭비적이어서 돈을 많이 갖게 되면 금세 써 버린다. 생활이 넉넉하면 그들은 다만 남 보기에 의젓해지고, 친구를 접대하고, 그들의 변덕을 만족시키려고 신경 쓴다. 가난이 찾아오면 그들은 아무런 불평 없이 가난을 감수하면서 운명의 바퀴가 돌아 자기들에게 잘사는 날이 돌아오기만을 기다린다.

어떤 경로로 산삼이나 한 뿌리 찾거나 아니면 금광이나 수정광을 발견하여 돈푼이나 생기게 되면 어떻게 되나? 앞날의 일은 그때 가서 어떻게 하기로 한다. 그와 같은 횡재가 있게 되면 일확천금을 노리는 사람들로 거리가 붐빈다. 이들은 이제까지 캐지 못한 보물을 찾거나 아니면 돈을 벌 수 있는

---

5) 하피(Harpy) : 그리스 신화에 나오는 여신으로 새의 날개와 손톱을 가진 욕심 많은 괴물.
6) 미코버(Micawber) : 디킨스(C. Dickens)의 소설 『데이비드 커퍼필드』에 나오는 공상적인 낙천주의자.

새로운 방법을 찾는다. 그들은 집에서 발견하지 못한 것을 밖에서 발견하기를 바라고 있다. 그들은 이 마을에서 저 마을로 떠돌며 한 마을에서 1~2년 동안을 머물다가는 다시 방랑을 시작하여 더 좋은 행운을 잡으려 하지만 형편은 더욱 어려워질 뿐이다.

조선에서는 5~6명 또는 그 이상이 떼를 지어 떠돌아다니는 사기꾼과 광대들이 많다. 그들은 봄과 여름이면 8도를 오르내리면서 불안정하고도 방랑적인 생계를 이어간다. 그들에 관한 주민들의 평판은 좋은 것이 없어 집시나 미국의 철도 검사원에 대한 인상과 비슷하다.

떠돌이들은 주민들에게 일종의 공갈을 자행하는 경우도 자주 있다. 이들은 요술쟁이, 곡예사, 마술사, 망석중이 그리고 악사들이다. 그들 가운데 몇몇은 그 솜씨가 매우 재치 있고 능숙하다. 시골 지방에서는 입을 헤벌리고 서 있는 선머슴들이 대부분의 관객을 이루고 있지만 대도시에서는 개인집에 초청되어 재주를 보이고 보수를 받는다.

공연이 시작될 무렵이면 그들은 작은 손톱으로 휘파람을 붊으로써 남의 시선을 끈다. 축연, 마을의 공동 잔치, 결혼식 또는 공중 집회가 이루어질 경우에는 소위 서구인들이 말하는 사교, 이를테면 신사 · 숙녀 사이의 교제 같은 것은 결여되어 있지만, 광대들이 흥을 돋우면서, 놀이는 하루 저녁 또는 이틀 동안 계속된다.

초대된 손님들은 "삯을 받는 음악"과 "우수한 솜씨"들을 만끽함으로써 온갖 재미를 본다. "방탕꾼"들인 이 "사교인"들은 "직업적으로 정찬에 초대를 받는 사람들"로서 그 존재는 너무도 유용하다. 몇몇 사람들은 중국으로 가는 사신을 수행하면서 그들의 길고도 지루한 여행을 위하여 특히 밤에 놀이를 벌인다.

창부라 함은 성격 배우로서 정부의 시험을 성공적으로 통과한 실력을 가지고 노래 부른다. 이들이 친척이나 관리를 찾아갈 때는 그 자격증을 휴대하고 다니면서 나팔이나 그 밖의 악기를 연주한다. 중국이나 일본에 파견되는 사신이나 외국 선박을 방문할 경우에도 광대들이 항상 수행한다.

조선과 일본에 공통되게 존재하는 인물로서 기생이 있다. 이들은 시간 보내는 일만을 주업으로 삼고 있는 상류 사회 양반들의 생활을 영위시키는 데에 큰 몫을 하고 있다. 기생은 하층 계급들이 얼마나 비참하게 살아가는가를 보여주는 시이며 그림이다.

기생들은 너무도 가난하여 그들에게 설령 자신의 삶이 부여된다고 할지라도 자신의 사회를 가질 수도 없으려니와 자신의 매력이나 재능을 발휘할 기회를 거의 갖지 못한다. 사회적으로 볼 때 그들의 신분은 너무도 낮다. 기생은 그 자체가 가난과 노역의 소산이다. 가난한 그의 부모들은 그 딸이 아름다운 얼굴과 몸매를 가졌다면 그를 부도덕한 사회에로 포기하여 버림으로써 그 딸이 부모들을 봉양할 수 있도록 한다.

기생은 대궐이나 저택에서 두각을 나타내고자 고된 부엌일과 비참한 오두막살이를 기꺼이 버린다. 그의 옷은 최고급품이며 호화로운 검은머리는 우아하게 다듬어져 있다. 그의 살결은 인조 화장품과 분, 연지, 그리고 향유로 한껏 표백되어 있으며, 젊은 여인으로서의 매력을 증대·유지시키려고 궁리하면서 생활의 대부분을 거울 앞에서 보낸다.

기생은 집에 들어가면 음악을 익히고, 때에 따라서는 그의 초라한 이웃들을 모아 놓고 즐거움을 베푼다. 거리를 지나갈 때면 신선하고 깔끔하고 화사하고 아름다운 이 여인은 주위의 시선을 끌고자 웃음을 던지기도 한다. 그러나 그가 하는 일이란 부잣집과 특히 관리의 집을 찾아가는 것이다. 그런 사람들은 혼자 식사를 할 때 흥을 돋우거나 아니면 친구들의 모임을 위해서 20~30명의 기생을 부르는 경우도 있다.

기생은 일본의 게이샤[7]에 해당된다. 대도시에서는 이 기생들이 일정한

---

7) 게이샤(藝者) : 일본의 기생.

화대를 받아 내려고 일종의 동업조합을 이루고 있다. 그들은 종종 완전한 합창단을 구성함으로써 음악을 수적으로나 양적으로 대형화한다. 잔치가 벌어지면 그들은 술을 따르고 안주를 담아 권하고, 대체로 술자리의 일을 처리한다.

식사가 시작되면 그들은 노래를 부르고 가야금을 뜯고 재담을 늘어놓는 등, 전반적으로 흥을 돋운다. 일반적으로 춤 그 자체는 부도덕한 것은 아니지만, 잔치와 술과 아첨 속에서 지내는 생활은 도덕적으로나 육체적으로 많은 사람들을 가엾게 파멸시킨다. 빼어나게 아름다운 많은 아가씨가 돈 많은 남자나 관리의 소실이 되거나 아니면 젊은 남자나 홀아비의 처 아닌 처 노릇을 한다.

창녀와 기생의 일을 겸하는 사례란 적지 않다. 사대부 집안에서는 아름다운 기생의 도움으로 즐겁고도 탈 없는 밤을 보내는 일이란 흔히 있을 수 있는 일이다. 서울이야말로 가장 아름답고 재능 있는 기생들의 본거지임은 더 말할 나위도 없으려니와 이들은 조선 여자 가운데 가장 훌륭하게 교육을 받은 계층을 이루고 있다.

조선에서는 엄격한 의미로서의 연극이 존재하지 않는다. 이에 가장 가까운 대치물로서는 어떤 사건이나 정사·야사에서 뽑은 사실을 혼자 외는 방법이 있는데 한 사람이 이 일을 썩 잘 해낸다. 이 광대들은 사람이 붐비는 거리나 모퉁이에 네 개의 기둥을 세우고 막을 친다. 그러고는 바닥에는 거적을 깔고 전면에는 해를 가려 그늘을 만들고 후면에 배경을 설치한다.

작은 책상과 입천장을 축일 생강차 한 잔과 함께 무대 그리고 광대들이 쭈그리고 앉아 기다릴 만한 터만 있으면 그것으로 준비는 충분하다. 관객을 위한 시설로서는 몇 개의 조야한 의자나 거적이 있다. 입을 멀거니 벌린 관중들이 곧 광대의 주위에 몰려든다. 관중들은 담뱃대를 꺼내 물고 약장수들은 자기 약을 팔아먹을 기회를 노린다.

광대의 목소리가 여러 가지 음조를 띠면서 때로는 점잖게, 때로는 천박하게 뽑아 대는 목소리로 대사를 외고 여러 가지 몸짓을 흉내 낼 것이다. 사또 앞에서 벌어지는 송사의 장면, 태형의 모습, 내외 싸움 등 상류 사회와 하층 계급의 장면들이 번갈아 가면서 연출된다.

사또의 근엄한 목소리나 표정이며 형틀에 매달린 죄수의 가엾은 간청과 울음과 신음과 몸부림, 남편의 분노나 불만, 아내의 찢어지는 듯한 가성이나 눈물, 또는 가엾은 간청을 그는 흉내 낼 것이다. 미소와 찡그린 표정과 놀람과 비탄 등 온갖 감정을 표현하고, 농담, 재담, 명언, 비꼼, 또는 훌륭하게 묘사된 비통함이 그의 목소리로 묘사된다.

요컨대 광대는 한 사람의 힘으로 한 극단과 음유 시인 단체의 역할을 모두 해낸다. 광대의 초심자와 평범한 사람들이 이용할 수 있는 소담집이 많다. 이 책은 다소는 진부한 농담 · 일화와 여러 가지 도덕적 자질에 관한 이야기들을 수록하고 있는데 광대들은 이 책에서 경우에 따라 일화를 인용할 수도 있다.

그러나 이 직업도 점차 진보함에 따라 재담의 대부분은 독창적이고 즉석에서 짜낸 것들이다. 서양의 연극 관객들이 자신이 좋아하는 배우에 대하여는 넋을 잃는 것과 마찬가지로 광대의 단골손님들도 각기 자기가 좋아하는 "인기인"이 있다. 능력 있는 광대는 관객들에게 "모자를 돌려" 관람료를 거두어들임으로써 부유하게 살아간다. 이러한 관람료는 대사가 절정에 이르렀을 때 거두는데 이때가 되면 관객들의 흥미는 최고조에 이른다.

어떤 경우에는 흥이 절정에 이르러 통속 신문들과 같이, "다음 호"에 계속하려는 경우도 있다. 경우에 따라서는 이 폭군이 자기의 재능에 대하여 응분의 관람료가 나왔다고 판정될 때까지 대사를 중단한다. 길거리에서 돈을 버는 이외에 광대 가운데 우수한 사람들은 개인집이나 어떤 문중 또는 사회적인 모임에 초대되어 공연하는 경우도 자주 있으며, 과거에 급제하여 장차 대관이 될 사람을 찾아가 공연하는 것은 상례로 되어 있다.

유럽에서 사용되는 것과는 규모가 다른 조선의 음계는 서양 사람들이 듣기에 음향 면에서 무시무시하고도 놀랍다. 피리에서 나오는 곡조는 애끓는 듯하고 달콤하지만, 그들의 음악의 대부분은 듣기에 고통스럽고 분위기는 쓸쓸하다. 그들의 음악 가운데 훌륭하다고 하는 음악을 들은 어떤 사람은 말하기를, "음악이라는 이름으로 관악기로 연주된 것 가운데 가장 가락에 맞지 않는 음"이라고 평했다.

그러나 관악기 가운데 어느 것은 매우 감미롭다. 일본의 고대 음악의 대부분이 조선에서 건너간 것이기 때문에 고대 악보를 연주하는 일본 궁정 악대의 음악을 들어보면 조선 사람의 귀를 즐겁게 해주는 음악의 본질에 관하여 훌륭한 암시를 얻을 수 있다. 그러나 조선의 근대 음악이 일본의 청각에 아름답게 들리지 않는다는 것은 확실하다.

일본 사람들은 조선의 악사들이 연주를 할 때면 마치 일본인들이 그 음악을 즐기고 있는 것이라고 생각할는지도 모른다. 그러나 사실은 그 반대여서 조선의 음악은 일본의 청중들을 겁주고 괴롭히는 것처럼 보인다. 두 나라의 음계는 애당초에는 동일할 것이었지만 몇 세기의 세월이 흐름에 따라 이들은 음조와 음정 면에서 각기 달라진 것이 분명하다. 비록 그가 고대에 살아 있었다는 단순한 사실만이 그의 명성을 입증하여 주고 있기는 하지만 왕가[8]는 조선 음악의 아버지이다.

조선의 여러 가지 현악기 가운데에 커다란 모양의 거문고, 만돌린과 같은 가얏고, 25현의 비파, 오현금 등이 있고, 관악기 가운데에 여러 가지 종류의 금과 날라리 · 나팔 등이 있는 반면에 자바라 · 북 등의 타악기도 종류가 많다. 사신이나 고관들이 집안에 있거나 또는 외국에 파견될 때는 악사들을 대동한다.

정부 사업에 징발된 노동자들은 음악에 따라 작업을 시작 · 종료하지만

8) 왕가(王哥) : 왕산악을 의미함. 그는 고구려 양원왕(陽原王 : 545~559) 때의 제이국상으로서 진의 칠현금을 개조하여 100곡을 지어 연주함.

악기의 연주가 가장 효과적으로 소용되는 것은 도성의 문을 열고 닫을 때이다. 그때 울리는 음은 매우 고통스럽다. 아니, 태어날 때부터 이 소리가 귀에 익은 사람이나 허공을 찢는 이 음향을 처음 경험하는 사람이라면 깊이 감동을 느끼기 때문에 매우 매혹적인 것일 수도 있다.

양반 사회의 남자들이 옥외에서 즐기는 놀이 가운데 으뜸 되는 것은 궁도이다. 정부에서는 전시의 국가 안전을 위하여 궁술을 장려하고 있으며 양반들은 궁술에 뛰어난 사람들을 상을 줌으로써 그들의 수하를 자극하고 있다. 대부분의 양반들은 정원에 과녁과 활터를 갖추고 있다. 1년 가운데 어느 때[9]가 되면 궁술 시합이 열리고 이름 있는 궁수들이 각기 기량을 겨루는데 이때의 경비와 상금은 정부에서 지불한다.

하멜의 기록에 따르면, 사대부 집안의 수하 심복들은 궁술을 익히는 이외에는 아무것도 하지 않는다고 한다. 영국의 귀족들이 여우 사냥개를 서로 겨루고, 일본의 다이묘들이 일찍이 거구의 유능한 씨름 선수들을 후원하느라고 경쟁했던 바와 마찬가지로 조선의 사대부들은 탁월한 궁수를 거느리는 문제로 서로 경합한다.

남자들이 하는 또 다른 운동으로는 격투가 있다. 젊은 남자들은 서로가 이 놀이를 하면서 "남자다운 기량"을 발휘한다. 그리하여 어떤 때는 상대방 마을에서 패자가 뽑히는 날이면 결국 난투극이 벌어져 머리가 깨지고 얼굴이 짓이겨진다. 대도시에서는 같은 도시 안의 상이한 구역 사이에 시합이 벌어지는 수도 있다.

서울에서는 보통 정월에 선발 투사 사이에 제법 실감나는 격투가 벌어지고 양측의 후원자들 사이에는 내기와 응원이 벌어진다. 이러한 재주의 겨룸은 난전으로 확대되어 몽둥이와 돌멩이가 난무하여 두개골이 깨지고 목숨

---

9) 음력 3월을 의미함.

을 잃는 경우도 흔히 있다. 방백 수령들은 이와 같은 놀이를 말리기는커녕 자기도 함께 뛰며 즐긴다.

그밖에 다른 계급의 남자들로서 남의 주목을 받으며 옥외 생활로써 그 신분을 알아볼 수 있는 사람으로는 사냥꾼들이 있다. 사냥꾼들은 결코 새의 날개를 쏘지 않는다. 그들은 가죽이나 새털 또는 볏짚으로 위장하고 사정거리 안에 내리는 목표물을 쏘아 떨어뜨릴 수 있도록 목을 지키며 잠복하고 있어야 한다.

유능한 새 사냥꾼들은 여러 가지의 조류, 그중에서도 특히 장끼가 그 짝을 부르는 울음소리를 완벽하게 흉내 낼 줄 안다. 대부분의 까투리는 이러한 방법으로 잡는다. 이러한 소리를 내는 데 사용하는 도구는 쇠 호루라기인데 그 모양은 살구 씨같이 생겼으며 일본의 사냥꾼들이 사용하는 것과 비슷하다.

사슴을 사냥하는 방법은 다음과 같다. 6~7월 사이의 사슴뿔은 그 값이 매우 비싸다. 사슴뿔은 이때 한창 발육하는데 이때 잡은 뿔 사슴은 특히 값이 비싸다. 사냥꾼들은 3~4명이 한 조를 이룬다. 그들은 며칠 동안 산비탈에서 소란을 피운다. 밤이 되어 잠시 동안 그러한 작업을 멈추지 않을 수가 없게 되는 때가 되면, 땅바닥이 너무 마르지 않는 한, 그들은 사슴의 자국을 찾아내는 데에 놀라운 본능을 발휘한다.

보통 사냥꾼들은 3일째가 되는 날 사슴에 접근하여 사살한다. 사슴의 뿔은 조선의 한의사에게 팔거나 일본 · 중국에 수출된다. 녹용과 값진 약재들이 여기에서 추출된다. 한 사냥꾼이 사슴을 잡으면 이로써 그는 한 해를 잘 지낼 수 있으며, 몇 사람이 참여했을 경우에는 그 몫이 줄어드는 경우도 있다.

곰 사냥꾼들은 어미 곰이 새끼들을 데리고 해변으로 나가 게를 잡아 먹일 기회를 기다린다. 사냥꾼들은 어미 곰이 무거운 바윗돌의 한쪽 끝을 추켜들고 새끼들이 게를 잡아먹게 될 때까지 기다리다가, 기회가 오면 갑자기 내달아 어미를 공격하면 그는 놀라서 바위를 떨어뜨림으로써 그의 새끼들이 그 밑에 깔려서 죽게 된다.

벌판이나 해변에서는 일발 필살의 자신이 없는 한 어미 곰에게 발포하지 않는다. 왜냐하면, 곰의 모든 부분은 사냥꾼에게 값진 선물을 안겨 주기 때문이다. 곰은 가죽, 고기, 기름 그리고 뼈가 값진데, 그것을 놓칠 수가 없기 때문이다. 간과 쓸개는 약재로 큰 효험이 있는 것으로 알려져 있어 같은 무게의 은과 같은 값으로 팔린다. 호랑이 사냥꾼과 그들의 고상한 놀이에 대해서는 제36장에서 설명하기로 한다.

조선에서는 도박이 놀라우리만큼 성행하며 특히 연날리기 대회에서는 많은 돈이 오고 간다. 겨울 두 달 동안에는 북풍이 불어 "연 날리는 계절"로 되어 있다. 크고도 강한 연이 멋있게 공중을 나는데 이때는 튼튼한 끈이 필요하며 젊은 사람들이 그 끈을 잡는다. 연 싸움이 벌어지면 많은 사람들이 이를 구경하고자 모여든다. 이때가 되면 연들은 공중에서 여러 가지 모습을 이루며 난다. 그렇게 함으로써 연의 주인은 다른 사람의 연을 망가뜨리거나 찢거나 아니면 톱질하듯 줄을 잡아당김으로써 상대편의 줄을 끊으려 한다.

실내의 놀이로서는 주로 남의 얘기, 옛날 얘기, 담배 등을 즐기거나 할 일 없이 축 늘어져 눕거나, 아니면 바둑, 장기, 고누와 같은 놀이를 한다. 장기는 일본이나 중국에서 사용하는 것과 같다. 화투는 법으로 금지되고 있지만 민간에 성행하고 있다. 양반들은 화투가 자기들의 품위를 떨어뜨리는 천박한 놀이라고 비하하고 있다. 사람들은 은밀히 또는 밤에 화투를 하는데, 가산을 탕진할 만큼 판이 큰 놀음이 되는 경우도 흔히 있다.

들리는 바에 따르면 군인들, 특히 그 가운데에서도 초병이나 변방의 군인들에게는 화투가 허락되고 있다고 한다. 왜냐하면, 화투를 하게 되면 잠을 자지 않아 적의 출현을 알 수 있고 또 적의 야습에 대하여 항시 대기하는 셈이 되기 때문이다. 그들은 서양 사람들과 마찬가지로 화투장을 섞고 중간을 가른다. 손이나 손가락으로 하는 놀이는 일본의 그것과 비슷하며 서양에도 또한 잘 알려진 것들이다.

안식일이라든가 또는 그와 비슷한 휴일이 고달픈 노동자나 부자나 유한 족속들에게 전혀 알려져 있지 않은 이방 국가에서는 국경일이나 종교적 명절이 휴일을 대신한다. 조선의 축일은 주로 중국에서 지키는 경축일, 파종이나 추수와 같은 계절적인 명절, 부처님 오신 날, 왕의 생일 그리고 정월 초하루 등이다.

가난한 계층에서는 가장의 생일만을 축하하지만, 양반이나 돈 많은 집안에서는 가족들의 생일에도 선물을 주고 친구들이 모여 축하한다. 일생을 통하여 특히 즐겁고 또 축하를 받는 날이 있지만, 그중에서도 탄생 61주년을 가장 축하한다. 서구에서는 남자의 일생을 70년으로 보지만 이 은자의 조선에서는 61년을 인생의 한계로 보는데 그 이유는 이러하다.

조선 사람들은 60년을 주기로 보는 중국식의 주년법에 따라서 시간을 구분하는데 이 방법은 10간(干)과 12지(支)라는 두 가지의 순열로 각기 맞추어진다. 해마다 12지 10간에 따라 이름이 있으며 오행 가운데 하나가 이에 해당한다.

60갑자가 완전히 지난 뒤에 최초로 맞이하는 생일은 60대의 인생에게 매우 거룩한 축일이 되는데, 이 잔치를 환갑이라고 부른다. 빈부와 귀천을 가리지 않고 모든 사람들이 이날을 축하한다. 이날은 분명히 노년의 새로운 시작이다. 인생의 공인(公認) 한계를 지난 그 사람은 모름지기 이날을 기억하고 또 이제부터 쉬어야 한다.

매우 드문 경우이기는 하지만 두 부부가 결혼 61주년을 맞으면 엄청난 잔치가 벌어지는데, 이날은 서구의 회혼식과 같은 축하를 받는다. 이와 같은 잔치를 위해서 그의 자손과 벗들은 잔뜩 긴장해야 하며, 잔치에 상응하고 또 모든 손님들에게 잔칫상을 베풀려면 가진 돈을 모두 써야 한다. 이런 날을 당하게 되면 그의 이웃뿐만 아니라 마을 전체의 주민들이 관심을 갖는다.

영광된 연령에 이른 분에게 비단옷을 해 입혀야 하고, 친구 · 친지 · 식객 · 이웃 사촌, 멀리서 온 낯모르는 사람들을 위해 좋은 음식을 내야 하는 등 아낌없이 대접해야 한다. 시를 읊고, 놀이를 하고, 광대들이 춤과 노래를 하고 옛날의 시나 글을 암송한다. 모든 사람을 배불리 먹여야 하며, 누구도 외면해서는 안 된다. 자손들은 남은 동전 한 닢까지도 기꺼이 소비해야 하며, 그 뒤 1년 동안을 쪼들리며, 아니 차라리 굶주리며 살아야 한다. 이날은 다른 나라의 장례식만큼이나 끔찍하게 돈이 들어간다.

왕비나 대비 또는 왕의 회갑이 되면 거기에 들어가는 무진장한 경비와 치장은 얼굴이 부끄러울 정도로 막대하다. 대사령이 내려 모든 옥문이 열리면서 죄수들이 방면되고 상당히 수준 높은 과거가 실시된다. 서울에 사는 모든 사대부들은 왕 앞에 나아가 선물을 바치고 축의를 표해야 하며 지방 각 곳에는 아무나 볼 수 있는 곳에 왕의 거대한 화상을 내어 건다.

수령은 풍악을 울리면서 아래 벼슬아치들을 데리고 나와 백성들과 함께 그 화상 앞에 부복하여 축하를 드린다. 서울 무사들은 조정으로부터 선물을 받으며, 이날은 온 나라가 모두 쉰다. 관리들이 백성들을 착취·억압함으로써 이러한 잔치들이 이루어진다는 것은 필연적인 귀결이다. 관리들은 조정의 사치와 낭비에 필요한 물자를 대고자 무자비하게 백성들을 쥐어짠다.

새해는 모든 조선 사람들이 함께 쇠는 가장 성대한 명절일 뿐만이 아니라 1년 가운데 유일하고 진정한 의미의 공휴일이다. 이 며칠 동안에는 모든 정규적인 노동도 없고 즐거움만이 그 절정을 이룬다. 이 기회에 그 동안의 모든 빚을 갚아야 하고 모든 계산을 청산해야 한다.

객지에 나갔던 사람은 이 기회에 고향을 찾아야 하며 부모의 슬하를 떠났던 아들은 가족과 재회해야 한다. 수령은 관청을 닫으며 이 기간 동안에는 죄인을 체포하지도 않는다. 미미한 죄를 지은 탓으로 갇힌 죄수들은 며칠 동안 사면되었다가 다시 수감된다. 연말 3일 동안에는 잔치를 준비하는 이외에는 모든 일을 중지해야 한다. 보편화된 것은 아니지만 섣달 그믐날에 어른들을 방문함으로써 새해를 맞는 것이 예로 되어 있다.

정월 초하루 아침에는 친구나 친지, 그리고 어른들을 찾아가 인사를 드린다. 이 예법에는 예외가 없어 이를 지키지 않으면 가깝던 사이도 멀어지게 된다. 이날의 주된 예식은 조상의 위패 앞에 제사를 드리는 일이다. 선영이 가까우면 성묘를 하고 그렇지 않으면 집안에 마련된 사당 앞에 모든 가족들이 부복한다.

향을 피우는 등, 그 집안의 가세에 따라서 값비싼 의식을 거행한다. 이 제사는 일 년 가운데 자식으로서 해야 할 가장 중요한 행사이며 또한 종교적 의식이다. 선영이 먼 곳에 있을 경우에는 정월 가운데 어느 날에 성묘해야 하며 그 이후로 연기해서는 안 된다.

조상에 대한 제사가 끝나면 새해의 상자 속에 쌓인 선물들을 나눈다. 아이들에게는 새 옷, 신발, 과자, 장신구들을 선물로 주며, 이웃 · 친구 · 친지들에게는 여러 가지를 보내는데 주로 맛있는 음식들이다. 잔치는 5일 동안 계속되는데 이 동안에 인사를 다니는 사교적인 모임을 갖기도 하고, 각종 놀이도 한다. 신년 초엿새부터 정상적으로 일을 다시 시작하지만 홍취와 휴식과 환락은 정월 한 달 동안 계속된다.

2월 10일은 그 해의 대청소일로서 이불을 내어 털고, 식기들을 닦으며, 의복을 갈아입는다. 벌초는 3월에 한다. 이때에는 조상들에게 제사 음식을 바치고 묘와 위패를 깨끗이 한다. 이때가 되면 아낙네들은 수세미, 국자, 양동이 등을 운반하느라고 묘는 매우 부산하다. 이날 비석과 석상들도 깨끗이 닦는다. 즐거움과 일거리가 반반인 이날은 야외 놀이에 못지않다.

3월 초아흐레는 봄철인데, 이날은 훌륭한 노동절로서 술자리가 마련된다. 사람들은 술과 음식을 장만하여 강으로 나가 먹고 즐기면서 하루를 보낸다. 다른 사람들은 꽃망울을 보고자 복숭아 밭을 거닌다. 마음이 내키는 사람들은 시를 지어 홍을 돋운다.

4월 초파일이 되면 대도시들은 여러 가지 색깔의 제등으로 휘황하게 장식하며, 사람들은 자연의 경치와 아름다운 불빛을 보고자 언덕이나 강으로 나간다. 5월 초닷새는 큰 잔칫날로서, 이때가 되면 종자를 나누어주는 의식이 거행된다. 왕은 다음 해의 파종을 위해 신하들에게 백곡의 씨를 내린다. 8월 보름의 제사는 조상의 묘에서 지내며 무너진 묘를 보수한다.

국화제는 대중적 관심이 높은 축제 가운데 하나이다. 한반도에서 가장 화사한 꽃 가운데 하나가 국화인데 사대부의 집안에서 매우 자랑스럽고도 조심스럽게 이들을 재배한다. 이 꽃은 한 줄기에 한 송이의 꽃만을 키우면 그 모습이 비상하게 빼어나다. 국화는 유지로 된 묘포 안에서 각 포기를 따로 떼어서 재배하는 경우가 흔히 있다.

9월 9일이 되면 만발한 꽃송이의 자태는 더욱 우아하며 이 화사한 국화를 가지고 있는 사람은 친구를 집에 초대하여 잔치를 베풀고 그 꽃을 즐긴다. 꽃장수들은 자기의 꽃을 자랑스러운 승전 깃발처럼 보이고 다니며 들놀이를 나온 사람들은 다리 위나 산 위에서 꽃의 경관을 즐긴다.

눈 끝이 위로 올라간 몽골리안 종족들 사이에서 과자를 만들고자 주로 사용하는 것으로서는 일본인들이 말하는 소위 모찌,[10] 곧 떡이라는 것이 있다. 이 재료는 쌀을 익혀 거칠게 부순 것인데 서구인들이 먹는 불에 그슬린 만두의 껍데기와 비슷하다.

굴과 마찬가지로 이 떡은 생것으로나, 데우거나, 굽거나, 불에 쪼이거나, 물로 삶거나 또는 튀기는 등 "여러 가지 형태로" 먹을 수가 있다. 이 음식은 죽은 사람을 위한 제물이나 절간이나 집안 잔치에서 중요한 위치를 차지하고 있다. 조선 사람들은 이것을 엄청나게 많이 만들어 특히 설이나 춘분·추분 때 먹는다.

조선 사람들이 잔치에 즐겨 먹는 또 다른 음식으로서는 "빨간 쌀"과 콩이 있다. 조선의 아낙네들은 독일인들이 그의 해포석을 가다듬을 때 공을 들이는 것과 마찬가지로 쌀에 아름다운 빛깔을 들이느라고 많은 애를 먹는다.

---

10) 모찌(餅) : 일본의 떡.

만약 착색에 실패했거나 그 색이 썩 좋지 않으면 이는 불길한 조짐이 된다.

정월 보름의 전날, 액운이 닥친 사람은 허깨비를 만들어 밤중에 자기 옷을 입혀 이를 길에 내어버리고서 밤이 새도록 즐겁게 잔치를 벌인다. 이와 같이 하여 밖에 던진 허깨비에게 무슨 일이 생긴다면 이제는 과거의 인물이 되어 버린 그 허깨비에게 무슨 일이 생기게 되는 것이다. 곧 운명의 신은 이제 새 옷을 입고 있는 그 사람을 전혀 다른 사람으로 내려다본다고 조선 사람들은 믿고 있다.

매달 5일, 보름, 25일은 흉일이라 하여 어떤 일을 새롭게 시작하는 것을 피한다. 조선에서 이 3일은 서구의 금요일에 해당된다. 1년 가운데 4계절의 벽두에 그들은 대문 위에 긴 종이를 붙이고 그 위에는 수여산 · 복여해와 같은 글귀를 써넣는다. 각 사람의 일생에서 어떤 해는 액운이 낀 해라고 생각한다. 따라서 이 해에는 건강, 음식, 의복, 새로운 모험 등에 관하여 특별히 조심한다. 이와 같은 금기는 잔치와 더불어 또는 좀 더 경제적으로 하려면, 이제 살았다는 안도의 한숨과 더불어 종식된다.

정월 보름은 "답교놀이의 날"이다. 이날 한 쌍의 남녀가 달이 뜨는 때 밖에 나가 먹고 마실 것으로 즐기면서 다리 위를 걷고 또 달을 구경한다. 한 사람이 이날 밤 7개의 다리를 건너면 그 해에는 액운을 면할 수 있다고 믿는다.

지방이나 전국적 규모의 축제로서 적지 않은 관심을 보이는 것으로서는 유명한 전쟁에서 국가를 위하여 싸우다가 죽은 군인들을 위한 위령제가 있다. 옛 전쟁터에서 해마다 위령제를 지냄으로써 민중의 애국심을 불러일으키는 이외에도 죽은 넋을 위로하고자 사당을 세운다.

특기할 만한 것은 임진왜란(1592~1597)의 아픈 기억을 간직하고 있는 터전 위에 기념물을 세워 놓은 것이다. 이 기념물들은 아직도 전쟁의 쓰라림을 생생하게 간직하고 있다. 이웃 일본이 아시아적 전통을 벗어나게 되자, 조선의 그와 같은 애국주의적 축제는 열광적 배일주의자들의 자극을 받아 부활되었다.

조선의 인구에 관해서는 이제까지 많은 것들이 기술되었다. 그러나 조선의 국내 사정이나 조선에 관한 지식의 정확한 출처에 대하여 잘 알지도 못하는 그와 같은 추측들은 무가치한 것이라고 우리는 생각한다. 이 무작위적인 수치에 따르면, 조선의 인구는 25만(?)에서 600만 명까지 천차만별이다. 달레(C. Dallet)는 조선의 인구를 1천만으로 추정하고 있다.

30년 전에 대충 추산한 바에 따르면 총 호수는 170만에 인구는 700만 명이었다. 마을과 도시에 관한 관문서와 지도를 검토한 끝에 얻은 우리의 결론에 따르면, 현재 조선에는 적어도 1,200만 명의 인구가 살고 있다. 지난해(1881)의 국세조사에 따르면 조선은 3,480,911호에 인구는 16,227,885명이라고 서울에 주재하던 도쿄 『호치신문』의 일본인 특파원은 기록하고 있다.

제 33 장 무속과 신비한 동물학

북부 아시아 원시 부족들의 대부분이 경배하는 것은 무속이다. 이들에게도 몇몇 물신과 다소 거칠게 만든 조상의 상이라든가, 땅이나 하늘에 살고 있다고 믿는 신령의 표상 이외에는 우상이 없다. 이들의 무속은 마법과 악령을 어루만지기 위한 제례와 혼합되어 있다. 이와 같은 사악한 존재들은 땅이나 구름이나 하늘에서 살고 있으며 인간이 고통 받고 있는 모든 질병의 원인이 되고 있다고 그들은 믿는다.

이러한 악령들은 여러 가지 형태를 갖추고 있으나 대부분은 외형이나 해부학적 구조를 보면 다소는 환상적인 동물의 형태를 취하고 있다. 요정이나 악마들은 물이나 땅이나 공중에 살고 있는 실제 생물들의 이동·파괴·보호의 여러 가지 능력을 취사선택하여 가지고 있는 복합적인 존재이다.

그러나 그들 가운데 어느 요정은 점잖고도 사랑스러운 풍채를 가지고 있다. 그러기 때문에 그들이 땅 위에 나타나면 좋은 일을 알리는 길조라 하여 크게 환영을 받는다. 중국인이 성자로 숭앙하고 있고 심지어는 신성시되기도 하는 공자도 이와 같은 길조를 굳게 믿었다. 크기, 색채, 버릇, 성격이 각기 다른 여러 가지 요정들이 있는 이외에도 이와 같은 신비한 동물들 가운데 으뜸 되는 것은 봉황, 기린, 용이다.

조선 신화의 대부분은 중국문화권의 아시아에서 공통적으로 찾아 볼 수 있는 것들이다. 그리스의 신화처럼 아름다운 인간이나 또는 반인반수의 모습을 보여주는 대신에 중국의 신화는, 인간의 모습을 한 신화적인 영웅·성현 또는 초자연적 인물이 없는 것은 아니지만, 대체로 가공적인 동물들을 다루고 있다. 4가지의 주요한 영물은 용, 봉황, 거북 그리고 기린이다.

실제로 존재하고 있기도 하지만, 조선 사람들이 초자연적·초동물적 힘을 가상적으로 부여하고 있는 또 다른 동물이 하나 더 있다. 이는 일본인들이 백호에게 그와 같은 능력을 부여하는 경우만큼이나 숫적으로 빈번하다. 그 동물은 다름 아닌 호랑이이다. 조선 사람들은 호랑이에게 강한 힘과 그가 실제로 소유하고 있는 특성들을 부여한다.

뿐만 아니라 호랑이는 날아다닐 수 있고 불을 뿜으며 빛을 발한다는 미신을 믿고 있다. 호랑이는 힘과 신출귀몰의 상징이 되고 있으며, 모든 위험과 가공할 힘과 인간이 갖는 용기의 극치에 대한 비교의 척도가 되고 있다. 호랑이의 잠자는 모습, 뛰는 모습, 두 발을 들고 꼿꼿이 서 있는 모습, 머리를 쳐들고 웅크리고 있는 모습, 날으는 모습, 앞발에 붉은 불덩어리를 쥐고 있는 모습 등 여러 가지의 모습을 깃발에 그려 넣거나 수놓았다.

예술품이나 장롱이나 상자나 무기에도 호랑이가 그려져 있는 경우는 매우 흔하며, 심지어는 위에서 말한 네 가지의 영물과 동등하게 취급되는 경우도 있다. 고대 사회의 조선 사람들은 호랑이를 숭배했다.

용은 조선의 예술품에서 볼 수 있는 바와 같이 아마도 지금은 사라진 도마뱀 종을 지극히 가상적으로 묘사한 것에 지나지 않는 것으로 보이며, 신성이 부여된 네 개 영물[1] 가운데 하나이다. 용은 변화무쌍한 힘과, 뱀의 신비한 속성과 더불어 지느러미, 날개, 송곳니, 뿔, 발톱 등 동물의 생활에 필요한 공격, 방어력과 같은 힘의 화신이 되고 있다.

1) 청룡 · 백호 · 주작 · 현무를 뜻하는 것으로 보임.

용에는 수많은 종류가 있으며, 비늘 달린 괴수의 으뜸을 이루고 있다. 용은 또한 천만 가지로 모습을 바꾸는 기술과 자기의 뜻에 따라 남의 눈에 보이게 할 수도 있고 보이지 않게 할 수도 있는 재주를 가지고 있다. 봄이 되면 하늘로 올라갔다가 가을이 되면 깊은 물속에 잠긴다.

조선의 화가들이 즐겨 그리는 장면은 바로 용이 무시무시한 힘으로 움직이는 장면인데 이때는 항상 물, 구름, 또는 여의주가 함께 등장한다. 용은 여의주의 보호자로서 이를 얻고자 천지를 뒤집으면서 싸운다. 중국의 철학에서 용은 "우주를 창조하는 네 가지 힘 중의" 세 번째의 것과 동의어로 쓰이며 동쪽과 봄을 의미한다. 청룡은 동쪽의 보호자로 되어 있다.[2)]

용에 대한 대중적인 개념이나 화가들의 착상의 또 다른 일단은 용이 자기의 몸을 자유로이 변화시킬 수 있다는 사실에서 암시를 받는다. 왜냐하면, 이 전능한 괴수는 자기의 마음대로 누에고치만큼 작게 오므라들 수도 있고, 천지를 가득 채울 만큼 부풀어 오를 수도 있다. 하늘에 오르고자 하다면 구름을 비웃을 만큼 오를 수도 있고, 밑으로 내려가고자 한다면 깊은 샘물의 밑바닥까지 내려갈 수도 있다.

용은 우주에서 물의 원리를 표상화한 것이며 그의 변화무쌍한 형체는 천변만화하는 물의 능력을 관념적으로 표현한 것에 지나지 않는다. 조용한 이슬에서부터 성난 폭풍우에 이르기까지, 졸졸 흐르는 시냇물에서부터 도시를 집어삼키는 조수에 이르기까지 물은 때로는 대지를 적셔 기름지게 하고 때로는 파괴적이기도 한 것으로서 신으로부터 축복 받은 것이요 점잖고 불가항력적인 것이다.

이와 같은 물은 용으로써 상징화되었다. 하늘에 있는 용은 천상의 신궁을 보호하여 땅으로 떨어지지 않도록 하며, 자연 속에 있는 용은 바람을 불게

---

2) 청룡은 동쪽, 백호는 서쪽, 주작은 남쪽, 현무는 북쪽을 지키는 수호신이다.

하고 비를 내려 인간에게 유익함을 베풀고, 땅위에 있는 용은 강줄기를 지키며, 그 밖의 용들은 인간들이 보지 못하도록 감추어진 보물들을 지킨다.

이 마지막 용은 광물과 보석을 주관하기 때문에 인간들이 땅 속에 묻힌 귀중한 광물들을 캐려면 이 용을 달래거나 아니면 이겨야 한다. 그토록 용을 철저히 경배한다는 사실은 조선에서의 광업이 그토록 저조하고 금속 공업이 저해를 받고 있는 중요한 원인이 되고 있다. 용이 자신의 신성성에 대한 침략자를 추격하고 여의주를 차지하고자 서로 싸우는 모습은 동양화가들이 즐겨 그리는 대상이 되고 있다.

몸을 뒤트는 이 영물이 몸의 전체를 드러내는 경우는 드물다. 용은 구름이나 물속에 일부를 가린 채 항상 움직이는 듯이 보인다. 바다 밑의 세상에도 또한 네 마리의 용이 있어 각기 궁전을 차지하고 있는데 이들은 각각 동해·서해·남해·북해를 다스린다. 이 네 왕국의 대신과 전령들은 무서운 용들이다. 하늘이나 깊은 바다 속에서 벌어지는 이들의 싸움은 그곳에서 나타나는 소동의 원인이 되고 있다.

뿔이 없는 용도 있고, 결코 하늘에 오르지 못하는 용도 있다. 황용은 용 가운데에서도 가장 훌륭한 것으로 간주한다. 일반적으로 믿기에 용은 머리에 여의주를 가지고 있는데, 이 진주는 만병통치의 효험과 신통한 힘을 가지고 있다고 한다. 누구든지 이 여의주를 갖게 되면 천하무적이 되며, 그 자손들의 힘 또한 영원히 지속될 것이다.

용은 그의 성스러운 탄생과 성스러운 성격으로 대청황제에 관한 모든 것의 상징이 되고 있다. 그러므로 용은 중국 황제뿐만 아니라 그의 복속국인 조선 왕과 그의 적대국인 일본 천황도 이용하고 있다. 따라서 장식물이나 도구 위에 새겨진 세 개의 여의주가 갖는 의미는 그것이 왕의 곤룡포에 수놓은 것이든, 악사의 큰 북 위에 새겨진 것이든, 아니면 호위병들의 깃발에 금빛으로 수놓아 번쩍거리는 것이든 간에, 그것은 왕실과 연관을 맺고 있다.

곤룡포니, 용상이니 용기니 하는 것들은 모두가 왕의 외투, 왕의 옥좌, 또는 왕의 깃발을 뜻한다. 흔히들 대화를 나누면서도 최상의 것을 의미할 때는 용과 비교한다. 용의 아들이라 함은 준재를 의미하며, 용마라 함은 비범하게 빠른 말을 의미한다. "미꾸라지가 용됐다."는 말은 학생이 박사 학위를 받았다든가, 벼슬아치가 임금님의 부름을 받아 높은 자리로 올라가는 등 어떤 경사나 또는 진급을 의미한다.

기린은 중국의 철학과 신화에서 나오는 4개 영물 가운데 하나로 조선 사람들도 이를 믿는다. 조선의 미술에서 기린은 특히 평화와 즐거움의 상징으로 묘사되고 있으며, 기사에서는 상서로운 일이나 경사스러운 경우에 사용된다. 기린은 대체로 사슴의 몸집을 갖고 있으며 미용사의 솜씨를 연상케 하는 방법으로 높게 곱슬거리고 비꼬인 황소의 꼬리를 가졌는데 조선 사람들은 이 동물이 실제로 살아 있는 존재라고 생각한다. 앞머리에는 연한 외뿔이 달려 있다.

이 동물은 생물을 밟거나 해치지 않는다고 한다. 기린은 완전한 순결의 상징이며, 만물의 5대 요소인 오행, 곧 금·목·수·화·토의 화신이다. 기린은 또한 동물 가운데 가장 고결한 존재로 여긴다. 땅위에 기린이 나타나면 이는 언제나 선정의 정치가나 현군이 출생하는 것과 같은 길조로 생각한다. 그러므로 동양인들이 생각하기에는 공동 생활의 번영은 기린에 있다. 이 동물의 수컷은 기라 부르고 암컷은 린이라고 부르는데 2자를 합하여 통칭 기린이라고 부른다.

거북은 인간을 즐겁게 해 주는 미신이라고 하는 거대한 테두리 가운데 중심을 이루고 있어서 조선의 미술에서도 가장 자주 이용되는 일련의 상징 가운데 하나이다. 거북의 등의 모습은 신비한 의미를 담고 있기 때문에 점을 친다는 것은 거의 모두가 거북 껍질과 관련을 맺고 있다.

중국의 전설에 따르면 오랜 옛날 황하에 한 신령한 거북이 나타났다. 당시의 한 성현은 그의 등에서 숫자의 배열을 발견함으로써 여기에서 수학의 원리와 철학의 기초를 얻었다고 한다.[3] 그 거북은 대웅좌의 별이 화신한 것으로서 모든 거북의 선조라고 알려져 있다. 거북은 스스로 다른 생명체로 변신할 수가 있으며 1만 년을 산다. 따라서 거북은 장수의 상징이다.

거북은 자기 자신의 생각만으로도 임신할 수 있다고 한다. 또한 전하는 말에 따르면, 거북은 10종이 있는데 그 가운데 어느 것은 절반은 용이고 절반은 거북으로서 은 술처럼 생긴 꼬리를 달고 있다고 한다. 이 거북은 수신의 발현이기 때문에 그가 나타난 곳에는 샘물이 있다 하여 이곳을 파는 예가 자주 있다.

거북은 또한 불멸과 힘의 상징으로 되어 있기 때문에 성 위나 출입구에 종종 그 그림을 붙인다. 조선의 많은 성문에는 동에 새긴 거대한 거북이 놓여 있다. 단일석을 깎아 커다란 거북을 만들고 이를 초석 삼아 그 위에 비석을 세우는 경우에서도 그와 같은 관념이 잘 나타나고 있다. 조선의 옥새도 거북의 모양을 하고 있다. 봉황도 또한 거북의 위에 있는 것으로 표현되고 있다.

"거북의 다리로 이 지구가 지탱되고 있다"는 중국인의 생각은 거북을 딛고 있는 코끼리의 등 위에 이 세상이 올려 놓여 있다고 하는 힌두교적 관념과 밀접한 관련을 맺고 있다. 중국인의 경우와 마찬가지로 조선 사람들은 거대한 거북이 그의 등으로 산을 받치고 있는데 거북의 등은 지름이 몇 천 리일 것이라고 일반적으로 믿고 있다.

봉황은 기린과 마찬가지로 현군이 태어나는 순간이나 태어날 무렵에 나타나기 때문에 평화와 선정의 상징으로 되어 있다. 이 새의 수컷은 봉이고 암컷은 황(凰)인데 합하여 통칭 봉황이라고 한다. 그의 찬란한 깃은 5색 광채로 묘사되는데 이 5색은 각기 다섯 가지의 기본적인 미덕의 전형이다.

모양으로 보면 봉황은 공작과 황금빛 꿩을 이상적으로 배합한 것 같지만

---

3) 서기 전 2,000년경에 중국의 우 임금이 낙수의 치수 공사를 하고 있을 때 발견된 거북의 등에 그려져 있던 숫자 곧 마방진(낙서)을 의미한다.

그 것은 아름답게 굽이치며 곱슬곱슬하다. 이 새는 선정의 상징일 뿐만 아니라 나눌 수 없는 부부애를 뜻한다. 따라서 봉황은 전형적인 구애와 부부애를 뜻하는 것으로 싯귀에 인용된다. 그의 울음소리는 억양이 여러 가지로 나타나는데 이 음향에는 각기 명칭이 붙어 있다. 이와 같은 이유로 말미암아 봉황은 악기의 장식에 조선 사람들이 즐겨 사용하고 있다.

조선 사람들이 사용하는 또 다른 상징으로서는 아름답게 곱슬거리는 털과 갈기를 가지고 있는 중국의 사자가 있다. 갈기는 아름답게 곱슬거리는 송이를 이루고 있다. 이 동물은 험악하고 무서운 존재의 대표적인 것으로 묘사되고 있다.

"웅개"[4]라고 하는 품종의 개는 이빨, 발톱 그리고 털이 제멋대로 큰 개로서 지구를 떠받들고 있다는 거북에서 그 이름을 따온 것이다. 이 개는 보석함의 가장자리나 뚜껑 위에 수호상으로 조각되어 있는데 그 이유는 인간이란 견물생심이어서 손가락으로 용기 안의 것을 집어먹다 보면 욕심이 생겨 손찌검을 할 수도 있기 때문이다. "불구"라고 하는 훌륭한 조각품은 보통 중국의 불교 예술과 밀접한 관계를 맺고 있는 것이나 조선에서 비롯된 것으로 보인다. 쟈크마르트[5]는 이 개를 "조선 개"라고 부르고 있다.

조선 사람들의 환상 속에 존재하는 또 다른 신비한 존재로서는 물고기와 뱀의 형상을 하고 있는 것이 있다. 인어는 사이렌[6]의 일종으로 동해에 살고 있다고 하는데, 어느 정도까지가 황당무계한 것인지, 아니면 전적으로 사실인지는 우리로서는 말할 수가 없다. 이 인어의 길이는 6~7피트이며, 코·입·귀·팔(지느러미) 등은 비늘 없는 흰 살갗으로 덮여 있기 때문에 머리

4) 웅개 : 원문에는 ngao로 되어 있으나 무엇을 의미하는지 알 수 없다.
5) 쟈크마르트(Nelie Jacquemart : 1840~1912) : 프랑스의 화가로서 특히 풍속화 탁월했다. 파리에는 오늘날 그의 유품을 모은 기념박물관인 Musee Jacquemart Andre가 있다.
6) 사이렌(Siren) : 그리스 신화에 나오는 바다의 요정. 그 모양은 반인반조로서 아름다운 노래를 불러 근방을 지나는 선원들을 유혹하여 파선시켰다고 함.

신미양요 당시(1871)에
미군이 노획했던 군기

나 체구는 인간을 닮았다.

인어는 또한 말처럼 길고도 날씬한 꼬리를 가졌다. 이들은 새끼들에게 젖을 먹이며, 그 자식들이 잡혀가면 눈물을 흘린다. 조선 사람들은 이를 인어라고 부르지만, 이 동물은 우리가 여러 차례 문헌에서 본 바에 따르면, 청나라 황제에게 보낸 선물인 것으로 보인다. 어느 사람은 그러한 존재가 유럽에도 알려져 있는지 조사해 보았더니 제수이트의 탁발승이 그의 저술에서 그와 유사한 조각품을 보여주었다. 인어는 제주도 근해에서 살고 있다고 보고된 상어와 동일한 것일는지도 모른다. 이 상어가 울 때면 진주가 나온다고 한다.

지반을 흔든다는 일본의 지진어의 경우와 마찬가지로 이시미[7]라고 하는 거대한 해수도 전혀 환상적인 것이다. 그 단어 자체가 순전한 조선어이며, 서양 사람들이 거대하고 불확실한 상징으로 가상하고 있는 해룡에 해당하는 것일 수도 있다.

훠거슨[8] 씨는 조선에서의 나무와 뱀의 경배에 관하여 그의 저술에 새로

---

7) 이시미 : 이무기의 별칭. 용이 되려다가 되지 못하고 물속에 살고 있다는 해묵은 구렁이.
8) 훠거슨(John C. Ferguson : 1866~1945) : 캐나다 온타리오 태생의 미국인. 보스턴대학을 졸업하고 중국에 건너가 중국학을 연구한 뒤 남경대학 총장을 역임하고 남경 정부의 외교 고문(1898~1911), 중화민국 총통 고문(1917~1928)을 역임했다.

운 한 장을 부가해야 함은 의심할 나위도 없다. 왜냐하면, 조선에서는 나무란 영혼의 안식처로 경배를 받고 있을 뿐만 아니라 뱀이 설령 나타난다 하더라도 죽이는 일이 거의 없기 때문이다. 순수한 조선어인 "업꾸러기"라는 말은 자기의 가족적 낙원을 주재하는 뱀을 지칭하는 단어이다.

조선 사람들은 유대교의 전설에서처럼 뱀을 악의 화신으로 보지 않고, 오히려 뱀이 나타나면 축복의 전조라 하여 환영한다. 뱀은 마치 애완동물처럼 취급을 받는다. 뱀이 오래 산 뒤에는 두개골 속에 값진 보물을 가지게 된다고 조선 사람들은 믿고 있다. 뱀은 종종 천 년을 살며, 이렇게 오래 산 뱀은 앞머리에 야광주를 지니고 다닌다고 한다. 조선 사람들은 광석, 특히 금강석을 지칭할 때 이 야광주라는 말을 쓴다.

수호신과 같은 이 뱀은 두 쌍의 날개와 함께 삐죽이 나오는 길쭉한 세 갈래의 혀를 가지고 있으며 구름 속을 날아다니면서 자기를 숭배하는 사람들의 적을 물리쳐 줌으로써 이들을 보호한다고 한다. 아래의 삽화는 1871년에 조선의 산 사람들이 자기의 집에서 한강 포대에로 가져갔던 군기 가운데 하나에서 복사한 것이다. 깃대의 끝은 꿩의 깃과 말총으로 장식되어 있다.

조선 사람들이 뱀을 두려워하는 것은 그에 대한 경배심 때문이다. 일반적으로 그들은 뱀에 물리지 않도록 상당한 주의를 기울이고 있다. 흔히 볼 수 있는 흑사 이외에도 태어날 때 어미를 죽인다는 살모사가 있다. 이 뱀에게 물리면 매우 위험하다고 한다. 대망[9]은 몹시 큰 뱀이다. 독사화는 파충류를 몰아내는 것이라 하여 조선 사람들은 이를 몹시 귀하게 생각한다.

하멜이나 프랑스 선교사들은 조선을 묘사하면서 이 땅은 파충류, 뱀 그리고 온갖 해로운 조수가 득실거리는 나라라는 데 의견을 함께 하고 있으며 조선 사람들이 그들을 숭배하고 있음을 증명하고 있다. 조선의 민담에는 집

---

9) 대망(大蟒) : 이무기의 한자.

승들이 중요한 역할을 하고 있다.

날개가 제대로 달린 또 다른 날짐승으로서는 짐새라는 것이 있다. 이 가상적인 새는 매우 심한 독을 뿜을 수 있기 때문에 그의 그림자가 음식에 비치기만 해도 해를 입는다. 우리가 위에서 열거한 짐승들의 목록은 너무도 간단한 것이어서 조선 사람들의 상상 속에 살아서 움직이고 있는 존재들을 전부 기록하지는 못한다. 과학과 기독교도는 이와 같은 이교적인 섬망증[10]의 치료약이 되고 있다.

천공과 그 속에 살고 있는 가시·불가시적인 온갖 존재들을 예로부터 이제에 이르기까지 조선 사람들이 끈질기게 숭배하고 있다고 하는 사실은 그들이 가지고 있는 삼각형의 길쭉한 군기에서 잘 나타나고 있다. 이와 같은 모든 짐승들이나 자연의 힘은 신령 의 통제를 받고 있다고 조선 사람들은 믿고 있다. 이 신령들은 자기의 기분에 따라 햇볕이나 비를 내리거나 거두며 피해가 막심한 서리나 질병을 보내기도 하고 풍요와 기쁨을 보내기도 한다는 것이다.

못된 마음씨를 가진 선동가는 자기가 용의 이빨을 파종한 땅을 가지고 있다고 민중을 기만할 수도 있고 이로 말미암은 민중들의 두려움을 기화로 하여 가공할 민중 폭동을 일으킬 수도 있다는 가능성을 우리는 곧 알 수가 있다. 이와 같은 현상의 가장 최근의 예로서는 1882년 7월에 발생한 대신 및 일본인 학살 사건(임오군란)을 들 수가 있다.

오랜 가뭄으로 흉년이 들자 수구파의 지도자들은 외국인이 입국하여 신령이 분노함으로써 비를 내리지 않는다고 민중을 선동했다. 일본인들이 서울에서 쫓겨나자 여러 시간 동안 폭우가 쏟아졌다는 사실로 말미암아 그들의 소신은 더욱 굳어졌다.

---

10) 섬망증(delirium tremens) : 알코올 중독으로 인하여 헛소리를 하며 떠드는 병.

제 34 장 전설과 민담

서구인들과 같은 심리 상태를 가진 민족의 역사를 음미하거나 이해하기란 어렵지 않다. 우리들이 받은 것과 동일한 심리적 일광을 받으면서 자라온 언어로 기록된 그들의 역사를 바라보면서 우리는 흰 빛을 통하여 그들을 관찰하고 있는 듯이 보인다. 우리에게 친숙해진 지적 풍토 위에서 자란 과일을 먹으면서 우리는 다소 이상한 향기를 느끼는 때가 있기는 하지만 과일의 살은 훌륭하여 지적인 소화를 거부하지 않고 이를 흡수한다.

진리란 달과 마찬가지여서 늘 한 쪽 면만을 보이지만 대부분의 인간은 그러한 사실을 알고 있으면서도 자신은 그렇게 생각하지 않는다. 그들은 진리의 양면을, 아니 달의 전체를 보았다고 기꺼이 상상하고 있는 것이다. 여러 아리안족의 역사에 친숙한 우리들은 그들의 역사가 우리 앞에 명료하게 노출되어 있다고 생각하고 있다. 우리로서는 그들의 일을 이해할 수 있고 그들의 세상이 우리에게 더 이상 소개될 필요가 없음을 이해할 수 있다고 우리들은 주장하고 있다.

미국 독립 100년제나 또는 다른 민족의 산업박람회를 참관하는 사람은 그곳의 예술, 종교적 상징, 건축, 실내의 생활 용기, 그리고 내면적 이상을 밖으로 표현한 여러 가지 사물들을 바라보면서 자신과 비교하여 궁리하게 된다. 이들은 이 지구상의 잡다한 문명을 표피로 썼거나 또는 구체적인 인간의 정신을 발현하고 있다.

아리안 민족의 고향인 인도의 전시장 앞에 서 있는 서구 기독교 문명국의 한 국민은 자기 마음의 눈을 통하여 힌두교와 자기 사이에 가로 놓여 있는 넓은 간극을 보게 되겠지만, 결국에는 이 넓은 거리에 가교를 놓을 수가 있게 된다. 그는 언어, 예술, 신화, 민담을 연구하노라면 두 민족은 모두가 아직 유치하다는 점에서 동일하며, 오늘날 문명의 차이점은 별로 중요한 것이 아님을 알게 된다. 아리안족과 힌두족은 그 심층에서 볼 때 같은 형제이다.

몽골족과 아리안족 사이에는 아직 그와 같은 이념적인 화합이 보이지 않는다. 중국인의 예술, 상징, 이념, 문학, 언어 그리고 육체적 외모에서는 아직 그와 같은 문명의 가교가 이루어질 수 없다. 중국인은 다른 위성에서 온 사람처럼 보인다. 어원으로 보더라도 그들의 언어는 아직 아무런 단서를 찾을 수가 없으며, 그들의 예술과 상징은 다른 극지의 것처럼 보인다. 민족성으로 보더라도 오늘의 현실에서 나타나는 이질성은 전면적으로 도저히 화합할 수 없는 것처럼 보인다.

따라서 서구어에 의하여 외형적으로 노출된 사실만을 단순하게 서술함으로써 우랄 알타이 민족의 역사를 기록하려고 시도하는 것은 여러 민족의 유품이 전시된 박물관에 또 다른 백골을 진열하는 것에 지나지 않는 것으로 보인다. 단순히 헐뜯으려는 비판적 방법에 의해서 비평가들이 즐겨 쓰는 소위 저들의 "역사"를 발굴하고자 모든 민속이나 전통을 난도질함으로써 역사적 형해를 다루어 보려고 한다면 이는 곧 부자연스럽고도 기만적인 행위로밖에는 보이지 않는다. 그와 같은 방법은 몇 온스의 쇠고기나 치즈로써 셰익스피어의 진수를 연관 지으려 하거나 저울로 시의 가치를 재려고 하는 것과 같다.

아시아 민족의 역사는 사실의 역사요 왕조의 역사인 것과 마찬가지로 그들의 정신적 · 심리적 역사여야 한다. 그러므로 조선 민족과 같이 새롭고 거의 알려지지 않은 민족의 역사를 기술하면서 우리들은 실제로 발생했었다고 스스로 믿고 있는 사실들을 기술하려는 노력에 못지않게 실제로 발생했었다고 "그들이" 믿고 있는 사실들을 기록하는 것이 중요하다고 생각한다. 우리가 한 민족을 이해하려면 그들의 실제 주위 환경은 물론 그들의 정신세계를 알아야 한다. 조선의 전설에 따르면 그들의 국가 민족의 연원은 다음과 같다.

> 먼 옛날 이 나라에는 왕도 없었고 추장도 없었다. 한 천신이 하늘에서 내려와 백두산 신단수 밑에 자리를 잡았다. 그곳 주민들은 그를 군주로 받들어 신민이 되었으며, 그를 단군이라 부르고 그의 왕국을 조선이라 불렀다.[1)]이 일은 당고 요(서기전 2356년) 시대에 일어났다.[2)]
>
> 그가 최초로 도읍을 정한 곳은 평양이었으나 얼마 뒤 부여로 옮겼다가 다시 아사달에 정착했는데 이때는 서기전 1317년, 은 탕왕 8년이었다. 그의 후손들은 1천년 이상 조선을 다스렸으나 단군 이후의 치세에 관해서는 더 이상 알려진 바가 없다. 그 뒤 그들은 중국의 귀족인 기자가 세운 나라에 복속되었다.

신라국의 신비스러운 건국은 그곳의 지방 민담에 다음과 같이 전해지고 있다.

> 중국의 황제가 조선을 침략한 뒤 많은 원주민들은 동해안 쪽으로 도망하여 흩어졌다. 그들은 산간, 계곡 그리고 해안을 따라 정착했는데 그 가운데 어느 곳은 시간이 흐름에 따라 커다란 마을로 발전했다. 어느 날 한 부락의 족장은 말들이 산을 향하여 우는 소리를 들었다. 그는 소리 나는 쪽으로 가

---

1) 이 기사에 관해서는 필자가 오기하고 있다. 하늘에서 내려온 천신은 천제 환인의 서자 환웅이며, 단군은 환웅의 아들이다.
2) 『삼국유사』에 따르면 단군이 조선을 건국한 당고 요 정사는 서기전 2333년이다.

보았지만 말은 보이지 않고 표주박처럼 생긴 커다란 알을 발견했다. 그가 조심스레 그 알을 깨어 열어 보았더니 아름답게 생긴 한 사랑스러운 남자 아기가 그 안에 들어 있었다. 그러한 광경에 감격한 그 노인은 그 아기를 자기의 집으로 데려와 아들로 삼았다. 그 소년은 점점 자라 그를 보고 아는 모든 사람들로부터 사랑을 받았다. 그러다가 그가 16세가 되던 해에 육촌의 족장들이 함께 모여 그 소년을 자기들의 군주로 선출했다. 촌장들은 그에게 거서간이라는 칭호를 주고 나라 이름을 서라벌이라 했다. 새로운 왕은 용의 소생이라고 알려진 한 아름다운 여인을 아내로 맞이했다. 그들은 60년간 나라를 다스리다가 딸에게 왕위를 물려주었다.

여왕은 재위 15년 만에 멀리서 온 한 젊은이와 결혼했는데, 이 남자의 출생은 여왕의 부모들의 출생만큼이나 놀라운 바가 있다. 그의 어머니는 왕비였는데 어느 날 한 알을 낳았다. 그와 같은 출산을 일찍이 보지 못한 왕은 그 알을 밖에 버렸지만 왕비는 그것을 다시 찾아 보자기에 조심스럽게 싼 다음 많은 보석과 함께 상자에 넣어 바다에 띄었다.

여러 날이 지나 그 상자는 멀리 떨어진 어느 해안에 밀려왔다. 그물로 상자를 건져낸 어부들은 아무런 생각 없이 다시 그 상자를 바다에 던졌다. 그 상자는 신라의 어느 항구에 표착했다. 한 노파가 그 상자를 발견하고 뚜껑을 열어 보았더니 얼굴에 웃음이 가득한 한 미소년이 들어 있었다. 노파는 그를 정성스레 키웠더니 그는 건장하고 키가 9척이나 되는 장부가 되었다.

그는 기운과 재능에서 출중했다. 노파가 이 표착물을 처음 보았을 때 그 해안의 주변에는 수많은 까치가 있었기 때문에 그 노파는 이 새들의 출현을 참작하여 그에게 석탈해라는 이름을 지어 주었다.[3] 풍수에 탁월했던 그는 훌륭한 집터를 찾아 내어 그 위에 집을 지었다. 그의 명성을 들은 신라의 왕

---

3) 그의 성인 석(昔)은 작(鵲, 까치)에서 따온 것이며, 탈해란 알에서 나왔음을 의미하는 것이다. 이 기록에서는 탈해왕이 혁거세의 사위인 것처럼 기록되어 있으나 이는 오기이다. 탈해왕은 2대 남해왕의 사위이다. 『삼국사기』 신라본기 탈해왕조 참조.

비는 그를 사위로 삼았다.

새로이 등극한 탈해왕은 어느 날 저녁 숲속에서 한 마리의 닭이 서쪽을 향하여 우는 소리를 들었다. 왕은 시종을 보내어 알아보았더니 작은 금빛 상자가 나무에 걸려 있고 그 밑에서는 한 마리의 흰 닭이 울고 있었다. 시종은 사실대로 왕에게 아뢰었다. 왕은 다른 시종을 그리로 보냈다. 그가 가져온 상자를 열어 보았더니 그 안에는 남자 아기가 들어 있었다. 그에게는 김알지라는 이름이 주어졌다. 이 소년은 성장하여 아버지의 왕위를 이었다.[4] 왕위가 21대[5]에 내려오도록 당시 진한이라고 불리던 이 나라의 백성들은 22대 왕에 이르러 국호를 신라로 바꾸었다.[6]

『조선문전』에는 많은 민담들이 조선어와 프랑스어로 수록되어 있는데 다음의 것들은 그 가운데 가장 특징적인 것들을 뽑은 것이다. 맨 처음의 것은 우리들의 보편적인 인간성을 잘 보여주고 있다.

세 가지의 소망

옛날에 한 늙은 부부가 자식도 없이 살고 있었다. 찢어지게 가난한 그들은 처량하게 살았다. 어느 몹시 추운 겨울밤 저녁을 홀짝거리고 난 뒤 그들은 화로 속의 불을 바라보았다. 얼굴을 마주보며 앉아 있던 그들은 잠시 아무 말 없이 몸을 덥게 했다. 이때 그 착한 할아버지가 입을 열었다.

"돈 많은 사람들이야 겨울이 썩 좋지. 먹을 양식도 마련되어 있겠다. ……. 그들이야 고생하지 않고서도 편안하게 살 수 있으니까. 그러나 가난한 사람들이야 입에 풀칠할 것도 없고 방은 차가우니 겨울이면 고생스럽지.

---

4) 김알지(金閼智)는 왕위에 오르지 못했고 그 7세손인 13대의 미추왕이 김씨로서 최초에 왕이 된 인물이다.

5) 소지왕(炤知王 : 479~500)을 의미함.

6) 지증왕(智證王 : 500~512) 때 이르러 사로·사라 등으로 불리던 국호를 신라로 개정함.

눈비를 맞으며 나무를 하러 산에 갔다가는 추위로 얼어 죽거든."

그의 착한 아내가 대꾸했다.

"하늘은 옳다고들 하던데 세상은 왜 이 꼴이지? 하늘에 빌면 바라는 것을 쉽게 얻을 수 있다는데 우리도 부자가 되어 달라고 빌면……"

"당신 말이 맞아 그렇게 하지."

영감이 대답했다. 그러고 나서 두 부부는 엎드려 하느님께 열심히 빌었더니 갑자기 신선이 나타나 이렇게 말했다.

"너희들의 불평에도 불구하고 하늘은 너희를 불쌍히 여겨 너희에게 세 가지의 소망을 이루어 줄 것이다. 그 뒤로는 더 이상 청할 수도 없을 것이니라. 잘 생각해서 소원을 말하여 보라."

이렇게 말하고서 그 신선은 사라졌다. 영감이 이렇게 제의하여 보았다.

"돈과 건강과 장수를 부탁한다면 ……."

" 안돼요."

노파가 말했다.

"자식이 없다면 그런 것들이 모두 소용 없다우. 무엇이 좋을까?"

"가만 있자! 나는 이제까지 아무런 소망도 없었으니, 어쩐다? 하느님이 네 가지 소망을 허락하여 주었더라면 좋았으련만 하필이면 세 가지라니? 아이를 바란다면 건강을 뒤로 미룰 것인가, 돈을 버릴 것인가, 아니면 장수를 포기해야 하나? 참으로 결정하기가 어렵구만. 그러니 오늘 밤 곰곰이 생각하여 보고 내일이면 결정을 합시다."

얘기를 마치자 두 부부는 몽상 속에 젖어들었다. 잠자리에 들 무렵 노파는 부젓가락으로 화롯불을 뒤적거리며 이렇게 생각했다.

"이런 날에는 이 화로에 구어 먹을 서너 자짜리 가래떡이나 있으면 정말 좋겠구나."

말이 마치자 옆자리에 석자짜리 가래떡이 나타났다. 남편은 화가 너무 치밀어 올라 소리를 벌컥 질렀다.

"원 이런 할망구가 있담! 그 말 한마디로 당신은 우리의 복을 모두 털어

버렸구려. 그 죄로 그 가래떡이 당신 콧등에 올라붙었으면 좋겠구먼."

말을 마치자마자 그 가래떡이 껑충 뛰어오르더니 노파의 콧등에 붙었다. 이에 놀란 남편이 소리쳤다.

"맙소사! 내가 화를 낸 실수로 한 가지 소망을 또 하나 잃었구먼."

그들은 가래떡을 떼느라고 번갈아 가며 코가 비틀어지도록 잡아 당겼지만 떡은 떨어지지 않았다.

"원! 세상에⋯ ⋯. 이 떡이 여기에 이렇게 언제나 붙어 있다면 나는 어떻게 사나?"

노파는 울면서 말했다. 그러나 그 남편은 그와 반대로 전혀 괘념치 않고 이렇게 말했다.

"우리에게 아직도 이루어질 수 있는 소망이 있다면, 이 가래떡을 가려 줄 관이나 하나 만들 수 있으면 좋겠구나. 그렇게 하여 가래떡을 길게 빼 눌리면 보기가 더 좋겠구려."

이에 더욱 처량해진 아내는 이렇게 소리쳤다.

"아이구, 내 팔자야, 이 가래떡이나 떨어져 나갔으면 좋으련만. 당신이야 부자가 되든 장수를 하든 나는 죽고만 싶구려."

말을 마치자 노파는 끈으로 대들보에 목을 매려 했다. 이에 남편은 두려운 생각이 들어 급히 아내를 만류하면서 이렇게 말했다.

"그러지 말구려. 우리에게는 아직도 이루어질 수 있는 소망이 하나 더 있으니, 당신 마음대로 하구려."

"그렇다면 내 코에 붙은 이 가래떡이나 없어졌으면 좋겠구려. 빨리 좀 없어졌으면 좋겠는데. 그것이 내 첫째 소망이라우."

노파의 말이 떨어지자마자 가래떡이 땅바닥에 철썩 떨어지면서 하늘에서 성난 목소리가 들여왔다.

"너희들은 이제 소망하던 세 가지를 이루었는데 무슨 큰 덕을 보았느냐? 이 세상에서 진정한 복락을 누리고자 한다면 하늘이 준 것으로 만족하며 살 것이지 허황된 욕심을 부리지 말도록 하라."

두 늙은 부부는 가래떡을 꼬챙이에 꿰어 먹고, 그날 밤부터 어리석은 욕심을 부리지 않았다. 다음날 이 부부는 자식을 갖고 싶다던 그들의 가장 큰 소망이 이루어져 사고무친한 한 작은 고아를 얻었다. 이 고아를 양자로 맞아들인 두 부부는 그 아들을 훌륭하게 키우고 늙도록 장수하며 행복하게 살았다.

다음의 이야기는 조선의 관리들이 얼마나 재치가 있으며 날렵한가를 보여주고 있다.

코 이야기

전라도 유수부에 한 관리가 살고 있었는데 그는 조정에 1만냥의 빚을 지고 있었다. 이를 지불할 수 없는 그는 결국 사형을 당하게 되었다. 옥에 갇힌 그 관리는 왕의 처형 명령이 내리기만을 기다리고 있었다. 사태를 해결할 수 있는 방법을 생각해 내지 않는다면 죽음을 면하기 어렵다는 것을 알고 있는 그는 한 계략을 꾸며 냈다. 그리하여 그는 옥리를 불러 이렇게 말했다.

"여보시오! 당신은 내가 잠시 밖으로 나갈 수 있도록 좋은 일을 좀 하구려."

그러자 옥리는 이렇게 대답했다.

"여보, 그게 무슨 악담이오, 내일 모레면 죽을 사람을 도망시킨다면 나는 어떻게 되란 말이오?"

죄수가 다시 말했다.

"당신은 나의 친구가 아니오? 당신이 아니면 누가 나의 생명을 구해주겠소? 잠시 생각하여 보구려. 내 처자식, 내 집, 내 재산, 내 모든 친척과 친구들이 이곳에 있는데 내가 어디로 달아나겠소? 당신이 나를 잠시 내보내 준다면 나는 도망치지 않고서도 내 목숨을 구할 수 있는 방법을 찾을 수 있겠소. 제발 그렇게 좀 해주시오."

죄수가 이렇게까지 간절하게 말하자 측은한 생각이 든 옥리는 그를 내보내 줄 수밖에 없었다. 그리하여 밖으로 나온 그는 밤중에 감사가 자고 있는 방문 앞에 나타나서 이렇게 말했다.

"사또? 주무십니까?"

그 목소리를 들은 감사는 그가 지금쯤은 옥에 갇혀 있을 죄수의 몸이며, 더구나 그는 곧 처형될 사람인을 알고 크게 놀라 물었다.

"거 누구냐?"

"소인입니다."

관리가 대답했다.

"너는 곧 처형될 죄인의 몸으로서 어떻게 이곳을 왔느냐?"

관리가 말했다.

"안으로 들어가 사또께 인사를 드릴 수 있도록 허락하여 주신다면 긴히 아뢸 말씀이 있습니다."

"오, 그러냐! 그렇다면 들어와 말하라."

안으로 들어간 관리는 가까이 다가가 앉아서 이렇게 말했다.

"사또께서는 제가 아뢰는 말씀을 통촉하시기를 바랍니다. 만약 사또께서 소인을 처형한다면 이는 세상에 보잘것없는 한 목숨을 죽이는 것에 지나지 않으며, 내가 진 빚은 조정에 손실이 될 것입니다. 그렇다면 사또로서 득이 될 일이 무엇이 있겠습니까? 그러나 그 반대로 사또께서 저의 목숨을 살려 준다면 이는 세상에 한 사람이 더 생기는 것이오며 저는 조정에 진 저의 모든 빚을 갚겠습니다. 그러니 저를 살려 주십시오."

"그렇게 될 수만 있다면 네 일이 잘되기만을 바란다."

"소인은 그러면 내일 밤에 다시 와서 뵙겠습니다."

"네 좋을 대로 하라."

그 다음날 밤 관리는 다시 감사를 찾아와 뵙기를 청했다. 감사에게 다가간 그는 큰절을 하고 소매 속에서 꾸러미를 꺼내어 푼 다음 사람의 코를 그린 그림을 펴보였다. 그는 곧 감사에게 그 그림 위에 관인을 찍어 달라고 청했다. 감사는 그에 응낙하여 자기의 관인을 찍어 주었다.

그 관리는 이제 함께 공모한 세 동료를 불러 모았다. 그들은 동해안으로 떠났다. 그곳에는 주민이 많이 살고 있는 한 마을이 있었고 그 가운데는 고래 등 같은 저택이 있었다. 그들은 어느 집에 들러 주인을 불러서 이렇게 물었다.

"우리가 방금 지나온 마을의 이름은 무엇이며, 그 고래 등 같은 집은 누구의 것인가?"

주막집 주인이 대답했다.

"그 집은 돈이 매우 많은 선비의 집이지요. 그는 작년에 과거에 급제하여 조정의 대직에 곧 오른답니다."

그 관리는 동료 가운데 한 사람을 데리고 그 저택을 찾아 들었다. 그 집은 그 가 생각했던 바와 같이 유족한 집안이었다. 그는 주인의 아들을 불러 이렇게 말했다.

"은밀히 할 애기가 있으니 다른 방으로 좀 갑시다."

그들은 옆방으로 들어갔다. 관리가 입을 열었다.

"이걸 보시오 지금 상감께서는 병이 위중하십니다. 조정에서는 8도의 명의들을 불러 물어보았더니 상감의 병을 고칠 수 있는 유일한 방법은 여기에 있는 것과 꼭 같은 코를 찾아 약재로 써야 한다고 대답했답니다. 우리는 바로 조정으로부터 그러한 명을 받고 온 사람들이오. 조정에서는 이 그림에 있는 코를 잘라 오도록 우리에게 명했소. 그 명령에는 '장소와 사람을 불문하고 이 그림과 닮은 코를 만나면 그를 베어 조정에 올리라'고 되어 있소. 그 지엄한 명령에 따라 우리는 여러 차례 지방을 다녔지만 이 그림에 일치하는 코를 찾지 못하고 이토록 멀리까지 헛수고만 하며 다녔소. 그러나 이제 보니 더 이상 고생할 것 없이, 당신 아버지의 코가 이 그림과 정확히 닮았소. 우리는 그를 보고자 합니다. 그가 어디에 있든지 우리는 그분의 코를 베지 않고서는 떠날 수가 없습니다."

그 아들이 울면서 소리쳤다.

"아무려면 의사들이 그렇게 말할 수 있겠소!"

"누가 감히 어명을 거역하려 하오? 어서 속히 코를 베어 오시오. 우리는 떠나야 하오."

그 아들은 깊은 생각에 잠겼다.

"이건 나라의 문제이니 우리로서는 막을 수도 없는 일이군요. 코를 베어오라고 말하지만 늙으신 아버지의 코를 벨 수는 없습니다. 우리 집안의 남녀노소가 모두 슬픔에 빠질 겁니다. 만약 당신들이 우리 아버지의 코를 베어가지만 않는다면 적어도 우리 집안 행복의 절반은 돌려 줄 수가 있는데… …."

관리가 대답했다.

"우리는 애당초 그 코를 베어가지고서야 떠나기로 마음을 먹었지요. 그러나 이는 부모를 사랑하는 자식의 문제요, 자식의 효행을 억누를 수도 없으니 우리로서는 당신 아버지의 코를 베어갈 수도 없구려. 만약 당신이 우리에게 얼마간의 돈을 마련하여 준다면 우리는 달리 어떻게 코를 마련하여 왕에게 바치겠소."

관리는 내심 좋아하며 만 냥의 몇 곱을 받았다. 그는 지불인에게 날짜와 장소를 적은 영수증을 주고 떠날 무렵에는 이렇게 충고하여 주었다.

"이번 일은 도무지 발설해서는 안 되오. 만약 사건이 발각되어 좋은 코를 찾고서도 뇌물을 받고 놓아 준 것을 조정에서 알게 된다면 우리는 잡혀 죽을 것이오. 그들은 당신 아버지의 코를 벨 것이며 당신들의 재산도 가져갈 것이오. 그러니 이 비밀이 탄로되지 않도록 하늘에 비시오."

이렇게 말하고서 그들은 떠나갔다. 아버지의 코가 달아나지 않은 것이 기쁘기는 했지만 왕이 알면 다시 사람을 보내리라는 것을 알고 있는 그 아들은 아버지가 죽을 때까지 이 사실을 감히 발설하지 못했다. 아버지가 돌아가시자 그는 침묵을 깨고 이렇게 말했다.

"나는 수만 냥을 주고 내 아버지의 코를 샀느니라."

다음의 이야기는 읽어 보면 그 재미를 스스로 알게 된다. 정조대왕은 조선의 하룬 알 라쉬드[7])이다.

자비로운 정조대왕의 이야기

조선에는 정조라는 왕이 있었다. 그 왕은 마음씨가 착하기가 열대 왕 가운데 으뜸이었다. 어느 날 그는 미복에 시종 하나만을 데리고 도심을 벗어나서 백성들의 마음과 생활을 자세히 알고자 했다. 어느 곳에 이른 왕은 불빛이 새어나오는 한 창문을 보았다. 집은 몹시 초라했다. 허물어져 가는 바깥 모습이 너무 처량하여 왕은 집안 살림이 어떠한지를 알아보고 싶었다. 안의 모습이 몹시 궁금한 왕은 창문에 구멍을 뚫고 들여다보았더니 한 할아버지는 울고 있고 한 남자는 흐느끼며 노래를 하고 있으며, 고깔 쓴 여인이 춤을 추고 있었다. 그와 같은 광경의 영문을 알 수 없는 왕은 시종에게 주인을 부르도록 명령했다. 시종은 왕명에 따라 소리쳤다.

"주인장 계시오?"

밖의 인기척을 들은 그 남자는 울면서 밖으로 나왔다. 왕은 그에게 절하며 말했다.

"초면입니다."

"예, 그렇군요. 그런데 어쩐 일이십니까? 밤중에 나를 찾는 이유는 무엇인지요? 성씨가 누구신지요?"

그 남자가 울면서 물었다. 정조가 대답했다.

"나는 문 안에 사는 이 서방이라오. 당신 집 앞을 지나자니 이상한 소리가 들려 발길을 멈추었다오. 문구멍을 뚫고 들여다보니 할아버지는 울고 고깔 쓴 여인은 춤을 추고 있고 한 선비는 울면서 노래를 하고 있으니 도대체 그 이유가 무엇인지요? 영문을 알 수가 없어 이를 알아보려고 내 친구로 하여금 주인을 부르게 했다오."

선비가 대꾸했다.

"남의 일 알아보는 게 업이라도 되나요? 당신과는 상관도 없는데, 이렇게

---

7) 하룬 알 라쉬드(Harun al Rashid) : 사라센(Saracen) 제국의 왕인 저스트(Just : 765~809)를 의미하며 그의 일화는 『아라비안 나이트』에 소개되어 있다.

할 이유라도 있나요? 밤이 늦었으니 빨리 돌아가 보시오."

"아닙니다. 남의 일을 문틈으로 들여다보는 것은 예가 아닌 줄 알지만 이번 일은 몹시도 특이하니 영문을 가르쳐 주시기를 바랍니다."

선비가 탄식하며 말했다.

"원 세상에 양반이 왜 이토록 남의 일을 알고 싶어 하지요?"

정조가 대답했다.

"일이 심상치 않으니 나도 좀 알아야겠소."

"그렇게 알고 싶어 하니 나로서는 말하지 않을 수도 없군요. 이유인즉 이렇다오. 우리 집안은 언제나 가난했지요. 이 오두막집에는 끼니거리도 없고 벼룩이 앉을 만한 터도 없다오. 나는 늙으신 아버지를 봉양할 양식이 없습니다. 조석 끼니가 떨어질 때면 아내는 종종 머리를 잘라 팔아 곡식을 사서 죽을 쑤어 나의 아버지를 공경했지요. 오늘 저녁 아내는 나머지 머리를 잘라 팔았기 때문에 비구니처럼 머리카락이 하나도 없지요. 자신을 위해 젊은 며느리가 머리를 깎은 것을 안 아버지는 울면서 말했지요.

'내가 왜 이리 오래 살지? 왜 나는 죽지도 않나? 나는 왜 이토록 며느리를 욕되게 하는가? ……'

이렇게 말하면서 아버지는 눈물을 흘렸습니다. 아버지를 위로하고자 아내는 아버지께 우시지 말라고 춤을 추었지요. 나 역시 울면서도 아내와 합세했지요. 그래서 아내는 춤을 추고 나는 노래를 했습니다. 그러자 아버지는 웃으시더군요. 아마 아버지에게 위로가 되었던가 봅니다. 자! 우리가 그렇게 한 것은 이런 연유에서였소. 이상하게 생각지 마시고 그만 가보시오."

이야기를 들은 왕은 그토록 불우하게 살아가는 아들과 며느리에게 깊은 동정을 느끼면서 이렇게 말했다.

"세상에는 이런 효행도 있었구려. 내일 있을 과거에 응시하여 보는 것이 어떻겠소?"

"내일 무슨 과거가 있나요?"

선비가 물었다.

"아니 그것도 모르고 계셨구려. 내일 과거가 실시된다오. 무슨 일이 있어도 빠지지 마시오."

선비가 대답했다.

"그러나 나는 과거가 있다는 말을 듣지 못했는데요."

왕이 말했다.

"당신이야 들었든 듣지 못했든 간에 준비를 해서 응시하여 보시오. 나도 내일 응시할 참인데 시험장 안에 특석을 마련하여 놓겠소."

이렇게 말하고 그곳을 떠난 왕은 대궐로 돌아와 날이 밝기를 기다렸다. 날이 밝자 왕은 급히 명을 내려 도성 안에 곧 과거령을 내리도록 했다. 대궐 밖의 선비들은 깜짝 놀라 이렇게 말했다.

"어제까지도 과거가 있단 말을 못 들었는데 밤새 과거령이 내렸으니 어찌된 셈인가?"

그 가난한 선비는 이렇게 생각했다.

"나는 모르고 있었지만 그 사람은 정확히 알고 있었구나."

그리고서 그는 과장으로 나갔다. 거리에는 시생들이 들끓었다. 그는 주저하지 않고 과장으로 들어갔다. 과방의 제목을 보니 "젊은이는 울며 노래하고, 고깔 쓴 여인은 춤을 추며, 한 늙은이는 눈물을 흘리다"였다. 시생들 가운데에 과제의 뜻을 아는 사람이 아무도 없었다. 그러나 그 젊은 선비만은 자기 집안에 서 그와 같은 일을 몸소 겪은 바가 있었기 때문에 그 의미를 완전히 알고 있었다. 그는 제목을 잘 가다듬어 글을 작성하여 제출했다. 과지의 글을 살펴본 왕은 틀린 곳이 없음을 알고 그에게 장원을 내리고 앞으로 나오도록 했다. 사람들이 각기 자리로 돌아가자 왕이 물었다.

"그대는 나를 알겠는가? 어젯밤 그대에게 과거에 응시하도록 전한 사람이 바로 나이니라. 머리를 들고 나를 보라."

왕을 살펴본 그 선비는 어제 자기를 찾아왔던 사람이 왕이었음을 알고 정중하게 감사했다. 왕이 그에게 말했다.

"속히 돌아가거라. 가서 그대의 아버지와 아내를 만나보라."

그 뒤 왕은 그를 높은 자리에 임명함과 함께 아들과 며느리의 효성을 크게 상 주었다. 왕의 명성은 대대로 전하여 내려왔다. 왕의 자비로움뿐만 아니라 그 두 부부의 효행에 큰 상이 내리었음을 모든 사람이 알게 된 것도 또한 사실이다.

다음의 이야기는 서울 사람들이 시골뜨기에게 들려주고자 만들어 낸 것임이 분명하다.

거울 이야기

경상도의 한 젊은 선비가 서울의 여행길에 올랐다. 막 출발하려는 차에 아내가 그를 불렀다.

"여보, 내 말 좀 들어봐요. 김 서방 어머니의 말을 듣자니 서울에 가면 유리로 된 예쁜 금속처럼 보이는 매우 사랑스러운 물건이 있다더군요. 그 안을 들여다보면 매우 신기한 일이 벌어진대요. 서울 가시면 그것 하나만 꼭 사다줘요."

남편이 물었다.

"그건 비싼가?"

아내가 대답했다.

"비싸지 않대요. 얼마의 돈이 필요하겠지만 유의하면 쉽게 구할 수 있을 거예요."

남편이 서울로 출발할 때 들은 소리는 이런 내용이었다. 서울에서 일을 모두 마친 그는 돌아올 무렵이 되어 아내의 부탁을 거의 까맣게 잊고 있었다. 그러나 곰곰이 생각하여 드디어 아내의 부탁을 깨달았다. 그는 그 물건의 이름을 수소문하여 친구를 통해서 거울 하나를 구입했다. 집에 잘 가져가야겠다는 생각에 그는 아내의 물건을 펴보지도 않고 자기의 지갑에 넣어 두었다. 집에 돌아오자 아내는 급히 그 거울을 가져갔다. 그는 거울 안에서 한 여인의 모습을 보았다. 그는 곧 울면서 남편에게 욕을 퍼붓기 시작했다.

"원 세상에 이럴 수가 있어요! 그 동안 그렇게 주색(酒色)에 놀아난 것도 부족해서 이제는 집안에 첩을 들여놓는군요! 이럴 수가 있어요? 이 여자가 누구예요?"

깜짝 놀란 남편이 거울을 들여다보니 자기 아내의 옆에 웬 남자가 서 있는 것이 보였다. 화가 너무 치밀어 얼굴이 붉으락푸르락 하던 남편은 노한 목소리로 소리쳤다.

"양반집 아내의 행동이 이럴 수가 있소. 이제는 샛서방까지 집에 들여 놓았구려."

그가 아내를 죽이려는 순간에 그의 늙은 어머니가 다투는 소리를 듣고 무슨 일이 일어났는가를 알려고 나왔다. 노파가 나타나는 바람에 싸움은 중단되었다. 두 부부는 서로 거울을 가리키며 상대방을 욕했다. 며느리는 울면서 첩에게 욕을 퍼부었고, 아들은 더욱 화가 나 아내가 샛서방을 두었다고 말했다. 이 두 부부는 일찍이 싸운 적이 없었기 때문에 어찌된 영문인지를 알 수가 없었다.

"화내지 말거라."

이렇게 말한 어머니는 거울을 들여다보았더니 그 속에 한 여인이 있었다. 그는 웃음을 터뜨리며 이렇게 말했다.

"이웃집 이 할망구 때문에 너희들은 다투었구나? 박 서방네 과부가 불을 빌리러 왔구먼."

이렇게 말하고서 할머니는 과부에게 말을 하려고 밖으로 나갔다 그러나 그 할망구는 밖에 와 있지 않았다. 깜짝 놀란 어머니는 영감을 불러 말했다.

"애들 방에 매우 재미있는 물건이 있어요. 그 안을 들여다보면 희한한 물건들이 있다우. 그 애들이 지금 그것 때문에 싸우고 있어요. 와서 좀 보구려."

나이가 지긋한 그 노인이 점잖게 방에 들어가 거울을 들여다보니 그 안에 한 나이 먹은 남자가 있었다.

"아니 최 서방 녀석이 품삯을 받으러 왔구만. 내겐 돈이 한 푼도 없어 난처하게 됐구먼."

동네 사람들이 하나 둘씩 모여들어 모든 사람들이 빠짐없이 그 거울을 보았지만 영문을 알 수가 없어 소란을 피웠다. 마을 사람들은 어떤 결과가 날 것인가를 궁금히 생각하면서 거울을 가지고 사또를 찾아갔다. 거울을 본 사또는 다른 사람들보다 더욱 놀랐다. 그는 포졸들을 불러 이렇게 영을 내렸다.

"신관 사또가 부임하셨다. 내가 왜 파직되었을까? 그를 맞을 차비를 하고 그에게 말을 대령토록 하라."

그는 자기가 정말로 파직된 줄로 알고 물러날 준비를 했다. 이때 젊은 포졸이 거울을 유심히 들여다보니, 거울에 비추인 것은 그 앞에 있는 각 사람들의 얼굴이라는 사실을 알아냈다.

제 35 장 격언과 속담

조선 사람들은 우물 안의 물고기처럼 외계와는 두절되어 있다. 그럼에도 불구하고 그들은 소박한 지혜들을 많이 짜내어 일상 언어에서 막히지 않고 표현한다. 그들의 속담은 그 어원을 나타내 줄뿐만 아니라 그것을 사용하는 사람들의 생각이나 뜻을 여실하게 반영하여 준다. 그들이 사용하는 속담이나 격언 가운데 많은 것들이 일본어나 한문에서 온 것은 사실이지만 다음에 수록한 것들은 주로 한반도에서 생성된 것으로서 토속적인 냄새가 짙게 풍긴다.

조선 사람들은 코에다 접종을 하기 때문에 격언의 근원을 코에다 두는 것일까? "내 코가 석자"라는 말은 "나도 형편이 어려운데 어떻게 남을 돕니?" 하는 뜻이다. 그들은 코에 대하여 관심을 가지고 있음이 분명하다. "콧대가 세다"는 말은 고집을 굽히지 않는 사람을 의미하며 "건방진 소리"를 거침없이 하는 것을 뜻한다. 교회에 가서 기도하는 기독교 신자를 일반적으로 표현할 때는 "신부의 긴 코를 보러 간다"고 말한다. 곧 그들은 프랑스 선교사들의 얼굴 모습을 두려워하면서도 지혜의 보금자리로 우러러보고 있는 것이다.

청국과 일본이라는 두 적대 국가의 틈바구니에 끼어 있는 조선은 다음의 속담에서 보는 바와 같이 두 부엌을 줏대 없이 오가는 불행한 강아지처럼 생각하고 있는지도 모른다. 두 부엌의 주방장은 그 강아지가 저쪽 집에서 밥을 얻어먹었으려니 하고 각기 생각하는 것이다. 이럴 경우 그들은 "두 절간을 오가는 개는 아무것도 얻어먹지 못한다."고 말한다.

외톨박이는 "우물 안 물고기" 또는 "시장 터의 샛님"이라고 말한다. 은자의 생활을 하는 사람은 "문밖도 모른다."고 말한다. "장님 옆에 지팡이 하나"라는 말은 매우 귀한 존재를 의미한다. "촌닭 잡아다 놓은 것 같다."는 말은 서울에 온 시골뜨기를 의미한다. "두 손에 떡"이라는 말은 어느 것을 먼저 먹을지 몰라 입장이 난처한 것을 의미한다. "눈 밑에 화산"이란 말은 속으로는 화가 치밀어 오르나 이를 숨기고 좋은 표정을 짓는 사람을 의미한다.

"돌고 도는 것"은 "돈"을 의미한다. "설중매"란 말은 매우 진귀한 것을 의미한다. "남의 머리칼 젖혀본다."는 말은 남의 눈에 티끌을 찾는다는, 곧 남의 결점을 고의적으로 찾아내려고 하는 것을 의미한다. "촉도지난"이라 함은 옛날 그곳에서 온 승려에게서 유래된 것임이 분명하다.[1] "금의야행"이라 함은 좋은 일을 하고도 보람이 없음을 의미한다.

어떤 속담에는 그 지방인의 분별을 보여주는 것도 있다. "은과 납을 구분하지 못한다."라든가, "눈이 동그랗다."라든가 "밀가루와 반죽을 구분하지 못한다."는 말은 바보를 의미한다. "유무를 모른다."고도 하는데 이는 분별이 없음을 의미한다. "수화지간"이라는 말도 있다. "가죽을 뒤집어 쓴 사람"이라 함은 뜻도 없고 줏대도 없는 사람을 의미한다.

"손이 크다." 함은 도량이 넓음을 의미한다. "망망대해"라 함은 끝장을 낼 수도 없고 돌파할 수도 없는 매우 어려운 상태를 의미한다. "팔도가 모르는 사람이다." 함은 전혀 생소한 사람을 의미한다. 몹시 아픈 사람은 "병을 손에 쥐고 있는 사람"이라고 말한다. "병주머니"라 함은 만성질환자를 의미한

1) 이 점에 대해서는 필자가 오해하고 있다. 촉도지난(蜀道之難)이라 함은 중국 섬서성의 험로를 지나기만큼이나 어려움을 의미한다.

다. “날아가는 까치의 암수를 가릴 수 있나?”라는 말은 불가능한 질문을 의미한다.

조선에서는 만이라는 숫자가 속담에서 큰 역할을 하는데 “만 번은…” 하는 식이 그 예이다. 조선은 “만학의 나라”라고 말한다. 성공이 확실할 때는 “기회가 만 번은 된다.”고 말한다. “만 번 죽어도 여한이 없다.”는 말은 만 번의 죽음에 해당하는 가치가 있음을 의미하는 것이다. “만 번의 슬픔”이라 함은 몹시 슬픈 것을 뜻한다. 산의 높이를 말할 때는 “만 길”이라고 말한다. “만 냥”이라 함은 막대한 양의 돈을 의미한다.

“한 팔을 잃었다” 함은 일이 크게 낭패되었음을 뜻한다. 유성은 혜성이라고 말한다. “백전노장”이라는 말도 있다. “한없이 우습다.”(anarithma gelasma)는 그리스어만큼이나 시적인 표현으로 조선 사람들은 바다를 표현할 때 “만경창파”라는 말을 쓴다. “한꺼번에 둘 다 놓친다.”는 말은 토속적인 애정 소설에 기초를 두고 있는 속담이다.

“까마귀 날자 배 떨어진다.”는 말은 공교롭게 발생한 일이니 엉뚱하게 추측하지 말라는 말이다. “돌멩이만 들어도 얼굴이 빨개진다.”는 말이 있는데, 조선 사람들은 자기의 적이 주먹으로 자기를 치는 것을 오히려 좋아한다. 그러한 목적을 위하여 돌 더미가 마련되어 있다. “결과는 목적에 비례한다.”는 말이 있다. 조선에는 모기가 극성스럽다. 그러나 중무기로서 모기를 대항하지 않는다. 그럼에도 불구하고 “모기보고 칼 빼든다.”는 말이 있다.

매우 가난한 사람을 표현하는 말로서는 “한 달에 아홉 끼밖에 못 먹는다.” 또는 “열흘에 세 끼밖에 못 먹는다.”고 한다. 몹시 생활이 곤궁하다는 말은 “그 집에 불이 꺼졌다.”는 서글픈 사실로써 표현한다. 또는 “사고무친”이라고 말하는 수도 있다. “앞뒤가 다르다.”는 말은 생각한 대로 말하지 않는 위선자를 의미한다. 사람이 총명하지 못하면 “눈에 안개가 꼈다.”고 말한다. 또는 “재주를 팔 밑에 끼고 다닌다.”, “정신을 겨드랑이에 끼고 다닌다.”고 말한다.

"얼이 빠져 동서를 모른다."고 말하는 수도 있다. 비콘스필드 경[2)]의 경구처럼 "비평가란 문학과 예술에 실패한 사람들"이란 말을 조선에서는 "말 많은 녀석 치고 일 잘하는 녀석 없다,"고 표현한다. "마을에 들어가려면 그 마을 풍습을 알라,"는 말은 "로마에 들어갈 때는 로마인처럼 행동하라,"는 서구 격언에 해당한다. "옥석구분"이라 함은 함께 재앙을 당한다는 뜻이다.

"비바람을 모른다." 함은 일생이 평온함을 의미한다. "뱃놈이나 되라"는 말은 땜쟁이나 되라는 말보다 더 가혹한 저주이며, "숲으로 들어가라,"는 말보다도 더 나쁜 욕이다. 이기적인 뜻으로 "오비오"(ego et non ego)를 의미할 때는 "나는 나, 너는 너"라고 말한다. "마른 말이 항상 꼬리가 좋다."는 말은 재주와 능력이 낮음을 의미한다. 호랑이에 관한 수많은 덕성이나 이야기는 다음 장에서 언급하기로 한다.

---

2) 비콘스필드 경(Lord Beaconsfield) : 영국의 정치가인 디즈레일리(B. Dislaeli : 1804~1881)를 의미함.

제 36 장 조선의 호랑이

샴의 흰 호랑이나 미국의 들소나 이집트의 낙타와 마찬가지로 조선에서는 호랑이가 제왕의 상징적 동물이 되고 있다. 인도의 호랑이들이 뜨거운 정글이나 강기슭을 배회하는 것과는 달리 조선에 살고 있는 이 "백수의 왕"은 북위 50° 부근의 설원이나 숲속에 흔히 나타난다. 호랑이는 실제적으로 뿐만 아니라 관념적으로도 힘과 난폭함의 상징이 되고 있다.

1871년에 "우리와 이교도와의 조그마한 싸움"(신미양요)에서 미국의 수병과 군대들에게 용감히 맞섰던 북부 평안도와 함경도의 호랑이 사냥꾼들이 들고 있던 깃발을 보면 날개가 달린 호랑이가 꼿꼿하게 서서 입으로는 불을 뿜어내면서 앞 발톱에는 타오르는 불꽃을 움켜쥐고 있다. 이는 그 호랑이가 땅과 공기와 하늘의 모든 힘을 장악하고 있다는 사실을 나타내 주는 것이다.

이는 다니엘[1]이 보았다는 날개 달린 표범을 연상시켜 준다. "그리고서 나는 등에 네 개의 날개가 달린 표범을 보았다."[2] 호랑이는 지난날 호랑이를

---

1) 다니엘(Daniel) : 『구약성서』 다니엘서의 주인공으로서 신앙의 용자이며 예언자이며 명재판관으로 기록되어 있다.

2) 『구약성서』 다니엘서 7 : 6.

신미양요 때 한강포대에서 노획한 군기

숭배하던 토착민들의 후손들의 수호신이 되고 있다. 그들은 아직도 그 땅의 신앙에 매달려 있는 것이다.3)

왕의 호위병들의 모자에는 호랑이의 얼굴과 수염이 그려져 있는데 이는 보는 이들의 두려움을 자아내기 위한 것이다. 조선의 귀부인들이 허리에 차고 다니는 주머니에는 보석이나 "정표"를 넣고 다니는데 그 가운데에 그 무시무시한 호랑이의 발톱이 들어 있다. 산 사람이 자기 신부에게 선물할 수 있는 것으로서는 사람을 잡아먹는 그 짐승의 무기인 발톱보다 더 자기의 용맹을 증명하여 주는 것은 없다.

상류 사회에서는 호피로 내실을 가꾸었을 뿐만 아니라 어린이들이 노는 바닥이나, 이곳에서는 잘 알려져 있지 않은 요람 대신에 사용하는 아기의 보료로 사용한다. 이 천연적인 담요의 부드러운 털은 보통 손가락만큼 길다. 호랑이 털로 신기한 장난감을 만든다.

옛날 교토나 에도에게 선물했던 것과 마찬가지로 오늘날 북경의 조정에 보내는 조공품 가운데 가장 값진 것은 바로 이 찬란한 생가죽이다. 이 조공

3) (필자 주) 이 깃발은 강화도 포대의 전투에 참여했던 미군 병사에 의하여 노획된 것인데 그 병사는 이를 블레이크 사령관(Com. Homer C. Blake)에게 선사했다. 이 삽화는 블레이크 사령관의 호의로 복사한 것이다.

품은 오늘날 과거처럼 조세나 치욕의 의미가 있다기보다는 오히려 상여(賞與)나 뇌물의 뜻이 있다. 필자가 최근 어느 일본 상품을 본 바에 따르면 그들 가운데 어느 것은 꼬리를 제외하고서도 그 길이가 12피트가량 되었다.

미국인들의 견장과 같은 의미를 갖는 고대 일본 무사들의 상징은 호랑이 가죽으로 된 칼집이었다. 특히 그 가죽을 본인이 조선 전쟁[4]에서 직접 잡은 것이라면 더욱 자랑스럽다. 조선에서 잡은 호랑이의 털은 인도의 것보다 훨씬 질이 좋은 듯이 보이며 노란색이 적고 그 대신에 흰 무늬가 있다.

그러나 검은 줄무늬는 열대 지방과 같이 뚜렷하며 꼬리는 더 긴 것처럼 보인다. "조선 사람들은 반 년 동안 호랑이를 사냥하고 나머지 반 년 동안에는 호랑이가 조선 사람들을 사냥한다."는 말이 있는데 조선의 함경도와 평안도 양도에서 이 무서운 고양이과의 동물들이 얼마나 많이 출몰하며 그 피해가 얼마나 무서운가를 이 말에서 알 수가 있다.

중국의 군사들이 한반도에 들어오면, 그들이 침략을 해서 들어왔든 아니면 수군이 되어 들어왔든 간에 국토가 황폐하게 되는데 "중국 사람이 지나간 곳은 호랑이가 지나간 것과 한 가지"라는 말로써 그들은 표현한다. 단 한 명의 인간이 브록켄의 거대한 유령[5]을 만들어 낸 것과 마찬가지로 이 은자의 나라의 국문학에서는 단 한 마리의 호랑이가 온 나라에 무서운 악의 그림자를 던져 준 것으로 보인다.

태곳적부터 호랑이는 종교적 경배의 대상이 되어 왔다. 서력 기원 이전 일본의 해안에 살고 있던 사람들의 기록에 따르면, "그들은 또한 호랑이를 섬기되 마치 신에 경배하듯 했다. 그곳에는 점박이 표범도 있었다." 그들의 속담에 따르면 호랑이가 그들의 일상 생활이나 예술·종교·언어에서 한 주

4) 임진왜란을 의미한다.
5) 브록켄의 유령(Spectre of the Brocken) : 독일 중부 지방에 있는 산인 브록켄의 산정이나 또는 항공기를 타고 그 위를 날아갈 때 해와 구름 사이에 나타나는 광각 현상.

제를 이루고 있음을 보여줄 뿐만 아니라 호랑이가 그들의 도덕률을 표현하고 노변한담들을 꾸미고자 얼마나 자주 인용되는가를 알 수 있다.

"나무 호랑이"라 함은 사자의 탈을 쓴 노새를 의미한다. "허리 부러진 호랑이"라 함은 기운은 없으면서 격노함을 뜻한다. "호랑이 새끼를 잡으려면 호랑이 굴에 들어가라."는 말은 마음이 약한 사람을 고무하기 위한 말이다. "호랑이 밥 먹듯"이라는 말은 식사를 많이 하거나 또는 굶던 사람이 음식을 게걸스럽게 먹는 것을 표현한 말이다. "호랑이를 기른다."는 말은 역사적으로 흔히 있는 사실들을 뜻하는 것일 뿐만 아니라 배은망덕함을 의미하는 것으로 보인다.

"호랑이 꼬리를 밟았다."는 말도 있는데 그 의미는 글자 그대로 이다. "호랑이 꼬리를 밟은 격"이라 함은 일이 더욱 불리해지거나 또는 진퇴양난임을 의미한다. 그 반면에 지나치게 조심성이 있는 사람은 "사슴을 피하려다 호랑이를 만난다."고 말한다. 화를 잘 내고 행동이 거친 사람을 맹호라고 말하는데 이는 보통 사나운 호랑이나 사람을 잡아먹는 짐승을 의미하는 것이다.

조선 사람들은 지역적인 경험을 십분 이용하며 그 약삭빠르기가 요셉을 팔아먹는 사람들[6]만큼이나 능란하다. 조선에서는 호랑이가 마을 사람들을 잡아먹는 예가 흔히 있다. 따라서 빚쟁이나 법의 집행을 피하려는 사람은 자신의 찢어진 옷자락을 나무에 걸어 놓고 도망친다. 그러면 친절한 친구나 친척들이 "그 사람은 호랑이에게 잡혀갔다."고 신속히 보고한다. 그리고 "요셉은 의심할 나위도 없이 갈기갈기 찢겨 죽었다."[7]는 말을 쉽게 믿는다.

옛날 미국에서 흔히 있던 "텍사스 사나이의 신세"[8]나 유럽 여행의 한국적

---

6) 요셉(Joseph)의 계모 빌하와 그의 아들들을 의미함. 이들은 요셉의 꿈 얘기를 듣고 그를 미워하여 은전 20개를 받고 이스마엘 사람들에게 팔았다. 요셉은 그 뒤 다시 애급으로 팔려 갔다가 금의환향했다.(『구약성서』 창세기 37 : 1~36)

7) 이복형제들의 흉계로 인하여 팔려 간 요셉의 버린 옷을 보고 그의 아버지 야곱은 그가 악한 짐승에게 잡아먹혔다고 생각했다.(『창세기』 37 : 31~36).

인 모습은 "산만한 호랑이들이 우글거리는 곳"에서 특히 유행하고 있다. 그 무서운 "칼범"을 쫓고자 조선 사람들은 "태"(해치)의 도움을 청한다. 이는 전설적인 괴물로서 호랑이의 적인데, 호랑이는 이 괴물을 몹시 두려워한다. 그 괴수의 이름을 부르는 소리인 "퉤퉤" 하는 소리는 오늘날 하나의 주문의 역할을 한다고 믿기 때문에 마을 사람들은 밤이면 이 소리를 자주 낸다.[9]

조선의 그림을 보면 사자의 모습은 터무니도 없을 뿐만 아니라 몸의 각 부분도 도저히 있을 수 없는 모습으로 그려져 있어서 그 그림을 그린 사람은 실물을 한 번도 보지 못했음을 첫눈에 알아볼 수 있지만, 조선의 화가들이 그린 호랑이의 그림을 보면 그 정확함과 정성이 다른 예술품들을 능가하고 있다.

호랑이의 습관, 성질, 그리고 각 부분의 특징을 알고 있는 사냥꾼들은 호랑이의 종과 유를 조심스럽게 구별해낸다. 호랑이라 함은 고양이과 동물의 속명이다. "칼범"이라 함은 잘 할퀴고 표독스러운 발톱을 갖춘 성숙한 놈을 의미한다. 맹호라 함은 몹시 크고 용맹스러운 놈을 의미한다.

"밀팔"[10]이라 함은 이제 늙어서 더 이상 할퀼 수도 없고 전신은 옴투성이이며 숱한 집안싸움과 적과의 난투극으로 몸이 흉터투성이인 것을 말한다. 비호라 함은 적과 싸우면서 이빨을 보이기보다는 도망치느라고 꼬리를 사리는 데 약삭빠른 녀석을 의미한다. 이 비호라는 어휘로 표범을 의미하는 경우도 가끔 있다. "산돌"이라 함은 해마다 같은 장소에 나타나 여러 차례 기습하여 오는 대호를 의미한다. 소호라 함은 작은 녀석이며 할범은 암컷을

---

8) "텍사스 사나이의 신세"(GTT : Gone To Texas) : 고향이 싫다고 노다지를 캐러 텍사스로 간 사나이가 신세만 망친 꼴을 익살스럽게 표현한 미국의 속어.

9) 이 점에 관해서는 필자가 오해한 것으로 보인다. 한국의 민속에서 호랑이의 위험을 느낄 때나 재수 없는 일을 당했을 때, 또는 서낭당을 지날 때 "퉤" 소리를 내는 것은 침을 뱉음으로써 악신이 피할 것을 바라는 뜻에서 그러는 것이지 "태"라고 하는 동물을 부르는 소리는 아니다.

10) 밀팔 : 본문에는 Mil-pal이라 되어 있으나 무엇을 의미하는지 확인할 수 없다.

의미한다.

“석호”는 새끼를 낳지 못한다. 호랑이로 말미암은 인명 피해나 재난, 호랑이를 잡기 위한 덫이나 함정 또는 가죽, 꼬리깃발이나 칼집으로 사용되는 꼬리, 턱수염, 입수염, 으르렁거리며 밤이면 더욱 소리 내는 포효, 꼬리를 휘두르는 모습 등에 관해서 사용되는 특수 용어나 시인 표현들은 조선어의 어휘를 더욱 풍부하고 더욱 생생하게 만들어 주고 있다.

양반이나 젊은이들 사이에 호랑이 사냥이 좋은 놀이는 아니다. 일반적으로 사냥은 천박한 직업으로 여기고 있다. 북부 지방에 살고 있는 몇몇의 가난한 집안을 제외한다면 양반들은 결코 사냥을 놀이 삼아 하지는 않는다. 그러나 사냥은 누구에게나 자유이다. 수렵금지법이나 무기금지법이나 금렵구나 금수기가 없다.

매는 사냥이 금지된 유일한 짐승이다. 매의 생명은 법으로써 엄격하게 보호를 받고 있다. 고대로부터 황금빛 날개를 가진 이 새는 높이 존경을 받았다. 골짜기는 쌀이나 기장 등을 조밀하게 경작하여 놀이나 사냥을 할 수 없기 때문에 수렵은 거의 산중에서 한다.

사냥에 사용되는 주요 무기는 일본에서 수입한 수발총이다. 단발에 목표물을 쏘아 죽이지 못하면 곧 짐승이 달려들어 간단하게 잡아먹히는 위험이 있기는 하지만 이 총으로써 외톨박이 사냥꾼은 거대한 동물을 공격한다. 호랑이가 커다란 피해를 입히면 그 지방의 수령은 직업적인 사냥꾼들을 모두 불러 모아 사냥을 개시한다. 이럴 경우 그들은 호랑이에 대한 추격도 하고 열의도 보이지만 결과는 아무것도 없다.

왜냐하면, 잡힌 호랑이의 가죽은 정부의 것이 되며 수령들은 그 전리품을 먼저 차지하고자 손수 앞장을 서기 때문이다. 따라서 관청에서 실시하는 사냥은 웃음거리밖에 안 된다. 모든 사냥꾼들은 왕이 직접 참가하는 사냥만을 좋아한다. 왜냐하면, 이때는 자기가 잡은 호랑이 가죽은 상품으로 자기의 것이 되며, 이를 은밀히 팔 수 있기 때문이다. 사냥꾼들은 고기는 먹고 뼈는 발라서 고아 여러 가지 약을 만든다.

호랑이의 난폭한 행동에 의한 인명과 재산의 피해는 너무 막심하여 때로는 인구가 줄어드는 경우도 있다. 배가 고픈 호랑이는 가옥이 튼튼한 마을이면 그냥 통과하기도 하고 오두막집이나 튼튼치 못한 집 주위를 몇 날 밤이 새도록 어슬렁거리기도 한다.

만약 허기가 더욱 밀어닥치면 호랑이는 포위를 풀지 않고 초가지붕을 뛰어 넘는다. 이와 같이 하여 벌어진 구멍을 통해서 호랑이는 겁에 질린 가족들에게 덤벼든다. 이럴 경우에는 인간의 손과 호랑이의 발톱 사이에 격투가 벌어지게 되고 결국 호랑이가 죽거나 아니면 한두 사람의 시체를 실컷 뜯어먹고 나온다. 그러나 이 백수의 왕은 이와 같은 방법을 쓸 필요는 거의 없다.

왜냐하면, 옆 마을에서는 호환을 당하고 있음에도 불구하고 주민들은 너무도 무심하여 여름에는 사방이 터진 울타리 안에서 자는 버릇이 있으며, 짐승의 습격을 막고자 모닥불도 피우지 않고 들판의 오두막집에서 자는 경우도 흔하기 때문이다.

특히 이와 같은 안전 의식은 대대적인 사냥이 성공적으로 수행된 뒤에 따르는 것 같다. 왜냐하면, 이때에는 주변에 살던 호랑이의 먹이가 모두 죽었거나 아니면 먼 산으로 몰려났으리라고 여기기 때문이다. 일본인들이 불조심을 하지 않는 것만큼이나 조선 사람들은 호랑이를 조심하지 않는다.

때때로 호랑이는 덫으로 잡는다. 이렇게 하면 매우 간단한 방법으로 아무런 위험을 당하지 않고서도 호랑이를 잡을 수 있다. 함정을 깊이 파고 나뭇가지, 잎사귀, 흙으로 덮는다. 함정의 바닥에는 기둥을 깎아서 박아 둔다. 그러나 이러한 방법을 사용하는 경우란 매우 드물다.

겨울이 되어 눈이 반쯤 얼면 사람의 무게를 견딜 만큼 굳기는 하지만 호랑이의 발이 닿으면 푹푹 빠진다. 호랑이는 배가 눈에 닿도록 빠지며, 마치 꿀에 빠진 파리처럼, 움직이거나 도망을 칠 수가 없다. 그렇게 되면 자기의 미끼에 대하여 너무도 자신하고 있는 사냥꾼이야 죄를 받을 일이지만 궁지에 빠진 호랑이에게 접근하기도 매우 용이한 일이다.

이와 같은 방법으로 사냥을 할 수 있도록 장비를 갖추려면 사냥꾼은 짤막한 칼과 창, 그리고 설피를 가져야 한다. 정구의 채처럼 생긴 썰매에는 밋밋하게 굽은 판에 고리처럼 꼬은 가죽 끈이 매여 있다. 사냥 훈련을 받은 개를 데리고 "산창"[槍手]은 사냥을 떠나는데, 호랑이의 추적은 창으로 찌르거나 아니면 허세로 칼을 휘두르는 것으로 끝을 맺는다.

이와 같은 사냥 방법은 일본의 침략자들이 즐겨 쓰던 방법이었다. 어떤 전사들은 물리고 갈기갈기 찢기기도 했지만 고참 병사들은 훈장 삼아 몇 십 장의 껄껄한 호피를 일본으로 가져갔다. 사실상 대부분의 일본 어린이들은 서쪽에 있는 가장 가까운 나라인 조선에 관해서 호랑이의 나라라는 것 이상의 관념을 갖고 있지 않다고 말할 수가 있다.

도쿄에서 온 원산의 일본 상인들은 이국에서 맞는 첫 새해가 되면 음울한 향수에 젖게 된다. 아니 오히려 그 줄무늬가 있는 살인 동물들의 출현으로 불쾌하게 긴장하고 있었다는 편이 옳다. 밤이 되면 호랑이들은 주택지로 어슬렁거리며 내려왔다. 이미 여러 조선 사람들의 고기를 맛본 그들은 일본인의 고기를 무척이나 맛보고 싶어 하는 것처럼 보였다. 사람을 잡아먹는 그 수염 달린 짐승에게 "날으는 빨간 보자기"[11]의 놀음이 때로는 이길 수 있을는지는 모르지만 썩 마음 내키는 경험은 아니었다.

길이가 10피트나 되는 호랑이는 낯 한번 찡그리지도 않고 5피트짜리 일본인을 쉽사리 집어삼킨다. 설령 맨체스터 제품의 후장총을 가지고 있는 사냥꾼일지라도 어지간히 노련하지 않고서는 이 백수의 왕을 사냥하기란 꺼림칙한 일이다. 호랑이로서는 코끼리를 사냥하기보다는 사람을 사냥하기가 더 쉽다.

---

11) "날으는 빨간 보자기"(Little Red Riding Hood) : 미국의 어린이들이 즐기는 연극 놀이로서 그 주제는 대체로 어린 소녀가 늑대에게 거의 잡혀 죽게 되는 이야기들이다.

왜냐하면, 코끼리들은 그들의 등에 있는 피난처를 쉽사리 호랑이에게 내어 주려 하지 않기 때문이다. 일본인들은 살아 있는 호랑이의 발톱이나 가죽을 갈망하는 것처럼 보이지 않는다. 그러나 그들은 원산에 있는 그들의 수입상을 통하여 이들을 즐겨 사들인다. 원산에서 1년간에 걸쳐 평균 거래되는 이 비싼 생가죽의 "수확량"은 500개 정도이다.

조선 사람들은 실전의 경험이 거의 없기 때문에 황야에서 도보로 호랑이를 마주치기보다는 오히려 호랑이를 통하여 사나이다운 덕성을 계발하려는 경향을 보여주고 있다. 조선 사람들은 이 사실을 잘 알고 있다. 유럽의 군대를 대적할 만한 정규군이 없는 그들은 1866년의 병인양요 당시에 프랑스의 해군 제독 로즈(Admiral Pierre G. Roze)를 대적하고자 평안도의 호랑이 사냥꾼들을 소집했었다. 그들의 소위 "군대"는 거의 모두가 궁수, 창수 그리고 구식 대포 사수로 구성되어 있다. 적을 얕잡아 본 프랑스군들은 호랑이 사냥꾼들이 지키고 있던 요새화된 사원을 날려 보내려다가 오히려 대패했다.

1871년에 미국 함대의 수병들이 광성진포대[12]를 공격했을 때[신미양요] 함대로부터 포탄 세례를 받고서도 끈덕지게 버티는 검은 얼굴의 적들의 용기에 대하여 미국의 수병들은 놀라움을 감추지 못했다. 그들은 화승총과 창과 칼로써 끝까지 함대와 후장총에 맞서 싸웠다. 당시 탄환 값을 톡톡히 한 그 용감한 수비대에 대하여 미국 사람들은 찬사를 보내고 있다.

---

12) 광성진포대를 맥키 요새(McKee Fort)라고 명명한 것은 신미양요 당시에 전사한 미국 수병 맥키(Hugh W. McKee)를 추모하기 위한 것이었다.

제 37 장 종 교

어느 한 국가의 산, 강, 계곡, 동굴 그리고 자연적인 지형이나 경관에 부여된 공통된 명칭들을 주의 깊게 관찰하여 보면 그 민족의 원시적인 관념이나 잠재된 의식을 많이 밝혀 낼 수 있다. 한 민족이 그의 유년기를 보낸 천연적 지형에 붙인 토속적인 이름은 그 나라의 어떠한 명칭보다도 유서가 깊다. 변모되어 가는 풍속, 문화 또는 종교와 함께 이 지명들은 고색을 풍기면서도 아직 그 자리를 지키고 있으며, 원주민들의 관념을 흔히 수정하기도 하고 심지어는 그러한 관념들을 말살시키기도 한다.

심지어는 조선의 산이나 강 또는 그 밖의 지방적인 지명을 대충 살펴보기만 하더라도 한반도의 고대 주민들이 한때 집착하던 사상의 맥락을 명료하게 알게 된다. 이와 같은 토속 사상들은 불교의 교리나 영향력에 맞서 주민들의 심리를 장악하고 있으며, 아직도 그들의 관념 속에 가장 깊숙이 자리잡고 있다.

고대 중국의 문헌이나 그 뒤에 쓰인 일본인 필자나 서구의 표류객 그리고 프랑스 선교사들이 우리에게 공통되게 증언하고 있는 바에 따르면, 무속은 조선 사람의 신앙의 바탕을 이루고 있으며 특히 북부 지방의 경우에는 더욱 심하다고 한다. 부여, 고구려 그리고 삼한에 관한 초기의 역사적 문헌을 보면, 조선 사람들은 천신, 지신, 공기나 자연 가운데 보이지 않는 힘, 강이나 언덕의 수호신, 토지 · 곡식 · 동굴의 신 그리고 심지어는 호랑이에게까지도 경배했음을 알 수가 있다. 그들은 특히 샛별에 경배했으며, 하늘에는 황소를 제물로 바쳤다. 조선의 고대사, 특히 북부 지방의 생활상을 대충만 살펴보아도 불교가 전래되기 이전의 조선 사람들의 제례에 관하여 다소의 지식을 얻을 수 있다.

최근 조선을 다녀온 사람들의 견문록이나 홀란드일본 · 프랑스인들의 기록을 보면, 조선 사람들의 미신의 구조나 오늘날 그들의 사실상의 종교는 불교의 영향에도 불구하고 과거 2천년 동안 전반적인 변화를 보이지 않았다는 사실을 우리는 알게 된다. 천신이나 지신, 산 · 강 · 동굴 · 샛별에 대한 경배는 아직도 자연적인 물체의 명칭에 나타나고 있으며, 양이나 황소를 제물로 바치는 풍습과 함께 옛 모습 그대로 떳떳이 남아 있다.

아마도 산신은 가장 널리 경배를 받고 있는 듯이 보인다. 조선 사람들은 경건하게 산놀이를 하고 옛날과 마찬가지로 그들의 음식과 술을 종교와 융화시킴으로써 산신을 그들의 생활 지표로 삼고 있을 뿐만 아니라 적어도 1년에 한 번씩 산신에게 제사를 올린다.

미국인들이 대양과 숲속을 동시에 찾음으로써 해수욕과 성례를 함께 하고 크로켓[1] 놀이와 야외 예배를 함께 거행하고 있는 것과 꼭 같이 조선 사람들도 신앙과 오락을 함께 하고 있다. 순례자들이 종교적 의식을 거행하고자 기어 올라가는 산꼭대기에는 산신에 경배하고자 돌을 쌓아 만든 서낭당이 있다. 순례자들은 산 밑에서 산꼭대기에까지 조약돌을 들고 올라간다. 이 순례자들은 산신에 대한 경배로 평판이 높은 사람들이다.

그 밖에 조선 사람들이 믿는 신은 종류가 매우 많다. 목신, 우신 그리고 수확의 신도 경배한다. 그러나 왕성한 식욕을 축복 받은 건장한 조선 사람

---

1) 크로켓 (croquet) : 서구인들이 잔디 위에서 하는 구희의 일종.

은 특히 부엌의 수호신인 조왕님을 경배한다. 조선 사람들에게 공중이란 "비어 있다"는 것과는 그 뜻이 멀다. 공중에는 정령과 보이지 않는 여러 가지의 존재들이 빽빽이 살고 있다고 그들은 생각한다.

이와 같은 몇몇의 공상적인 존재들과 조선 사람들이 짐승의 속성으로 생각하고 있는 선악의 부가적인 권능에 대해서는 이 책의 제33장에서 이미 언급한 바 있다. 심지어 산들바람은 정령들의 숨결이며 "폭풍"은 악의에 찬 악마들에 의하여 일어나는 것이라고 한다. 어떤 사람이 급사했을 경우에는 심장 마비 같은 것은 염두에 두지도 않고 그것은 악마의 살을 맞았다고 생각한다.

주술에 의하여 초자연적이나 권능을 행사하려는 마법사가 없는 것도 아니다. 사람들은 원수를 파멸시키고자 그의 초인적인 권능을 이용하거나 아니면 마법사를 고용하여 고용주의 원한을 풀기 위해 귀신들을 부리기도 한다. 이 마법사들은 사회적으로 버림받은 사람들로서 최하층 계급으로 취급되고 있다.

조선 사람은 한 달에 3일씩 불운한 날이 있는데 5라는 숫자가 들어간 날은 불길한 날이라고 생각한다. 그 3일이라 함은 5일, 15일 그리고 25일이다. 매우 심한 경우에는 제물을 차려 고사를 드리는데 이때는 동리 사람들이 모여 떠들썩하게 의식을 거행한다. 가장 큰 고사는 하늘과 땅 그리고 상제[2]에게 드리는 것이다.

길흉의 방위, 터의 길흉, 건물의 위치, 무덤 등에 관한 여러 가지 미신들은

2) (필자 주) 상제(上帝)라고 하는 어휘는 중국어와 조선어에서는 그 발음이 각기 다르다. 레게 박사(James Legge)는 그의 저서 『중국의 종교』에서 이 단어를 신(神, Jehovah, Theos)이라고 번역했으며, 개신교의 목사들도 그렇게 번역했다. 그러나 가톨릭의 신부들은 상제라는 용어를 사용하는 것이 금지되었다. 중국어에서 제라 함은 신위에 대한 가장 오래된 칭호이다. 고대의 중국인들은 원시적인 유일신을 말할 때도 이 제라는 단어를 썼다. "그들은 하늘과 땅에 제사를 드릴 때에는 신에게 제물을 드렸다."(공자)

풍수(風水)에 능한 사람들이 잘 알고 있다. 수많은 사람들이 이와 같은 미신을 신봉하고 있을 뿐만 아니라 이에 능한 승려나 지관은 그 기술로 생업을 삼고 있으며, 또 자기의 직업을 신성시하고 있다. 이와 같은 사기꾼들이나 그들의 행동에 관한 토속적인 어휘들은 매우 복잡하다.

조선에서는 지세가 좋은 곳에 작은 둔덕이 솟아 있는 것을 흔히 볼 수가 있다. 그 둔덕 위에는 장대가 하나 서 있고 장대 위에는 작은 종이나 풍경이 걸려 있다. 바람에 흔들려 이들에게서 소리가 나면 수호신의 마음을 기쁘게 해줄 뿐만 아니라 악신의 액을 몰아낼 수도 있다고 한다. 이와 같은 관념은 탑이나 사원의 추녀 끝에 달린 풍경의 현화 장식에서도 잘 나타나고 있다.

풍수라 함은 "바람과 물"을 의미하는 것이지만 넓은 의미로서는 자연에 관한 천박한 잡학을 뜻하는 것으로서 자연 철학에 대한 풍수의 관계는 천문학에 대한 점성술의 관계와 거의 비슷한 위치에 놓여 있다. 이와 같은 비술을 전문적으로 공부하는 사람들을 위해 특수한 용어들이 많을 분만 아니라 풍수에 대한 관념으로 말미암아 일상의 언어까지도 윤색되어 있다.

이러한 풍수설이 있는가 하면, 그 발생의 역사가 풍수설과 아마 비슷하게 보이는 조상 숭배의 의식이 있다. 중국 문화권의 아시아에서는 이 조상 숭배의 의식이 태곳적부터 존재하여 왔다. 공자는 자기가 살아 있던 시대에 이와 같은 의식을 정하고 이를 자기 철학의 기초로 삼았기 때문에 조상 숭배의 의식은 이미 그가 쓴 예서나 경전의 본질을 이루고 있다.

조선 사람들의 조상 숭배 의식은 중국인들의 그것과 근본적으로 다른 것 같지는 않다. 조상에게 일정한 날짜에 제사를 드리며, 잘 사는 집안에서는 고인의 이름을 새긴 금박의 검은 위패를 반드시 볼 수가 있다. 이 위패 앞에 매일 향을 피우고 제물을 바친다.

사원에 가보면 사가의 위패를 좀 더 안전하게 하고자 그 복제품을 만들어 보관하여 두는 방을 볼 수 있다. 조선 사람의 정신 속에는 마치 혈액 속의 철분과 꼭 같이 효도와 조상 숭배의 관념이 생동하고 있다.

기독교 선교사들이 교리와 의식을 전파하면서 직면한 장애로서는 조선 사람들의 그와 같은 효도와 조상 숭배보다 더 심각한 것이 없다. 심지어는 가장 독실한 신자들 사이에서도 이로 말미암은 추문, 타락, 비난이 다른 어떤 이유보다도 심하게 발생하고 있다.

중국의 논리 체계인 유교도 단적으로 말해서 효의 근본 이념을 확대하는 것이다. 효도는 친족에 기초를 둔 의무이다. 유교에서는 인간 관계를 다섯 가지로 보며, 여기에는 온갖 의무가 따르는데, 군신 · 부자 · 부부 · 장유 · 교우를 의미한다.

정상적인 인간이 공자의 가르침에 따라 지켜야 할 다섯 가지 근본적인 덕행으로서, 평생 준수해야 하는 것은 인 · 의 · 예 · 지 · 신이다. 유교의 윤리에 따르면 그들의 철학은 이 우주의 본질을 이원적인 것으로 보는 것인데 조선에서는 이것이 음양(正과 否, 적극과 소극, 남과 여)으로 표현되고 있다.

하늘과 땅과 인간에게 포함되어 있는 모든 것들은 음(여자 또는 소극성의 원칙)과 양(남자 또는 적극성의 원칙)의 교호의 결과로 이루어진 것이다.[3] 심지어는 땅속의 금속이나 광물질도 음양을 통하여 생성된다고 믿고 있을 뿐만 아니라 식물이나 동물처럼 성장한다고 믿고 있다.

봉건주의 국가에 매우 적합하며 권력자에게는 언제나 용납될 수 있는 이 유교의 논리는, 지난날 고구려 시대에 이미 그 뿌리를 내렸던 것과 마찬가지로 한반도에서 매우 적합한 토양을 발견했다. 유교에서는 부모나 군왕을 죽인 원수와 같은 하늘 밑에 사는 것을 허락지 않음으로써 조선 사람들에게 효와 충성심 그리고 불화와 피나는 복수심을 조장했다.

부처님의 가르침과 고결한 도덕관에도 불구하고 유교의 윤리와 조상 숭배는 특히 한반도의 북부 지방에서 개명된 국가의 종교에 대한 민중들의 외

3) 원문에는 음과 양의 해석이 뒤바뀌어 있다.

향적 고집을 깔아뭉개었다. 예수의 정신이나 산상수훈[4]에도 불구하고 일반 기독교도들이 유스티니아누스의 법전[5]에 따라서 행동하고 처신하기 쉬운 것과 마찬가지로 조선 사람들도 설령 불교를 믿을지라도 공자의 법률에 따라 처신한다.

국가적 제례는 조정에서 직접 주관하며 종묘에서 공개리에 거행된다. 오늘날 중국에서 실시되고 있는 봉사의 어떤 것들은 조선의 조상 봉사에서도 그대로 준행되고 있다. 사대부 집안에서는 3대를 봉사하며, 양반 집안에서는 2대를 봉사하며, 평민들은 단대를 봉사한다. "큰 대문"이 서 있는 부·군·현의 관청에는 공자와 그의 32현의 조상을 모시는 서원이 있는데 정부에서 그 유지비를 댄다.

오늘날에는 전국적으로 유교가 퍼져 있지만 불교가 성행하던 4~14세기 동안에는 다만 양반 계급만이 유교를 공부하고 그에 따라 처신한 것으로 보인다. 15세기부터 시작된 조선왕조 치하에서는 중국의 종교가 조선 관·민의 의식이 되고 있으며, 오랜 옛날에는 고집스럽고 너그럽지 못한 박해의 시기가 있었다. 도교에 대한 연구는 거의 없는 것으로 보인다.

조선어에서는 부처님을 불이라 하고 그의 "가르침"을 불도 또는 불교라 한다. 4세기에 백제에 전파되고 6세기에 신라에 전파된 인도의 새로운 신앙은 한반도의 남반부에 온통 파급되었지만 이단적인 종교가 크게 만연하고 있는 북부 지방에서는 부분적으로만 포교되었다.

조선에서 불교가 만개한 시대는 고려(918~1392)시대[6]였다. 전국적으로

---

4) 예수 그리스도가 갈릴리 호반에서 군중들에 행산 설교를 의미한다. 그 내용은 예수교의 중핵을 이루는 것으로서 신의 아들로서의 덕, 곧 정의와 사랑을 깊이 가르치고 있다. 『신약성서』「마태복음」 5 : 3~7 ; 27

5) 유스티니아누스 법전(Justinian Code) : 로마의 황제 유스티니아누스 1세(Justinianus I : 483~565)가 트리보니아누스 등의 법학자에게 명하여 529~534년에 편수한 황제 입법으로서의 근세의 법사상에 큰 영향을 미치었다.

6) 본문에는 고려의 연대가 서기 905~1392년으로 기록되어 있다.

불교가 전파되었으며, 왕조는 이 종교의 주창자인 동시에 옹호자였으므로 이 4세기 동안 불교는 사실상 국교였다. 이 시대의 찬란한 문화의 모습을 보여주는 유적으로서는 탑, 사원, 암자 등이 있는데 이들은 특히 남부에서 많이 발견되고 있다.

절의 재원을 마련하고자 떼어 주었던 사전이나 그들의 경계선, 임대지, 승려들의 특권에 관한 수많은 법규나 의식상의 용어들은 어떤 다른 유물보다도 지난날의 융성함을 실감나게 가르쳐 주고 있다. 그러나 그러한 용어들이 과거 한때는 중핵적인 것이었지만 오늘날에는 남의 입에나 오르내리는 껍데기들이 되고 말았다.

15세기 또는 16세기에 이르기까지 일본의 불교도들은 조선을 "서쪽의 보배로운 나라"라고 부른 데서 알 수 있는 바와 같이 자기들의 종교적 의식에서 조선으로부터 믿은 정신적이고도 물질적인 도움으로 말미암아 조선을 우러러보았다. 오늘날 일본에서 이름난 사원, 도서관, 장서, 불상, 제단 기구 등의 특이한 모습들은 조선에서 건너간 것이다.

이와 같은 사실들은 교토에 있는 사원의 옛 터전에서 더욱 현저하게 나타나고 있다. 금불상, 금박을 입힌 목불상, 청동불상 그리고 금박을 입힌 몇몇 내화성 물질들은 다른 나라의 사원으로부터 건너온 원품들이라는 것이 입증되었다.

가마쿠라에 있는 한 건물 안에는 회전서가 위에 한 불경이 놓여 있는데, 이것은 13세기에 사네토모[7] 시대에 고려에서 얻어온 것이라고 한다. 그 뒤 2백년이 지난 뒤 가마쿠라의 아시카가 씨가 보낸 편지들의 내용을 보면 재미있는 구절들이 있다. 곧 어느 일본의 사원을 수리하는데 조선의 왕이 이를 지원하여 주겠다고 언약한 사실이 있음을 그 편지를 통하여 엿볼 수가

7) 사네모토(實朝 : 1192~1219) : 가마쿠라막부의 초대 장군인 요시쓰네(源頼朝 : 1147~1199)의 차남으로서 가마쿠라막부의 3대 장군.

있는 것이다.

조선 사원 위치나 일반적인 주위 환경은 중국이나 일본의 그것과 많이 닮았다. 사원은 땅을 돋우어 만든 언덕 위에 세워진 경우가 많으며 높은 산에 위치한 경우도 있다. 사원은 삐죽한 고목으로 둘러싸여 있는데 이는 부근에서 일어난 산불이 번지지 않도록 하는 이외에도 참배자들의 두려움과 경건심을 불러일으키려는 것으로 보인다.

높다란 일주문은 보통 사원의 훨씬 앞쪽에 세워져 있고, 곡선미가 있는 여러 장의 기와로 덮여 있으며 양쪽 옆에는 기와를 올린 돌담으로 둘러싸여 있다. 절간 입구의 작은 담장에는 커다란 한자로 그 절의 이름이 새겨져 있다. 산스크리트어[범어]나 파자도 때때로 눈에 뜨인다. 불당의 앞에는 기와를 올린 오두막집이 있고 그 안에는 북이 걸려 있다.

시각을 알리거나 또는 참선하는 사람에게 시간을 알려 주고자 중이 그 북을 친다. 그 반대편에는 시주를 넣는 상자가 있거나 또는 경건한 불제자가 손을 씻을 수 있는 샘이 있다. 그 외에도 그 절에 시주한 사람들의 이름이 적힌 판목이 가까이에 걸려 있고 새로 믿기로 작정한 신도들이나 중들이 사는 초가집이 손에 잡힐 듯이 가깝게 위치하고 있다.

조선의 사원에 안치되어 있는 불상들은 불교 문화권의 아시아 전역에서 볼 수 있는 것들과 같다. 가장 으뜸 되는 불상은 그 종교의 창시자인 석가모니의 상이다. 사원의 중심이 되고 있는 이 불상을 조각하고 예술적으로 가꾸면서 세계 여러 나라의 불상 조각가들은 크게 다름없이 그들의 전통적인 방법에 고착되어 있다.

열반의 경지에 이른 이 성자는 두 발바닥을 위로 향한 채 다리를 꼬고 앉아 있다. 두 손은 합장을 하고 있다. 몸에 걸친 가사, 높은 신분을 나타내고자 이마에 박은 구슬, 전설에 따르면 부처님의 머리를 직사광선으로부터 보호하여 주고자 기어 올라온 달팽이들, 귀걸이를 한 축 늘어진 귀는 인도나 샴이나 태국의 불상과 본질적으로는 같은 모습들이다.

눈은 약간 위로 치켜 올라갔으며, 귓불은 약간 동그스름하여 중국 문화권의 아시아에 살고 있는 불교도들의 취향을 만족시켜 주고 있다. 구원을 상징하는 연꽃의 활짝 핀 꽃받침과 바닥에 깔려 있는 꽃잎 그리고 벌어진 씨방 등으로 가꾸어진 보위도 다른 나라의 것들과 같은 모습이다.

예술가들은 지방의 신을 표현하면서 그 신에 대한 충성심을 강렬하게 나타내는 동시에 자신의 독특한 취향을 나타낸다. 불교가 전파된 여러 나라에서는 그곳에서 살다간 영웅이나 성자 또는 신들을 추념하고 있으며, 불교도들은 그들이야말로 "진짜 종교"의 법사들이 모험을 시작하기 이전에 이 땅에 내려온 석가모니의 화신이라고 생각하고 있다.

여러 신상을 모신 불당 안에는 또한 그 나라의 성인과 그의 수제자들의 조각상이 있는데, 예술가들은 그들의 형상을 만들면서 자유로운 개성을 발휘하는 데 주저하지 않는다. 각국의 불상이나 신상들은 명칭이 동일하기는 하지만 그것이 중국의 것인지, 조선의 것인지, 샴의 것인지, 아니면 일본의 것인지를 쉽사리 분간할 수 있다.

조선의 군신은 술 장식이 달린 양인도를 들고 있으며 중국식과 조선식이 혼합된 전포와 투구를 쓰고 있다. 머리 주위의 후광에는 먹구름과 함께 세 갈래의 불길이 뻗치고 있다. 1871년에 미군이 노획한 군기에는 그것을 잡고 싸운 용사들의 수호신의 모습이 그려 있거나 수놓아 있었다.

그 용사들 가운데 하나는 부처님을 나타내려는 것인지(아마 그럴 가능성이 가장 높다) 아니면 함경도의 어느 영웅(혹 단군이나 기자)일는지도 모른다)을 의미하는 것인지는 확실치 않으나 왜소하고 미묘하게 생긴 얼룩 나귀를 타고 있다. 옛날에는 이 나귀를 타고 과일 나무 밑을 지나갈 수가 있었다고 한다. 압살롬[8]으로서는 나무가 무성한 팔레스티나에 사는 것보다는 조

8) 압살롬(Absalom) : 고대 유대의 왕 다윗의 셋째 아들로서 부왕에게 거역했다가 피살됨(『구약성서』 사무엘 하 13 : 1~18 ; 18).

선에 사는 것이 더욱 안전했을 것임이 분명하다.

왜소한 얼룩 나귀를 타고 있는 그 수호신의 머리에는 날개처럼 뻗어 올라간 묘한 것이 꽂혀 있고 목에는 주름진 깃이 달린 옷을 입고 있었는데 이러한 모습은 1천5백 년 전에 함경도를 지나간 여행자들이 목격했던 모습들이다. 전포에는 비늘이 달려 있거나 아니면 조선 예술품의 특성인 "물결치는 듯한 모습"으로 만들어져 있다. 그가 신은 신발은 중국형이다. 그는 또한 관습대로 구름을 타고 있는데, 토속적인 기교로써 그려진 그 구름의 모습은 중국이나 일본의 그것과는 다르다.

조선의 미술가들은 정통적인 화법에 따라 석가모니의 상을 그리는 것은 분명하지만 토속적으로 경배하는 신상을 그릴 때에는 누구나 지역적인 특색을 살려서 자유롭게 그릴 수가 있다. 사원에 관한 미술가나 조각가의 대부분은 승려들이다. 대웅전의 으뜸 되는 불상은 청동이거나, 놋쇠, 또는 목상에 금동을 입힌 것이며, 그보다도 질이 좀 낮은 것으로는 석불이 있다.

승려들의 복식은 일본의 그것과 꼭 같다. 그들도 물론 아프거나 죽지만 장의로서는 하는 일이 거의 없는데 이는 풍수의 유행에 그 원인이 있다. 조선 사람들은 살아서나 죽어서나 풍수에 얽매인 노예가 되고 있다. 오늘날 이와 같은 끔찍스러운 지적 질병이 조선의 불교를 타락시킨 가장 큰 원인이 되고 있다. 천박하기 이를 데 없는 수많은 관념들이 과거 한때는 순수했던 한 종교에 기생충처럼 붙어서 살고 있다.

조선의 불교는 그 발전 과정에서 종종 국사에 강력한 영향을 미쳤으며, 승려들의 권한은 너무도 강력하여 정사를 실제로 좌우하고, 왕명을 무기력하게 만드는 경우도 있다. 부여족, 곧 조선과 일본의 경우를 보면 불교의 역사는 지극히 군사적인 색채를 띠고 있다.

한반도에 불교가 전파된 초기의 몇 세기 동안에 가장 능력 있는 지식인들이 불교로 생계를 이었으며, 가장 유능한 인물들이 불교를 통하여 발전했을 만큼 불교는 조선의 문화에서 가장 유력한 인자였다. 정치적 혁명과 사회적

혁명이 승려들에 의해서 수없이 자행되었다. 그들은 세상을 버린 사람인 동시에 학도일 뿐만 아니라 선동가이며, 전사임이 판명되었다.

승려들은 학식이 있었으므로 그들이 정계에 진출하는 것은 필연적인 일이었다. 그들은 조정에 서가로, 법률 제정자로, 고문으로 그리고 비서로 활약했다. 그들은 흔히 애국자이기도 했다. 우리에게 제시되어 있는 조선의 역사를 살펴보건대 삭발한 그 중들은 조선의 사회에서 표준이 되는 인물이었다.

승려들의 영향력이 항상 좋은 방향으로만 미친 것은 아니었다. 왜냐하면, 조정에서 일단 실권을 장악하게 되면 그들은 자기들의 파벌을 강화하기 위해서 권력을 행사하는 데 주저하지 않았기 때문이었다. 전해 오는 이야기에 따르면 고관대작들은 대궐의 영화를 떠나 은적한 암자를 찾았으며 심지어 왕후들까지도 부왕의 침소를 버리고 여승이 되었다고 한다.

일본의 경우와 마찬가지로 전쟁이 빈번하게 일어나자 승려들의 의용군이 조직되었다. 그들은 요새화된 자기들의 사원을 수비할 수 있었을 뿐만 아니라 그들의 용맹스러운 투혼과 강력한 지원으로 말미암아 전세를 바꿔 놓는 수도 있었다.

승려는 세 계급으로 나뉘어 있는 것으로 보인다. 상좌승은 불경을 공부하고 연구하며 글을 짓는다. 일반 중은 의식을 거행한다. 대사라 함은 주지승이다. 중들은 목탁을 두드리고 전국을 돌아다니면서 절이나 암자를 짓고 유지하는 데에 필요한 시주를 빈다.

승군이라 함은 수비대의 역할을 하는 중이다. 이들은 무기를 제조·정리하고 또 그 사용법을 익힌다. 대부분의 절은 높은 산꼭대기나 산등성이에서 있기 때문에 바위투성이의 좁은 길을 지나 그 절에 이른다는 것은 매우 어려운 일이다.

불교를 믿는 높은 선비들은 박해를 피하여 절로 들어가며, 신앙심이 두터운 왕들은 왕위를 찬탈 당한 뒤에 절로 은둔한다. 전쟁이 일어나면 절은 피난처가 된다. 1866년 프랑스의 수병들이 그토록 심한 타격을 받고 물러난 사건(병인양요)은 바로 강화도의 요새를 공격하다가 일어난 일이었다.

전국에 산재한 사원들은 고려의 늙은 왕들이 세운 것이거나, 아니면 고관들이 어떤 일을 추모하거나 자신의 신앙심을 입증하고자 세운 것들이다. 심지어 현 왕조에서도 1865년의 경우처럼 대원군이 중들로부터 강력한 영향을 받는 경우에는 막대한 재원의 절을 지으면서 조정의 지원금이 하사되는 경우도 때때로 있다. 이때 대원군은 미증유의 어마어마한 사원을 지었으며, 그 밖의 다른 사원에도 막대한 양의 공금을 하사했다.[9]

오늘날 승려들이 법당이나 사전 또는 재원으로 장악하고 있는 그 막대한 재산은 위와 같은 정부의 하사금이나 민중들이 조금씩 모은 것으로 이루어진 것이다. 이와 같이 하여 세워진 몇몇 산사들은 고서나 불경, 의식에 쓰는 집기 그리고 아마 돈이나 사전 등의 재산으로 생활에 아무런 걱정이 없을 것이다.

전라도와 경상도의 사이에 있는 통도사라고 하는 대찰의 큰 서고가 있는 것으로 유명한데, 그곳에 가면 대장경을 볼 수가 있다.[10] 미국이나 유럽의 학자들이 그와 같은 미개척지를 답사한다면 범어 불경과 같은 희귀한 보물들을 찾을 가능성이 높다. 왜냐하면, 조선은 이제야 기독교 국가의 지식인들에게 문호가 개방되었기 때문이다.

일반적으로 각 사원에 소속되어 있는 세 계급의 승려 수는 10~20 또는 30명을 넘지 않는다. 하멜은 "종교에 관해서 본다면 조선 사람들은 종교라고 할 만한 것이 없다. 그들은 설교라든가 또는 종교적인 신비에 대하여 거의 아는 것이 없다"고 관찰한 것으로 보아 그의 견해는 다소 편견이 있다고 볼 수 있겠으나, 하여튼 그의 기록에 따르면 승려들은 생활이 넉넉하고 쾌

9) 이상의 기록은 대원군의 경복궁 창건의 역사를 필자가 오해한 것으로 보인다.
10) 해인사를 오기한 것으로 보인다.

남아들이라고 한다. 민중들로부터 높은 존경을 받지 못하는 사원들도 많이 있다.

하멜의 기록에 따르면 절에서 벌어지는 축제는 떠들썩하며 절을 찾아온 민중들의 태도도 난잡하다고 한다. 향을 피우는 것이 몹시 유행했던 것으로 보인다. 승려들은 자연의 경관을 마음껏 즐기고 있으며, 대찰은 그 위치가 또한 훌륭하더라고 하멜을 할하고 있다. 심지어는 오늘날에도 승려들은 조정의 고관이나 도백이나 또는 군사 고문에 오른다.[11]

불교는 일본의 경우와 마찬가지로 동물에 대한 자비를 몹시 강조하고 있는데 이는 영혼의 윤회환생설의 필연적인 결과이다. 살생을 한 사람은 파문을 당한다. 평민들은 쇠고기, 돼지고기, 양고기를 게걸스레 먹으면서도 백정은 모든 직업 가운데 가장 천박한 계급으로 여겨지고 있다.

백정이나 피혁공들은 일본의 에타와 마찬가지로 인간 이하의 신분을 이루고 있다. 그들은 노예보다도 더 하천한 계급에 속한다. 그들은 평민들의 거주지와는 동떨어진 곳에서 살아야 하며 물이나 음식이나 불 또는 피난처를 제공받는 것이 금지되어 있다. 조선의 파리아[12]들이 생기고 또 이들이 공인된 사회로부터 쫓겨나게 된 것은 불교적 가르침의 직접적인 결과이다.

중국의 승려들과 마찬가지로 그리고 일본의 승려들과는 달리 불교도들은 자신의 성스러운 명성을 얻거나 아니면 자기가 언약한 바를 지키고자 광란의 축제에서 육신을 불구로 만드는 일도 흔히 있다. 방백으로부터 지명을 받아 기독교인과 논쟁하기로 된 어떤 승려는 자신의 명성을 쌓고자 네 개의 손가락을 잘라 버렸다.

중이 되는 맹세를 할 때면 "불을 받는" 의식을 거행한다. 머리를 깎은 뒤

11) 이것은 사실과 다르다. 조선왕조에서는 태조 이후의 배불책으로 인하여 승려는 도성의 출입조차도 금지되었을 정도였다.

12) 파리아(pariah) : 인도의 최하층 천민들.

에는 뜸을 뜨는 쑥이나 불이 붙은 부싯깃의 덩어리를 팔뚝 위에 올려놓는다. 쑥에 불이 붙어 천천히 타들어 갈 때는 참기 어려운 아픔뿐이다. 그 뒤 생긴 흉터는 거룩한 상징으로 남는다. 이와 같은 과정은 입도에 해당하는 것이지만 계율을 어길 때에는 그때마다 고문이 되풀이된다.

종교적 수도는 이와 같은 방법으로 이어진다. 여승방에는 삭발한 여자와 삭발을 하지 않은 여자의 두 종류의 신도가 있다. 보살은 머리를 깍지 않으며 계율도 그다지 엄하지 않다. 하멜의 기록에 따르면, 서울에는 두 가지의 암자가 있는데 그 가운데 하나는 양가의 여인을 위한 것이고 다른 하나는 하층 계급의 여인을 위한 것이라고 한다.

군사적인 면모를 제외한다면 조선 불교의 유형은 일본의 불교보다는 중국의 그것에 가깝다. 오늘날 중국과 일본에서 불교의 역사는 흥륭하다기보다는 쇠퇴의 길을 걷고 있다. 따라서 석가모니로서도 오늘날 조선과 일본에 존재하고 있는 모습의 불교를 자신이 창도한 것이라고 알아보기는 참으로 어렵게 되었다. 일본에서는 불교가 전국을 휩쓸어 전파된 적이 있지만 조선에서는 그와 같은 포교가 성공하지 못했다.

조선의 불교가 일본에서와 같이 그렇게 지적 감화의 면에서 큰 영향을 미치고 있지 못한 잠재적 이유로서는 유교의 가르침이 우월하다는 점, 유교에 대하여 민중들이 철저하게 몰두하고 있다는 점, 중국과 인접하여 있다는 점, 중국인의 풍속과 습관 그리고 물질적 사고를 그대로 답습했다는 점, 중국의 침략이 빈번했다는 점, 일본의 신도보다 더 강렬한 토착 신앙이 뿌리박고 있다는 점 등을 지적할 수가 있을 것이다. 그럼에도 불구하고 불교는 광범한 호소력을 가지고 있기 때문에 만약 유교란 단순한 윤리 체계이지 순수 신앙은 아니라고 여긴다면 조선은 불교 국가라고 규정할 수도 있다.

1876년 일본 불교의 한 새로운 종파[13]가 포교를 위하여 조선에 승단을 파견했다는 사실을 조선불교사에서 하나의 놀라운 일이 아닐 수 없다. 그들이 개종시킨 사람 가운데 조선의 한 유능한 청년이 있었다.[14] 그는 1878년에 교토로 가서 신종 불교를 공부하고 다시 돌아와 자기의 동족들에게 포교했다.

1880년에는 다시 5명의 조선 청년들이 교토에 있는 신불교학교에 입학했으며 아미타를 모시는 새롭고도 장엄한 사원이 원산에 건립되었다. 이 용맹스러운 종파는 일본에서 기독교들이 이룩하여 놓은 신도 수의 서열이 높아짐으로 말미암은 타격을 보상하려고 철저하게 노력하고 있을 뿐만 아니라 한반도에서 활약하는 기독교 선교사들의 노력을 좌절시키기로 작정했음이 분명하다.

위에서 본 바와 같이[15] 조선 사람들은 유교 철학에 너무도 철저하게 몰두하고 있기 때문에 국기나 국가적 상징을 만들어야 할 경우에도 남녀를 표시하는 상징이나 또는 우주의 적극적·소극적 원리를 따진다. 비록 조선은 장식의 다양성에서나 깃발의 상징주의가 풍부하기로는 남달리 빼어나기는 하지만 오늘날 그들의 선박이나 세관 또는 미국 유럽 등지의 조선공사관에 걸려 있는 그들의 국기를 보면 장방형의 기폭에 중간에는 적과 흑의 두 콤마를 서로 붙여 놓았는데 이는 우주의 두 원리를 의미하는 것이다.

깃발의 네 모서리에는 직선과 중간이 끊어진 선으로 이뤄진 팔괘[16]가 하나씩 그려져 있다. 팔괘라 함은 중국의 문화를 창시한 저 유명한 복희씨[17]가 황하에 솟아오른 용마[18]의 등에 쓰인 무늬를 판독한 것이다. 그는 이를 근거로 하여 중국의 문자 체계를 처음으로 이룩했다.

---

13) 오쿠무라 엔싱(奧村圓心)의 정토진종 혼겐지를 의미함. 다만 조선에 이 종파가 전래된 것은 1876년이 아니라 1877년 12월이며 1878년은 원산에 지사가 건립되었다.

14) 개화승 이동인을 뜻하는 것이 아닌가 여겨진다.

15) (필자 주) 본장 p. 457 참조.

16) 팔괘(八卦) : 주역의 산목에 그려진 건·태·이·진·손·감·간·곤을 의미함.

17) 복희씨(伏羲氏) : 중국 삼황오제의 수위를 차지하고 있는 신화적 제왕으로서 천지창조의 신으로 숭앙을 받고 있다.

18) 용마(龍馬)가 아니라 거북이었음.

중국 문화권의 아시아에 살고 있는 지식인들은 이 팔괘를 통하여 모든 형이상학적 진리의 본질과 자연의 모든 신비를 푸는 실마리를 알게 된다. 팔괘에 관해서는 여러 가지 점복술과 경전의 형이상학적인 석의 등을 포함하는 막대한 양의 책자[19]로 쓴 것이 있다.

팔괘는 64괘로 늘어날 수도 있을 뿐만 아니라 4괘로 줄었다가 다시 2괘로 줄어들기도 한다. 곧바로 뻗은 선은 양의 상징으로서 빛, 하늘, 남성 등을 의미하며, 중간의 끊어진 선은 음의 상징으로서 어둠, 땅, 여성을 상징한다. 이 두 개의 선은 정지된 상태로서의 이원성을 의미한다. 그러나 선이 구부러지거나 도는 두 개의 콤마를 마주 닿게 할 경우에는 혁명의 영원한 전개를 의미한다. 이 과정에서는 팔괘에 의하여 표시된 자연의 여러 가지 본체가 상호 생성·소멸하게 되며, 이렇게 함으로서 존재의 현상이 일어난다.

고대 음운이나 철자를 볼 때 고대 바빌로니아 문자의 발음이 중국에서 파생된 것임을 알 수 있으므로 팔괘란 바빌로니아 문명과 중국 문명이 융합되어 나타난 것이라고 라쿠페리[20] 교수는 풀이하고 있다. 그러나 모오스[21]가 중국의 팔괘에서 힌트를 얻어 자신의 전신 부호를 창안한 것으로는 보이지 않는다.

국기를 창안한 조선의 지식인들은 중앙에 뚜렷하게 자리 잡고 있는 밝은 빛깔의 적극적인 삶의 회전 원리와 이와 대조를 이루는 배면의 정적인 직선을 통하여 과거의 은자적 존재와 대조를 이루는 현재와 미래의 진취적인 조

---

19) 『주역』을 의미함.

20) 라쿠페리(Albert E. J. B. T. de Lacouperie : 1845~1894) : 프랑스 태생의 영국의 동양학자. 대영박물관의 중국연구원과 런던대학 중국어 교수를 역임했으며, 중국의 문명이 바빌로니아에서 기원했다고 주장함으로써 물의를 일으켰다. 월간지인 『바빌로니아와 동양학』(1886~1894)의 편집장을 지냈으며 『초기 중국 문명의 서구적 기원』(1892) 등의 저서가 있다.

21) 모오스 (S. F. Morse : 1791~1872) : 미국의 전신 기사로서 모오스 부호를 발명하고 1843년에 워싱턴 볼티모어 간의 전보 통신에 성공했다.

선을 보여주려고 시도했을 가능성도 있다.

버지니아 광고업자들이 무의식적으로 한 일이겠지만, 조선의 새로운 국기가 담배 포장지의 무늬로 전 서방 세계에 최초로 소개되었다는 사실은 매우 의미심장하고도 아이러니컬한 일이다. 여러 세기 동안 조선 사람들의 정력은 담배 연기 속에서 헛되이 소모되었으며, 조선이 국가적으로 쇠퇴한 시기는 담배가 소개된 시기와 일치하고 있다.

제 38 장 교육과 문화

조선은 중국으로부터 문화를 받아 아무런 댓가도 받지 않고 그것을 일본에 전승하여 주었다. 만약에 의심에 여지가 있는 기자에 관한 기록을 그대로 믿는다면, 그리고 더 나아가서 그들이 문자나 이에 상당하는 그 무엇을 가졌었다면 조선 사람들은 과거 3천 년 동안 "문명"을 향유한 것이다. 대략 서력기원 무렵에서부터 중국 철학의 불빛은 조선의 학자들을 착실히 비추어 주었음이 분명하다.

연대기적인 측면에서 본다면 믿을 만한 가치도 없는 일이지만, 일본의 옛 전설에 따르면 일본에 문자 문화가 들어온 것은 이미 서기전 157~30년경이라고 한다. 신라로부터 책과 서 본을 가져왔다고 하는 징쿠황후의 전설은 좀 더 그럴 듯하다. 그런가 하면 백제의 왕인[1]이 일본에 건너가서 한문을 가르치고 경전을 보급한 것은 구체적 자료가 불확실하지만 하나의 엄연한 역사적 사실이거나 아니면 그 뒤 기정사실화된 것이다. 이 일은 서기 285년에 있었다.

---

1) 왕인(王仁) : 백제의 학자로서 일본의 초청을 받아 『논어』와 『천자문』 등을 가지고 도일하여 천황 오진의 신임을 받았다. 그 자손은 대대로 고치나이에 살면서 일본을 계명시키는 데 크게 공헌했다. 한국 측의 기록에는 그의 이름이 보이지 않는다.

고구려인 들이 남쪽으로 이주할 당시 문자를 가지고 내려왔는지는 알 수가 없으나 백제에서는 4세기에 이르기까지 공자의 『논어』를 공부하지 않았다. 이 당시는 한견[2]을 한문 교수로 임명함으로써 공공 교육이 인정을 받았다. 한반도에 한문이 수입된 것은 이것이 최초라고 한다. 중국으로부터 들어온 문화가 한반도의 대동강 이남에 공식적으로 전래된 것이 바로 그때라는 점에서 그렇게 말할 수가 있다.

중국의 문화가 전파된 대부분의 아시아 국가들과 마찬가지로 몇 세기 동안 위정자들은 민중의 교육에 노력을 기울이지 않았다. 학문이란 소수 귀족들의 특권에 지나지 않았다. 그들은 민중들에게 학문이 보급되는 것을 질시의 눈초리로 감시했으며, 학문이란 왕실에 소속된 사람이나 또는 귀족들만의 전유물인 듯이 생각했다. 여러 모로 볼 때 유교의 경전과 윤리적 교리는 중국의 주변 국가에 파급되어 궁정 교육이나 귀족 교육의 기반이 된 것으로서 보인다.

그런 가운데에서 불교는 민중적 · 민주적 요소를 함양함으로써 하층 계급에도 학문을 전하여 주었다. 불교를 새로 믿기로 한 사람들은 보통 하층 계급 출신들이었는데, 이와 같은 불교의 포교를 통하여 문화가 민중에게도 파급되었다. 자기 나라의 언어에 의한 불경의 해석 그리고 설법과 함께 심지어는 불상, 그림, 족자들도 민중을 교화시키고 일상 생활의 굴레로부터 그들의 생각을 벗어나게 했는데 이런 현상이야말로 그 자체가 진정한 교육의 결과인 것이다.

불교가 보급된 곳은 어디를 가나 무지한 대중의 구어체로 다소간의 불경이 출판되고 민중을 위해 우선 책을 펴내는 것이 종교의 과업이었다. 중국은 조선에 그들의 언어와 표음 문자를 전해 주었으며, 인도는 범어와 표음

2) 한견 : 본문에는 Hanken으로 기록되어 있으나 확인되지 않는다.

문자를 전해 주었는데 조선 사람들은 이들을 통하여 문자를 만듦으로서 자기 나름대로 쓰고 인쇄할 수 있게 되었을 뿐만 아니라 설교의 경전을 좀 더 쉽고도 대중적으로 이해하는 데에 도움이 되었다.

조선의 문자는 7세기경에 신라 왕실의 고위 관리였던 설총에 의하여 최초로 만들어진 듯이 보인다. 이것이 곧 이두이다. 이두는 일본의 가나와 마찬가지로 순전히 음절을 모은 것으로서 자음과 모음이 갖추어진 순수한 알파베트는 아니다. 자기 나름대로의 쓰는 법을 갖고자 하는 생각은 범어문자로부터 암시를 받았을 가능성이 높기는 하지만[3] 이두는 보편적으로 쓰이는 몇몇의 한자에 음을 부여함으로써 만들어진 것이다. 그 가운데 몇 자는 정확히 조선어의 발음을 내고 있다.

언문이라고 불리는 조선의 순수한 문자는 세종이라는 인물[4]에 의하여 창제된 것이다. 세종은 조선의 문화사에서 가장 유능했던 인물 가운데 하나로 손꼽히고 있다. 『조선문전』에 따르면 이 문자는 송도에 도읍하고 있던 고려시대인 "8세기 말이거나 9세기에" 창제되었다고 하는데 이는 분명한 오기이다. 왜냐하면, 고려는 10세기에 이르기까지는 송도에 도읍하지 않았기 때문이다.[5]

조선과 일본 학자의 기록에 따라 조사한 애스톤[6] 씨는 그 언문이 창제된

---

3) (필자 주) 저명한 미국인 학자로서 유구에 관한 저술을 쓴 맥카르티(D. Bethune McCartee) 박사는 다음과 같이 말하고 있다. "중국인이나 일본인은 표기법을 창안하지는 않았다. 이 두 나라(우리들이 확신하고 있는 바와 같이 조선의 경우도 마찬가지이지만)에 문자가 전달된 것은 초기 승려들이 … 노력한 결과이다. 이 3국에서 … 표기법이 범어로부터 유래된 것으로 보기는 매우 의심스럽다."

4) 본문에는 세종이 승려라고 오기되어 있다.

5) 이 점에 대해서는 필자가 오해하고 있다. 왕건은 서기 918년에 수도를 송도로 옮기었다.

6) 애스톤(William G. Aston : 1841～1911) : 영국의 외교관이며 언어학자. 1883년에 나가사키 영사로 부임했다가 1884년에 조선 총영사로 부임했다. 조선 주재 초대 미국 공사인 후트(Lucius Foote)와 함께 조 · 일관계 조정역으로 일본에서 활약하다가 1885년 4월에 부임했다.

것은 “15세기 전반기 이후”라고 믿고 있다.[7] 그러나 이와 같이 자기 민족의 문자 체제가 창제됐음에도 불구하고 중국의 완숙한 철학과 문화의 영향력은 너무도 심각하여 한때 조선 사람들은 언문으로서는 원전과 꼭 같은 자국어본을 만들어 내는 것이 분명히 무리한 것이라고 생각했다.

한글은 감수성이 예민한 지식인들을 자극함으로써 모든 원전을 표기하는 데 아무런 소용이 없었다. 조선의 학자들은 자기 민족의 언어 문화를 비하했다. 그 결과로 몇 세기가 지난 오늘날에도 조선에는 이름을 붙일 만한 문학 작품이 없다. 다만 극소수의 작품들이 한문이나 일본어로 씌어 있을 따름이다.

오늘날 조선의 선비들은 한문에 대하여 높은 비평가적 식견을 가지고 있다. 대부분의 선비는 한문으로 된 경전을 거침없이 읽는다. 필적은 일본에서와 마찬가지로 중요시하는 동시에 보편화되어 있었으며, 읽고 쓰는 것도 하나의 교육을 이루고 있다. 5세기부터 17세기에 이르기까지 양반 집의 자제들은 학업을 닦고자 남경으로 유학을 갔다. 북경이 수도가 된 이후로는 (1279년부터는 몽골의 지배를 받았으며, 1410년부터는 명나라의 수도였음) 청년들이 거의 유학을 가지 않았으나 작년(1881)에는 조선의 청년들이 청제국 정부의 해군학교 · 육군학교 · 문과학교에 입학했다.[8]

중국으로부터 문학적인 혜택을 받은 봉신 국가 사이에는 중국에 퍼져 있던 실제적인 민주주의적 요소들이 오랫동안 결여되어 있었다. 중국으로부터 문화를 전수 받은 나라들 가운데에서도 조선은 그의 스승을 가장 많이 모방했다. 문과 시험의 경우와 같이 학문적 능력을 관리 등용의 기초로 삼음으로써 조선은 교육을 장려하고 있다.

15세기 초엽에 이르러 지금의 왕조는 그와 같은 인사 제도를 혁신했다.

---

7) 한글이 창제된 것은 정확히 1443년 12월(세종 25년)이며, 1446년 10월에 반포되었다.
8) 영선사 김윤식(金允植 : 1841～1920)이 이끌고 갔던 천진 유학생을 의미함.

교육은 관리의 등용과 승진의 길이라는 점에서 본다면 조선에서의 교육은 공공 교육인 동시에 정부에 의하여 장려를 받고 있는 셈이다. 문무 관직을 위하여 과거 제도를 실시하고 모든 응시자들에게 명목상으로 기회를 부여하며, 합격자들로 공석을 채움으로써 문화의 발전에 끊임없는 자극이 창출 · 지속되었다.[9]

조선의 문화는 중세 유럽의 그것을 닮았다. 중세 유럽의 문화는 자생적인 것이 아니다. 현존하는 제국들의 가장 오래된 고전적 언어들은 라틴어(또는 동양의 라틴어라고 말할 수 있는 중국어)로 씌어져 있다. 이곳의 지식인들이 사용하는 문학적인 표현 도구는 현대의 중국인들이 사용하는 구어가 아니라 고전에 기록되어 있는 축어적이고도 명료한 인조어이다. 오늘날 중국인들은 경전에 기록된 인조어로 말할 수 없으며, 이들을 완전하게 이해하려면 심안을 통하여 읽어야 한다.

고전적인 한문체로 글을 쓰는 조선의 문장가들은 인용할 수 있는 빼어난 귀절, 선택된 문구, 고사 성어, 문학적으로 착색된 용어 그리고 고대 중국의 문예 작품의 이곳저곳에서 광범하게 발췌한 만화경과 같은 단문들로 자신의 문장을 채운다. 그들은 이와 같은 여러 가지의 구성물들을 부드럽고 미려하고 고상하고 완전한 하나의 통일된 문장이 되도록 배열하는 것이다. 이렇게 되어 완성된 것이 문장으로서는 극치를 이룬다.

따라서 조선 사람들이 생각하기에, 지혜로운 격언, 고사, 경세적인 지혜 · 문구 · 문자, 정치적인 원리, 선열, 사례, 왕명 등은 모두가 중국의 것이거나 아니면 고대 중국의 역사에서 있었던 일들이다. 조선 사람이 생각하는 자연 · 역사 · 철학은 모두가 유교적인 것이며 그들은 중국인과 마찬가지로 기독교를 믿는 야만인들과 그들의 이교도적인 우주관을 노골적으로 멸시한

9) 과거 제도를 의미하는 것으로 보이나 우리 나라에 이 제도가 실시된 것은 15세기가 아니라 고려 광종 9년(958)에 후주인 쌍기의 건의에 의해서였다.

다. 그러는 동안에 조선의 언어 · 문학 · 역사는 무시되고 있다.

조선의 어린이들은 25자[10]로 된 간결하고도 아름다운 자/모음과 이를 조합하여 만든 190[11] 또는 그 이상의 글자를 읽고 보고 쓰는 것으로써 교육을 시작한다. 그들은 읽는 법을 배우고 정자와 초서 쓰는 법을 익힌다. 한글의 음절을 정확하게 분해할 수는 없지만, 눈과 귀로써 기억에 남는다. 조선어를 공부하는 외국인들에게는 무섭게 여겨질 만큼 다양한 모음 변화와 자음 접변은 어린 시절에 귀와 예문을 통하여 빨리 숙달되기 때문에 철자법은 거의 알려져 있지 않다. 거의 모든 소녀들과 대부분의 소년들이 배우는 이와 같이 초보적인 지식으로써 그들은 청년이 되어서도 이야기책, 소설, 입문적인 역사, 시문 그리고 사업상으로나 친구간의 연락에 필요한 통상 문서들을 터득한다.

만약 그 청년이 농사꾼이나 목동 또는 장사꾼, 광부, 사냥꾼이 되려 한다면 방위 · 달력의 숫자 · 무게 · 척도 · 돈 그리고 사업에 필요한 특별히 전문적인 용어 등, 매우 흔히 쓰는 몇 개의 한문 이외에는 더 이상 공부하지 않는 것이 보통이다.

따라서 조선의 노동자들은 중국의 세탁부와 마찬가지로 자기의 직업에 관련된 몇 백 자의 한자는 훤하게 알면서도 한심스럽게도 초보적인 책을 읽거나 한문 한 구절도 짓지 못하는 일이 흔하다. 한자로써 조선어나 일본어는 물론 영어까지도 기록할 수 있지만, 뱃사람 · 보석상 · 농부 또는 벌목 상인에게 필요한 용어들을 아무리 잘 알아도 『흑기사』[12]나 워드워즈(W. Wordsworth)[13]의 시를 읽을 수는 없다.

---

10) 한글은 본시 28자로 제정되었으나 필자가 이 책을 쓴 1880년경에는 ㅿㆆㆁ이 없어져 25자를 사용하고 있었다. 오늘날에는 모음 " · "까지 없어져 24자만을 사용하고 있다.

11) 오늘날 한글의 자음 · 모음을 결합하면 2천 자의 표기가 가능하다.

12) 『흑기사』 : 영국의 소설가인 월터 스코트경(Sir Walter Scott : 1771~1882)의 소설 및 그 주인공의 이름.

만약 조선의 청년으로서 과거에 응시할 뜻이 있으면 그는 일찌감치 진서 또는 “큰 글”의 공부를 시작한다. 그들이 손에 처음 드는 것은 『천자문』이다. 이 책은 옛날 어느 한 성인[14]이 하룻밤 사이에 지었다고 하는데 그는 그 일을 마치고 머리와 수염이 모두 희게 되었다고 한다. 『천자문』에는 중복되는 글자가 하나도 없으며 사자일행의 대구체로 되어 있다.

어린 아이들이 보는 것은 대자의 목간본이다. 한자의 오른쪽에는 한글로 음이 적혀 있고 왼쪽에는 훈(訓)이 적혀 있다. 처음에는 음을 배우고, 다음에는 훈을 배우고 마지막으로 귀절과 문맥의 의미를 배운다. 그러면서도 눈·귀·손·머리로 이 책을 전부 터득할 수 있을 때까지 열심히 붓글씨를 쓴다. 이와 같은 방법으로 또 다른 경전을 익힌다. 초기의 교육은 전적으로 읽기, 쓰기, 외우기로 되어 있다.

예법도 또한 엄하게 가르치며 미미하기는 하지만 산술, 수학, 자연도 약간씩 가르친다. 이와 같이 암기와 필기의 엄격한 과정이 지나면 경전의 비판적 안목을 기르는 수업이 시작된다. 스승이 문맥을 자세히 설명해 주고 주석을 덧붙여 준다. 문학적인 제명에 대한 글을 짓고 시부에 대한 탁월한 문체를 기르고자 노력한다.

향시나 대과를 치르고자 조정에서는 시관을 임명한다. 이들은 급제한 사람들에게 자격증을 부여한다. 향시에 급제한 사람은 방백 수령의 하위 벼슬밖에는 임관될 수가 없다. 높은 벼슬을 꿈꾸는 사람은 적절한 시기에 대과에 응시하고자 자격증을 가지고 서울로 올라간다.

청운의 큰 뜻에 한없이 부풀어 오른 이 젊은이들의 으스대면서 대로를 걸어가는 모습은 조선 실외 생활에서 한 폭의 그림을 이루고 있다. 이 젊은이들은 동향인끼리 무리지어 상경한다. 그들은 하인을 거느리고 걸어서 간다.

---

13) 워드워스(W. Wordsworth : 1770~1850) : 영국의 호반시인.
14) 중국 양나라의 주흥사를 의미함.

왕명을 받아 이제 서울로 올라가고 있다는 사실에 우쭐해진 이들은 술 마시고 법석을 떨면서 기분 내키는 대로 처신하는 경우도 흔히 있다.

시골 농부들이나 마을 사람들은 기꺼이 그들의 전도를 축복해 준다. 서울에 도착하면 그들은 각기 헤어져 친면이 있는 여인숙이나 친지들의 집에 숙박한다. 이 대과에는 젊은 총각이 대부분을 이루지만 결혼한 중늙은이들도 없지 않다. 머리가 희끗희끗한 초로의 선비들도 20여 차례나 응시했다가 낙방을 하는 경우도 있으며 조부와 함께 3대가 한 자리에서 응시하는 경우도 있다.

지정한 날이 되면 몇 천 명 또는 그 이상의 시생들이 이 시간을 기다리며 준비하여 둔 것들을 가지고 지정된 장소에 모여든다. 과제가 준비되는 시간은 시끄럽고 연기가 자욱하다. 한 자라도 더 보려는 사람, 책을 다시 검토하여 보는 사람, 중얼거리며 외어 대는 사람, 또는 자기의 습관이나 기호에 따라 먹고, 마시고, 떠드는 사람들이 그득하다.

시험은 시부의 작문과 질문에 대한 구어, 서면의 답변으로 되어 있다. 심신이 평온하게 되면 시생들은 각기 자리를 잡는다. 과거의 성공 · 실패, 갖가지로 발생하는 사건들, 급제를 하기 위한 정직 · 부정직한 소행들, 그리고 과거에 대한 소위 사생들의 속어나 민담 등 이에 관련된, 풍부하고도 천박하고도, 복잡한 어휘들은 외국인들에게 흥미 있는 연구 제목이 될 뿐만 아니라 조선의 양반들이 평생 동안 내다보는 사회적인 시각에 과거 제도가 얼마나 넓은 각도를 차지하고 있는가를 보여준다.

과거가 끝나면 낙방 생들은 자기에게 위로가 될 수 있는 체념과 철학을 안고 고향으로 돌아간다. 급제한 사람은 말을 타고 풍악을 울리면서 이제까지 자기가 신세진 사람이든가 친척, 시관대작들을 찾아다니며 축하를 받고 은혜를 갚는다. 그 다음에는 누구도 피할 수 없는 명명식이 필연적으로 뒤따르는데, 이는 프랑스인들이 하는 "세례식", 독일인들이 하는 "여우에게 소개하기", 영국인들이 하는 "하급생 심부름시키기는 장난", 미국의 학생들이

하는 "동료 골탕 먹이기"에 해당한다.

부모 가운데 한 사람이나 친구, "동창생", 또는 이미 과거에 급제한 사람이나 같은 정파에 소속하고 있는 사람이 대부가 되어 의식을 거행한다. 급제한 사람이 앞으로 나와 크게 절을 하고 연회의 주최자의 몇 피트 뒤쪽에 자리를 잡는다. 주최자가 한껏 점잔을 빼면서 앞으로 나와 벼루에서 먹을 듬뿍 찍어 제물이 된 그 시생의 얼굴을 시커멓게 칠하고 먹이 마르기에 앞서 밀가루를 두텁게 처바른다.

급제자로서는 아무리 기분 좋은 일을 당한 자리라고는 하지만 일이 이쯤 되면 먹칠과 밀가루를 뒤집어쓴 채 도망을 칠 수밖에 없는데 그 때에서야 장난은 더욱 거칠게 전개된다. 곧 잔치에 참석한 사람들이 모두 각기 한 번씩 먹칠을 해준다. 제물이 된 그 급제자가 이제는 시련이 끝났는가 하면 또 다른 사람이 나타나서 먹칠을 하고 밀가루를 뿌린다.

이러는 동안에 급제생들은 금전적으로나 정신적으로 큰 댓가를 지불하면서 잔치는 진행된다. 이날은 으레 먹고 마시고 담배 피우고 왁자지껄하다. 이날은 금전적인 곤욕과 인내를 피할 수 없다. 왜냐하면, 만약 그 급제생이 그러한 곤욕에 대하여 너그러움을 보이지 않았다가는 오늘날 미국이나 영국의 대학생들 사회에서 때때로 유행하고 있는 것과 같은 야만적이고도 잔인한 골탕을 먹게 되기 때문이다.

과거의 급제에는 3등급이 있는데, 서구적인 것과 견주어 표현한다면 학사에 해당하는 초시, 석사에 해당하는 진사, 그리고 박사에 해당하는 대과 급제가 있다. 장원은 왕명으로 수여되며 차상은 백패에 기록하여 주며, 차하는 빨간 꽃다발을 내린다.[15] 과거에 급제했다고 해서 반드시 벼슬에 오르는 것은 아니다.

---

15) 이 점은 필자가 오기하고 있다. 조선왕조에는 문 · 무 대과에 합격한 사람에게는 홍패를 주고 생원 · 진사과에 합격한 자에게는 백패를 주었다.

장원이 없을 경우에는 나머지 가운데 가장 높은 자 또는 2등이 벼슬에 오를 수도 있다. 차상은 지방 관서에 부임할 수도 있으며 몇 년이 지난 다음에는 방백이나 능참봉이 될 수도 있다. 장원을 하면 대궐이나 서울 안에서 가장 명예로운 자리에 취임할 수도 있고 판서 가운데 한 자리나 관찰사 또는 목사가 될 수도 있다. 아마도 "박사"가 부임하는 곳은 서울인 것 같다. 관직의 임기는 보통 2년이다.

문과의 급제는 사대부의 자제들에게 커다란 매력이 되고 있다. 무과일 경우에는 궁술과 마술이 그 줄기를 이루며, 시문은 별로 중요시지 않다. 그러나 가장 낮은 급수에 합격했을지라도 문벌이 좋고 정치적 영향력이 있는 집안의 자손이면 영달할 수 있고, 평민의 자식이라면 자기의 급수 이상을 오를 수 없어서 사병이 되거나 말직에 앉게 된다. 문과는 처음 시작했을 무렵과 초기의 2세기 동안에는 매우 공정하게 실시되었으나 오늘날에는 많이 타락했는데 뇌물과 관리의 정실이 그 원인이라고 한다.

언어 · 수학 · 의학 · 예술 등을 가르치는 특수학교들이 조정의 지원을 받아 경영되고 있다. 이 분야의 지식을 가지고 있는 선생은 양반과 평민의 중간적인 신분을 이루고 있으며 양반들이 누리는 특권도 다소 누린다. 그들도 또한 과거에 응시하여 자격증을 얻고 관직에 취임할 수 있다. 그들의 직업은 대체로 세습적이며, 혼인도 자기들 사이에 맺는다. 어느 모로 보나 중인의 지식인들은 도쿠가와막부 시대의 선비 집단이나 오늘날 일본의 의사 · 천문학자 · 생물학자들과 같은 특권 계급을 닮았다.

이와 같은 특수 학문은 8개 분야로 나누어진다. 역관이라 함은 중국어, 만주어, 몽골어 그리고 일본어를 공부한 사람들이다. 이들은 북경으로 가는 사신을 수행하고 변방에서 봉직하거나 또는 부산 가까이에 산다. 도쿄나 북경의 경우와 마찬가지로 최근에 미국 또는 유럽 열강과 체결된 수호 조약은 외국어 학교의 설립을 수반하게 될 것이다.

천문, 풍수 그리고 택일 등을 가르치는 천문학교[16]는 왕에 대한 특별한 봉사를 위하여 존재하고 있다. 중국의 경우와 마찬가지로 조선에서는 아직 점성술과 천문학이 구분되어 있지 않다. 그러나 아직도 행운을 빌기 위해서는 천문에 관한 문제를 공식적으로 문의한다. 의학교[17]에서는 왕실과 민중의 치료를 위한 의사를 교육시킨다.

문서 학교[18]에서는 왕실의 문서와 북경에 보내는 관문서의 준비에 관한 책임을 맡는다. 미술학교[19]에서는 조정에서 필요한 지도, 그림, 계획서, 도안 등을 만들고 어진을 그린다. 법관양성소[20]는 법리와 밀접한 관계를 맺고 있으며, 판사의 교육과 소청법원으로서의 기능을 수행한다.

산술학교[21]는 탁지부를 도와 수치를 검사하고 재산을 평가하며, 그 학교의 소속원들은 공공 활동을 감독하는 기능을 맡는 경우도 흔히 있다. 서울에 있는 시계원[22]은 표준 시간을 지키며 물시계를 보살핀다. 이와 같은 8개 분야 이외에도 궁중 악사들이 있다.[23]

은자의 나라 조선의 국내외에서 얻은 여러 가지의 자료들을 종합하여 볼 때 그들의 상류 사회에는 일종의 문화라고 볼 수 있는 것이 있다고는 하지

---

16) 천문학교(天文學校) : 관상소를 의미하는 것으로 보임. 관상소는 관상감의 후신으로서 1895년 갑오경장과 더불어 학부 산하에 개칭 · 편입되었다.

17) 의학교 : 1899년에 학부 산하에 설립된 의료 교육 기관으로서 교장, 교관, 서기 등이 봉직했다.

18) 문서 학교(文書學校) : 홍문관 · 예문관 · 규장각 · 승문원 가운데 어느 것을 의미하는 것으로 보임. 그 일을 맡아보는 관리는 사자관이라 했다.

19) 미술학교(美術學校) : 조선 건국과 더불어 설치된 도화원을 의미하는 것으로 보임.

20) 법관양성소(法官養成所) : 1899년에 법부 산하에 설치된 법관 양성 기관으로서 소장과 교관이 봉직했다.

21) 산술학교(算術學校) : 1894년에 설치된 궁내부 산하의 회계원을 의미하는 것으로 보임. 제학 · 주사 등이 봉직했다.

22) 시계원(時計院) : 본문에는 School of Horology로 되어 있으나 무엇을 의미하는지 확인할 수가 없다. 이 당시 각루에 관한 사무는 관상소의 소관인 점으로 보아 이렇게 표기한 것으로 보인다.

23) 이상의 기록들은 Charles Dallet, *Histoire de L 'Eglise de Corée*(Paris : Victor Palme, 1874), Chap. 6, pp. 70~76; 정기수 (역), 『조선교회사서론』(서울 : 탐구당, 1966), 제6장, pp. 119~127 참조.

만 무어라고 이름을 붙일 만한 민중 교육은 거의 없는 것이 분명하다. 오늘날 조선의 실정은 중세 유럽의 그것과 같다.

향교나 서원, 역사적 사실이나 도덕적 경구가 새겨 있는 비석이나 성벽, 문인들 사이의 강론이나 토론 등은 교육을 보급시키기보다는 이를 표출시키고 있다. 귀족이나 부유한 선비, 소수의 사원과 관청에는 도서관이 있지만 민중들에게는 아무 소용이 없는 한문 서적들이 있다.

중국이나 일본에서 흔히 볼 수 있는 서점, 순회도서관, 사설 도서관 또는 지식을 보급할 수 있는 일반적인 수단이 조선에는 없다. 학문과 출판, 신문과 병원, 시계와 석유 그리고 무엇보다 교회와 학교가 아직도 이 "고요한 아침의 나라"에서는 커다란 역할을 하고 있다.

이교와 미신, 유교는 조선에 뿌리를 내리고 교육적으로도 각기 영향력을 미치고 있으나 기독교는 지난 19세기에 들어와 조선의 지식인들의 좁은 병 안에 도토리를 심었다. 참나무가 커지면 이 좁은 병이 깨지리라는 것은 더 말할 나위도 없다.

이와 같이 뿌리를 내리고 성장하는 영향력에 직면하고 있는 조선국은 변화를 일으킬 것임이 분명하다. 어떻게 하여 그 연약한 어린 줄기가 성장했고, 어떻게 하여 그 씨가 뿌려졌고, 어떻게 하여 그 참나무가 박해의 섬광(閃光)을 내면화시켰으며, 어떻게 하여 그 생명이 아직까지 존속하고 있는가 하는 문제는 이제 제3부에서 언급하려 한다.

제 3 부

근대 · 현대사

제 39 장 천주교의 전래(1784~1794)

천주교는 로마와 북경의 관문을 통하여 조선에 전래되었다. 임진왜란 무렵인 1592년에 왜병들에 의하여 천주교가 조선에 전래되었다고 생각하는 학자들이 몇몇 있기는 하지만, 적어도 18세기 말엽까지도 이 종교는 대중적으로 알려지지 않았음이 거의 확실하다. 18세기에 조선에는 동쪽으로부터가 아닌, 서쪽으로부터 천주교가 들어왔다. 조선의 천주교는 외국인들이 가져다 준 것이 아니라 북경에 있는 어느 교회의 작은 정원으로부터 우연히 날아온 한 씨앗에 의하여 성장한 것이다.

이 이방의 씨앗이 최초로 빛을 발휘한 터는 한 학생의 심연이었다. 이 학생은 학문의 길을 선택하면서 보여준 그의 기질로 말미암아 아버지로부터 벽(蘗)이라는 이름을 얻었다. 그는 그의 가족들이 자기에게 기대하고 있는 세습적인 직업을 물려받으려 하지 않았다. 이벽[1]은 1777년 겨울에 유생들의 한 모임을 만들어 그 당시의 유명한 유학자인 권 씨[2]와 더불어 시부로서

---

1) 이벽(李蘗 : 1754~1786)을 의미함. 그는 고집이 세었으므로 주위 사람들이 그를 蘗(피나무 벽)이라 불렀다. 원명은 덕조. 아버지 이부만이 그의 입교를 반대하며 목매어 죽자 배교(背敎)했다. 필자는 蘗과 璧을 혼동하여 그의 별명을 석벽(石璧, Stone-wall)이라고 기록하고 있다.

2) 권철신(權哲身 : 1736~1801)을 의미함. 이승훈의 전도로 입교한 뒤 서학교리연구회를

한 철을 보내고 싶은 생각이 들었다.

이 모임은 어느 조용한 절간[천진암]에서 10일간 계속되었다. 이 동안에 공자·맹자의 경전을 날카롭게 천착하는 연구가 계속되었으며, 사람의 관심을 끌 수 있는 매우 심각한 문제들이 진지하게 토의되었다. 그러나 그들의 마음에 가장 큰 양식이 된 것은 북경으로부터 방금 들어온 몇 가지의 소책자들이었다. 이들은 북경에 있는 제수이트회의 저술을 번역한 것이거나 아니면 그 경전을 한문으로 지은 것들이었다.

이 소책자들 가운데는 신의 존재, 신의 섭리, 영생, 인간의 행실, 일곱 가지의 죄, 그리고 칠복[3] 등을 다룬 개신교·구교의 서적들이 있었다. 이와 같은 새로운 교리에 한편으로 놀라고 한편으로 반가움을 느낀 그들은 가능하다면 이 새로운 교리를 완전히 이해하려고 마음먹었다. 그들은 곧 자기들이 알고 있는 것들을 실천하기 시작했으며, 아침저녁으로 그 글을 읽고 또 기도했다.

그들은 7일, 14일, 21일, 그리고 28일을 안식일로 정하고 금식하며 명상했다. 그들이 이와 같은 생활을 얼마 동안이나 계속했는지는 알 수가 없다. 이와 같은 새로운 신앙에 대한 자기의 생각이 여러 모로 불완전하고도 혼동되는 점이 있다는 것을 잘 알고 있는 이벽은 실제로 이 분야에 종사하는 선생을 통하여 더 많은 서적과 지식을 얻고자 하는 소망에서 북경으로 마음을 쏟게 되었다.

몇 년 동안 이와 같은 그의 소망에 대한 시도는 무위로 끝났다. 그러면서도 연구와 토론, 그리고 이 새로운 삶의 실천은 계속되었다. 이벽은 1782년에 서울로 이사하여 살게 되었으며, 1783년에는 친구 이승훈과 사귀게 되었다. 이승훈은 북경 사신 가운데 세 번째 서열에 해당하는 인물의 아들이었

열어 신앙 생활을 하다가 신유사옥(1801) 때 순교했다.

3) 『신약성서』 「마태복음」 5 : 3~11.

다. 이 사신은 신경(요동)을 거쳐 북경으로 가 포르투갈의 프란체스코파 신부인 드 골라(Alexander de Gorla)에게 글을 전달했다.

이승훈은 이제 그리스도의 온유한 제자가 되었으며, 아버지의 허락을 얻어 세례를 받았다. 조선 천주교 교회의 첫 번째 초석이 되리라고 기대하면서 그는 베드로(Peter)라는 세례명을 받았다.[4] 그는 자기의 신앙을 버리느니보다는 차라리 모든 고난을 받을 것이며, 오직 하나의 아내만을 거느릴 것이며, 속세의 허무를 잊어버릴 것이며, 끝으로는 자기의 외국인 친구에게 해마다 통신을 보낼 것을 스스로 서약했다.

이승훈은 의주의 초소를 무사히 지나 서울로 돌아왔다. 이벽은 자기 몫의 책을 기쁜 마음으로 받아 얼마 동안 독서와 명상에 전력한 뒤 설교를 시작했다. 서울에 있던 그의 몇몇 친구들은 양반이나 평민을 가릴 것 없이 이 새로운 교리를 선뜻 받아들이고 세례를 받았다.

여기에서 그들이 받은 세례명을 기록하여 보는 것은 흥미 있는 일이다. 우선 이벽이 앞장을 서서 세례 요한(John the Baptist)이라는 세례명을 받았다. 다른 사람은 스스로를 사비에르(Francis Xavier)라고 불렀는데 이는 이 성자를 자기의 보호자이며 반려자로 삼으려는 뜻에서 나온 것이다.

그 밖의 세례명으로 암브로스(Ambrose), 바오로(Paul), 루이(Louis), 토마스마(Thomas), 어거스틴(Augustine)이 있고 그 뒤 여자들의 세례명으로는 아가다(Agatha), 마리아(Marie), 막달레나(Madeleine), 바르베(Barbe) 등이 있다. 이와 같은 외국의 이름을 채택한 사실은 애국주의자들의 심한

---

4) (필자 주) 조선에 들어온 최초의 조선 사람 가톨릭 선교사의 장비가 어떠했는가를 살펴보는 것은 가치가 있는 일이다. 왜냐하면, 개신교도와 가톨릭교도는 그 포교 방법상에서 첨예한 차이를 보여주고 있기 때문이다. 이승훈은 교훈적이고도 논쟁적인 글, 교리문답과 해설서, 기도서, 성자의 전기 등 수많은 소책자를 가지고 들어왔다. 이러한 책은 지식인과 이들을 해독할 수 있는 사람들을 위한 것이었다. 물건으로서는 십자가의 고상, 성상, 성서, 그리고 그 밖에 눈으로 볼 수 있는 것들이 많았다. 굶주린 영혼을 위하여 성경이나 또는 성경의 어느 부분을 보내 주었다는 기록은 없다.

반감을 불러일으켰으며, "조선 사람이 아닌 조선 사람"으로 낙인이 찍힌 천주교에 대한 가혹한 증오의 원인이 되기도 했다.

역풍이 곧 불어왔다. 최초로, 그리고 마지막이자 가장 가혹한 천주교인들의 적으로 등장하지 않을 수 없었던 계급은 유생들이었다. 유생들은 그 새로운 신앙이 그들의 국민적 신념과 그들이 가장 숭모하던 국풍의 기초를 서서히 잠식하여 들어간다는 사실을 곧 알게 되었다.

그 뒤에 실시된 논쟁에서 이승훈은 유생들의 이론을 물리쳤다. 유생 측의 대표들은 마지막 질문과 함께 이승훈이 말한 잊을 수 없는 예언을 중얼거리면서 논쟁의 자리를 물러났다. 이 질문은 그 뒤 거의 1세기가 지나서 미국인들에게 우스갯소리가 되었다. "이 교리(천주교)는 훌륭한 것임에 틀림이 없다. 그러나 그것은 그 신앙을 고백하는 사람들에게 슬픔을 가져다 줄 것이다. 그에 대하여 당신은 도대체 어쩔 셈인가?"

개종자들 가운데에 권씨 형제[5]가 있었다. 이 두 사람은 그들이 살고 있는 양근[6] 지방에서 교리를 전파했다. 양근은 서울의 동편 30마일 지점에 있는 도시로서 오늘날에는 천주교의 요람지로 불리고 있다. 내포[7]에서 온 한 개종자는 고향으로 돌아가 새로운 사업에 전념했다. 조선의 천주교회사에 따르면 내포는 처음부터 끝까지 열렬한 고백자와 유명한 순교자들의 요람이 되고 있다.

권 씨 형제 가운데 두 번째 개종자는 전라도에서 신앙의 기초를 닦았다. 서울에서는 지식 있는 역관들이 개종하여 그들의 부드러운 붓으로 북경에서 들어온 서적들을 베낌으로써 교세를 배가시켰다. 그리고 이 무렵『안식일과 축일의 복음 해설서』가 한문으로부터 번역된 것으로 여겨지고 있는데

5) 권철신과 권일신을 의미함.
6) 양근(陽根) : 지금의 양평군 일부의 옛 지명.
7) 내포(內浦) : 본서 제23장의 지도에 따르면 지금의 예산 · 홍성 · 당진 일대를 의미함.

이 책은 조선어로 된 최초의 천주교의 서적이다.

그리스도 사상은 이와 같이 작은 것으로부터 시작했으나 급속히 전파되었다. 그러나 곧 이어 이 외래 신앙을 타도하라는 상소가 빗발치듯했고 법에 의한 무력이 가해졌다. 최초의 희생자인 김 도마(Tomas Kim)는 그의 조상의 위패를 없애 버렸다는 죄목으로 관가에 잡혀가 고문을 당하고 유배되었다가 그곳에서 곧 죽었다.

이제 유생들은 무기를 들었다. 그리고 1784년 4월에는 천주교의 금지에 관한 최초의 공식 문서로서 왕명이 내려왔다. 그 금령에 따르면 개종자의 부모와 친척들은 천주교와의 모든 관계를 파기하라고 권고하고 있다. 지도급 개종자들의 명단이 공개되고 김 도마의 전례를 설명해 주었다. 기도하는 무리들에게 폭력적인 압력이 시작되고 신도들에게는 배교하도록 위협했다. 신도의 집에는 평화 대신에 칼이 찾아왔다. 그러자 영광된 신앙 고백과 부끄러운 배교가 함께 나타나기 시작했다. 심지어는 이벽까지도 배교했지만 내포에서는 성령의 역사가 계속되었다. 1787년[8]에 이르러서야 박해는 누그러졌다.

이러는 동안 가톨릭의 지도자들은 그들의 유대를 더욱 공고히 하고자 이승훈이 북경에서 목격한 유형을 본떠 하나의 위계 체제를 형성했는데, 이에 관해서는 그들의 교리서에 자주 언급되고 있다. 사비에르(Francis Xavier)[9]

---

8) (필자 주) 라 페루스(La Perouse)가 조선의 동해안을 따라 항해하다가 에조와 사할린 사이의 해협을 발견하여 라 페루스해협이라고 명명하고, 아시아 사할린을 분리시키고 있는 타타르해협을 발견했으며, 조선이 섬이 아니라는 사실을 발견하고, 울릉도를 다줄레(Dagelet)라고 명명하고 그 옆에 있는 독도를 부솔도(Boussole)라고 명명한 것도 같은 해인 1787년 여름이었다. 그는 하멜이 기록한 책을 가지고 있었다. 그는 해안을 따라 봉화가 오르는 것을 목격했다. 이 봉화는 이 갑에서 저 갑으로 이어지면서 양이가 흑선을 타고 왔음을 서울에 알렸다. 그러나 그 뒤 조선 사람들의 마음속에 천주교와 밀접한 관계를 맺고 있는 것으로 기억되고 있는 깃발을 달고 라 페루스가 항해했다고는 하지만, 그때까지만 해도 그 후의 경우처럼 조선 정부에서는 이 이양선의 출현을 국내의 천주교와 연관지어 생각하지는 않는다.

가 주교로 피임되고 그 밖의 다른 사람들이 신부의 서임을 받았다.[10] 신도들은 각기 직업별로 나뉘어서 세례를 받고 신앙을 고백하고, 견진례를 베풀고, 성찬식을 베풀었다.

이러한 모든 것들을 통하여 개종자들 사이에는 새로운 믿음이 싹텄다. 그들은 비싼 청국의 비단으로 예복을 만들어 입었으며, 고백의 제단을 세웠다. 자그마한 잘못에 대하여는 무릎을 꿇고 참회하도록 했으나 큰 잘못이 있으면 신부가 종아리를 한두 대 가볍게 때려 주었다. 이 방법은 조선에서 잘못한 사람들을 종아리 치는 방법을 적당히 모방한 것으로서 서양 사람들이 그들의 자녀들을 교육시키는 방법을 연상시켜 준다.

소위 사도의 전승을 믿는 사람들에게는 이 신기한 위계질서가 이상할 뿐만 아니라 심지어 익살맞게 보일지 모르지만, 하여튼 이와 같은 의식은 그 본래의 참뜻을 버리지 않고 잘 조화를 이루면서 2년 동안 계속되었다.

그러나 1789년에 이르러 그들은 교리서의 한 구절을 읽음으로써 자기들의 제사장의 정통성에 대하여 의혹이 생기게 되었다. 그들은 진지하게 생각한 끝에, 남의 웃음거리가 되고 또 신앙 양심에 혼란을 일으킬지도 모른다는 위험을 무릅쓰고 그들의 제사장으로서의 직분을 해임하고 평신도로 돌아갔다.

그들은 이와 같은 자기들의 신앙 생활에 대한 문의서를 작성하여 1790년 바오로[11] 편에 북경으로 보냈다. 조선에서 온 이와 같은 소식에 놀란 북경의 신부들은 반가운 마음으로 바오로에게 세례와 견진례를 베풀고 가톨릭 교리에서는 신부 서품이 중요하다는 사실을 설명한 다음, 이승훈과 권일

9) 권일신을 의미함.

10) 이 당시에는 북경 교구장이나 교황청의 의견이나 절차도 받지 않고 자기들끼리 주교와 신부 등을 임명했는데 이때를 가성직시대라 한다.

11) 바오로(Paul) : 윤유일(尹有一 : 1760~1795)을 의미함. 북경을 왕래하면서 조선의 소식을 전했고, 그 뒤 체포되어 주문모 신부의 행방을 대지 않다가 처형되었다.

신에게 보내는 편지를 비단에 써서 옷 속에 감추어 가지고 가도록 했다. 그의 대부인 팡시[12]는 미술가로서, 윤유일의 초상을 유화로 그려 파리로 보내었다.

서울의 교도들은 신부들에게만 세례의 권리를 부여함으로써 사제의 꾸지람과 교리 설명에 정중하게 복종했다. 그들은 아직도 영성체를 몹시 갈망하고 있었다. 윤유일은 자신이 북경의 성당에서 본 제단, 촛불, 제복, 성스러운 미사, 음악, 행렬, 그리고 자기의 눈을 휘둥그렇게 만들고 가톨릭의 영상에 불을 질러 주는 모든 것들을 신도들에게 그림으로 그려 설명하여 주었다.

이와 같은 윤유일의 설명에 의하여 신앙의 불이 붙은 신도들은 북경의 주교에게 다시 글을 보내어 정식으로 서품을 받은 신부를 파송하여 줄 수 있는지를 모색했다. 윤유일은 이 편지를 가지고, 저 유명한 건륭제에게 파송되는 연경사들과 함께 1790년 9월 17일에 서울을 떠났다. 그 편지 속에는 조선의 작은 교회를 괴롭혀 온 신앙과 수련 상의 말썽 많은 문제점들이 질문의 형식으로 기록되어 있었다.

윤유일의 한 동료[13]는 북경에 머물러 있는 동안 세례를 받고 요한(John)이라는 세례명을 얻었다. 신부들은 그들에게 성찬용의 술잔, 미사 전서, 교회의 헌당식에 쓸 초석, 제단의 장식, 그리고 포도주를 담그는 조리법과 함께 성찬식에 필요한 모든 것을 보내 줌으로써 조선에 신부가 도착할 경우에 만전을 기하도록 했다.

윤유일과 우 씨는 신경(요동)을 지나 수천 마일의 귀환 여행에서 무사히 서울로 돌아왔다. 그들은 모두가 이제 신부로 모시게 된다는 생각으로 기쁨에 가득 찼지만, 조상 숭배를 감독한다는 사실은 많은 사람들을 걸려 넘어

12) 팡시(Pansi) : 당시 청나라 황실의 화사로서 이름은 심연장이었음.
13) 그의 이름은 밝혀지지 않고 있으며 다만 성이 우씨라는 것만이 전해지고 있다. 유홍열, 『한국천주교회사』(서울 : 가톨릭출판사, 1962), p. 95 참조.

뜨리는 돌부리가 되었을 뿐만 아니라, 배교의 원인이 되었음이 입증되었다.

그때까지만 해도 조선 사람들은 단순한 무지와 충실한 신심으로 그들의 조상의 영정에 경배했으며 사당에 분향했다. 그러나 천주교가 들어온 이후로는 어느 누구도 그와 같은 의식에 참석할 수 없었다. 하느님에 대한 경배와 조상에 대한 숭배는 양립할 수 없다고 북경 교구에서 유권적인 해석이 내려진 뒤 조선 사람은 조상의 위패 앞에서 분향하는 한 천주교가 될 수 없었다.

주교의 이와 같은 교리 해석은, 조선 사람들이 보기에는, 사회와 가족과 국가의 기반을 근본적으로 뒤흔들어 놓는 것으로 여겨졌다. 이때로부터 마음이 약한 교도들은 차차 떨어져 나가기 시작했다. 효도와 종교적 의무의 갈등 속에서 많은 사람들이 양심의 가책으로 괴로워했다 신앙의 양심에 따라 사당을 헐고 신주들을 마당에 모아 불을 지른 초창기의 신도들은 자기들의 늙은 부모들이 슬픔에 잠겨 있는 모습을 목격했다.

조상들의 신주를 불태웠다는 죄목으로 윤유일과 우 씨는 공개 재판에 회부되었다. 이 자리에서 천주교의 교리와 천주교의 의식이 최초로 제시되었다. 죄수들이 기소된 뒤 이 사건은 왕에게 보고되었으며, 영의정은 왕에게 지방 재판소를 개설하도록 설득했다.

1791년 12월 8일 이 두 신도가 배교를 공개적으로 거부하자 사령은 그들을 형틀에 매어 달도록 길게 목청을 뽑았다. 그들은 예수와 마리아의 이름을 부르면서 목이 달아났다. 이때 윤유일의 나이는 33세[14]였으며, 우 씨는 41세였다. 이와 같이 하여 조선의 천주교를 위한 최초의 피가 뿌려졌다. 이 피는 다가오는 폭풍우의 첫 방울이었으며 거대한 교회의 씨앗이 되었던 것이다.

목이 없는 시체는 핏덩이가 되어 돌처럼 굳게 얼어붙은 채 아흐레를 나뒹굴다가 어느 독실한 신자들에 의하여 매장되었다. 여러 개의 수건을 그들의

---

14) 윤유일(1760~1795)이 죽은 것은 35세 때였다.

피에 적셔 피나는 박해로 말미암은 최초의 희생자들을 추모하고자 오랫동안 보관했다. 내포는 이제 방백 수령들의 앞잡이를 위한 사냥터가 되었다.

이들은 천주교인임을 고백한 신도들을 수색하여 투옥시켰다. 감옥 안에서는 특히 조선 사람의 신자들을 배교시키고자 고문이 자행되었다. 죄인들은 맨살과 정강이에 무수히 매를 맞아 살이 묻어 나갔다. 뼈가 뒤틀려 절름발이가 되거나 불수가 되는 일이 허다했다.

권일신은 오랜 고초를 겪은 다음 제주도로 유배되었으며, 그곳에서 다른 곳으로 옮겨가다가 중도에서 죽었다. 61세의 이승훈은 고문을 끈질기게 참아냈다. 밧줄에 묶여 밤에는 빙판 위에 눕혀졌으며, 그 동안에도 그에게는 찬물을 끼얹었다. 그가 얼어 죽자 얼음을 수의 삼아 시체 위에 덮어 주었다. 이 늙은 순교자는 1793년 1월 29일, 두 번째 새벽닭이 울자 예수의 이름을 부르면서 단테의 무덤[15] 속에서 죽음을 맞이했다.[16] 이승훈이 북경에서 세례를 받은 지 10년 동안에 박해와 배교가 있었음에도 불구하고 조선에는 4천 명의 천주교도가 있는 것으로 추산되고 있다.[17]

---

15) 단테의 무덤(Dantean Tomb) : 이탈리아의 문호인 단테(Alighieri Dante : 1265~1321)는 시인, 예언자, 신앙인으로서 『신곡』을 남겼으며, 종교 활동을 하다가 라벤나에서 죽었으나 그의 고향으로부터 축복받지 못했다.

16) 이 부분에 대해서는 필자가 오기한 것으로 보인다. 이승훈이 순교한 것은 1801년 2월 26일, 그가 45세 되던 해였다.

17) (필자 주) 천주교가 이토록 빨리 전파된 이유를 찾으려 한다면 달레(C. Dallet)가 지적하고 있는 바와 같이, 그들의 풍습의 측면에서 이해할 수 도 있다. 조선의 가옥을 보면, 어느 집이든 거리를 향하여 앉은 방이 있고 그 방안에서는 친구든 손님이든, 구면이든 초면이든 간에 모여 앉아 세상 소식을 말하고 듣고 또 논의한다. 이 자리에서는 비밀이 없다. 또 조선은 남의 얘기를 잘하고 빈들거리는 사람이 많은 나라여서 어떤 사건에 관한 소식이나 새로운 사상이 나타나면 초원의 불길처럼 퍼져 나간다. 천주교와 같이 그토록 놀라우리 만큼 새로운 교리가 그토록 이미 학식이 높기로 이름난 사람들의 입으로 설교되자 이 교리는 곧 민중들의 호기심을 불러일으켜 많은 사람들의 혀를 바쁘게 만드는 동시에 가슴에 불을 질러 놓았다. 대개의 경우 이 새로운 불길은 곧 사라져 다시 불을 일으킬 만한 불씨마저도 남지 않았다고는 하지만 줄곧 성장하여 온 개종자들은 심지어 고문이나 죽음 앞에서도 그 안색이 바뀌지 않을지 모른다.

제 40 장 박해와 순교(1801~1834)

1791년 2월에 서쪽으로부터 은자의 왕국에 입국하려던 외국 선교사들의 최초의 시도가 있었다. 마카오에서 온 포르투갈의 신부인 레메디오스(Jean dos Remedios)는 북경 교구로 갈 것을 자청하여 허락을 받은 다음 몇몇 중국인 안내자들과 함께 변문을 향하여 북경을 떠났다. 엄동설한에 20일 동안 여행을 한 다음 그는 국경에 도착하여 피차 합의된 모종의 신호에 따라 입국의 기회를 조심스럽게 기다렸다. 그는 10일 동안 소란스러운 군중들의 얼굴을 유심히 바라보면서 형제들에게 광명을 던져 줄 기회를 찾았지만 모두가 헛수고였다.

폭압적인 박해로 말미암아 칩거하고 있던 조선의 천주교도들은 신부를 맞이하러 감히 국경으로 나가기가 두려웠다. 상품 전시회가 폐막되고 사신들이 압록강을 건너가자 레메디오스 신부와 중국인 안내원들도 북경으로 돌아갔다. 낙심한 신부는 그곳에서 곧 죽었다. 이와 거의 때를 같이하여 북경의 주교는 교황에게 글을 올려, 조선에서 새로이 태어나고 있는 교회의 시원과 교세의 전개 과정, 그리고 현황을 소상하게 보고했다.

그 뒤 2년 동안이나 조선의 천주교도로부터 아무런 소식이 없자 북경 교구에서는 구조대를 파견하기로 결정했다. 이 위험한 임무를 수행하고자 주문모(Jacques Tsiu)라고 하는 젊은 중국인 신부가 선발되었다. 그는 당시

24세의 건장한 청년으로 신앙심이 돈독하고 얼굴 모습도 조선 사람과 흡사했다.

주문모는 비상한 종교적 신앙심으로 무장한 다음 1794년 2월에 북경을 출발하여 20일 만에 한만 중립 지대에 이르러 천주교도들을 만났다. 그들은 초소의 감시 때문에 거의 1년 동안이나 기다려야 한다고 주문모에게 말했다. 그는 신경의 동료 신자들 사이에서 때를 기다리다가 1794년 12월 23일 밤 압록강을 건너 무사히 서울에 도착하자 곧 포교를 시작했다. 다음해 6월까지는 모든 것이 순조롭게 진행되었다.

그러다가 한 배신적인 방문객[1]에 의하여 관청의 밀정이 주문모의 발자국을 잡았다. 그는 곧 다른 곳으로 몸을 피했음에도 불구하고 3명의 신도[2]들이 체포되어 고문을 당했다. 이들 가운데 두 사람은 주문모를 서울로 안내했던 사람들이며, 다른 한 사람은 통역으로서 자기 자신이 바로 그 중국인 신부라고 관리를 속임으로써 고귀한 자기 희생을 보인 사람이다.

그들은 사지가 뒤틀리고 무릎이 깨어졌지만 신앙 양심에 비추어 자기 형제들을 배신할 것을 거절하다가 6월 18일에 감옥 안에서 처형되었다. 목이 달아난 그들의 찢긴 시체는 한강에 던져졌다. 이로써 한강은 최초로 순교자의 피로 물들었다. 이러한 비극은 그것으로 그치지 않았다.

그러는 동안 주문모는 처음에는 한 여신도[3]의 도움으로 나뭇단 속에서 며칠을 숨어 지냈다. 그 여신도는 시어머니를 설득하여 자기의 집에 그를 보호하여 주었다. 사대부의 거소는 법에 의하여 불가침이었기 때문에 그는 이곳에서 3년 동안 머물러 있을 수가 있었다.

1796년 9월에 주문모는 라틴어로 북경의 주교에게 편지를 보내었다. 조

1) 충청도의 배교자인 김여삼을 의미함.
2) 정약종 · 강완숙 그리고 강완숙의 아들인 홍필주를 의미하는 것으로 보임.
3) 강완숙 여인을 의미함. 세례명은 골롬바(Colomba). 그는 양반 가문의 과부로서 주문모 신부를 6년 동안 숨겨 주어 당시 4천 명에 달하는 우리 나라의 천주교도들을 인도케 했다.

양반집 뜰

선의 천주교도들은 한문으로 비단에 편지를 써 두 신자의 도포 속에 꿰맨 다음 이들을 연경사의 노복으로 꾸미어 보내었다.[4] 이들은 1797년 1월 28일 북경에 도착했다. 그 글에서 주문모는, 포르투갈의 왕이 조선의 왕에게 사신을 보내어 우호조약을 체결하여 의사, 천문학자, 과학자들이 조선에 거주할 수 있도록 해달라고 당부했다.

조선의 조정과 조약을 체결하고자 포르투갈의 사신이 파견되지는 않았지만[5] 1797년 가을 한 외항 선박이 영국 국기를 나부끼면서 동해 앞바다에 나

4) 이때 파견된 사람은 황심이었음.

5) (필자 주) "몇몇 신부들은 수학에 능통한 몇 사람의 인사와 함께 사절단을 (조선에) 파견하면, 그들이 종교적으로나 과학적으로 조선을 유익하게 만들 수도 있을 것이라고 이미 고인이 된 포르투갈의 왕비에게 진언한 적이 있었다. …… 이 계획은 성공하지 못했다." Gützlaff, *Voyages to China*, 1834, p. 261.

타났다. 이 배는 슬루프 형[6]의 전함 프로비덴스호로써 16문의 포를 갖추고 있었다. 이 배의 선장은 브로튼인데 그는 그 해 10월 4일에 영흥만에 정박했으며 부산에도 잠시 머무른 적이 있다.[7]

어느 한 조선 사람[8]은 그 배에 승선했다가 관가로부터 의심을 받고 체포되었다. 그 배에 타고 있던 영국의 외항 선원들은 조선에 천주교도가 있다는 사실을 모르고 있었고 조선의 방백도 영국인과 포르투갈인 사이에는 국적과 종교가 다르다는 사실을 꼭 같이 모르고 있었다.

제25장에서 기술한 바와 같이, 이 당시 조선의 양반들이 분열을 이루고 있던 사색은 근왕파인 시파와 반대당인 벽파의 두 집단으로 압축되어 있었다. 시파는 왕에게 충성스러웠으며 왕의 입장을 지지할 준비가 되어 있었으나 벽파는 자기 자신들의 독특한 견해에 더 집착하고 있었다.

정조는 1776년에 등극한 이래 천주교의 박해에 반대했으며 당쟁의 폐단을 없애고자 진력했다. 시파는 양반 천주교도들이 속하여 있는 남인을 포함하고 있었으며 그 반면에 그들의 모든 정적들은 벽파에 속하여 있었다. 정조가 살아 있는 동안 박해의 검은 칼집 속에 잠들어 있었다.

그러나 그가 1800년에 죽자[9] 아직도 할머니의 품속에 안겨 있던 그의 아들인 순조가 등극했다. 이 여자[10]는 곧 정사를 휘어잡았으며[11] 왕의 5개월

---

6) 슬루프선(sloop) : 외돛의 범선.

7) (필자 주) 브로튼 선장(Capt. Broughton)은 "조선 사람들의 화려한 옷"과 지름이 10야드나 되는 갓에 깊은 인상을 받았다. 그는 조선 사람들에게 고기를 요구했지만 그들은 땔감만을 주었다. 그는 근처 풀밭에서 풀을 뜯고 있는 살진 황소를 갖고 싶어 안달을 했지만, 그것을 얻거나 살 수가 없었다. 그는 조선 해안의 몇몇 지방을 명명하면서 동해와 타타르해협을 통과했다. 본서 제23장 참조.

8) 그의 이름은 현계흠이었음.

9) (필자 주) 본서 제25장 참조.

10) 영조의 계비인 정순왕후 김비(1745~1805)를 의미함.

11) (필자 주) 또는 조선 사람들이 말한 바와 같이 "그 여인은 눈길을 가렸다." 이는 미국의 속어로서는 매우 암시적인 표현으로서 군주가 수렴청정했음을 의미한다. 옛날 일본의 천황도 그와 같이 서민들의, 심지어는 귀족들의 눈길을 피하고자 앞에는 발을 쳤다. 그

간에 걸친 복상이 지나자 곧 대신들을 파직시키고 노론에서 세 사람을 등용시켰는데, 이들은 모두가 천주교에 대하여는 철저하게 적대적이었다.

그 뒤 며칠이 지나 대박해의 왕명이 발표되었다. 2명의 고위 가톨릭 신자[12]가 곧 체포되었으며, 1801년에는 남녀노소 지위의 고하를 가리지 않고 신자를 잡아넣느라고 포졸들은 분주했다. 조선어로 『천주교교리서』를 쓴 바 있고 체계적인 신학을 연구하기 시작한 황사영(Alexander)이 체포되었다. 그의 글을 읽어 본 방백들은, 부모와 왕을 미워하고 인류를 멸종시키는 것이 곧 천주교의 본질이라고 생각하게 되었다.[13] 천주교에 사용하는 달력도 또한 압수되었다.

중국인 신부 주문모는 정부로부터 아무런 법적 보호를 받지 못할 것이라는 공포가 있었다. 이와 같은 공포문을 읽고 그 용감한 신부는 이제까지 자기가 숨어 있던 그 양반 댁 부인의 집을 떠났다. 그는 자기 동료들의 생명에 더 이상 위험을 줄 수 없다는 생각에서 스스로 관가에 출두하여 1801년 5월 31일에 32세의 나이로 처형되었다.[14]

주문모를 도와주던 귀부인 강 골롬바(Colombe)도 스스로 투옥되었다. 그는 죽음을 기다리는 동안 이제까지 자기가 살아온 과거사를 비단 치마 위에 기록했다. 처형장에서 그 부인은 자기가 남자 죄수들처럼 옷이 찢기지 않고 옷 입은 그대로 죽게 해달라고 간청했다. 그의 청은 수락되었다. 그는 영국 부인인 그레이(Jane Grey) 여사의 호의로 단두대 위에서 곱게 죽었다.

러므로 수렴청정을 하는 사람은 곧 그 국가의 군주의 권력을 휘두르는 것이다.

12) 전 충주 목사 이가환과 권철신을 의미하는 것으로 보임.

13) (필자 주) 이와 같은 극심한 지방적인 오해는 독신 생활이 결혼 생활보다 더 완벽하다는 가톨릭 교리를 음미하여 보고 얻은 결론이었다. 그리고 가톨릭 교리에서는 육신과 악마로 가득한 "이 세상"이 진실한 교인들에게는 원수처럼 여겨지나 이 나라에서는 "세상"이라 함은 단지 왕이나 조선 국민을 의미할 수도 있었다. 오늘날까지도 대부분의 이교도들은 방백 · 수령의 결정을 예수의 복음에 대한 완벽한 요약문이라 생각하고 있다.

14) 주문모(1752~1801)는 49세를 일기로 죽었다.

일찍이 대궐에서 일한 적이 있던 네 여인과 성화를 그렸다는 죄목으로 체포된 한 화가는 망나니들에 의하여 목이 달아났다. 이 망나니들은 서울의 서소문을 조선의 골고다[15]로 만들었는데 이 언덕 위에는 지금쯤 한 교회가 건축 중에 있을는지도 모른다. 외국인 신부가 없더라도 교회 일을 이끌어나갈 만한 능력이 있는 지체 높은 지식인들을 모조리 처단하고 가난하고 보잘것없는 무리들을 그대로 살려 둔 사실로써 조정의 정책이 어떠한 것인가가 잘 나타났다.

황사영이 북경의 교구장에게 보내려던 백서는 은현 잉크[16]로 쓰인 것이었으나 한 밀고자의 귀띔으로 이를 판독하게 된 관리들은 이로써 천주교도들이 꾸미고 있는 대규모의 음모를 눈치 채었다. 왜냐하면, 그 백서에서 그는 유럽의 천주교 국가들이 6~7만의 군대를 파병하여 조선을 정복하라고 호소하고 있기 때문이었다.[17] 이 편지를 가지고 가던 사람은 곧 목이 달아나고 시체는 여섯 토막으로 잘리었다.

일찍이 1799년에 브로튼 선장의 배에 승선한 일이 있던 한 조선 사람은 "그와 같은 배 한 척만 있으면 조선의 전선 100척은 쉽게 무찌를 수 있다"고 말한 죄목으로 투옥되어 고문을 당한 적이 있었다. 이런 사건이 일어나기 1년 전에 왕을 뵙고 자기의 신앙 고백을 증명한 바 있고, 또 그의 손목 위에는 왕을 만난 적이 있음을 입증하여 주는 진홍색의 비단줄이 매어 있음에도 불구하고 황사영은 다른 사람들과 마찬가지로 목이 달아났다.

이제 조선의 왕으로서는 그의 상국에게 중국의 신민을 처형한 사실을 변명하는 일이 남아 있었다. 정통적인 유교 사상으로 가득 채워진 한 편지에

---

15) 골고다(Golgotha) : 예루살렘의 교외에 있는 형장으로서 그리스도가 십자가 못 박혀 죽은 수난의 땅이다.

16) 은현(隱顯) 잉크 : 쓴 다음 불에 쬐면 글자가 나타나는 잉크를 의미함. 황산을 말하는 듯함.

17) (필자 주) Charles Dallet, *Histoire de L'Eglise de Corrée*(Paris : Victor Palme, 1874), Vol. I, p. 205.

서는 "모든 이교가 이 소국에게는 사교"라고 말함으로써 조선은 기자 이래 중국의 성현들이 가르쳐 준 것 이외에는 어떠한 이론도 받아들이지 않았다고 선언했다. 왕은 또한 그 글에서, 천주교도란 "극악무도하고, 야만적이요, 사악할 뿐만 아니라 가장 지독한 금수처럼 살아가는 악한의 무리이며 그들의 조직은 뱀처럼 얽혀있고 실처럼 얽혀있다"고 말했다.

천주교도들은 또한 주문모를 처치했다는 구실로 몇 만 명의 유럽 군사와 함대로써 "지구의 한 모퉁이에 있는 이 작은 왕국"을 정복할 계획을 구체화시키고 있는데 이와 같은 처사는 조선을 중국의 신민으로 보는 것이 아니라 마치 형사사건의 주범처럼 대하는 것으로 볼 수밖에 없다고 왕은 지적했다.

달레(C. Dallet)의 기록에 따르면, 청나라의 황제는 조선의 왕에게 따끔한 핀잔을 주었으며, 막대한 은을 보내 주면 자기의 뒤틀린 심사가 풀어질는지도 모른다고 넌지시 암시했다. "중국이 자기의 주변에 웅크리고 있는 속국들을 쥐어짤 수 있는 기회를 놓친다면, 중국은 이미 중국이 아니다."

1802년 1월 25일 그 "사악한 무리들"에 대하여 조선의 수사들을 한껏 구사한 폭탄과 같은 새로운 왕명이 벼락처럼 떨어졌다. 이러한 왕명은 오히려 그 불법적인 종교를 전국에 알리는 결과를 초래했다. 그럼에도 불구하고 산악 지대에나 북부의 삼림 지대에 흩어져 있거나 또는 가난 · 허기 · 추위로 고통을 받고 있는 조선의 천주교도의 정상은 종교적 증오감과 정치적 억압 밑에서 처량하게 보이기만 했다.

서울의 몇몇 사신들이 북경을 방문했던 1808년에 러시아와 조선의 정부 사이에는 최초로 거래가 있었다.[18] 서로 선물이 교환되었는데 그것은 그 당시로서는 멀리 떨어져 있는 양국 사이의 토산품들이었다. 이 두 국가는 그 뒤 50년이 지나서야 이웃이 되었다.

---

18) (필자 주) *Timkowski's Travels of the Russian Mission Through Mongolia to China and Residence in Peking*(London, 1827)

고대 로마 가톨릭 시대의 지하 묘지(19)의 현대적 시설이라고 말할 수 있는 한 토굴에서 조선의 교도들은 1811년 12월 9일과 18일의 두 차례에 설쳐 "가장 높고, 모든 신부 가운데 신부이며, 모든 교회의 우두머리"인 교황에게 편지를 보냈다. 이 편지에서 그들은 영적인 도움뿐만 아니라, 자기 나라의 왕을 움직일 수 있는 사절과 함대를 보내 달라고 요청했다. 그들은 자기들의 예배와 신앙 양심을 위해서라면 기꺼이 고향을 떠나 섬으로 들어가 살 작정이었다. 그들은 비단 위에 글을 써 가명으로 서명한 다음 연락자의 옷에 꿰매어 북경과 로마의 주교에게 이를 전달했다.

그러나 그 무렵 그 누구도 조선의 교도를 도와 줄 수가 없었다. 그 당시 교황은 폰틴블로[20]에 유폐되어 있어서 가톨릭 선교에 거의 손을 놓고 있는 실정이었다. 편지의 전달자는 아름다운 훈장과 십자가를 가지고 돌아왔으며 조선의 교회는 평온을 누렸다. 강원도와 경상도에서 잠시 비정치적인 박해가 일어난 1815년에 이르기까지 새로운 신자들이 늘어났다.

1817년 왕과 조신들은 서하여 앞바다에 영국 함선 알세스트호와 리라호가 나타남으로써 크게 놀랐다.[21] 그 배에 타고 있는 훌륭한 선장과 쾌남자인 외과 의사가 "그 사악한 무리"들과 직접 관련을 맺고 있지나 않을까 하여 그들은 의심했던 것이다. 이 선장과 의사는 우리에게 그들의 항해에 관한 매우 재미있는 기록을 남겨 주고 있다. 그러나 그들은 몇 군데를 탐사하고 고기를 구입하고, 또 방백과 면담을 한 외에는 왕실에 대하여 더 이상 무엇

19) 지하 묘지(catabomb) : 초기의 천주교 교도들이 몰래 모여서 예배를 보던 고대 로마의 지하 묘지.

20) 폰틴블로(Fontainebleau) : 파리 동남방 56km 지점에 있는 도시로서 역대 프랑스 왕의 거처였음.

21) (필자 주) 최초의 영국 함선인 동시에 최초의 유럽 함선이 황해를 항해한 것은 1793년이었다. 영국 왕 조지 3세의 사신인 매카트니 경을 싣고 북경으로 향한 라이온선박회사의 배가 바로 그것이다. 매카트니 경은 중국에 파견된 최초의 영국 사절이었다. 그 배는 조선의 연안을 방문하거나 접근하지도 않았다.

을 획책하지 않고 떠나갔다.

1823년에 몇몇 천주교도들은 북경의 주교로부터 온 희망에 찬 소식에 용기를 얻어 외국인 신부를 만나고자 변문까지 나갔으나 아무도 만날 수가 없어 당황했다. 1826년 일본의 쇼군[22]이 일본으로부터 배를 타고 탈주한 예수회 교도들 6명의 송환을 요구한다는 소식으로 말미암아 조선의 교도들은 어려움에 빠졌다.[23] 그 직후 전라도에서는 천주교인 옹기장이가 술에 취하여 싸움을 벌인 일이 일어났는데 악의에 찬 누구인가가 이를 관가에 알림으로써 3개월간이나 계속된 가혹한 박해가 일어났다.

1832년에는 홍수와 침수가 있었다. 왕은 이를 하늘에 빌고자 많은 유배인을 방면했는데 그 가운데에 천주교도들도 있었다. 이 해 동인도회사에서는 상로를 모색하고 가능하다면 인도와 영국에서 생산되는 면직물의 시장을 개척하고자 상선 로드 앰허스트호를 파견했다. 그 배 위에는 프러시아의 신사인 귀츨라프 목사가 타고 있었다. 그는 자비로 여행을 하고 있었다고는 하지만 네덜란드선교회의 후원을 받고 있었다.

7월 17일 전라도 해안에 도착한 귀츨라프는 1개월 동안 그곳에 머물렀다. 한문에 매우 능통한 학자이며 의학 지식이 높은 그는 몇몇 섬과 본토에 상륙하여 책과 단추와 약품을 전하여 주었을 뿐만 아니라 토마토를 심어 주고 그 재배법을 가르쳐 주었다. 그는 한 관리를 통하여 성경책 1권과 개신교에 관한 몇 권의 소책자와 함께 유리, 캘리코[24] 그리고 모직물을 왕께 선사했다.

---

22) 쇼군(將軍) : 일본의 막부 시대의 장군직. 여기에서는 도쿠가와막부를 의미함.
23) (필자 주) "천주교 교리"를 믿은 것으로 여겨지는 사람들이 일으킨 1829년 오사카 반란에 관하여 언급하고 있는 것으로 보이는 달레의 기록에 따르면, 일본의 막부 정권이 6명의 남자와 1명의 노파를 처형한 것도 같은 해인 1826년이었다. 소위 이 반란의 주모자들을 가족들을 이끌고 바다로 도망했다.
24) 캘리코(calico) : 카네킨으로 촘촘히 짠 면직물로서 셔츠 · 손수건 · 커튼 등에 사용한다.

그러나 며칠 동안의 협상이 있는 뒤 이 선물들은 모두 거절되었다. 다소 지식이 있는 몇몇 조선 사람들은 목이 달아날 위험을 무릅쓰고 그로부터 여러 가지의 선물을 받았는데, 그 가운데에 지리와 수학에 관한 유럽의 저술들을 한문으로 번역한 것이 포함되어 있었다. 귀츨라프는 열심히 찾아보았지만 천주교의 발자취나 천주교도를 찾아 볼 수가 없었다.[25]

거짓말쟁이 방백 · 수령들은 심지어 이 땅에도 천주교가 존재하고 있다는 사실조차도 알지 못하노라고 대답했다. 가난, 불결, 폭음, 타락상에 깊은 인상을 받은 귀츨라프는 조선 사람들 사이에서 1개월간 머문 후에, 그들에게는 비누와 성경이 필요하다는 것을 절실히 느끼면서 해안을 떠났다. 1834년으로서 조선천주교사의 50년은 그 막을 내렸다.

이 장에서 우리는 조선과 기타 아시아 각지에서 벌인 로마 가톨릭의 복음화 방법이 도덕적으로 취약했음을 보았다. 조선의 천주교도들은, 교황의 최고 교권뿐만 아니라 세속적인 왕의 권력도 신의 대행자인 교황의 그것에 못지않게 강력하다는 자기들의 주장이 정당하다고 배웠다는 사실을 잊어서는 안 된다.

조선 사람들은 신약성경을 공부하지 않았고 그리스도의 말씀에 관하여 아는 바가 없었음이 분명하지만 "나의 왕국은 현세가 아니다. 만약 나의 왕국이 이 세상이라면, 나의 종들이 싸울 것이다"라는 교황의 주장에 대하여 아무런 불경을 느끼지 않았다. 당시 부르봉 왕조의 지배를 받던 유럽의 열강들이 교황의 세속적 권리를 옹호하는 것을 본 조선의 천주교도들은 그들

---

25) (필자 주) 달레(Charles Dallet)의 기록에 따르면, 그가 원산 앞바다에 정박하고 있는 동안 "기독교"라고 한문으로 쓴 깃발에 끌리어 몇 명의 조선 사람 교도들이 배에 올라왔다. 한 교회 목사가 그들에게 "지신의 축복이 있으시기를"이라고 인사를 했는데 이 말은 이 교를 믿는 조선 사람들에게는 상징적인 인사였다. 이 말을 들은 신개종자들은 자기들이 속았을 뿐만 아니라 외국인들이 덫을 놓아 자기들의 선의의 믿음을 시험하고 있다는 것을 알자 인사도 하지 않고 급히 배를 내려간 다음에 다시 찾아오지 않았다.

을 가르쳐 준 초기 선교사들의 윤리에 따라서 그들의 조국에 대한 반역자의 역할을 수행했던 것이다.

그들은 방백 · 수령을 기만하고 국법을 어겼을 뿐만 아니라, 황사영의 백서에 기록된 바와 같이, 실제 외국의 군사적 침략을 유발했다. 따라서 천주교는 애당초에서부터 애국심을 가지고 있으면서도 반역 · 약탈과 관련을 맺고 있었다. 프랑스의 선교사들은 프랑스 군대와 침략자들의 첨병으로 입국했으며, 프랑스 신부들은 함포의 앞잡이로서 입국했다.

그와 같은 사실은 다음의 서술에서 보는 바와 같이, 단순한 환상이 아니라 엄연한 논리이며 실제적인 사실이다. 프랑스 주교는 프랑스 군함의 첩자이자 길잡이였으며, 프랑스 신부는 해적질의 안내자였다는 이후의 기록은 천주교인의 기록이지 천주교의 적의 기록이 아니다. 가톨릭교의 이야기를 마친 다음에는 "프랑스 함대의 원정"(병인양요)을 언급하지 않을 수가 없다.

제 41 장 프랑스 선교사의 입국(1835~1845)

프랑스혁명과 잇달아 나타난 나폴레옹전쟁은 20년 이상 전 유럽을 뒤흔들어 놓음으로써 교황청과 프랑스 가톨릭교회의 기능은 완전히 마비되었다. 부르봉왕조가 왕정복고를 이룩하고 외국의 무력으로 교황권이 강화되자 종교 활동의 냇물은 더 많은 양으로 옛 물길을 따라 새롭게 흐르기 시작했다. 교회의 사도적 정열은 다시 불붙었으며, 극동에 있는 천주교도들의 기도는 성베드로 사원에까지 울려퍼졌다. 그리하여 조선에 교구를 설정한다는 결정을 보게 되었다. 이 교구는 교황청에 직속되어 있지만, 프랑스의 파리외방전교회의 감독을 받도록 되어 있었다.

그 무렵 샴의 방콕에서 선교 활동을 하고 있던 브뤼기에르 신부[1])가 한국에서 봉직하겠노라고 자원했다. 그는 1832년에 조선 교구장으로 임명되었다. 그는 신경에 도착했으나 갑자기 병에 걸려 1835년 10월 20일에 사망했다. 브뤼기에르의 안내역이었던 모방[2])은 쓰러진 자기 동료의 뒤를 이어,

1) 브뤼기에르(Barthelemy Bruguiere : 1793~1835) : 파리외방전교회 소속 신부. 방콕에서 신부로 있다가 캅세의 주교로 승진했으며, 조선에 교구가 설립되자 초대 조선 교구장이 되었다. 그러나 만주까지 왔다가 팔렬구에서 돌연 병사했다.

2) 모방(Pierre-Philibert Maubant : 1803~1839) : 파리외방전교회 소속의 신부. 1836년 겨울 압록강을 건너 입국하여 교세 확장에 힘쓰는 한편 김대건 · 최양업 · 최방제 등을

5명의 조선 사람 가톨릭교도와 함께 만주의 봉성을 떠나 중립 지대[3]를 횡단하여 얼어붙은 압록강을 건넜다.

모방은 의주 초소의 눈을 피하여 실이 바늘귀에 들어가듯이 조선에 잠입했다. 그들은 성벽 밑의 하수구를 통하여 개 짖는 소리를 무릅쓰고 의주에 이르렀다. 그들은 몇 시간을 기다리다가 또 다른 하수구를 빠져나와 한 마을에 이르러 그곳에서 기다리던 동지[4]들을 만났다. 그들은 말을 타고 이틀만에 서울에 도착했다. 이로써 모방은 이 은자의 왕국을 관통한 최초의 프랑스인이 되었으며, 조선의 문자로 표현한다면 그는 "범경"을 한 것이다. 그는 곧 파리에 있는 그의 동지들에게 편지를 썼다.

모방이 가장 먼저 해야 할 일은 조선어를 배우지 않겠다거나 또는 북경주교의 지시만을 따르겠다고 우기는 중국인 신부를 되돌려보내는 것이었다. 다루기 힘든 그 중국인을 국경까지 수행한 길잡이들과 함께 3명의 젊은이[5]들이 마카오에 있는 신학교에서 공부하고자 길을 떠났다. 그들은 변문에서 젊은 프랑스 신부인 샤스땅[6]을 만났다.

샤스땅은 1837년 1월 17일의 어두운 밤에 상복을 입은 조선의 홀아비처럼 가장하여 의주의 세관을 통과하여 서울의 모방과 합류했다. 그 뒤 거의 1년이 지난 1838년 12월 19일 앙베르[7] 주교가 황야와 얼음과 초소의 사이

마카오 신학교로 유학시켰다. 1839년 충청도 홍주(홍성)에서 체포되어 한강에서 처형되었다.

3) 중립 지대 : 압록강 건너의 만주 일대로서 양국 사이의 범경을 막고자 설정된 완충 지대를 의미함.

4) 정하상(丁夏祥 : 1759~1839)을 의미함. 교명은 바오로. 정약종의 아들. 모방을 맞아 교세 확장에 크게 이바지했으나 기해사옥으로 서소문에서 순교했으며, 그의 글『상재상서』는 호교론으로 유명함.

5) 김대건(金大建 : 1759~1846), 최양업(1821~1861), 최방제를 의미함.

6) 샤스땅(Jacques H. Chastan : 1803~1839) : 프랑스의 신부. 1837년 앙베르를 따라 조선에 입국하여 포교에 힘쓰다가 기해사옥 때 순교했다.

7) 앙베르(Laurent-Marius-Joseph, Imbert : 1797~1839) : 파리외방전교회 소속의 신부. 마카오, 월남 등지에서 포교하다가 제2대 조선교구장으로 임명되어 1837년 육로로 조

를 아슬아슬하게 통과하여 왕실의 그늘 아래 거처를 마련했다.

이제 심방과 미사와 설교가 열성적으로 벌어졌다. 그리하여 1837년 말에는 천주교도의 수가 6천 명에 이르렀으며, 1838년에는 9천 명이나 되었다. 1893년 1월 16일에 이르기까지 섭정대비[8]는 박해를 싫어했기 때문에 포교는 아무런 피해를 입지 않고 계속 되었다. 그러나 이날에 이르러서는 천주교를 박멸하는 데 찬성하는 왕당파가 승리하자 왕명으로 천주교도를 박멸토록 하는 정책을 충동질했다. 8도 전역에는 오가작통법이 실시되었다.

몇 백 명의 혐의자들이 체포되어 재판에 회부되었다. 섭정대비가 죽기 전인 6월에 젊은 왕인 헌종(1834~1849)의 아저씨[9]와 천주교에 대하여 앙심을 품고 있던 적대 세력이 권력을 잡았으며, 1839년 7월 7일에 열린 긴급 중신 회의에서 섭정의 이름으로 새로운 명령이 반포되었다. 이제 전보다 더 가혹한 박해가 벌어졌다. 며칠 동안에 3명의 평신도 지도자가 참형되고 20명의 아녀자들이 죽었다.[10]

그 무렵 어느 섬에 숨어 있던 앙베르 주교는 더 이상의 유혈을 막고자 은신처에서 나와서 8월 10일에는 스스로 관가에 출두했으며, 모방과 샤스땅에게도 자진 출두하도록 했다. 이 3명의 자발적인 순교자들은 쇠사슬에 묶인 채 같은 법정에서 서로 만났다. 3일 동안 재판과 고문을 겪은 다음 그들은 국사범을 다루는 금부로 이송되었다. 그들은 이곳에서 다시 재판에 회부되어 66도의 곤장을 맞은 다음 1839년 9월 21일에 참형을 선고받았다.

그날 성문 부근이 아닌 강변에 자리 잡은 형장에는 수사관과 백 명의 포

선에 입국했다. 정하상의 집에 숨어서 포교하다가 수원에서 체포되어 기해사옥 때 한강변에서 순교했다.

8) 익종비인 조대비(1808~1890)를 의미함.

9) 이지연(李止淵 : 1777~1841)을 의미함. 헌종 때 우의정으로서 기해사옥을 일으켰으나 대사간 이재학의 탄핵을 받고 고금도에 유배되어 그곳에서 죽었다.

10) 1839년 4월 12일에 참형된 권득인 등 17명을 의미하는 것으로 보임.

졸들이 자리를 잡고 있었다. 땅위에 박힌 장대 위에는 사형을 알리는 글귀가 쓰인 깃발이 펄럭이고 있었다. 양팔은 뒤로 돌려 허리에 묶이고 웃옷을 벗긴 채 죄수들의 팔꿈치와 등 사이로는 몽둥이를 끼우고 귓밥에는 깃이 달린 화살이 꽂혀 있었다. 그들의 얼굴에는 우선 물을 뿌리고 그 다음에 흰 가루를 발랐다.

그런 다음 세 명의 망나니들이 장대를 휘두르면서 주위를 돌았으며, 그러는 동안 군중들은 모욕적이고도 야유가 섞인 고함을 질렀다. 이제 손에 칼을 잡은 10여 명의 포졸들이 무릎을 꿇고 있는 죄수들의 주위를 의기양양하게 배회하면서 짓궂게 죄수들을 쥐어박았다. 그 인간 백정들은 그들의 놀이에 싫증나자 그제야 죄수들의 목을 베어버림으로써 그들의 고통을 덜어 주었다. 망나니는 죄수의 목을 널빤지에 담아 형리에게 보였으며, 시체는 3일 동안 군중들에게 보인 다음 강변 모래밭에 매장되었다.

죄수들을 매장한 다음날 3명의 천주교도들이 시체를 옮기려 했으나 기다리고 있던 관가의 밀정들에 의하여 체포되었다. 고대 로마 시대의 초대 교회의 천주교도들이 밤중에 몰래 콜로세움의 문을 통하여 투기장에 숨어 들어가 모래밭을 더듬어 사자에게 찢긴 이그나티우스[11]의 뼈를 찾아 영예롭게 매장했던 것과 마찬가지로 조선의 천주교들도 그들과 같은 믿음과 용기로써 한강변의 피어린 모래밭으로 접근했다. 첫 번째 시도가 있은 지 20일이 지나 7~8명이 무리를 이루어 순교자들의 시체를 거두어 서울 북방 약 8마일 지점에 있는 "노구"로 옮기는 데 성공했다.

"금단의 나라"에 최초로 들어왔던 유럽의 선교사들은 그와 같이 순교했다. 사자의 우리 속에서 있었던 옛 전설과 마찬가지로 이들의 발자취는 모두가 한 곳으로 향하고 있었다. 외국의 지도자들과 함께 130여 명의 교도들

---

11) 이그나티우스(Saint Ignatius Theoporus : ?~107 ?) : 시리아 출생의 사교로서 터키의 안티옥에서 포교하다가 로마에서 순교했다.

이 이때 죽었는데, 그 가운데 70명은 참형을 당했고 그 나머지는 교형·장살되었거나 아니면 여독으로 죽었다.[12] 1839년 11월에는 한글로 된 새로운 왕명이 전국에 나붙었다. 조선의 천주교도들이 한 외국인 신부를 다시 맞아들이기까지는 고통스러운 6년의 세월이 흘렀다.

이 무렵 중국에서는 거대한 사건이 무르익고 있었다. 아편전쟁(1840~1842)이 일어난 것이다. 양이들은 홍콩으로부터 상해에 이르기까지 중국 연안의 주요 도시를 장악했으며, 이 대제국은 군사적으로 취약하다는 것이 노출되었다. 중국과 유럽 사이에 벌어진 이 전쟁에서 프랑스인 들은 아무런 관련이 없지만 극동에서 어떤 이권을 얻고자 긴장하고 있었다.

1841년 루이 필립[13]은 전략상으로나 상업적 목적을 위해 가치가 있을지도 모르는 일본 남단의 몇몇 섬을 가능하다면 점령하고, 일본 그리고 특히 조선과 수호통상조약을 체결하고자 전함 에리곤호와 훼이보리트호를 극동에 파견했다. 에리곤호는 1841년 9월 7일 마카오에 정박하고 세실 선장[14]은 사태를 관망했다. 1842년 3월, 에리곤호의 통역인 조선 유학생 김대건과, 그의 동료인 최양업[15]과 함께 훼이보리트호를 타고 북상하던 프랑스의 선장

---

12) (필자 주) 권선징악의 천리에 따라서 이 박해 사건의 주요 수사관들은 그 말로가 비참했다. 대신 가운데 한 사람은 왕의 미움을 받아 1845년 12월 한 연회에서 사약을 받았으며, 다른 대신은 왕의 총애를 잃고 유배되었다가 그곳에서 곧 죽었다. 고관대작에 오르리라고 꿈이 부풀었던 밀고자는 다만 미관말직을 얻음으로써 그 명예와 봉록이 시원치 않았다. 그는 그 뒤 유배되었다. 1862년 그는 유배지에서 반란을 주도했다가 목이 달아났으며, 시체는 능지처참이 되어 8도에 회람되었다.

13) 루이 필립(Louis Philippe : 1773~1850) : 1830년 7월혁명으로 왕위에 올랐다가 1848년 2월혁명으로 물러난 프랑스 국왕.

14) 세실(Jean B. T. Cecile : 1787~1873) : 프랑스의 해군. 1841년에 동양 정국은 관망하고자 광주에 도착하여 중국과의 교역을 모색하면서 혁산과 기영 등을 만남. 그는 청국에게는 영국의 침략을 막을 수 있는 방법을 제시하고 막후에서는 영국과 함께 중국을 침략하는 방법을 모색하는 등의 교활함을 보였다. 아편전쟁 이후 남경조약(1842)의 체결에 관여했으며, 수사제독으로 승진했다가 영국 주차 대사로 부임함.(1849)

15) 최양업(崔良業, Thomas Tsoi : 1821~1861) : 충청도 청양인. 1836년 모방 신부에게 뽑히어 김대건·최방제와 함께 마카오신학교에 입학하여 신부가 된 다음(1849) 그 해

들은 갑작스러운 종전의 소식을 듣고서야 조선의 문호를 개방하려던 생각을 단념했다.

2명의 조선 사람이 1842년 10월 25일에 2명의 프랑스 신부와 함께 중국의 거룻배를 타고 신경 연안에 상륙했다. 12월 23일에 김대건은 변문을 향하여 출발했으나 변문으로부터 2리그[16]가 채 못 되는 지점에서 외국에서 돌아오는 사신의 일행을 만났다. 300명에 이르는 그들은 각기 허리에 통행증을 차고 있었다. 걸음을 멈추고 열을 지어 지나가는 그들을 바라보던 김대건은 그들 가운데 천주교 신자인 한 사람에게 인사를 했다.

김대건은 모방과 샤스땅이 처형되기에 앞서 쓴 편지와 조선의 교도들이 쓴 편지를 허리 속에 감추고 있었다. 사신들의 이름은 모두가 등록되어 있었기 때문에, 이름이 등록되지 않은 그 신자는 김대건과 함께 의주로 돌아가지 못하고 북경으로 되돌아갔다. 김대건은 상품전시회를 마치고 돌아오는 소몰이꾼과 소떼에 섞여서 의주의 관문을 통과했다.

그러나 다음날 밤새도록 걸어온 그는 추위를 파하고자 주막에 들렀다가 주위로부터 낯선 사람임이 발각되었다. 중립 지대에서 넘어온 강도로 취급되어 체포당할는지도 모른다는 두려움으로 그는 빼소니를 쳤다. 그는 다시 압록강을 건너 봉성에서 쉰 다음 봉천으로 돌아가 그의 동료들과 다시 만났다.

1843년 12월 31일 페레올[17]이 조선 교구장으로 헌신했다. 그는 의주를 지나지 않고 이번에는 혼춘을 거쳐 두만강 쪽으로 국경을 넘기 작정했다. 김대건은 길을 헤치면서 얼음과 눈, 산과 수풀을 지나 한 달 동안의 여행 끝에, 1845년 2월 25일 혼춘에 도착하여 있었다. 신자들이 알아보도록 하기

육로로 조선에 입국, 12년간의 포교 끝에 여독으로 병사함.

16) 1league=약 3마일.

17) 페레올(Jean-Joseph Baptise Ferréol : 1808~1853) : 파리외방전교회 소속 신부. 제3대 조선교구장. 1840년 마카오에 도착하여 주교로 임명된 뒤 김대건을 신부로 서품하고 1845년 그의 안내로 다블뤼와 함께 강경 연안에 상륙하여 포교하다가 병사함.

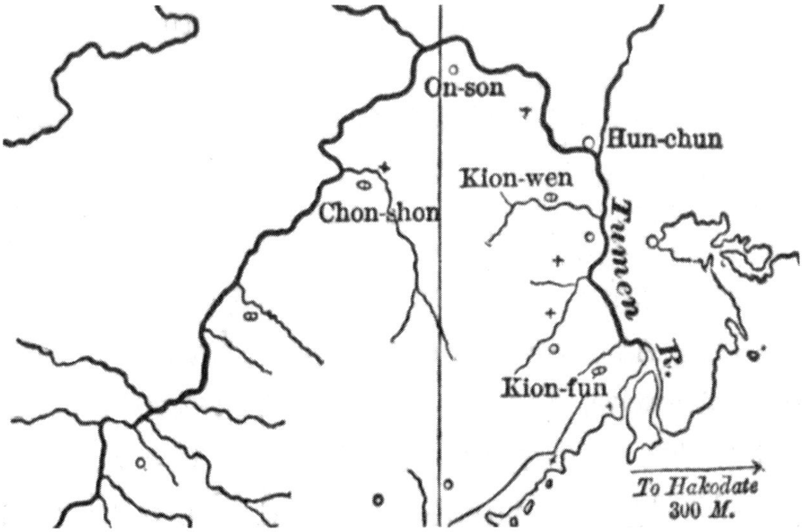

두만강 일대의 도시

위해 김대건은 손에는 파란 수건을 들고 허리에는 빨간 표주박을 달고 있기로 되어 있었다. 2월 28일 경원에서 열린 상품 전시회에서 그들은 서로 만났다. 그들은 앞으로의 일을 상의하여 본 결과 경원보다는 의주가 더 안전하다고 판단했다.

1839년부터 조정에서는 천주교에 대하여 주의를 더욱 기울였으며 국경의 경비를 배가했다. 검사관이 엄밀히 검사하고 이것저것을 물어본 다음에 관인을 찍어 발급하는 통행증이 없이는 어느 누구도 의주의 성문을 통할 수가 없었다. 통행증에는 소지자의 이름·출생지·거주지가 기록되어 있으며, 중국에서 돌아오거나 상품전시회가 끝난 뒤에는 이를 반납해야만 했다.

이와 같이 엄격한 규율로 말미암아 선교사들은 해안에서 입국로를 찾아야 했다. 페레올을 만나고자 변문을 통과하려고 노력하던 7명의 서울 신도들 가운데 단 3명만이 의주를 통과할 수 없었다. 페레올이 착용할 가발,

머리핀, 상복들을 가지고 있던 다른 4명은 검사관들을 납득시킬 수가 없어 되돌아갔다.

페레올은 변문에서 줄을 이어 들어가는 행렬을 본 뒤에는 김대건에게 혼자만 입국토록 하고 자기는 되돌아와 곧 배편으로 마카오를 향하여 떠났다. 김대건은 의주에서 조금 떨어진 한적한 곳에서 만난 3명의 동지와 함께 1845년 1월 8일 서울에 도착했다.

김대건은 형편이 허락하는 대로 11명의 신도를 모집하여 1845년 4월 24일 허름한 어선을 타고 바다로 나갔는데, 이들 가운데 4명만이 전에 바다 구경을 한 바 있었다. 그들 어느 누구도 자기들의 운명이 어찌 될지 몰랐다. 그들의 장비라고는 나침반 하나밖에는 없었다. 짓궂은 비바람에도 불구하고, 중국의 선원들로부터 "나막신"이라는 놀림을 받았던 이 땔감밖에 안 되는 목선은 6월 상해에 도착했다.

일찍이 선객으로서 밖에는 배를 타본 적이 없는 김대건은 틈을 땜질도 하지 않고 뱃전도 없이 도저히 바다에 띄울 수 없는 평저선으로 황해의 물결을 헤쳐 넘었다. 관헌의 심문으로 고초를 겪었으나 영국의 해군 장교의 영사가 찾아와 친절히 호의를 베풀어 줌으로써 김대건은 로마 가톨릭교회에서 그의 프랑스인 친구들을 만났다.[18]

이 무렵 제주도에서 봉화가 일어나더니 본토의 이 곳에서 저 곳으로 불길이 이어지면서 이양선이 나타났음을 서울에 알렸다. 6월 25일부터 7월말까지 영국의 선박 사마랭호의 선장 벨쳐[19]가 제주도 연안과 남해안을 탐사하

---

18) (필자 주) 의주로 잠입할 당시 수없이 남을 속였고 조선의 국법을 위반한 선배 신부들의 비양심 선례를 답습할 수도 있었던 김대건은 두려움을 모르는 관후한 인물이기는 했으나 상해의 관리에게는 거짓말을 하지 않으려고 머뭇거렸다. 그는 자기와 동료들이 우연한 사고로 말미암아 바다 밖으로 나갔다가 돌아온 것이라고 중국의 관리에게 대답했다. 그 뒤에 일어났던 오페르트(E. Oppert)의 남연군 묘 굴총 사건의 경우와 마찬가지로, 이번에도 "목적이 수단을 정당화했다."

19) 벨쳐(Sir Edward Belcher : 1799~1877) : 영국의 해군. 아프리카 · 서아메리카 · 동인

고 있었다.[20] 심지어는 사마랭호가 나가사키로 떠난 뒤에도 조선 연안의 수령들은 모든 이양선을 엄히 감시하라는 명령을 받았다. 이 사건으로, 김대건의 귀국은 더욱 어렵게 되었다.

마카오에 있던 페레올 주교가 상해로 돌아오자 김대건은 7월 17일 일요일에 신부의 서품을 받았다. 9월 1일 김대건은 페레올, 다블뤼[21] 그리고 또 다른 한 명의 프랑스 신부와 함께, 지금은 라파엘호라고 명명된 그 "나막신"을 타고 순교의 나라로 돌아왔다. 그것은 마치 절망의 성에 접근하는 그레이트 허어트[22]와 같았다.

비록 굼뜨기는 했지만, 그들은 제주도를 거쳐 전라도 앞바다의 섬들 사이를 미로처럼 빠지며 무사하게 항해했다. 10월 12일 양반집 상주처럼 꾸민 프랑스 신부들은 해안 초병의 눈을 벗어나 연안 으슥한 곳에 상륙했다.[23] 상륙하자마자 다블뤼는 이 지방의 황폐한 들판에서 담배를 경작하며 사는 조선의 천주교들에게 조선어를 배웠다. 그 뒤 다블뤼는 가장 안전하게 은신하여 포교할 수 있는 서울로 떠났다. 그가 떠나간 뒤 그 농사짓는 항해사들은 7개월 동안이나 버려두었던 호미를 다시 잡고 들판으로 돌아갔다.

도 연안을 탐사했으며(1830~1847) 1872년에는 제독으로 승진했다.

20) (필자 주) 과학적으로도 공헌이 큰 벨쳐(Edward Belcher) 선장의 항해를 통해서 제주도(Quelpart), 뷰우포트군도(Beaufort Island, ?), 거문도(Port Hamilton), 한라산(Mount Auc 등의 지명은 조선의 명사들이 영국의 정가에서 알려진 것보다도 더 잘 알려지게 되었다. 이 방문객들은 정중한 대접을 받았다. 심지어는 측량 표시, 측량 깃대, 측량을 위해 세워놓은 흰 돌멩이들이 폭풍과 소떼로 말미암아 쓸려나갔다거나 흐트러졌을 때도 조선 사람들은 이를 모두 복구시켜주었다. 그러나 조선 사람들은 영국인들이 그토록 먹고 싶어하던 소고기는 모두 빼앗아갔다.

21) 다블뤼(Marie-Nicolas-Antoine Daveluː?~1866 ?) : 파리외방전교회 소속의 신부. 1846년 김대건과 함께 조선에 입국하여 주교 베르뇌의 보좌 신부로 있다가 1866년의 병인사옥 때 주교와 함께 순교했다.

22) 그레이트 허어트(Greatheart) : 번얀(John Bunyan)의 소설 『천로역정』의 등장로서 크리스찬의 아내와 자식들을 천국으로 안내함.

23) 이때 그들이 상륙한 곳은 은진군 강경리 나암이었다.

제 42 장 쇄국정책의 붕괴

3명의 신부들이 위험스러운 포교를 수행하고 있는 동안 매스뜨르(Joseph A. Maistre)와 더불어 마카오로부터 돌아온 조선의 학생인 최양업이 새로운 선교사가 되어 만주를 거쳐 혼춘으로 향하고 있었다. 17일 동안의 여행 끝에 이곳에 도착한 그들은 만주의 관리들에게 체포되어 징계를 받은 다음 봉천으로 호송되었다.

김대건은 페레올(J. Ferréol) 주교의 명령에 따라 황해도를 향하여 뱃길을 떠났는데, 이는 이 지역이 선교사의 입국 경로가 될 수 있는지의 가능성을 탐사하기 위한 것이었다. 이 무렵은 청어[1]잡이가 한창이어서 황해에는 중국의 거룻배들이 많이 있었다. 어부들과 연안 주민들 사이의 통교를 막고자 언덕에는 감시탑이 점찍은 듯이 늘어서 있었고 병졸들은 해안을 순시했다.

표면상으로는 생선을 사고자 온 것처럼 꾸민 김대건은 섬 사이를 항해할 수가 없었고, 바위나 사갱의 소재를 탐사하거나 해안의 지도를 작성할 수도 없었다. 그는 중국에 소식을 전달할 수 있는 한 경로를 생각해내었다. 곧 그는 중국의 거룻배를 불러 담판한 다음 선장에게 선교사의 우편낭을 맡겼다. 그 속에는 해도와 두 장의 조선 지도가 들어 있었다. 불행하게도 이 문서들

1) 조기의 오기로 보임.

은 한 밀정에 압수되었다.

고기를 말리느라고 출발이 늦어졌던 김대건은 중국인으로 오인되어 체포되었다. 그는 서울로 호송되었으며, 감옥에 있는 동안 그 당시 프랑스 함대가 한강 입구에서 서울로 들어가는 항로를 찾으려다가 헛수고만 하고 되돌아갔다는 말을 들었다. 그 무렵 페레올은 그의 은신처에서 세실 선장(Jean B. T. Cecile)에게 편지를 보냈다. 그는 3척으로 구성된 함대를 지휘하고 있었다.

세실 선장이 이곳을 방문한 것은 왕의 대신과 담판하여, 1839년에 처형된 앙베르(L. lmbert), 샤스땅(J. Chastan), 그리고 모방(P. Maubant)에 대한 배상을 요구하기 위함이었다. 그들은 몇 군데의 해안을 탐사하고 위협적인 편지를 전달한 다음 물러갔다. 페레올의 편지는 너무도 늦게 전달되었기 때문에 김대건의 운명은 풍전등화와 같았다.

김대건은 감옥에 있는 동안 그림을 그리고, 책을 베끼고, 두 권의 영문 세계 지도를 옮겼는데 그 가운데 하나는 왕에게 보내기 위한 것이었다. 그는 또한 지리에 관한 단문도 썼다. 그는 8월 26일자로 페레올에게 보낸 라틴어의 편지에서 자신이 체포되어 재판에 회부되었음을 알렸다. 9월 16일에 그는 재판정에 끌려 나왔다. 형벌의 선고를 알리는 깃발에는 "양이와 통교한 죄로 사형에 처함"이라고 기록되어 있었다.

그리고 온갖 잔인한 형벌이 자행되었다. 그 뒤에 잇달아 일어난 박해에서 4명의 부인과 4명의 남자도 또한 처형되었다. 매스뜨르와 최양업은 마카오로 갔다. 그들은 거기에서, 세실 선장의 편지에 대한 회답을 받으러 북쪽으로 항진할 준비가 되어 있는 프랑스 군함 라 글르와르호와 라 빅토리우스호를 보았다.

삐에르 선장(Capt. Pierre)의 환영을 받은 그들은 7월 12일에 그들과 함께 승선했다. 8월 10일 이 두 군함은 전라도 앞바다의 다도해 사이를 항해하다가 두 척이 동시에 좌초했다. 좌초된 지점은 북위 35° 45′, 동경 125°

8′으로서, 영국의 지도에 따르면, 이곳의 수심은 12패텀[2]이라고 한다. 이 해안은 조수의 간만이 심하기로 유명한 곳이어서 두 척은 모두 크게 난파되었다.

라 글루와르호에서 가장 큰 구명보트를 곧 상해로 보냈으며, 6백 명의 선원들이 고군산열도에서 야영했다. 프랑스 수병들에 대한 대접은 친절했다. 물자도 넉넉하게 공급을 받았으나 그들은 상해로부터 오는 구원을 기다리는 동안 철저하게 은폐되었다. 밤이면 초롱불을 밝힌 배들이 비상선을 치고 본토와의 어떤 통교가 없도록 감시했다.

최양업은 한문으로 필담을 함으로써 벙어리 통역을 했다. 그러는 그는 들을 수는 있었지만 조선 수령의 말을 모두 옮기지는 못했다. 그는 또한 동료 신자들을 만나기는 했지만 본토에 상륙할 수는 없었다. 상해에서 온 영국 구조선이 난파 선원들을 싣고 떠난 후에야 페레올의 편지가 해안에 도착했다.

조선의 조정에서는 양이들이 더 이상 찾아오지나 않을까 두려워[3] 세실 선장에게 보내는 답신을 써서 북경을 거쳐 마카오에 있는 삐에르 선장에게 전달했다.[4] 그들은 왜 난파한 프랑스인들은 친절하게 대접하고 변장한 프랑스인들은 처형했는가를 설명했다.[5]

---

2) 1fathom=약 6feet.

3) (필자 주) 프랑스와 조선이, 바꾸어 말해서 조선 사람들의 표현을 빌려본다면 대법국과 조선이 공식적인 관계를 맺게 된 것은 이때가 처음 있는 일이었다. 조선에서는 프랑스를 법국이라고 말하고 신기하게도 프랑스인은 법인이라고 쓴다.

4) (필자 주) 조선의 국내에서는 이양선의 빈번한 출현이 매일 중요한 이야깃거리가 되었으며 말이 많은 이 나라에서는 이양선의 소식이 초원의 불길이나 밀어닥치는 사태처럼 퍼져 나갔다. 프랑스의 함대가 조선의 해안을 떠날 무렵에는 이양선의 소식이 함경도 · 평안도까지 전달되었다. 이양선이 나타났을 때 조선 사람들의 정신적인 영향은 남북전쟁 당시 링컨의 전함이 남부에 나타났을 때의 흑인들의 그것과 같은 것이었다.

5) (필자 주) 변명을 사용하고 변복을 하기 위해서 선교사들은 밤에는 자고 낮에 걸으면서 반도 · 범죄자 · 불량배들을 만나 은밀히 조선으로 들어오다가 잡혀 죽었다. 신부들의 형을 완화시키기 위해서 그들과 무고한 난파 선원들의 처지를 비교해서 설명하여 보았지만 소용없는 일이었다.

세실 제독이 1848년 파리에 도착했을 때, 파리에는 프랑스 역사상 가끔씩 일어나는 한 혁명[6]으로 말미암아 지구의 한 모퉁이에서 일어난 전쟁 같은 것은 아랑곳할 나위도 없었다. 프랑스 정부는 난파선에서 구조된 물건들을 거두어들이려는 함대를 파견하는 문제를 무시했다. 조선 사람들은 곧 프랑스 군함의 대포를 빼앗아 사용했으며, 이를 본떠 다른 것들을 만들어 요새를 강화함으로써 1866년에는 법인(프랑스인)들에게, 1871년에는 미국인들에게 항쟁했다.

매스뜨르와 최양업은 1848년 초에 중국의 거룻배를 타고 마카오를 떠나 황해 앞바다의 백령도를 향하여 출항함으로써 다시 한 번 경비가 삼엄한 한반도에 입국하려고 시도했으나 조선의 기독교도 가운데 어느 누구도 그들을 만나지 못했다. 그들은 다시 상해를 지나 신경으로 갔다가, 12월에 변문으로 가 페레올 주교가 보낸 길잡이들을 만났다.

눈보라치는 어느 추운 밤 초병들은 초소 안에 들어가 긴 담뱃대를 물고 뜨뜻한 아랫목에서 골패를 치며 술을 따르는 동안 최양업은 의주를 무사히 통과하여 며칠 만에 서울에 도착한 다음 전라도로 내려갔다. 조선어로 지어졌거나 번역된 수많은 종교 책자들이 국내 인쇄기에 의하여 소책자로 인쇄되어 광범위하게 보급되었다. 1850년에는 교도의 수가 11,000명에 이르렀으며, 5명의 청년들이 신부의 수업을 하고 있었다.

사신들의 두툼한 무명 도포 속에 감춰진 정기적인 편지들이 중국을 왕래했다. 프랑스의 한 포경선이 연안 앞바다에서 좌초하자 상해 주재 프랑스 영사[7]는 두 영국인과 함께 선박의 잔여물들을 요구하고자 조선을 찾아왔다. 항상 경계심을 게을리 하지 않는, 최양업이 보낸 세 명의 젊은이를 만난 그들은 두 명의 청년을 상해로 데리고 갔다. 청년 가운데 세 번째 사람은 먼

---

6) 루이 필립(Louis Philippe)이 퇴위한 2월혁명을 의미함.
7) 몽테뉘(M. de Montigny)를 의미함.

훗날 새로운 사명을 띠고 돌아올 동지들을 맞이하고자 그곳에 남았다.

조선에 입국하려던 또 다른 시도가 실패한 후, 러시아의 군함이 나타난 탓으로 산 위에는 봉화불이 오르는 위험에도 불구하고 매스뜨르는 고군도를 거쳐 전라도에 발을 들여놓았다.[8] 자신의 과업에 지쳐 버린 페레올은 여러 달 동안을 중풍으로 누워 있다가 1853년 2월 3일에 죽었다. 그러나 1854년에는 잰슨이 두 번에 걸친 시도 끝에 중국의 거룻배를 타고 황해를 거쳐 조선에 입국했으며, 그 배는 조선의 유학생 세 명을 태우고 마카오로 돌아갔다. 잰슨은 1854년 6월 18일 서울에서 뇌일혈로 죽었다.

이 무렵인 1853년과 1854년에 페리 제독이 이끄는 미국의 분함대는 극동의 해안에 머물러 있으면서 일본에 문명의 쐐기를 박음으로써 은둔의 벽을 침식하고 있었다. 조선의 조정은 페리 제독의 활동에 관하여 들은 바는 있었지만, 그러나 성조기는 아직 조선의 해안에 나타나지 않았다.

이교도의 성채에 폭풍을 불러일으킬 선교사들의 새로운 증원군인 시메온 주교와 베르뇌[9] 주교가 쁘띠니콜라[10]와 푸르티에[11]라고 하는 두 젊은 신

---

8) (필자 주) 이제 프랑스 이외의 다른 국가들도 동양에 있는 이 두 은자의 나라인 조선과 일본에 관하여 무엇인가를 알기 시작했다. 1852년 러시아의 쾌속 순양함인 팔라스호는 모래 언덕의 좌초와 주민들의 공격을 피하고자 해안으로부터 2~5마일의 거리를 유지하면서 육지에 상륙하지 않고 동해안을 따라 두만강까지 항해한 적이 있다. 팔라스호의 목적은 해안선을 따라 거슬러 올라가면서 지도를 작성하기 위함이었다. 1855년에는 팔라스호가 시작한 과업을 프랑스의 전함 버지니호가 계속했다. 버지니호의 항해가 끝날 무렵이 되어 부산으로부터 두만강에 이르는 모든 해안이 다소 정확하게 밝혀졌으며, 각 해안마다 곧 다양하고도 예언적인 서구식 이름이 명명되었다. 러시아의 선박은 타타르 곧 그 당시에는 중국의 영토였던 만주지방도 탐사하고 지도를 작성하여 1860년 러시아의 황제와 그의 사신이 사용할 수 있도록 준비했다. 그리스 신화에 나오는 지혜의 여신인 팔라스와 처녀를 의미하는 버지니이의 이름은 이그나티에프 장군(N. P. Ignatieff : 1832~1908)의 "처녀와 같은" 외교적 성공을 암시하여 주고 있다. 그의 이름은 Ignorant(무지함)을 연상케 해 주는 것이 더욱 암시적이다.

9) 베르뇌(Francois Berneux : 1814~1866) : 파리외방전교회 소속의 신부. 일본과 만주에서 포교하다가 순교함.

10) 쁘띠니콜라(Michel A. Petitnicholas : 1828~1866) : 파리외방전교회 소속 신부. 프랑스

부와 함께 거룻배를 타고 상해를 출발하여 황해를 거쳐 천신만고 끝에 서울에 도착했다. 이와 때를 같이하여 페롱(이 사람은 그 뒤 해적 행위를 한 것으로 악명이 높은 인물이다)은 조선의 밀수선을 타고 1857년 3월 31일에 서울에 있는 주교 앞에 느닷없이 나타났다.

이제 모든 선교사들이 자리를 함께하는 회의가 개최되었으며, 이 자리에서 베르뉘는 다블뤼를 동료 주교로 서임했다. 매스뜨르는 이해 12월 20일에 죽었다. 제주도에 살고 있는 한 신도[12]에 의하여 그 섬에까지도 교리는 파급되었다. 그 신도는 배를 타고 가다가 중국의 연안에서 난파되었으나 한 영국 선박에 구조되어 홍콩으로 호송되었다가 마카오에서 온 한 조선 사람 학생을 만나고 개종한 인물이었다. 1857년의 조선의 천주교 신자의 수는 16,500명으로 추산되었다.

나가사키 가까이 살면서 당시 박해의 써레 밑에서 신음하던 일본의 신도들과 통교가 이루어졌다. 일본에서 들어온 호열자는 조선에서 40만 명의 희생자를 냈다. 그러나 지구의 한쪽에 살고 있는 사람들로서 다른 한쪽에서 일어나고 있는 이와 같은 타격적인 악역에 대한 소식을 들어본 미국인은 과연 몇이나 될까?

1860년, 중국에서 전쟁이 일어났다. 영·불 연합군은 백강 요새를 점령하고 북경에 입성하여 천자의 하궁을 약탈했으며, 유럽의 몇 천 명의 군대들은 거상과 같은 중국의 군사적 위신을 꺾어 버렸다. 중국의 황제는 조선을 바라보며 신경으로 피신했다. 이와 같은 소식은 조선 특히 조선의 조정에

코엥시 출신. 185 1855년 제4대 조선 교구장으로 취임·입국했으며 1866년의 병인사옥 때 순교2년에 신부 서품을 받고 이도와 홍콩에서 포교 하다가 1853에 조선에 입국하여 배론신학교 교수로 봉직하던 중에 병인 박해로 순교함.

11) 푸르티에(Charles A. Pourthie : 1830~1866) : 파리외방전교회 소속 신부. 프랑스 알알비즈와 출신. 1854년에 사제 서품을 받고 중국을 거쳐 조선에 입국하여 배론신학교 교장으로 봉직하다가 병인박해 때 순교함

12) 그는 필릭스 베드로(Philix Peter)인데, 한국명은 확인되지 않는다.

즉각적인 반응을 불러일으켰다.

중국의 위신이 그토록 무참하게 꺾였다는 사실은 모든 사람들을 놀래게 만들었다.[13] 6세기에 걸쳐 대국인 중국은 무적의 강국의 상징이자 동의어였으며, "만승의 전차를 호령하는 천자"는 온 세상을 움직일 수 있는 인물이라고 조선 사람들은 생각해 왔다. 무역과 종교의 자유를 허락하고 있는 청국 대 영·불 간의 조약 문서는 곧 조선에 전달되었으며, 이를 읽은 사람들은 크게 놀랐다.

그러나 그와 같은 소식의 엉뚱한 결과는 러시아와의 조약으로 나타남으로써 처음에는 흥분의 비바람이던 것이 분노와 두려움이라는 폭풍우로 바뀌었다. 이그나티에프 장군[14]은 영불연합군의 전권대신들이 귀국한 후인 1860년에 우수리강의 전 지역을 할양하는 문서에 공친왕[15]의 서명을 받아냈다. 그는 탁월하고 용기 있는 외교관이었으나 당시 28세의 청년으로서 중국의 무대에는 새롭게 등장한 인물이었다. 이 "거대한 곰"의 발자국 소리는

13) (필자 주) 조선의 한 고위 관리가 중신회의에서 의견서를 제출했다. 이 의견서는 조선이 당면하고 있는 위협을 설명하고 이 절박한 사태에 대처하고자 비상 조치를 취해야 한다고 주장하고 있다. 그는 또한 조선이 군사적으로 중립적인 정책을 취해야 하고, 패주한 청국의 황제가 조선으로 들어오지 못하도록 해야 하며, 중립 지대에 살고 있는 비적들의 침략 가능성에 대비해서 국경을 강화해야 한다고 제안했다. 비적들은 이 호기를 틈타 중국의 모험가들 및 조선의 피난민들과 패를 지어 조선으로 몰려 내려올는지도 모르는 일이었다. 끝으로 모든 사람들이 가장 두렵게 생각하는 것은 프랑스인들의 위협적인 침략이었다. 그는 또한 부산 부근에 있는 동래성과 서부지방에 있는 남원과, 부평 그리고 1882년에 개항된 인천의 요새에는 수비대를 더 투입하여 강화하고, 강화도에는 새로운 성루를 지어 한강과 서울의 입구를 제압하도록 건의했다. 본서 제23장 삽화 지도 참조

14) 이그나티에프(Nichoals P. Ignatiev : 1832~1908) : 러시아의 외교관. 백작. 크리미아 전쟁 직후의 파리 강화 회의에서부터 외교관으로 활약하기 시작하여 1860년대에는 북경 주재 러시아 공사를 역임했으며, 알렉산드르 3세(Alexandr III) 밑에서는 내상(1881~1882)을 역임한 바 있다.

15) 공친왕(恭親王 : 1832~1898) : 청조 함풍제의 아우. 애로우호사건과 태평천국의 난의 사후 수습을 맡아 북경조약을 체결했으며, 서태후와 공모하여 의정왕대신에 올랐으나 그 뒤 실각하여 실의 속에 죽었다.

너무도 조용했기 때문에 영국이나 조선이 그 사실을 알기 이전에 그의 발은 이미 온대지방에 가까운 10°의 기온을 느끼고 있었다.

아무르강과 숭가리강에 의한 관개가 좋고, 태평양에 맞닿아 있으며, 해안은 항구가 줄지어 위치하고 있으며, 면적은 프랑스에 맞먹는, 그 비옥한 지역이 이와 같이 하여 러시아에 할양되었다. 만주의 지배자들은 그들의 선조들이 물려준 터전을 러시아인들에게 실질적으로 포기했다. 이제 러시아의 국경은 두만강과 맞닿게 되었다. 러시아의 곰이 조선의 호랑이를 떠밀게 된 것이다.

오른쪽에서는 프랑스의 압력을 받고, 왼쪽에서는 러시아의 압력을 받은 중국은 이제 그 모습이 초라하게 되었으며, 일본은 서방 세계에 문호를 개방했으니 조선의 위정자들은 놀라움에 얼마나 떨었을까? 그러한 사건들이 조선의 기독교도들에게 미친 결과로, 10년도 못되어 몇 천 명의 조선 사람들이 그들의 조국을 벗어나 러시아 촌락에 정착했다.

서울에서는 모든 관청 사무가 중단되었으며, 상류 사회의 수많은 가족들이 산으로 피신했다. 직책을 떠날 수 없는 양반·관료들은 처자식만이라도 피난을 보냈다. 이와 같은 사태는 일시적이나 선교사들에게 잇점을 제공하여 주었다. 상류 사회의 사람들이 기독교도를 찾아가 겸손하게 호의와 보호를 요청하는 일이 허다했다. 기장과 십자가 그리고 교리서가 다량 판매되었다. 심지어 어떤 사람들은 그 끔찍스러운 침략이 벌어질 경우에 안전하기를 바라는 마음에서 공공연히 천주교의 예복을 입고 다녔다.

이제 정부는 전비의 증세를 실시했으며, 주로 부상들에게 이를 부과했다. 이들이 만약 전비를 거부할 경우에는 고문이나 사형을 당하리라는 위협을 당했다. 건장한 남자들에 대한 소집령이 내리고 소위 "프랑스 파편"이라고 하는 폭탄과 소구경총이 제조되었다. 서울의 주조소에서는 라 글루와르호의 난파 선원들이 남기고 간 총을 본떠서 무거운 총이 제조되었다. 강화도 포대를 축조하여 수비대를 파견했다.

이와 같이 전쟁 준비로 한창인 때 네 명의 프랑스 신부가 입국함으로써 교세가 확장되었는데 그들은 백령도를 거쳐 1861년 10월 그들의 순교지에 발을 들여놓았다. 그들의 이름은 홍 랑드르[16], 오 요안노[17], 이 리델,[18] 그리고 강 깔래[19]이다. 이 해의 교도의 수는 18,000명이었다.

이 무렵 은자의 나라인 조선의 성벽의 틈바구니에 외교라고 하는 지렛대를 끼워 넣으려는 간접적인 시도가 프랑스와 영국에 의하여 이루어졌으며, 러시아도 또한 다른 곳에서 그와 같은 시도를 했다. 부산과 대마도 사이에 소규모적인 교역이 이루어지자 러셀 경[20]은 대한 무역의 동업자로 한몫 끼어들고자 원했다.

이와 같은 해에 러시아는 한편으로는 몇몇 지방을 차지하면서 또한 추도에 영지를 차지했다. 그러나 영국 전함의 지원을 받은 막부 정권의 항의를 받은 러시아는 그와 같은 목적을 포기했다. 1862년에 막부 정권의 일본사절단들이 파리에 머무르고 있는 동안 나폴레옹 3세의 정권은 조선이 프랑스에 개항하고 사절의 주재를 허락하도록 영향력을 행사하여 달라고 부탁했다.

---

16) 홍 랑드르(洪 Jean-Marie-Pierre Landre : 1828~1863) : 파리외방전교회 소속 신부. 1856년에 동방으로 진출하여 1861년에 조선에 입국하여 내포 지방에서 포교하다가 병사함.

17) 오 요안노(吳 Pierre M. Joanno : 1832~1863) : 파리외방전교회 소속 신부. 프랑스 멜리오네 출신. 1857년에 사제 서품을 받고 세 번의 시도 끝에 조선에 입국하여 공주에서 포교하다가 병사함.

18) 리델(Félix-Clair Ridel : 1830~1884) : 파리외방전교회 소속의 신부. 1861년에 입국하여 포교하다가 병인사옥 때에는 몸을 피하여 병인양요를 일으켰다. 1870년 제6대 조선교구장으로 임명되어 1877년 다시 입국했다가 1878년 북경으로 추방되었다. 그 뒤 일본 요코하마에 건너가 『한불문전』과 『한불사전』을 감수했다. 프랑스에 귀국하여 사망.

19) 강 깔래(姜 Alphonse Calair : 1833~1884) : 파리외방전교회 소속 신부. 1860년에 사제 서품을 받고 조선에 입국하여 포교하다가 병인박해 대 중국으로 피신하였다가 다시 입국을 시도하였으나 실패하자 고국으로 돌아가 수도사로 일생을 마침.

20) 러셀 경(Earl Russell : 1792~1878) : 영국의 정치가. 휘그당의 내상(1835), 식민상(1839)을 역임했으며 백작이 되어 상원의원(1865), 수상(1865)을 지냈다. 버틀란드 러셀의 아버지임.

그러나 이 무렵 일본 정부는 국내적으로 문젯거리가 태산 같았고, 1832년 이래 조선의 조정은 일본에게 사신이나 선물도 보내지 않았다. 새로운 쇼군이 대통을 계승한 1852년, 조선의 조정은 사절과 선물을 보내지 않을 수 없었다. 그러나 사신들이 대마도까지만 방문하는 것으로서도 일본에게 모독의 냄새를 풍기지 않게 되고, 또 지난날 조선을 침략했던 일본의 국력이 취약해진 것을 알게 되자 이제 조선은 일본인들을 무시하려 했다.

한 명의 새로운 선교사와 두 명의 조선 유학생[21]이 1863년 3월에 입국했다. 1392년에 건국한 조선은 1864년 1월 15일 철종을 끝으로 그 막이 내렸다.[22] 그는 후사가 없었으며, 후계자를 임명하지 못하고 죽었다. 이와 같은 사실은 궁정 내에 새로운 음모가 일어나고 사류와 당파 간에 긴장이 고조될 전조가 되는 것이었다.

1831년 이래 재위에 있었던 왕들의 세 과부 왕비들[23]은 아직 살아 있었다. 그 가운데 가장 나이가 많은 조 대비는 곧 옥새를 장악함으로써 그의 고압적인 태도는 자신을 패자로 만들었다. 그는 교묘한 방법으로 그의 조카인 조성하[24]를 물리치고 종친인 대원군의 당시 12세 되는 아들을 왕으로 추대했다.

홍선대원군은 정치에는 무심한 사람이라고 여겨졌었지만 그의 아들이 왕위에 오르자마자 이제까지 잠자고 있던 그의 야심은 사자처럼 잠을 깨고 일어났다. 조선 사람들의 문자를 들어 표현한다면 그는 "돌 같은 심장에 무쇠

---

21) 임 원선시오와 또 다른 한명을 의미함.

22) 조선왕조가 철종을 끝으로 끊어졌다고 필자가 기술한 것은 고종 연간에 국호를 조선에서 대한제국으로 바꾼 데에서 연유된 것으로 보인다.

23) 순조비 · 헌종비 · 철종비를 의미함.

24) 조성하(趙成夏 : 1845~1881) : 조대비의 친정 조카로 1861년에 문과에 급제하고 철종이 죽자 조대비와 대원군 사이에서 고종을 즉위시키는 데 공헌했으나 뒤에는 민비와 손을 잡고 대원군 실각에 동조함. 대사성 · 이조참의를 거쳐 예조판서 · 이조판서를 지냈으나 민비가 피살된 뒤 실각했다. 본문에는 그의 이름이 Cho Sung으로 기록되어 있다.

같은 창자를 가지고 있는 인물"이었다. 그는 거리낌이나 인정미나 두려움 같은 것은 모르는 사람처럼 보였다.

옥새를 장악한 그는 대원군(왕의 살아 있는 친부에게 부여되는 칭호로서 그 예가 매우 드물다)이 되어 사실상의 섭정이 되었다. 이 궁정의 총수는 그 뒤 9년 동안이나 정부의 고삐를 쥐고 있으면서 절대주의 시대의 전제자와 같은 권력을 가지고 나라를 다스렸다. 그는 기독교와 외국인과 진보주의자에게 대하여는 격렬한 증오심을 품고 있었다.

누그러질 줄 모르는 박해의 물결이 계속됨에도 불구하고 천주교는 도전적이리만큼 용감하게 포교 활동을 시작했다. 경상도에서는 200개의 제등을 든 장례 행렬이 거대한 십자가를 높이 쳐들고 전개되었으며 이에 감응된 신도들은 찬송가를 불렀다. 서울에서는 천주교 의식의 징표를 들고 행진했다. 산중에는 신학수련원이 개설되었으며, 네 명의 선교사가 내포를 통과하여 조선에 입국했고, 이해에 1,976명이 세례를 받았다. 전교 문서가 대량으로 출판됨에 따라서 인쇄소는 몹시 바빴다.

1866년은 조선의 역사상 경이적인 해였다. 세계 각국의 정부와 범법자들이 곳곳에서 쇄국의 벽을 뚫거나 무너뜨리려고 획책하고 있는 듯이 보였다. 러시아인 · 프랑스인 · 영국인 · 미국인 · 독일인들이 조선과 조약을 체결하고자 이곳에 상륙하여 무역도 하고 도적질도 하고 살인도 하고 또는 대원군과 그의 조정을 불쾌하게 만드는 짓들을 자행했는데, 그들 가운데 자기의 정부로부터 권한을 위임받은 사람도 있고 그렇지 못한 사람들도 있었다.

1866년 1월에 러시아인들의 전함이 영흥만에 거듭 나타나 교역을 요구했다. 그와 동시에 그들은 러시아의 군대가 그와 같은 요구 조건을 관철시키고자 함경도의 국경을 넘어 오려고 한다고 말했다. 이에 대하여 자기 나라는 중국의 속방으로서 중국의 허락이 없이는 어느 나라와도 조약을 맺을 수 없으니 이 문제를 처리하게 할 수 있는 특사를 곧 북경에 파견하겠다는 등, 조선은 상투적으로 답변했다.

두 개의 머리가 달린 독수리의 모험은 서울에 살고 있는 천주교도들 사이의 생생한 감정과 행동이 어떻게 나타나리라는 것을 가르쳐 주는 전조였다. 종교의 자유를 보장하여 주는 수호조약을 체결하라고 영국과 프랑스에 호소하려고 오랫동안 꿈꾸어 오던 천주교도들의 계획이 이제 되살아났다. 러시아를 막아내야 한다는 애국심으로 무장된 격정적인 신도들은, 나이는 먹었지만 정치에 대하여는 철부지한 순진한 백성들과 함께 이제 계획을 추진하기 시작했다.

이미 그들은 즐거운 마음으로 서울에 널찍한 성당을 세울 꿈을 꾸고 있었으며, 그들의 종교와 그들의 조국에게 모두 덕이 되는 스타일도 완성했다. 김계호를 우두머리로 하는 3명의 양반 출신 신도들은 러시아에 대항할 수 있는 영불연합에 관한 그들의 구상을 구체적으로 기록하여 대원군에게 올리었다. 대원군은 김계호에게 주교들을 청하여 오도록 친절하게 글을 보냈다. 그러나 그는 어느 집회에 참석하느라고 그 당시 서울에 머물러 있지 않았다. 그가 서울에 도착했을 때는 이미 때가 늦어 냉랭한 대접을 받았으며, 그에게는 더 이상 누구도 관심을 보이지 않았다.

이제 조정에서 대권을 장악하고 있는 반기독교 세력들은 외국 종교를 탄압하고자 제정된 옛날의 법을 집행해야 한다고 외쳤다. 그해 1월 말경 불길에 더욱 부채질을 가했다. 그 보고서에 따르면, 중국인들은 청조 안에서 색출되는 천주교도들을 모두 처형한다고 기록되어 있었다. 말하기에는 "새털처럼 가벼운" 거짓말이었지만, 그 거짓말은 조선에서 "태산처럼 무거운 결과"를 초래했다. 조선 사람들은 그와 같은 선례를 따라야 했기 때문이었다.

대원군은 유럽으로부터 위험이 닥쳐오리라고 경고했지만 그것은 헛된 일이었다. 왜냐 하면 러시아의 선박도 이미 사라진 뒤였고, 프랑스인들도 1839년의 대학살 사건(기해사옥)에 대하여 보복 조치를 취하는 문제를 두려워하고 있는 듯이 보였기 때문이었다. "모든 기독교도를 죽여라. 양이들을 모두 죽여라"는 외침이 이제 다시 들려오기 시작했다.

정권을 잡은 당파로부터 압력을 받은 대원군은 주교와 신부들의 사형선고서에 서명했으며 기독교를 탄압하는 옛날의 법들을 새삼스럽게 다시 실시하여 "전 국민의 목을 마음대로 처리할 수 있도록" 조치했다. 정권의 앞잡이들은 풀어 놓은 사냥개들처럼 짖으며 나갔다. 2월 23일에 베르뉘는 체포되자마자 세 명의 재판관이 주재하는 재판에 회부되었는데, 그 가운데 한 사람은 이 나라에서 가장 높은 판관이었다.

그 프랑스 신부의 높은 이상을 잘 알고 있는 대원군과의 회견에서, 베르뉘는 조정의 예법에서 요구하는 까다로운 대화법으로서는 그에게 자기의 뜻을 전달하지 못했다. 이와 같은 태도로 말미암아 대원군은 곧 베르뉘가 천박한 사람이며 별로 대단치 않은 인물이라고 속으로 생각했다. 예절의 문제에서 조선 사람들은 그만큼 민감하다.

가장 엄중한 감옥에서 나온 주교는 몽둥이와 곤장으로 심한 고문을 당하고 꼬챙이로 생살을 찔린 다음 일반 죄수의 감방으로 이감되었다. 베르뉘는 여기에서 며칠 만에 몇몇 신도들과 함께 그의 동료 선교사들을 만났다. 그들은 심지어 죽음의 시각을 맞이해서도 그들의 교부들에게 신실했다.

이들은 모두가 가혹하고도 야만적인 고문을 당한 다음 3월 8일에 처형되었다. 얼굴에는 비웃음을 가득 띤 채 호기심에 찬 수많은 군중들이 죄수들의 뒤를 따랐다. 죄수들은 머리칼이 가마에 매어 있어 얼굴을 쳐들 수밖에 없었으며 군중들은 그 모습을 볼 수가 있었다. 사형수들과 함께 400명의 병사들이 강가 모래사장 위로 걸어 나갔다. 죄수들을 야만적으로 고문했다. 모욕적인 처형의 절차가 합법적으로 자행되었으며, 그 뒤 4개의 머리는 검시를 받았다.

하루가 지나 또 다른 2명의 프랑스 신부와 신부 수업을 하고 있던 12명의 생도들이 서울로 호송되었다. 그들은 곧 사형에 처해질 죄수임을 알리는 빨간 줄과 노란 모자를 쓰고 있었다. 앞서 죽어간 신부들과 마찬가지로 그들도 고문과 온갖 모욕을 겪으면서 3월 11일에 처형되었다. 이날 또한 다블뤼와 두 신부가 체포되어 신앙심이 깊은 두 신도와 함께 3월 30일의 성금요일[25]에 처형되었다. 다블뤼의 경우에는 천박한 형리가 더욱 야만적인 방법으로 처형했다. 형리는 칼을 한 번 휘두른 뒤 죄수의 상처에서 피가 흐르는 동안 감독 관리로부터 자신의 살인 행위에 대한 구전을 얻어 내고자 흥정하고 있었다.

한 달이 조금 지나 이제 모든 선교 활동은 정지 상태에 빠졌다. 20명의 조선 신자들이 처형되고 몇 백 명 이상이 투옥되었다. 벽장 속에 숨어 있던 리델은 북경으로 편지를 보내어 그간의 사태를 알렸다. 페롱과 리델은 5월 8일에 만나 밤새도록 걸었다. 6월 15일에야 그들은 칼레가 아직도 살아 있음을 알았다. 내포 앞바다에는 아직도 외국 선박이 항해하고 있다는 소식을 들은 리델은 구원을 요청하는 편지를 보냈다.

그 배는 중국에 있는 영국 상사에 소속된 로나호로서 선장은 모리슨(Morrison)이었는데, 오페르트(E. Oppert)의 지시에 따라서 우장으로부터 귀항하고 있는 중이었다. 조선 사람 신도들은 로나호에 승선할 수는 없었지만, 몇 달이 지나 바로 그 오페르트가 기선 엠페러호를 타고 내포의 해미를 방문했을 때 리델의 편지가 전달되었다.

그러는 동안 리델은 해안에 도착하여 삼엄한 감시에도 불구하고 쇠라고는 단 한 조각도 섞이지 않은 목선에 11명의 기독교 어부를 태우고 출항했다. 그는 7월 7일에 지부에 도착했다. 그는 곧 천진으로 가서 그간 조선에서 최근에 일어난 사태를 프랑스 해군 제독 로즈(Admiral Roze)에게 알리고 다시 지부로 돌아와서 8월 중순까지 그곳에서 하회를 기다렸다.

페롱과 칼레는 한강에 프랑스 선박이 나타났다는 말을 듣고 천신만고 끝에 강나루에 도착했으나 이미 배는 떠나고 없었다. 그러나 그들은 단념하지

---

25) 성금요일(Good Friday) : 수난일. 부활절 전의 금요일로 그리스도의 못 박힘을 기념하는 교회의 제일을 의미함.

않고 해안으로 나아가 중국인 밀수선을 빌어 타고 10월 26일 지부에 도착했는데, 이러는 동안 조선에서는 병인양요가 일어나고 있었다. 이제 조선에는 외국인 신부란 단 한 명도 없었다. 어느 신자도 감히 공공연하게 신앙을 고백하지 못했다. 몇 천 명의 신도들이 유배·투옥되거나 아니면 처형되었다.

이상과 같이 20년 동안이나 거의 끊어지지 않고 힘든 포교가 계속되었으나 이제 교회는 또다시 그들의 목자를 잃었으며, 조선 천주교 82년의 역사는 피와 함께 그 종막을 내렸다. 4명의 주교와 19명의 신부만이 살아남았다 14명은 순교를 당했으며 4명은 그들의 고결한 소명으로 말미암은 노고와 위험으로 희생되었다.

이제까지 기술된 조선의 천주교회사는 신부이며 저술가인 달레의 글에서 발췌한 것으로서, 우리는 이 글을 통하여 용감한 평신도의 무리와 프랑스 신학교에서 수학한 가장 세속적인 신부들이 스스로 옳다고 믿은 바를 수행한 광경을 목격했다. 이교도적인 국가의 법을 어기면서까지 그들은 자신의 모습을 감추고 속이면서 상복으로 가장하여 조선에 입국했다.

그들은 자신의 노력으로 조선을 구원하리라는 독단을 철저히 신봉했기에 조선 사람들을 개종시키는 과업을 수행하면서 장엄하리만큼 진지했다. 그러나 선을 이루기 위해서라면 악을 저질러도 좋다는 불법적이고도 그릇된 교리로 말미암아 신부들의 거룩한 소명은 빛을 잃었다. 그와 같은 교리는 신약성서를 즉각적으로 모독하는 것인 동시에 가톨릭교회가 가장 즐겨 원용하는 궤변이다.

어느 국가를 막론하고 기독교 신자들은 국법상 외침을 불러들이는 반역자로 취급되고 있었다. 그러나 만약 아놀드가[26]나 가롯 유다[27]와 같은 무

26) 아놀드가(Arnolds) : 미국 독립전쟁 당시의 장군인 아놀드(Benedict Arnold)의 가문을 의미함. 그는 당시 영국군과 내통함으로써 미국을 배신했다.

27) 유다(Iscariot Judas) : 그리스도의 12사도 가운데 그리스도를 팔아넘긴 자.

리들처럼 그들을 비난하는 것이 가치 있는 일이라면, 조선의 목자들은 신자들을 오도했다는 치명적인 비난을 받을 수 있다. 장차 조선에 파견되는 기독교 선교사들은, 그들이 희랍정교이든, 로마 가톨릭교이든 아니면 개신교이든 예수 그리스도가 그토록 누누이 가르친 바 있는 도덕적 순수성에 치중하여 기독교의 교리를 가르치는 것이 바람직하다.

제 43 장 병인양요

1866년에 일어난 조선과 프랑스 사이의 병인양요에 관한 예비 행위는, 1867~1868년 사이의 미국의 외교 문서에 기록된 바와 같이 중국의 수상 격인 공친왕과 북경 주재 프랑스 변리 공사 벨로네[1] 사이에 오고간 문서에서부터 더듬어 볼 수가 있다.[2] 프랑스 변리 공사가 남의 이목을 끌고자 얼마

---

1) 벨로네(Claude M. H. de Bellonet : ?~1881) : 1865~1866 사이에 북경 주차 프랑스 공사를 역임했음.

2) (필자 주) 이들 문서 가운데에 다음과 같은 것이 있다.
공친왕 전하.
전하! 본인은 소왕국 조선에서 벌어지고 있는 끔찍스러운 범죄 행위를 전하께 공식적으로 알려 드리게 된 것을 유감으로 생각하는 바입니다. 이 나라는 일찍이 청국에 조공을 바칠 의무가 있던 나라였습니다만, 이와 같은 야만적인 행동은 그러한 조공 관계와는 영원히 동떨어진 것이었습니다. 지난 3월 동안에는 조선에 복음을 전파하고 있던 2명의 프랑스 주교, 9명의 신부, 7명의 조선 사람 신부, 그리고 수없이 많은 남녀노소의 신자들이 왕명에 따라 학살되었습니다. 전하의 정부로서는 그와 같은 유혈적인 불법 행위를 그대로 둘 수는 없습니다. 조선의 왕이 나의 불행한 동족을 처형하던 그날은 바로 그 조선의 국왕이 세상을 떠난 날이었습니다. 그는 자신의 종말을 선언했습니다만 이번에는 내가 그의 종말을 엄숙히 선언하는 바입니다. 며칠 안으로 우리의 군대는 조선을 정복하고자 출발할 것입니다. 그리고 지금으로서는 나의 존경하는 프랑스의 황제만이 그의 의사에 따라서 조선과 그 공석이 된 왕위를 처리할 권리와 능력을 가지고 있을 따름입니다. 그러나 청국 정부는 조선에 대하여 아무런 권한이 없노라고 나에게 누누이 선언하고, 이러한 논리에 따라서 조선에서 천진조약을 적용하고, 또 우리가 청국으로부터 발급받고자 요구한 바 있는 통행증을 우리의 선교사들에게 발급할 것을 거절했습니다. 우리는 청국의 그

나 호언장담을 잘 하는가 하는 점은, 그가 루이 나폴레옹과 제3제국의 흥륭한 시대에 살고 있었다는 사실을 기억한다면 가장 이해하기 쉽다.

벨로네의 모진 언행은 중국의 외교관 가운데 가장 탁월한 인물인 공친왕의 조용한 태도와 꿋꿋한 기질과 대조적이다. "프랑스의 이해 관계라는 면에서 본다면 벨로네(M. H. Bellonet)가 자기의 생애 가운데 한 시대에 그만한 직위에 봉직하면서 아프리카의 주아브병[3]이나 도[4] 쓰는 어처구니없는

와 같은 선언에 관한 문빙을 가지고 있으며, 따라서 앞으로는 조선 왕국에 대하여 청국이 어떠한 권한을 가지고 있다는 것을 인정하지 않으리라고 이에 선언하는 바입니다.

근계

1866년 7월 13일

벨로네(H. de Bellonet) 드림

조선에서 일어난 선교사 학살 사건에 대하여 벨로네가 그 이유와 시비곡직을 밝혀도 좋다는 공친왕의 답변에 대해, 프랑스 대표는 모독적이라고 말할 수는 없지만 약 오르는 문투로 11월 11일 다시 공친왕에게 글을 보내었다. 이 문서에는 다음과 같은 구절이 있다. "전왕(前王)의 운명에 관하여 생각건대 그것은 이제 나의 존경하는 프랑스 황제의 결심 여하에 달려 있다." 벨로네의 그와 같은 행동 방식은 유럽의 사절들이 아시아 여러 나라의 정부를 지분거리는 데 흔히 사용했던 표본적인 예법의 하나이다. 1866년 11월 11일자로 공친왕에게 보낸 장문의 공문에서 벨로네는 다음과 같이 청국 정부를 비난했다.

(1) 이 문제는 청국이 조선과 공모했다.

(2) 지난 겨울 청국에 내조했던 조선의 사신은 그 자리에서 선교사 학살 계획을 개진한 바 있고 청국 정부는 이에 대하여 묵시적으로 시인했다.

(3) 청국의 몇몇 고위 관리는 조선 사신의 그러한 계획에 직접 찬성했다.

(4) 만리장성 너머에서 만주 병사를 모집 · 동원하는 것은 프랑스에 대항하는 조선을 돕기 위한 것이다.

벨로네는 이상과 같은 내용 이외에도 놀라우리만큼 터무니없는 말들을 늘어놓고 있는데 이는 인간이 의혹을 가지고 눈을 크게 떠야만 허세를 알아볼 수 있다는 사실을 보여주고 있다. 허장성세한 그들의 말 같지 않은 문구 가운데에 다음과 같은 것이 있는데 이는 나폴레옹 3세의 프랑스가 어떠한 나라인가를 여실히 보여 주고 있다.

"우리 자신을 위하여 전쟁을 수행한다는 것은 즐거운 일이다. 프랑스인들은 그와 같은 즐거움을 열렬히 찾고 있다." "조선 사람들은 프랑스인을 해방자라고 쓰고 있다. ……. 우리는 조선에서 질서와 정의와 번영의 통치를 착수할 것이다."

3) 주아브병(Zouaves) : 프랑스의 경보병으로서 원래 알제리아 사람으로 편성하여 아라비아의 복장을 입혔었다.

4) 이 지도에 수록된 영문 지명의 한국 명은 다음과 같다. Roze Island=월미도, Boisee

언사와 천박한 관행을 외교 활동 중에 자행했다는 사실은 불행하기 짝이 없는 일이었다." 자기 상사의 변변치 못한 권위를 빙자하여 화가 치밀어 오른 부하가 얼마나 오만을 피웠던가 하는 점은 병인양요에서 그 공과가 가장 잘 나타나고 있다. 이 사건을 통해서 강화부는 잿더미로 변하여 1만 명이 집을 잃었고, 북경의 벨로네가 조선 국왕의 운명을 진정시키기도 전에 무모한 침략자들은 패주하기에 이르렀다.

리델 주교를 통역으로 삼고 3명의 신자를 길잡이로 삼아 3척의 배가 한강을 탐사하고자 파견되었다. 이미 1개월 전에 서해안의 입국 경로를 탐사한 바 있는 엠페러호의 제임스 선장이 작성한 해도에 따라서 특파 함선인 데룰레드호는 남양만에 정박 중인 요함을 떠나 9월 21일에는 해로를 따라 북상하여 강화도와 본토 사이의 수로에까지 이르게 되었다.

프랑스의 장교들은 아름다운 가을 경치에 매혹되었다. 바둑판처럼 나뉜 논에는 관개 시설이 잘 되어 있었으며 고개 숙여 익은 황금빛 나락들은 낫을 기다리고 있었다. 수많은 마을들이 그림처럼 널려 있었고 북서쪽으로 뻗은 푸름 언덕 위에는 강화부가 여왕처럼 자리 잡고 있었다.

아직 대포는 설치되어 있지 않았지만, 수많은 포대가 이미 축조되어 있었으며, 강을 내려다볼 수 있는 요충에는 건축 중인 또 다른 포대들이 세워지고 있었다. 아직은 수비대나 군인이라고는 한 명도 보이지 않았다. 몇몇 주민들이 나타나 처음에는 그 거대한 흑선에 놀라더니 이내 돛이나 노도 없이 거센 조류를 거슬러 배를 몰고 올라가 제방 위에 모여 서해로부터 달려와 불을 뿜는 이양선을 바라보았다.

9월 23일 데룰레드호와 타르디프호는 작약도에 정박하고 있던 모함 프리

Island=작약도, Primauguet Island=하서, Tricault Island=동검도, Louise Island=황산도. 조선총독부 육지측량부 작성 『조선 지도』(5만분의 1 축척)(서울 : 대정 7년, 경기 8호(인천)) 참조.

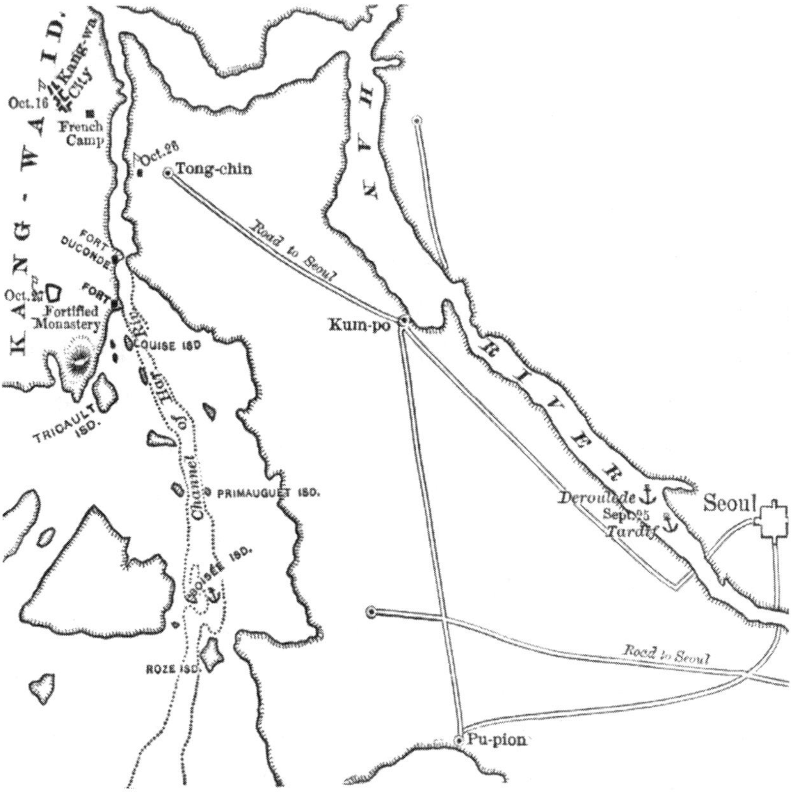

병인양요 때 프랑스군 작전도

모게호를 떠나 한강을 거슬러 서울에 이르렀다. 이때 조선 사람 길잡이들은 선수에 타고 있었으며 리델은 다른 사람들과 함께 조종륜에 타고 있었다. 그들이 강을 따라 거슬러 올라오자 한두 곳의 포대에서 함대를 향하여 포격했으며, 한곳에 이르러서는 그들의 진로를 방해하고자 몇 척의 평저선들이 몰려들었다.

그러나 프랑스 함대에서 발사된 포격은 비틀거리는 2척의 평저선을 명중시켰으며, 보루의 포대는 함대의 포격을 맞고 곧 잠잠해졌다. 포대에서 날아오는 바위를 무사히 피한 2척의 배는 9월 25일 저녁에 닻을 내렸으며, 프랑스의 국기가 조선의 수도 앞에서 나부꼈다. 서울 주변의 언덕과 전망이 좋은 곳은 김을 내뿜으며 움직이고 있는 이양선을 처음으로 본 몇 천 명의 구경꾼들로 하얗게 물들었다.

함대는 여러 날 동안 서울을 나란히 바라보면서 정박했다. 그러는 동안 장교들은 수심과 거리를 측정하고 산의 높이를 재고 지도를 만들었다. 리델은 가톨릭 신자들을 만나 소식을 좀 듣고 싶은 생각에서 해안에 상륙했으나, 어느 누구도 감히 그에게 접근하려 하지 않았다. 프랑스 함대가 강 위에 정박하고 있는 동안 서울에는 쌀 한 자루, 나무 한 단도 들어오지 않았다. 그와 같은 공포가 8일 동안이나 계속되고 기근이 일어나자 서울 사람들은 격노했을는지도 모른다. 그들의 점령으로 7천 채의 가옥이 파괴되었다.

두 명의 신도는 작약도로 돌아와 강을 탐사한 다음 승선했다. 그들은 그동안 평양에서 유럽의 한 선박(제너럴 셔먼호)이 소각되었다는 사실과 박해가 다시 시작되었다는 사실, 그리고 기독교인은 왕명을 기다리지 않고서도 곧 처형할 수 있는 법이 생겼다는 사실 등을 리델에게 알렸다. 리델은 조선의 정부를 겁주기 위해서라도 함대를 잔류시켜야 한다고 로즈 제독에게 요구했지만 헛수고였다. 함대는 출항하여 10월 3일 지부에 도착했다.

이제 대원군은 몹시 두려운 생각이 들자 양이를 막고자 전국을 분기시키기 시작했다. 8도의 병사들이 징발되었다. 쇳조각이라면 모두 모아들이고, 대장간은 이제까지 알려진 온갖 병기를 만드느라 밤낮없이 바빴다. 심지어는 농기구까지도 창과 칼로 바뀌었다. 이양선의 침략을 저지하고자 한강에는 짐을 실은 평저선들을 침몰시켰다.

부산에 있는 일본인과 대마도의 다이묘를 통해서 일본의 막부에 글을 보내어 자신의 난국을 알리고 도움을 청했다. 그 무렵 한편으로는 서구 제국으로부터 압력을 받고 다른 한편으로는 존왕주의자들로부터 압력을 받음으로써 커다란 곤경에 빠져 있던 일본으로서는, 설령 그렇게 하는 것이 옳은 일이라 할지라도 자기 나라와 조약을 체결하고 있는 프랑스인들을 막아내고자 군사적인 지원을 보낼 수는 없었다.

그 대신 일본은 서울에 두 명의 사신을 선임·파견하여 조선도 일본의 경우와 마찬가지로 외국에 문호를 개방함으로써 외국인들과 전쟁을 하는 대신에 평화의 길을 택하라고 권고하려 했다. 그러나 사신이 출발하기에 앞서 다이쿤[5]이 죽고 그 다음해 일본이 내전[6]에 들어감으로써 막부가 폐지되자 조선의 문제는 얼마 동안 까맣게 잊어버리고 말았다.

북경 주재 프랑스 영사관은 이번 프랑스 함대가 조선에 원정하는 목적과 아울러 이를 계기로 한강을 봉쇄한다는 사실을 중국 정부와 북경 주재 외국 공관에게 당당하게 통고했다. 벨로네는 본국 정부의 훈령을 기다리지 않고 자기의 책임 아래 전쟁을 일으켰다. 제왕의 자리를 분배하여 주고 가톨릭교도를 박해한 대신들의 목을 베고자 10월 11일에 분함대가 출항했다.

분함대는 소형의 구축함인 궤리어호, 목조 전함인 라플라스호와 프리모게호, 분견선인 데룰레드호와 켄챵호, 그리고 포함 타르디프호와 르브레톤호로 구성되어 있었으며, 이들에는 요코하마에 숙영하고 있는 400명의 수병대를 포함하여 600명의 군대를 태우고 있었다.

코르테쯔[7]나 피자로[8]의 시대가 이미 사라진 것을 알고 있는 사람이라면 왕위를 거꾸러뜨리기 위한 병력으로서는 600명의 군사가 너무 적다고 생각했을지도 모른다. 말과 기수를 하나의 동물로 생각하는 멕시코인들과는 달리 조선 사람들은 화약 냄새를 맡으며 호랑이와 싸운 적이 있는 사람들이다.

로즈 제독은 10월 13일 작약도 앞 바다에 닻을 내렸다. 그 다음날 전함들

---

5) 다이쿤(大君) : 여기에는 막부의 쇼군을 의미함.
6) 1868년의 메이지유신을 의미함.
7) 코르테쯔(Hernando Cortez : 1485~1547) : 멕시코를 정복한 스페인의 군인.
8) 피자로(Francisco Pizarro : 1471~1541) : 스페인의 군인으로서 잉카제국을 멸망시킨 장본인임.

은 강을 거슬러 올라가 서울에서 1마일이 조금 넘는 곳에 수병들을 상륙시켰다. 15일에는 조선의 조정과 어떤 통교를 하려고 시도해 보기도 전에 강화도에 무정 정찰대를 파견했으며, 그러는 동안 2문의 포가 설치된 작은 요새가 함락되었다.

현대적인 안목으로 보아도 강화는 아마 조선에서 가장 우수한 요새 가운데 하나였을 것이다. 이 요새는 그 높이가 거의 15피트나 되는 성벽으로 둘러싸여 있었으며, 성벽에는 총안이 뚫려 있는 것이 아닌가! 그 성벽 뒤에는 도리깨, 활, 화승총, 투박한 대포로 무장한 군인들이 대기하고 있었다.

여름에는 휴양지로 사용하고 전쟁이 일어나면 피난처로 쓰는 왕의 처소는 나무가 우거진 언덕 위에 아름답게 자리 잡고 있었으며 그곳에서는 섬과 바다와 본토의 장엄한 모습을 한 눈에 바라볼 수가 있었다. 토지가 비옥한 이 섬은 그야말로 짙푸른 바다 위에 떠 있는 하나의 파란 에메랄드와 같았다. 벼, 보리, 담배, 옥수수, 온갖 근채, 호배추, 호두, 감 등이 여기저기에서 막 꽃이 피어오르는 거대한 동백나무와 함께 침략자들의 눈길을 끌고 있었다. 강화는 문자 그대로 "강 위에 핀 한 떨기의 꽃"과 같았다.

10월 16일 오전 8시 강화 성문에 대한 공격이 개시되었다. 100야드 거리의 지점에 이르자 분견대들은 "황제 만세"를 외치며 진격했다. 성 위에서 발사되는 투박한 대포의 포격은 그들의 진격을 단 1분도 저지할 수가 없었다. 성 밑에 이른 그들은 사다리를 장치하고, 몇 백 명의 군인들은 펄럭이는 흰 도포와 서로 손을 잡고 적을 맞는 허수아비들을 쏘아 대면서 순식간에 입성했다.

그러나 실제로 총알을 맞아 죽은 조선 사람들의 수는 적었다. 프랑스 병사들이 곧 도끼로 성문을 깨뜨리자, 주력 부대가 쉽사리 입성했다. 곧 총성이 멈추고 황폐한 강화부는 승리자의 손으로 넘어갔다. 거의 모두가 소구경인 약 80문의 청동제 대포와 6천 자루 이상의 화승총, 그리고 그곳에 보관되어 있던 관문서들을 찾아 노획했다.

강화는 조선의 서부 지방의 군사적 요충인 동시에 화약 제조의 중심지였다. 막대한 군량미가 그곳에 저장되어 있었다. 상가와 민가에서 온갖 물건들을 노획한 이외에도 주괴를 포함한 약 38,000달러에 해당하는 18상자의 은과 수많은 전적들이 발견되었다. 수많은 궁시와 칼집이 없는 철검과 투구, 그리고 아름답게 단철된, 그러나 무겁고 투박한 가슴 막이 등이 발견되었다.

대포에는 운반 시설이 없으며, 통나무 위에 고정되어 있거나 아니면 포대 위에 부착되어 있었다. 대포는 후장포로서 쇠로 만든 탄약통이 담긴 화약은 뒤쪽으로부터 삽입되었으며, 동시에 포탄도 총구로 삽입되었다. 머리가 둘 달린 이 대포는 마치 거북이의 모습을 보는 듯 했다.

대부분의 대포에는 일렬로 몇 개의 화문이 뚫려 있고 포수가 투박하게 뚫린 줄 진 구멍을 따라 신속하게 불을 붙이는 이 대포, 바꿔 말해서 이 "속사포"에 관한 이야기는 신기하다 못하여 차라리 익살맞게만 여겨진다. 조선의 화약은 그 점화되는 속도가 너무 더뎌 1회분의 화약을 양쪽으로 나누어 넣어야 하는데 이러한 행동 양식이란 비단 대포의 화약에만 국한되는 것이 아니라, 조선의 국가적 정책의 한 유형이기도 한 것이다.

조선 사람들이 비상한 관심을 쏟으며 통진을 요새화하고 있던 10월 26일 프랑스 함대의 사령관은 강화의 맞은쪽에 있는 본토에 정찰대를 상륙시키

조선제의 후장포

었다. 이곳에는 서울로 향하는 대로가 곧장 뚫려 있었다. 이곳에는 성문 주위가 요새화된 한 마을이 있었다. 이곳 성문에는 거북과 탑 모양의 성루가 있는 뾰족한 석재 아치가 있었다. 이 문을 깨뜨리면 서울로 향하는 길이 열리는 것이다.

수병들이 상륙하자 수비대는 이들에게 집중 사격을 퍼부어 2명이 죽고 25명이 부상을 입었다. 그럼에도 불구하고 프랑스 병사들은 이곳을 맹렬히 공격하여 함락했다. 그러나 조선의 병사들이 인근에 집결했을 때 프랑스 수병들은 후속 지원을 기다리고자 본선으로 돌아갔다. 저녁때가 되자 프랑스 병력이 물러갔다.

조선 병사의 무리들은 프랑스 병력이 패주하여 물러나는 줄로 알고 예정된 승리에 의기양양하면서 당당한 모습으로 평야의 한쪽에 열을 지어 다가왔다. 그들이 사정거리 안으로 들어오자 프랑스 함대가 갑자기 조선의 병사들에게 포탄을 발사했다. 포탄은 조선 병사들 가운데에서 폭발했다. 보지도 못한 그와 같은 폭탄 세례에 겁먹은 그들은 대열을 흩뜨리고 산꼭대기로 올라갔지만 이곳에서도 멀리 떨어진 협곡과 평야에로 몸을 피했다. 밤이 되자 그들의 노영하는 모닥불이 훤히 비치었다.

약한 인간이나 약한 민족은 자기보다 더 강한 적군과 다투면서 동물의 세계와 마찬가지로 교지에 의존하지 않을 수 없다. 그들은 자기들이 이겨 낼 수 없는 적들이 진력이 나서 물러나도록 노력한다. 조선 사람들은 대포를 쏘거나 깃발을 흔들기에 앞서 벌써 임진왜란 당시 그들의 선조들이 사용했던 계략을 써먹기 시작했다. 그들은 몇 백 개의 허수아비를 만들어 이들을 적 포화의 사정 거리 내에 세워 두었다.

프랑스군들은 이들을 향하여 화약과 총알을 헛되이 소모했다. 그러나 망원경을 이용한 프랑스군의 날카로운 눈은 곧 그들의 거짓 술책을 간파하여 더 이상 허수아비를 향하여 총알 한 발 소비하지 않았다. 그러는 동안 침략을 받은 한민족은 열화같이 분노하여 있었다. 박해의 용광로와 무기 제조창의 불길은 모두 백열처럼 달아올랐다. 그들의 손길은 천주교도를 고문하고 무기를 만들고자 망치질을 하느라고 한없이 바빴다. 누구든지 프랑스와 화친할 것을 주장하는 자는 반역자로 취급하여 곧 처형하리라는 방문이 서울의 대궐 문 앞에 걸렸다.

10월 19일이 되어 강화 유수 이인기는 중국의 경전을 잔뜩 인용한 장문의 편지를 프랑스 제독에게 발송했다. 그 글의 요점은 이방인으로서 다른 나라의 국경을 쳐들어오는 자들은 죽어 마땅하다는 것이었는데 이러한 감정은 야만의 상태에서는 매우 가치 있는 것이었다. 이에 대하여 프랑스 제독은 그와 꼭 같이 오만한 문투로, 그러나 직설적이고도 분명한 문구로, 조선 정부의 3정승이 항복할 것을 요구하고, 만약 그렇지 않으면 이번의 비참한 전쟁의 책임을 물어 조선 정부를 정복하리라고 말했다.

막사 안의 조선 병사들은 신병을 훈련시키고 사격술을 익히느라고 쉬지 않고 노력했다. 각지에서 군사들이 모여들었다. 그 가운데에 북부 지방에서 온 800명의 호랑이 사냥꾼 부대가 있었는데, 이들은 활을 쏘든, 총을 쏘든 일발필살의 사격술을 가지고 있었다. 이들은 일찍이 호랑이와 대적하여 눈도 꿈쩍하지 않던 사람들이었다.

그들은 강화도의 한 요새화된 절을 수비했다. 그 절은 언덕으로 둥글게 둘러싸인 계곡에 자리 잡고 있었으며, 주위에는 부착물을 사용하지 않고 쌓은 석성이 둘러 서 있었다. 그 성에 이를 수 있는 길이라고는 깊은 협곡을 따라서 올라가는 작은 오솔길밖에 없었다. 그 입구는 무거운 돌을 깎아 반원형으로 만든 것이었으며 성문은 통나무로 되어 있었다. 성벽 위에는 수제 대포가 서 있었다.

이 정보가 프랑스 제독에게 전달된 같은 날에 조선 군사들이 프랑스의 전초선을 공격하자 제독은 곧 그 사원을 점령하기로 결심했다. 이러한 목적을 수행하기 위해서 그는 160명의 군사를 파견했다. 그들은 대포도 없이 말 등에 점심을 실은 채 10월 27일 오전 6시에 막사를 출발했다. 이제까지 너무도 쉽게 얻은 많은 승리에 마음이 해이해진 침략자들은 소풍을 떠나는 기분으로 자주 쉬면서 가을 경치를 바라보며 행군했다. 그들은 자신들과 똑같은 운명을 향하여 산길을 오르는 소규모의 부대를 몇 번 만났다. 그러나 그 사원에는 평소에는 단지 10여 명의 중들이 있지만 지금은 병사들이 가득하다는 주민들의 말을 들었음에도 불구하고 그들은 서두르지 않았다.

11시 30분이 되어 요새 가까이에 이르자 누군가 점심이나 먹고 가자고 말했다. 다른 사람들은 그 탑을 점령하는 것은 쉬운 일이니 불당에 들어가서 식사를 하자고 의기양양하게 말했다. 그러나 이와 같은 제의를 받아들여지지 않았다. 그들은 3개의 대오로 나누어 성문 앞 300야드까지 접근했다. 주위는 죽은 듯이 조용했다.

그때 갑자기 성벽 전체에서 번쩍이는 불빛이 보였지만 검은 머리나 흰 도포 자락 하나 보이지 않았다. 순식간에 프랑스군의 대오는 뿔뿔이 흩어지고 자기의 위치를 지키는 병사는 한 사람도 없었다. 총알 세례를 받으며 퇴각한 프랑스군들은 바위 뒤, 노적가리, 그리고 인근의 오두막집에서 몸을 피했다. 거기에서 장교들은 병사를 다시 집결시켜 수비대들이 역습하지 못하도록 했다. 부상병들은 후미로 호송되었다. 부상병의 수는 32명이었다. 이제 80명만이 남았다.

첫 발의 총성에 점심을 실은 말들이 껑충 뛰어 조선 군사들 쪽으로 도망가는 것을 본 프랑스 병사들은 잔인하리만큼 애가 탔다. 그제야 그들은 자신들이 초라한 채 몹시 허기져 있음을 곧 알게 되었다. 입술과 컵 사이에서 일어난 이 어이없는 실수는 조선 막사에 있던 한 필의 말로 말미암아 일어난 것임을 그들은 알았다. 아마도 조선의 시인들은, 허기진 프랑스 병사들을 귀환시킨 강화의 군마와 자기들의 충성스러운 조랑말을 대조시키면서 한 수의 시를 지었음직하다.

80명밖에 안 되는 프랑스군으로서 자기들보다 5~10배의 군사들이 대포를 가지고 수비하고 있는 석성을 함락시킨다는 것은 미친 짓이 아니면 스스로 자멸하는 일이었기 때문에 그들은 퇴각을 결정했다. 부상병들에 대하여는 곧 손을 썼으며, 그들은 울면서 퇴각을 시작했다. 건장한 병사들은 전우애를 발휘하여 중상자들을 어깨에 메고 걸었다. 다치지 않은 사람들은 후비를 맡았다. 이 작은 부대는 세 번이나 조선의 병사들을 만나 응사하여 전과를 올렸으나 이들은 치명상을 입으면서도 몇 번이고 적을 공격해 왔다.

그리고 나서야 조선 병사들은 승리를 자축했다. 허기지고 지친 프랑스 병사들은 밤이 되어 본영으로부터 반 리그 되는 곳까지 퇴군하도록 지원병을 만나지 못했다. 패전의 소식이 제독에게 전달되고서야 그는 지원병을 파견했다. 그날 밤 병사들의 막사와 사령부의 분위기는 침통했다. 조선 병사들의 즐거움과 끔찍스러운 속셈을 예시하여 주기라도 하는 듯이 무겁게 내려앉은 밤하늘과 언덕이 삐죽삐죽 뻗어 나온 수평선은 더욱 무시무시하게 번쩍거리고 있었다.

다음날 아침 프랑스 함대가 출범함으로써 많은 수병들의 놀라움과 분노를 샀다. 막사 주변에서 착수된 요새화 작업도 중단되었다. 강화에 있던 프랑스 병사들은 그 도시에 방화하여 몇 시간 만에 잿더미로 만들었다. 침략자들의 퇴각은 너무도 갑작스럽게 수행된 것이었기 때문에 오늘날까지도 조선의 애국자들은 그들의 불명예스러운 패주였다고 고소한 듯이 그들의 행동을 바라보고 있다.

프랑스 병사들은 강화도의 어느 절에서 약탈한 거대한 동종을 병영으로 반쯤 끌고 갔다가 포기하고 돌아갔다. 조선의 병사들은 이 종을 다시 찾아 대단한 전과인 것처럼 생각했다. 도중에 그 섬의 요새에는 병사들이 있는 것처럼 보였다. 그들은 함대를 향하여 펑펑 총을 쏘아 댔지만 도장과 색구만이 상했을 뿐이다.

이틀 전에 패퇴한 프랑스 병사들로서 가장 몸서리쳐지는 것은, 갑판에서 바라보니 강 건너 1.5마일쯤 되는 곳에 한 사원의 성벽이 있었다는 사실이었다. 그 성벽을 공격하면 쉽사리 점령할 수 있으리라고 확신하고 있는 프랑스 군사들 사이에는 분노에 찬 침묵만이 흘렀다. 그러나 군명을 복종하지 않을 수 없었다.

프랑스 병사들은 분노와 치욕을 느끼면서 그 무시무시한 성채를 조용히 노려보았다. 그들의 퇴각은 작약도의 프랑스 함대에게 커다란 놀라움을 안겨 주었다. 프랑스 제독은 중국으로 돌아오는 도중, 본국 정부가 벨로네의 무모한 모험을 승인하지 않았다는 사실을 알고 더욱 울분이 치밀어 올랐다.[9)]

그 무렵 서울의 조정에서는 천주교도들을 뿌리째 뽑아 버리기로 결정했다. 심지어는 부녀자와 아이들까지도 참형하라고 명령했다. 몇몇 양반 계급의 천주교도들이 처형되었다. 서울에서는 천주교를 믿지 않는 형제에게 배신을 당한 한 신자와 이름을 알 수 없는 또 다른 신도가 서울의 전면을 끼고 흐르는 강가로 끌려 나갔다. 그 부근에는 2척의 프랑스 함선이 정박하고 있었다. 이 역사적 순간에 조선의 관습에도 없는 혁신에 따라 그들은 처형되었다. 목이 달아난 그들의 몸뚱이는 뜨거운 선혈을 뿌리며 쓰러졌다. 그 피는 외국인들이 남겨 놓은 오점을 씻어 버릴 수 있는 것이었는지도 모른다. 그 자리에서는 다음과 같은 공시문이 포고되었다.

---

9) (필자 주) 병인양요는 동양 전역에 비극적인 결과를 초래했다. 외국인과 중국인 사이의 관계가 긴장된 때에 발생한 프랑스 함대의 의외의 귀환은 중국에 있는 유럽인들을 놀래게 만들었다. 조선에 원정했던 프랑스 함대가 충분한 병력을 싣고 봄철에 귀환한 것은 극동에 있는 외국인들을 절대적으로 안전케 하기 위한 수단이었다는 것이 당시 신문이나 시민들의 공통된 의견이었다. 제너럴 셔먼호 승무원 가운데 영국과 미국의 시민이 타고 있었으므로, 만약 그들이 평양에서 살해되지 않았더라면 영국과 미국의 함대는 서울까지 행진했을 것이다. 그러나 그러한 일은 일어나지 않았다. 곧 영국인들은 쓸데없는 일에 간섭하지 않았으며, 프랑스인들은 국내에서 독일인들의 문제로 여념이 없었으며, 미국인들은 그 뒤 일을 꾸몄다가 로즈 제독(Adm. Pierre G. Roze)의 꼴을 당하고 말았다. 그러는 동안 미움을 받던 프랑스인들이 조선으로부터 구축되었다는 보도가 폭풍처럼 중국을 휩쓸자 불기 없는 잿더미처럼 잠잠하던 외세에 대한 적개심이 줄곧 되살아났다. 1870년 6월 21일 천진에서 학살 사건이 일어나면서 드디어 불길이 폭발하듯 솟아올랐다. "이 놀라운 학살 사건은 저 불행했던 로즈 제독의 조선 원정으로부터 최초로 심각한 충격을 받았다고 중국에 있는 사려 깊은 많은 관찰자들이 믿고 있다."

> 양이(洋夷)들이 이곳에 온 것은 바로 그 기독교들을 위한 것이었다. 우리의 강물이 이양선에 의하여 더럽혀진 것도 바로 이 양이들 때문이다. 따라서 기독교도의 피로써 저들이 남긴 오점을 씻는 것이 당연하다.

이번 사건을 통하여 서울에 있는 대원군과 조신들의 기분은 어리석을 이만큼 엉뚱하게 번져 자존심이 부풀어 올랐다. 이제는 온 세계를 대적할 만한 힘이 있다고 생각한 그들은 곧 일본에 대한 도전을 호언장담하기 시작했다. 조선 사람들이 보기에 어제의 난쟁이가 하루 만에 거인으로 등장한 것이다.

외침과 전쟁의 위험에도 불구하고 프랑스 함대가 물러간 직후인 같은 해에 한 경사스러운 사건이 일어남으로써 조선 사회의 물결 위에 즐거운 파문을 일으켰다. 그 동안 양반 가문의 규수인 민 씨와 혼약한 바 있던 14세의 젊은 왕이 결혼을 하게 된 것이었다. 재주가 있는 이 젊은 왕비는 왕실의 어느 누구에게도 못지않은 인물이라는 것이 대외적으로 인정되었다.

관례에 따라 중국의 황제는 고위 관리를 칙사로 파견하여 왕비 간택을 축하하고 그 서임식을 베풀었다.10) 지성적이고 생동감이 넘치며 시적임 감정을 가지고 있던 그 칙사는 자연의 경치에 대하여 심미적인 사람으로서, 북경과 서울 사이에서 보고 느낀 바를 여행기로 남겼다. 그가 여행에서 느낀

---

10) (필자 주) 민씨는 혈통이나 그 근원에서 볼 때 대체로 중국적이다. 그들은 사회적 · 정치적 · 지적 능력의 면에서 보면 조선의 양반 중에서도 탁월하다는 사실 이외에 그들은 자기 나라를 중국에 충성스럽게 복속시키고자 중국의 사상과 전통에 가장 끈질기게 집착하여 왔다. 그들이 거느리고 있는 부하들은 서울의 인구 가운데 상당한 부분을 이루고 있다. 왕비 이외에도 왕의 외가, 왕위 계승자로 예정된 세자 빈 그리고 조정의 고위 관리 가운데 몇 사람은 민씨 출신이다. 여러 세기 동안 이 가문은 조선을 사실상 지배했다. 청국 정부에 대한 민씨 일파의 사회적 · 인간적 영향력이 항상 막중한 반면에 국내적으로 보더라도 그들은 국가의 재정과 군부에 밀접히 관계되어 있다. 1882년의 임오군란은 사실상 그들을 거세하려다 실패한 사건이었다. 청국이 한미수호통상조약의 체결을 지시했을 때에도 그들은 이를 수락했다.

매혹적인 인상은 "고요한 아침의 나라"의 평화로운 모습을 우리에게 보여주는 동시에 최근 10년 동안 서구인들이 조선에서 그토록 자주 직면했던 음울한 전운과는 좋은 대조를 이루고 있다.

제 44 장 초기의 한 · 미관계

이미 1757년에 북경과 광동에서 코넥티커트와 매사추세츠의 산품이 조선산 수입품과 어깨를 겨룰 때에서부터 미국과 조선은 상역상의 경쟁국이 되고 있다. 한약전에서도 가장 귀한 약재인 인삼은 만주와 그 이웃의 반도국으로부터 중국에 수출된 지 오래였다. 이곳의 산간 지방에서는 해묵고 큼직한 인삼이 발견되고 있다.

세상 사람들이 이 유명한 약재를 한없이 탐내고 있다는 사실을 간파한 네덜란드의 무역업자들은 온 세계에 그 공급원을 탐색했다. 달콤하고 점액질인 인삼의 뿌리는 비록 유럽인들에게는 아무 쓸모없는 것으로 취급되고 있지만, 흔히 같은 무게의 금과 맞바꾸었으며, 은과 바꿀 때에는 중량당 7배의 값을 받았기 때문에 조선에서 온 연하사들과 함께 온 상인들은 막대한 돈을 벌어들이고 있었다.

초년생과 발육 상태가 좋지 않아 별 가치도 없는 뿌리를 파는 이외에도 조선 사람들은 공장을 차려 놓고 그 안에서 다년생처럼 인삼을 가공하여 시장에서 그 값을 올리고 있다. 인삼은 그 뿌리가 두 갈래로 갈라져 있어 아시아인들이 보기에 마치 사람의 육체를 연상케 함으로써 회춘을 암시하여 주고 있다.

그러던 차에 갑자기 조선의 인삼 상권이 무너졌다. 알바니에 있는 네덜란드의 상인들에게서 자극을 받은 매사추세츠의 인디언들은 그곳의 스톡브리지 주변에서 무성하게 자라나고 있는 싱싱한 인삼을 발견한 것이다. 그들은 인삼을 알바니로 가져와서 철물, 장신구, 럼주 등과 교환했다.

술 취한 모호크족[1]과 마찬가지로 "양키" 인디언들의 술주정에 네덜란드의 지배자들이 분개하고 있는 반면에 스톡브리지의 착한 미국인들은 변덕스러운 토인들의 무리들로 탄식하고 있었다. 왜냐하면, 그 인디언들은 인삼을 찾으러 마구 싸다녔기 때문이다.

상선에 인삼 다발을 실은 네덜란드인들은 허드슨 만으로 내려왔다가 다시 암스테르담과 런던으로 건너가 영국 동인도회사에 5배의 값을 받고 인삼을 팔았다. 광동에서 하역하여 북경으로 운반된 미국인 인삼은 중국 시장을 뒤엎어 놓았다. 이로 말미암아 인삼 값은 놀라울 정도로 폭락하고 조선의 전매 사업은 커다란 타격을 입었다.

그런 뒤로는 오늘날 오하이오주와 미시시피 계곡에서 무한정 발견되고 있는 인삼이 줄을 이어 중국으로 쏟아져 들어갔다. 조선의 상품에 견주면 그 품질이 훨씬 떨어지기는 하지만 이 미국산 인삼은 맛에서 조선의 인삼과 흡사했으며, 또 실제로도 상등품이 아닌 조선 인삼에 필적할 만했고, 고객들도 그렇게 생각하고 있었다.

매사추세츠의 서쪽 끝에서 나온 산품이 조선이나 중국에서 영향력을 행사한 지 30년도 못되어 이번에는 극동에서 나온 한 초본이 그 반대 지역에 있는 식민지로 반출되어 또한 영향력을 행사하고 있었는데 이는 상업적인 것과는 훨씬 더 다른 의미를 가지고 있었다. 매사추세츠에서는 광동에 인삼을 수출했지만 오늘날 중국은 매사추세츠에 차를 보내고 있는 것이다. 인디언처럼 옷을 입고 화장을 한 사람들이 하문에서 온 차를 바다 속으로 던져

---

1) 모호크족(Mohawks) : 미국 북부의 토착 인디안 5대 부족 가운데 하나로서 지금은 뉴욕 · 위스콘신 · 캐나다 등지의 보호 구역에서 살고 있음.

졌으며 그리고는 독립 전쟁이 발발했다.

독립 전쟁이 종식되자 그린 선장(John Greene)은 중국의 엠프레스호를 타고 1784년 2월 22일에 뉴욕항을 떠났다. 그 배의 화물 관리인인 쇼우(Samuel Shaw) 소령은 정부의 지원이나 승인 없이 1786년 한때와 1787~1788년을 꼬박 광동에서 살면서 미·청 교역을 개시했다.

1789년 잠시 귀국했던 쇼우 소령은 워싱턴 대통령으로부터 영사로 임명되자 새로운 선박인 메사추세츠호를 타고 중국으로 돌아갔다. 이 배는 미국 시민이 건조하여 운행할 뿐만 아니라 미국이 소유하고 있는 배였다. 광동에 도착한 그는 아마 1790년까지는 영사로 재직했음이 확실하며, 그가 죽은 1794년까지 재직했을지도 모른다.

이 초대 청국 주재 미국 영사는 "본국으로부터 어떠한 형태의 봉급이나 수당도 받지 않겠다"는 조건으로 의회의 인준을 받았다. 독립 정신과 가상한 야심에 부풀어 오른 신세계의 꿋꿋한 시민들은 "미국인들은 차를 마셔야 한다. 그러니 값진 인삼을 처분할 수 있는 가장 수지맞는 시장을 찾아야 한다."[2]고 선언했다. 차를 마시기 위한 교환물로 조선 사람이 함께 접촉할 수 있도록 해준 것은 인삼과 차였다.

목화는 중국에 수출된 미국산 원자재의 두 번째 물품인데, 그 거래는 1791년부터 시작되었다. 아편전쟁 이후 무역이 확대됨에 따라 1842년에 미국은 물품을 실은 상선이 알라바마에서 광동으로 직행했다. 지금이야말로 미국은 일본·조선과 통상해야 하는 절호의 기회라는 생각이 몇 사람의 머리속을 비추기 시작했다.

---

2) (필자 주) 북경 주차 초대 미국 공사에 관한 『극동』의 한 논문에서 나이(Honorable Gideon Nye)는 "미국의 국기가 광동에서 최초로 게양된 것은 1802년이었다."는 『중국사』의 필자 데이비스 경(Sir John Davis)의 빈번한 주장을 효과적으로 반박했다. 스피어 박사는 외국인은 물론 중국인에게도 잘 알려진 그의 탁월한 저술에서 에드워즈와 인삼 및 그의 인디언 제자들이 인삼과 교환하던 술을 둘러싼 말썽들을 언급한 바 있다.

이와 같은 생각을 공식적으로 표명한 최초의 인물은 뉴욕 제11선거구(현재의 15선거구) 출신의 하원의원 프래트(Honorable Zadoc Pratt)였다. 1845년 2월 12일 해군문제위원회 의장의 자격으로서 그는 일본과 조선에 사절단을 파견함으로써 미국의 통상을 확대해야 한다고 하원에서 제안 설명을 하면서, "일본제국 및 조선왕국과 효과적인 통상 교섭을 하고자 즉각적인 조치를 취해야 한다고 본인은 제안하는 바입니다."[3]라고 말했다.

그러나 그 당시는 이미 멕시코 전쟁의 암운이 목전에 다가와 있었으며, 그 검은 그림자 밑에서 미국의 일부 해군을 파견한다는 것은 미심쩍은 것이었기 때문에 프래트의 제안은 통과를 보지 못했다. 플레블호의 선장인 글린, 비들,[4] 로저스, 그리고 심지어는 페리[5] 등 미국의 해군 제독 가운데 어느 누구도 조선의 해안을 탐험한 것 같지는 않았다. 페리 제독은 자신이 쓰고, 동행했던 목사인 호크스([6])가 편집한 미 · 일의 통상 교섭 기록에서도 그 인접 왕국에 관하여 거의 언급한 바가 없다.

사실상 그 무렵 이 비경의 나라는 요세푸스[7]가 언급한 코리어(Corée, Coreæ) 또는 인도에 있는 동일 명칭의 지명 정도로밖에는 알고 있지 못했다. 미국과 청일 사이에 교역이 증가되었을 뿐만 아니라 이에 따라서 미국의 상선들이 상해, 지부, 천진, 그리고 황해의 북쪽에 있는 우장 및 일본의 항구를 왕래하게 됨에 따라서 조선의 해역을 항해하는 것이 불가피하게 되었다.

---

3) (필자 주) *Congressional Globe*, Vol. XIV, p. 294.

4) 비들(James Biddle : 1783~1848) : 필라델피아 태생의 미국의 해군. 1846년에 미국과 청국 사이에 최초로 수교를 교섭한 바 있는 인물.

5) 페리(Calbraith M. Perry : 1794~1858) : 미국의 해군 제독. 미 해군 최초의 기선 풀톤호의 선장이 된 이래(1837) 아프리카를 탐험하고, 일본과 수호통상을 교섭 · 체결했다.(1852~1854)

6) 호크스(Francis Lister Hawks : 1798~1866) : 미국의 장로교회 목사로서 뉴욕시에서 목회를 하면서 교회와 세속사에 관한 많은 저술을 남겼다.

7) 요세푸스(Flavius Josephus : A. D. 37~100?) : 예루살렘 태생의 역사학자.

조만간에 조난 사고도 발생하지 않을 수가 없었고, 그럴 경우 조선의 연안에 표착한 미국의 난파 선원들의 인도적인 처우도 미국 정부가 해결해야 할 문제로 등장하게 되었는데, 이는 지난날 대일 교섭의 경우와 그 예가 같았다. 빗방울이 일단 떨어지기 시작하더니 억수처럼 쏟아졌다. 불과 1년 동안에 조선 정부는 난파된 미국 선원들을 구원하여 주었고, 한 번은 도적질한 사람에게 총을 쏘아 대었으며, 또 다른 한 번은 침략자를 죽이고 모독함으로써 그들의 정책은 놀라운 예를 보여주었다.

1866년 6월 24일, 미국의 범선 서프라이스호가 조선의 연안[황해?]에서 난파되었다. 그 당시로서는 이양선의 접근을 몹시 위험하게 여겼기 때문에 선원들은 프랑스인으로 오인되어 충성심에 들끓는 주민들에게 살해될 수도 있었다. 그럼에도 불구하고 맥캐슬린 선장(McCaslin)[8]과 그의 선원들 그리고 중국인 요리사는 처음에는 당지의 수령에 의해, 그 다음에는 서울에서 파견된 관리에 의하여 자세하게 심문을 당한 다음 친절한 대접을 받았다.

그들은 식량, 의복, 약품 그리고 담배까지도 보급을 받았다. 대원군의 명령에 의하여 그들은 말을 타고 의주로 호송되어 거기에서 푸짐한 음식 대접을 받고 변문까지 안전하게 안내를 받았다. 그 뒤 그들은 봉천을 지나는 어려운 여행 끝에 우장에 이르러 미국 영사관에 도착했다. 이들이 봉천에 머무는 동안 친절을 베풀어 준 질리 신부(Père Gillie)에게 의회는 금시계를 선물할 것을 결의했다.

조선 정부의 공문의 한 귀절에 따르면 또 다른 미국 선박의 승무원들이 조난되어 친절하게 대접을 받았다는 사실을 알 수 있지만, 그것이 어떠한 상황에서 이루어진 것인지에 관하여 우리는 아는 바가 없다. 제너럴 셔먼호 사건에 관해서는 좀 더 자세하게 알려진 것이 있다.

---

8) 『고종실록』 병인(1866) 5월 23일자에 그의 기사가 보임.

제너럴 셔먼호는 미국의 범선으로, 선주는 프레스턴(W. B. Preston)이었다. 그는 건강을 위해 항해를 하고 있었다. 이 배는 천진에 있는 영국 상사인 메도우상사 소속으로서 1866년 7월 천진에 입항했다. 물품의 하역 작업이 끝나자, 회사와 선주는 면직물, 유리, 아연판 등 조선에서 팔 수 있는 물건들을 선적한 다음 조선과의 통상 교섭을 위한 시험 항해를 하기로 합의가 이루어졌다.

7월 29일 천진을 출발한 제너럴 셔먼호는 지부에 기항하여 젊은 영국인인 호가드와 조선의 화폐에 관한 지식을 갖고 있는 한 중국인 화폐 감정인[9]을 태웠다. 선주 프레스턴, 선장 페이지, 그리고 그의 친구인 윌슨은 미국인이었다. 토마스 목사[10]는 지부에 있는 조선의 도망자로부터 조선어를 배웠을 뿐만 아니라 중국의 거룻배를 타고 황해를 항해한 적이 있는 사람으로서 자기의 조선어 실력을 닦고자 한 여객으로서 승선했다.[11]

승무원들은 평화적인 통상을 위한 것으로 보기는 어려울 만큼 중무장을 하고 있었기 때문에 애당초부터 그들의 항해 성격은 의심스러운 것이었다. 여러 왕조의 왕들이 묻혀 있는 평양의 왕릉은 순금으로 되어 있다고 중국에

9) (필자 주) 이 화폐 감정인들은 돈을 다루는 데 전문적이었다. 그들은 만져보기만 해도 위폐를 감정할 수 있을 뿐만 아니라, 주판으로 수천 단위의 수를 셈하는데 믿을 수 없을 만큼 빠르다. 유라시아대륙의 개항장에 있는 은행이나 상관에는 거의 어느 곳을 가나 한두 명의 화폐 감정인이 일하고 있다.

10) 토마스(崔蘭軒 : Rev. Thomas : 1839~1866) : 런던 선교회 소속의 목사. 런던대학 신학과를 졸업한 뒤 상해와 지부 등지에서 선교하다가 조선의 천주교 박해 소식을 듣고 조선 입국을 결심. 1865년 백령도에 상륙하여 2개월을 지낸 뒤 중국으로 돌아갔다. 1866년 제너럴 셔먼호를 타고 왔다가 피살되었으며, 1932년 그를 추모하고자 그가 죽은 곳(평양)에 조왕교회가 건립되었다.

11) (필자 주) 이런 일이 있기 며칠 전에 토마스 목사는 스코틀랜드 국립성서회의 선교 요원의 자격으로서 한반도에 들어가자고 제의한 바 있었다. 리델 주교를 지부까지 수행하여 윌리암슨 박사를 만난 바 있는 조선 사람들은 토마스 목사의 길잡이가 되겠노라고 자청했으며 이에 토마스 목사는 그들과 함께 떠나기로 결심했다. 그러나 미국의 함대를 타고 떠날 수 있는 기회가 오자 그는 계획을 바꾸었다. 함대를 타고 가면 원정의 의미가 있으니 그러지 말라는 친구의 충고에도 불구하고 그는 제너럴 셔먼호에 동승했다.

제너럴 셔먼호 사건 전도

는 소문이 나 있던 터이니 그들의 항해는 그 금을 어떻게 좀 얻어 보려는 속셈에서 나온 것이라는 사실을 가히 짐작할 수가 있다.

어쨌든 제너럴 셔먼호는 상선이든 침략자이든 간에 지부를 떠나 대동강 어귀를 향하여 서북쪽[12]으로 항진했다. 이들은 어귀에서 지부의 한 거룻배의 중국인 선장을 만났다. 중국인 선장은 제너럴 셔먼호 승무원들을 안내하

12) 동북쪽이라야 맞는다.

여 강으로 거슬러 올라갈 것을 응낙했다. 그는 이틀 동안 네 차례의 조수를 맞으면서 제너럴 셔먼호에 승선하고 있었다. 이틀이 지나 그는 제너럴 셔먼호를 떠나 대동강 어귀로 돌아와 자기 배를 타고 지부로 귀환하여 메도우상사의 관계자를 만나 안부를 전하여 주었다. 그 불행한 무리들로부터는 그 이상의 직접적인 정보를 얻을 수가 없다.

이와 같은 "시험적인 통상 항해"를 위해 선택한 시기가 공교롭게도 매우 불행했다. 예상했던 대로 프랑스인들이 쳐들어온 데 대하여 조선 전역에 혼란이 일어났다. 조선 사람들, 그 가운데에서도 특히 백인을 본 적이 거의 없는 북부 지방 사람들에게 외국인 옷을 입은 사람들이라면 어느 누구를 가릴 것 없이 프랑스인으로 취급을 받았으며, 심지어는 1875년 일본의 군함 운요호의 승무원들도 프랑스인으로 오인되었었다.

하물며 무장한 그 선박이 프랑스 군함으로 인식되었음은 더 말할 나위도 없이 충성스러운 복수극의 목표물이 되었다. 한 기록에 따르면 승무원들이 모두 빠져 죽은 다음 조선 사람들은 제너럴 셔먼호의 간판 승강구를 떼내어 불태웠다고 한다. 또 다른 기록에 따르면 승무원들은 모두가 목이 달아났다고 한다. 조선 사람들은 쇠를 얻고자 나무 제품들을 불태웠으며, 이양선에 대한 본보기로 대포를 노획하여 두었다.

이와 같은 시기인 1866년 8월에 유태인 상인인 오페르트(Ernest Oppert)는 기선 엠페러호를 타고 한강 어귀로 들어와 몇 몇의 조선 기독교인들과 은밀히 만났는데, 그들은 오페르트에게 라틴어로 글을 써 주었다. 오페르트는 강화 유수와도 통교했으며, 선장 제임스는 이때 매우 값진 지도를 작성했다. 한 달이 지난 9월에는 진짜 프랑스 전함이 출현했다.

제너럴 셔먼호 사건 진상을 조사하고자 로원 제독[13]이 파견한 미국의 기

---

13) 로원(Stepten Clegg Rowan : 1808~1890) : 미국의 해군. 아일랜드 더블린 부근에서 태어나 미국으로 이민하여 해군이 되었다. 남북전쟁 때 큰 공을 세우고 그 뒤 해군 중장

선 와추세트호가 1867년 1월 14일에 지부에 도착했는데, 들리는 바에 따르면 당시 그 배에는 제너럴 셔먼호를 어귀까지 안내했던 그 중국인 선장과 미국인 선교사 코르베트 목사(Rev. Corbett)가 통역으로 승선했다고 한다.

1월 21일에 지부를 떠난 제너러 셔먼호의 승무원들은 1월 23일 황해도의 오목하게 들어간 지역에 위치한 서해 5도의 맞은편에 있는 큰 어귀에 닻을 내렸다. 그들은 이 어귀가 평양에 이르는 대동강의 어귀라고 오해하고 있었는데, 그들이 작성한 해도에서 보더라도 위도 상 대청도는 대동강 입구에서 30′ 남쪽에 위치하고 있다.

닻을 내린 부근에 위치한 우도의 관리를 통하여 그들은 제너럴 셔먼호 사건이 일어난 곳에서 가장 가까운 대도시의 관찰사에게 보내는 글을 발송하여 살인자들을 와추세트호의 갑판으로 데려오도록 요구했다. 평양은 그곳으로부터 약 75마일을 떨어져 있었다.

그 편지는 아마 황해도 관찰사가 있는 해주로 전달된 것 같았다. 답장이 도착하기까지는 5일이 걸렸으며, 그 동안 측량선들은 바쁘게 움직였다. 그들은 많은 주민들을 만나 이야기를 나누었는데, 그들은 하나같이 말하기를, 제너럴 셔먼호의 승무원들은 평양의 주민들에 의하여 살해된 것이며 관리의 선동은 없었다고 했다.[14]

1월 29일에 그 지방 어느 마을의 수령이 나타났는데, "그가 등장하자 주민들은 몹시 두려워했다." 그와 대담이 이루어지고, 그 동안 슈펠트 사령관

(1870)으로 진급했다.

14) (필자 주) 중국의 해적들은 흔히 조선의 연안에 나타나 사람을 죽이고 약탈 행위를 자행했다는 조선 사람들의 설명을 들어보면 제너럴 셔먼호 비극의 원인이 적어도 어디에 있었던가에 관하여 한 줄기의 빛이 비춰진다. 제너럴 셔먼호 사건이 있기 바로 전 해에도 중국의 해적들이 와추세트호가 정박했던 부근에 나타나 몇 명의 조선 사람을 죽였다고 한다. 제너럴 셔먼호의 승무원 가운데에 10명의 광동인이 타고 있었으므로 그 "무장한" 함대 위에 중국인이 타고 있는 바로 그 모습을 보고 조선 사람들은 오랫동안 벼르고 있던 복수심이 일어났을 가능성이 있다.

(Com. Schufeldt)은 여러 가지를 참고 견디었다. 세련된 미국인의 눈으로 보기에 조선 사람의 예법은 매우 오만불손했다. 그 수령은 터무니없는 말을 했다.

인간적으로 볼 때 그는 "잔인하고도 복수심에 불타는 야만족의 전형적인 모습"으로 보였다. 조선 사람이 미국인을 어떻게 생각했는가 하는 점에 대해서는 기록된 바 없어 알 수가 없다. 아무런 결과도 얻지 못한 대담의 내용을 여기에서 자세히 거론할 필요는 없다.

미국인들은 정보도, 만족할 만한 답변도 얻지 못했다. 조선 사람들이 되풀이해서 말하는 요지는 "속히 떠나라"는 것이었다. 자기의 책임 한계가 있는 슈펠트로서는 더 이상 아무것도 하지 못하고 더구나 날씨마저 고약하여 어쩔 수 없이 되돌아오고 말았다.

1867년에 북경 주재 미국 공사관의 서기관인 윌리암스 박사[15]는 조선에서 파견된 사신 1명을 만나는 데 성공했다. 그의 말에 따르면, 승무원들은 그 배를 지키거나 아니면 바로 세우고자 뭍에 몰랐다. 주민들이 주위에 몰려들어 오래지 않아 두 무리 사이에 격론이 벌어지고, 곧 유혈 충돌이 일어났다.

양인들에 대한 전면적인 공격이 개시되었고 모든 승무원들은 폭도들에 의하여 살해되었다. 약 20명의 주민들도 목숨을 잃었다. "그들은 다소 무모하고도 폭력적인 행동으로 주민들을 상대함으로써 자신의 슬픈 운명을 신에 호소했으리라 추측할 만한 점이 충분히 있다"고 윌리암스 박사는 논평하고 있다.

윌리암스 박사는 또한 제너럴 셔먼호의 길잡이 역할을 한 유와우타이(Yu

---

15) 윌리암스(Samuel W. Williams : 1812~1884) : 유티카 출생의 미국 선교사. 1833년 광동으로 건너가 일본어와 중국어를 공부하고 페리 제독의 통역관이 되었다. 그 뒤 북경 주차 미국공사관 서기관(1856~1876)과 예일대학 교수(1877~1884)를 역임했다.

Wautai)라고 하는 중국인도 만났다. 그의 보고에 따르면, 1867년 그는 선박의 동체가 놓여 있는 것을 보았다고 한다. 선체는 모두 물에 잠기어 있었다. 작도에서 온 한 조선 사람이 그에게 들려준 바에 따르면, 제너럴 셔먼호의 승무원들을 죽인 사람들은 모두 그곳 주민들과 농부들이지 수령이나 군인은 아니었다고 한다.

제너럴 셔먼호 승무원들의 운명에 관하여 아직도 무언가 알고자 하던 로원 제독은, 그들 가운데 한두 명이 살아 투옥되어 있다는 풍문에 따라 1867년 5월에 또 다른 배를 파견했다. 이 배는 그때 착오 없이 대동강으로 항진했다. 미국의 기선 쉐난도아호의 선장 훼비거(Com. John C. Febiger)는 이때 "대동강 어귀"를 탐사한 이외에도 제너럴 셔먼호 사건에 관하여 다음과 같은 사실들을 밝혀냈다.

> 2년 전에 한 이양선이 대동강에 도착했다. 그 지방의 관리들이 승선하여 2명의 외국인 관리에게 정중하게 말을 건넸다. 그 외국인들은 "돌아보고 가서 잠이나 자라"는 식으로 조선의 관리들을 전적으로 무시했다. 배 위에 있던 한 사람은 자기들끼리 "프랑스인 토니(Tony)"[16]라고 부르는 사람으로서

16) (필자 주) 1884년 미국 해군의 버나든 중위(Lieut. J. B. Bernadon)는 서울에서 평양까지 여행한 적이 있다. 조선말을 할 줄 알았던 그는 조선의 기독교로부터 다음과 같이 이야기를 들었다.
"조선의 배로서는 도강이 불가능할 만큼 여름철의 폭우가 쏟아지는 동안에 제너럴 셔먼호가 나타나자 성벽 위에서 이 광경을 바라보던 조선 사람들은 크게 흥분했다. 물이 빠지자 평양 감사는 관리를 보내어 제너럴 셔먼호가 온 이유를 알아보도록 했다. 그러나 불행하게도 조선 사람들이 호기심에 가득차 대부대의 작은 배를 내보내자 제너럴 셔먼호의 승무원들은 그들이 적대 행위를 하려고 오는 것으로 오인하고 그들을 쫓아 보내고자 공포를 쏘았다. 그러자 모두 놀라 그들이 돌아갔다. 물이 빠지자 좌초된 배가 옆으로 기울었다. 성 위에서 이를 바라본 조선 사람들은 적대적인 의도를 가지고 배를 내보냈다가 포격을 당했다. 화가 치민 관리와 평양의 시민들도 포격을 시작했으며, 제너럴 셔먼호는 백기를 흔들었지만 곧 화염에 싸였다. 강으로 뛰어든 사람들은 거의 빠져 죽었다. 강가로 끌려나온 사람 가운데 최난헌(崔蘭軒 : Rev. Thomas)은 조선말을 할 줄 알았으

조선의 관리에 대한 말투가 매우 거칠고 무례했다. 조선의 관리들은 선원들을 친절하게 대하여 주었지만 지금으로서는 승무원들의 신변이 위험할 뿐만 아니라, 남의 나라에 무단히 입국한다거나 또는 여기에서 허가도 없이 통상을 한다는 것은 불법이라고 경고했다. 그럼에도 불구하고 양인들은 강을 거슬러 평양까지 올라가 한 "고위 부관"의 배를 납치하고 그를 사슬로 묶었으며, 다른 배를 훔치고 승무원들을 잡아가려 했다. 이에 격분한 평양의 주민들은 화승총과 대포로 그 이양선을 공격했다. 주민들은 강 상류에서 불이 붙은 부선을 떠내려 보냈으며 심지어는 창으로써 육박전을 벌였다. 양인들은 죽을힘을 다하여 싸웠지만 끝내 조선 사람들이 그들을 짓눌러 버렸다. 드디어 불이 붙은 그 배는 비보와 함께 폭발했다.

물론 미국의 관리들은 이와 같은 설명을 믿지 않았지만, 제너럴 셔먼호 승무원들의 가장 가까운 친지들조차도 평양 주민에 대한 선원들의 잔혹하고도 모독적인 처사가 있었으리라는 의혹은 감출 수 없었다. 몇몇 승무원들의 성격을 잘 알고 있으며, 또 서프라이스호에 대하여 보여준 조선 사람들의 호의를 기억하고 있는 미국인으로서는 편견 없이 공평한 사람이라면, 제너럴 셔먼호의 승무원들이 아무런 이유도 없이 살해되었다고 믿을 만한 사람은 거의 없다.

므로 백기의 의미를 설명하고 중국인에게 넘겨 줄 것을 간청했으나 그의 간청은 부질없는 일이었다. 며칠 안에 모든 포로들은 밖으로 끌려나와 공개리에 처형되었다."
(역자 주) 필자는 버나든의 철자를 Bernadon과 Bernadou로 혼동하고 있기에 여기에서는 Bernadon으로 통일했다.

제 45 장 오페르트의 굴총 사건

1867년 5월초, 조선에 해적 행위를 하러 떠났던 원정대가 실패했다는 소식이 전해진 상해의 외국인 거주지는 커다란 흥분에 싸였다. 유라시아 항구 생활의 지루함은 백열 같은 흥분으로 바뀌었다. 남의 얘기며, 웨이드[1]의 정책이며, 도박이며, 경마로 시들하던 클럽이나 찻집의 대화는 이제 그 신비한 반도 국가의 정치와 지리, 왕릉의 축조 방법과 치장, 골동품, 풍습 그리고 복식에 관한 이야기로 바뀌었다. 외바퀴 수레를 타는 즐거움이라든가 부글부글 끓어오르는 온천을 찾아가는 일은 이제 미국 영사 재판소에 계류 중인 판결에 관한 관심으로 그 흥미를 잃었다.

조선에 "불법적이고도 비난받을 만한 항해를 했으며" 미국과 통상 조약이 체결되지도 않은 조선에 폭력을 써 가면서 상륙하려고 기도했다는 죄목으로 미국 시민 젱킨스(Jenkins)가 기소되었다. 기소 이유를 좀 더 살펴보면 그는 매매를 하거나 몸값을 받아 낼 목적으로 어느 죽은 왕의 시체를 도굴하고자 입국했다는 것이다. 해부나 과학 또는 고고학을 연구하기 위해서가

1) 웨이드(Sir Thomas Francis Wade : 1818~1895) : 영국의 군인 · 외교관이며 중국학자. 북경 주차 영국 공사(1871~1883)를 역임하고 케임브리지대학 교수(1888)로 있으면서 중국어의 웨이드식 표기법을 창안했다.

아니라 조선 정부나 대원군으로부터 돈을 우려내고자 왕의 유해를 파내는 행위는 평범하게 표현해서 해적과 같은 도굴이라고 말한다.

남의 무덤을 도굴한다는 생각은 다른 사람의 관심을 불러일으키는 것임은 물론 한바탕 크게 웃어 줄 수도 있는 문제이다. 우리는 왜 마쉬 교수[2)]가 주기적으로 클라우드의 공동묘지를 찾아가서 이빨이 달린 새나 조선에서 나오는 조랑말만큼이나 작은 그 지방 특산물인 말의 해골과 같은 수집품들을 발굴하여 번쩍거리는 구리 용수철과 쇠고리로 조립해서 박물관의 유리장 안에 보관하여 두는가는 십분 이해할 수도 있다.

심지어는 어린 학생들일지라도 미케네의 무덤을 파헤치는 슐리만 박사[3)]나 황금을 얻고자 커리엄의 흙구덩이를 파헤치는 세스놀라[4)]의 심정을 진지하게 이해하여 줄 수도 있다. 심지어 밤에 송장을 파내는 스코틀랜드 교회 뜰의 빈 무덤을 그린 그림을 한 폭에 1파운드씩 받고 판다면 거기에는 익살의 요소도 없지 않다.

그러나 문명된 "기독교인" 또는 유대인들이 이교도국가 왕의 시체와 썩어 가는 시체를 발굴하여 이를 구실로 돈을 우려내려 했다면, 이는 눈살을 찌푸리거나 눈물을 흘리기보다는 어이가 없어 웃음만이 나올 것이다. 그 선박의 표지는 북독일연방의 국기 대신에 전당업자의 진열장 위에나 걸어 놓는 삼금환이었어야 했다고 생각했다.

당시 기소 중인 젱킨스는 전에 미국 영사관의 통역관을 지낸 사람으로서

---

2) 마쉬(Othniel C. Marsh : 1831~1899) : 미국의 고생물학자. 예일대학의 교수로 봉직하면서 화석 수집에 큰 공헌을 남기었다.

3) 슐리만(Heinrich Schliemann : 1822~1890) : 독일의 실업가이며 고고학자. 호머의 『일리아스』와 『오디세이』의 암시에 따라 트로이를 발굴하고(1871~1890) 이어 미케네를 발굴하여 에게 문화의 해명에 공헌했다.

4) 세스놀라(Luigi Palma di Cesnola : 1832~1904) : 이탈리아의 군인이며 고고학자. 미국에 귀화하여 남북전쟁에 참여했으며, 키프러스 주재 미국 영사로 재직하고 있는 동안(1865~1876) 이곳의 고적 발굴에 기여했으며, 그 뒤 메트로폴리탄 박물관 관장을 지냈다.(1879~1904)

어려서부터 한문을 배워 중국어를 유창하게 구사할 수 있었으므로 음과 눈짓만으로써 의사 소통을 할 줄 알았던 동아시아 사람들과 언어와 문자로써 대화를 나눌 수가 있었다. 그 피고인은 또한 굴총원정대의 자금을 제공한 사람이었다. 북독일인 오페르트라는 사람이 원정대 총책이었으며 조선에 선교사로 파견된 적이 있어 조선말을 할 줄 아는 파로우[5]라는 프랑스 제수이트회 신부가 안내를 맡았다. 이 이름은 가명임이 분명하다. 이 세 사람이 굴총 사건의 주모자들이었다.

출발에 앞서 젱킨스는 미국 영사 슈워드[6]에게 말하기를, 자신의 출항 목적은 조선의 사신을 유럽에 데리고 가 통상을 교섭하고 조선에서 발생했던 프랑스 선교사와 제너럴 셔먼호 승무원의 살해 사건을 설명토록 하려는 데 있다고 했다. 이런 일이 있기 직전인 1867년 4월 24일, 상해에는 4명의 조선 사람들이 프랑스 주교인 리델과 함께 있었다.

피고인 젱킨스가 주장한 바에 따르면 조선 정부가 통상 교섭을 원한다는 정보를 들은 것은 바로 이들 4명을 통해서였다고 한다. 젱킨스는 이들을 "중개인"이라고 표현했다. 젱킨스는 또한 설명하기를, 조선에 대한 자신의 지식은 바로 위에서 말한 4명의 조선 사람들로부터 얻어들은 것이거나 자기 자신이 직접 수집한 것이거나, 아니면 한 유대계 등짐장수를 통하여 얻은 것이라고도 한다. 그 등짐장수들은 몇 차례 조선을 여행하면서 위의 4명의 중개인들을 상해로 데려갔다고 한다. 이 중개인들은 제너럴 셔만호 사건에 관하여 새롭고도 정확한 소식을 알고 있었다고 그는 단언했다.

그들 보고에 따르면 몇몇 승무원들은 조선 아낙네들을 부당하게 상대함

---

5) 그의 본명은 페롱(Stanislas Feron)으로서 파리외방전교회 소속 신부였다.

6) 슈워드(George F. Seward) : 미국의 외교관. 상해 총영사(1861)와 북경 주차 공사(1876~1880)를 지내면서 한 · 미 수교 이전에는 대한 업무까지 처리했다. 『중국 이민의 사회 · 경제적 고찰』을 씀. 그는 당시 미국 국무장관 슈워드(William H. Seward)의 친동생으로서 정치적 배경을 기화로 월권을 많이 했다.

으로써 일어난 사건에 휘말려 체포되었다고 한다. 동료 선원들이 그들을 구출하고자 상륙했다. 그들은 동료를 구출한 이외에도 볼모 삼아 본토의 관리 2명을 잡아왔다고 한다. 이 사건은 주민들을 너무도 격분시켰기 때문에 주민들은 승무원들을 공격하여 8명의 선원을 그 자리에서 죽이고 아직도 살아 있던 다른 사람들을 체포했다.

우리의 설명을 들은 독자들은 그 보잘 것 없는 뱃사람들이 자기들의 배에 그 주교를 태우고 황해를 건너옴으로써 대사의 역할을 했다는 사실에 대하여 웃음을 금할 수 없게 될 것이다. 현대판 제이슨[7]이 그의 아르고호 선원들과 함께 황금으로 된 양털을 찾으러 갔다가 오히려 털이 깎여 돌아왔다는 사실이 밝혀진 것이다. 그들이 탐험에서 돌아오자 슈워드는 젱킨스를 가까이 불러 사태를 자세히 알아본 결과, 사건이 애당초 그릇된 것임을 알게 되고 그를 기소했는데, 사건의 소상한 내용은 다음과 같다.

오페르트는 일찍이 엠페러호와 로나호를 타고 내포를 방문하여, 한강을 거슬러 온 적이 있는 사람으로서 60톤급의 부속 기선 그레타호와 680톤급의 기선 차이나호를 얻어 북독일기를 게양한 채 항진했다. 그 배의 승무원들은 8명의 유럽인, 마닐라에서 온 20명의 말레이인, 그리고 약 1백 명의 중국인들이 있었다.

승무원들 가운데 중국인들은 대륙의 항구에서 떠돌아다니는 뱃사람, 노동자, 쿨리 등 천민이었다. 발사를 해본 적이 있는지 의심스러운 10여 자루의 머스키트[8]를 손에 든 그들은 조약을 교섭하고, 전 세계를 누비고 다니는 사절단을 태우고, 그 은자의 나라를 소개하려던 원정대를 호위하는 군사적 역할을 맡기 위한 것이었다.

---

7) 제이슨(Jason) : 희랍 신화에 나오는 인물. 황금의 양털을 얻고자 아르고호를 타고 콜키스로 떠나 목적을 달성했다.

8) 머스키드(Musket) : 강선이 들지 않은 구식 보병총.

이 “함대”는 1867년 4월 30일 상해를 출항하여 나가사키로 항진했다. 그곳에서 그들은 2일간 머물며 석탄, 물 그리고 10상자의 머스키트를 실었다. 그런 뒤 그들은 충청도를 향하여 뱃머리를 돌렸다. 그들은 5월 8일 금요일 오후 10시 남양만[9]에 도착했다.

그 다음날 오전 10시 그들은 삽교천으로 깊숙이 들어갔다. 그날 오후 그들은 한편으로는 돈으로 구슬리고, 한편으로는 폭력을 써 두 척의 작은 삼판[10]을 구하는 데에 성공했다. 그런 뒤 탐험대가 조직되고 오페르트가 지휘를 맡았다. 삼판을 끌도록 되어 있는 부속 선박에는 2등 조타수, 기관사 그리고 정규 수병인 중국인들이 승선했다. 머스키트는 배급되지 않고 갑판에 벌여 놓았다.

쿨리들에게 무기가 배급되었지만 무기의 아래 위가 어디인지 정도만 가르쳐 준 다음 앞으로의 활동을 지시했다. 4명은 시체와 보물을 파내고자 기관실의 연탄 삽을 들고 나섰다. 전에 조선을 방문한 적이 있는 프랑스 신부는 통역과 길잡이 역할을 맡았다. 자정이 갓 지난 일요일 초경에 부속선은 강을 거슬러 올라가기 시작하여 바다로부터 40마일 되는 지점에서 멈추었다.

무장한 무리들이 상륙하고 공공연히 마을을 지나 무덤으로 향하는 행군이 시작되었다. 그들이 앞으로 나아감에 따라 인근 주민들은 그 신기한 외국인들에게 민감한 반응을 보였으며, 언덕은 그 이상한 행진을 바라보는 주민들로 하얗게 덮여 있었다. 중도에 몇몇 주민들을 만났지만 프랑스 신부는 그들과 말을 나누지 못하도록 했다. 이미 몇 시간이나 계속된 행군으로 다소 피곤했기 때문에 그들은 어느 절간에서 잠시 쉬었다.

덕산 부근의 무덤에 도착한 그들은 평지에 솟아 있는 석판의 둔덕을 발견

---

9) 남양만(南陽灣, Prince Jerome Gulf) : 본서 본 장의 다음 페이지에 실린 지도에 따르면 아산만과 남양만을 총칭하여 이렇게 부른 것으로 보임.

10) 삼판(三板) : 소형의 목조평저선.

했다. 이 무덤 밑에 보물이 들어 있는 것 같다. 시체가 들었을까 아니면 금이 들었을까? 4명이 삽으로 작업을 시작했으며 곧 봉분이 평평해졌다. 그들이 상당한 양의 흙을 파내었을 때 삽 끝에 석곽이 닿는 것을 알았다. 그 석곽은 아마 관 뚜껑인 것처럼 보였다. 그 석곽은 전혀 꿈짝도 하지 않았다. 그것을 들어내고 밑을 들여다보고 싶었지만 헛수고였다.

지렛대도 갖지 않은 그들로서는 헛수고만 하다가 다시 한 번 더 해보겠다는 엄두도 내보지 못하고 어쩔 수 없이 작업을 포기할 수밖에 없었다. 그들이 귀환하는 도중 성난 주민들은 용기백배하여 그들을 괴롭히려 했지만, 약탈대들이 공포를 쏘아 댐으로써 공격하여 오는 주민의 접근을 막았다. 약탈대를 태운 배는 강물을 타고 떠내려가다가 정오가 되어 모선에 합류했다. 날씨는 짙은 안개가 끼었다.

원정대의 그 뒷일은 다만 대강만이 알려져 있을 뿐이다. 차이나호는 닻을 올리고 강화를 향하여 떠났다. 그들은 그곳에서 사흘 동안 당지의 수령과 통문했다. 3일째가 되던 날 한 무리의 선원들이 뭍에 올라갔다가 사격을 받았다. 이 사건으로 선원 2명이 죽고, 1명이 다쳤다. 원정대는 조선에서 10일 동안 머물렀으며 그들이 상해로 돌아왔을 때는 2주의 시간이 흘렀다.[11)]

재판이 진행됨에 따라 많은 사실을 은폐했음이 명백히 밝혀졌다. 그러나 밖으로 노출된 진상은 사건 전체의 일부에 지나지 않는 것으로서 보일러의 안전판에서 나오는 1회의 수증기와 같았다. 피고는 자신의 유죄를 거뜬히 회피하여 무죄 방면에 성공했다. 피고는 문자 그대로 "증거 불충분"으로 풀려났다. 그러나 슈워드는 워싱턴의 국무성에 글을 보내어, "이번의 원정은 조선의 왕릉에서 시체를 꺼내어 돈을 우려내려 한 것으로 보인다"고 보고했다.

조선의 왕릉이나 고관의 무덤 속에 정말로 보물이 부장되어 있는지 우리

---

11) 오페르트의 사건에 대해서는 다음의 글을 참고할 것. 이중국, "Oppert 굴총 사건의 진입로 연구," 『논문집』(17)(서울 : 건국대학교 대학원, 1983), pp. 121~146.

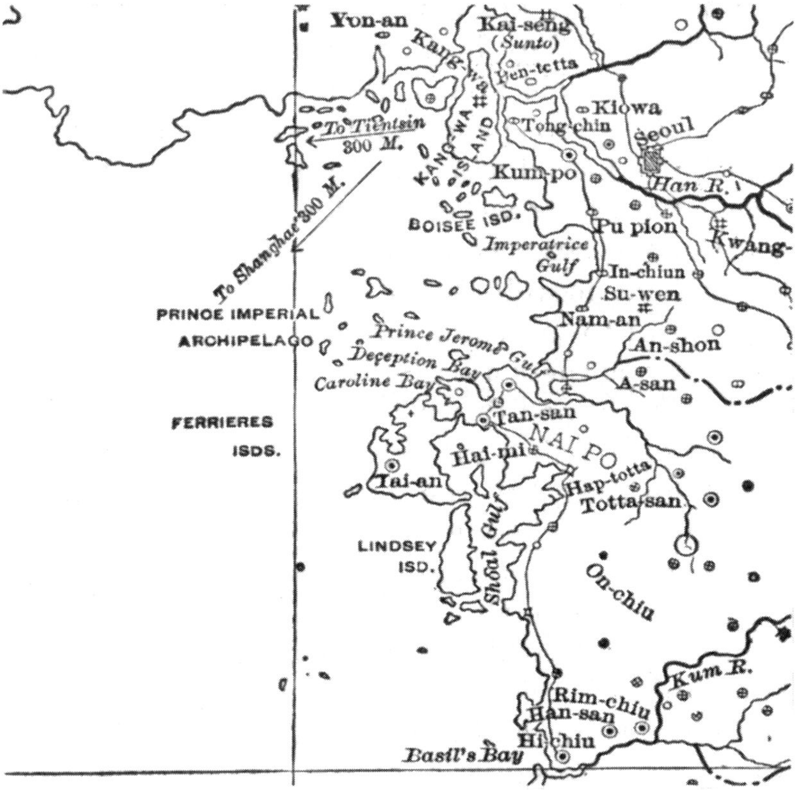

오페르트 굴총 사건 지도

로서는 알 수가 없는 일이다. 이번 사건으로 말미암아 조선 사람들은 무덤이 파헤쳐지지나 않을까 하는 두려움에 싸이게 된 것은 분명하다. 외국인들이 입국하는 주요 목적은 시체를 파헤치고 인간의 가장 성스러운 본능을 훼손하는 것이라는 의혹이 이제는 엄연한 사실로 입증되었음을 그들은 목격한 것이다. 의심할 나위도 없이 서양인들은 야만족이며, 그들의 대부분은 도둑이라고 조선 사람들은 확신하게 되었다. 1871년 미국의 선박이 나타났을 때 그들은 그와 같은 눈길로 함대와 성조기를 바라보려 하고 있었다.

부기(附記)

위의 기록의 대부분은 1877년 12월에 쓰인 것으로서 그 자료는 미국의 외교 문서에서 뽑은 것이다. 그 당시 파로우(Farout)는 페롱(S. Feron)의 가명이 아닌가 우리는 의심했다. 페롱은 프랑스 출신의 로마 가톨릭 신부로서 1866년의 박해 사건을 피하여 도망했던 인물이었다. 이번의 굴총 사건에는 3개국과 3개 종교가 관련됨으로써 하나의 국제적 성격을 띠고 있는 것으로 보인다.

1880년 3월, 독일어로 쓴 『금단의 나라』가 런던과 뉴욕에서 영문으로 발간되었다. 이 『금단의 나라 조선 기행』을 읽어 보노라면, 그 책의 필자는 다른 사람이 아니라 1867년 영사 재판에 회부되었던 "그 가난한 함부르크의 상인"이며 "유대 출신의 장사꾼" 바로 그 사람이었음이 분명해진다. 그것은 틀림없는 사실이다. 자신의 마지막 항해의 주요 목적은 "피에 굶주린 대원군"이 지극히 숭앙하는 한 무덤의 유해를 "옮김"에 있었다고 그 필자는 아무 거리낌 없이 뻔뻔스럽게 말하고 있다.

오페르트는 페롱의 제안을 자기의 말인 것처럼 기록하고 있기는 하지만[12] 실상 그에게 그러한 계획을 최초로 귀띔하여 준 사람은 프랑스 신부였다. 오페르트는 이러한 사실을 밝히는 것을 거북스럽게 생각하고 있다. 페롱은 제수이트교도 아니며 제수이트 교단에 소속된 신부도 아니다. 다음의 글은 오페르트의 기록에서 옮긴 것인데 방점은 필자가 붙인 것이다.[13]

> 내가 당신에게 제시하고자 하는 계획(무덤을 파는 일을 의미함)이 당신으로서는 처음 들어보는 일이어서 이상스럽고도 상식 밖의 일처럼 보일는

---

12) (필자 주) E. Oppert, *A Forbidden Land : Voyages to Corea*, p. 299.
13) (필자 주) *ibid.*, p. 295.

지 모르겠지만 작은 수단으로서는 큰 일을 할 수가 없으며, 또 소견이 좁은 사람들의 생각을 벗어난 또 다른 입장에서 이 사건을 바라보아야 한다는 사실을 기억하여 보십시오.

상륙과 덕산 가까운 쪽으로의(?) 행진, 도굴 그리고 퇴각에 관한 세부 사항은 시간의 앞뒤를 맞추어 정확하게 진술되었다. 실패에 대한 비난은 어느 한 불운한 녀석에게 뒤집어씌웠다. "그 사람은 우리와 동행했던 사람 가운데 가장 평판이 좋지 못한 녀석이었다." 남양만을 떠난 차이나호는 한강 쪽으로 향하여 동검도에 이르렀다. 이 섬은 강화도 남쪽에 있는 섬으로 기선 운행으로 "약 20분" 정도 걸리는 곳에 위치하고 있다.

거기에서 차이나호의 우두머리는 대원군으로부터 편지를 받았는데, "조선은 양이의 입국이 필요치 않다"는 것이 그 요지였다. 동검도에 있는 어느 마을의 성벽 가까이에서 담판을 벌이고 있는 동안 자기들 무리 가운데 끼어 있던 그 몹쓸 녀석이 또 말썽을 일으켰다. 그 얼굴이 검은 바보 녀석은 독일의 선원으로서 싱싱한 고기가 먹고 싶던 터이라 민가에 들어가 송아지 한 마리를 훔쳤다. 이 사건으로 말미암아 성벽 위에 있던 조선 군사들의 발포가 시작되었다.

팔뚝에 총알을 맞은 그 도둑은 송아지는 버려둔 채 도망쳤으며 그러는 동안 마닐라 수병 1명이 피살되었다. 이번의 사건에 대한 조선 측의 통계가 사실과 어느 정도 다르며, 또 그 한 사람을 죽이는 데 어느 정도의 탄환이 소모되었는지는 알 수 없지만 어쨌든 그 투박한 구식 총의 조준이 터무니도 없었던 덕분에 20여 명의 잔여 수부들은 총 맞은 동료들을 버려 둔 채 종선으로 돌아왔다. 그 다음날 아침 원정대는 상해로 돌아가는 귀환 길에 올랐다.

오페르트가 자신이 투옥된 이후에 발행한 1880년 4월 7일자의 『국가』(The Nation)에 수록되어 있는 이 책의 내용을 검토한 뒤 4월 21일자의 같은 그 책을 보니 거기에는 다음과 같은 기록이 수록되어 있었다.

조선에 대한 오페르트의 비인도적 행위

『국가』(*The Nation*) 편집장 귀하

조선에 관한 오페르트의 글을 읽은 저로서는 몇 가지 기이한 사건들이 생각나는군요. 남의 왕릉을 파헤친다는 것은 역사상 가장 심각한 사건 가운데 하나입니다. 조선의 병사들이 도굴범들을 공격할 당시 그 불운한 마닐라 수부를 죽이는 사태가 벌어지지 않았더라면 이번 사건은 처음 발생 단계에서부터 실패에 이르기까지의 모든 내막이 은폐될 수도 있었던 문제입니다. 이러한 사건을 들은 스페인 영사는 상해 주재 미국 총영사인 슈워드(C. F. Seward) 씨에게 사실을 통보했으며, 슈워드는 곧 젱킨스를 체포했습니다.

나는 젱킨스의 재판 당시 호출되어 총영사와 함께 배석했던 4명의 "동료" 가운데 한 사람으로서, 당시의 재판이 얼마나 우스꽝스러운 것이었던가를 똑똑히 기억하고 있습니다. 예비 탐사 과정에서 있었던 일을 담담하고도 조리 있게 말한 바 있던 한 중국인은 법정에 서자 갑자기 벙어리가 되었는지 아무 대답도 하지 않았습니다. 모든 사람이 출두하자 피고 측 변호인은 이번 사건을 그들의 증언에 따라서 처리하고 싶다고 말했습니다.

확언할 수는 없었지만 그 사건에 관하여 이야기를 들은 사람들은, 석탄 삽으로 왕릉을 파헤치려고 했던 그들의 어리석음을 탓하기에 앞서 그들의 해적 행위로서의 원정의 사악함을 더욱 잊지 못했습니다. 이번의 해적 행위로 말미암아 오페르트는 자기 나라에서 일정 기간 동안 구금된다고 보도되었는데, 자신의 그와 같은 해적 행위가 실패한 원인을 설명한 그의 책자에는 엄청난 무리가 있습니다.

1880년 4월 15일

뉴욕에서 헤이스 2세(A. A. Hayes Jr.)

제 46 장 신미양요

미국 국무성에 발송된 제너럴 셔먼호 사건에 대한 윌리암스 박사(S. Wells Williams)의 의견서와 차이나호 사건에 대한 슈워드(G. F. Seward) 총영사의 의견서는 한미 사이의 통상 교섭에 관하여 미국 정부의 관심을 불러일으켰다. 1868년 10월 14일자 슈워드의 비망록은, 통상으로 말미암아 얻을 수 있는 소득과 교섭상의 애로점에 관하여 언급하고 있다.

슈워드는 그의 비망록에서 특히 미국 난파 선원을 보호할 필요성을 지적했다. 미국의 외교에 의하여 일본도 국제 사회에 그 문호를 개방했거늘 그보다 더 작은 조선이 미국의 설득에 승복하지 않을 이유가 있겠는가? 중국에 있는 미국의 상인들도 슈워드의 의견을 뒷받침하자 미국 국무성은 이 문제를 숙의한 끝에 드디어 1870년 그 어려운 과업을 수행토록 결정했다.

이와 같은 미묘한 과업을 수행토록 임무를 부여받은 사람은 북경 주재 미국 공사인 로우[1]와 아시아함대 사령관인 로저스(John Rodgers) 해군 소장이었다. 국무장관 휘시[2]는 로우에게 훈령을 내려, 조선에 관한 가능한 모든

1) 로우(Frederick F. Low : 1828~1894) : 미국의 은행가이며 외교관. 파나마광산에서 거부가 되어 캘리포니아 주지사(1863~1867)를 역임한 뒤 북경 주차 미국 공사(1869~1874)를 지냈다. 외교사의 입장에서 볼 때 그는 "질이 좋지 않은"(low) 인물이었다.

2) 휘시(Hamilton Fish : 1808~1893) : 미국의 정치가. 하원의원(1843~1845), 뉴욕주 지

자료를 북경에서 수집하는 동시에 제독의 기함을 조선의 도성에 파견토록 했다.

로저스는 가능하다면 통상 조약을 체결코자 했지만, 그의 주된 목적은 난파 선원의 보호를 위한 언질을 얻기 위함이었다. 그는 또한 불명예를 당하지 않고서는 피할 수 없는 경우가 아니라면 무력 충돌을 피하려 했다. "전쟁과 평화의 책임"은 개인으로서의 로저스에 있는 것이지 해군 소장으로서의 로저스에게 있는 것은 아니었다.[3)]

이 무렵 전 극동에는 외국인에 대한 불신과 경계의 감정이 풍미하고 있었으며 중국과 일본에서는 외국인에 대항하여 전면적인 폭동이 일어날지도 모른다는 불길한 조짐이 나타나고 있었다. 프랑스 선교사들을 추방하거나 처형한 조선의 사례는 그 이웃 두 나라의 광신적인 양이론자들의 가슴속에 강력한 효모의 역할을 했다.

일찍이 일본에서 막부 정권의 다이쿤을 무너뜨리고 이원적 통치 체제를 지양한 존왕파들까지도 그와 같은 내정의 문제들을 어양에 버금가는 것으로 여겼다. "천황 만세"의 외침은 척양이라는 야만적인 구호와 영합되었다. 중국에서는 살인적인 증오감이 일촉즉발의 단계에 이르고 있었다. 민심이 양이에 대한 경계심으로 가득 찬 그 시간에 미국의 함대는 조선으로 출항할 준비를 서두르고 있었다.[4)]

사(1849~1850), 상원의원(1851~1857), 국무장관(1869~1877)을 역임했다.

3) (필자 주) 로우(Frederick F. Low)는 한 임기 동안 의회 의원으로 일한 바 있고 1864년부터 1868년까지는 캘리포니아주 지사를 역임한 바 있으며 그랜트 대통령(U. Grant)에 의해 그 한 해 전인 1869년 북경 주차 미국 공사로 임명된 인물로서 외교관으로서는 생소한 사람이었다. 그는 당시 52세로서 한창 일할 나이였다. 그가 본국에 보낸 모든 공문을 보건대, 그는 티베트나 안남(安南)만큼이나 조선에 관하여 아는 것이 없었으며, 애당초에서부터 이 원정이 성공하리라고는 한 가닥의 희망도 갖고 있지 않았었다.

4) (필자 주) 로저스 소장이 콜로라도호와 알라스카호를 타고 뉴욕을 출항한 것은 1869년 4월 9일이었다. 베네치아호는 3월 2일 포츠머드항을 떠났으며 팔로스호는 6월 20일에 보스톤으로부터 출항했다. 이 함대들은 모노카시호 및 아슈엘로트호와 더불어 로저스 소

로저스 소장[5])은 1869년 8월 20일 로원 제독(Adm. Rowan)의 후임으로 사령관이 되어 자신의 과업을 과감하게 준비하기 시작했다. 1870년 11월, 북경에서 열린 제독·공사·총영사의 자문 회에서 원정의 시기는 1871년 5월로 확정되었다. 그 뒤 슈워드는 인도를 방문하고자 떠났고, 로우 공사는 북경을 방문한 사신을 통하여 조선의 왕에게 편지를 전달했다. 그 편지는 여러 가지 구실로 지연되다가 미로와 같이 복잡한 중국 왕실의 예법을 빠져나와 특사를 통하여 서울의 대원군에게 전달되었다. 그러나 이 문제에 관하여 중국인들이 큰 힘을 쓰고 있었다. 원정대가 출발하기 전까지도 서울로부터의 답장은 오지 않았다.

이 무렵 일본 주차 독일 공사(지금은 북경 주차)인 브란트[6])는 헤르타호를 타고 부산에 와서 동래 부사를 면담하고자 시도했다. 브란트는 부산에 주재하고 있는 일본 영사관 직원들을 동반했는데, 그들은 브란트의 요청을 정중하게 전달했다. 이와 같은 브란트의 활약을 통하여 일본 신민은 그의 비공

장의 아시아함대를 구성하기로 되어 있었다. 한 해 전인 1868년 미국의 아시아함대가 대기하고 있는 동안에 두 척은 귀국했고, 두 척은 매각했으며 아이다호호는 너무 낡아 저장선으로 요코하마에 정박하고 있었고, 봄베이호에 의하여 침몰된 영국의 우편선인 오네이다호는 위대한 미국 정부가 돌아보지도 않는 가운데 시체를 실은 채 침몰하여 있었다. 아슈엘로트호를 수선하느라고 너무 오랫동안 지체했던 로저스 소장은 봄철의 호기를 놓치지 않고자 이 함대들과 함께 가지 못하고 먼저 출항했다.

5) (필자 주) 아시아함대를 지휘했던 로저스 소장(Rear-Admiral Rodgers)은 전쟁, 해양 과학 그리고 극지 탐험에 매우 탁월한 인물이었다. 그는 플로리다의 세미놀 전투(1835~1842)와 멕시코전쟁에 참전한 바 있고 남북전쟁 당시에는 저현갑철함을 탔다. 그는 1853년 존 헨코크호를 이끌고 태평양을 순방했으며, 지나해와 베링해를 항해했다. 그가 조선을 원정할 당시는 그의 생애에서 한창 일할 나이인 58세였다. 그는 그의 모든 항해 활동을 통하여 탁월한 능력을 발휘했으며, 다른 활동에서와 마찬가지로 이번 원정에서도 "당대에 가장 뛰어난 해병 가운데 하나"임을 보여주었다. 그러나 해양 과학의 왕자라고 해서 외교에서도 항상 왕자가 되는 것은 아니다.

6) 브란트(Max von Brandt : 1835~?) : 독일의 외교관. 1860년에 일본에 도착하여 일독 조약을 체결했으며, 1870년 부산에 내항했으나 통상에 실패했고 그 뒤 1882년에 다시 와서 한독수호조약을 체결했다.

식적인 활동에 대하여 신랄한 연설만 들었으며 카이저의 사신은 퇴짜만 당하고 말았다.

1878년 6월 1일에 도착한 브란트는 잠시 어정거리다가 6월 2일에 떠났으며 독일제국[7]과 조선과의 교역은 뒷날로 연기되고 말았다. 그 동안 프랑스에 돌아가 있던 리델 주교는 1870년에 중국으로 돌아와 자기의 신도들과 다시 만날 준비를 했다. 주교와 통교가 이루어지자 신도들은 그의 입국을 열렬히 기다리고 있었는데, 그들에 관한 이야기는 앞으로 기함 콜로라도호 선상에서 듣기로 하자.

"비경의 나라"의 반야만적이고도 적대적인 민족에 관하여 공식·비공식적으로 가능한 모든 자료를 수집해온 로우 공사는 입국이 어려우리라고 예견하면서도 5월 8일 상해를 출발하여 5월 12일 나가사키에 도착했다. 5월 13일, 그는 국무장관 휘시에게 쓴 편지에서 "조선은 페리 제독(Com. M. Perry)이 방문하기 이전의 일본보다 더 신비에 싸인 나라"라고 말했다.

로우 공사는 자기에 부과된 의무를 수행하고자 가야 할 길을 매우 험난한 가시밭길처럼 바라보았음이 분명하다. 가시만 없다면야 장미도 아름다운

7) (필자 주) 조선의 연안에 북독일의 깃발이 최초로 나타난 것은 차이나호의 닻이었는데 그들의 목적은 약탈과 시체 도굴이었다. 두 번째로 나타난 것은 전함 헤르타호로서 이들은 평화롭고도 정중하게 우호 관계를 요구했다. 그들이 세 번째로 나타난 것은, 미국의 함대가 한강에 나타나기 직전인 1871년 5월에 범선 추산호였다. 이 배는 서해 5도 가운데 어느 한 섬에서 난파했는데, 중국인 승무원만이 구조된 것으로 보인다. 6월 6일, 3명의 외국인이 조난자들을 송환하고자 거룻배를 타고 지부를 떠났다. 중국의 난파 선원들이 생환하여 왔을 때인 7월 6일까지도 그 구조대의 소식은 들어오지 않았다. 같은 날 영국의 군함 링도브호는 지부의 영사를 태우고 서하여 5도를 향하여 출항했다. 그 외국인 구조대가 추산호의 승무원들을 데려오고자 조선에 상륙했을 무렵에 살아남은 중국인들은 동지들이 모두 포로가 되었거니 생각하면서 그들을 두어 둔 채 출항했다. 지부의 영국 영사는 생존자들이 정신적으로나 육체적으로 편안히 있음을 알고 그들을 위해서 추산호로부터 찾아 낸 것으로서 값진 것은 모두 내어놓았다. 외국인 난파객에게는 친절을 베푼다는 조선의 정책이 다시 한번 입증되었다. 한 사람은 스코틀랜드인이었고, 다른 한 사람은 몰타 출신인 이 두 외국인들은 조선 사람들로부터 음식을 얻어먹으면서 친절한 대우를 받고 있었다.

손길 속에 들어올 수 있다. 미국의 한 충직한 신민이 정중한 미덕을 갖춘 사람이었음을 인정한다면 우리는 그의 편지 속에서 그가 적개심을 회유하려 했다기보다는 오히려 무엇인가 잘못된 것을 시정하려던 그의 진의를 알 수가 있을 것이다.

원정대의 진정한 뜻이 무엇이었던가 하는 점은 미국 국무성의 훈령에서보다는 상해의 클럽이나 식당에서 더 잘 나타났다. 로우는 자기 나름대로의 확신을 가지고 조선으로 떠났으며, 그가 본 모든 것은 그의 확신을 더욱 굳게 해 주었을 뿐이다. 로저스에 관해서 말한다면 그 전사가 일차적으로 자신의 임무를 평화조정자의 역할에 더 가치를 두었다고 말하는 것은 그릇된 표현이라 볼 수 없다. 그러나 그는 전쟁에 못지않게 가치 있는 평화의 승리보다는 전쟁의 승리에 더 관심이 있는 인물이었음은 사실이다. 그에게는 칼이 붓보다는 더 기질이 맞는 것이었음이 분명하다.

함대는 규슈의 나가사키에서 일본 지구 함대와 만났다. 이곳은 징구황후로부터 도요토미 히데요시에 이르기까지, 그리고 히데요시부터 로저스에 이르기까지 조선으로 떠나는 호전적인 원정대들이 출항하던 곳이었다. 이때에도 7세기의 경우[8]와 마찬가지로 가까운 동해안이 아닌 멀리 떨어져있는 서해안으로 상륙하기로 되어 있었다.

로저스 함대는 "서울로!"라고 소리쳤다. 기함 콜로라도호, 코르베트선[9]인 알라스카호와 베니치아호, 그리고 포함인 모노카시호와 팔로스호로 구성된 함대는 5월 16일에 당당히 나가사키를 출항하여 순조롭게 항진했다. 그들은 19일 목덕군도[10]에 기착했으며 안개로 잠시 머물다가 23일에야 유

---

8) 백제가 멸망한 뒤 백제 부흥을 위하여 일본이 지원군을 파견했던 사실을 의미함. 본서 제5장 참조.

9) 코르베트선(corvette) : 옛날의 일반 포대의 목조 전함으로서 오늘날의 순양함에 해당함.

10) 목덕군도(木德群島, Ferrières Islands) : 본서 마지막에 있는 "조선 전도"에 따르면, 북위 59° 40', 동경 125° 50'의 목덕도 일대를 의미하는 것으로 보인다.

지니도[11])에 도착했다.

미국의 해군은 그 위용이 당당했지만, 함대는 그 모습이 구형인데다가 너무 무거워 인력이 미흡했으며 뱃전에서 일제 사격을 하기에는 목재들이 썩었거나 취약했고, 그들의 무기인 후장총에도 결함이 있는데다가, 군대를 상륙시키는 기구도 적합하지 않았다. 팔로스호와 모노카시호만이 한강을 거슬러 올라가기에 적합했다. 다른 배들은 강어귀에서 머물러 있어야만 했다. 그들은 수송선 정도가 될까 말까 한 것이었다.

중국 연안의 모든 해군 기지에서 미국인들과 같이 빈틈없고 실질적인 사람들이 용맹스러운 승무원들과는 걸맞지 않는 구닥다리 함선으로 만족하고 있었는지 의심스러운 일이다. 그러나 미군의 함대와 무기는 조선의 전선이나 구식 총으로 무장된 토성보다는 우세한 편이었다.

자기보다 먼저 이곳에 왔던 용맹스러운 제독의 명성을 잘 알고 있는 로저스는 아직도 실패와 같은 것은 전혀 의식하지도 못한 채 자기가 정박하고 있는 곳을 로즈로(Roze Roads)라고 이름 지었다. 그들은 프랑스 군인들이 측정한 수심을 확인하고 주위의 아름다운 경치를 만끽했다. 서울 근방을 항해한 모든 사람들은 그곳의 아름다운 경치에 대하여 한결같이 찬사를 보낸다. 이곳에서 조선 사람들은 처음으로 미국의 "꽃무늬가 있는" 국기를 보았다.

그 다음날 아침 블레이크 함장(Homer C. Blake)은 작약도 너머의 해협을 탐사하고자 팔로스호와 다른 4척의 기정을 인솔했다. 이 작업은 4일 동안 평온 속에 계속되었으며 28일 저녁이 되어 무사히 귀환했다. 탐사를 하는 동안 보트를 탄 수병들은 뭍에 올라 주민들의 친절한 대접을 받았으며, 구리 단추며 푸른 제복이며 유리병과 같은 신기한 물건들을 보여주었다.

주민들은 상륙한 군인들이 누구이며, 어디서 왔으며, 무엇하러 왔는가 하

---

11) 유지니도(Isle Euginie) : 확인되지 않음.

문명의 첨단

는 것을 기록한 통상적인 관문서를 서명도 하지 않고 제시했으며, 이에 대하여 미국인들도 "미국인", "우의", "면담"과 같은 단어들을 한자로 착오 없이 답변해 주었다. 그리고 함대가 당분간 머무르리라는 뜻도 전달했다.

그 다음날인 5월 30일에 함대는 작약도와 궤리어도[12] 사이에 정박했다. 다소 강한 바람이 불어와 안개가 걷히자 신록이 우거진 자연 경치가 제 모습을 드러내고 아름다움을 뽐냈다. 함대가 어느 거룻배에 접근하자 몇몇 조선 사람들이 우정의 표시를 보이면서 아무 주저도 없이 갑판에 올랐다. 그들은 미국인의 편지를 잘 받았으며 미국인들과 담판하고자 대원군은 3명의 관리를 대표로 임명했음을 알리는 문서를 가지고 있었다.

거룻배를 타고 온 이들은 단순히 연락원에 지나지 않았으며 자기들도 그 이상의 대단한 인물인 것처럼 행동하지도 않았다. 그들은 친절한 대접을 받았으며 배를 두루 구경하고, 식사와 술을 들자 그들의 훌륭한 기질이 그제야 나타나 얼굴에는 웃음이 가득하고 오래 기억에 남을 표정을 지어 보였다. 그들은 사진을 찍고자 갑판 위에 섰는데 이때 매우 귀중한 사진 몇 장을 찍을 수가 있었다.

그 사진 가운데 하나는 배스[13]의 엷은 색깔의 다 마신 맥주병 10여 개를 보스톤 발행의 사진판 신문인 『에브리 새터디』에 싸서 한 아름 안고 있는 것인데, 이 사진에 대하여는 진부한 사진 설명문으로 "얼마나 흡족한 표정인가, 이 사진을 보라" 했다. 그는 매우 공순했으며 아슬아슬한 순간에 함박 같은 미소가 그의 얼굴에 떠올랐다. "우리를 찾아온 최초의 조선 방문객"은 앞 페이지에 서 있다.

이 얼마나 기이한 일치인가! 우리가 조선 사람에게 최초로 준 선물이 알

---

12) 궤리어도(Guerrere Island) : 확인되지 않으나 영종도(永宗島)를 의미하는 것이 아닌가 여겨진다.

13) 배스(Bass) : 미국의 저명한 맥주 회사.

콜, 맥주 그리고 술이라니, 기독교 국가로서의 미국의 훌륭한 상징치고는 얼마나 기이한 혼성곡인가! 그저 평범하게 보면 그 사진에는 빨간 삼각형의 상표가 찍힌 엷은 색깔의 빈 맥주병을 싸들고 있는 손에는『에브리 새터디』의 신문이 들려 있고, "모든 민족은 개인과 마찬가지로 도덕적 책임감을 가지고 행동하라"는 원칙을 주장한 인류애의 기수인 섬너[14]의 사진이 그 1면에 실려 있으니 이 얼마나 아이러니컬한 일인가!

그런 일이 있은 직후인 5월 31일, 3~5급의 관리로 보이는 8명의 대표가 갑판으로 올라왔는데, 그들은 공사나 제독을 만나서 그들이 배울 수 있는 것을 모두 배우고 또 시간을 벌기 위한 것이었음이 분명했다. 그들은 위로부터 위임받은 권한은 거의, 아니 전혀 갖고 있지 않았으며 신임장도 없지만, 사교적이고 친절했으며 재치가 있었다.

"로우(Low) 공사는 자기 이름 그대로 낮은 사람으로 행세하고 싶지 않았으며" 로저스 제독도 그들을 만나고 싶지 않았다. 따라서 공사관 서기관인 드류(E. V. Drew)가 그들을 접대했다. 그들은 어느 한 가지도 권한을 위임받은 것이 전혀 없었고, 묻는 말에 대답할 권리도 없었으며, 또 자연히 그럴 수밖에 없었다. 왜냐하면, 그들은 미국인들의 어떠한 대답에도 가부를 대답할 수 있는 권한이 없었기 때문이다.[15]

---

14) 섬너(Charles Sumner : 1811~1874) : 미국의 정치가이며 사상가. 하버드대학을 졸업하고 변호사와 상원의원(1851~1874)으로 있는 동안 노예 해방을 위하여 헌신했다.

15) (필자 주) 이들은 원숭이를 위하여 불길로부터 많은 밤알을 끄집어내는 앞잡이 노릇을 서울에서 하고 있는 사람들이었다. 외국인이 나타나면 하급 관리나 권한이 없는 관리를 보내어 그들을 희롱하고 뜯어보고 또 가능하다면 그들을 속이거나 골탕 먹이는 것이 아시아인들 외교 정책의 일부가 되어 있다. 그들의 주무기는 입이며 그들의 주특기는 교지이다. 그들은 친절과 참을성과 꿋꿋한 성격이나 또는 글로써 그들을 물리치지 못하면 그제야 머리를 숙이고 고위 관리를 보내어 의견을 말하고 그들을 접대한다. 페리는 그들의 이러한 성격을 잘 알고 있었으며 해리스도 그렇게 했다. 중국에서 외교적인 성공을 거둔 사람들도 그러한 것을 잘 알고 있었다. 신미양요 당시 조선에 원정한 미국인들도 그렇게 했는가? 이제 그 점을 살펴보기로 하자.

로저스의 배에 올라탔던 그 조선 사람들은 미국인들의 제안에 대하여 가부를 말할 수

일이 이렇게 되자 황금 같은 기회를 놓치게 되었다. 미군들은 조선의 사신들에게 강의 수심을 재고 해안을 탐사하고자 하는 뜻을 전달하고 이에 대하여 방해하지 말아 줄 것을 요청했다. 그 뒤 보트들이 작업을 시작하기까지는 24시간이 흘렀다.

> 이와 같은 우리의 요청에 대하여 그들(조선 사람들)은 불만을 표시 할 수도 없었다. (그들은 우리의 제안에 대하여 가부를 대답하거나 심지어는 고개를 끄덕거릴 권리조차도 갖고 있지 않았음이 확실하다.) 그리하여 우리는 더 이상의 외교 담판이 교착되어 있는 동안에 우리의 탐사를 계속해도 좋으리라고 믿고 한강을 측량 · 탐사하고자 탐험대를 파견했다.[16]

있는 권리를 갖고 있지 않았다. 만약 그들이 그런 일을 했다가는 삭탈관직되거나 정강이가 부러지거나 아니면 목이 달아날는지도 모른다. 조선 사람들이 그토록 고집스럽게 베풀지 않는 그 호감을 얻고자 온 미국인들로서 할 수 있는 일이라고는 오직 그들을 잘 먹이고 친절하게 대접하고, 탁월한 익살을 나누고, 그런 다음 그들이 돌아가 권할 수 있는 고위 관리가 도착되기만을 기다리는 것이다. 프랑스인들이 병인양요에서 실패한 것에 비추어 볼 때 이 길 밖에는 달리 도리가 없다.

미국의 함대에 타고 있던 어느 유력자는 미국의 이와 같은 참는 정책을 나무라기까지 했다. 사실상 그렇게라도 협상을 이끌어가야 한다고 주장한 사람은 블레이크 대령이었다. 그와 같은 위기에 처해서는 참고, 친절을 베풀고, "성조기에 대한 모독을 씻겠다."는 격렬한 생각을 버리고, 현상을 전쟁으로 발전하지 않도록 억제하는 것이 무엇보다도 필요한데, 그러기 위해서는 용기보다는 고매한 결심과 자제력을 갖추어야 한다.

그 뒤에 실제로 일어나긴 했지만, 그러한 위험을 단 10분 안에 제거할 수 있고 또 그렇게 함으로써 10배 이상의 "영광"을 되찾을 수 있었다 할지라도 로저스 제독은 조선 사람의 입장에서 지시해야 하며, 최악의 경우에는 전쟁을 하기보다는 차라리 조선으로부터 퇴각해야 한다는 사실을 알고 있어야 했다. 그렇지 않다면 미국 함대의 거대한 내침(來侵)에 대하여 조선 사람들은 미국인들이 불필요한 복수심으로 야만스럽게 목말라 있었으며, 더러운 공명심에 사로잡혀 있었으며 자기들의 약탈과 침략을 정당화하려 했다고 해석할 수도 있다. 조선 사람들은 자기 동족들의 온갖 살육 행위에도 불구하고, 자기들의 군대가 철수하게 된 사실을 패주, 오로지 패주라고만 생각할 수도 있다.

16) (필자 주) 이 기록은 로저스 소장의 말을 그대로 옮긴 것이다. 여기에 잘못이 있었다. 조선 사람들의 심리를 생각하여 볼 때 그와 같이 무장한 군대들이 지난날 프랑스인들이 저질렀던 바와 꼭 같이, 서울로 향하고 있는 한강을 거슬러 올라갔다는 사실은 평화로운 담판을 눈앞에서 확실히 두고서도 불칙한 전쟁을 시작하는 것에 지나지 않는 것으로 조

탐험대는 이 목적에 적합한 모노카시호와 팔로스호, 그리고 이물에 곡사포를 각기 장착한 4척의 기정으로 구성되었다. 지휘자인 블레이크 대령은 팔로스호에 타고 있었다. 명령을 받들어 출발할 쯤 그는 부하들에게 이렇게 주의를 환기시켰다. "10분 이내에 우리에게 화살이 날아올 것이다."[17)]

정확히 6월 2일 정오에 4척의 기정들은 나란히 강을 거슬러 올라갔으며 팔로스호와 모노카시호가 그 뒤를 따랐다. 조수가 거칠어 큰 배들도 탐사 작업을 원만히 해낼 수 있을 만큼 저속을 유지할 수가 없었기 때문에 이때의 활동은 별로 가치가 없었다. 그때까지만 해도 매사는 조용하고 평화롭게 보였다. 물길을 따라 절벽과 높은 제방은 푸른 숲으로 울창하게 덮여 있는가 하면 곧이어 초지와 이엉을 덮은 부락, 그리고 논이 눈앞에 전개되었다.

가끔 제방 위에는 흰옷을 입은 사람을 볼 수 있었지만 강화도 남단에 일련의 요새와 펄럭거리는 깃발이 갑자기 나타나기 전까지만 해도 아무런 적대 행위나 전투가 일어날 것 같지는 않았다. 몇 분 동안 항진하여 올라가니 흰 전포를 입은 군대의 긴 행렬이 보였고, 통역관은 망원경을 통하여 누런 깃발에 한문으로 "수"(帥)라고 쓴 것이 보인다고 말했다. 총안에는 32구경의 대포 끝이 몇 문 보였다. 그보다 더 작은 몇 문의 대포가 5개씩 묶여 있거나 아니면 일렬로 통나무 위에 고정되어 있었다.

강의 반대편에는 새롭게 쌓아올린 작은 토담들이 줄지어 있고, 그 위에는 구식 총만이 장치되어 있었다. 강물이 굽어 흐르는 곳에는 "지옥문처럼 험

선 사람들에게는 보였음이 틀림없기 때문이다. 그들이 강으로 배를 타고 들어온다는 것은 그들에게는 그들의 국가를 침략하는 것으로 여겨졌다. 우정 어린 대화를 나눈 다음에 그와 같은 일을 저지른 것은 그들에게는 야만적인 배신 행위로 보였다. 만약 어느 조선의 관리가 한강을 거슬러 올라오는 미국의 함대를 만나 평화를 담판했다가는 반역자로서 곧 목이 달아났으리라는 것은 의심할 나위도 없다. 미국 측에서는 이와 같은 사실을 알고 있는 사람들이 있었다. 다른 사람들에게 이러한 사실을 큰 소리로 말한 몇몇 사람이 있었지만, "그에 대하여 답변하는 일은" 그들의 소관이 아니었다.

17) 본장 주 23 참조.

악한 소용돌이"가 돌고 있었다. 몇 백 장의 거적과 휘장이 토담의 안팎을 덮어 총신을 가리고 있었다. 배가 가까이 지나감에 따라 요새의 안쪽을 얼핏 볼 수가 있었는데, "무기고의 바닥 위에는 대포가 전후좌우로 빽빽하게 들어앉아 있었다."[18]

잠시 동안 불길한 적막이 짓눌렀다. 수병들의 심장은 거칠게 고동쳤으며, 이빨을 꽉 물고 있었다. 죽음을 앞둔 조용한 도전이 기다리고 있었다. 급류는 기분 나쁘게 벌리고 있는 총구 정면으로 그들을 몰고 갔다. 도저히 피할 수가 없는 것처럼 보였다. 조선의 군사들은 발포할 작정인가? 만약 그렇다면 왜 아직 쏘지 않는 것일까? 곧 발사하려나?

이제 기회가 왔다. 함대가 요새 앞에 일렬로 널려 있었다. 그러나 조선의 지휘관은 한 발 늦게 공격을 개시했다. 거대한 깃발 아래의 난간 밑에서 신호포가 발사되었다. 순식간에 거적과 휘장이 80문의 포에서 발사된 총탄이 배 주위에 비 오듯 쏟아졌다. 요새와 포대와 장벽이 잠시 동안 포연 속에 가렸다. 마치 폭우가 쏟아지기라도 하듯이 바닥 물은 갈라졌다.

뱃속의 많은 사람들은 튀어 오른 물방울로 흠씬 젖었다. 그토록 작은 공간에 그리고 그토록 짧은 시간에, 그토록 많은 탄환과 포연이 집중되는 것은 남북전쟁의 고참들도 일찍이 본 적이 없었다. 남북전쟁 당시 자기가 이끌던 2척의 배가 남부군으로부터 포격을 당한 일이 있는 그 늙은 블레이크도 이때보다 더 날카로운 사격을 하는 적군을 기억할 수 없노라고 말했다.

미군 함대에서도 곧 곡사포로써 응사했다. 천천히 앞서 가던 팔로스호와 모노사키호는 뒤로 돌아섰으며 "늙은 블레이크는 뱃전을 돌려 팔로스호의 모든 포로써 응사하도록 했다. 그 결과 대포를 발사할 때의 반동이 너무 심해 뱃전의 나사못이 빠져나가 뱃전은 살아남은 전투원들을 위하여 아무런

---

18) (필자 주) 본장의 미 해군 작전도 참조.

소용도 없게 되었다." 그 부근에 정박하고 있던 모노카시호도 요새를 향하여 10인치 포를 발사했다.

전투를 계속하는 동안 모노카시호는 바위 성채를 공격하여 치명적으로 허물어뜨리기 시작했다. 성채에서 잠잠해질 때까지 성채에 포를 퍼부은 다음 함대는 그들이 통과하는 요새와 각면보에 폭발물을 발사하면서 강 하류로 퇴각했다. 그러나 주위가 모두 잠잠해지고 파괴되었지만 조선 측 지휘관의 깃발만은 아무도 돌보는 이 없이 멀쩡하게 휘날리고 있었다. 이상한 얘기이지만, 모든 함대 가운데 단 한 명만이 부상을 입었고, 사망자는 하나도 없었으며 조선 측 포격으로부터 치명적인 타격을 입은 선박도 없었다.

요새에서 발사된 대포는 200발이었다. 발사 신호가 너무 늦은 데다가 투박한 대포는 포대에 고착되어 있어 움직일 수 없었으며, 화약의 질이 나쁘고 훈련이 미숙한 사수들의 조준이 정확하지 않았던 탓으로 미군 측에서는 그토록 믿을 수 없을 만큼 적은 피해를 보았다. 이번의 싸움은 1861년의 섬터요새[19]의 포격과 같았으며, 통계로 본 바에 따르면, 1명을 죽이고자 1톤의 탄환을 소비한 그런 전쟁과 같은 것이었다.

그러나 조선 정부의 적대적인 행동에 대한 사죄나 만족할 만한 설명이 없다면 "정당한 이유도 없이" 미국의 함대를 공격함으로써 성조기를 모독한 사실에 대하여 미국의 민간인과 해군의 대표자들은 보복하기로 결정했다. 그들은 더 이상 조치를 취하기에 앞서 10일간의 여유를 주었다. 그들은 장차 있을지도 모르는 전투에 대한 준비와 지방의 수령과 약간의 교신을 갖는 이외에는 그 10일 동안에 아무 활동도 하지 않았다.

6월 2일 이후가 아닌 그 이전에 10일을 넘겨서는 안 된다니 이 얼마나 처량한 일인가! 기독교인들까지도 그렇다고 말할 수야 없지만 이제까지 흘린

---

19) 섬터요새(Fort Sumter) : 미국의 사우드 캐롤라이나州에 있는 도시로서 남북전쟁 당시의 격전장으로 유명하다.

피에 상응하는 대대적인 보복을 취했어야 하며 국기의 "명예"를 완전히 "회복해야 하며" 더 이상의 피해를 입을 것 없이 미묘한 "평화"의 외교 활동도 집어치웠어야 한다는 의견이 있는가 하면 더 이상의 보복은 어리석은 것이고 더 이상 피를 흘리는 것은 살인이라는 것이 몇몇 민간인들의 의견이었는지도 모른다. 그러나 실력자들은 그렇게 생각하지 않았다.

응징을 위한 원정대는 모노카시호, 팔로스호, 4척의 기정 그리고 20척의 보트로 구성되어 있었으며, 여기에 651명이 승선하고 있었는데 그 가운데 105명은 수병이었다. 베니치아호, 알라스카호, 그리고 콜로라도호는 그대로 정박하고 있었다. 조선 사람을 징벌하고자 파견된 총인원은 759명이었다. 이들은 보병 10개 중대와 7문의 대포로 편성되어 있었다. 모노카시호는 자신의 정규 무장 이외에 콜로라도호의 9인치 포 2문을 추가로 장비했다. 원정대의 지휘를 맡은 블레이크 대령은 팔로스호에 잔류했다.

6월 10일 오전 10시에 원정대는 강을 거슬러 올라갔으며 2척의 기정이 모노카시호를 따라갔다. 소형 보트들은 팔로스호의 밧줄에 끌려서 10시 30분에 출발했다. 날씨는 청명하고 따뜻했다. 하서를 조금 지나니 한 선박이 다가오는 모습이 보였는데, 그 위에는 조선 사람들이 흰 깃발을 흔들고 있었으며, 손에는 조정의 어느 대신이 보낸 편지를 쥐고 있었다.

함대 가운데 기정 한 척이 그 배를 만나 편지를 접수했다. 드류가 그 편지를 번역했지만 미국인들이 보기에는 사과의 글귀 같은 것은 없었으므로 함대는 계속 항진했다. 1시가 되어 모노카시호는 첫 번째 요새가 사정 거리 안에 들어오자 포문을 열었다. 이 포격으로 벽의 일부가 무너지자 그곳 사람들은 순식간에 성을 버리고 달아났다.

상륙 부대는 2분 동안 노를 저은 뒤 강변에 이르러 요새의 아래쪽 약 8백 야드 지점에 정박했다. 상륙 지점이 개펄이어서 군인들은 진창에 무릎까지 빠져 각반과 군화를 잃어버리고, 심지어 앞으로 나가려 하면 바지자락이 떨어져 나가기도 했다. 곡사포는 흙구덩이 속에 차축까지 잠겼다. 일단 뭍에 오르자 보병이 대열을 이루고 해병들은 소전투대열을 전개했다.

무장하지 않은 마을의 피난민들은 아무런 피해를 입지 않았다. 처음으로 마주친 요새를 파괴하는 작업이 시작되었으며 대포의 발사로 강물이 출렁거리었다. 해가 저물어 요새의 파괴 작업이 끝나자 모든 군인들은 기습에 대항하여 만반의 준비를 하면서 야영에 들어갔다. 개펄에 빠진 곡사포를 끌어내고자 우선 4개 중대의 보병이 선발되었는데, 이 작업은 마치 20마력짜리 자철을 떼어내는 것과 같았다.

미군들은 별을 바라보며 잠자리에 들었다. 모닥불 주위에서 두런두런하는 소리와 개구리의 울음소리만 없다면, 마치 안식일을 위해 주위를 말끔히 정리하여 둔 것처럼, 토요일 밤의 분위기는 조용하기만 했다. 자정이 가까워 오자 일단의 조선 군사들이 흰 도포를 입고 접근하여 무섭게 소리치며 미군의 본부 초소에 발포하기 시작했다. 어둠 속에서 오락가락하는 그들의 모습은 마치 유령처럼 보였다.

길게 뽑아내는 그들의 목소리가 들릴 때면 미군들은 벌떡 일어났다가 고참병들처럼 땅바닥에 엎어졌다. 유령처럼 신음하는 소리가 들리는 가운데 몇 발의 유탄이 흩어졌다. 해병들은 주력 부대로부터 반 마일 떨어진 한 요지를 점령했다. 주력 부대와 해병들 사이에는 논이 가로막혀 있었으며 그 가운데로 좁은 길이 하나 뚫려 있을 뿐이었다. 그들은 3개조로 나뉘어 감시하면서 옆자리에 총을 둔 채 잠을 잤다.

그날 밤 미군들이 작약도 앞 바다에 정박하고 있는 동안 12명의 조선 사람 천주교도들이 어둠을 타고 소리 없이 접근하여 통교를 원하는 신호를 보냈다. 그들은 리델 신부와 그들이 기다리던 2명의 다른 프랑스인 신부를 만나고자 해안의 어느 지점에서 거룻배를 타고 온 것이었다.

그러나 불행하게도 미군은 그들에게 아무런 소식도 줄 수가 없었다. 그들이 타고 온 배를 보면 그들이 어느 곳에서 온 사람들인가를 관리들이 알게 될 뿐만 아니라 외국인과 통교했다는 죄목으로 벌을 받을지도 모른다는 두려움 때문에 그들은 타고 온 배를 태워 없애고 돌아갔다.

그 다음날은 일요일이었다. 기상나팔이 울리자 아침을 먹고 담요를 갰다. 쌀과 마른 생선과 아직도 서 있는 초가집들을 불태움으로써 파괴 작업을 마치고자 C부대와 선발대가 요새 안으로 쳐들어갔다. 행군은 7시에 시작되었다. 구름 한 점 없는 하늘에 해가 떠오르고 날씨는 매우 따뜻했다. 언덕과 계곡과 논을 지나는 이 길은 말만이 겨우 다닐 수 있는 곳으로서 길이라고 부를 수 있을지 모를 만큼 험했다. 전 중대원은 언덕과 좁은 오솔길을 오르고자 곡사포를 끌어야 했다.

해병들이 길을 안내했다. 요새의 다음 방어선인 중성도 곧 함락되었다. 그 요새가 모노카시호의 포격을 받자마자 병사들이 모두 성을 버리고 도망갔기 때문에 대포는 장탄된 채 그대로 있었다. 모노카시호의 포탄은 모두가 목표물을 조준하고 있었다. 미군들은 이 요새를 철저하게 헐어버렸다. 포대에 거치된 60문의 포는 구경이 2인치의 보잘것없는 후장포로서 모두가 강에 처박혀 있었다. 미군들은 이 요새를 모노카시 요새라고 명명했는데 그 이름이 적절했다.

타는 듯한 태양과 찌는 듯한 열기 아래 그 어려운 행군이 다시 시작되었다. 깎아지른 듯한 절벽이 그들 앞에 연달아 전개되었다. 곡괭이와 삽, 그리고 도끼를 든 공병들이 길을 고르고, 넓히고, 또 관목을 베고, 구덩이를 메우면서 앞서갔다. 그들은 가파른 곳에서는 밧줄을 이용하여 끌어올리기도 하고 내리기도 했다. 흰 전포에 검은 머리의 조선 군사들이 미군의 측면을 배회하고 있었는데, 그들은 배후를 공격하려고 하고 있음이 분명했다.

시간이 갈수록 그들의 숫자는 늘어났다. 이제 위험이 급박하게 되었다. 당장 요새를 점령하지 않으면 안 될 입장이 되었다. 측면과 후면을 방어하고자 휠러(W. K. Wheeler) 소령 휘하에 5문의 박격포와 3개 중대가 배치되었다. 주력 부대는 그 요새의 망루를 날려 보내고자 전진했다. 이 작전은 조선 군사들을 꼼짝 못하게 만들고 승리를 확실케 함으로써 아슬아슬한 순

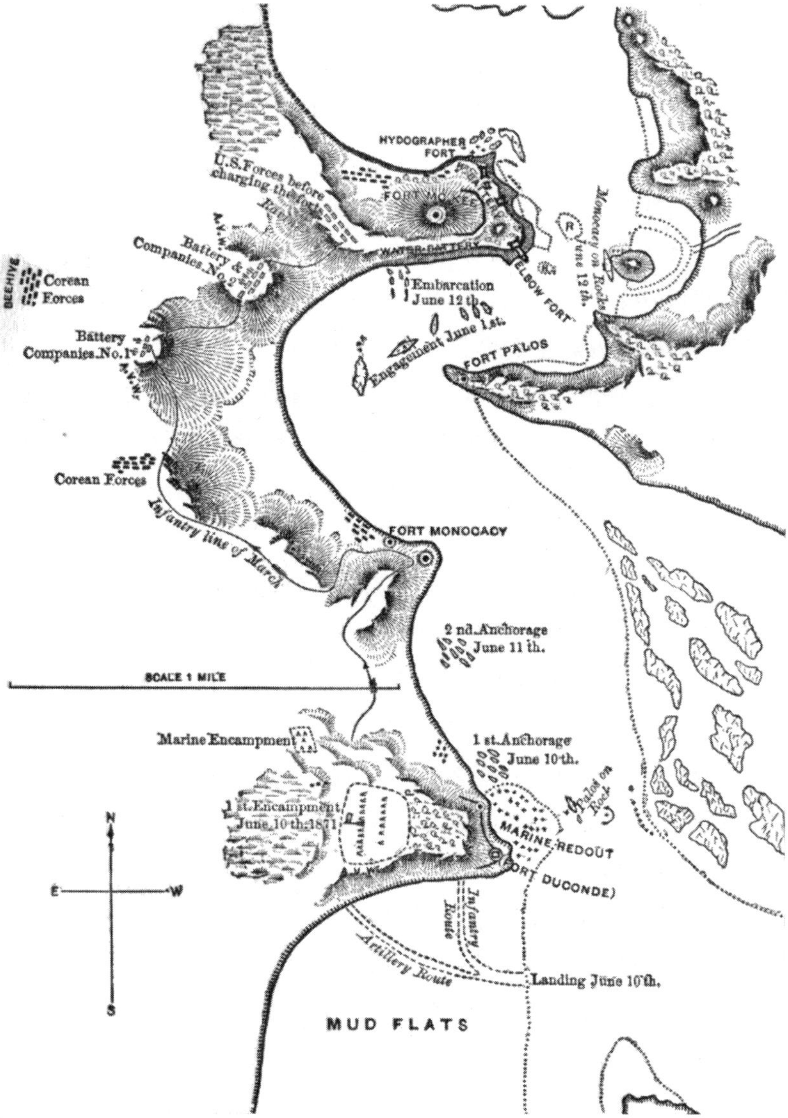

신미양요 당시의 미해군 작전도[20]

간 전세를 만회하여 위기를 면했다.

미군들이 대포의 배치를 마치자마자 병력을 집결시킨 조선의 군사들은 미군 박격포의 코앞에 있는 언덕으로 쳐들어갔다. 미군들은 조용히 목표물을 겨냥을 하고 있었다. 장거리로 직사함으로써 공격해오는 조선 군사들의 대오를 철저하게 분쇄시켰다. 그들은 전열을 흩어 도망함으로써 전장은 조용하게 되었다. 이제 그 요새의 운명은 확실해졌다. 미군 박격포의 혁혁한 공로로 말미암아 조선의 대규모 부대는 꼼짝 할 수 없게 되었으며 성채의 점령을 확실하게 만들어 주었다.

그러는 동안 지상군과 나란히 강을 거슬러 올라가고 있던 모노카시호는 직사포로 성벽을 무너뜨리고 요새 안에 포탄을 퍼부었다. 그 뒷편 언덕 위에 있던 후미 부대의 곡사포는 방향을 바꾸어 협곡에 있는 미군의 바로 위에 위치하고 있는 수비대를 공격했다. 강행군을 하는 동안 더위로 몇 사람들이 지치자, 보병과 해병은 잠시 쉰 다음 진격을 위해 전열을 다시 이루었다.

공격 목표가 된 그 성채는 줄이어 서 있는 요새들의 관문이었다. 그 성채는 계곡의 바닥으로부터 헤아려 150피트가 되는 원추형의 언덕 위에 있었으며 밑에는 각면보가 있고 143개의 총이 배치되어 있었다. 언덕의 측면은 몹시 가팔랐고, 요새의 성벽은 거의 한 군데의 틈도 없이 축조되어 있었다. 이 가파른 언덕길을 향하여 미군들은 수비대의 총구를 정면으로 바라보면서 쳐들어가려 했다.

만약 흰 전포를 입은 조선의 군사들이 하향조준으로써 장탄만 할 수 있다면 그들은 틀림없이 푸른 제복의 미군을 박멸할 것임에 틀림이 없었다. 만약 미군이 성벽 밑에까지만 도달할 수 있다면, 그들은 모노카시호의 포격으로 생긴 균열을 통하여 쉽사리 입성할 수가 있었다.

---

20) 이 지도에 나타난 영어명의 한국 명칭은 다음과 같다. Fort McKee=광성진 포대, Fort Monocacy=초지리 포대, Fort Du Conde=고상면 서남촌 포대.

지난번 프랑스와의 전투에서 있었던 경우와 마찬가지로 조선 사람들의 굼뜬 행동, 곧 매사를 한 발 늦게 서두르는 그들의 민족성으로 말미암아 미군은 생명을 건졌고, 조선 군사들은 기회를 잃었다. 끔찍스러운 환영 행사가 미군들을 기다리고 있었다. 그 요새는 모든 다른 요새들의 관문과 같은 곳이었기 때문에 성 안에 있는 조선의 군사들은 자기의 위치를 사수해야만 했다. 그 요새는 호랑이 사냥꾼들이 지키고 있었다. 그들은 만약 적 앞에서 움츠러들다가는 자기 동족의 손에 처형되도록 되어 있었다.

모든 준비가 끝나자 미군들은 장교들이 앞장을 선 채, 소리치며 각면보를 기어올랐다. 미군의 머리를 향하여 총알이 비오듯 쏟아졌지만 미군들이 너무도 신속히 성벽을 향하여 진격했기 때문에 수비대는 자신의 총에 화약을 밀어 넣고 장탄할 겨를이 없었다. 그들의 화약은 너무도 천천히 타들어갔기 때문에 날쌘 양키들을 맞출 수가 없었다. 낙심한 호랑이 사냥꾼들은 "무엇보다도 흉내 낼 수 없는 으스스한 음률로써 전송가를 불렀다."

조선 병사들은 난간에 올라서서 용맹스럽게 싸웠다. 그들은 미군에게 돌멩이를 던졌다. 그들은 창과 칼로써 미군을 대적했다. 손에 무기가 없는 그들은 흙가루를 집어 침략자들에게 던져 앞을 보지 못하게 했다. 목숨을 빌 수도 없고 원군도 기대할 수 없는 그들은 흙 파기 시합을 하면서 싸웠지만 오로지 죽음만이 있을 뿐이었다. 20여 명이 총을 맞고 강물로 떨어졌다. 부상병들의 대부분은 물에 빠져 죽었으며 어떤 병사들은 물로 떨어질 때 스스로 자신의 목을 베었다.

맥키 대위(Hugh W. McKee)는 맨 먼저 성채의 난간을 기어올라 요새 안으로 뛰어 들어갔다. 잠시 동안, 그야말로 잠시 동안 그는 혼자서 엄청나게 밀려오는 적군을 맞아 싸웠다. 그의 사타구니에 총알이 맞자 한 용감한 조선 병사가 달려들어 넙적 다리를 무섭게 창으로 쑤셨다. 그리고서 그 병사는 다시 난간을 넘어 들어온 슐레이 소령(W. S. Schley)을 겨누었다. 그의 창이 슐레이 소령의 겨드랑이를 아슬아슬하게 헛찔렀을 때 총알이 날아와 그 병사를 죽여 눕히었다.

이제 요새는 장교와 사병으로 그득했으며, 푸른 제복과 흰 도포 사이의 육탄전으로 바닥에 시체가 가득했다. 조선의 환도가 양키 수병의 단검을 꺾어 버리면, 미군의 몽둥이처럼 생긴 소총은 조선 병사들의 골통을 부숴버림으로써 창끝을 피했다. 수비대는 최후의 한 사람까지 싸웠다. 성 안에는 총에 맞았거나 칼에 찔린 사람이 거의 1백 명이나 되었다. 부상당하지 않은 포로는 하나도 없었다. 틸튼(McLane Tilton) 대위와 다른 두 해병은 요새 중앙의 작은 깃대 위에서 펄럭이고 있던 엄청나게 큰 황포를 끌어내렸다.

그러는 동안에도 요새 밖에서는 처절한 전투가 계속되고 있었다. 전투 도중 매클린(T. C. McLean) 선장은 몇 명의 조선 병사들이 퇴각하는 것을 목격했다. 그는 서둘러 자기의 부하들을 모아 두 배의 속력으로, 왼쪽으로 돌아가 도망자들을 베어 죽였다. 그는 때를 놓치지 않고 그들을 처단한 것이다. 모두 40~50명이나 되는 조선의 도망 병사들을 몇 사람의 자기 부하에게 맡겼다. 조선의 병사들은 바위 뒤에 숨어 모두 죽을 때까지 한사코 싸웠으며 단지 2~3명만이 포로가 되었다.

도망을 치려는 또 다른 무리에 대하여 카셀(D. Cassel)의 포대는 그들의 등을 향하여 산탄을 발사하여 일렬로 거꾸러뜨림으로써 거의 전원을 섬멸했다. 기를 쓰고 달리던 많은 조선 병사들이 총을 맞고 토끼처럼 발을 치솟으며 넘어졌다. 이와 때를 같이하여 틸튼 대위는 요새의 오른쪽을 통과하다가 두 요새를 연결하는 언덕의 능선 위로 퇴각하는 또 다른 무리들을 발견하고 소총을 발사하여 그들에게 손실을 입혔다. 12시 45분이 되자 성조기는 모든 요새 위에서 펄럭였다. 사진사가 상륙하여 그 끔찍스러운 유혈 장면들을 사진기에 담았다.

포연이 사라지고 미군들이 앉아 쉬고 있는 광경은 "전쟁을 놀이로 생각하는 사람들"을 흡족하게 해주기에 충분한 것이었다. 그 장면이야 말로 인도주의자들이 보고 싶지 않은 광경이었다. 성채의 안팎에는 흰 전포를 입은

243구의 시체가 누워 있었다. 그들 가운데 대부분은 9호선 두께의 두꺼운 무명 갑옷을 입고 있었다. 그들은 이제 연기와 함께 사라지고 있었다.

시체를 태우는 악취가 사방에 진동하여 밤낮으로 견딜 수가 없었다. 자신이 겪는 고통보다는 자신을 체포한 미군이 더 악독하리라고 두려워한 몇몇의 부상병들은 서서히 불길 속에서 죽어 갔다. 그들은 포로가 되어 목숨을 부지하기보다는 차라리 살아 있는 자기를 화장하는 길을 택한 것이었다. 연기가 꾸역꾸역 나는 시체를 화장장으로 끌고 가던 미군들은 어느 한 조선 병사가 더 이상 고통을 참지 못하는 것을 보았다.

살아 있는 시늉을 하는 그의 옷을 곧 벗겨 버렸지만 부상과 화상으로 말미암아 그는 곧 죽었다. 단 20명만이 심한 부상을 입은 채 살아남았다. 적어도 1백 구 이상의 시체가 강 위의 여기저기에 붉은 핏줄기를 그으며 떠내려가기도 하고 가라앉기도 했다. 적어도 이 한 요새에서만 350명이나 되는 조선의 애국자들이 그들의 국가를 위하여 자신의 목숨을 바쳤다.

미국 측에서는 저 용감한 맥키가, 멕시코에서 쓰러진 자기 아버지와 마찬가지로 쓰러졌다. 그는 부하들의 앞장을 서서 아수라장과 같은 요새에 제일 먼저 뛰어들었다가 치명상을 입고 그 뒤 곧 죽었다. 콜로라도호에 타고 있던 한 육군과 베니치아호에 타고 있던 한 해병도 죽었다. 5명이 중상을 입고 5명이 경상을 입었다.

주성의 후미로 진로가 트여 있는 그 다음의 두 요새는 아무런 저항도 하지 않고 쉽사리 함락되었다. 48시간에 걸친(그 가운데 18시간은 논 위에서 소비했다) 전과를 보면, 아마도 이들은 조선에서 가장 튼튼한 곳이었을 5개의 요새, 50개의 군기, 481문의 대포[그 대부분은 징갈[21]이었음], 그리고 수많은 화승총을 노획했다. 대포 가운데 11문은 32파운드 포였고 14문은

21) 징갈(jingal) : 아시아 민족들이 사용하는 길고 투박한 대포.

24파운드 포였고, 2문은 20파운드 포였으며, 그 나머지 454문은 2~4파운드 포였다. 성채를 파괴하는 작업은 불과 도끼와 삽으로써 할 수 있는 한 최대한으로 철저하게 수행했다. 미군은 승리를 쟁취했으며, 이를 자랑스럽게 생각할지도 모른다. 그 모든 활동에서 정열과 인내와 훈련과 용기가 사병과 장교의 특징을 이루었다. 부상병들은 모노카시호로 호송되었다. 미군은 일요일 하루 종일 그 요새들을 점령하고 있었다.

월요일 아침 일찍이 전 병력은 20피트 높이의 거친 조수에도 불구하고 질서 있게 승선했다. 함대는 노획한 깃발을 돛대에 걸고 전리품을 실은 보트를 끌면서 강을 내려왔다. 10시 반에 본기지로 돌아온 그들은 뒤에 남아 있던 동료들로부터 마치 밀림의 계곡메아리와 같은 갈채로 영접을 받았다. 그 다음날 늦게 두 전사자인 헨드린(Dennis Hendrin : Hanrahan)과 알렌(Seth Allen)이 작약도에 매장됨으로써 조선 땅에 최초로 미국인의 무덤이 섰다. 맥키는 그날 오후 5시 45분에 그의 마지막 숨을 거두었다.[22]

이번의 전쟁이 불평등한 것이었음을 보여주는 흔적이 아직도 남아 있었다. 미국인의 무덤은 3개뿐인 데 견주어 매장하지도 않은 조선 군사들의 시체가 여기저기 쌓여 있었다. 이교도인 조선 사람들은 이렇게 말할 것이다. "하늘은 이번 사건으로 우리에게 무엇을 가르쳐 주려 하심인가?"

미군들은 부상한 조선 병사들을 친절히 보살펴 주었다. 함대의 군의관인 메이오 박사(Dr. Mayo)는 부러진 뼈를 교정하여 주었다. 로저스 제독은 조선의 당국자에게 보내는 편지에서 포로를 되돌려 보내겠다고 말했지만, 그들의 답장은 "당신이 좋을 대로 하라"고 되어 있었다. 그리하여 포로들을 해변에 내려놓고 제 갈 길을 가도록 허락하여 주었다.

22) (필자 주) 아나폴리스에 있는 미국 해군사관학교의 교회에는 한 뜻 깊은 벽장식이, 자신을 돌보지 않고 국가에 충성한 한 용감한 장교를 추모하고 있다. 이 벽장식은 "아시아함대의 형제 사관들이 세운" 것으로서, 해군의 상징인 칼 · 띠 · 닻 · 화관이 새겨진 원형 휘장과 추모의 글이 새겨진 방패와 함께 걸려 있다.

로저스 제독은 자기에게 부여된 명령을 최대한 수행했으나, 통상 조약을 맺으려던 모든 희망이 사라지고 또 2척의 배를 수리도 해야겠기에, 조선의 해안에 머문 지 35일 만인 7월 4일 작약도를 출항하여 7월 5일 아침 지부(芝罘)에 도착했다. 그는 지부에 도착해서야 6월 20일 천진에서 발생된 학살 사건의 소식을 들었다. 『뉴욕 헤럴드』가 표제를 붙인 것처럼 "이교도와 우리와의 조그마한 전쟁"[23]은 미국인의 주목을 별로 끌지 못했다. 워싱턴에서 발행된 신문의 몇 단 기사 평론과, 화보에 실린 한두 면의 목판화와 한강을 거슬러 올라갈 때 주고받은 농담의 여운, 그리고 통례적인 공문서의 전달만이 미국 국민들에게 잠시의 기억을 남겨 주었을 뿐이다.

중국에서는 이번의 원정이 실패요 패배라고 인식되었다. 이번의 전쟁에 관하여 조선 사람들의 통상적인 생각을 들어보면, 미국인들은 해적질과 도적질을 하다가 죽은 자들의 원수를 갚고자 왔으나 몇 차례의 전투에서 너무도 완패했기 때문에 다시는 그와 같은 응징을 위한 원정을 감히 시도하지 못하리라는 것이었다. 대원군의 입장에서 본다면 이번의 모든 사건은 그의 개인적인 영예의 계기가 되었다.

호랑이 사냥꾼들과 조정의 보수주의자들은 이번 사건을 통하여 자신들이 프랑스와 미국에 성공적으로 항거했을 뿐만 아니라, 그들의 군대에게 큰 손실을 입혀 격퇴시켰다고 믿게 되었다. 신경에 있는 한 스코틀랜드의 선교사가 외국인의 힘과 전쟁에서의 우월함을 어느 조선 사람에게 말했더니 그 사람은 화가 나 고개를 흔들고 자기의 손가락을 비틀어 우두둑 소리를 내면서 이렇게 대답했다고 한다.

"당신네 외국인들이 쳐들어온다고 해서 우리가 끄떡이나 할 줄 아시오? 당신네 무기라면 우리 집 애들도 우습게 안다오."

---

23) 원서에는 본장(46장)이 "이교도와 우리와의 조그마한 전쟁"(Our Little War with the Heathen)으로 명명되어 있다.

제 47 장 대일 문호 개방

그토록 오랫동안 그 순수성을 지킬 수 있었던 조선의 쇄국은 기독교와 프랑스 선교사의 입국에 의하여 그 벽이 서서히 침식되어 이제 그 기반이 무너지기 시작했다. 북쪽에서는 러시아인들이 출몰하고 바다는 이제 더 이상 방벽으로서의 구실을 할 수 없게 되자 일본인들은 서쪽을 향하여 압력을 가하기 시작했으며, 그 반면에 중국은 자신의 국경을 벗어나 동쪽 국경 지대의 중립성을 파기했다. 문명의 불길은 은자의 나라로부터 그 연기를 뿜어내기 시작했다.

일본에서는 1세기에 걸친 내재적 준비 작업을 거친 뒤 그 극에 이른 1868년의 메이지 혁명은 이중적인 통치 체제와 봉건 체제를 무너뜨리고 천황에게 최고 권력을 귀속시키는 왕정복고를 수행했다. 수도를 교토에서 도쿄로 옮기고 하급 기관에 지나지 않던 외무성은 제국 통치 기구의 한 부처로 승격되었다. 그들에게 제시된 첫째 문제는 조선 정부의 사신을 초청하여 지난날의 우의와 조공을 재개하는 것이었다.

프랑스에 승전하고 유교를 박멸하는 데 성공하여 자존심이 마냥 부풀어 오른 데다가 일본이 개화에 서구적 원칙을 채택하고 중국의 영향과 전통으로부터 벗어난 데 화가 치민 대원군에게 8세기 동안이나 무근한 이론에 입각하여 일본이 주장한 조공의 요구는 망신스럽게 퇴짜를 맞았다. 무례하고

상스럽기만 한 회신이 미카도의 정부에 도달됨으로써 일본의 군부를 화나게 자극했다. 당시의 군부는 사쓰마의 사이고 다카모리[1]의 영도 아래 군벌을 형성하기 시작했다. 유럽에 파견된 사절단[2]들의 귀국을 기다리면서 전쟁 도발의 구실을 찾고자 그들은 자기들의 분노를 더욱 부채질했다.

그러나 그들이 바라는 전쟁은 일어날 것 같지 않았다. 도요토미 히데요시 이후 조선 문제에는 새로운 요소들이 개재되어 있었다. 유럽 각국들은 이제 아시아의 정치 문제에 관심을 쏟고 있었다. 러시아는 너무 가까이 인접하여 있으며, 중국은 너무 적대적이며, 일본은 너무 굶주려 있었다. 심지어 일본은 시모노세키의 배상금에 관해서도 런던 은행가들에 비하여 1할 밖에는 관심이 없었다. 만약 선전포고가 되면 경제적인 파탄 및 중국과 충돌하는 경우가 일어날는지도 모를 일이다.

1873년 10월, 일본 내각은 정한론을 부결했다. 조선 정부를 무너뜨리고 조선으로부터 받은 모욕을 씻기 위한 새로운 방안을 강구하고자 군벌의 지도자였던 사이고가 관직을 사퇴하고 사쓰마로 돌아갔다. "독수리는 비록 굶주릴지라도 곡식을 쪼아 먹지는 않는다." 적어도 조선 사람의 피에 못지않은 것이라야 일본의 전사들을 만족시킬는지도 모른다.

1873년, 조선의 젊은 왕인 고종은 이제 그의 왕권을 행사하기에 이르렀다. 조대비의 후원을 받은 왕의 조처에 따라 아버지인 대원군은 관직을 사퇴함으로써 남의 권력을 빌어 잔혹하고도 유혈적인 통치를 하던 시기가 지나간 것이다. 젊은 고종은 대신들을 직접 임명할 뿐만 아니라 중요한 공문

---

1) 사이고 다카모리(西鄕隆盛 : 1827～1877) : 일본의 정치가이며 군인. 메이지유신의 왕정복고에 전력하여 혁명 뒤에는 참의와 근위 도독을 역임했으며 1873년에 정한론을 주장하다가 관직을 버리고 하야했다. 그 뒤 고향인 가고시마로 돌아가 향리의 자제 교육에 힘쓰다가 이 학생들에 옹립되어 서남전쟁을 일으켰으나 관군에 지고 자살했다.

2) 1871～1872년 사이에 구미 제국을 순방한 이와쿠라 도모미, 기도 다카요시, 오쿠보 도시미치, 이토 히로부미 등을 의미함.

서를 손수 처리함으로써 자신이 정신적으로도 용기 있는 사람이며 독자적으로 판단할 수 있는 능력이 있는 인물임을 입증했다.

고종의 왕비인 민비는 부왕을 유능하게 보좌했다. 그의 영향력으로 대원군이 거세되었으며 진보적인 생각을 가진 양반들이 관직에 다시 등용되었으며, 일본과의 우호가 다시 거론되었다. 같은 해인 1873년(음력)에 왕비의 몸에서 왕세자가 태어났다. 후궁의 소생인 또 다른 왕자가 1869년에 태어났었다.

오랫동안 사슴과 호랑이가 우글거리고 가끔씩 심마니들만이 출현하던 압록강 북안의 중립 지대에는 이제 지난 몇 십 년 동안 무단 거주자들이 점차로 퍼져 들어 왔으며 만주의 비적과 조선의 범법자들이 횡행하게 되었다. 이 국경 지대의 도적떼들은 텍사스주 경계선의 거친 인디언들의 습격과 마찬가지로 압록강을 건너 조선 영내로 들어오거나 중국인 거주지에 출몰하면서 두 나라에 모두 적대적인 태도를 취했다.

1875년 이홍장은 압록강을 순항 중이던 전함들의 도움을 받아 중국의 정예군을 파견함으로써 조선의 정치에 대하여 입맛을 돋우었을 뿐만 아니라 신경(요동)의 국경선을 조정하여 보려는 생각을 품게 되었다. 그는 이제 더 이상 논쟁의 여지가 없는 그 지대에로 측량사와 농사꾼들이 들어가도록 허락함으로써 위에서 말한 중립 지대의 경계선이 "과학적인" 국경으로 기정화되도록 만들고자 곧 일을 추진했다.

1877년 신경 성장의 제안에 따라 청국 정부는, "농산물을 경작하지 않고 버려 둔 이 광대한 중립 지대가 이제는 국경 규제를 위해 더 이상 의미가 없다는 주장에 입각하여, 청제국의 국경을 동쪽으로 20리그 더 넓혔다. 이와 같은 조치로 말미암아 중국과 조선의 국경이 맞닿게 되었고, 압록강 물이 국경으로 성문화되기에 이르렀다. 수모를 겪던 지난날의 형적이 사라지고 이제는 변화의 충격만이 더욱 자주 그리고 더욱 염려스럽게 전개되었다.

생동하는 세계와 접촉하게 됨으로써 혼수 상태에 빠져 있던 조선은 새로운 생활로 활기를 되찾게 되었다. 그럼에도 불구하고 이 작은 왕국을 포악하게 다스리던 관료 계급들은 일본의 사신들이 유럽풍의 복장을 입었다는 이유로 부산에 있는 일본인들을 몹시도 화나게 만드는 유치한 규율과 공공연한 위법 행위로 일본 사신의 입국을 거절함으로써 그들의 적의를 노출했다. 이제 다음에서는 그에 관한 것들을 기술하여 보고자 한다.

메이지유신 이래 일본의 해군은 영국의 해군을 본떠 미국과 유럽의 철갑선과 전함으로 구성되어 있었으며 서구식 제복을 입은 승무원들을 태우고 있었다. 1875년 9월 15일 한강 어귀를 항해하고 있던 운요호의 승무원 몇 사람은 물을 얻으려고 강화 부근에 상륙했다가 이들이 미국인이거나 아니면 프랑스인이라고 생각한 조선의 군사들로부터 사격을 받았다.

9월 21일에는 후장포로 무장한 36명의 일본군이 그 요새를 포격했다. 대부분의 수비대는 총에 맞았거나 물에 빠져 죽었으며 요새는 파괴되고, 전리품들은 배로 운반되었다. 2일 동안 성채를 점령하고 있던 일본군들은 9월 23일 나가사키로 돌아갔다. "강화도 사건"의 소식이 전해지자 일본의 온건파와 군벌들은 이제까지 우물쭈물하던 자세를 벗어나 어떤 결단을 내려야 한다고 생각하게 되었다.

일본은 조선과 청나라 사이의 관계를 정확히 파악하고자 모리 아리노리[3]를 북경에 파견하여, 중국의 중립성을 확인했다. 일본은 함대와 함께 구로다 기요다카[4]를 한강 어귀에 파견하여 가능하다면 수호 조약을 채결하고 통상을 맺도록 했다. 어떤 사람은 반대편으로부터 평화주의자로 간주되었으며, 어떤 사람은 주전파로 간주되었다. 일본 외무성의 이노우에 가오루[5]

---

3) 모리 아리노리(森有禮 : 1847~1889) : 메이지 시대의 외교관 · 교육가 · 자작. 영국 · 미국 등지를 순방한 뒤 외교계에 투신. 외무대승을 거쳐 문부대신이 되었으나 그 뒤 암살됨.

4) 구로다 기요다카(黑田淸隆 : 1840~1900) : 일본의 군인이며 정치가. 메이지유신 이래의 공훈으로 육군 중장과 참의개척장관을 지냈으며 1876년에는 조선과 강화도 조약을 체결했다. 뒤에 내각총리대신과 추밀원 의장을 역임했다.

는 구로다와 조선의 진보주의자인 김인수와 함께 조선을 향하여 출발했다.

실패를 예상하는 신문의 혹독한 비평이 비등하는 가운데 1876년 1월 6일, 구로다는 2척의 전함, 3척의 수송선, 그리고 모두 합쳐야 800명도 안 되는 3개 중대의 해병을 이끌고 출항하여 부산에 기착했다가 2월 6일 서울이 눈앞에 보이는 곳에 정박했다. 이와 때를 같이하여 일본과 수교를 권하는 청국의 사신이 서울에 도착했다.

이런 일이 있기 오래 전에 조선의 젊은 왕 고종은 평화롭게 일을 처리하려는 생각을 품고 있던 일본인을 향하여 병사들로 하여금 발포케 한 강화도의 수령을 꾸짖고 범인들을 삭탈관직하거나 유배함으로써, 그의 의중을 분명히 한 바 있다. 북경에 있던 모리는 중국이 그 속방에 대하여 아무런 책임이 없음을 주장하는 문서를 받았다.

청국은 그와 같은 획기적인 정책으로 말미암아 프랑스·미국·일본이 조선과 관련하여 요구하는 가능한 모든 배상 책임으로부터 벗어나게 되었다. 수교의 전망은 이제 평탄하게 열렸으며 다만 형식상의 문제들만이 새로운 난점으로 남아 있었다. 그럼에도 불구하고 구로다도 모르는 사이에 본국에서는 전쟁 준비가 활발하게 진행되고 있다.

구로다는 지난날 페리 제독(Com. M. Perry)이 썼던 술책을 본떠 자기의 함대를 매우 으리으리하게 꾸몄다. 그는 수송선에 포문을 그려 넣음으로써 전함처럼 보이도록 만들고 요란하게 법석을 떨었다. 1월 10일 그는 정장한 해병, 수부, 그리고 장교들이 눈부시게 열을 지어 강화도에 상륙했다. 이들은 2마일을 행진하여 조약을 체결하기로 된 곳에 이르렀다. 그곳에는 서울에서 파견된 2명의 고위 관리가 기다리고 있었다. 그들은 65세의 신헌과

---

5) 이노우에 가오루(井上馨 : 1835~1915) : 일본의 정치가. 청년 시대 영국에 유학한 뒤 귀국하여 정계에 투신, 1876년에는 원로원 의원으로 부변리대신이 되어 강화도 조약을 채결했다. 그 뒤 외무대신(1884), 내무대신(1892), 대장대신(1897)에 올랐다.

50세의 윤자승이었다.

하루 동안 예식을 치르고 3일 동안 협상이 진행되었다. 조선 측 대표는 강화도 사건에 관한 사과문을 전달했고 조약의 세부 사항들이 타결되었으나 가장 큰 애로는 양국 군주의 칭호를 어떻게 할 것인가 하는 문제였다.[6] 협상이 여기에까지 이르자 조선 측 대표는 이 문제를 조정과 협의하고자 10일간의 유예 기간을 요구했으며 일본 측도 이에 동의했다. 열흘째가 되던 날 조선의 두 대표가 돌아와서 왕의 재가를 얻을 수 없노라고 말했다.

일본인들은 기분이 언짢아 곧 배를 타고 떠났다가 만족할 만한 언질을 받은 후에야 되돌아왔다. 그리하여 2월 27일, 조선을 자유 독립국임을 인정하는 한 조약이 체결·조인되었다. 그런 다음 일본인들은 대부분이 서구 제품인 선물을 증정하고 잔치를 대접받은 다음 3월 1일에 귀국했다. 그런 뒤 이노우에는 유럽으로 떠났다가 귀국하는 길에 필라델피아의 미국독립백년제를 참관했다. 들리는 말에 따르면 한 두 명의 조선 사람들도 그곳에 있었다고 한다.

12세기 이래 천황의 조정에 신임장을 제정한 바 있던 조선의 사절단이 1876년 5월 일본 기선을 타고 부산을 출항하여 5월 29일 오전 8시 요코하마에 상륙했다. 넵튠[7]처럼 생긴 2명의 용맹한 무사가 힘의 상징인 거대한 철

---

6) (필자 주) 일본의 대표는 중국이 황제와 품격이 같은 천황 이외의 칭호를 사용함으로써 미카도의 지위를 떨어뜨리는 것을 반대했다. 그런가 하면 조선의 대표들도 비록 자기들이 중국의 황제에게 복속되어 있다고는 하지만, 미카도와 동등한 칭호를 듣고 싶었기 때문에 그 조약문에서 자기의 군주가 "왕"으로 표기되는 것을 원치 않았다. 그 가엾은 조선 사람들은 한 하늘에 두 개의 태양으로, 곧 지위가 같고 친밀도가 같은 2명의 "천자"로 말미암아 당황하게 되었다. 조선 측 대표들은 이와 같은 어려움을 피하고자 각기 조약문에는 전권 대표의 이름만을 기록하자고 했으나 일본 대표는 이를 거절했다. 그러자 이번에는 조약 전문에 일본 천황과 조선 합문이라는 칭호를 사용하고, 본문 가운데 필요한 곳에는 "대일본정부" 또는 "대조선정부"라는 용어를 쓰자는 타협안이 제시되었으나 이것도 또한 실패했다. 드디어 양국 군주의 이름이나 칭호를 언급하지 않는 동시에 그들에 관한 그 밖의 언급도 없는 가운데 그냥 각국의 "정부"라는 이름으로 그 희귀한 조약 문서가 성안되었다.

제 삼지창을 들고 행렬을 인도했다. 그 행렬 속에는 금관 나팔, 조개 나팔, 피리, 호루라기, 심벌, 그리고 북을 든 20명의 악사로 구성된 악대가 포함되어 있었다. 계집애처럼 생긴 종자들이 조약 문서를 들고 있었다.

사절 가운데 으뜸 되는 김기수는 8명의 어깨로 멘 호피 의자를 타고 있었다. 한 하인이 그의 머리 위로 일산을 받쳐 들고 있었으며, 4명의 하급 관리가 그 옆으로 따라 걸어갔다. 나머지 수행원들은 인력거를 타고 따랐으며 일본의 문무관이 베푼 호위는 더욱 장관을 이루었다. 그들은 현청에서 아침 식사를 마치고 기차와 증기차를 타고 도쿄에 이르렀다.

정거장에서 보여준 옛 것과 새 것의 대조는 놀라운 것이었다. 일본인들은 "이제 다가오고 있는 문명의 외형적 표지를 모두 갖추고 서 있는 것과는 달리 조선 사람들은 이제 사라져 가고 있는 야만의 대표적인 모습들을 모두 갖추고 있었다." 그 다음날 사절단은 외무성을 방문했고 6월 1일 그들은 비록 저급한 처우이긴 하지만, 천황을 알현했다. 3주간에 걸쳐 일본인들은 조선의 사절단에게 전함, 조병창, 대포, 수뢰, 학교, 건물, 공장 그리고 증기 난방과 전기로 장치된 관청을 보여줌으로써 그들을 즐겁게 해주고, 깨우쳐 주고, 놀라게 만들었는데, 이들은 모두가 1854년에 페리 제독이 뿌린 씨앗의 열매였다.

조선 사람들은 자기들과 어떤 접촉을 갖고자 하는 외국인들의 시도를 모두 완강히 거절하고 6월 28일, 귀국 길에 올랐다. 일본을 방문했던 이 수신사의 일기 또는 보고서는 그 뒤 서울에서 출판되었다.[8] 이 기록은 조정의 정적들이 면밀히 검사하여 보더라도 만족스러울 정도로 그들의 견해와 의견이 조심스럽게 표백된 특징 없는 서술이었다.

---

7) 넵튠(Neptune) : 로마 신화에 등장하는 바다의 신.

8) 김기수의 『수신사일기』와 『일동기유』를 의미함. 이 책들은 수필본으로 전하여 오다가 1960년대에 국사편찬위원회에서 출판되었다.

같은 해인 1876년 가을과 그 뒤 몇 년에 걸쳐서 영국 전함 실비아호와 스윙거호가 경상도의 몇몇 지역을 탐사하고 있었다. 실비아호를 지휘했던 존 선장(H. C. Saint John)은 1855년 부산에 기항한 적이 있는 인물이었다. 그때 그는 외국인에게 닭을 팔았다는 단순한 이유로 형벌을 받은 한 죄수를 만나 볼 수 있을 만큼 오래 머물러 있을 수가 있었으나 이번 탐사 작업 가운데 조선 사람들이 지난날보다 더 적대적으로 변했음을 발견했다.

존 선장은 자기의 모험을 그의 한담서 『황폐한 일본의 해안』이라는 책에서 기술하고 있다. 도쿄 주차 영국 공사관에 배속되어 있으면서 조선의 연안에서 난파된 적이 있는 영국 함선 바바라 테일러호가 지난날의 친절한 보살핌에 대하여 조선 당국에 감사하기 위해서 부산에 파견되었다.

일본 사람들은 한일수호통상조약에 의하여 새로이 허락된 자유를 누리고자 조급히 구는 것은 현명하지 못하다는 사실을 알게 되었다. 부산 부근에는 임진왜란 당시 살해된 몇 천 명의 무덤이 있으며, 조선 사람들은 아직도 그 무덤에 해마다 제사를 지내고 있었다. 이제까지 부산 일대에 거주하는 일본인들은 자기들의 거주지 제한을 엄격히 준수했다.

일본인들은 그 제사를 보러 가다가 돌멩이 벼락을 맞았으며 길이 차단되어 있음을 발견했다. 많은 언쟁과 투석전이 벌어지는 작은 폭동이 일어난 뒤에는 사건이 다시 정리가 되었다. 그러나 조선 사람의 기질을 보면 옛날의 일본의 경우와 마찬가지로 무지한 은자의 나라가 문명화되기에는 아직 멀었으며 지나칠 만큼 신사적인 외국인들로서는 저들과 함께 조용히 살아갈 수는 없었다.

구로다의 평화적인 교섭 결과와 조선 사람에 대한 "머리 사움의 승리"에 대하여 불만을 품은 사쓰마의 사이고는 1877년의 사쓰마반란을 일으켰다가 진압되었는데 이 반란의 댓가로 일본은 2만 명의 목숨과 5천만 달러의 재산상의 손실을 입었으며 7개월 동안 뼈저린 투쟁을 겪었다. 이에 관한 자세한 내용은 고(故) 마운세이(A. H. Mounsey)의 한 우수한 논문에 훌륭하게 기술되어 있다. 조선은 이 사건에 대하여 아무것도 감지하지 못했지만, 일본은 이 사건을 통하여 혼란의 낡은 요소를 씻어 버리고 좀 더 넓게 미래를 바라보는 안목을 갖게 되었다. 그리고 조선에 대하여 좀 더 과감한 정책이 곧 착수되었다.

새로이 체결된 한일수호통상조약에 따라 부산은 2천 명의 일본인이 들끓는 요란스러운 개항장이 되었지만, 그들 가운데 대부분은 대마도에서 건너온 가난한 사람들이었다. 공공 건물 가운데 영사관, 상업회의소, 은행, 미쓰비시 선박회사 그리고 병원이 있었다. 이 병원에서 야노 기데쓰 박사의 보살핌으로 1882년까지 4천 명의 조선 사람과 일본인들이 치료를 받았다. 한 일본어 신문과 『조선신보』라고 하는 조선어 신문이 발간되었으며, 식당, 도덕적으로 그 수준이 다양한 여러 가지의 오락 시설, 그리고 기지와 근면을 돈으로 전환시킬 수 있는 여러 가지 시설들이 건립되었다.

세습적으로 받아먹던 은급으로써 자본금을 만들어 사업을 시작한 일본의 몰락한 유생들은 도쿄나 오사카의 노련한 상인들과 경쟁한다는 것이 수월치 않음을 알았다. 금화와 은화의 부족으로 큰 혼란이 일어나게 되자 동전과 은전만이 유통되고 있다. 조선의 경제에서 금을 해외로 유출하는 것은 곧 나라를 팔아먹는 것이 된다. 그리하여 수많은 부랑자들이 영사관의 시금소에 마련되어 있는 놋쇠나 도금한 광물들을 매입하려고 시도했다.

일본 정부는 귀금속으로써 화폐를 만들도록 하라고 조선 정부에 권하여 왔다. 아마 아직도 오사카에 있는 거창한 조폐소에서 조선의 동전이 주조되고 있는지도 모른다. 여러 세기에 걸쳐 사금과 금덩어리가 해외로 수출된 반면에 서울의 지하 저장소에는 일본의 고방[9]이 그득하며, 금을 함유한 석영(石英)이 산을 몇 개라도 만들 수 있으며, 강물에는 사금이 함께 흐르고

9) 고방(小判) : 일본의 고대 화폐. 얇은 타원형의 금화.

있다는 소문이 공공연히 나돌고 있다.

열강의 세력이 밀려들어옴과 더불어 1881년에는 통상 조약이라고 하는 턱도 없는 상품을 먼저 움켜쥐려는 열렬하고도 야망에 찬 움직임을 보이는 사나이들이 많았다. 그들 가운데에 5월 21일과 28일에 각기 도착한 영국 전함의 두 선장이 있었고, 6월 16일에 왔던 한 프랑스 장교는 6월 18일에 퇴짜를 맞고 물러났으며, 영국의 전함 페가수스호는 원산을 와 보았지만 이곳을 공략하지는 않았다.

부산에서 상호 접촉을 한 지 6년이 지난 후, 개항 이후 외국인들로 말미암아 일본인들이 골치를 썩인 것과 마찬가지로 조선 사람들도 애로점이 많았지만, 어쨌든 그들은 자기 나라를 틀림없이 부강하게 만들어주는 통상을 위해 이제까지 터득한 경험에 따라서 일본인들과의 관계를 참고 견뎠다. 조선 사람들은 면제품, 생철, 유리, 염료, 기구, 기계, 괘종시계, 손목 시계, 석유, 밀가루, 칠기, 철, 그릇 그리고 외제 장난감 등을 구입했다.

한 개인이 자신의 생활을 개선하고자 하는 의욕이 가장 잘 나타나는 표시는 목욕통을 요구한다는 사실이다. 다음 차례에는 비누가 들어올 것이다. 수출품으로서는 사금, 은, 쇠가죽과 뼈, 해삼, 생선, 쌀, 생사, 부채, 목화, 죽지, 인삼, 각종 모피, 담배, 자개, 건어, 목재, 콩과 완두, 대마, 황마, 종이 제품, 작약 껍질, 오배자, 바니스와 기름 그리고 전 세계적으로 시장성이 있는 각종 식물성 제품 등이 있다.

심지어는 유구도 무역 수지를 모색하고 있다. 유구라 함은 지난날에는 왕국이었으나 오늘날에는 일본제국의 오키나와현이 된 곳이다. 5명의 이곳 상인은 1882년 2월 도쿄를 방문하여 부산에 지사를 설립하고 유구의 설탕, 곡물 그리고 생선과 조선의 산물을 교역하려는 속셈으로 한 회사를 세웠다.

원산은 1880년 5월 1일에 개항되었다. 토지가 비옥한 지방에 위치하고 있는 원산은 두 개의 대로가 관통하고 있고 주변에는 모피 산지가 있으며 전면에는 훌륭한 항구가 위치하고 있어 무역지로서의 전망이 밝다. 몇몇 당당한 공공건물이 들어서 있는 일본 조계는 약 42에이커 정도이다. 이곳에는 일본·유럽·미국 제품의 전시장이 있으며, 2만5천 명의 조선 사람들이 이를 관람했다. 이 전시장의 목적은 조선 사람을 개명시키고 그들의 주머니를 우려내는 데 있다.

도쿄의 상인들이 보기에 원산 주민들은 부산 주민들보다 키도 더 크고 더 억세며 더 잘 생겼다고 한다. 판매량의 1/26은 일본 제품이며, 그 밖의 대부분은 면제품과 "잡화"로서 외국산이거나 유럽산이다. 교역이 가장 성행한 계절은 가을과 초겨울이다. 처음 3개월 동안 이곳에 정착한 외국인들은 1천 명의 "배외분자"들이 몰려온다는 풍문으로 말미암아 호랑이로 겪는 고초보다도 더 심한 고초를 겪었다. 그들은 조선의 성지에 발을 들여놓은 외국인들을 박멸하리라고 결심했다는 것이다. 그러나 살기등등한 그 용사들은 자기들이 세운 목표의 실행을 미루었다.

일본 상인들은 조선 사람들이 천진스러울 만큼 미숙하다는 것을 알자 곧 전매업자, 동맹, 조합 그리고 사업상 놀라운 식견을 보여준 상업적인 간책에 손을 댔다. 이에 조선 정부에서 개입하여 조선 업자들의 고충을 해결하여 주자 이번에는 일본 신민들의 불평이 시끄럽게 장기화되었다. 그러나 아직도 이윤이 짭짤했으며 개항 1주년 기념식도 성황리에 거행되었다. 음식상을 차리고 낮에 불꽃놀이를 한 이외에도 포졸들이 조선의 전통적인 놀이인 격구를 함으로써 조선 사람들을 몹시 즐겁게 해주었다.

1881년 5월에 조선을 방문한 외국인 가운데에 코완 박사(Frank Cowan)가 있었다. 그는 미국인 신사로서 일본 기선 쓰루가호의 의사였다. 그는 성품이 좋은 조선 사람들을 가까이 하면서 잠시 여행을 즐겼다. 그는 조선을 정탐하고 상품을 푸짐히 싸가지고 돌아간 이외에도 미국 국무성에 보내는 한 편지에서 다음과 같은 예언을 기록하고 있다.

……태평양의 황금 연안에 위치한 여러 나라들에 이어 조선은 세계의

재정 균형을 혼란시키는 나라가 될 것이다. …… 조선의 전역, 특히 동해안에 값진 금속이 매장되어 있다는 이론은 조선의 지리적 구조에서 볼 때 모순되는 것은 아니다.

한일수호통상조약의 몇 조문을 조정하고 가능하다면 인천을 새로이 개항하는 것을 연기하고자 조선은 두 번째 사절단을 일본에 파견했다. 그들은 1880년 8월 11일에 요코하마에 도착했다. 푸르고 붉은 연분홍색의 헐렁한 도포를 입고 중국의 신발을 신은, 키 크고 당당한 사절단의 행렬은 주위 관객들이 자유로이 바라보는 가운데 거리를 통과했다. 이 동양의 립 반 윙클[10)]들이 풍기는 일반적인 어두운 체취에 대하여 그 관객들은 칭찬하는 평을 하지는 않았다.

사절단은 9월 8일까지 도쿄에 머물렀다. 학교와 공장을 방문하고 전쟁과 평화에 관한 일본의 근대 시설을 견문하는 동안 그들은 어느 곳에서나 정중한 대접을 받았다. 이들을 맞이하는 도쿄의 신문이나 시민들의 태도는 겸허한 친근감을 풍기면서도 멸시하는 듯한 인상과 이들이 자기들의 훌륭한 제자이거나 훌륭한 고객이 되어 주기를 막연히 기대하는 데에서 오는 관용을 보여주기도 했다.

조선은 1880년 한 해 동안 러시아 · 영국 · 프랑스 · 이탈리아 그리고 미국 등 외부 세계의 관심의 대상이 되었다. 러시아 정교의 선교사들이 두만강을 건너려고 시도했었는지의 여부에 관해서는 우리가 알 수 없으나 1880년 봄 통상 관계를 맺고자 러시아의 함대가 함경도 어느 항구의 앞 바다에 나타난 적이 있었다.

이탈리아의 전함 베토르 피사니호는 제노아 공(H.R.H. Duke of Genoa)

---

10) 립 반 윙클(Rip van Winkle) : 어빙(Washington Irving)의 소설 『그림책』(The Sketch-Book)에 나오는 인물로서 시대에 뒤떨어진 사람을 의미함.

을 태우고, 조선의 사절단이 일본으로 출항한 몇 시간 뒤인 1880년 8월 1일 오후 1시에 부산 앞 바다에 도착했다. 1879년에 제주도 근해에서 난파된 이탈리아의 선박 비앙카 포르티아호의 한 생존자는 조선 당국으로부터 친절한 대접을 받은 뒤 나가사키로 호송된 적이 있었다. 제노아 공은 일본 영사를 통하여 동래 부사에게 지난날의 후의에 대한 감사의 글을 보내었다. 그러나 동래 부사는 정중한 답서와 함께 제노아공의 글을 되돌려 보내었다.

그 뒤 1주일이 지나서 베토르 피사니호는 북쪽으로 항진했다. 그 배는 원산과 일본 영사를 피하여 영흥항 앞 바다에 정박했다. 그곳에서 6일을 머무는 동안 그곳의 수령이 제노아 공을 방문했다. 제노아 공은 그에게 통상을 요구하는 글을 전달했으며, 이탈리아에게 어떤 가치가 있는지를 시험하여 보려고 누에알도 몇 장 얻었다. 원산을 3일 동안 방문한 뒤 그 배는 떠나갔다. 이 방문을 계기로 하여 이탈리아 사람들은 몇 가지 확신을 얻게 되었다. 곧 일본의 도움이 없어도 오히려 교섭이 더 성공적으로 이루어질 수도 있다는 사실이다.

또 이탈리아인들은 자기들보다 더 먼저 손을 쓴 영국과 특히 프랑스의 링크스호의 후미어 선장이나 미국의 슈펠트 제독 등 다른 나라의 외교 요원들보다 더 성공적이었던 자기들의 활동을 자축했다. 후미어나 슈펠트는 일찍이 수교를 원하는 글을 보냈었지만 조선의 수령은 읽어보지도 않고 되돌려 보낸 적이 있었다.

그 동안 미국 정부는 조선을 잊고 있었던 것은 아니었으며, 일본도 조선이 미국에 대하여 통상의 문호를 개방토록 하면서 협조할 뜻이 있음을 표시하여 왔었다. 1878년 4월 8일 캘리포니아주 출신 상원의원 사전트[11]는, 미

---

11) 사전트(Aaron A. Sargent : 1827~1887) : 매사추세츠주 에섹스 출신. 초등학교만을 졸업하고, 인쇄소의 도제와 의원실 비서를 지내며 젊은 날을 보냄. 네바다주로 이주. 『네바다 데일리 저널』에 입사하여 그 사주가 되었다. 변호사 시험에 합격한 후(1854), 캘리포니아주 상원 의원(1856)을 거쳐 연방 하원의원이 되었으며(1861~1863, 1869~

국 대통령이 "평화로운 수단으로 일본의 우호적인 관리의 도움을 얻어 미국과 조선 사이에 우호통상조약을 교섭토록 하기 위한 노력의 일환으로 미국을 대표하는 한 대표를 임명할 것"을 제안하는 의안을 제출했다. 이 의안은 2독회까지 거쳤으나 상원은 이를 결국 폐기함으로써 아무런 조치도 취해지지 않았다.

1879년 슈펠트 제독이 이끄는 미국 기선 티콘데로가호는 미국의 통상 상의 이익을 위해 세계를 순항하고, 가능하다면 조선과 통상조약을 체결토록 하고자 파견되었다. 1880년 5월 14일 부산에 입항한 슈펠트 제독은 티콘데로가호를 방문한 일본 영사 곤도 마스키[12]에게 자기의 서한을 서울에 전달하여 달라고 간청했다. 일본 영사는 그의 요구를 응낙했지만, 현재의 봉록과 장래에 얻어질는지도 모르는 이익에 대한 무사안일주의에 빠져 있던 동래 부사 심동신과 그의 통역관들은 그와 같은 위험스러운 일에 손을 대려 하지 않았다.

그 무렵에 일본인들 사이에 떠도는 소문에 따르면 "고려 국왕"이라고 쓴 겉봉을 본 조선 사람들은 그 편지를 거절했다고 하는데 그 부분적인 이유로서는 그들의 왕이 "고려 국왕"이 아니라 "조선 국왕"이었기 때문이라고 한다. 그와 같은 상황에서 슈펠트 제독은 인근에 있는 조선의 요새로부터 통상적인 예우를 받으면서 물러날 수밖에 달리 도리가 없었다. 2차 방문에서도 아무런 소득이 없게 되자 티콘데로가호는 또다시 "서구와 동맹을 맺은

1873), 상원에 진출하여(1873~1879) 광산위원회 위원장과 해군문제위원장을 역임했다. 독일 주차 특명 전권 대사(1882~1884)를 역임. 러시아 주차 대사로 내정되었으나 이를 거절하고 상원 재선에 실패한 뒤 샌프란시스코에서 말년을 보냈다.

12) 곤도 마스키(近藤眞鋤 : 1840~1892) : 메이지시대의 일본의 외교관. 젊어서는 의학을 공부했으나 외무성에 들어가(1870) 런던 공사관(1872~1876)에서 근무했고, 서울 주차 대리 공사(1879), 부산 · 인천 영사(18802~1882)를 지냄. 임오군란 때 구국하여 정육위 훈오등을 받고 외무성 기록국장을 거쳐 조선 주차 대리 공사(1884~1886)를 지내면서 양국의 통상을 증진시키는 한편 병탄의 전초 작업을 이루었다.

국가들 가운데 가장 현저하게 화해할 수 없는 그 냉소자를 뒤로 하고" 귀국길에 올랐다.

조선의 사신들이 일본인들로 하여금 서서히 물러가도록 하려던 노력이 실패로 돌아가자 서울 주차 일본 공사 하나부사 요시타다[13]는 이제 제3의 개항을 강력하게 주장했으며, 상당한 논란을 거친 다음 서울로부터 25마일 떨어진 인천[14]을 개항지로 선택했다. 1880년 12월 하나부사와 그의 수행원들은 얼어붙은 한강을 건너 인천으로 가서 일본의 조차지를 선정했다.

조선의 정파들이 스스로 제기했던 옛날의 쟁점들이 이제 사라지고 이 나라의 쇄국의 봉인을 깨야 한다는 만인 공통의 관심사가 새로운 흥분의 요소로 등장했다. 개화파들은 쇄국과 양이를 주장하는 수구파들의 입장에 반대했다. 개화파를 이끄는 사람들은 젊은 왕과 왕비, 그리고 일찍이 일본에 사절단으로 파견된 적이 있던 김옥균과 서광범 이외에 민겸호, 민승호, 이재완 등이 있었고 수구파로서는 왕의 아버지로서 지난날 섭정을 했던 대원군이 있었다. 중도파는 김홍집의 주변에 모여들었다.

실질적으로 말한다면 조선의 해는 일본 쪽에서 떠서 중국 쪽으로 지지만 도덕적으로나 수사학적으로 표현한다면 조선의 번영의 해는 중국에서 떠서 중국으로 진다. 어떤 사람들은 중국산의 기계 · 무기 그리고 정부 비품들을 구입하고, 중국의 정강 · 정책을 모방하고, 중국 정치인들의 충고를 따르라

---

13) 하나부사 요시타다(花房義質 : 1842~1917) : 일본의 외교관. 프랑스 · 영국 · 미국에 유학(1864~1868)한 뒤에 외교계에 투신하여 1870년 조선 주차 일본 공사관 서기관으로 부임한 이래 변리공사를 지냈으며 그 뒤 귀국하여 궁내부차관과 적십자사 사장을 지냈다. 자작(子爵).

14) (필자 주) 일본 발음으로는 Ninsen 또는 Nii-gawa라고 불리는 이 인천은 16세기에 일본에서 그려진 지도에서도 보일 만큼 일본인들에게는 잘 알려진 뜻이다. 그 이름은 "두 개의 강"(sic)이라는 뜻이다. 이곳은 조수의 간만이 심하여 29피트의 차를 보이는 때도 있다. 겨울에는 해안의 바닷물이 얼어붙는다. 해안 1마일 내에는 대형 선박이 정박할 수 없다. 제물포항은 인천부로부터 약간 떨어져 있다.

고 제안했다. 그 반대파들은 일본의 제도와 물품을 도입하자고 주장했다. 친청파들은 복식이나 실내 장식이나 문화면에서 청국 관리들을 흉내 냈으며, 서구 학문을 이식시켜 주는 모든 서적도 한문으로 번역된 것을 읽어야만 했다.

친일파들은 가옥을 일제 물건으로 치장했고 일본 서적과 일본어로 번역된 서구 학문을 읽고 공부했으며, 외국에 나갈 때면 가장 극단적인 친일파들은 일본 복장을 입었다. 친청파와 친일파들의 장기적이고도 과열된 논쟁은 정부의 활동을 심각하게 저해했으며, 국가 정책을 일대 혁신하라고 재촉했다. 전체 국가에서 심각한 논쟁이 일어난다는 것은 개명의 전조인 것이다.

이 무렵인 1881년 초 일본 공사관 참찬관인 황준헌[15]이 작성한 한 주목할 만한 책이 조선의 조정에 심각한 영향을 미치었다. 그 책의 이름은 『조선책략』이었다. 그 책은 조선의 이웃 나라에 관하여 기술한 책으로서 조선은 그들에 대하여 각기 어떤 태도를 취하는 것이 적절한가를 지적하고 있다.

러시아는 다른 나라를 희생하면서까지 무한한 팽창 정책을 추구하고 있고 영토에 대한 야욕으로 들떠 있기 때문에 조선은 심각한 위험에 빠져 있다. 그런가 하면 중국은 조선과는 천연적 동맹국이며 우방인 동시에 인력으로나 금전적으로 언제든지 조선을 도와 줄 준비가 되어 있는 나라이다. 두 나라는 서로가 필요하며, 그들의 동맹 관계는 이와 입술처럼[脣齒之間] 밀접해야 한다. 역사적으로나 지리적으로 볼 때 조선과 일본은 역시 우의로써 하나로 뭉쳐야 하며 "굶주린 러시아"를 경계해야 한다.

그 다음으로 지적하고 있는 문제는 조선과 미국의 동맹의 필요성인데, 이는 미국이 아시아 국가들의 자연스러운 우방이기 때문이다. 미국과 우의를

---

15) 황준헌(黃遵憲) : 청국의 외교관. 1880년 일본 주차 청국 공사관 참찬관으로 부임한 이래 러시아의 방어와 한미수호통상조약의 체결에 참여했다. 본문에는 그의 이름이 Kwo-in-ken으로 되어 있다.

맺고 우선 조약을 체결할 경우에 얻을 수 있는 잇점을 열거하면서 황준헌은 조선 사람들이 황금과 같은 이번의 기회를 곧 잡아야 한다고 주장하고 있다.

이와 때를 같이하여 중국의 자유주의적 정치인인 이홍장도 조선의 한 정치인[16]에게 편지를 보냈는데, 그 글에서 그는 청국과 미국에 대하여 조선이 우의를 모색할 것을 강력하게 지적하면서 미국과 조약을 체결하는 것을 국가 존립에 관한 문제라고 주장했다. 모두가 그런 것은 아니었지만, 일본에 파견되었던 사절단 가운데 많은 사람들은 서구 문명에 대한 선망을 가득히 안고 돌아왔다. 왕과 그의 많은 근신이 조약을 체결할 뜻을 가지고 있음이 곧 분명해졌다.

북경에서는 1881년의 겨울이 지나기에 앞서 사절단 가운데 몇 사람이 미국 공사와 외교적인 수작을 시작했다. 그러나 그 무렵 청국 주차 미국 공사 앤젤[17]이나 일본 주차 미국 공사 빙햄[18]으로서는 조선과 조약을 채결할 아무런 권한도 갖고 있지 못했다. 그러던 차에 조약 체결의 길이 마련되자 미국 국무성에 제시한 앤젤과 빙햄의 의견서를 통하여 미국 정부는 다음의 기회만은 놓치지 않도록 외교 요원을 대기시켜 놓을 필요가 있다는 것을 느끼게 되었다.

이제까지 조선을 들어가는 유일한 통로는 일본의 호의를 통하는 수밖에 없는 것처럼 보였다. 그러나 북경에 있는 조선 사절 단원들의 명백한 의사로 보나, 베토르 피사니호를 타고 부산과 영흥을 방문했던 이탈이아인들의 경험으로 보나, 미국과 우의를 두텁게 하고 미국과 통상을 맺어 개항하라는

---

16) 운양 김윤식을 의미하는 것으로 보임.

17) 앤젤(James B. Angel : 1929~1916) : 미국의 교육자이며 외교관. 버몬트대학 총장(1866~1871), 미시간대학 총장(1871~1909)을 거쳐 북경 주차 미국 공사(1880~1881)와 터키 주재 미국 공사(1897~1898)를 역임했다.

18) 빙햄(John A. Bingham : 1815~1900) : 미국의 법률가이며 외교관. 하원의원(1853~1854)과 일본 주재 미국 공사(1873~1874)를 역임했으며, 링컨 대통령 암살범의 변호인을 맡았고 존슨 대통령을 탄핵하는 3일 간의 연설로 유명하다.

조선 사람에 대한 중국 정치인들이 충고로 볼 때 일본보다는 청국이 조선의 쇄국정책을 깨는 데에 더 훌륭한 외교 활동의 기지를 제공하여 주리라고 북경 주차 미국 공사는 확신하게 되었다.

미국 정부는 앤젤의 그와 같은 제안을 승낙했다. 미국 국무성은 1881년 봄 슈펠트 제독을 북경 주차 미국 공사관의 해군부 무관으로 파견하여 미국 공사의 측근에 대기하고 있으면서 그의 경험에 따라 향후의 문제를 준비토록 했다. 이제 슈펠트는 "바다 맨 끝에 있는 이상한 나라들을 결합시키는" 후속 작업을 수행해야만 하는 것이다.

황준헌의 『조선책략』이 서울에 전달된 직후 어윤중과 홍영식이 이끄는 34명의 개화파 인사들은 일본을 방문하여 도대체 서구의 사상은 동양 사회에서 어느 정도까지 수용될 수 있는가를 더 연구했다.

서울 부근의 한 항구를 일본에 개항하고 미국과 통상조약을 체결하자는 제안이 아무런 도전을 받지 않은 것은 아니었다. 이만손이 이끄는 강경파 유생들은 상소와 무기로써 이를 저지할 준비를 하고 있었다. 침소봉대하는 조선의 수사학을 빌어서, 충청도[19]에서 올라온 이 고집불통의 애국자는, 중국과 조선 이외의 모든 나라는 야만이며, 양이가 들어오면 이 성스러운 강토가 더럽혀진다는 자기 나름대로의 확신을 피력했다.

자기의 행동에 따라서 자기의 목숨까지도 버리겠다는 뜻으로서 이만손은 애도를 표시하는 상복을 입고 어깨에는 도끼처럼 생긴 것을 메고 7백 명의 유생들을 이끌고 나타나 왕에게 상소문을 올리고 대궐 앞에서 7일 동안 연좌했다. 인천을 개항해서는 안 되며, 두 민 씨는 파직시키고, 모든 개혁은 중단되어야 한다고 그는 주장했다.

외국인을 두려워하는 대중들의 표현은, 서울로 올라가서 상소문과 항의

19) 이만손은 영남 유생이었다.

문을 제출하는 시골 백성들의 대표들에게서도 잘 나타났다. 대궐 문 부근에는 벽보가 나붙었는데 그 벽보는 극렬한 표현으로 가득 차 있었으며 백성들의 특별한 관심의 대상이 되고 있는 이 민족에 대한 서구의 병독이 미치는 최악의 결과를 예언하고 있었다.

열광적인 애국자들로 구성된 또 다른 2천 명의 유생들이 개화파를 겁주려고 서울에 올라오고자 조령에 집결했으나 조정에서 파견한 전령관을 만나서, 왕실에서 후원하여 일본을 방문하기로 되어 있는 사절단들을 소환하겠다는 약속을 듣고서야 귀향했다. 잠시 동안 왕은 이 케르베로스[20]와 같은 광신자들에게 고깃덩어리를 던져 주어 달랬지만 그들이 요구한 세 가지 요목은 조선을 황천만큼이나 접근하기 어려운 나라로 만들어 놓을 것 같았다.

왕명은 너무 늦게 전달되어 일본으로 파견된 개화파의 사절단은 이미 부산항을 떠나 나가사키에 도착해 있었다. 그들은 거기에서 다시 오사카로 올라갔으며 사절단 가운데 몇 사람은 이곳에 남아서 기술과 과학을 공부했다. 나머지 대부분은 도쿄로 올라가 각양각색의 현대 문명을 익혔다.

피터 대제[21]와는 달리 이들 개화파 가운데 몇 사람은 19세기적인 것으로써 자기의 몸과 마음을 스스로 덮기 시작했다. 그림과 같은 중세기적 유물인 도포를 벗어버린 그들은 단추가 달린 웃옷과 바지의 작업복을 입었으며 미국의 시계를 통하여 시간 관념을 배웠다. 그들의 민족적 징표인 상투를 잘라 버린다는 것은 마치 육친을 사별하는 것과 같은 감정을 느끼게 했다.

어윤중[22]은 일본에서 돌아온 뒤 한 사명을 띠고 중국에 파견되었다. 이곳

---

20) 케르베로스(Cerberus) : 그리스 신화에 나오는 개로서 지옥문을 지키는 역할을 한다. 머리가 셋이고 꼬리는 뱀의 모양을 하고 있다.

21) 피터 대제(Peter the Great : 1672~1725) : 러시아의 황제. 구미 각국을 순방하고(1696~1697) 러시아의 근대화에 진력했다.

22) (필자 주) 본 장과 다음 장에서는 조선의 귀족들의 이름을 일본식으로 표기했다. 예컨대 "민(閔)"은 "빈"이라고 표기했다. 그러나 그 뒤의 장에서는 다시 조선 발음대로 표기했다.

에서 그는 주로 이홍장과 회담을 가졌다. 그는 1881년 12월 29일 부산을 거쳐 귀환했다. 그는 이제 일본과 청국의 상대적인 잇점을 판별할 수 있는 절호의 기회를 잡은 것이다. 그의 충성스러운 눈으로 보건대, 나라가 빈곤하여 급속한 성공을 기대하기는 어려우나, 지금 조선의 개혁의 제일차적인 필요성은 강병에 있었다.

이와 같은 그의 임무를 통한 결과는 곧 나타났다. 어윤중이 귀국한 직후 평균 20세 전후의 청년 80명이 천진에 파견되었다. 그들은 지금 이 시간인 1882년에도 그곳에 머물면서 열심히 학업을 닦고 있다. 어떤 생도는 조병창에서 무기제조술을 공부하며, 어떤 사람은 영어를 배우고 있다. 지난날 뉴잉글랜드에 유학했다가 돌아온 어느 중국인 학생은 "조선의 학생들이 가장 배울 곳이 많은 나라가 어디인가를 선정하면서 조선 정부가 가엾게도 편파적인 차별을 두고 있는 사실"을 호되게 비난하면서 이렇게 부언했다.

"조선 유학생들은 장차 우리 중국제국에서 활약하게 될 해군 후보생 가운데 어느 누구보다도 해군으로서의 탁월한 체격을 갖추고 있습니다."

제 48 장 조약의 체결

1882년은 불길하게 그 막이 열렸다. 1월 27일에는 서울의 대궐에서 불이 나 동궁을 위하여 짓던 두 채의 건물이 거의 준공 단계에서 불에 타 무너졌다. 애당초 그 불은 정치적인 의미가 있는 것으로 믿어졌으나 그 불이 단순한 사고에 의한 것임이 밝혀지고서야 민중들은 긴장을 풀었다.

개화사상은 날이 갈수록 발전했지만 친일 노선을 취할 것인가 아니면 친중 노선을 취할 것인가, 그리고 서구 열강 중에서는 미국, 프랑스, 영국 등 어느 나라와 먼저 조약을 체결할 것인가를 결정하느라고 열띤 논쟁이 일어났다. 일본의 전횡을 반대하는 민씨 일족들은 일본의 의도를 제어하기 위해서는 서구 열강과 손을 잡아야 한다는 주장을 내세웠다.

그러던 가운데 한 사건이 일어남으로써 개화파의 세력을 증대시켜 주었는데, 그 사건은 예기치 못했던 것은 아니었다. 한 고쓰가이[1]는 매우 격렬한 어조로 외국인의 추방을 주장했다가 군주를 비난했다는 죄목으로 기소되었다. 그와 때를 같이하여 40명이 연루된 왕의 시역 음모가 발각되어 살육과 고문이 벌어졌다. 그 사람은 처형되고, 많은 음모자들이 유배되었으며, 주모자는 산채로 수레바퀴에 매달려 찢겨 죽음으로써 혁명은 연달아 수

1) 고쓰가이(小使) : 잡일을 하는 심부름꾼을 의미함.

족을 잘리었다. 사형 언도를 받은 6명은 한 대신의 중재로 겨우 목숨을 부지했으며, 스스로 자수했던 왕의 사촌은 정신착란증이 있다는 이유로 왕으로부터 사면을 받았다.

이제 개화파들은 더 유리한 고지를 점령하게 되었다. 1882년 이른 봄 어윤중과 이조연은 조선 정부가 조약을 체결할 준비가 되어 있으며, 조약에 서명하고 협상을 완전히 타결시키고자 적절한 관리를 인천에 파견할 수도 있다는 사실을 미국과 청국에게 알리고자 천진으로 떠났다.

그러는 동안 군사 제도의 개혁은 강력하게 착수되었다. 호리모토 레이초 중위를 우두머리로 하는 일본군 장교가 서울에서 군사를 훈련시켰다. 그들은 거추장스러운 복식과 외국인에 대한 조선 사람들의 공사간의 멸시에도 불구하고 상당한 성공을 거두었다.

조선 정부는 영국군이 장비로 갖추고 있는 몇 백 정의 스나이더 장총과 그 부품을 도쿄에 발주하는 동시에 도쿄의 일본 조병창에서 만들어진 장총 2만 정을 주문한 사실로 볼 때 그들은 일본의 군제를 채택하려 함이 근본적으로 입증되었다. 일본 조병창에서 만든 그 장총은 일본군 무라타 쓰네요시[2] 대령의 발명 특허에 의하여 개량된 것인데 가장 탁월한 군사 화기로서의 장점을 갖추고 있는 무기였다.

그 뒤 다시 2명의 조선 군관이 1882년 4월에 일본을 방문했는데, 그들은 자신들이 차관을 얻고자 왔다는 소문이 나가사키에서 퍼지고 있는 것을 듣고 당황했다. 그들의 수행원 가운데 몇 사람은 각기 기술을 배우고자 인쇄소와 잠사 공장에 들어갔으며, 본국에 시설하고자 활자, 인쇄기, 그리고 각종 인쇄 용품을 주문했다.

사태는 너무도 구체화되었기 때문에 바깥사람들이 보기에도 조선의 사과

---

2) 무라타 쓰네요시(村田經芳 : 1838~1921) : 일본의 군인, 육군 소장, 남작, 무라타총의 발명자.

는 이제 저절로 떨어질 만큼 무르익었음이 분명해졌다. 3월 4일이 되자 "영화가 순조롭게 상영되고 있다"는 사실이 북경 주차 미국 공사관에도 알려졌다. 그리고 당시 도쿄에 머무르고 있던 일본 외교관도 자신이 서둘러 인천에 달려가지 않는 한 그 미국인 제독은 조약에 서명을 마치고 자기의 방문도 기다릴 새 없이 떠나가리라는 것이 확실해졌다.

그 일본 외교관은 급히 친구들에게 작별 인사를 한 다음 일본 기선 이와키마루를 타고 출발했다. 그는 슈펠트 제독이 미국의 코르베트함 스와타라호를 타고 인천에 도착하기 단 한 시간 전에 인천에 입항했다. 인천에는 3척의 중국 전함이 스와타라호와 함께 있었는데 그 가운데 하나는 장갑함이었다.

미국의 외교관인 슈펠트 제독[3]은 중국에서 거의 1년 동안을 보내면서 한미통상조약 체결의 모든 역사가 완전히 쓰일 때까지는 아무도 자신의 노고를 알아 줄 사람이 거의 없으리라는 심리적인 갈등을 극복하고, 4월 7일 스와타라호와 함께 인천 앞 바다에 도착했다. 3명의 장교가 수행한 슈펠트는 조약의 문안을 확정짓고자 조선의 관리가 있는 관청을 향하여 내지로 6마일을 더 들어갔다. 어느 곳을 가나 호기심에 가득 찬 군중들이 모여들기도 했

---

3) (필자 주) 1822년 뉴욕의 홀란드구에서 태어난 슈펠트 제독(Com. R. W. Shufeldt)은 1839년 해군에 입대하여 외국 기지와 연안 탐사에 10년 동안 복무했다. 그는 아프리카 서해안을 순항하다가 리베리아의 흑인 식민지에 관심을 갖게 되었으며, 그 뒤에도 이에 대한 관심을 버리지 않았다. 1850년부터 1860년까지는 미국 해군이 쇠퇴해지자 상업적인 해군 업무에 종사하면서 테후안트페크의 이스트무스를 지나는 수송로를 정리하는 일을 했다. 1860년 쿠바와 아프리카 해안 사이에 벌어지고 있는 노예 매매에 관하여 한 논문을 발표함으로써 정부의 인정을 받은 그는 하바나 주재 총영사로 발탁되었다. 그 뒤 곧 노예 매매는 사실상 해체되었다. 남북전쟁 초기의 어려운 시기에 그는 문관으로 일하면서, 한때는 아무도 모르게 프랑스의 교통편을 이용하여 멕시코로 건너가 후아레즈 대통령에게 비밀 업무를 수행한 적도 있다. 남북전쟁의 말기 2년 동안에 그는 해안 봉쇄 임무를 맡았었다. 1865년에는 하트포드호의 함장의 자격으로 중국으로 건너가서 와추세트호를 이끌고 조선을 방문했다. 1870년에 그는 테후안트페크의 이스트무스 탐험대를 조직했는데 이때 만들어진 그의 보고서는 에이즈 선장이 성안한 반선철도 계획안의 기초가 되었다. 1878년부터 1880년까지에 있었던 타이콘데로가호가 준외교적 임무를 띠고 세계 각지를 순항한 데 관한 공식적인 역사가 기록되어 있지만 아직 출판되지는 않았다.

지만 그들로부터 무례한 대접을 받지 않았다.

이틀이 지나 스와타라호가 정박되어 있는 곳의 맞은편에 마련된 임시 막사 속에서 그들은 조약 문서에 서명했다. 이와 같이 가장 원만한 방법에 의하여 협상이 타결되고 한미조약이 숱한 우여곡절 끝에 한 용감한 군인에 의하여 체결된 것이다. 슈펠트는 그와 같은 성공적인 외교 활동을 끝으로 길고도 찬란했던 직업 군인으로서의 생애에 막을 내렸다.

미국 측으로 보나 조선 측에서 볼 때, 조약이 체결되었다는 사실은 힘든 노력 끝에 얻어진 결실이었다. 조선의 고위 관리이며 왕비의 사촌인 민 씨는 조선 정부로 하여금 미국과 조약을 체결토록 설득하고자 서울에서 밤낮으로 너무 애를 썼기 때문에 슈펠트 제독으로 하여금 인천만에 내박하라는 통지문을 가진 전령이 파견되었을 때 그는 몸이 아파 인천에 갈 수 없었다. 슈펠트는 중국의 후원을 받아 조선의 문호를 개방하려고 너무도 고심하고 애쓴 나머지 몸이 지쳐 샌프란시스코에 도착하자마자 그의 쇠약해진 건강을 회복하고자 메어도의 해군병원으로 곧장 퇴역했다.

한미수호통상조약이 체결된 지 4일 뒤 조선의 수도 서울은 국혼의 경사로 들끓었다. 이제 9세가 된 왕세자가 고관대작인 윤 씨 가문의 규수와 혼인한 것이다. 그는 일본을 방문하기로 되어 있었으나, 혼사를 마칠 때까지 일본 방문이 연기되어 있었다. 서울 거리에는 성대한 행렬이 국혼을 장식했으며, 잠시 동안이나마 외국인으로 말미암은 흥분도 망각되었다. 그토록 행복하게 출발한 밀월이 피를 흘리며 종막을 거두리라고는 아무도 예측하지 못했다.

도쿄 주차 영국 공사 파크스 경[4]은 1876년 도쿄를 방문한 조선의 사신을 개인적으로 면담하려 했으나 아무런 성과를 얻지 못했고 또 영국과 조선 사

---

4) 파크스(Sir Harry S. Parkes : 1828~1885) : 영국의 외교관. 유럽인으로서는 최초로 샴과 수교하고(1855), 상해 주재 영국 영사 및 일본 주재 영국 영사(1865~1883)를 역임했으며, 청국 주재 영국 영사(1883~1885)로 재직하고 있는 동안에는 한영수호통상조약을 체결했다.

이의 무역 증대를 위해 아무런 일도 못했지만, 아직도 방심하고 있지 않았다. 그는 곧 윌레스 제독(Adm. Willes)에게 지시하여 인천으로 항진토록 했다. 윌레스 제독은 자신의 거대한 함대를 일본 해역에 남겨 둔 채 비질런트호를 타고 5월 27일 나가사키를 출항했으며, 저명한 언어학자이며 조선에 관한 학자인 애스톤[5]은 그를 수행하라는 명령을 받았다. 윌레스 제독의 과업은 신속히 성취되었다. 조약이 체결되고 6월 14일 그가 요코하마에 도착하자 미국의 기선 아슈엘로트호가 그의 도착을 출영했다.

프랑스인과 독일인들도 오랫동안 기다리던 기회를 잡았다. 독일의 한 제독은 5월 31일 전함 스토쉬호를 타고 일본을 출항했으며, 프랑스의 해군도 6월 5일 인천에 입항했다. 그리하여 이 외따로 떨어진 역사의 계곡에는 불과 며칠 사이에 미국 전함 2척, 영국 전함 3척, 프랑스 전함 1척, 일본 전함 1척, 그리고 중국 전함 5척이 몰려들었다. 프랑스 전함을 제외하고는 6월 8일까지 그들 모두가 출항했으며, 그들이 축포를 쏘아 초가지붕을 날려 보내는 바람에 남부여대하여 함께 산 속으로 피난했던 남녀노소의 주민들도 크게 안도의 숨을 내쉬고 돌아왔다.

중국은 조약을 통하여 유리한 입장을 차지할 기회를 놓치지 않았다. 조약의 비준이 늦어져 속 썩이는 일도 없었다. 사전에 모든 것이 조선 사람들과 결탁되어 있었다. 그리하여 인천으로부터 각국의 함대가 물러가자 중국은 상해로 장교를 파견하여 원산과 부산으로 건너가서 공공건물을 지을 토지를 선정토록 했다.

최근 일본 공사관은 비서 · 번역관 · 부무관 · 경비원 · 학생 · 하인 등 그 직원이 약 40명에 이르고 있다. 그들의 입장이 불안하고 주변의 일자리에는

5) 애스튼(William G. Aston : 1841～1891) : 영국의 외교관이며 언어학자. 1863년 퀸스대학에서 석사 학위를 받고 이듬해 일본으로 건너가 1889년까지 일본 주차 영국 공사관과 조선 주차 영국 영사관에서 일했다.

위험이 도사리고 있음에도 불구하고 그들은 1853년 페리 제독(Adm. M. Perry)이 도착한 뒤 그들의 역사에서 벌어졌던 장면들이 조선에서 반복되고 있는 것을 음미하고 있는 듯이 보인다. 공사관의 젊은이들은 서울 근교의 유서 깊은 사적들을 방문하고 조선어와 조선 문학을 공부했다.

애당초 조선의 평민들은 외국인들이 어린 아이들을 유괴하여 피를 빨아 먹는다고 믿었으므로 자기 아이들을 세심하게 보살폈다. 그러나 점차 외국인들이 자유롭게 나돌아 다니게 되자 그들에게 채소나 돌멩이를 던지던 일도 이제는 줄어들었으며 심지어는 아낙네들까지도 그들에게 말을 건넸다.

옛날 그토록 광적이던 독재자인 대원군이 아직도 살아 정사를 꾸미고 있음에도 불구하고, 쾌활한 민족성을 가지고 있는 일본인들은 별다른 위험을 느끼지 않는 것처럼 보인다. 대원군은 자기의 계획이 밖으로 누설되지 않도록 하고자 옆에 2~3명의 벙어리를 두고 종자로 부린다고 한다. 그는 개혁에 대하여 적대적인 모든 요소들의 중심을 이루고 있다.

대원군은 또한 비상한 능력의 소유자로서 상당한 영향력을 미치고 있다. "일본인들은 기독교 국가들의 생활 양식에 빠져 있으며, 서구의 악마들에 홀려 있다. 우리의 이웃 나라에서는 서구화된 악마의 나라가 지금 이루어지고 있으니 우리는 오랑캐들을 몰아내어야 한다."고 대원군은 경향의 백성들을 가르쳤다. 외국인에 대한 민중들의 적의를 불러일으키고자 조선에서는 온갖 수단이 다 이용되고 있다. 대로상과 시장 터에는 비석이 서 있는데 거기에 새겨져 있는 글귀는 다음과 같다.

> 서양의 오랑캐가 쳐들어오는데 이들과 싸우지 않는다면 이는 저들과 화해하는 것이며 화해는 곧 나라를 팔아먹는 것이므로 이를 우리 자손만대에게 깨우치노라. 병인년에 짓고 신미년에 세우다.

洋夷侵犯 非戰則和 主和賣國 戒吾萬年子孫 丙寅作 辛未立

이와 같은 척화비가 수천 개[6] 되고 먹 제조업자들에게는 먹에다가 이와 같은 자주적인 선언문을 새겨 넣도록 칙령을 내렸다. 만약 고관대작들이 진보주의적인 견해를 주장한다면 대원군은 그들에게 척화비를 없애 보라고 비웃음조로 말할는지 모른다.

1873년부터 1882년에 이르기까지 그가 형식적으로 관직에서 물러나 있는 동안, 이 고집불통의 유교주의자는 바깥세상의 것을 알기를 일체 거절하면서 기회를 기다렸다. 그 기회가 바로 금년(1882) 여름에 찾아왔다. 바로 턱밑에 있는 인천에 미국인과 그 밖의 외국인들이 등장함으로써 민심이 크게 동요된 데다가 비마저 오지 않아 샘이 마르고 결과적으로 한발마저 겹쳐서 추수는 전면적인 흉작의 위협에 직면하게 되었다.

미신을 믿는 백성들의 공포심을 틈타서 무당, 점쟁이, 양이론자들이 크게 득세했다. 서양 악마들의 입국을 못마땅하게 생각하고 있던 무리들은 몹시 화를 내며 자기 나라를 저주하고 있었다.

그와 때를 같이 하여 서울에 있는 군인들도 불만이 가득했는데, 어떤 사람들은 그 이유가 임금의 체불에 있었다고 하고, 또 어떤 사람은 활과 화살을 가진 옛 전사들을 외국인이 개혁하는 것은 신을 모독하는 것이라도 되는 것처럼 일본식의 신식 훈련을 싫어했기 때문이라고 그 이유를 단언하고 있다. 또 한 가지 그럴듯한 이유로서는 미곡의 흉작으로 말미암아 봉급이 줄고 곡식 중에서 제일 맛이 좋은 쌀을 배급받을 수 없었다는 점을 들 수도 있다. 제일 먼저 피살된 관리 가운데에는 허기진 폭도들이 약탈한 정부미 창고의 책임자인 선혜청 당상 민겸호도 끼어 있었다.

7월 23일, 기우제를 지내고자 왕이 출타하여 있는 동안 대원군을 동정하는 폭도들은 왕을 납치하려 했다. 왕은 대궐로 몸을 피했다. 어떤 기록에 따

---

6) 척화비는 전국의 요충지에 여러 개 세워진 것은 사실이나 "수천 개"는 관장된 표현이다.

르면 그 당시 일본인들이 대궐을 침입하여 왕과 왕비를 체포했으며, 영의정과 대궐 수비대가 침략자들을 물리치려고 애썼으나 헛되이 패주했으니 조선 사람들은 모두가 총을 들고 일어서야 한다고 서울에 있는 몇몇 사고 분자들이 떠들어대기 시작했다는 것이다.

그 뒤 폭도들은 일본 수비대와 거리에서 만난 일본 학생, 그리고 막사에 있던 일본인 군사 교관을 죽이면서 미친 듯이 일본 공사관으로 쳐들어갔다. 여기에 만족하지 않은 4천 명의 폭도들은 외국과 교역을 찬성하는 대신들의 집을 습격했다. 폭동이 진압되기에 앞서 왕비인 민비와 왕세자, 세자빈, 정부의 고관인 민태호와 민영익이 살해되었다고 생각되었으나 이들은 모두가 무사했다. 이 사건으로 말미암아 민 씨 문중의 많은 사람들과 7명의 일본인이 살해되었다.[7]

일본인들은 자기 나름대로의 판단으로 폭동 당일까지도 위험을 눈치 채지 못하고 있었다. 폭동이 일어난 그날에서야 그들은 민중들이 크게 흥분하여 있으며, 군중들이 이리 저리로 달려가고 있음을 목격했다. 그들은 소란한 이유가 어디에 있는가를 알아보고자 경비병들을 파견했으며 오후 2시에 이르러 한 조선 사람으로부터 폭도들이 공사관을 습격할는지도 모른다는 정보를 들었다. 호리모토 중위가 군사를 교련하고 있던 연병장의 조선 군관도, 일본식 교련을 받고 있던 군관들이 이미 습격을 받았으며 그 다음 차례로 일본 공사관이 위험하다는 말을 전했다.

그제야 하나부사와 그의 수행원들은 공사관의 방어 계획을 세웠다. 그들이 이와 같이 대비하고 있을 무렵 공사관에 고용된 한 조선 사람은 폭도들이 두 민 대신의 집을 파괴했음과 일본인 학생 3명을 습격했다는 사실을 알려 왔다. 그때 중무장한 3명의 경비병이 그 일본인 학생을 구출하고자 떠났

---

7) 이때 살해된 일본인의 수는 호리모토를 비롯하여 13명이었다.

지만 그 뒤 경비병과 학생들로부터 아무런 소식이 없었다. 이때 한 조선 사람 관리가 나타나서 일본인들에게 공사관 윗편의 언덕으로 피신하라고 일깨워 주었다.

하나부사가 그 관리에게 정부군의 파견을 부탁하자 그는 곧 그 일을 위하여 떠났다. 오후 5시 50분이 되어 폭도들이 공사관에 도착했다. 그들은 함께 고함을 지르면서 공사관을 향하여 소총과 화살을 일제 사격하고 커다란 돌멩이를 던졌지만 경비병들의 연발 권총 때문에 감히 정문 안으로 들어오지 못했다. 돌멩이를 던지면서 폭도들은 상당히 능숙함을 보여주었다. 폭도들은 인근의 집 한 채에 불을 질렀다. 곧 폭풍이라도 몰아올 듯한 바람을 타고 공사관의 바깥 두 채가 불타 넘어졌으며 경비병들은 눈에 뜨이는 대로 방화범들을 쏘아 넘어뜨렸다.

10시가 되어 폭도들이 부상병들을 가리고 시체 더미를 보호하고자 발포하면서 방책을 쓰러뜨리고 있는 동안 일본인들은 나머지 건물에 불을 질렀다. 장총과 권총만으로 무장한 일본인들은 원형 대형을 이루어 폭도들을 향하여 지쳐 나갔다. 그들은 부근에 있는 한 관청으로 길을 뚫어 나갔다. 그 집은 비어 있었다. 관청 안에 아무도 없음을 안 그들은 도성의 남대문을 향하여 달려 나갔다. 성문 위에 있는 병사들은 성문을 여는 대신에 일본군을 향하여 돌을 퍼부었다.

하나부사는 자기의 무리들과 함께 강을 건너 인천으로 가기로 작정했다. 화염에 싸인 공사관을 뒤로하고 그들은 강변에 이르렀다. 사공이 그들을 태워 주기를 거절하자 그들은 배를 탈취하여 강을 무사히 건너 건너편에 이르렀다. 이제 시간은 자정이 지났으며 비가 억수같이 쏟아지기 시작하더니 이따금씩 울부짖는 천둥소리와 함께 밤새도록 퍼부었다. 도망자들은 때로 길을 잃으면서 어둠을 뚫고 달렸다.

다음날 아침 10시가 되어 그들은 약간의 생보리 쌀을 구하여 먹었다. 후려치는 듯한 빗줄기를 뚫고 인천에 도착한 것은 오후 3시였다. 인천 부사는 그들을 친절하게 맞아 음식과 마른 의복을 내주었다. 장교들은 관사에서 잤으며, 비서와 경비원과 그 밖의 사람들은 그곳에서 15야드 떨어진 경비원의 숙소에서 잤다. 인천 부사는 자기 부하들로 하여금 경비를 서게 하여 일본인들이 잠시 쉴 수 있도록 해주었다. 그 피곤한 무리들은 순식간에 지쳐 쓰러져 잠이 들었다.

오후 5시가 되어 하나부사와 그의 장교들은 밖에서 들려오는 폭도들의 함성으로 갑자기 눈을 떴다. 조금 있더니 다른 한 일본인이 피를 뒤집어 쓴 채 손에는 칼을 빼어 들고 왔다. 그는 그 칼로써 길을 헤치며 온 것이었다. 그들이 잠들어 있는 동안 폭도들은 그들을 공격했으며 그 지방 수비대의 병사들은 폭도들과 손을 잡고 성벽 뒤쪽에 불을 놓았다. 이제 일본인들은 모두 급히 옷을 주워 입고, 칼과 창으로 무장한 채 성문을 지키고 있던 40명의 군사들을 대적하면서 인천 부두로 나갔다. 이 충돌에서 일본인들은 3명이 죽고 2명이 행방불명되었다.

일본 군인들은 도중에서 항구로부터 말을 타고 오는 2명의 일본인을 만났는데 그들의 말에 따르면 항구로 가는 길목에 매복병이 없다고 했다. 그들은 부상자를 말에 태우고 그들 가운데 한 사람을 파견하여 급히 먼저 가서 배를 장만토록 했다. 그들은 오후 7시경에 제물포 항구에 도착하자 안전을 위해서 곧 월미도로 건너갔다.

자정쯤 되어 그들은 거룻배를 한 척 얻어 남양만을 향하여 바다로 나갔다. 그들이 알고 있기로는 그곳에서 영국의 포함 플라잉 휘시호가 탐사 작업을 하고 있었다. 폭풍을 맞아 그들은 거의 항진하지 못했다. 26일에는 짙은 안개가 끼었으나 오전 11시 30분이 되어 안개가 말끔히 걷히자 세 개의 돛대를 단 포함의 반가운 모습이 그들의 눈에 들어왔다. 일장기를 높이 흔들면서 그들은 저쪽에서 답신이 오는 것을 보았다. 반나가 되어 굶주리고 추위에 떨던 26명의 도망자들은 곧 배에 올라 친절한 대접을 받았다.

그날 밤 10시에 플라잉 휘시호는 나가사키를 향하여 닻을 올렸다. 8월

3일 시모노세키에서 생존자들은 피살된 동료를 위한 종교적 의식을 거행했다. "깊은 적막은 참석자들의 오열로 깨어졌으며 분위기는 죽은 자들에 대한 깊은 추모의 정으로 압도되었다." 8월 8일 하나부사는 도쿄에서 천황을 알현했다.

일본 정부는 지체 없이 명령을 내려 시모노세키와 대마도에 육군을 소집하고 이들을 수송할 해군력을 집결시켰다. 하나부사와 그의 수행원들은 군대의 호위를 받으며 서울로 돌아갔다. 그는 8월 16일 서울에 다시 입성하여 정중한 영접을 받았다. 4천 명의 군대를 태운 중국의 전함 한 척도 가까운 곳에 있었다. 모든 권력은 대원군의 수중으로 넘어갔음이 분명했다. 그는 우선 모든 외국인들에게 우의로써 대할 것을 언명하고 최근의 폭동은 봉급을 받지 못한 군인들의 갑작스러운 봉기여서 그들을 진압할 만한 병력이 준비되지 있지 않았었다고 둘러댔다.

8월 10일, 플라잉 휘시호에 승선한 2명의 조선 관리들이 호스킨 선장(Capt. Hoskyn)에게 일러준 바에 따르면, 자기 상사의 부당한 대우에 불만을 품은 군인들은 농민들에게 반란을 선동했으며, 최근 자신의 거세를 뼈아프게 후회하고 있는 대원군의 명령에 따라 피살된 일본인들은 정중하게 매장되었으며, 그 늙은 국태공은 왕권을 빼앗아 종전의 자신의 견해를 전면적으로 변경했음을 공언하고 개화 정책에도 호의를 보였다고 했다.

8월 20일, 하나부사는 조선의 왕을 알현하는 자리에서 일본 정부의 요구사항을 전달했다. 그 요구 사항은 형식적으로는 승낙되었지만 만족할 만한 대응 조치도 없이 며칠이 지나자 항변과 주장을 하다가 지친 하나부사는 8월 25일 서울을 떠나 자기의 배로 돌아갔다. 전쟁의 위협과 같은 이러한 돌연한 행동에 대원군은 승복하고 말았다. 하나부사는 대원군의 사과문을 받고서야 8월 30일 서울로 돌아와 일본 정부의 요구를 전면적으로 관철했는데, 청국의 사신에 의하여 강제로 납치된 대원군이 이때부터 공자의 나라에로 여행을 시작한 것이라고 볼 수도 있다.

10월 2일자 『뉴욕 트리뷴』에 보낸 다음의 전문은 9월 13일까지 요코하마에서 입수된 기사를 다음과 같이 요약해 주고 있다.

조선 정부는 다음과 같은 조건을 스스로 공약했다.

(1) 20일 이내에 소요자들을 체포하여 적절한 벌을 과할 것이며 공판에는 일본 측 대표가 배석한다.

(2) 피살자들을 상당한 예우로써 매장하며 그 가족에게 5만 엔을 지불한다.

(3) 일본 정부에게는 손해 배상으로 50만 엔을 지불하되 5년에 분할한다.

(4) 공사관을 보호하고자 서울에 일본군의 숙영을 허락하며, 그들을 위하여 적절한 시설을 마련한다.

(5) 일본에 사죄 특사를 파견한다.

(6) 일본인 거류민과 상인에게 점차로 그 특권을 확대한다.

(7) 일본 정부의 관리가 조선을 여행할 경우에 적절한 편의를 제공한다.[8)]

사태가 이와 같이 진행되는 동안, 그간 8월 25일까지 호위병들과 함께 아무런 행동을 취하지 않고 사태를 관망하던 중국의 사절은 갑자기 3~4천 명에 이르는 병사를 모두 서울로 불러들였다. 그가 조선에 대하여 어느 정도 압력을 행사할 수 있을는지 지금으로서는 알 수 없지만 이번 폭동의 주모자이며 살인자인 대원군이 중국의 배를 타고 천진으로 납치되어 갔음이 분명하다.

대원군의 출국은 어느 모로 보나 자발적인 것은 아니었으며, 그를 목적지로 데려가기 위해서 해안까지 호송하는 데에는 다소의 무력이 필요했으리라고 추측하는 사람도 있다. 이와 같은 사태의 목적이 어디에 있든지 이번 사건은 북양대신 이홍장에 의하여 지시된 것임이 분명하다. 그는 조선이

---

8) 이 조약문은 임오군란 이후에 체결된 제물포조약을 의미한다. 다만 위의 조약문 가운데 5조까지만이 본조약이며 6~7항은 속약이다.

요즈음처럼 적극적으로 사건을 처리하는 동안에 조용히 관망하려던 자신의 태도를 은연중에 포기한 것으로 보인다.

중국의 어느 집단이 선언한 바에 따르면 이번 사건의 유일한 목적은 대원군을 신변의 위험으로부터 구출하기 위한 것이라고도 하고, 또 다른 사람의 말에 따르면 이번 사건의 의도는 조선의 왕에게 그들이 아직도 속방론을 주장하려는 것으로서, 이홍장은 이러한 속방론에 대하여 철저하게 집착하고 있다고도 한다.

최근 조선과의 분쟁에 관하여 장차 어찌될 것인가 하는 문제가 제기되자 일본에서는 2만 명이 군복무를 지원했으며 국민들은 20만 엔을 정부에 의연했다.

사태가 이쯤 된 단계에서 조선이 "은자의 나라"의 입장을 지양하고 세계적인 관심의 눈길 위에 등장한다면 조선에 관한 불충분한 기술을 우리는 이제 여기에서 마치게 된다. 동아시아의 미래 역사의 중축은 조선이다. 동아시아에서 어느 나라가 우위를 차지할 것인가 하는 문제는 서로 질투하고 있는 적대 세력인 중국·일본·러시아에 의하여 조선의 국토 위에서 결판이 날 것이다.

중국이 이제 와서 새삼스럽게 종주국으로서의 의무를 스스로 짊어지고 나오는 것은 아직도 중국이 이 작은 나라에 대하여 생생하게 관심을 품고 있음을 입증하여 주는 것이다. 중국은 이 작은 나라를 "자신의 방어의 오른팔"이라고도 하고 "자신의 장갑 낀 손"이라고도 한다. 전자는 게걸스럽게 삼키려고 달려드는 러시아인을 막는 것이다. 후자는 야망에 찬 일본인들을 경고하려는 뜻이다.

대만과 유구라고 하는 두 아름다운 섬에서 자신의 자존심을 두 번씩이나 먹칠한 "골치 아픈 인접 국가"를 모독하기 위해서 그 "중원의 왕국"이 "고요한 아침의 나라"를 고의적으로 선택할 것인가 하는 문제는 머지않은 장래에 일어날 사건들을 통하여 곧 결정 날 것이다.

백발이 성성한 노제국이 젊은 북부의 거인과 손을 잡을 것인지 아니면 용과 곰이 조선의 산골짜기에서 벌어질 전쟁의 수렁 속에서 서로 물고 뜯을 것인지는 하나의 질문이 될 수도 있으며 이 질문에 대한 해답은 머지않은 장래에 내려질 것이다. 우리는 믿건대 온갖 위험이 도사린 가운데에도 이 작은 왕국의 국가적 존엄성은 유지될 수 있을 것이다.

그러나 세계의 지도가 어떻게 인쇄되고 나오든 간에 조선과 모든 아시아 국가에서 이교와 완맹과 미신이 사라질 수 있다는 희망을 버리지 말자. 그리고 그들의 나라에서도 기독교와 과학과 교육과 인도주의적 형제애가 영원히 자리 잡을 곳을 찾을 수 있을지도 모른다.

제 49 장 경제 사정

거의 4반세기에 걸치는 기간 동안 한때 은자의 나라였던 조선은 문호를 개방하여 세계와 문물을 교환했다. 조선의 학생들은 국가 민족을 이해하고 한반도에서 인간의 사회적 · 정치적 문제가 무엇인가를 인식시켜 주는 교육 시설을 갖게 되었다. 대부분의 구체제적인 아시아 국가의 경우와 마찬가지로, 서방 세계의 진보적 국가의 특성이 되고 있는 지적 중간 계급이 조선에는 거의 형성되어 있지 않다. 이 "아침의 서광이 비치는 나라"에는 전 인구의 약 1/10에 해당하는 소수의 지배 계급이 있을 뿐이다. 전근대적 특권과 우월한 지위를 누리면서 실제로는 아무런 세금이나 사용료를 납부하지 않는 이 양반들은 평민들을 착취한다. 가장 큰 비율의 집단이, 바꾸어 말해서 전 인구의 9/10가 농사를 지으면서 부락과 촌락에 모여 살고 있다.

전형적인 조선 사람들은 토지를 경작한다. 여러 대에 걸쳐 도무지 개량되지 않은 채 손에 익은 방법으로 이 직업에 종사하는 동안 그들은 지금의 정신 상태에 이르게 되었다. 조선에서는 아직도 거의 모든 공업이 오두막집에서 유지되고 있기 때문에 분명히 제조업이라고 할 만한 계급도 없다. 마루나 담이나 부엌을 위하여 노동자들이 필요로 하는 몇 가지의 물품들이 겨울 동안 농부들의 손으로 만들어지며, 아낙네들은 천을 짜고 옷을 만든다.

일반적인 목수, 대장장이, 석수들도 특정한 계통을 따라 약간의 부가적인 기술을 가진 토지 노동자에 불과하다. 심지어는 어부들까지도 농사를 짓는다. 시골의 글방 선생은 다소 신분이 좋은 농부의 자식이다. 이방과 그의 부하들, 식객, 가게 주인, 거간, 백정, 짐꾼, 광부, 사공, 주막집 주인, 무당, 도박꾼, 점쟁이 등의 집단도 있지만 전체적으로 볼 때 토지에 기대어 살고 있지 않은 사람의 수는 전국 가구 가운데 소수점 이하의 비율에 지나지 않는다.

이와 같은 어쩔 수 없는 이유로 말미암아 조선의 내정에 관한 문제들은 땅을 경작하여 살아가는 사람들의 길흉화복과 거의 직결되어 있다. 여름의 6개월 동안 평범한 조선 사람들은 다리를 드러낸 채 진창에 들어가 곡식을 뿌리고 거두어들인다. 그의 처자식들, 특히 그의 딸들은 쌀 · 보리 · 밀 · 콩 등을 재배하고 추수하는 데 아버지를 도와준다. 추운 겨울 4개월 동안 농부는 땔감을 모으고 멍석 · 짚신 · 발 · 이엉 등을 만든다.

정월과 7월이 되면 시간이 한가하여 거의 또는 전연 일을 하지 않는다. 이 2개월은 휴가와 마찬가지이다. 농부의 평균 수입은 1년에 30달러 정도이다. 조선의 일반 가옥은 주춧돌을 박은 땅바닥 위에 진흙, 볏짚, 노끈, 나무 등으로 만들었으며, 그 값은 몇 달러에 지나지 않는다.

공한지의 땅값은 1에이커당 1~5달러이고 비옥한 경작지는 1에이커당 10~60달러이다. 토지의 경계선은 매우 허술하여 경계선을 둘러싼 싸움이 끊임없이 일어나고 있다. 조선의 농부들은 과학적인 관개나 비료에 관하여 거의 아는 바가 없고 다만 건초가 주요한 비료를 이루고 있다.

산은 몹시 헐벗어 한발과 홍수가 번갈아 가면서 무섭게 일어나고 있다. 천연적으로 비옥한 토지와 적합한 기후를 가지고 있음에도 불구하고 조선의 농업은 유치한 단계에 놓여 있다. 전하는 바에 따르면 조선은 16세기에 일본으로부터 쌀의 경작법을 배웠다고 하는데, 오늘날에는 일본의 자극을 받아 연간 수백만 부셸[1]을 수출할 수 있게 되었다.

최근에 이르러 일본인들은 곡물, 식물성 밀초, 종이 섬유, 직물 원료를 생산할 뿐만 아니라 오사카 방직 공장의 수요를 충당할 수 있는 목화를 재배하고자 황무지를 개간할 수 있도록 그 권리를 얻으려고 시도하여 왔다. 1904년 7월에 너무도 신랄하게 추진했던 그들의 요구는 조선 사람들이 거대한 군중 집회를 이루어 강력하게 항의를 제기하는 원인이 되었다.

조선의 시골은 대개 문맹이다. 농민 계급의 남자들은 아마 40%가량이 한문과 한글을 읽을 수 있다. 여자를 통산한다면 지방에 따라서 커다란 차이를 보이기는 하겠지만, 시골 인구의 85%는 문맹인 것으로 추정되고 있다. 일반적으로 북부 지방보다는 남부 지방 사람들이 책과 글에 더 친숙하여 있다.

1904년의 예산에 따르면 서울 이외 지방의 교육 예산은 27,718달러인 데 반해, 서울의 교육 예산은 135,074달러이고, 서울 예산 가운데 44,220달러는 영어 · 프랑스어 · 독일어 · 러시아어 · 중국어 · 일본어를 가르치는 외국어학교의 외국인 교사들에게 인건비로 지출되고 있다는 것은 서글프기 짝이 없는 일이다.

1895년 이래 옛날에 실시했던 과거 제도를 폐지하고 학부를 설립했다고는 하지만, 전체적으로 볼 때 지방에 대한 혜택은 거의 보잘 것이 없다. 1904년의 학부의 예산을 보면 28,617달러가 배정된 가운데 19,857달러가 인건비와 일반 사무비로 지출되고 6,500달러만이 교재 인쇄비로 지출되고 있다.

조선의 농부들은 의복이나 음식이나 생활 습속에서 단순하다. 그들은 집을 떠나 멀리 여행하지도 않는다. 비록 대로상에는 길가는 사람들이 많이 있지만 선비나 장사꾼이나 짐꾼들 이외에 농부들은 보이지 않는다. 시골 사람들이 인근의 대도시를 방문하는 경우는 거의 없으며 시골 부근의 도시에

1) 부셸(bushel)=8갈론(약 2말 1홉).

사는 사람들도 서울 구경을 거의 하지 못했다.

육신이 더 이상 지탱할 수 없어 압제자에게 봉기를 일으키지 않을 수 없을 때까지 수탈을 견디면서 참은 시골 사람들에게는 관습이 영원한 법이다. 아직도 그들이 항변하는 대상은 탐학한 인간이지 제도 그 자체는 아니다. 탐학한 관리가 소환되거나 쫓겨나고 일시적인 구제책을 베풀면 조선의 농부들은 옛날처럼 또 다시 충실한 납세자로 돌아간다.

동학 운동과 같은 사건이 일어나 그들을 충동질하지 않는 한 그들의 인생의 수레바퀴는 곧 이제까지 살아온 틀에 박힌 바퀴 자국 속으로 다시 미끄러져 들어간다. 그들은 먹을 것이라도 충분하면 그것으로 만족한다. 관리의 압정과 수탈에 설상가상으로 하느님마저 그들에게 인정을 베풀지 않으면 그제야 그와 그의 동지들은 굶주린 불평분자들의 사나운 폭도로 변하여 피를 보는 복수전을 전개할 준비를 한다.

흙의 자손들은 무한히 미신에 의존한다. 그들에게는 과학의 확신이나 순수 종교의 능력이 제공하여 주는 삶의 보장이 없기 때문에 땅과 공기와 물속에 빽빽이 들어박혀 있는 악마나 귀신들에 대한 끝없는 공포 속에서 살아가고 있다. 그들에게는 통일되고, 의기를 돋우어 줄 수 있는 고무적인 신관이 없다.

이엉으로 덮은 초가집이나 흙바닥의 오두막집은 물신들의 박물관이다. 외국인들이 보기에는 지푸라기나 누더기로밖에 보이지 않는 대상에게 그들은 땅에서 얻은 가장 좋은 과실을 바치는 경우가 흔히 있다. 무당들은 잔치에 나타나 춤과 노래와 굿을 해준 댓가를 두둑이 받음으로써 농부들에 붙어사는 살찐 기생충처럼 번창하고 있다.

조선 사람들은 아직도 종교적인 축제를 즐기고 있다. 그들은 영혼에 대하여는 관용을 보이면서 적어도 자기 자신에 대하여는 냉엄하다. 그들은 신을 경배하지만 신과는 아주 동떨어진 대상에게 그 잘 익은 제물을 바치며, 심지어는 그 제물을 자기의 뱃속에 집어넣기도 한다. 신에게 경배를 드리는 사람은 무엇보다도 자기의 배를 두둑이 채워야 한다는 신념에 정통한 사람이다.

그러한 미신적인 사람들과 더불어 유교와 불교는 미신의 총집결체를 이루고 있다. 조선 사람의 얼굴은 과거를 향하고 있다. 그들은 죽은 자에게 기원하며, 죽은 자를 경배한다. 그들에게 이미 과거가 되어 버린 죽은 자의 무덤은 미래가 그들에게 제공하여 주는 것 이상의 의미를 갖는다.

양반 · 관료나 그 밖의 기생적인 약탈 계급에게 당하는 수탈 이외에도, 그들이 죽은 조상에게 바치는 제물의 비용은 1년에도 몇 백만 달러에 이르며 총계는 국가의 예산보다 훨씬 많다. 서울에만도 3천 명의 무당이 있으며, 그들은 매달 적어도 7달러 50센트를 번다.

농부들은 가난하지만 남에게 인정스럽고 자유롭다. 그들은 배운 사람과 지위 높은 사람에게 말없는 존경을 보낸다. 그들은 꽃과 아름다운 자연의 경치를 사랑하지만 혁명의 출현에 대하여는 둔감하다. 사람이 바라보는 시야는 그가 태어난 곳의 언덕을 넘지 못하고 있다. 조선 사람들의 최대의 즐거움은 시장을 보러 가는 일이다. 왜냐하면, 일반적으로 말해서 조선에는 상점이 없고 매 5일 또는 6일 만에 장이 열리고, 그곳에서 자기가 만든 물건을 바꾸고 자기의 의견을 교환하기 때문이다.

풍작이 되면 모든 사람이 즐거워하고 흉작이 되면 기근이 일어나고 강도 · 약탈이 횡행하기 때문에 기후 조건에 따라 조선 사람들은 행복할 수도 있고 불행할 수도 있다. 장터에서 물건을 파고 사고, 행상을 하고, 남의 얘기를 늘어놓는 외에 기분 풀이로 술 마시고 싸우는 일이 허다하다. 옷감을 사러 갔다가 빈털터리가 되어 돌아오는 농부도 흔히 있지만 그들은 마냥 즐겁기만 하다. 그들은 이런 삶이 차라리 지긋지긋하리만큼 단조로운 생활을 벗어난 것이라고 말할 수도 있다. 더 나아가서 그들은 농담을 즐기는 자기의 친구를 놀려대기를 좋아한다.

나라 자체가 죽은 자의 문제로 크게 좌우되고 있는 군주 · 조신 · 백성들이 상상적인 악마나 영혼에 따라 움직이는 것과 마찬가지로 한 개인으로서, 한 가족의 일원으로서, 그리고 한 문중의 일원으로서의 농부들은 미신에 대한 경배심을 가지고 죽은 조상의 무덤을 지켜보는데 그들의 이러한 태도는 질투와 두려움으로 가득하다. 따라서 마을에서 일어나는 소란의 가장 중요한 요인은 무덤을 둘러싼 싸움에서 나타나고 있다.

방백 수령 앞에 제시되는 송사의 절반은 무덤을 둘러싼 분쟁과 관련되어 있다고 한다. 이와 같은 씁쓸한 싸움은 그 문중이 온통 연루되며 피를 흘리고 목숨을 잃는 결과를 빚어낸다. 심지어 죽은 사람이 평화롭게 안장되는 것조차 허락되지 않는다. 서로 다투는 정도를 넘어 시체를 파헤쳐 내동댕이치는 경우도 흔히 있다. 이와 같은 잔혹 행위는 종종 볼 수 있는 과부 납치나 그 밖의 범법 행위로 그 모양이 바뀌어 있다.

농부들 간에 흥분이 일어나는 또 다른 요인은 논에 물을 대기 위한 싸움에서 일어나고 있다. 보를 막아 물을 위로 보내거나 또는 아래로 물길을 낼 경우 어떤 농부의 농사를 망칠 수도 있다. 남의 논두렁을 헐어 버리거나 옆의 논에서 물을 빼돌리는 일은 그들의 속담이나 민담에 잘 나타나고 있다. 말다툼이나 싸움을 위한 구실이 넉넉하다는 것은 전적으로 습관적인 현상이다.

농민에는 네 개 계층이 있다. 농부 가운데 가장 낮은 계층은 농노이다. 이들은 토지를 가지고 있지 않으며, 날품팔이를 하거나 계약에 따라 일하는데 사실상 땅에 얽매어 있다. 그 다음 계층에 속하여 있는 사람들은 토지를 갖고 있지는 않지만 삯을 받고 다른 사람의 토지를 경작하는 소작농이다. 이렇게 남의 땅을 빌어 경작하는 사람들이 인구의 대부분을 이루고 있다. 이들은 토담집에서 살며 생계에 넉넉한 양식을 가지고 있고 또 때로는 유족하지만 옷을 갈아입는 일이 거의 없고 생활에 편할 날이 없다. 농사철을 만나면 그들은 새벽부터 저녁까지 뼈가 빠지도록 일을 한다.

세 번째의 계층은 5백 내지 5천 달러의 재산을 가지고 있는 소농으로서 전체 농업 인구의 3%에 해당한다. 네 번째 계층은 가장 부유한 계층의 지주 계급을 의미한다. 이들은 토지 귀족으로서 4~5백만 달러의 재산을 소유하고 있고 적어도 1년에 25만 달러의 수입을 가지고 있다. 숫적으로는 매우 적지만 그들은 막강한 세력을 이루고 있다. 왜냐하면, 조선을 지배하는 것은 바로 이 대지주들이며, 그들 가운데 대부분은 서울에 살고 있기 때문이다.

조선에 있는 대다수의 사람들은 일을 해야 한다는 충동을 약간은 느끼고 있지만, 굶어 죽으리라는 위협을 극복해야 할 만큼 기를 쓰며 일하고자 하는 동기를 느끼고 있지는 않다. 오늘날 서서히 개량되고 있기는 하지만 옛날부터 전승되고 있는 생활 규범 아래에서는 관리, 양반 그리고 토지 귀족들, 이를테면 약탈 계급들이 평민들의 벌어 모은 재산을 우려내기 때문에 평민들로서는 저 하나 먹고 살 이상으로 일한다는 것은 불필요하고도 어리석은 것처럼 보일 뿐이다.

"문명이라는 이름의 헛소리"를 빌어서 표현한다면 그토록 기를 쓰고 벌어봤자 세금을 더 내는 것을 의미하지 않는가? 1902년 11월 13일 정부는 토지세를 단위 면적당 10달러에서 16달러로 인상한다고 발표했다. 실질적인 압제자와 상상적인 악마가 오랫동안 조선의 토지를 지배하여 왔기 때문에 조선의 평민들은 그렇게 주장하고 있는 것이다.

학자들은 또한 연구를 통하여 은자적인 국가 생활을 하던 시대의 조선의 실제적인 경제 사정을 밝혀냈다. 고대의 조선은 식량 생산에서 봉건 시대의 일본의 경우와 마찬가지로 그렇게 고생스럽지는 않았다. 일본에서는 오직 국토의 1/12만이 경작되었거나 될 수 있었다. 일본은 경지 면적이 엄격히 제약받기 때문에 기근 · 질병 · 폭풍 · 홍수 등과 같은 천연적인 억제를 통하여 그들의 인구가 감소되고 이외에도 사치단속법, 공창, 영아 살해, 잔인한 형벌, 빈번한 참형과 같은 인위적인 수단으로 훨씬 더 많은 인구를 감소시킴으로써 식량 공급에 상응토록 했다.

조선에서도 또한 평야와 계곡에도 사람이 정착하여 넉넉한 생활을 했다고는 하지만 기름진 땅에 적절하게 인구를 충원·억제하지 않고, 순리가 아닌 방법으로 인구를 억제하는 현상이 여러 가지로 존재하고 있었다. 지방에서는 기근이 자주 일어나고 또 종종 오래도록 계속되어, 종교적 양심이 높아지고 식량 수송이 원활해진다 할지라도 상당한 숫자까지 인명을 구할 수는 없다.

너무도 급속도로 불어나는 인구에 대한 인위적인 억제책이 강력하게 실시되었다. 여자 아이를 낳으면 관심을 덜 기울이기 때문에 사내아이에 견주어 사망률이 높았으며 잔혹한 형벌, 빈번한 고문과 처형, 저조한 작업 의욕 등은 토지에 살고 있는 인간의 생활을 비교적 낮은 가치의 것으로 만드는 데 상승효과를 나타냈다.

조선이 은자의 나라에서 발돋움하여 외국과 통상을 맺고 외국의 사상을 받아들임으로써 스스로 윤택하게 되기 시작하자 조선의 모든 사정은 바뀌었다. 새로운 통상 방법, 과학, 그리고 종교에 직면한 조선의 지식인들은 생각과 행동하는 면에서 새로운 용기를 얻게 되었다.

여성의 가치를 떨어뜨리고 인간의 지식을 편협하게 만드는 유교의 굴레 속에서 오랫동안 얽매여 온 조선 사람의 가슴속에 기독교가 스며들자 그들은 자기 자신 이외에 다른 나라와 민족을 생각하게 되었고 자기 자신의 심성을 탐구하게 되었고, 자기 자신과 이웃의 복리 증진을 시도하게 되었고, 전 세계에 대하여 새로운 견해를 갖게 되었다. 새로운 교리들은 악마와 악령으로 마비된 노예로부터, 조상 숭배로부터, 그리고 무덤에서 튀어나온 손에 장악된 왕권으로부터 그 개종자들을 해방시켜 주었다.

거짓된 경제 개념에 의하여 마치 쇠고리와 같은 것으로 죄어 있던 조선에 자유 경쟁의 사상이 주입되었다. 해외 시장과 같은 것을 알지도 못했던 조선에 철도가 부설되어 진지한 원매자들이 농부의 대문을 찾아 들었으며 상품을 해외로 수출함으로써 농부들은 전 세계로부터 몇 곱이나 되는 이윤을 얻을 수 있게 되었다.

비록 경영상의 잘못으로 그 소득은 필연적으로 농부의 직접적인 이득이 되지 못하고 관료 계급이나 서울의 지주들만 득을 보는 결과가 발생했지만, 이미 조선에서는 동쪽에서 온 세심한 도서 민족의 힘을 통하여 곡물이 네 곱으로 증산되고 있다. 일본인들의 수요로 말미암아 조선에서는 6천만 부셸의 곡물이 생산되었다고 추산되고 있다. 일본인들의 열성적인 활동과 중국인들의 구두쇠같이 절약하는 생활의 가운데 낀 조선은 이제 원시적 방법으로 일생을 살아가던 "그 좋던 옛날"이 사라지고 있다.

조선은 450만 에이커의 경지를 가지고 있는데 이는 전체 면적 8만2천 평방 마일의 약 8.5%에 해당된다. 따라서 조선에서는 아직 경작이 가능한 350만 에이커의 땅이 삽을 기다리고 있다. 경작이 가능한 조선의 토지로부터 6백만 명 이상의 인구가 쉽사리 그 생활 터전을 찾을 수 있고 거의 1천만 달러의 곡물을 증산할 수 있다.

오늘날 한반도는 큰 계곡에 철도를 부설할 필요가 있다. 철도를 부설하면 "철도 주변 20마일 내의 계곡은 그 가치가 4배로 올라갈 것이다." 이미 경부선은 두 도시의 부동산 시세를 몇 백% 상승시켰으며, 경부선 위에 위치한 모든 도시들도 그러리라고 추정된다. 경부선은 1901년 8월에 착공되었다. 그 동안 자금난으로 공사가 지연되기는 했지만 1903년 12월 1일 현재 각 종점으로부터 31 마일의 철도가 부설되었다.

러일전쟁이 일어나 경부선의 군사적 가치가 드러나자 일본은 자기의 자본으로 1904년 말까지 31개 터널과 20,500피트의 교량을 포함하여 전장을 완성시키겠노라고 곧 약속했다. 287마일의 경부선은 조선에서 가장 비옥한 4개 도를 관통하게 될 것인데, 전체 가구의 70%와 전체 경지 면적의 5/7가 이 4개 도에 속하여 있다. 이곳에는 또한 매달 6회의 큰 시장이 열리는 장터가 있고 이 교역지 또는 그 근처에 39개의 정거장이 위치하고 있는데 이곳의 총 거래액은 조선의 국내 교역의 65%를 넘는다.

지난날 은자의 나라 시절에 미흡하기 짝이 없던 조선의 사회적 · 정치적 체제는 집요하고도 탐욕스러운 외국인들에 의한 계속적인 침략의 충격에 견딜 수 없음을 스스로 입증했을 뿐만 아니라, 앞으로 자신의 체제를 전면적으로 재편하지 않는 한 조선으로 들어오는 열강들의 표독스럽고도 무자비한 욕망에 대항하여 스스로를 방어할 수가 없을 것이다. 만약 조선 사람들이 자신의 국가적 존엄성을 유지하고자 한다면 외형적인 제도와 내면적인 의식을 함께 개조해야만 한다.

조선은 질투심이 많고 탐욕스러운 적대 세력 사이에 벌어지는 논쟁의 골격이 되어 왔다. 어느 외국 정부가 교활한 외교 술책으로 몇 백만 달러의 가치를 갖는 삼림채벌권을 획득하면 다른 정부는 채광권을 얻고, 또 다른 정부는 이러저러한 사업을 제시하거나 재정을 고갈시키는 생산 방향을 암시했다. 이 가난한 왕국은 어리석은 사업에 몇 백만 달러를 낭비했을 뿐만 아니라 재목, 광물, 어업 그리고 각종 산업에서 천연적인 재화를 약탈당했다.

조선을 현대적인 주변 정세와 조화시키는 문제는 일본의 그것과 동질적인 측면이 거의 없을 정도이다. 왜냐하면, 지난날 일본의 경우에서 매우 효과적이었던 것들이 한반도에서는 결여되어 있기 때문이다. 일본의 경우를 보면, 홀란드의 상인들을 통하여 2세기에 걸쳐 유럽과 교류를 가짐으로써 서구 사상의 수용에 의한 오랜 준비 기간이 가능했고, 일본의 역사학자들이 연구를 통하여 자기의 역사에서 영감을 얻었으며, 자기 스스로를 희생하는 정신을 가지고 있었는데, 이상과 같은 것들이 일본으로 하여금 새로운 조건과 상황을 훌륭하게 극복할 수 있도록 만들어 주었다.

조선에는 일본의 사무라이와 같은 무사 계급이 없다. 일본이 항상 가지고 있는 것, 이를테면 정신적으로나 육체적으로 훌륭하게 훈련된 지식인 단체로서 충성과 애국심과 국가를 위한 자기 희생의 고결한 이성을 가지고 있는 무사이자 곧 지식인인 사무라이와 같은 계급이 조선에는 결여되어 있다. 조선의 양반과 동등한 우월과 특권을 향유하고 있는 일본의 사무라이는 봉건체제를 무너뜨렸을 뿐만 아니라 그들의 세습적 은급과 특권을 포기한 뒤에 생산 계급과 손을 잡았다.

이와 때를 같이하여 일본의 상인과 공인들의 사회적 지위가 상승되었고, 천민들에게도 시민권이 부여되었으며, 육군·해군·학교·법조·문관 등 모든 분야에 누구나가 진출할 수 있는 기회가 부여되었다. 해외 교역의 비옥한 물줄기, 외국 민족과의 우호 정신에서 얻어진 고무적인 영감, 그리고 무엇보다도 지식인의 활약과 기독교 선교사들의 목적적인 교육을 통한 일본의 부강 등으로 말미암아 일본은 세계 무대에서 서방의 열강과 동등한 지위를 누릴 수 있게 되었다.

그와는 달리 조선은 아직도 양반·관료·지주 등 착취 계급이 엄존하여 있고, 대궐에서 오두막집에 이르기까지, 그리고 군주로부터 농노에 이르기까지 미신에 얽매어 아직도 그 국력이 취약·빈곤에 빠져 있다. 조선에서 무엇보다도 필요한 것은 게으른 양반들이 긴 손톱을 깎고 일터로 들어가는 것이다.

아직도 주변 사정은 어둡지만, 희망이 아주 없는 것은 아니다. 어떠한 민족도 하루에 이루어지지 않았다는 사실을 조선 사람들은 서서히, 그리고 고통스럽게 배우고 있다. 기독교 교사의 훈련을 받아 새로운 행동 동기로써 새로운 마음의 수평선을 바라보면서 그리고 정신을 지탱하기 위한 양식을 먹으며 새로운 한 세대가 부상하고 있다. 능숙한 거짓말, 도적질, 도박, 과음, 사회악 등, 유순하기 짝이 없는 이 민족에게 너무도 보편화된 악습에 대항하여 싸우면서 기독교가 적어도 몇 사람의 생존자와 더불어 한 걸음씩 전진하고 있다.

1894년에 일본이 중국의 코를 납작하게 만들어 주기 이전까지의 여러 세대에 걸쳐 조선은 자신이 대부분의 문화적 요소를 빌려 온 중국에 대하여 모든 면에서 너무도 철저하게 복속되어 있었기 때문에 이 속국에는 숭고한 의미로서의 애국주의가 없었을 뿐만 아니라 정당이나 정파도 이기적인 목적 이외에는 존재할 수가 없었다.

대체로 백성들은 세금을 물고 방백 수령의 환심을 사고, 법망을 피하는 문제만으로 전전긍긍했다. 지배자들의 입장에서는 대국인 중국에 대한 가엾은 두려움에 항상 사로잡혀 있었으며, 매사를 현상 그대로 유지하려는 욕망이 변화에 대한 무기력한 두려움과 혼합되어 있었다. 국가에 대한 순수한 사랑이라든가 자기의 조국을 위하여 자신을 희생시킬 수 있는 의지—이러한 것은 거의가 긴 안목을 가진 소수 애국자들이 제시하는 신사상에 불과했다.

조선의 사회적·정신적 진보에서 현재의 그들의 윤리적 수준은 집단·종족 또는 친지의 관념을 벗어나지 못하고 있다. 그러한 그들의 관념은 아직 개인주의에까지 이르지는 않았다. 백성들의 대부분은 민족적 존엄성을 유지하려는 본능적 욕망과 같은 일종의 애국 사상을 가지고 있다. 전쟁의 거대한 폭풍의 와중에 휘말려 있으며 20세기의 경제적 태풍의 중심부에 빠져 있는 그들이 지금 가장 두려워하고 있는 한 가지 사실은 그들의 국가가 소멸될는지도 모른다는 사실이다.

심지어 조선 사람들은 외국의 열강에게 복속되기보다는 차라리 철도·교육·공중 위생 또는 정의에 입각한 정치와 생소한 것들을 보지 않고 살아가기를 지금도 바라고 있다. 외국의 간섭은 이를테면 더 심한 압제와 심지어는 약탈 같은 것을 항상 의미했다는 사실에 대하여 역사는 조선에게 분명한 대답을 주고 있다. 외국인의 입국을 통하여 일어났던 사실을 반생이나 바라보면서도, 조선 사람들은 장차 외국인들의 손으로 전래된 문명을 수용해야 할 때가 올는지도 모르지만 현재로서는 그것을 원하지 않고 있다.

교육과 바깥 세상에 대한 새로운 관찰을 통하여 조선 사람들은 동화로써 서구의 문명이 자신의 것이 될 때까지 그것과 싸우면서 그것을 기꺼이 수용하게 될 가능성도 있다. 민족이 분열되어 있던 고대 시대와 그 이전의 시대에는 많은 문화와 다양한 가치 기준이 있었다. 그러나 세계가 한 형제로 된 오늘날에 단일한 문화 기준과 단일한 국제법이 있으며 모든 사람은 이를 준수해야 한다. 이 기준을 위하여 일하거나 복종하지 않는 민족이나 왕국은 역사의 장에서 사라지게 될 것이다.

조선이 이와 같은 진리를 인식하고 조선의 지식인들이 협조와 발전을 위하여 그들의 친구들과 더불어 형제애를 모색하고 있다는 징조는 부족하지 않다. 태초에서부터 아시아의 여러 민족들을 치유하고, 도와주고, 가르치고, 번영시키기 위한 정책을 줄곧 지향하여 온 거대한 공화국을 향하여 조선 사람들이 눈길을 돌린다는 것은 당연한 일이다.

조선은 워싱턴에서 개최된 국제우편연맹(IPU)에 대표를 파견했으며, 1896년에는 4종의 우표와 함께 우편 제도가 창설되어 프랑스의 협조 아래 훌륭하게 운영되고 있다. 국기와 공문서, 동전 그리고 한 민족으로서의 본질적인 표상인 기타의 징표는 물론 이 우표들은 그들의 상징적 부호의 목록을 잘 보여주고 있다. 청·홍·흑·백으로 이루어진 조선의 국기는 고대 중국의 철학과 우주의 원리를 의미하는 두 개의 커다란 상징을 포함하고 있다.

이 상징을 통하여 조선 사람들은 우주의 무한한 활동과, 조합과 분리의 교호 작용의 결과로서 나타나는 모든 가시적·불가시적 현상을 안다. 천지, 명암, 적극·소극, 남녀의 힘을 가지고 있는 음양은 영원한 포용과 활동을 의미하는 2개의 커다란 콤마(,)로 표현되고 있다. 이 음양의 기호는 기폭의 중간에 위치하고 있다. 기폭의 네 모서리에는 팔괘가 그려져 있다. 팔괘라 함은 언어와 문자의 발상과 관련된 고대 중국의 전통에서 나타난 8가지의 기호이다.

우표에는 "대한"이라는 글자가 새겨져 있다. 중국, 고대 일본, 러시아, 터키, 또는 교회와 국가가 다소 밀접한 관계를 맺고서 통치되고 있는 기독교 국가에서와 마찬가지로 조선은 밖으로 나타난 모든 발전 과정이나 외형에도 불구하고 원시적 또는 중세기적 개념에 의하여 "제국"이라고 표현되고 있으며 또 한자로 그렇게 명시하고 있는데, 이는 비록 헌법과 의회에 의하여 뒷받침되고 있다는 점에 차이가 있기는 하지만 근대 일본이 자신을 그렇게 표현하고 있는 것과 같은 뜻을 가지고 있다. 우표에는 이와 같은 중국의 상형 문자 이외에도 영어와 한글로 각기 Imperial Corean Post와 "대한제국 우표"라고 써 있다.

국화는 무궁화로서 줄기의 양쪽에 잎이 달린 쌍엽수이다. 우표의 액면은 로마 숫자에 영문과 조선어로 각기 한 행이 기재되어 있다. 검은 잉크로 찍은 소인은 국가명과 수도의 이름을 프랑스어로 표기함으로써 우편 제도의 국제적 성격을 보여주고 있다. 왕궁의 장식물에서 볼 수 있는 바와 같이 조선의 국가 색채는 황·홍·청이다.

인접 국가나 서방 국가에서 채택하고 있는 제국의 제도를 모방하고자 조선 정부는 예식원[2]을 창설했다. 각 부서에 아무렇게나 배속되어 있는 그러한 제도들은 겉만 번지르르한 것으로서 대부분의 백성들이 굶다시피 하고 으레 불평 속에 살고 있는 이 작은 왕국의 재원을 수월찮게 고갈시켜 왔다. 황제와 장군과 대신들은 일본·영국·러시아·프랑스·벨지움 등 군주들이 패용하는 각종 훈장들을 아무렇게나 자기의 가슴에 달았다.

조선 정부는 1900년 8월 5일부터 1902년 12월 20일에 이르기까지 42개의 훈장을 수여했는데 이러한 일이란 금과 그 수공에 적지 않은 경비를 필요로 했다. 일본의 천황, 영국의 빅토리아 여왕, 러시아의 황제, 독일제국의 대왕, 프랑스공화국의 대통령, 이탈리아의 왕, 오스트리아의 황제, 그리고 일본의 황태자에게 황금대장을 수여했다. 이 훈장의 중앙에는 태극이 새겨져 있다.

미국의 시민에게는 이와 같은 훈장이 수여된 적이 없고 다만 매킨리 대통령(W. McKinley)에게 그 황금훈장이 수여되었지만 그는 이를 사절했다. 그가 그 훈장을 거절하면서도 그에 대하여 아무런 답례도 하지 않은 것은 미국 시민을 위하여 다행한 일이 아닐 수 없다. 일본의 과초 공[3]과 러시아

2) 예식원(禮式院) : 1900년에 신설된 관서로서 대외 교섭, 친서·국서 등을 번역하는 일을 맡아보았다.

1904년도 총 세입(14,214,573) 단위 : 달러

토지세	9,703,591	가옥세	460,295
염어세 등	210,000	인두세	850,000
기타	200,000	전년도(1903) 이월금	2,970,687

의 시릴 공[4]에게는 무궁화대장이 수여되었다.

팔괘와 무궁화가 그려진 그 밖의 여러 등급의 훈장들이 조선의 선민과 외빈들에게 수여되었다. 이와 같이 외국인들의 가슴을 번쩍거리게 만드느라고 1904년의 궁중 예산에서 예식원에 배정된 예산 19,560달러 가운데 훈장 등에 소요된 액수가 7,431달러이고 인건비가 10,130달러였음을 알 수가 있다.

조선의 예산 가운데 경제 정책의 예를 보여 주는 흥미 있는 항목으로서는 광산국을 위하여 책정된 10,453달러가 봉급과 출장비로 소요되었다. "기타 잡비 744달러"라고 명시된 한 항목을 제외한 나머지 전액은 사무 경비로 지출되었다. 통례원[5]의 전체 예산 21,508달러 가운데 19,000달러가 봉급 및 사무 경비로 소비되었다.

5천명이 넘는 것으로 추정되는 군대를 통할하는 군부나 종묘서[6] 및 기타 부처장의 행정 처리에서도 그와 같은 진기한 경제 자료를 자주 들을 수가 있는데, 이러한 사례는 이 나라에서 왕실과 행정부 사이의 한계가 불분명하다는 사실을 뚜렷이 설명하여 주는 것이다. 뿐만 아니라 조선에서는 대부분의 백성들이 다소는 만성적인 폭동의 상태 속에서 살고 있는 이유가 무엇인가를 웅변적으로 암시하여 주고 있다.

---

3) 후시미노 미야의 황실 후손으로 보임.
4) 시릴 공(Prince Cyril : 1876~1938) : 러시아의 대공. 알렉산드르 3세의 조카. 러시아혁명(1917) 이후에는 파리에 망명하여 로마노프 왕조와 러시아 황제의 계승을 주장했다.
5) 통례원(通禮院) : 국가의 의식을 맡아보던 궁내부 산하의 기관.
6) 종묘서(宗廟署) : 침묘를 수호하고 정자각을 지키던 궁내부 산하의 부서.

1904년도 세출 예산(52,831,270)　　단위 : 달러

왕실 경비	1,013,359	종묘 제례비	186,641
내부	327,541	군부	5,180,614
탁지부	42,741,999	우정국	637,648
예비비	1,843,503	경찰비	406,925
외부	287,36	학부	205,673

이상의 것 이외에 남달리 중요한 예산으로서는 연금국, 상훈국, 법부, 농상공부, 시종원, 궁정 수비대의 예산 등이 있다. 잉여금 275달러가 있다는 것은 재미는 사실이다. 그러나 교육을 위한 예산이나 농상공부 대신이 집행할있 수 있는 예산은 형편없는 것으로 보인다. 예산의 대부분은 거의 모두가 관리의 인건비로 나가고 있다. "기타 경비" 가운데 흥미 있고도 다시 한번 생각하게 하는 항목으로는 "난파 선원을 위한 5,000달러"이다.

오늘날 조선에서 가장 시급한 문제는 통일되고 안정된 통화 제도이다. 지난날의 통화 제도의 악폐에 설상가상으로 1899년 일본이 금본위제를 택함으로써 더욱 악화되었다. 일본의 그와 같은 조치는 조선의 모든 상업 구조를 무서운 혼란으로 몰아넣었다. 1901년 12월 15일 주화법이 공포되고 조선은 이 법에 따라서 금본위제를 채택했지만 이는 결코 실효를 거두지는 못했다. 일본인들은 온갖 수단으로 단일 본위 통화제를 실시하려고 노력하여 왔다.

외국 통상으로 자극과 압력을 받은 조선은 지금 내지의 3~4개 도시의 통행을 허락한 이외에 외국인들의 거주와 무역을 위해 적어도 9개 항구를 개항했다. 1876년의 한일수호통상조약과 1882년의 한미수호통상조약에 따라 조선은 원산, 부산, 제물포를 개항했는데 이 도시들은 오늘날 날로 번창하고 있다. 이 개항장에서 수출되는 인삼은 대체로 일본인들이 구매하는데, 예를 들어 그들은 가격을 유지하고자 제물포에서 5만 캐티[7])와 1만 캐티를

불태운 실례도 있다.

1898년 10월 1일에는 진남포와 목포도 개항장의 대열에 끼었다. 진남포는 평안도의 후두인 북부 해안에 자리 잡고 있으며 바다로부터 20마일, 평양으로부터 40마일 떨어져 있다. 오늘날 진남포는 훌륭하게 뚫린 거리를 갖춘 번창한 도시가 되었다.

대동강 연변에 자리 잡고 있는 평양은 거리가 10마일 되는 곳에서부터는 작은 해양 선박마저도 항해할 수가 없어 보통 의미로서는 "항구"라고 부를 수 없지만 무역고는 평안도 출구인 진남포와 맞먹고 있다. 평안도 지방에서 더 이상 손꼽을 수 있는 항구가 있다면 의주와 안주를 들 수 있다. 안주는 미국광산회사의 채광 · 폭파 작업을 위한 상륙 기지이다.

용암포는 북위 38° 52′, 동경 126° 04′에 위치하고 있다. 1898년 이 도시가 개항되었을 때 러시아인과 일본인이 서로 그토록 열을 내어 땅을 사들이는 것으로 보아 제휴가 절박한 것처럼 보였다. 그 뒤 용암포는 니콜라스항이라는 러시아의 요새로 변모할 만큼 이해 관계가 매우 깊은 곳이 되었다.

전라도의 남서부에 위치한 목포는 "조선의 곡창"의 천연적인 해구이다. 목포가 조선으로 들어오는 길목이고 무역항이 된 직후 이곳을 개항장으로 선정하면서 그곳의 탁월함이 입증되었다. 왜냐하면, 목포는 개항장으로 실속 있게 그리고 급속하게 성장했기 때문이다. 이 무렵인 1902년 가을 보스턴 출신의 한 신사가 2개월에 걸친 사냥을 즐기고자 조선의 내륙 지방으로 들어갔다. 이 기간 동안 그는 사슴과 산돼지 이외에도 3마리의 큰 호랑이를 잡았다.

1899년 4월 1일 군산, 마산포, 그리고 성진이 개항되어 외국인들이 거주하게 되었다. 군산은 서해안에 위치한 항구로서, 목포와 마찬가지로 대동미

---

7) 1catty=604.8g.

의 출항지로 오랫동안 유명한 곳이었다. 군산은 기름지고 따뜻한 전라도와 충청도의 중간을 가로지르는 금강의 어귀에 위치하고 있으며 목포와 제물포의 중간에 위치하고 있다. 이곳으로부터 쌀, 밀, 콩, 생가죽, 모시, 종이 죽세공품, 부채, 발[簾], 돗자리 그리고 각종 해산물이 수출된다.

마산포는 북위 35° 09′, 동경 128° 40′에 위치한 항구로서 부산 서남방 수마일 지점에 위치하고 있다. 이 항구는 세계에서도 가장 훌륭한 항구 가운데 하나로서 훌륭하게 요새화할 경우에는 대한해협 입구의 요충이 될 것이다. 1903년 일본과 러시아가 협상하면서 두 강대국은 장래를 내다본 상품으로 이 항구를 서로 시기하여 탐냈다.

왜냐하면, 항구를 장악하게 되는 측은 일본도서와 대륙 사이의 바다를 좁히고 이 해협을 흑해로 만들어 이 항구를 다다넬즈해협[8]과 같은 값진 곳으로 이용할 수도 있기 때문이었다. 러시아는 이 항구와 동해안에 있는 다른 항구를 일본이 요새화하지 못하도록 억제하고자 애를 썼다. 일본인, 러시아인, 중국인, 그리고 조선 사람이 이 유리한 항구로 모여들어 활발하게 활동을 전개했다.

성진은 지난날 한 때 요새가 있던 곳으로서 거대한 함경도의 동북부 지방에 위치하고 있다. 함경도는 남부처럼 항해가 가능하지 못한 강을 끼고 러시아와 접경하고 있다. 성진은 원산으로부터 120마일 떨어져 있으며 이곳 산물의 대부분을 수출하고 있다. 성진은 안개가 많은 지방이어서 항구는 보잘 것이 없으나 기름진 토양, 살진 소, 풍부한 광물이 손에 닿을 듯이 널려 있다. 1903년의『무역보고서』에 따르면 이곳의 무역고는 328,891달러이다. 그 밖의 11개소의 상륙지는 함경도 전체 무역고를 1,676,714달러로 끌어올리고 있다. 1902년의 전 수입고는 조선 전체의 수출고와 거의 맞먹고

8) 다다넬즈해협(Dardanelles) : 터키와 그리스 사이의 해협으로서 지중하여 및 홍해의 해상권을 장악하는 데에는 불가피한 요충이 되고 있다.

있다.

목화는 해외 수출의 주요 품목으로 되어 가고 있다. 1902년의 금 수출고는 2,532,053달러에 이르고 있다. 해외 무역고는 최근 10년 동안에 2곱으로 증가했다. 선박 톤세에 관한 한 일반 해외 무역과 마찬가지로 일본의 3/4에 이르고 있다. 한반도의 정치사와 함께 근대 경제사는 일본과 조선의 이해관계가 가장 밀접하다는 사실을 가장 분명하게 그리고 가장 역설적으로 입증하여 주고 있다. 상호 이익은 단결과 우의에 수반되며 상호의 손상은 소원한 관계에서 오는 것이다.

이 개항장들은 모두가 앞으로 줄곧 그리고 건전하게 증대되어야 할 상역의 관문들이다. 그러나 이 상역은 안정되고도 정당한 정부 아래에서만 신속하게 확대될 수 있을 것이다. 이 "고요한 아침의 나라"의 정치적 정세는 불안하다. 이러한 나라로 들어오는 관문들은 상업적이라기보다는 오히려 전략적이고도 군사적인 의미를 띠게 될 것이다.

근대 일본의 재생과 더불어 항상 논의되었던 정치적 문제들이 영원히 해결되면 겨울의 찬 서리 밑에서 오랫동안 싸늘하게 묵히어 온 대지에 내리는 포근한 봄비처럼 조선의 천연 자원의 개발에 큰 역할을 담당해야 할 것이다. 조선의 상역지로서의 지리적 위치나, 토양의 비옥함이나, 동물과 광물과 해저 자원의 풍부함에 관하여 우리가 어떻게 생각하든 조선보다 더 유리한 지역은 거의 없다.

조선의 인간과 사회와 정부가 자연의 도전에 대처하고 기회를 포착하게 되는 날이면, 이 경이적인 역사의 보고가 결코 공허한 곳이 아니라는 사실을 세상 사람들은 알게 될 것이다. 조선 사람에게 필요한 인간성의 계발을 위하여 기독교 선교사들은 다른 어느 교사나 열강보다도 더 훌륭하게 일하고 있으며 또 앞으로도 일할 것을 갖가지로 약속하고 있다.

제 50 장 갑신정변

서울에 있는 2개의 명확히 구분된 정파에는 물론 파벌적이고도 혈통적인 차이점은 있었다고는 하지만, 지난날 조선 정치의 착잡한 조직에서 중국의 우월한 영향력은 모든 활동의 주인이었다. "1834년에서부터 1864년에 이르기까지 왕실의 종친들은 대부분의 권력으로부터 도태되었고 모든 권력은 김 씨 가문의 손에 넘어가 있었다. 김 씨 가문의 우두머리인 김병기는 철종 재위의 마지막 시대에 이르기까지 사실상 조선의 지배자나 다름이 없었다." 김 씨 가문에서는 그들의 권력 행사를 계속하고 싶었지만 대원군이 등장하여 백성을 위해 많은 일을 하고 또 양반들에게도 가옥세를 부과하여 국가의 세금을 부담시킴으로써 김문을 몰락시키는 한편 자기의 독자적인 권력을 증대시켰다.

이 우월적인 양반 계급에 대한 모든 행동에서 대원군은 갑오경장(1894~1895)의 "어색한 선두 주자"였다. 그는 동학을 탄압하기 시작했다. 그는 또한 서울뿐만 아니라 지방 각처에 거창한 토목 공사를 일으켰다. 그는 외국인으로부터 자기 나라를 보호했다. 그는 자신의 무지를 역겹게 생각하지는 않았지만 객관적으로 볼 때 그는 세계 대세에 관하여 아무것도 모르고 있었다. 그의 제1차 집권은 1873년에 그 종막을 내렸다.

조선 최초 신사들인 김옥균과 서광범은 중국 이외의 바깥 세계를 여행하고자 1875년에 출국했다. 그들은 일본을 방문하고 돌아와서 그들이 본 바를 왕에게 과감하게 아뢰고 서구 문물 채택을 주장했다. 그들은 민 씨 일파와 민비의 세력을 꺾고 자유주의적 정책을 추구하려 했지만 대원군이 보기에 이러한 정책이란 기독교를 전파하고 급진적인 개혁을 수행하는 것으로밖에는 보이지 않았다. 이러한 정책이란 결국 대중 교육을 의미하는 것이었다.

아시아 각국에 있는 모든 유교적 관리들이 가장 싫어하는 것이 바로 그러한 종류의 개혁이다. 왜냐하면, 백성들이 일반적으로 개화하게 되면 그것은 곧 문인들의 권력이 끝장나는 것을 의미하기 때문이다. 국태공의 자격으로 아들인 왕을 꼭두각시로 묶어 두었을 뿐만 아니라 이미 몇 천 명이나 되는 기독교도들을 처형한 그 과감하고도 교활한 정치가는 서구 문명을 수입하기에 앞장선 2명의 젊은 용사를 죽이는 데에 가까스로 성공했다.

한미수호통상의 교섭이 막바지에 이르렀을 무렵 민 씨 일파들은 중국을 대표하는 이홍장의 허락이 내릴 때까지 그 문제에 관하여 초연한 입장을 취하고 있었다. 그 뒤 그들은 한국과 미국의 통상에 관하여 매우 열의를 보였기 때문에 외국인들의 눈에는 그들이 개화파로 보였다. 이 사실은 대원군을 격분케 만들었다.

대원군은 민 씨 일파를 몰아내는 동시에 조약을 무효화시키기로 결심했다. 1882년 7월 우리는 대원군이 지방색과 미신을 멋지게 이용하여 군인들의 소동을 수구파에 대한 반란으로 이끈 그의 솜씨를 이미 목격한 바 있다. 그는 자신이 계획한 대로 민 씨의 주도적 인물들과 민비를 몰락시킨 뒤 권력을 잡고 단 며칠이나마 대권을 마음대로 휘둘렀다.

폭동의 소식이 중국과 일본에 전해지자 두 나라는 군대를 실은 함대를 파견했다. 청국의 군사가 먼저 상륙하여 서울로 진군했다. 그들은 일본군에 대항하여 강의 주도권을 잡기 위해 요새를 만들고 성안에 막사를 설치했다. 이와 같은 행동으로 청국은 자신의 속방에 대하여 새로운 선취득권을 얻게 되었다.

청국의 장수는 대원군을 공식 방문했다. 조선의 이 지배자는 답례를 하러 갔다가 납치되어 청국으로 끌려갔다. 그러는 동안 한 궁녀가 대신 죽음으로써 살아남은 민비는 1882년 10월 9일 그의 모사들과 함께 환궁했다. 민 씨 가문의 이 주역은 이제 다시 솟아오르는 태양처럼 그 세력이 강성해졌다.

이와 같이하여 대원군이 저질렀던 그 얄팍한 잔꾀는 조선 사람들에게 달갑지 않은 결과만을 가져왔다. 왜냐하면, 이제 청국의 군사와 일본 군사들은, 거의 300년 전에 접전[임진왜란]을 벌인 바 있는 서울의 바로 그 지점에서 숙영했기 때문이었다.

양측에서는 서로를 엄격히 통제했기 때문에 충돌은 피할 수 있었지만 조선 정부에서는 자신의 군사들로써 외국 군사들을 대체할 수 있는 방도를 곧 마련했다. 조선의 보병 4개 대대가 편성되어 민 씨 일파의 우두머리들이 소개한 청국 군사 교관으로부터 훈련을 받았으며, 대부분이 개화파인 14명의 청년들이 도쿄로 파견되어 군사 학교에서 공부했다.

슈펠트 제독에 의하여 타결된 한미수호통상조약은 곧 미국 상원의 비준을 받았다. 1883년 2월 26일에 아더 대통령(Chester A. Arthur)은 후트[1]라는 장교를 조선 주차 미국 공사로 파견했다. 그는 5월 13일 미국의 모노카시호를 타고 제물포에 도착했으며, 5월 19일 서울에서 공식적인 비준 문서가 교환되었다. 1871년 신미양요[2] 당시 한강 포대를 공격할 때 참전한 바 있던 바로 그 수병 가운데 몇몇 사람이 조선의 국기에 대한 동일한 의식을 평화롭게 거행했다.

---

1) 후트(Lucius H. Foote : 1826~?) : 미국의 외교관. 캘리포니아주 재판관, 칠레 주재 미국 영사를 역임한 바 있으며 1882년에는 조선 주차 초대 미국 공사로 부임하여 한미수호통상조약 비준서를 교환했다. 그 뒤 그는 조선에 대한 미국 정부의 냉대에 불만을 품고 사직했다.

2) (필자 주) 조선 사람들은 그때 학살된 사람들을 추모하고자 비석을 세웠다. M. N. Trollope, "Kang-wha," in (*Corean*) *Asiatic Society Transactions*, Vol. II, Part I.

그 조선의 국기는 중국의 철학과 환상적인 전통에 대한 조선의 지적 예종을 증명하여 주는 문장들로 구성되어 있었다. 조선 사람들의 당파를 피하여 후트는 가능한 직접 왕과 양국 사이의 문제들을 처리했다. 그는 종교의 자유를 간곡하게 요청했고, 왕으로부터 받은 금지 사항을 지키기로 약속했다.

조선 정부는 민영익을 단장으로 하는 11명의 특사를 파견함으로써 미국의 의전에 답례했다. 민영익은 9월 2일 샌프란시스코에 도착했다. 당시 아더 대통령은 뉴욕에 머물고 있었기 때문에, 고색창연한 의복을 입은 이 동양 기인들은 그곳의 휘후즈 아베뉴 호텔의 응접실에서 대통령을 알현했다.

동부의 여러 도시에서 3개월을 머문 뒤 홍영식이 이끄는 일부의 사절들은 샌프란시스코를 거쳐 귀국했다. 그 뒤 며칠이 지나 민영익은 트렌튼호[3]를 타고 조선 주차 미국 공사관 해군 무관인 후크 소위[4] 및 버나든 중위[5]와 함께 유럽과 수에즈운하를 거쳐 귀국했다.

2월 27일 나는 뉴욕의 빅토리아호텔에서 민영익, 서광범, 변수 등 3명의 조선 사람 신사를 만나 저녁 한때를 즐겁게 보낼 수가 있었는데, 서광범과 변수는 일본말을 할 줄 알았다.[6] 내가 제시한 많은 질문에 대하여 대답을

---

3) (필자 주) 트렌튼호(Trenton) : 이 배는 그 뒤 사모아 해상에서 실종되었다.

4) (필자 주) 후크(G. C. Foulk) : 이 사람은 그 뒤 일본 교토의 도지사대학에 들어갔다.
(역자 주) 후크의 생애에 관해서는 신복룡(지음), 『이방인이 본 조선 다시 읽기』(서울 : 풀빛, 2002), pp. 214~217 참조.

5) (필자 주) 버나든(J. G. Bernadon) : 이 사람은 그 뒤 미국의 군함 윈슬로우호를 타고 1898년 스페인과의 전쟁에 참전하여 혁혁한 무공을 세웠다.
(역자 주) 이 사람은 현역 해군 소위로서 워싱턴 소재 스미소니안연구소에서 근무하다가 조선을 방문하게 되었다.

6) (필자 주) 이 무렵 나는 조선에 관하여 유럽어로 쓰인 최초의 작품인 하멜(H. Hamel)의 기록을 편집 · 주석하는 일에 몰두하고 있었다. 홀란드인인 하멜과 그의 일행은 조선 근해에서 난파하여 그곳에서 14년을 지냈었다.(본서 제 22장 참조) 나는 1668년 홀란드의 로테르담에서 싸구려 소책자로 인쇄된 홀란드어 원서를 몇 권 구하여 검토 · 탐독한 바 있다. 이 책은 지금 헤이그의 왕실도서관에 보관되어 있다. 이 책의 전문은 『조선의 내외 정세』(*Corea Without and Within*, Philadelphia, 1884)라는 책에 수록되어 있다. 조선의 특명 전권 사절의 비서였던 로웰은 홍영식과 더불어 조선으로 돌아가 서울에서 왕의 빈객의 자격

듣고 또 여러 가지 문제들을 논의했지만, 조선의 기독교와 하멜 및 그의 홀란드인 일행의 유적이나 유품에 관해서는 아무것도 알 수가 없었다.[7)]

민영익은 미국을 떠나기에 앞서 떠나기에 앞서 다른 조선의 신사들과 마찬가지로 특제 인삼의 커다란 보따리를 내어놓았다. 이 "조용한 아침의 나라"의 잘사는 사람들로서 인삼을 갖지 않고 외국에 나간다는 것은 생각할 수도 없다. 그는 나에게도 인삼 몇 뿌리를 선물했는데 인삼에는 각기 팔과 다리가 달려 있었다.

같은 날인 1883년 11월 27일 저녁, 서울의 외국어학교 건물 안에서는 전날에 체결된 두 조약 곧 한영수호통상조약과 한독수호통상조약을 축하고자 한 잔치가 벌어지고 있었다. 한영수호통상조약의 협상자는 파크스 경이었다.[8)] 독일의 전함 라이프지크호의 악대가 음악을 연주했다. 이제 서울은 기독교 국가에서 들어온 외국인들의 거주지가 되었는데 그 가운데 9명의 인사는 이미 서울에서 살고 있다.

1884년 1월 20일[9)] 새해의 아침은 찬란하게 밝아 왔다. "여름에 댕기를 매는" 어린 아이들은 오색찬란한 설빔을 입고 거리를 아름답게 꾸몄으며 하늘에는 연들이 흥겹게 날고 있었다. 대궐에서는 중국, 일본 그리고 미국의 사절단이 왕을 알현했다. 2월 28일에는 나가사키와 부산 사이에 해저 통신이

으로 한 해 겨울을 지냈다. 그 결과로 쓴 『조선전』은 매우 훌륭한 책이다. 그 책에는 애스톤의 『조선지명고』(1883)에 의거하여 조선의 지명들이 적절하게 번역 · 표기되어 있다.

7) (필자 주) 그럼에도 불구하고 왕립아시아학회 북중국지부의 『회보』 제28권(1893~1894)에 실린 스코트의 글에 기술되어 있는 두 개의 홀란드 꽃병은 1866년 서울에서 발견되지 않았다. 스코트의 글에 실려 있는 홀란드인들의 전원 생활의 묘사는 그 자신들의 이야기를 말해 주었으며 손잡이에 달려 있는 낡은 고리는 그들이 그것을 여러 해 동안 끊임없이 사용했었다는 증거를 보여주고 있었다. 이 홀란드인들이 출현함으로써 조선 사람들이 말로만 흔히 들어오던 이변 곧 푸른 눈과 금발의 머리를 직접 보게 되었을지도 모른다고 스코트는 말하고 있다.

8) (필자 주) Lane-Poole and Dikens, *A Biography of Sir Harry Parkes*, 1894.

9) 1884년의 구정은 1월 20일이 아니고 1월 28일이었다.

개통되고 한때 은자의 나라였던 조선으로부터 전문이 바깥 세계에로 타전되었다. 우편 기관을 조직하고자 홍영식이 우정국 총판으로 임명되었으며, 도쿄에서 우표가 인쇄되었다.

일본이 이 공급 기지로부터 서방 세계의 많은 진품들이 쏟아지듯 흘러들어 왔으며 다른 나라로부터 오랫동안 격리되어 있던 이 나라는 새로운 생활의 조류로 으스스해졌다. 6월 25일과 26일에는 한러수호통상조약과 한이수호통상조약이 각각 체결되었다. 그 뒤에는 서울-북경, 서울-부산을 잇는 전신선이 준공되었다. 세계를 일주한 최초의 조선 사람들이 귀국한 그 다음 해는 진보의 한 해였다. 그리고 그것은 조선이 그 전에도 그리고 그 뒤에 맞아보지 못했던 그러한 한 해였다.

후크 소위의 충고에 따라 정치와 산업의 분야에서 몇 가지 개혁안이 입안되었다. 개화파 중에서도 가장 열성적이었던 박영효는 한성 판윤이 되자 곧 위생과 도시 발전에 관한 사업에 착수했다. 복제에 관해서도 몇 가지의 개혁이 이루어졌다. 캘리포니아 농장을 본뜬 시범 농장에는 워싱턴에서 넉넉히 기증 받은 씨앗을 뿌렸다.

시설을 개설 · 개선하고자 일본의 기술자들의 노력하고 있었다. 그와 더불어 미국의 소총과 개틀링 기관총, 제분소, 주조소, 대중적 문예물을 보급하기 위한 인쇄소, 제지 공장 그리고 그 밖의 산업들이 이제 조선이 진입한 국가 발전의 새로운 길목을 제시하여 주었다. 이러한 진보에는 어업과 포경업도 예외는 아니었다.

1884년의 벽두는 찬란한 약속의 아침과 같았다. 왜냐하면, 귀족 · 양반들의 여론—만약 그런 것이 존재했다면—은 개화에 전적으로 호감을 갖는 것처럼 보였기 때문이다. 조선의 국가적 틀을 개혁하기 시작한 정부는 일본의 세력에 굽히지 않을 뿐만 아니라 어쩌면 일본을 능가할지도 모른다는 희망에 한껏 부풀어 있었다.

그 반면에 점차 세력이 커지는 유교적 아집이 시대의 조류나 조선에 있는 중국의 반동 세력에 의하여 고무를 받은 수구파와 더불어 어떻게 진정한 개혁의 공존이 가능할 수 있을까? 대궐 앞의 막사에서 살고 있는 청군 지휘자 원세개는 자기 나라의 이권을 위해 쉬지 않고 활약할 수 있었다. 이와 같은 그의 행동은 수구파를 지원하고 개화파를 반대함을 의미하는 것이다.

개명된 자유주의에 역행하는 몇 가지의 사건들이 음울한 대조를 이루면서 발생했는데, 이러한 사건들은 조선 사람들의 타고난 야만성과 조선 사람들의 수준 낮은 인도주의, 그리고 인간 생활에 대한 그들의 보잘것없는 가치관을 보여주는 것이었다. 청국의 군대가 도착하자 그들은 임오군란(1882)의 주모자 10명을 체포하여 군법회의를 거친 다음 황소들에게 팔다리를 묶어 사지를 찢어 죽였다.

관직에 있던 이들이 그토록 문명으로부터 외면당한 뒤에도 대원군과 밀모했다는 혐의가 있는 그 외의 8명이 독살되었다. 여기에서 그치지 않고 서울에 있는 3천여 명의 무당과 판수들을 위하여 관왕묘[10)]가 건축되었다. 이들은 민비의 직접적인 비호를 받으면서 국가의 피를 빨아먹음으로써 존경받는 정부의 건립을 불가능하게 만들었다.

개화파들은 왕과 왕비가 자기들에게 전적으로 동정적이라고 생각했다. 그래서 그들은 개혁안을 제시하기만 하면 곧 정부를 개편하여 왕실과 정부를 구별하게 되고, 따라서 조선을 근대국가로 발전시킬 수 있으리라는 희망을 갖게 되었다. 그러나 그들이 생각하고 있는 성공 방법에 관하여 보수파들은 회의와 적의를 품고 있었던 것은 사실이다.

민영익은 외국을 돌아보는 동안 자유주의자가 되어 자기 나름대로의 확

10) 관왕묘(關王廟)는 지금의 동대문 밖에 있는 동묘를 가리킨다. 이는 임진왜란이 끝난 뒤 명나라에 대한 존숭의 뜻으로 관우를 추모하여 1601년(선조 34년)에 건축되었는데 시간이 흐름에 따라 거기에 무속과 신성이 부가되어 미신의 대상이 되었고, 전국에 관우를 주신으로 하는 무당집이 많이 생겼다. 고종 시대에 관왕묘가 건축되었다는 이 글은 사실과 다르며 아마 그때 개축 · 보수한 것을 그렇게 표현한 것 같다.

신과 의견을 가진 독자적인 인물이 된 것 같기도 했다. 그러나 일단 귀국하여 자기 문중으로 들어가 친척의 압력을 받은 그는 개혁에 대한 흥미를 잃었다. 개화파의 지도자들은 그를 자기들의 명분에 대한 배신자로 보기 시작했다. 그가 끝내 수구파의 편에 서게 되고, 민비가 개화파에 대한 동정과 지원을 철회하고 있다는 것이 곧 명백하게 되자, 개화파의 희망은 땅에 떨어지려는 듯이 보였다.

그리하여 개화파 인사들은 일본인과 그들의 방법 및 정신에로 더욱 더 눈길을 돌리었다. 그들은 조정이 유망한 산업들의 예산을 군수산업으로 전환시키었음을 보았다. 이러한 현상은 중국에 대한 속방으로서의 조선이 마치 통킹만에서 벌어지고 있는 분규에서 프랑스에 대적하고 있는 중국을 도와주려는 처사인 것처럼 보였다. 제대로 훈련을 받지 못한 조선 병사들의 무례한 행동으로 말미암아 벌어진 지방의 소요는 개화파 인사들을 더욱 두렵게 만들었다.

그 병사들은 모두가 지방 시장의 보부상이나 도붓장수들에서 차출된 사람들이었다. 조선의 보부상들은 정부에 대하여 진정한 봉건적 관계를 맺고 있는 사람들로서 정부의 관리들이 출행할 때는 길을 닦고 그들을 호위하며, 수사관의 역할을 하며, 또 경우에 따라서는 군대를 조직하는 사례도 자주 있다.

특히 산간 지방에서는 보부상과 도붓장수들의 위력과 훈련이 놀랍다는 몇 가지의 증거를 민영익은 후크 중위에게 알려 주었다. 한미수호통상조약을 통하여 개화파가 기대했던 바와 같이 조선은 그렇게 독립 국가가 되기는커녕 오히려 중국인이 앞으로도 더 자기의 나라를 지배할 것이고 민씨 일파는 이미 그들의 앞잡이가 되어 있다고 개화파들은 인식하게 되었다.

개화파들은 자기들이 수구파에 대하여 아무런 언짢은 일을 하지 않을 경우에 한하여 자기들의 목이 붙어 있게 되리라는 사실을 느끼게 되자 10월 25일경에 이르러 "조선을 위해서는 수구파의 지도자 10명쯤은 죽이는 것이 좋겠다."고 그들의 미국인 친구에게 말했다. 그들은 우선 왕의 신병을 확보하고 다음으로는 왕명으로 자기들 자신의 정책과 개혁안을 공표한다는 아시아식 고래 놀이를 연출하겠노라고 말했다.

그러한 계획의 일단계로는 불을 놓고 폭동을 일으키는 것이다. 그 다음으로 혼란이 일어난 가운데 무엇을 할 것인가를 정확히 알고 있는 사람이 계획대로 일을 주도하는 것이다. 그렇게 되면 열강들은 자기들의 행동을 인정하는 동시에 새롭고도 좀 더 유리한 조약을 체결하고 자기들의 국가 발전을 위하여 차관을 빌려주리라고 그들은 믿고 있었다.

보수파들은 그들의 전통적인 적국인 일본에 대하여 명령만 떨어지면 전쟁의 새로운 기술을 발휘해보고 싶어 하는 탐욕스러운 오합지졸들을 거느리고 있었지만, 개화파들은 그 당시 서울에 머물러 있던 일본군 보병의 소수 정예 부대의 실력을 알고 있었다. 그들의 대부분은 일본의 북부 지방 출신의 사슴 사냥꾼으로서 일발필살의 사격술을 가지고 있었다.

그런가 하면 중국 측에서는 당시 중위에 불과했지만 그 뒤 이홍장의 후계자가 된 원세개의 휘하에 1천5백 명의 청군이 막사에 대기하고 있었다. 간지가 있는 개화파의 주모자들은 자기들의 목적을 위해 2백 명 이상의 일본 군사들을 차용할 수 있으리라고 기대하고 있었다. 행동 개시의 날짜는 12월 초순을 정하는 것이 알맞을 것으로 보였다.

12월 5일이나 6일이면 일본이 전함이 제물포에 도착하기로 예정되어 있었다. 남지나지방에서 프랑스로부터 압력을 받고 있던 청국은 조선에 주둔하고 있는 군사의 절반을 철수시켰다. 이런 일이 있기 며칠 전 조선에서 자신의 영향력을 증강시키려는 뜻에서 일본은 임오군란의 배상금 40만 달러를 탕감하여 주었다. 중국에 대한 정치적 노예의 사슬을 영원히 벗어버릴 수 있는 황금의 기회가 다가오고 있었다. 개화파는 거사 일자를 12월 7일로 확정했다.

그러나 일본의 전함이 중도에서 고장나 연착되리라는 소식이 들어오고 수구파들도 무엇인가 일어나리라는 약간의 낌새를 알아 차렸다는 사실이 알려지자 개화파들은 방화 · 폭동 · 정변으로 이어지는 거사를 며칠 앞당기기로 작정했다. 12월 4일 밤 우정국 총판 홍영식은 도심지에 자리 잡고 있는 우정국 건물에서 만찬회를 열었다.

이 자리에는 원세개, 진수당, 왕석창 등 3명의 중국인,[11] 후트 장군과 그의 비서인 스커더 등 2명의 미국인, 조선 주차 영국 총영사인 애스톤, 외부의 고문인 독일인 묄렌도르프[12] 그리고 조선 측에서는 홍영식, 김옥균, 민영익, 박영효, 서광범 등 수구파와 개혁파의 고위 관리 10여명과 그 밖의 몇 사람이 참석했다. 일본 공사는 몸이 아프다는 이유로 참석하지 않았다.

김옥균이 자리에서 일어나 몇 번인가 자리를 떠나 뜰로 걸어 나가는 것이 보였지만 그것이 무슨 뜻이 있는 것이라고 생각되지는 않았다. 손님들은 6시가 되어 모두 자리에 앉았다. 7시에 불이 나고 우정국 바로 맞은편에 있는 민가가 불길에 싸였다. 서울의 소방을 책임지고 있는 민영익이 자리에서 일어나 하인들을 불러 자기를 따라오도록 한 다음 밖으로 나갔다.

그럴 즈음 일본인의 복장을 입은 사람이 대문의 그늘에서 뛰쳐나오더니 칼로 그를 세차게 내리쳤다. 민영익은 육중하게 꼬꾸라졌지만 머리와 몸을 다치고서도 유능한 외과 의사인 알렌 박사[13]의 수술로써 회복되었다. 자객

11) 김옥균(金玉均)의 『갑신일록』 12월 4일자의 좌석 배치도에 따르면, 그 자리에 원세개는 없었으며, 청국 서기관 담갱요가 참석했다고 한다.

12) 묄렌도르프(Paul G. von Moellendorff : 1848~1901) : 독일의 외교관. 동양어와 법률을 공부한 뒤 청국 주재 독일 영사관에 근무하다가 1882년 이홍장의 천거로 조선의 통리아문의 참의. 협판이 되었다. 재직하다가 대내적으로는 수구파와 결탁하고 대외적으로는 러시아와 결탁했으므로 이홍장에 의하여 해임. 이한했다.

13) 알렌(Horace Newton Allen : 1858~1932) : 미국의 선교사. 의사. 외교관. 웨슬리언대학 신학과(1881). 마이아미대학 의과(1883)를 졸업하고 1884년에 조선에 입국하여 광혜원을 통한 의료 사업에 종사했다. 1890년 이후 공사관. 서기관. 총영사. 대리 공사를 역임했으며 1892년 이래 『코리언 리포지터리』와 『조선견문기』를 간행하고, 1900년에는 왕립 아시아학회 한국 지부를 결성했다.

은 도망치고 조선 사람들은 문을 통하지 않고 뒷담을 넘어 사라졌다. 음모의 주모자들은 곧 옛 궁궐로 서둘러 달려갔다.

왕의 처소에 이른 개화파들은 청국 군사들이 지금 왕을 납치하고자 오고 있으니 급히 안전한 곳으로 몸을 피해야 한다고 말했다. 경우궁으로 통하는 작은 문에 이른 김옥균은 일본 공사에게 사람을 보내어 호위병을 요청하도록 왕에게 말했으나 전하는 이를 거절했다. 그 자리에서 서광범은 외제 공책 조각과 연필을 꺼내어 한문으로 "일본 공사는 와서 짐을 돕도록 하라"(日本公使來護朕)고 썼다.[14] 이 편지는 한 하인에 의하여 배달되었다.

작은 부대가 경우궁에 도착하고 일본 공사와 그의 통역관이 왕에게 인사를 드릴 때 일본에 유학했던 12명의 사관생도와 무라카미 류이치로 대위의 휘하에 있던 2백 명의 병사들이 그곳에 일렬로 서 있었다. 그들은 어찌된 셈인지 모두가 그곳에서 기다리고 있었다. 그 시간에 왕과 군대와 고문으로 이루어진 새로운 정부가 그 자리에서 이루어졌다. 그리고 3명의 개화파 인사에게 사람을 보내어 새로이 구성된 정부에서 관직을 받으라는 글을 보내었다.

개화파들은 놀라우리만큼 신속하여 반시간 만에 도착했다. 그리하여 훌륭하게 꾸며진 무대 위에서 배우들의 주도면밀한 행동으로써 개혁안이 진행되었다. 이른 아침 6명의 수구파에게는 곧 입시하라는 "출두명령서"가 전달되었다. 목숨을 잃으리라는 예상 속에 대궐로 향하던 그들은 원세개에게 글을 보내어 사태를 알리고 도움을 청했다. 그들은 문에 들어서자마자 목이 달아났다. 왕의 간청과 만류에도 불구하고 한 내시[15]도 목숨을 잃었다.

일본군이 대궐문을 지키고 있는 동안 김옥균은 출입을 허락할 만한 사람

---

14) (필자 주) 그 후의 일에 관해서는 다음의 글을 참조할 것. Homer B. Hulbert, "Korean History" in Korean Review, April 1904, p. 180. 헐버트는 그 뒤 『한국사』를 저술했는데, 이 책은 선사 시대에서부터 현대에 이르기까지의 조선 역사를 완벽하게 다루고 있다.

15) 이때 윤태준, 한규직, 이조연, 민영목, 조영하, 민태호, 내시 유재현 등이 죽었다.

에게만 통행증을 주었다. 새로이 조직된 내각에는 이재원이 영의정, 홍영식이 좌의정, 박영효가 전후영사 겸 좌포장, 서광범이 대리외무독판, 김옥균이 호조참판,[16] 서재필이 병조참판 겸 정령관으로 각기 임명되었다.[17] 도쿄에 유학했던 젊은 사관생도들에게도 관직이 수여되었다. 이와 같은 모든 진행은 반대파가 정부를 불신임결의를 하는 경우에 취하는 조선식 방법이 어떠한 것인가를 보여줄 따름이다.

청국의 조선주차관인 원세개는 곧 행동을 취하지는 않았다. 그 다음날인 12월 5일 아침 거칠어진 조선의 수많은 군중들이 몰려와 원세개가 이번 사건에 개입할 것을 간청했다. 그들은 지금 일본군들이 왕을 궁궐에 유폐시키고 있다고 그에게 말했다. 원세개는 일본 공사 다케조에 진이치로[18]에게 사람을 보내어, 그가 군사들로써 왕을 포위하고 대신들을 죽인 이유가 무엇인가를 묻고, 곧 대궐로부터 물러가라고 요구했다.

3시간이 지나도록 아무런 대답이 없자 원세개는 모두 4~5천 명이 되는 자기의 부하 및 조선의 병사들을 이끌고 대궐로 향했다. 대궐문에는 일본군들이 엄중히 지키고 있었다. 그 자리에서 일어난 전투는 오후 3시에서부터 4시까지 계속되었으며 몇 십 명의 병사들이 전사했다. 어둠이 가까워 오자 일본군들은 대궐의 동북쪽으로 물러갔다. 거기에서 왕은 몇몇의 개화파 인사 및 사관생도들과 함께 일본군의 포위를 벗어났다.

조선의 군사들은 왕을 모시고 북쪽에 있는 한 정자[19]에 이르러서야 무사했지만 홍영식과 7명의 사관 생도들은 폭도들에게 난도질을 당했다. 오후

---

16) 원문에는 김옥균의 직책이 호조판서로 오기되어 있다.

17) 이때 서재필이 병조참판에 임명되었다는 것은 사실이 아니다.

18) 다케조에 진이치로(竹添進一郎 : 1842～1917) : 일본의 외교관, 한학자. 메이지유신 이후 이토 히로부미의 추천으로 대장성에서 일하다가 천진 주재 일본 영사(1880), 북경공사관 서기관(1880), 조선 주차 일본 공사(1882)가 되었다. 1884년 이후 정계에서 은퇴하여 한문에 몰두하여 학사원상과 문학박사 학위를 받았다.

19) 취운정을 의미하는 것으로 보임.

8시경이 되어 무라카미 대위는 군사들을 이끌고 교묘히 퇴각하여 그 동안 48시간 동안이나 비워 두었던 일본 공사관으로 되돌아왔다. 박영효, 김옥균, 서광범, 서재필 그리고 사관생도 5~6명도 일본군을 따라왔다.

12월 6일 하루 종일토록 조선의 군사와 폭도들은 "왜놈을 죽이라"고 소리치면서, 제멋대로 폭행, 살인, 방화를 자행했다. 3명의 부인을 포함한 9명의 서구인들은 총알과 돌멩이와 칼을 피하여 도망 온 22명의 일본인과 함께 버나든 중위가 지키고 있던 미국 공사관으로 몸을 피했다. 일본 공사관에 남아 있던 20명의 일본군들은 1백여 명의 일본인 피난민들의 도움을 받아 폭도들로부터 공사관 건물을 지키었다.

12월 7일 오후가 되어 장비가 모두 고갈되자 일본인들은 놀라우리만큼 냉정하게 질서를 지키면서 성공적으로 제물포를 향하여 행군을 시작했다. 총과 대포로 무장한 청군과 조선군이 적대적인 태도를 취하고 무장한 민간인들이 지붕과 담 위에서 총을 쏘아 댐에도 불구하고 그들은 성문을 열고 나가 부상자들과 함께 한강을 건넜다. 12월 8일 제물포에 도착한 그들은 다행히도 그곳에 도착하여 있던 일본 군함의 승무원들의 보살핌을 받았다. 한 일본의 기선이 이 소식을 나가사키에 전달했다.

단명했던 개화당 정부는 48시간 만에 그 막을 내렸다. 주모자들은 일본으로 망명했다가 대부분은 그곳에서 다시 미국으로 떠났다. 1개월이 지나서 이노우에 가오루 백작이 6백 명에 이르는 구사들의 호위를 받으면서 서울 서대문 밖에 막사를 세우고 협상을 벌이었다. 1885년 1월 9일 한성조약이 체결되었다.

이 조약에 따라 조선 정부는 60만 원의 배상금[20]을 지불하는 데에 동의했으며 우호 관계의 재개를 조정하고자 특파전권대신 서상우[21]와 부대신 묄

20) 이때의 보상금은 유족 · 부상자 · 상민의 보상금 11만원과 공사관 수축 · 중건비 2만원 등 도합 13만원이었다.

렌도르프를 일본에 파견했다. 조선 사람들은 이번 사건에 대하여 유감의 뜻을 표하기 위해서, 서울에 있는 무방비한 일본인들을 죽이는 데 가담한 혐의가 있는 11명을 척살하고 그들의 살과 뼈를 거리에 뿌리었다.

1885년 5월 7일 천진에서는 이토 히로부미 후작과 이홍장 사이에 한 조약[22]이 체결되었다. 이 조약에는 양국 군사들이 철수하고, 상대편에게 상호 알리지 않고서는 조선에 파병할 수 없다는 것이 합의되어 있었다. 1885년 이른 봄 동양식의 일본 공사관이 조선 측 경비에 의하여 건축되었는데, 이 건물은 오늘날 서울을 장식하고 있는 수많은 외국 공관 가운데 최초로 세워진 것이다.

5월 21일 청국 군사와 일본 군사들은 각기 자기 나라를 향하여 제물포를 떠났다. 1885년 10월 5일, 그 동안 천진에 머무르고 있던 대원군은 건강한 모습으로 서울로 다시 돌아왔다. 그는 청국의 병사들과 수많은 조선 사람들의 호위를 받았다. 그를 가까이 따르던 대부분의 사람들이 죽거나 유배되었기 때문에 그 뒤 10년 동안 그의 이름은 정사에 오르내리는 일이 흔치 않았다. 그는 청일전쟁이 일어날 때까지 비교적 은둔한 생활을 했다.

1884년 개화파들은 일을 너무 초급하게 서둘렀다. 그들은 개혁이라는 알을 불로써 데워 부화시키려고 노력했다. 급진주의자들의 배청 봉기로 시작된 갑신정변은 마지막 단계에서 반일 시위로 바뀌어 약 3백 명이 목숨을 잃었다. 그러나 혁명이란 결코 퇴행하지 않는다는 것을 보여주기라도 하려는 듯이 이 유혈 사건은 과학적 기독교가 전래될 수 있는 문을 열어 줌으로써 조선의 야만성을 몰아내는 데 박차를 가했다.

미국의 선교사이며 의사인 알렌 박사가 1884년 9월 서울에 도착했다.

21) 서상우(徐相雨, 1831~?) : 1882년 문과에 장원한 이래 예조참판(1884), 파일전권대신(1884), 서리독판교섭통상사무(1888) 등을 지내면서 조선의 외교에 큰 역할을 담당했다. 그 뒤 대사헌 · 형조 · 공조판서를 역임했다.

22) 청일 간의 천진조약을 의미하며, 체약 일자는 5월 7일이 아니라 4월 18일이었다.

12월 4일 밤 민영익을 치료하러 갔을 때 그는 조선의 한의들이 왁스로써 칼 맞은 상처를 지혈시키고 있음을 보았다. 알렌은 과학적인 방법으로 부상자를 치료함으로써 그의 생명을 구하여 주었다. 이로써 서구 의술의 위대함이 입증되었다.

뼈가 부서지고 살이 찢겨진 자리에 살아 있는 개의 김이 무럭무럭 나는 껍데기를 벗겨 붙이거나 아니면 무지로 말미암아 아무런 도움도 되지 못하는 방법으로 상처를 치료하고 있던 청국 병사들과 조선 병사들이 떼를 지어 그에게 몰려왔다. 이 부상병들을 모두 수용할 수 없게 되자 병원을 세우자는 의견이 거론되었다. 정부에서는 곧 홍영식이 살던 집을 뺏어 1885년 4월 10일 광혜원이라는 병원을 개설했다.

이런 일이 있은 뒤 미국의 선교사들이 증가일로로 입국했다. 정부에서는 벙커(D. A. Bunker), 길모어(G. W. Gilmore), 그리고 헐버트(H. B. Hulbert)를 교사로 초빙했다. 이들은 귀족의 자제 35명을 생도로 하여 1885년 9월 23일 한 학교를 세웠다.[23] 선교사들은 한없이 인내하면서 생도들을 가르치기 시작했다. 생도들은 지혜로운 삶이라든가 또는 유일하게 살아서 역사하시는 진정한 하느님보다는 사악한 악령을 더 잘 알고 있었다. 악에 대한 그들의 유일한 관념은 공직 상의 범법 행위뿐이었다.

양반들의 언어에는 약자에 대한 강자의 사랑을 의미하는 어휘라고는 하나도 없었다. 선교사들은 아무런 감동을 느끼지 못하면서도 새로운 희망의 불을 붙이려 하고 있었다. 조선 사람의 경우에 기독교인이 된다는 것은 그의 생활의 전면적인 혁명을 뜻하는 것이며, 특히 실질적인 지식이라고는 어

23) 이들이 입국한 것은 1886년 7월이었으며 여기서 말하는 학교는 육영공원을 의미한다. 그러나 이들의 입국 일자가 1886년이라는 점에서 볼 때 1885년에 학교를 세웠다는 것은 필자의 오기이다. 이에 관한 자세한 논의는, H. B Hulbert, *The Passing of Korea*, William Heinemann Co, New York, 1996 : 신복룡(역주), 『대한제국멸망사』(서울, 집문당, 2019)의 역자 서문 참조

린 아이의 수준밖에 안 되는 지적 능력을 가지고 있는 양반의 생활에서는 더욱 그렇다.

그럼에도 불구하고 고아 사업, 주일학교, 기독교 부녀자의 가사 활동, 조직적인 교회, 병원, 소년·소녀를 위한 학교, 그리고 인쇄 사업 등을 통하여 적극적으로 활약하는 기독교인들의 대부분의 성과는 조선에서 곧 눈에 띄게 되었으며, 1904년 현재 몇 만 명의 신자를 가지고 있는 이 나라는 세계에서 가장 희망 있는 선교지가 되고 있다.

1886년 여름에 타결되어 1887년 5월 30일에 비준된 한불수호통상조약으로 말미암아 프랑스의 가톨릭 신부들도 이제는 밤중에 몰래 숨어들어 오지 않고 밝은 대낮에 입국할 수 있게 되었다. 그들은 곧 성당의 건립을 위한 준비에 착수했다. 1897년 5월 29일 준공·헌당된 이 성당은 서울에서 가장 높고 가장 당당한 건물이 되었다. 이 성당은 길이가 202피트, 너비가 60~90피트이며 건축비는 6만 달러가 소요되었다.

조선 주차 프랑스 공사는 중국에서 가톨릭의 고위 성직자들이 오랫동안 누렸던 바와 꼭 같은 당당한 권리들을 조선에 있는 주교나 신부들도 향유할 수 있도록 하고자 노력했다. 애당초 조선 정부에서는 이를 거부했지만 오늘날 이러한 요구는 사실상 합당한 것이 되었으며, 아시아의 다른 국가에서와 마찬가지로 조선에서도 프랑스는 로마 가톨릭의 보호자 역할을 하고 있다. 전국 각지에서 일어나고 있는 소란과 혼란 특히 제주도와 황해도에서 일어나고 있는 소란은 그와 같은 프랑스 외교 정책의 특수성에 기초를 둔 천주교 신부들의 거만한 생각과 행동에서 그 유래를 찾을 수 있다.

외교란 일방적인 것일 수가 없다는 사실을 조선은 곧 알게 되었다. 외국 여러 나라와 수교를 하면서도 자기들은 공사나 영사를 해외에 파견하지 않고 서울에만 서구 제국의 대표단을 상주시키는 것으로는 불충분한 것이었다. 중국의 적극적인 반대에도 불구하고 국제적인 질투로 야기된 한 단막극이 그와 같은 명확한 외교 형태를 갖고자 하는 욕망을 불러일으켰다.

1885년 4월 14일 영국 정부는 러시아와의 사이에 일어날지도 모르는 불의의 사건을 고려하여 제주도 동북방 35마일 지점에 위치하고 있는 남해군도 가운데 거문도를 한때 점령하도록 명령했다. 조선은 이와 같은 점령 행위에 대하여 곧 항의했다. 그 섬의 댓가로 금을 주겠다는 온갖 유혹과 갖가지 압력에도 불구하고 조선은 엄청난 양의 교신과 러시아가 조선의 어떠한 지방도 점유하지 않겠다는 확약을 얻고서야 거문도로부터 영국 함대를 물리칠 수가 있었다.

1887년 2월 27일 되어서야 영국은 국기를 내렸다. 이를 계기로 조선 정부는 곧 일본, 유럽, 그리고 미국 등에 항구적인 공사관을 설치하기 위해 사절단을 파견할 준비를 했다. 적극적이고도 지각없이, 그리고 비열한 방법으로 스스로를 주차관이라고 부르면서도 그의 두목인 이홍장이 시키는 대로 행동하던 원세개는 그와 같은 공사 파견 계획에 물론 반대했다.

그러나 조약을 체결할 수 있는 권리를 갖는다는 것은 외국에 공사관을 설치할 수 있는 권리를 수반하는 것이다. 그리하여 조선 주차 미국 공사인 딘스모어 각하(Hon. Hugh N. Dinsmore)는 미국 정부의 명령에 따라서 미국의 선박 오마하호 편으로 사절단을 초청했다. 이 초청이 성사되자 특명전권공사 박정양은 비서인 알렌 박사를 대동하고 워싱턴에 도착하여 1888년 1월 클리브랜드 대통령(S. G. Cleavland)을 예방했다.

이와 동등한 지위의 한 공사[24]가 유럽에도 역시 파견되었으며, 또 다른 한 사람은 일본에 파견되었다. 그제야 청국의 "주차관"은 자기의 숙소를 서울로부터 3마일 밖으로 옮김으로써 다른 모든 외국인들을 서울로부터 철수시켜 자기만이 좀 더 강력한 영향력을 행사하려고 획책했지만 그와 같은 계획은 적절한 기회에 좌절되었다.

---

24) 주영 · 주불공사 등 5개국 주차 공사로 임명된 조신희를 의미함.

물신 숭배, 미신 그리고 무지로부터 벗어나서 밝은 문명에로 접어드는 길은 수월치 않아 뒷걸음치는 경우도 많았다. 교육을 통하여 무지를 몰아내고, 미신에 몸서리쳐 온 조선 사람들의 마음을 돌림으로써 과학의 확실성이 압도하게 될 때까지 오랫동안 무당에 심취하여 있던 조선은 이교의 섬망증[25]을 겪으면서 끊임없는 도전을 받게 될 것이다. 심지어는 연유의 수입마저도 조선 사람들의 병든 마음에 병을 만연시키는 역할을 했었다.

1888년에는 소위 "아기 싸움"이라는 것이 조선 사람들을 동요케 만들었다. 미국인들과 유럽인들은 아이를 훔쳐다가 솥에 삶아 먹을 뿐만 아니라, 외국인들은 부인들을 잡아다가 젖가슴을 베어 간다는 보도가 해외로 퍼져 나갔다. 소가 없어지자 조선 사람들은 이제까지 그렇게 많이 사용하던 연유가 전적으로 사람을 원료로 하여 만들어진 것이라고 믿게 되었다.

얼마 동안은 곧 폭동이 일어날 것만 같은 절박한 위기가 감돌았지만 강경한 어조의 왕명이 공표되고서야 홍분이 점차 가라앉았다. 부당한 조세나 탐욕스러운 관리에 항거하여 일어나는 지방의 민요는 조선에서 있었던 그와 같은 낭설로 말미암은 사건들과 함께 발생하는 것이 통례였다.

조선의 독립에 기초를 두고 묄렌도르프가 편성한 안정된 예산 제도를 위한 규정이 마련되었지만 1885년 7월에 그가 사임하자 하트 경(Sir Robert Hart)[26]이 관세 업무의 관리를 맡게 되었으며 전혀 새로운 경영진이 중국으로부터 파견되었다. 메릴(H. N. Merrill)이 총세무사로 임명되었으며, 중국으로부터 직접 파견된 사람들이 조선의 3개 개항장의 운영을 맡았는데, 그들 가운데 가장 능력 있고 훌륭한 사람 가운데 하나는 브라운 박사[27]였다.

---

25) 섬망증(譫妄症, *delirium tremens*) : 알코올 중독에 의하여 헛소리로 떠드는 증세.
26) 하트 경(Sir Robert Hart : 1835~1911) : 영국의 외교관. 북경 주차 영국 공사관에 들어가(1854) 해관 총감독(1863~1906)을 역임했다. 청조 세관 제도의 사실상의 창시자.
27) 브라운(John McLeavy Brown : 1842~1926) : 영국의 외교관이며, 법률학자, 법학박사. 중국에 진출하여 북경 주차 영국 공사관의 문부사(1864~1872), 참찬관(1871~

재정적으로 본다면 이와 같은 움직임은 장래성이 있는 것처럼 보였고, 또 장래성이 있음을 입증하기도 했지만, 결과적으로는 중국의 위신을 크게 세워 주었을 뿐만 아니라 한반도에서 중국의 야심찬 계획을 수행하면서 커다란 힘을 제공하여 주었다. 이러한 추이에 대하여 몇몇 조선 사람들은 그들이 왕을 폐위하고 새로운 왕을 옹립하려는 것이나 아닌가 할 정도로 의심을 품게 되었다.

이러한 사실을 폭로한 사람은 민영익이었다. 중국 주차관인 원세개는 사실상 대궐 안에서 중국인 시장 노릇을 하고 있었다. 화려한 복장, 가마, 그리고 수행원을 허장성세로 꾸미고 대궐과 중국 공사관 사이를 거드럭거리고 다닐 때면 그와 그의 행렬은 서울에서 볼 만한 구경거리를 이루었다.

한 마디로 말해서 민비를 필두로 한 조정의 민 씨 일파와 손을 잡고 일을 하는 원세개의 정책은 조선에 대한 청국의 규제가 심하다는 것을 분명하게 재천명하여 주는 것이었다. 그리하여 곧 일어나려고 하는 중대 국면에서 청국 정부는 조선을 "우리의 조공국"이라고 말하여 두는 것이 매우 안전하다고 생각했다. 분명히 일본의 영향력은 보잘것없는 것이 되었으며, 그 반면에 미국의 영향력은 조선의 독립에 대한 단순한 학술적인 이론으로 영락하고 말았다.

지난날에는 적수였고 오늘날에는 적국이 되어 버린 청국은 일본을 모독하고 무시했다고 볼 수 있다. 조선에 대한 고삐를 확실하게 해두고자 일본은 국경에 군대를 집결시켰고, 여순항에 정박한 철갑함을 위해 다량의 석탄을 나가사키로부터 구입했고, 독일의 군사 교관을 초빙하여 군사를 교련하고 수도를 통하는 해문의 갑에 커다란 요새를 세움으로써 청국은 자칭 "조

1872), 해관(1872), 세무사(1877) 등을 지냄. 영국의 대한 진출의 일환으로 1893년 탁지부의 고문으로 부임했다가 러시아의 압력으로 1897년에 퇴진했다. 그 뒤 북경 주차 영국 공사관 참찬관(1906)으로 봉직함.

공국"인 한반도에서 얻은 자신의 위신을 지속시키고자 안하무인으로 준비하고 있는 것처럼 보였다.

1894년 초의 조선은 대륙의 거상과 섬의 역사 사이에서 그처럼 서 있었다. 아니 오히려 웅크리고 있었다고 하는 편이 옳다. 이와 같은 외우에 설상가상으로 오랫동안 누적되어 온 내환이 다시 터져 동학란이 내전으로 비화되어 그 극을 이루었는데, 이러한 혼란이 야기된 지방적인 이유에 관해서는 다음 장에서 살펴보고자 한다. 종파 분자들의 이와 같은 봉기는 청일전쟁과 시기가 일치했을 뿐이지 그 원인은 아니었다. 이 전쟁이 끝남으로써 중국은 조선에 대한 종주권을 포기하게 되었고 반도 국가의 독립이 이루어졌다.

제 51 장 청일전쟁과 대한제국

아시아의 여러 나라와 반 문명된 국가들은 고대 유럽의 세계에서와 마찬가지로 교권 국가이다. 곧 종교와 국가가 하나이다. 정상적인 동양의 조건에서 보면 중국 · 조선 · 일본은 종교와 국가가 영합하여 저지른 죄악의 대표적인 사례를 보여주고 있다. 터키나 러시아와 마찬가지로 이 국가들은 국민에게 양심의 자유를 허락하지 않음으로써 그들을 박해하고 있다.

정통적인 기존 의식이나 철학과 동떨어지게 생각하려다가는 틀림없이 박해나 고문을 당하거나 죽음을 당한다. 근대 일본은 동양적 전통에서 벗어나 양심의 자유를 허락함으로써 지배자와 피지배자 사이의 관계를 단순화했다. 그러나 중국은 아직도 완고 속에 국민을 학대하고 있다. 중국의 역사를 돌아보면 그들은 종교와 통치라는 이름으로 유럽의 중세 국가들보다 아마 더 많은 피를 흘렸을지도 모른다.[1)]

종교적 전제주의가 아직도 만연하고 있는 모든 아시아 국가에서 실제적인 기독교 특히 모국어로 된 성경에 기초를 두고 있는 기독교적 형태는, 설령 장래에는 희망이 있는 것이라 할지라도 현재로서는 커다란 사회적 불안 세력이 되고 있다. 기독교는 곧 교정일치의 이론과 영합하고 있다. 평범한

---

1) (필자 주) J. de Groot, *Sectarianism and Religious Persecution in China*, Amsterdam, 1994.

한 인간이 우주에 대하여 새로운 안목을 갖게 되면 그는 전제자나 특권층·지배자들이 가장 두려워하고, 미워하고, 반대하는 바로 그런 종류의 사람이 된다. 조선은 이러한 진리의 가장 대표적인 사례가 되고 있다.

한국인의 종교사는 처음에는 물신 숭배와 무속의 역사였다가, 그 뒤에는 불교사가 되었다. 이 종교들은 또한 조선에 영원한 유적과 예술과 생활 습속과 민속 그리고 일반적인 전통을 제공해 줌으로써 이 땅에 문화를 이룩해 주었고 한 국가를 형성시켜 주었다. 동아시아의 모든 나라에서 일어나고 있는 유교와 불교 사이에 한두 차례 벌어진 지적 충돌에서 불교는 아직까지도 승자로 존속해 왔다.

1천 년 이상 찬란한 역사를 누려온 불교는 돈과 세속적 욕심과 정치적 야심으로 말미암아 끝내 부패에 빠지고 말았다. 아직도 불교는 조선의 관직과 재정에 권리를 남용하고 있기는 하지만, 1392년에 조선왕조의 성립과 더불어 몰락하기 이전까지 불교는 자기 나름의 위치를 확보하고 있었다. 조선의 건국과 더불어 유교는 오랜 투쟁 끝에 국교의 체계를 갖추었다. 불교는 침체와 타락으로 떨어진 농부들의 신앙으로 놀라우리만큼 부패했으며, 그와는 달리 선비들과 생각이 있는 사람들은 거의 모두가 유교에 심취했다.

이와 같은 유교 윤리는 전제주의 민중에 대한 특권층의 권력 유지에 크게 이바지했다. 따라서 틀에 박힌 듯한 유교 체제 아래 놓여 있는 조선의 문명 형태는 오늘날 우리가 볼 수 있는 바와 같이, 중세의 찬란한 불교 문화 시대와 견주어 볼 때, 한 국가가 전반적으로 퇴행했음을 의미할 따름이다. 중국의 종족주의적 아집과 바깥 세상에 대한 무지와 영합된 조선의 유교는 아직도 야만적인 자만으로 더욱 타락하고 하고 있는데 대원군이 그 대표적인 화신인 것으로 보인다.

그러한 유교는 또한 한 국가로서의 조선을 기생 동물에게 먹히게 만듦으로써 오늘날 전 인구의 10%가 나머지 90%에 붙어서 기식하고 있다. 1777년에 전래된 천주교로 개종한 사람들을 박해하면서 조선의 유교는, 스페인의 종교 재판이나 또는 고결한 구실을 빙자하여 인간의 저질스러운 본성을 은폐했던 역사적인 몇 가지 사례에서 보듯이 야만적이고도 사악한 것이었음을 스스로 보여주었다.

그럼에도 불구하고 천주교도들이 그러한 고문을 훌륭하게 견뎌 낼 뿐만 아니라, 조선의 교도와 외국인 신부들이 종교적 정열을 가지고 헌신하는 데 너무도 깊은 감명을 받은 최제우라는 조선의 한 선비는 1859년에 이르러 천주교라는 것이 외래 종교이긴 하지만 과연 진정한 종교가 아닐까 하는 회의에 빠지게 되었다. 심한 질병과, 스스로 믿고 있는 바와 같이, 상제의 계시를 받은 최제우는 자기 자신이야말로 새로운 종교를 창도하도록 부름 받은 사람이라고 느끼게 되었다.

최제우는 중국, 조선 그리고 일본에서 가장 성행하고 있는, 그러나 그 근원은 너무도 같지 않은 유서 깊은 의식을 본떠 하나의 종교 체계로 발전시켰다. 공자의 윤리와 그 후계자들의 철학에서, 노자와 그 해설자들의 저작에서, 그리고 불타의 경전과 그에 부속된 문전에서 뽑은 것을 종합하여 『동경대전』과 『용담유사』를 짓고, 오늘날까지도 교도들이 매일 반복하여 암송하고 있는 기도문을 만들었다.

천주교가 서학이라는 사실을 감안하여 최제우는 자기의 새로운 종교를 동학이라고 이름을 지었다. 많은, 아니 거의 모든 그의 교도들은 서구 문명에 대항하여 동양 문명을 유지하는 데에 그의 새로운 종교의 역점을 두었다. 부산의 북쪽 45마일 지점에 있는 경주에서 시작된 동학 운동은 충청도와 경상도로 급속히 전파되었다.

동학이 정치의 영역에까지 파급되자 날로 심해 가는 관리의 부패와 압제의 끔찍스러운 암흑 속에서 괴로움을 겪던 농민들에게 동학은 희망과 새로운 삶을 제공해 주었다. 방백 수령의 공직 임기가 3년에서 1년으로 바뀐 것도 이 무렵이다. 관리 계급과 이해 관계가 있는 이와 같은 관제 개혁은 백성들의 부담을 더욱더 증가시켰다. 왜냐하면, 흔히 매관매직으로 벼슬을 얻은 엽관운동자들은 사사롭게 자신의 배를 채울 수 있는 시간이 줄어들게 되자 과거보다도 3배나 더 심하게 백성들을 수탈했기 때문이다.

동학의 역사와 지도자들의 문체, 교리 그리고 기도문에 미친 천주교의 영향은 매우 의미심장하다. 6년에 걸친 대원군의 가혹한 주도 아래 최제우와 그의 교도들은 "외국인과 같은 조선 사람" 또는 천주님의 추종자 곧 천주교 신자라는 혐의를 공식적으로 받게 되었다. 최제우는 재판에 회부되어 고문을 당한 다음 처형되었으며, 그의 교리는 불법적인 것으로 인정되었다.

중국에서 일어난 의화단이나 무지한 대중들 사이에서 흔히 볼 수 있는 환상과 마찬가지로 동학교도들은 "신의 능력에 의해 검무를 출 수도 있고 공중으로 올라갈 수도 있다"고 믿었다. 교세는 날이 갈수록 더욱 강성하게 되었다. 교주의 죽음에 대한 원한은 혁명 사상 및 남부 지방에서 더욱 심한 관리의 참을 수 없는 탐학에 대한 저항심과 융합되자 결국 신원운동과 반봉건투쟁이 하나로 뭉치게 되었다.

1893년 초 대궐 문 앞에서는 놀라운 광경이 벌어졌다. 50명의 동학교도들은 서글픈 의식을 거행하고 장시간 연좌하여, 최제우의 신원과 자기 교파도 천주교와 마찬가지로 포교를 허락해 달라는 상소문을 올렸다. 만약 그들이 앞으로도 계속하여 포교를 금지하면 그들은 모든 외국인들을 조선으로부터 몰아낼는지도 모른다고 암시했다. 그러나 종교의 자유를 요구하는 그들의 소청은 거부되고 시위대는 대궐 수비대에 의해 축출되었다.

1894년 봄이 되자 동학교도들은 남부 지방에서 커다란 농민 봉기를 일으켰다. 그들의 반란을 진압하고자 서울에서 파견된 군대는 바람 앞의 지푸라기처럼 흩어졌다. 반란군은 전주를 점령했으며, 그 위세는 전국을 위협하는 듯이 보였다. 조선의 장수인 양호초토사 홍계훈은 자기의 힘으로는 사태를 수습할 수 없노라고 조정에 장계를 올렸다. 그렇게 되자 원세개의 충동질을 받은 조정의 친청파들은 동학란을 진압하고자 청국에 군사 지원을 요청했다. 1885년 5월 7일에 체결된 천진조약에 따르면 이 두 나라는 상대편 국가에게 사전에 통고하지 않고서는 조선에 군대를 파견할 수 없도록 되어 있었다.

이 당시 김옥균은 일본에 망명하고 있었다. 조선 정부에서는 범인의 인도를 거듭 요청했고, 조선과 일본의 자객들이 그를 죽이려고 끊임없이 획책했지만, 김옥균은 일본 정부가 모든 외국인에게 베풀고 있는 문명의 법에 따라 안전한 피신처에서 보호받고 있었다.

드디어 1894년 김옥균은 거짓 전보와 위조된 은행 어음에 속아 상해로 갔다. 그는 호텔에 도착하자마자 피살되었다. 그를 죽인 자객은 조선에서 명예와 칭찬과 돈으로써 보상을 받았으며, 청국은 그 자객을 영웅으로 취급했다.[2) 청국 정부는 음흉스럽게 머뭇거리면서도 야만적인 옛 전통에 따라 스스로 운송 회사를 만들어 시체를 전함에 태워 조선으로 보냈다. 조선에 도착한 김옥균의 시체는 능지처참되어 군중들에게 공개되었다.

청국의 이와 같은 처사는 일본의 여론을 크게 격분시키었다. 이와 때를 같이하여 청국은 1894년 6월 7일 천진조약을 무시하고 조선에 먼저 군대를 파견함으로써 일본 정부를 도전적으로 모독했다. 이러한 행동과 함께 북경 주재 일본 공사관에는 다음과 같은 공문이 전달되었는데 그 가운데 일부는 다음과 같다. 진한 글자는 그들이 사용한 원문을 그대로 옮긴 것이다.

> 우리의 조공 국가를 지원하고자 청국의 군대를 파견함으로써 그들을 보호하는 것은 우리의 오랜 관례와 부합되는 것이다. 우리의 조공 국가의 평화를 회복하기 위해 …… 섭지초 장군은 전라도로 진군하라는 명령을 받았다.

청국은 이와 같이 무력으로 서구의 외교 관례를 파기했으며 조약의 의무를 파기한 채 조선에게 봉신국가로서의 케케묵은 종주권을 주장했다. 1894년

---

2) 김옥균을 죽인 홍종우는 그 공으로 홍문관 교리가 되었다.

6월 12일, 일본 정부는 엄격한 군기 아래 제국 군대를 조선에 파견한다고 발표함으로써 청국의 그와 같은 조처에 응답했다. 6월 17일 청국은 극동의 평화를 유지하고자 조선을 재정적·행정적으로 개혁하는 데 일본과 협조해 달라는 제안을 받았다.

청국은 이와 같은 요청을 가볍게 거절하고 일본의 즉각적인 철병을 요구하는 동시에 만주에 있는 달탄의 군대로 하여금 동남아시아의 루비콘강[3]인 압록강을 건너도록 명령했다. 청국은 영국의 기선 고승호를 고용하여 탄약·대포와 함께 1,100명의 군대를 싣고 가 충청도 서북방의 아산에 있는 청국의 군대를 보강토록 했다. 이에 일본은 대하여 현재 분쟁의 초점이 되고 있는 문제들은 평화적으로 해결하지 않고 더 이상 조선에 청국의 군대를 파견하는 것은 곧 전쟁을 의미하는 것이라고 대답했다.

달탄족의 군대가 진발했으며, 고승호가 병사를 승선시키고 있다는 소식이 도쿄에 알려지자 일본의 함대가 곧 항진했으며 군대와 철도와 기선들은 이들을 상륙시킬 준비를 갖추라는 명령이 하달되었다. 12일 만에 일본군들은 제물포에 상륙하여 서울로 진군했다. 그들은 20분 만에 한강을 주교로 도강하여 서울을 군사적으로 차단하는 데 성공했다. 7월 20일, 원세개는 서울을 탈출했으며, 서울에 남아 있는 중국인들은 각자가 스스로 피신토록 했다.

7월 23일, 일본의 사신인 호시 토루[4]는 군대를 이끌고 대궐로 들어가 조선의 자주의 문제와 조선이 한일수호통상조약을 지킬 의사가 있는지에 관하여 조선의 왕에게 답변을 요구했다. 조선의 왕은 그의 질문에 대하여 긍정적으로 답변했다. 왕은 대원군을 찾아가 자기의 두려움을 풀어달라고 부

---

3) 루비콘강(Rubicon) : 이탈리아와 갈리아의 사이에 있는 작은 강. 서기전 49년에 시저(J.는 이 강변에서 "주사위는 던져졌다"고 말하고 갈리아족을 공격했다.

4) 호시 토루(星亨 : 1850~1901) : 일본의 정치가. 오사카영어학교 교사로 있다가 당시 가나가와현 지사인 무쓰 무네미쓰의 천거로 정계에 투신하여 청일전쟁 직후에는 조선의 법률 고문을 지냈으며 1900년에는 이토 히로부미 내각의 체상을 지냄.

탁하는 동시에 새로운 내각을 구성하여 자신을 도와 달라고 말했다. 왕은 이 새로운 내각을 구성하면서 갑신정변 당시 망명했던 개화파 인사들을 대거 입각시키려 했다. 일찍이 대역 죄인의 판결을 받고 멸문을 당했던 박영효는 이제 다시 왕실의 총애를 받게 되었다.

7월 25일, 지금은 제독이 된 도고 헤이하치로[5] 선장이 이끄는 순양함 나니와호가 고승호를 만났다. 4시간의 담판 끝에 항복을 거절하자 고승호는 나니와호의 포격으로 격침되었다. 7월 29일과 30일에 일본군은 아산에서 청국 군사를 만나 격파하고 그들의 요새를 점령했다. 1894년 8월 1일, 하늘의 아들로서 오랫동안 적수가 되어 온 청국의 황제와 일본의 천황은 동시에 선전포고를 했다. 청국의 황제는 오만과 무지로 가득 차 있었으며 일본의 황제는 말씨가 명료했고 어조도 온건했다.

당시 제위에 있던 청국의 아낙네[6]는 그의 군대에게 명령하여 "그 난쟁이 족속들을 그들의 소굴로부터 완전히 몰아내도록" 했다. 청국은 거인의 오만과 우둔함으로써 지능적이고도 훌륭하게 무장된 섬의 수병에게 도전했다. 결과적으로 그것은 다윗과 골리앗의 싸움[7]의 재현이었다. 나이 먹었다고 거드름을 피우던 정통파가 육전과 해전에서 문명과 지혜를 갖춘 한 적수를 만나 상대편을 무찌르기에는 너무도 미약할 정도로 망신을 겪게 되었다.

궁극적으로 청일전쟁이 의미하는 것은 한 민족이 자신의 문명을 변화시킬 수 있는 권리를 가지고 있다는 사실이었다. 이미 제네바협정에 조인한 바 있고 문명된 방법으로 군사를 훈련시킨 일본은 서구의 몇몇 반쯤 개명된

---

5) 도고 헤이하치로(東鄕平八郎, 1847~1934) : 일본의 해군 원수. 사세보진수부 사령장관으로 있다가 1900년 북청사변이 일어나자 상비함대사령관이 되고 1903년 연합함대사령장관이 되어 1904년의 러일전쟁을 승리로 이끌었다.

6) 서태후(西太后 : 1835~1908) : 함풍제의 비로서 아들 동치제(1862~1874)와 조카 광서제(1875~1908)의 재위 동안 섭정으로 독재함.

7) 『구약성서』 사무엘 상 17 : 22~50 참조. 거인 골리앗은 소년인 다윗과 싸움에서 패배하여 살해되었다.

종족들로부터 이교도라고 지칭되기는 했지만 중국에 대하여 기독교적 유형으로 싸우고 있었다. 일본은 뛰어난 적십자기구와 의무단과 훌륭하게 훈련받은 1,500명의 간호단을 갖추고 있었으며, 동시에 그들의 병원은 과학 이상으로 무장되어 있었다.

각 군부대와 함대에는 국제법에 능통한 법률가가 배속되어 국제법에 어긋나는 일이 벌어지지 않도록 했다. 그들이 그와 같이 사전에 조심했고 또 문명의 고귀한 원칙들을 지키려고 애썼던 학문적인 결과는 타카하시 사쿠에[8]의 훌륭한 저작인 『청일전쟁 시기의 국제법』과 아리가 나가오[9]의 『국제법으로 본 청일전쟁』에서 잘 나타나 있다.

중국인들은 아직까지도 (또는 1904년까지도) 문명 사회에서 통용되고 있는, 법에 관한 상식이 없으며 의무단이나 병원 또는 의사들을 갖추고 있지 않다. 따라서 청국군의 부상병들은 흔히 개처럼 허우적거리다 죽었으며, 그들의 무지한 병사들은 부상병을 구원하러 오는 의무병에게도 총을 쏘아 대는 일이 허다했다는 것은 놀라울 것이 없다. 중국인들의 관제는 벌집처럼 부패가 만연했지만 그들은 일본이 갖지 못한 3만 명의 훈련병과 전함을 포함한 함대로써 일본을 쉽사리 물리칠 수 있으리라고 기대했다.

평양을 점령한 그들은 50~60개의 요새를 만들었다. 바다에서 청국 군사들은 일본 군사들이 조선의 국경을 넘지 못하도록 하고 또한 해구에서 일본군에게 압승하기를 기대하면서 군대를 가득 실은 수송선을 압록강 어귀로 보내느라 분주했다. 일찍이 3세기 전 임진왜란 당시에 승전한 바 있던 그곳

---

8) 다카하시 사쿠에(高橋作衛 : 1867~1920) : 일본의 국제법학자. 도쿄제대 법학과 졸업. 해군대학 교수. 청일전쟁 당시에는 상비함대사령장관의 법률 고문을 지냄. 그 뒤 도쿄제대 교수, 법제국장관, 귀족원 의원을 역임함.

9) 아리가 나가오(有賀長雄 : 1860~1921) : 일본의 국제법학자. 도쿄제대 문학부 졸업. 청일전쟁과 러일전쟁 당시에는 법률 고문을 지내고 육군대학, 와세다대학에서 국제법을 강의함.

에서 청국 군사들은 일본 군사들을 궤멸시켜 남쪽으로 퇴각케 한 다음 아예 조선으로부터 몰아내리라고 기대하고 있었다.

이미 몇 세기 전인 임진왜란 당시에 중국이 숫적으로 많으나 두뇌가 모자란다는 사실을 알고 있는 일본으로서는 오늘날 저들이 숫적으로 대결하려고 한다 해도 조금치도 위압당하지 않고 있다. 일본인들은 청국의 군사적 명성이 단순히 허명에 지나지 않으며, 중국인들이 가지고 있는 마법의 군사 체제란 것도 적군으로 하여금 제 힘에 넘어지도록 가르치는 것임을 잘 알고 있었다.

일본의 군사력은 기독교 문명의 결과로 들어온 새로운 이상의 시대에 비약적으로 성장했다. 일본인들은 서구로부터 그와 같은 이상과 힘을 빌린 동시에, 그것들을 자신의 자질과 결합시키고 자기의 독자적인 재능을 병사들에게 가르침으로써 세계를 놀래게 만들었다. 그들은 자기들의 평화로운 야망과 자기들 문명의 밑바닥에 깔려 있는 근본 원칙들이 전 세계로부터 보편적으로 인정받지 못하고 있다는 사실로 말미암아 오랫동안 정신적으로 번민했다.

일본인들은 세계를 감동시키고 또 그들로부터 존경 받으려면 전쟁과 유혈이 불가피하다는 사실에 대하여 가슴 아프게 생각했다. 6개월 만에 그들은 중국을 망신시켰으며 중국으로 하여금 평화를 갈구하도록 강요했다. 일본의 군대는 남쪽에서 북쪽으로, 대동강 어귀에서 동쪽으로, 그리고 원산에서 서쪽으로 3대로 나누어 진군하여 평양에서 합류했다. 9월 15일과 16일의 이틀에 걸친 전투에서 청국의 주력 부대는 완전히 패전했다.

해전의 경우를 보면 그 다음날 압록강 어귀의 앞 바다에서 청국의 함대는 근대화된 철갑선과 마주친 최초의 대전에 지고 앞으로 다시는 공세를 취할 수 없게 되었다. 10월 1일 이전에 청국 군사들은 조선으로부터 말끔히 사라졌다. 주로 만주를 중심으로 하는 아시아 대륙에서 일본은 자기들의 본토보다도 더 넓은 땅을 차지했다. 11월 21일, 여순이 함락되고 위해위에 있는 거대한 요새도 1895년 1월 31일에 항복했다.

그제야 러시아는 그 정체를 드러내었다. 프랑스와 독일을 자기편으로 불러들인 3국동맹은 일본으로 하여금 대륙에서의 모든 요구를 포기하도록 하는 동시에 배상금과 대만으로 만족토록 압력을 가했다. 만일 일본인들이 전함을 갖추고 있었더라면 그들은 그와 같은 모독적인 요구를 거절하고 러시아에게 선전포고를 했을 것이다.

일이 이쯤 되자 이홍장과 이토 히로부미·무쓰 무네미쓰 사이에 시모노세키조약이 체결되었다. 일본은 새로운 해군을 증강하는 데 그 배상금을 소비했으며, 또 다른 거인과 벌어질 다음의 전쟁을 위해 허리띠를 졸라 맸다. 그들은 러시아가 덩치만 클 뿐 머리를 쓸 줄 모르는 민족이라는 것을 다시 한 번 입증코자 하는 것이었다.

조선은 자기 국토에서 두 열강이 전투를 치렀지만 피해는 놀라울 정도로 적었다. 조선 사람들은 일본군을 그토록 못 마땅히 여기면서도 그들에게 제공한 노동력과 물자에 대하여 충분한 보상을 받았다. 그렇다고 해서 이러한 예로써 볼 때 일본은 자신의 정중함이 지나쳐 피해를 보았다고 볼 수도 없는 일이다. 반면에 일본은 자기 나라에서 중세를 부과할 시간적인 여유가 너무 없었기 때문에 평양 인근에서만 공사 간에 조선 사람에게 피해를 입히었다.

서울에서는 이미 8월부터 일본 사신이 조선의 개혁안을 주장하기 시작했는데, 만약 이것이 실천되었더라면 아마 그것은 사실상 새로운 헌법 질서로까지 발전했을지도 모른다. 7개 부처로 된 내각의 구성 안을 보면 공부가 농업과 상업 분야를 겸하게 되었고, 예부 대신에 학부를 새로이 두어 다른 부처와 협조케 했다.

숫적으로는 23개조에 달하는 강력한 개혁안이 마련되었지만 이들은 몇 차례의 사회적인 태풍을 몰고 오기에 충분한 것이었다. 그들 가운데 어느 것은 실현이 가능하기도 했지만 그 반면에 어느 것은 그들의 눈에 급진적이고도 어리석은 것으로 보였다. 새로운 조폐국이 유럽형의 동전을 발행하기 시작했다.

이번 전쟁을 통해서 조선의 독립을 보장해 준 데 대하여 조선과 조선 정부의 감사를 전달하고자 둘째 왕자[10]를 도쿄로 파견했다. 1895년 1월 8일에 조선의 왕은 모습과 분위기를 어마어마하게 차린 행렬과 함께 종묘를 찾아가, 청국에 대하여 모든 충성과 복종을 끊을 것을 엄숙하게 선고했다. 새로운 제국의 공식 명칭은 이제 대한이 되었는데 고대사에서의 삼한과는 매우 대조적인 의미를 갖는다.

이와 같은 왕의 태도와 더불어 외교상의 기이한 변태는 이제 역사로부터 사라졌으며, 아시아에서 볼 수 있었던 이중적 주권의 모습도 마지막으로 그 모습을 감추었다. 더 나아가 이 순간으로부터 조선의 정치에서 벌어졌던 모든 조직과 외모가 일신되었다. 조선의 선비들은 새로운 지적 풍토와 서구의 문화를 모색하기 시작했다. 메이지유신 당시의 일본의 경우처럼 몇 십 명의 학생들이 외국으로 파견되고 많은 외국인들이 고용되었다.

일본에서 가장 순수하고도 능력 있는 정치인 가운데 한 사람인 이노우에 가오루 백작이 조선 정부의 개혁위원회와 손을 잡고 활동을 시작했을 때 예로부터 전해 내려오던 조선의 만성적 어려움이 곧 수없이 노출되었다. 이 나라에는 진정한 애국심이 없는 것처럼 보였다. 능력 있는 조선 사람으로서 케케묵은 혈족이나 양반 사회의 사악함과 연루되지 않은 사람이 거의 없다는 것은 매우 절망적인 일이었다.

왕족이나 양반들이 생각하고 있는 정부와 관리와의 관계는 다만 젖과 그것을 빨고 있는 돼지의 관계에 불과했다. 음모와 질투가 끝없이 계획을 방해했다. 진정한 문제는 왕실의 기능을 정부의 기능으로부터 분리시키는 것

10) 의화군(그 후의 의친왕) 이강(1877~1955)을 의미함. 그의 행적에 대해서는 신복룡, 『대동단실기』(서울 : 선인, 2003) 참조.

이었다. 중국에서와 마찬가지로 조선에서 정부의 기능이 이제까지 완전히 수행된 사례가 결코 없었다.

일본에서는 대궐에서 여자의 공직 취임이 금지되어 왔다. 조선에서는 여자들이 영향력을 미쳐 공공 활동을 은밀히 망쳐 버릴 수도 있었다. 왕비의 영향력을 통해서나 대궐 안에 있는 여러 사람들의 소란을 통한 대궐의 밀모를 거치지 않고 왕위를 계승하는 문제, 그리고 군사 제도를 창설하거나 민법·형법을 제정하는 문제들을 가지고 실랑이를 벌이는 경우도 있었다. 1백여 명의 이상의 젊은이들이 일본으로 유학을 떠났다.

1895년 6월 20일에는 8개 도 가운데 면적이 넓은 5개 도를 둘로 나눔으로써 전국을 13개 도로 나누고 151 군, 339 현으로 행정 조직을 개편하는 칙령이 내렸다. 내각은 9개 부처로 조직되었고 전국을 통한 단일 사법 제도가 이루어졌으며, 우편제도가 창설되었으며, 5천 명으로 이루어진 군대가 일본과 미국의 군사 교관들 밑에서 훈련을 받았다.

이와 같은 모든 일들을 위해서 제일 먼저 필요한 것은 돈이었다. 그리하여 물품으로 납세를 바치는 방법 대신에 돈으로써 세금을 내게 함으로써 국가의 세입을 국가의 세입을 개혁하려고 시도했으며, 다른 한편으로는 불법적으로 전유한 토지를 정당한 소유자에게 되돌려 주었다.

완고수구한 많은 양반들이 그러한 개혁을 통하여 자기들의 수입이 줄어드는 것을 목격하고 아직도 소위 "웃음거리와 같은 개화"를 반대하고 있음에도 불구하고, 모든 것이 잘 되어 갈 것만 같은 징조가 보였다. 청일전쟁이 끝나자 청국의 상인들도 점차로 되돌아와 그들의 사업을 다시 시작했다. 1895년의 해외 무역고는 거의 1,300만 달러에 이르렀다. 상업은 대체로 점차 더 번창하는 것으로 보였다.

간헐적으로 일어나던 동학란도 1895년에 일본군에 의해 완전히 진압되었다. 이노우에 백작이 모국을 방문하고자 조선을 떠날 때까지 매사는 상서롭게 진행되고 있었다. 민비는 시아버지인 대원군이 일본군을 악용하지나 않을까 하여 안절부절못했다. 이노우에 백작은 "일본의 정부는 조선의 황실을 보호하면서 추호도 실수가 없도록 하겠노라"고 민비에게 확약했다. 이와 같이 하여 민비의 근거 있는 의혹을 무마시킨 다음 이노우에 백작은 9월 15일경 서울을 떠났다.

이때까지도 한반도에는 근대 조선의 역사에서 가장 능력 있는 두 사람이 살아 있었다. 하나는 남자요, 다른 하나는 여자였으니 그들은 다름 아닌 민비와 대원군이었다. 민비는 이 난국을 딛고 일어서서 자신의 교지와 민 씨 일파의 세력으로써 일본이 시작한 개혁을 무효로 만들어야 할 형편이었으며, 늙은 대원군은 방화와 칼과 독약과 다이너마이트로써 며느리를 몰아내기에 여념이 없었다.

정부에서 고용하여 봉급을 지불하던 약 1만7천 명의 쓸모없는 사람들이 명목상으로 해임되었으며, 민비의 처소에서 일하던 사람도 몇 백 명에서 10여 명으로 감소되었다. 그러나 이노우에가 귀국하자 이 기생충들은 왕비의 부름을 받아 점차로 되돌아왔다. 그리하여 대궐에는 지난날처럼 왕비가 거느리던 여자, 내시, 궁인 등 온갖 잡배들이 들끓었다.

그러는 동안 민씨 일파에서는 또 다른 음모를 획책하고 있었는데 이 점이야말로 아직도 정신적으로 갱생하지 못한 조선을 특징 지워 주는 현상이다. 위험의 징조가 보이자 내부대신 박영효는 서울을 벗어났다. 일본인들의 눈에는 이제까지 그들이 해 놓은 일과 영향력이 모두 수포로 돌아가려는 듯이 보였다. 그들은 한 여인으로 말미암아 좌절당하고 있었다.

일본 정부는 이노우에 백작의 후임으로 군인 출신인 미우라 고로[11]를 공사로 임명했다. 이 사람은 우리가 앞서 본 바 있는 프랑스인 벨로네와 마찬

---

11) 미우라 고로(三浦梧樓, 1846~1926) : 일본의 군인. 육군 준장(1878), 일본 육군사관학교 교장(1882~1884), 귀족원 의원(1890~1894)을 역임한 뒤 조선 주차 일본 공사로 부임했다. 재임 중에 을미사변을 일으켰으나 히로시마재판소에서 증거 불충분으로 석방되었다.

가지의 인물로서, 그의 전임자인 이노우에 백작처럼 참을성과 기교와 사교 능력을 가진 인물이라기보다는 군대 생활하던 때의 습관과 생활 방식을 가지고 서울에 부임했다.

이 무렵 서울에는 온갖 계층의 일본인들이 많이 살고 있었는데 특히 도쿄에서 온 소시[12]들은 정치적인 하수인으로서, 그들의 눈에는 친로파로 보이는 민비를 미워하고 있었다. 이들은 민비의 작용으로 밀려난 조선의 군사들 가운데 많은 사람들을 스스로 찾아온 것처럼 하여 모아들였다.

조선의 군사들과 일본의 전사들은 대원군과 합께, 조선의 이익을 위해서는 민비가 죽어 마땅하다는 결론에 이르렀다. 1895년 10월 8일 이른 아침, 60명에 이르는 혼성 불량배들을 대궐로 들여보낼 수 있도록 하고자 일본 군사들은 편의롭게, 그리고 의도적으로 각 위치에 배치했다. 그들은 대궐로 쳐들어가 민비의 처소에서 그를 붙잡아 죽였다. 그들은 시체를 밖으로 끌어내어 멍석과 옷 위에 석유를 뿌리고 불을 질렀다. 이와 같이 하여 조선의 역사상 가장 유능했던 한 여인이 사라졌다.[을미사변]

대원군의 선동 아래 곧 새로운 정부가 조직되었다. 급진적인 개혁안이 공포되고 정부 관직에는 새로운 관리가 임명되었으며, 외국에는 사절단을 파견했다. 뒷날 왕으로부터 공식적으로 낙인찍힌 바와 같이 이 “반역 내각”은 역사와 정의를 끔찍스럽게 호도하여 왕비가 살아 있는 것처럼 꾸몄다가 곧 이어서 왕비를 시해했다는 몇 사람의 조선 사람 피고를 공개리에 재판하는 어리석은 웃음거리를 연출했다. 그리고 왕비를 폐서인하는 포고문이 왕명으로 공포되었다.

이 모든 일들을 수행한 사람 가운데 몇몇은 의심할 나위도 없이 왕비 시해 사건에 관련된 사람들이었다. 11월 27일, 일본인과 대원군의 정책에 반

12) 소시(壯士) : 한국어의 장사(壯士)와는 의미가 다르다. 곧 일본어에서는 남의 청탁을 받아 살인과 폭행을 일삼는 불량배를 의미한다.

대하는 몇몇의 강경파 애국자들이 대궐을 공격하여 새로운 지배자들을 몰아내려고 시도했다가 실패하자 이 난동에 참여했던 주모자들은 날조된 기소장에 따라 10월 8일에 처형되었다.[13] 이러는 동안 조선의 각지에서는 반일 폭동이 일어났다.

서울에서 일본의 군사들이 이상하게 이용되었다는 소식을 들은 일본 정부는 곧 미우라를 소환하고 왕비 시해에 관련되었다고 혐의가 있는 47명을 체포했다. 그럼에도 불구하고 히로시마재판소에서는 피고들에 대한 기술적인 증거가 불충분하다 하여 근대 일본의 영웅주의에 빠진 이 초년생들은 무죄 방면되었거나 아니면 적어도 혐의의 흔적조차도 찾아 볼 수 없게 되었다. 무모한 외교적 실수를 저지른 사람들이 민비 사건의 전모를 간과함으로써 미카도의 대신과 일본의 민족 감정을 실망 · 격분케 했을 것이다.

어느 모로 보나 이번의 사건은 적어도 얼마 동안 조선에서의 일본의 위신에 치명상을 입히었다. 그해 12월, 일본군은 조선으로부터 물러갔다. 국태공인 대원군 이하응이 공개 석상에 나타난 것은 이때가 거의 마지막이었다. 그는 자기 부하 가운데 한 사람을 석방시키고자 가끔 경무청 앞에 나타나더니 그 뒤에는 교동으로 은퇴했다.

대원군은 1898년 2월 22일, 평온하게 죽어 합당한 의례로써 매장되었다. 조선 사람들의 기호와 매장법의 모든 품격에 따라 만들어진 그의 무덤은 조선의 경치 가운데 한 매혹적인 구경거리를 이루고 있다. 1900년 8월 18일, 조선이 이제 제국이 되었으므로 황제의 명령에 따라 대원군도 대원왕으로 추존되었다.

대원군은 조선의 근대사에서 가장 강력한 인물 가운데 한 사람이었다고 조선 사람들은 기억할 것이다. 전통적인 관례에 따르면 조선의 왕자들은 벼

---

13) 춘생문사건을 의미함. 개국 504년 11월 13일자 고등재판소 선고서에 따르면, 박선, 이주회, 윤양우 등 3명이 이 사건으로 처형되었다.

슬에 오를 수가 없었다. 그와 같은 이유로 말미암아 많은 왕자들은 왕자의 칭호를 얻을 경우에 겪어야 하는 가난을 피하고 봉록을 받는 관직에 취임하고자 그와 같은 칭호를 사퇴한다.[14)]

1811년 1월 22일 서울에서 태어난 대원군은 자기의 칭호 및 관직과 함께 자기에게 찾아온 기회를 훌륭하게 이용한 인물이었다. 자기의 나라에 손해를 끼치는 실정을 많이 저질렀지만 그는 또한 몇 가지 훌륭한 업적도 이룩했다. 그의 능력을 보건대 그는 유능한 정치가이며 애국자로서 러시아의 흉계를 어느 정도까지는 내다보고 있었다. 그는 정책 수행의 방법에서만은 자기가 공부한 주변의 분위기를 결코 초극하지 못했다.

몸집은 비록 5피트 6인치에 지나지 않았으나 대원군은 출중한 인물로 보였다. 그는 장조(사도세자)의 증손인 동시에, 순조의 조카였으며, 더 나아가서는 고종의 아버지였다. 그는 버려진 왕실의 낙조를 다시 밝힌 지도자가 되었으며 진실로 자기의 왕실을 쇠망으로부터 구원했다.[15)] 민비와 대원군, 이 두 탁월한 인물이 역사에서 사라짐으로써 그 시대도 종막을 내렸다.

---

14) 이 점에 대해서는 필자가 오해한 것으로 보인다. 어떠한 경우라 할지라도 왕자는 공직을 위해 왕자의 자리를 포기할 수 없다.

15) (필자 주) 대원군의 일생에 관해서는 『코리언 리포지터리』(July 1898)에 실린 존스 목사(Rev. G. H. Jones)의 글을 참조할 것.

제 52 장 러일전쟁

민비가 시해된 날로부터 4개월 뒤에 일어난 아관파천에 이르기까지 조선의 왕은 어느 모로 보나 대궐에 유폐된 것이나 다름이 없었다. 누구도 믿을 수 없고, 계속되는 신변의 위험 때문에 그는 미국인 선교사들에게 음식물의 제공을 요구했고 함께 지내기를 바랐으며, 심지어는 신변 보호까지도 부탁을 했다.[1)]

고종이 보기에 새로운 정부는 자신을 감시하는 간수들로 구성되어 있었다. 왕을 동정하는 조선의 백성들은 과거 어느 때보다도 일본인을 증오했다. 왜냐하면, 왕은 대원군과 친일파 정객들의 손에 갇혀 있다고 그들은 믿었기 때문이었다. 그와 같은 상황에 빠져 있던 왕은 감옥과 같은 대궐을 빠져나가기로 결심했다.

1896년 2월 11일 아침, 궁녀들이 꾸미고 러시아인들이 조정한 계획에 따라 왕은 여자들이 이용하는 보통 가마에 몸을 실었다. 몇 분이 지나 조선의 왕은 얼굴이 창백한 채 몸을 부들부들 떨면서 러시아 공사관의 북문을 두드렸다. 그는 곧 영접을 받았다. "러시아인으로서는 대궐 근처에도 간 사람이 없을 뿐만 아니라 어느 누구도 조선의 관공서조차 찾아간 적이 없다"고 주

1) (필자 주) L. H. Underwood, *Fifteen Years Among the Topknots*, 1904 참조.

장하지만, 10일 밤 제물포에 정박 중인 러시아의 전함으로부터 거의 1백 명에 이르는 군인들이 입성하여 러시아 공사관을 호위했다는 것은 매우 흥미있는 일치 현상이다. 더 나아가 러시아인들은 왕을 맞아들였을 뿐만 아니라 그 뒤에는 왕자와 대비까지도 영접해 들였다.

왕은 새로운 피난처의 담장 안에 은밀히 몸을 숨긴 다음, "반역 내각"에 반대하는 칙령을 발표하고 대신들의 목을 베어 오라고 군인들에게 명령했다. 그러나 그날 오후에는 다시 칙령을 내려 6명의 반역자들을 삭탈관직하고 재판에 회부한다고 발표했다. 이러한 칙령은 또 다른 폭동의 발발과 야만적 행위와 유혈의 신호가 되었다.

총리 대신 김홍집과 농상공부 대신 정병하는 폭도들에 맞아 죽었으며, 그들의 시체는 갈기갈기 찢겨 거리에 버려졌다. 감옥 문이 열리고 죄가 있든 없든 죄수들은 모두 방면되었다. 대부분이 전신 업무에 종사하던 66명의 일본인이 피살되었고 전선도 일부 파괴되었다.

민비가 피살된 1895년 10월 8일, 피의 아침으로부터 친일파들은 4개월 동안 권력을 잡았었다. 이 기간 동안 조선에서 일본의 위신은 치명적인 타격을 입었다. 11개월 동안 왕은 러시아 공사관에서 국사를 처리했으며, 외국의 사신들을 접견하고자 가끔 대궐로 들어갔을 뿐이다.[2] 일본의 사신은 이 폭동에서 죽은 일본인을 위한 배상금으로 14만6천 달러를 요구했다.

아관파천은 "튀김 냄비에서 뛰쳐나오려다가 불로 뛰어 들어간 격"이라는 속담과 같은 것이었다. 냉엄한 현실로 볼 때 파천은 붉은 전제를 피하고 시커먼 전제를 택한 것이며, 쇠사슬을 피하고 비단 사슬을 택한 것이었다. 그러나 그 두 가지가 모두 자기 모독인 동시에 예종의 길이었다. 러시아 공사관에 머무는 동안 왕은 압록강 계곡의 벌목권을 주는 등, 집 주인에게 잇권

2) 러시아 공사관에 머물던 고종은 밖으로 나온 적이 없다.

을 넘겨줌으로써 집세를 톡톡히 물었다.

러시아 정부는 러시아 지도의 광대한 척도에 따라 이권지는 압록강과 그 지류가 이루는 모든 분지라고 합의 문서를 제멋대로 해석했는데, 이는 조선의 전 국토의 절반에 해당하는 면적이었다. 이와 같이 하여 러시아인들은 공사관 건물의 일부를 1년 동안 임대한 댓가로서 5천만 달러의 가치가 있는 조선의 재산에 선취득권을 확보했다.

혁명은 뒷걸음치지 않고 있다. 정부의 일반적인 행정은 개화의 방향을 따라 진행되었다. 개혁의 외형적인 모습은 특히 서울에서 두드러지게 나타났다. 워싱턴에서 훈련을 받은 관리들은 서울 거리를 정돈하고, 청소 방법과 하수도를 개선했다. 포졸과 군인들에게는 제복을 입혀 훈련했으며, 국세조사를 준비했다.

서울의 믿을 수 없는 국세조사에 따르면, 서울 인구는 27,527호에 144,626명이며, 서울 근교에는 18,093호에 75,189명이 살고 있어 합계는 45,350호에 219,815명이다. 서울에는 또한 36곳의 사원에 442명의 승려와 204명의 비구니가 소속되어 있다. 건국 당시인 1392년에 만들어진 55피트 노폭의 대로는 몇 십 마일씩 연장되어 지방 도로와 이어지고 있다. 해외 무역은 계속 증가하고 있다.

한때 극동에서 가장 지저분하고도 후진적인 도시 가운데 하나였던 서울은 미국인의 자본과 노력으로 이제는 전기가 들어오고 철도가 부설되고 근대적인 수도가 시설된 깨끗하고 매혹적인 도시가 되었다. 1899년 9월 1일, 경인선이 개통·운행되었다. 테네시주의 차타누가에서 만들어 온 한강 철교는 그 길이가 거의 1마일이나 된다.

꽃 전등은 대궐과 서울의 일부를 밝혀 주고 있다. 전차 선로는 서울을 가로지르는 이외에도 장려하게 만들어진 민비의 능에까지 연장되어 있다. 얼마 남아 있지도 않았던 민비의 유해는, 지난날 야만에 가까우리만큼 화려하게 꾸미기로 이름난 장례 행렬의 호위를 받으면서 응분의 예법에 따라 매장되었다.

1896년 봄에는 2천명 이상의 회원을 가진 독립협회가 창설되었다. 조선의 독립은 물론 사회적·물질적 진보에 적극적인 관심을 가지고 있는 조선의 인사들로써만 이 협회가 구성되었다. 지난 몇 세기 동안 중국의 사신이 조선의 군주로부터 속국의 의례를 받던 영은문에서 불과 몇 야드 떨어진 곳에 독립문을 정초한 것은 10월 21일이었다.

독립문은 석조 건물로서, 건축의 아름다움과 정치적인 의미를 함께 담고 있다. 그 뒤에도 계속된 독립협회의 활동과 역사는 순탄하지 않았다. 그들의 활동 가운데에서도 영문과 국문으로 된 『독립신문』을 일간으로 발행한 것은 뜻깊은 일이었다.

법으로써 보호를 받고 있는 자유를 훌륭하게 발전시키고 있는 미국과 그 밖의 여러 나라에서 조선 사람들이 목격한 바를 조선에서도 열매 맺기 위해서는 독립이나 자유가 단순히 말만으로 그치는 것이어서는 안 된다는 것이 명백해졌다. 서울에서 있었던 독립협회의 활동을 보건대 그 씨앗은 훌륭했을지 모르지만 그것을 위해 훌륭하게 마련된 땅이 없었다. 조선에 그토록 흔한 바위와 가시덤불과 그릇된 선례의 울퉁불퉁한 도로에 조선의 경작자들은 희망을 걸었다.

독립협회의 활동은 치안 방해 속에 그 막을 거두었거나 아니면 소산되었다. 그럼에도 불구하고 정부의 대신들에게 국가의 정책을 그토록 빈번하게 요구했던 독립협회의 활동은 서울에서 일어났던 어느 폭동들보다도 훌륭한 측면이 있었다. 1902년 5월이 되자 독립협회의 전 회원들이 체포되어 처형되었다. 9월 2일 영은문 근처의 독립회관에서 조선의 기독교도들이 다수 참석하여 거행한 왕의 45회 탄신일은 그 궁극적인 결과로 볼 때 더욱 의의가 있는 것이었다.

왕은 1년 9일 동안 러시아 공사관에 머무르던 왕은 그곳을 나와 새로이 지은 경운궁(덕수궁)으로 돌아왔다. 경운궁은 1896년에 지은 것으로 서울의 서쪽에 위치하고 있다. 이곳은 외국 공사관과 외국인 주택이 몰려 있는 곳인데, 이 건물들 가운데 어느 것은 매우 깔끔하고 견고하다. 이제 조선은 일본과 중국이라는 두 강대한 제국 사이에서 자주·독립국이 되었다.

사실이든 가정이든 간에 자신의 역사와 유서에 대한 조선 사람들의 자부심이 한때라도 꺾인 적이 없던 터라, 과거에는 "작은 변방의 국가"였던 이 나라를 제국으로 승격시키고 군주도 "황제"라고 선언하는 조치를 취하는 것이 매우 유익하게 되었다. 제국주의로부터 가혹한 시련을 받은 것을 떠나서 보더라도 자신의 운명과 결부시켜 생각할 때 이와 같이 명목상이나마 정치적인 조치를 취하는 것은 매우 의의 있는 일이라는 점을 조선의 관리들은 잘 알고 있었다. 왜냐하면, 조선의 왕에게 "황제"라는 칭호를 부여하는 과정에서 이 의식을 거행하고자 10만 달러가 국고에서 지출되었으며, 그 대부분은 당연히 총신들의 주머니로 들어갔기 때문이다.

왕은 이러한 의식을 거행하지 않겠노라고 주장했지만 헛수고였다. 그는 끝내 중신들의 주장에 정중히 따랐다. 1897년 10월 12일 오전[sic] 3시, 왕은 장려하게 위엄을 갖추고 종묘에 나아가 대한제국의 황제의 보위에 올랐다. "대한"이라 함은 고대의 삼한과는 크게 그 의미가 구별된다. "이제 왕은 사라지셨다. 황제 폐하 만세!"

14명의 러시아 군사 교관이 조선의 병사들을 훈련시키고, 조선의 외부대신과 러시아 공사 스페이어[3]가 11월 5일에 한 협정을 체결하고 그 협정에 따라서 능력 있고 믿음직스럽고 꿋꿋한 영국 출신의 해관총세무사 브라운(McLeavy Brown) 박사를 물러나게 하고 후임에 러시아인인 알렉시에프(Kuril Alexieff)를 앉힌 것도 러시아가 정치적으로 우위를 차지하고 있던

3) 스페이어(Alexi de Speyer) : 제정러시아의 외교관. 일본 주차 러시아 공사관의 서기관으로 부임했다가 1885년 묄렌도르프의 요청으로 내한하여 1896년 이래 러시아 공사를 역임했다.

그 무렵에 이루어진 일들이다.[4)]

브라운은 자기의 계약 기간이 끝나지 않았으므로 그 자리에서 물러설 것을 거절했다. 그 당시 영국과 일본의 거대한 함대가 제물포 앞 바다에 출현하자 브라운은 자신의 입장을 지킬 수가 있었다. 이에 러시아, 영국, 그리고 일본의 3국은 브라운을 그 자리에 유임시키고, 개항장에서 관세를 거두어들이면서 러시아의 관리와 일본의 관리도 한몫 낄 수 있도록 한다는 데에 합의했다.

1897년 12월 23일 러시아의 황제는 조선의 황제를 승인하는 전문을 보냈으며, 서울에 있던 왕당파들은 이로 말미암아 매우 의기양양하게 되었다. 러시아인으로서 조선에서 상역에 종사하는 사람은 겨우 20여 명에 불과했고 기껏해야 1백 명은 넘지 못했을 뿐만 아니라 소수의 어부들이 해안에서 포경업에 종사하고 있던 당시의 상황으로 미루어 볼 때, 위와 같은 일련의 사실들은 러시아의 관심이 상역에 있는 것이 아니라 군사적이고도 전략적인 것이었다.

이와 같은 사실을 통하여 과거 20년 동안 조선에서의 러시아 외교가 얼마나 연극적인 수법이었던가를 입증해 주고 있다. 군쯔버어그 남작(Baron Guntzburg)은 러시아의 이권을 증진시키고자 바삐 돌아다녔다. 러시아 공사의 부인은 사회적인 문제에 가만히 있지는 않았으며, 심지어는 정치 문제에까지 영향력을 미치려 했다. 오래지 않아 러시아에 대한 대중적인 반동의 징조가 나타났다.

1898년 1월 22일에는 러시아어 통역인 김홍륙을 암살하려는 기도가 있었다. 3월 10일에 이르러 이러한 감정은 대대적인 반러시아 시위의 형태로 나타났다. 이 시위는 한반도로부터 러시아의 세력을 말끔히 물리치지는 못했

4) 이 부분에 대하여는 필자가 다소 오해하고 있다. 브라운의 해임은 "한 협정에 의한 것"이 아니라 당시의 외부대신 민종묵과 스페이어 사이의 책동에 의한 것이었다.

지만 전면적으로 확대되었다. 이런 일이 있은 직후 러시아의 군사 교관이 출국했으며 한러은행이 폐쇄되었다. 상당한 흥분 상태가 지난 뒤 4월 25일, 러시아와 일본은 한 가조약을 체결하여 조선의 주권을 인정하는 동시에 조선의 내정에 직접적으로 개입하지 않기로 합의했다. 양국의 상호 동의가 없이는 군사 고문이나 재정 고문을 임명할 수 없도록 했으며 러시아는 조선과 일본 사이의 교역을 방해하지 않기로 했다.

그 당시로 볼 때 러시아는 조선을 자신의 영향권 내에 있는 것으로 보지 않았음이 분명한데, 이는 아마 만주에서의 자신의 새로운 이권을 십분 고려했기 때문인 것으로 보인다. 1903년에 이르기까지 조선의 어느 지역에 대한 러시아의 이권 주장이 공개적으로 심각하게 재개되지는 않았다. 러·일 간의 관계를 1904년의 전쟁으로까지 이끌었던 도쿄-페테르부르그의 통신선이 개통되자 러시아의 야심은 심각한 것으로 보였으며, 누구라도 이를 간파할 수가 있었다.

대한제국 원년(1897)은 엄청나게 충성심을 과시한 황제 탄신 축하연을 치름으로써 제국의 완숙을 보였다. 황제의 등극 기념일은 물론 건국기원절[이 날은 기자가 나라를 세운 날이다. 그의 무덤과 사당은 오늘날 평양에 있으며 청일전쟁 동안에 파손되었다][5]과 506회째의 개국기원절[6]에는 서울을 온통 치장함으로써 성대하게 축하했다.

이 해는 또한 양반 사회에서 유교가 다시 일어난 것으로 특징이 있으며, 불교는 이미 "재활"을 누리고 있었다. 이 두 사상 체계는 그 발효와 개화에서 새로운 신앙인 기독교의 강력한 감응을 받고 또 그 증거를 목격함으로써 유사한 생활 철학으로 윤색되었다.

---

5) 이 점에 대해서는 필자가 오해하고 있다. 조선의 건국기원절은 단군이 조선을 세운 개천절을 의미한다.
6) 조선의 개국기원절은 7월 17일임.

지방에서 일어난 만성적인 민란과 서울에서 일어난 파벌과 정적 사이의 음모를 제외한다면 1898년은 정부에서 강력한 보수주의적 반동이 일어났고 이렇다 할 만 한 외교적·정치적 사건이 일어나지 않았다는 것으로 특징지을 수 있다. 1895년에는 양력이 채택되어 정부에서도 공식적으로 이에 따라 행사를 했음에도 불구하고 민중들은 음력을 따라 정월 초하루와 보름에 옛날의 놀이와 유희 그리고 풍습을 지킨다.

1899년은 서울과 지방이 비교적 조용한 한 해였다. 중국에서 의화단사건이 일어나는 동안, 국경을 잘 경비하고 있기는 했지만, 폭동이 국경 너머로까지 파급될 위험이 있었다. 중국으로부터 넘어오는 덴마크 선교사들의 피난민을 보호하는 50명의 러시아 군사들에게는 자유로운 통행이 허락되었다. 중국은 연합군에게 1천 자루의 쌀과 2천 부대의 밀가루와 몇 백 갑의 담배 등을 지원함으로써 사실상 북경으로 향하는 연합군에 동조하고 있었다.

1899년 8월에는 조선의 성문 헌법이 공포되었는데, 그 가운데 9개 조항은 왕의 절대 권력을 천명하는 것이었다. 조선 사람들이나 외국인 외교 단체 또는 다른 나라들이 전반적으로 그와 같은 헌법 제정을 매우 중대한 일로 생각했다고 말할 수는 없다. 조선이 일본에 파견한 "황제"의 특사에 대하여 일본은 조선의 완전한 중립을 약속할 수는 없노라고 딱 잘라 거절했다.

그럼에도 불구하고 조선의 백성들은 다른 이교의 국가나 반문명된 국가에서와 마찬가지로 황제의 사진 앞에서 머리를 조아리고 경배하도록 되어 있는데 여기에서 경배한다 함은 고대 영어의 worship과 같은 의미가 있거나 아니면 그보다 더 깊은 의미를 가지고 있다. "폐하의 덕을 기리고자" 기념비와 탑을 만드는 일이 1902년 4월 1일에 착공되었는데, 서구인들에게는 그 날짜가 풍기는 의미가 꽤 깊었다. 이 기념물들은 서울의 대궐 앞 큰길에 세워질 것이다.

미국인 선교사인 매길 박사(W. B. Magill)가 마차를 몰고 원산에서 서울을 주파했다는 사실은 대로변에 사는 사람들에게조차 아무런 주의를 끌지 못했지만 이 나라 역사의 커다란 한 사실로 기록되었다. 1901년 10월 31일에는 등대 제도를 창설하기로 결정했다. 12월 7일에는 황제의 50회 째 맞는 탄신 축하연이 베풀어졌으며 하객들에게는 기념 은메달을 하사했다.

1901년 2월 19일 조선에 도착한 독일인 엑카르트[7]가 가르친 조선 사람 악대가 2곡의 외국 음악을 연주했는데 그 연주 내용은 악대 자신과 그들의 선생에게 매우 믿음직스러운 느낌을 주는 것이었다. 1902년 7월 1일에는 엑카르트가 번안한 조선의 국가가 발표되었다. 이 독일의 음악가는 이미 일본에서 훌륭한 업적을 남긴 바 있는 인물이다.

1902년 5월 30일에는 51세를 맞이한 황제가 장년회에 가입했고 이 자리에서 외국 사절단과 조찬을 가졌다. 여기에 참석했던 인사들 가운데 영향력으로 보나 능력으로 보아 탁월했던 한 인물로서는 조선 주차 미국 공사인 알렌 박사를 들 수 있다.

알렌은 1868년, 오하이오주 델라웨어에서 출생해 1884년 여름 이후 조선에 거주하고 있는데 그동안 그는 이 나라에 근대적인 의술을 도입했다. 그는 초대 미국 주차 조선 공사를 워싱턴에 수행한 바 있다. 거기에서 그는 조선 주차 미국 공사관의 서기관으로 임명되었으며 1890년 이래 조선에서의 미국의 이익을 보호하는 제일인자가 되었다.

알렌이 공사로 승격한 것은 1896년 7월이었다. 중국에서 의화단사건이 일어나 그 운동이 조선으로까지 파급될 위험이 나타나자 그는 특히 외국인들의 신변 보호에 주의를 기울였다. 러일전쟁이 일어나기에 앞서 그는 서울에 미국의 수병들을 입경시켜 보호를 맡게 함으로써 미국인의 개인적인 권익과 상업상의 권리를 완전히 보호했다.

---

7) 엑카르트(Franz von Eckhart : 1852~1916) : 독일의 군악대장. 1879년 일본으로 건너가 해군군무국에 근무하면서 군악전습소에서 취주악을 가르쳤다. 1900년, 고종의 초청으로 내한하여 우리 나라 최초의 군악대를 창설해서 가르치다 서울에서 죽었다. 일본 측 사료나 국내 기록에 따르면 그의 이름은 Eckert로 표기되어 있다.

1903년에 일어난 사건들은 한 사태가 불가피한 종국을 향하여 치닫고 있음을 보여주는 동시에 러시아와 일본 사이에 위기가 절박해 있음을 보여주었다. 서울의 정세는 이용익과 이근택이 좌지우지했다. 이들은 여순항 및 그곳에 있는 러시아 당국과 긴밀한 연락을 취하고 있었다. 안정된 통화를 지속시키려는 일본의 노력과는 어긋나게 고압적인 러시아의 재정적인 책동과 그 밖의 여러 가지 계획은 조선 사람과 외국인에게 심각한 금전적 타격을 입혀 좌절시키는 동시에 무역상 커다란 혼란을 초래했다.

1901년 4월 11일, 러시아인들은 압록강 일대의 벌목권을 20년 연장시키는 동시에 조선의 북부 지방으로 과감하게 진출했다. 조선 정부는 그들의 압록강 일대를 벌거숭이로 만들지 못하도록 감독하려 했으나 이제 러시아는 조선 정부의 그와 같은 권한을 거부했다. 5월에는 러시아의 한 군함이 용암포에 정박했다. 그들은 이 항구를 니콜라스항이라고 불렀다.

러시아는 곧 용암포를 요새화하는 작업으로 여겨지는 일에 착수했다. 러시아는 만주로부터 철병하겠다는 약속을 파기한 직후 서울에 있는 러시아 공사관에는 26명의 러시아 해병들이 호위병으로 증원되었다. 11월 러시아인과 일본인 사이에 일어났던 제물포 폭동 사건은 1904년의 전면적인 충돌이 목전에 다가와 있음을 예시해 주는 것이었다. 12월 동안 서울에서의 러시아의 영향력은 의주를 개항시키려던 외국 대표들의 모든 노력을 좌절시켰다.

조선의 역사상 이 단계에서, 상투를 틀고 원추형의 풀 더미만큼이나 큰 갓을 쓰고 살던 이 백의의 은자는 많은 유학생들을 외국에 파견했다. 몇 십 명의 유학생들이 미국과 유럽에서 공부하고 있으며, 일본에 파견된 유학생도 몇 백 명이나 된다. 1902년 12월, 거의 1백 명에 가까운 남녀노소가 하와이로 이민을 떠났다. 이들 가운데 대부분은 정착이 허락되었으며 다만 8명만이 전염성 안질로 말미암아 본국으로 송환되었다.

오랫동안 침체되었던 이 국민들 사이에서 건전한 움직임이 전개되고 있음을 보여주는 사건들도 있었다. 근대적인 것에 대하여는 거의 눈이 어두웠던 이들에게 밝은 장래가 다가오고 있다. 이 나라에서 활약하고 있는 도덕적·개혁적 추진 세력 가운데 적극적인 기독교도들이 주도권을 잡고 있다. 알렌, 언더우드,[8] 스크랜톤,[9] 아펜젤러,[10] 헤론,[11] 게일,[12] 존스,[13] 헐버트[14] 등의 기독교적 선구자들이 조선어를 터득한 뒤 이 나라 문학과 역사의 보고를 열어젖혔다.

조선어와, 그들의 국가·민족에 관해 쓰인 그들의 저작물을 모아 이미 만들어진 목록은 지금 매우 값진 것이 되고 있다. 진정한 노력의 결실인 이러한 업적들은 그 신빙도의 면에서 볼 때 관광객들이나 주마간산격의 여행자들이 남긴 소묘나 단명한 저작들과는 좋은 대조를 이루고 있다.

여러 학자 및 각급 공무원과 더불어 그들은 방대한 양의 『코리어 리뷰』를 발행하는 한 편집자 헐버트를 지원하는 동시에 왕립아시아학회 한국 지부를 창립하여 여러 권의 믿음직한 회보를 발간했다. 한때는 은자였던 이 나

---

8) 언더우드(Horace G. Underwood : 1859~1916) : 미국 북장로교 선교사. 1885년 내한하여 새문안교회(1887), 대한기독교서회(1889), 대한기독교청년회(YMCA, 1990), 경신학교를 설립했다.

9) 스크랜톤(William B. Scranton : 1856~1922) : 미국 감리교 목사. 의사. 1885년에 내한한 이래 의료와 성서 번역에 종사했다.

10) 아펜젤러(Henry G. Appenzeller : 1858~1902) : 미국의 감리교 목사. 1885년 내한하여 배재학당(1886)을 설립하고 성서의 번역과 보급을 통하여 한국의 개화에 이바지했다.

11) 헤론(John W. Heron : 1856~1890) : 영국 태생의 미국인 선교사. 의사. 테네시의과대학을 졸업하고 (1884), 도일하여 한국어를 배운 다음 한국에 입국하여(1885) 광혜원에서 봉사(1887~1890)하면서 성서를 번역했다. 선교사공의회 회장(1889), 대한성교서회(1890), 지방 선거 중에 과로로 사망하여 양화진 외국인 묘지에 묻히었다.

12) 게일(James S. Gale : 1863~1937) : 카나다의 선교사. 1888년에 내한하여 부산과 서울의 연못골교회에서 목회하면서 성서 및 구미 서적을 번역 출간했고 평양신학교와 피어선성경학교에서 교사를 지냈다.

13) 존스(George H. Jones : 1867~1919) : 미국인 선교사. 아메리칸대학 졸업(1887)과 동시에 내한하여 주로 인천 지방에서 선교했으며 배재학당 실장(1892~1893)을 역임했다.

14) 헐버트(Homer B. Hulbert : 1863~1949) : 미국의 선교사. 1886년 내한하여 육영공원에서 영어를 가르치면서 특히 소멸해가는 대한제국의 국운을 일으키고자 진력했다. 해방 뒤 다시 입국하여 한국에서 죽었다.

라에 관하여 자기 나름대로 마음속으로 그림을 그려 원근과 색조를 넣어 보는 뜻있는 생도들에게 이 회보는 커다란 즐거움을 주고 있는 것 같다.

이 땅에는 서구 기독교 형제들의 무덤이 줄지어 서 있다. 그 속에는 영웅들, 역전의 용사들, 그리고 "맨 먼저 불길 속으로 뛰어든" 몇몇 사람들이 잠들고 있다. 1884년으로부터 기산하여 20주년이 되는 1904년 9월에 성대한 기념식을 가지려 했으나 러일전쟁의 전운으로 연기되었다. 그들은 조선 사람을 치료하고, 돌보고, 성경을 번역하고, 살아서 역사하시는 진실한 하느님의 관념을 둘러싸고 있는 위대한 기독교의 진리를 가르치고, 몇 천 명을 교회로 모이게 하여 복음의 양식을 먹여 주었다.

그 밖에도 그들은 성서의 직접적인 깨달음을 통하여 그들이 스스로를 돕고 스스로를 번영시킬 줄 아는 위대한 교훈을 조선 사람들에게 가르쳐 주었다. 전쟁과 박해와 수없이 많은 시련이 조선의 기독교도들의 믿음을 시험했고 또 증명했다. 유혹의 와중에서 꿋꿋이 견딜 수 있는 신실함과 능력의 면에서 본다면 조선 사람들은 이 세상 어느 누구에게도 뒤지지 않는다.

1904년의 막이 열리자, 일본의 군사들은 또다시 조선의 흙을 밟아야 한다는 사실이 명백해졌다. 그러나 이번의 전쟁은 청국과 일본의 전쟁이 아니라 일본과 러시아의 전쟁이었다. 북쪽의 거인과 러시아의 탐욕에 대항하여 이 섬 제국은 오랫동안 와신상담해 왔다.

1861년까지만 해도 러시아는 수비대의 피 한 방울도 흘리지 않고 대마도에 수병을 상륙시킬 수 있었다. 그곳에서 그들은 씨를 뿌리고 영구 점령을 위한 터전을 이루기 시작했었다. 은둔과 취약과 공포의 시대였던 당시로서 일본의 막부 정권은 아무런 조치도 취할 수가 없었다. 그러나 그 당시 막부 치하에서 가장 안목이 있던 정치인인 가쓰 아와[15]는 이와 같은 침략 행위에

15) 가쓰 아와(勝安芳 : 1823~1899) : 일명 가쓰 가이슈. 에도막부 말기의 정치가이며 막신. 1860년에 미국을 순방한 뒤 귀국해서는 해군 육성에 주력했다. 메이지유신 뒤에는 해군

대하여 북경 주재 영국 공사의 주의를 환기시켰다. 이에 영국은 전함을 파견하여 러시아인들이 물러가도록 했다.

그 뒤 몇 년이 지나 러시아는 상투적인 기초 공작으로 "공유"를 내세우더니 곧 일본인들로 하여금 북위 50°56′ 밑에 있는 쿠릴열도만으로 만족토록 강요함으로써 사할린을 병탄했다. 이 일이 일어난 것은 1875년이었지만, 이미 오래 앞서 특히 오쿠보 도시미치[16]와 같은 일본의 정치인들은 러시아의 의중을 뚫어 보고 있었다.

일본은 1871년 봉건적 요소를 씻어 버리고 새로운 형태의 군대를 편성했는데 이런 성격의 과업은 12세기 이래 처음 있는 일이었다. 일본이 그러한 조치를 취한 이유는 주로 러시아와 그 밖의 침략자들로부터 자신을 보호하려는 의도에서 나온 것이었다. 1873년 세계를 순방하고 돌아온 오쿠보와 키도 다카요시[17] 등의 일본 사절단은 정한론을 반대했는데[18] 그 당시로서 조선과 전쟁을 한다는 것은 곧 러시아의 손길을 끌어들이는 것이었기 때문이다.

1891년, 지금의 러시아 황제인 당시의 황태자[19]가 일본을 방문했을 때 한 광신적인 일본의 순경이 그를 공격한 사실에서 러시아에 대한 일본인들의 대중적인 두려움이 떠가는 먹구름처럼 매달려 있음을 볼 수 있었다. 그러나 일본 정부와 심지어는 천황도 몸소 이에 대하여 충분히 사과한 이외에, 돈독한 우의를 유지하면서 일본과 조선에서 러시아를 대접하면서 꼼꼼하게 품위를 지켰다.

경과 추밀고문관을 지냈다.

16) 오쿠보 도시미치(大久保利通 : 1830~1878) : 메이지유신의 공신. 이와쿠라 도모미와 함께 구미를 돌아보고 각료로서 활약(1870~1878). 사쓰마반란의 진압에 공을 세웠으나 반도들에게 암살됨.

17) 키도 다카요시(木戸孝允 : 1833~1877) : 메이지유신의 공신. 1871년 이와쿠라 도모미와 함께 서구를 순방한 뒤 정한론을 반대하고 헌법에 의한 군민동치를 주장했다. 사이고 다카모리, 오쿠보와 함께 "메이지유신 3걸"로 칭한다.

18) (필자 주) 본서 제47장 참조.

19) 러시아 로마노프 왕조 18대 황제인 니콜라이 2세(Nikolai Ⅱ : 1868~1918)를 의미함.

그러므로 1895년 러시아가 프랑스와 독일의 힘을 빌려 일본으로 하여금 아시아의 전 대륙으로부터 퇴각케 함으로써 청일전쟁에서 얻은 일본의 전리품을 박탈하고 단지 대만과 배상금만으로 만족하게 만들었을 때, 일본은 이와 같은 사실을 전혀 예상하지 못한 것은 아니었지만, 어안이 벙벙해질 만큼 낙심했었다.

일본은 당시 아무리 청일전쟁으로 기진맥진해 있었다고는 하지만 그들에게 5척의 전함만 있었더라도 그들은 이 지긋지긋한 간섭장이이며 침략자인 러시아에 대하여 전쟁을 개시했을는지도 모른다. 일본은 주위의 정세로 말미암아 모독을 참고 삼켰다. 그러나 다른 어느 기독교 국가들보다도 일본인 자신들이 그와 같은 피해를 용서치 못했기 때문에 일본인들은 자기들을 파멸시키기에 골몰하고 있는 듯이 보이는 한 열강과의 불가피한 전쟁을 위해 곧 허리띠를 졸라매기 시작했다.

1899년 의화단사건이 폭발하여 중국이 8개국의 군사력을 불러들였을 때에도 일본은 자기들의 군대가 너무 깊숙이 개입된 이유가 문제되지 않도록 하고자 처음에는 선뜻 달려들지 않았다. 드디어 연합군을 이끌고 청국 정부를 구원해 달라는 요청이 오자 일본은 가장 유능하고 가장 장비가 훌륭한 2만1천 명의 군대를 파견했다.

북경으로 진군하는 동안 일본군이 얻은 경험은 평가할 수조차도 없을 만큼 값진 것이었다. 왜냐하면, 막사와 전장에서 제정러시아의 농민들과 사귀는 동안 일본군들은 그들과 숫적으로 같다면 그와 같은 적군과 전쟁을 벌인다 할지라도 두려워할 것이 하나도 없다는 것을 알았기 때문이다. 일본의 장교들은 아직도 중세기적 사고 방식에 몰두하고 있는 그들의 동료국인 러시아의 출현을 통하여 그래도 자신들이 근대화된 인물임을 알게 되었다.

줄곧 해군을 증강시키고 온갖 무기와 탄약, 야전 장비, 의무 시설을 갖추고 군사들의 신체 단련을 마치자 일본인들은 마치 수부가 거인에게 도전하는 것처럼 보이기는 했지만, 자신의 권리를 내세우기로 결심했다. 경작이 가능한 토지라고는 몇 조각밖에 없어 자신의 인구조차도 먹일 수 없고 따라서 인구도 증가할 수 없는 이 나라는 더 이상 한 섬에만 은둔해 있을 수 없게 되었다.

일본인들은 이제 무역·공업국으로 성장하여 매년 50만의 인구가 증가하고 있고, 총인구는 5천만에 이르렀으며, 1890년 이래 543%의 무역 증가율을 보였으며, 총무역고 가운데 84.6%를 공업 제품이 차지하고 있다. 조선에는 거의 3만 명에 가까운 일본인들이 살고 있고 그 가운데 대부분은 결혼하여 가정을 꾸미고 있으며, 만주에는 1만 명의 일본인이 살고 있으므로 조선과 만주의 문제에 대한 일본의 이해 관계는 상업적인 것인 동시에 그 존립에 관계가 있다.

그와는 달리 러시아의 이해 관계는 주로 군사적이고 전략적인 것이어서 서로의 입장이 같지 않았다. 의화단 사건이 일어나고 있는 동안 러시아는 만주에 막대한 병력을 투입했으며, 끝내는 청제국에 소속된 만주의 대부분을 점유했다. 러시아는 1903년 10월 9일에 이곳으로부터 철수하겠노라고 이해 관계가 있는 각국 정부에게 엄숙히 맹세한 바 있다.

이와 같은 맹세가 어떻게 깨어졌는가를 세계는 잘 알고 있다. 도쿄와 성페테르부르크 사이에 오고간 교신에 따르면, 일본의 약이 오를 만큼 러시아 정부가 이곳에서의 철수를 늦추고 있으며 그들의 의도는 만주에서 영원히 남아 있으려는 것일 뿐만 아니라 가능하다면 일본이 만주 문제에 개입할 수 없도록 하려는 것임이 밝혀졌다. 심지어 러시아는 "만주는 일본의 특수한 이익의 권외에 있다는 사실을 일본이 시인하기를 바랐다."

뿐만 아니라 러시아는 "한만국경 양측의 50킬로미터에 중립 지대를 설치하고, 피차의 동의가 없이는 양측의 어느 쪽에서도 이 중립 지대에 군대를 투입할 수 없도록"하는 상호 약속을 요구했으며, "일본이 조선해협에서 항해의 자유를 위협하는 군사 시설을 조선의 해안에 설치하지 않겠다는 약속"을 요구했다. 그와는 달리 일본의 요구를 한마디로 말한다면 "조선의 독립과 영토적 존엄성은 존중되어야 하며 동시에 조선에서 일본의 권익이 먼저 보장되어야 한다는 사실을 주장할 수 있는 권리를 일본은 가지고 있다"는 것이었다.

담판이 수없이 이루어지고 사태는 날로 심각해지는 데에다가 러시아가 극동에 함대를 계속 증강시키자 1월 13일 이래 답변을 기다리고 있던 러시아 주차 일본 공사 쿠리노 신이치로[20]는 2월 4일 오후 8시에 램스도르프 백작[21]을 방문하고 이번 사태를 해결하기 위한 분명한 답변을 요구했지만 아무런 소득이 없었다. 만주의 영유에 대한 러시아의 주장이 바뀔 가능성이 전혀 없다는 것이 밝혀지고 "극동에서 양국의 직접적인 영향력과 활동을 한정지을 수 있는 완충기"가 문제되지 않자 2월 10일 일본 공사관은 성페테르부르그에서 철수했고 곧 이어 전쟁이 일어났다.

러시아는 이미 3백 명의 코자크 병사를 조선에 상륙시켜 압록강 좌안의 벌목꾼들을 보호하고 있었다. 1903년 6월 이래 러시아는 4만 명의 병사로 육군을 증강시키고, 26척의 함대로 해군을 증강시킴으로써 전함으로부터 어뢰정에 이르기까지 전선이 줄을 이었으며 해군력은 8만 3천 톤을 더 증강했다.

개전 5일 전에 블라디보스토크에 있는 러시아 사령관 알렉시에프[22]는 어느 모로 보나 계엄을 선포할 수도 있다는 사실을 일본의 상관에 통지했다.

---

20) 쿠리노 신이치로(栗野愼一郎, 1851～1937) : 일본의 외교관. 1881년에 외교계에 투신. 1894년부터는 미 · 불 · 이 · 러의 공사를 역임했다.

21) 램스도르프(Count V. N. Lamsdorff : 1845～1907) : 러시아의 정치가. 1900년 외상에 취임하여 일본과의 협상(1903～1904)에 실패하자 1906년에 사임했다.

22) 알렉세에프(Evangenii I. Alekseev : 1843～1909) : 제정러시아 황제 알렉산더 2세의 사생아. 청일전쟁 당시에 동아세아함대 사령관을 지냈으며, 의화단사건에 개입하여 봉천을 점령하는 등, 공을 세운 뒤 1903년에 극동 총독이 되어 극동 침략에 더욱 적극적인 자세를 취했다. 러일전쟁 당시 육해군 총사령관이 되었으나 사하의 패전으로 사임하고 그 뒤 의회에 진출했다.

러시아 해병들은 전함의 발동을 걸고 군사 활동을 위해 갑판을 정비하고, 야간 탐조등을 작동시킴으로써 도고 헤이하치로 제독의 포격과 어뢰에 곧 응전했다. 이와 같이 일본군은 러시아의 해상 공격에 선수를 쳤으며 곧 러시아군을 블라디보스토크로부터 몰아내는 데 성공했다.

유럽에 있는 러시아의 근신들에게는 실제로 전쟁이 벌어졌다는 소식이 놀랍게 들렸는지 모르지만, 극동에 있는 러시아의 신민들은 그렇지 않았다. 그럼에도 불구하고 평화 관계가 깨어진 지 3일 만에 러시아의 전함 와리아크호와 코리에츠호는 제물포 앞 바다에서 우리우 소토마치[23] 제독의 포격을 받고 침몰했다. 일본군은 조선에 상륙하여 북진을 시작했다.

여순항에서는 3척의 전함과 4척의 순양함이 도고 제독의 어뢰를 맞고 침몰했거나 파손되었다. 일본인의 제일차 목적은 전쟁의 제1막이 열리자마자 러시아의 해군을 격파하는 것이었다. 조선의 제물포에 상륙한 일본군은 의주 가까이에 이르도록 별다른 응전을 받지 않고 행군했다. 일본의 주력 부대는 동양의 루비콘강인 압록강 제방 위에 다시 한 번 서서 백인 러시아의 군사들을 바라보았다.

그러는 동안 1904년 3월 일본과 조선 사이에는 새로운 의정서가 조인[24]되었다. 이 의정서에 따르면 일본은 조선을 병합하지 않고 조선의 내정을 개혁하며 조선의 주권을 침해함이 없이 조선을 보호하도록 되어 있다. 조선은 마치 일본의 분명한 보호국이나 되는 듯이 일본 정부를 신뢰하고 일본 정부의 충고를 들으며 본 의정서의 근본 정신에 위배되는 협약을 체결하지 않을 것을 맹세했다. 이 의정서는 일본을 조선 독립의 주인공으로 만들었으며, 그 정신이나 문맥으로 볼 때 만주에서의 러시아의 활동에 정면으로 도

---

23) 우리우 소토마치(瓜生外吉, 1854~1937) : 일본의 해군 대장. 미국 해군사관학교를 졸업한 뒤 해군의 요직을 거친 다음 소장 때 러일전쟁을 만나 제물포와 대마도에서 큰 공을 세우고 남작을 받았다.

24) 한일의정서를 의미하는데, 그 체약 일자는 3월이 아니라 1904년 2월 23일이었다.

전하고 있다.

아세아에서는 신형이며, 모든 군대 중에서도 가장 최신식인 일본 군대는 20세기의 전쟁 문제와 일본의 공공 교육의 창설을 다루기에는 정신적으로나 육체적으로 가장 적격이었다. 이 군인들은, 고참이든 신병이든 간에 무한한 용기, 동작의 신속, 살아 있을 때의 품위, 허기와 곤경을 참아 내는 능력 그리고 죽음에 임박해서는 자살을 하는 등 새로운 가치 기준을 확립했다. 일본의 애국자들에게 의무를 망각한 인생은 아무런 가치가 없다.

5월 1일, 이 "공공 학교의 군대"는 구로키 다메모토[25]의 영도 아래, 포화를 뚫고 압록강을 건너 많은 대포를 노획하고 적군을 생포함으로써 찬란한 승리를 얻었다. 그들은 유럽의 군대를 만나서도 당당하게 싸워 대승을 거두었다. 그 뒤 일본군은 진군을 계속하여 옛날의 변문과 봉성을 지나, 요하와 압록강을 가르고 있는 산협을 넘었다. 요새화된 산협이 하나 둘씩 무참하게 함락되었다.

9월 초, 고대 조선의 요새의 유적지 서남쪽에 자리 잡고 있는 요양성 앞에서, 근대사에서, 아니 어쩌면 인류 역사에서 가장 결정적인 전투를 벌이하고자 두 나라의 병력이 대진(對陣)했다. 이와 때를 같이 하여 또 다른 일본 군대는 만주로 진격했으며, 5월 25일 오쿠 야쓰가타[26]는 여순항으로 향하는 철도를 장악했다. 5월 26일에는 대련을 함락하고 그 뒤에는 영구와 우장이 일장기 밑으로 들어갔다.

8월 25일 오야마 이와오[27] 원수는 노즈 미치쓰라[28]와 오쿠 야쓰가타가

---

25) 구로키 다메모토(黑木爲楨 : 1844~1923) : 일본의 군인. 육군 대장. 사쓰마반란에서 공을 세운 뒤 청일전쟁 당시에는 6사단장을 지냈으며, 러일전쟁 때에는 제1군사령관으로 큰 공을 세웠다.

26) 오쿠 야쓰가타(奧保鞏, 1846~1930) : 일본의 육군 원수. 청일전쟁과 러일전쟁에서 공을 세운 일본 제1의 전략가. 이 두 전쟁의 공로로 참모총장(1906~1912)이 되고 백작의 칭호를 받았다.

27) 오야마 이와오(大山巖 : 1842~1916) : 일본의 육군 원수. 청일전쟁에 참전했으며 보불

이끄는 일본의 전군을 통합·지휘했다. 9월 초 대대적인 전쟁을 치른 뒤 일장기가 요양에 나부끼었으며 쿠로파트킨29)은 봉천으로 전면 퇴각했다. 비 오듯 쏟아지는 포탄으로 뒤덮인 여순항으로부터 러시아의 전함과 순양함들은 기를 쓰고 도주했지만 만나는 족족 격침·퇴각하거나 만신창이가 되어 중국의 여러 항구에서 피난처를 찾았다. 그러나 어느 곳을 가든 그들이 나타나는 곳에서는 국제 외교상 골치 아픈 문제들만 일어났다.

1904년 가을로서 우리는 이제 다시 한때 "은자의 나라"였던 조선의 이야기를 마치게 되었다. 지금 조선의 독립을 유지하고자 명목상으로, 그러나 진심으로 노력하면서도 조선을 실제로 보호국으로 만든다고 가정할 경우에 나타나는 실제적인 난관에 봉착하고 있는 일본 사람들은 자기들이 필요불가결하게 소유하지 않을 수 없는 영토로서의 한반도를 스스로 장악하기로 결심하고 있다.

경부선 부설이 현재 100마일 정도 운행 중이다. 서울 근교에서 밤낮으로 들려오는 바위를 뚫는 폭파음은 한·만 국경에까지 이르는 철도를 하루 빨리 완성시키려는 그들의 의지를 나타내고 있다. 러일전쟁의 진정한 목적은 중국의 국가적 존엄성을 지키려는 것이다. 일본의 안전은 중국의 정치적 존엄성을 지키는 데에 의존하고 있으며, 아마 심지어는 조선의 정치적 해방까지도 그럴는지 모른다.

전쟁(1870)을 참관. 귀국 뒤 국방 체제 확립의 기초를 이루었다. 육군대신을 지내고 러일전쟁 때는 만주군사령관으로 활약. 1914년 내부대신에 이름.

28) 노즈 미치쓰라(野津道貫 : 1841~1908) : 일본의 육군. 후작. 청일전쟁 당시에는 평양 전투에서 대공을 세웠고 러일전쟁 당시에는 제4군단을 지휘했다.

29) 쿠로파프킨(Aleksej N. Kuropatkin : 1848~1925) : 러시아의 장군. 중앙아시아 정복전쟁과 러토전쟁에 참전했다. 서구를 순방하고 육군대신(1898~1904)을 지냈다. 러일전쟁 당시에는 사령관이었으나 만주 패전으로 해임되었다.

제 53 장 을사조약[1]

일본이 벌인 두 차례 대전에 책임이 있는 조선으로서 종전 무렵이 되어 그 위치가 현저하게 바뀐 것은 당연한 일이었다. 청일전쟁은 한때 청국에 예속되었던 한 국가를 독립시킨 이외에도 중국의 중화사상을 산산이 깨뜨려 버렸다. 적어도 명목상으로나마 조선은 이제 제국이 되었다. 러일전쟁을 치르고 난 뒤, 아시아 민족들은 서구인들의 정복과 수탈을 위해 존재하며 또 그 당연한 논리적 귀결로서 "중국의 멸망"이 불가피했다고 하는 유럽의 오랜 독단이 깨졌다.

청일전쟁에서 일본이 승리함으로써, 1세기 동안 미국인들이 설명해 왔고 또 헤이[2]가 성안한 미국의 외교 정책, 곧 "중국인을 위한 중국"이라는 정책이 합당한 것이 증명되었다. 만약 조선이 그 지도자들의 헌신적인 충성심과 근면으로써 근래의 정치적 · 경제적 조건에서 생존하기에 적합한 국가였더

1) 이 제53장을 읽으면서 독자들은 냉정함과 판단력을 필요로 한다. 왜냐하면, 본장은 왜곡된 부분이 많기 때문이다.

2) 헤이(John M. Hay : 1835~1905) : 미국의 정치가. 링컨 대통령의 비서로 있다가 링컨 사후에는 외교관으로 전향하여 파리 · 비엔나 · 마드리드에서 근무했다. 그 뒤 언론계에 투신하여 『뉴욕 트리뷴』의 편집장으로 있다가 다시 정계로 복귀하여 국무차관(1879~1881), 주영 대사(1897)를 지내면서 미국이 대스페인 전쟁으로 곤란한 시기에 미영 관계의 선린에 공헌했다.

라면, 러시아에 대한 일본의 승리는 조선을 더욱 강하게 만들 수도 있었다. 조선의 자녀들이 그러한 기회를 이용할 수 있는 능력만 있었더라도 조선의 독립은 보장받을 수 있었을 것이다.

그와는 달리 1866년 이래의 조선의 역사는 지배 계급이 치명적으로 취약함을 노정했다. 특권 양반들은 국가를 위해 충성스럽게 헌신하고 근면한 대신에 서울을 음모의 온상으로 만들었으며 조선을 극동의 폭풍 지대로 만들었다. 그들은 자신의 힘을 계발하고 국가의 자원을 개발하는 대신에 교지와 약자로서의 술수를 연마하는 데 전념했다. 강력한 정부에서 흔히 볼 수 있는 근대 문명은 아직 약자를 위해 자리를 내주지는 않는다. 스스로 취약함을 위한다는 것은 어느 모로 보나 용납할 수 없는 일이다.

중국인들처럼 상술에 능숙하지도 못하고 일본인들처럼 전쟁에 용맹스럽지도 못하면서 어깨에는 무거운 책임을 지고 있는 조선의 양반들은 적어도 그 이웃 섬나라의 훌륭한 선례를 본받을 수도 있다. 근대 일본에서 괄목할 만한 역사적 사건은 40만 명의 사무라이에게 국고에서 지불하던 세습적 연금을 1871년부터 폐지했다는 사실이다.[3] 진정한 애국을 위해 이와 같은 자기 희생을 감수한 그들은 칼과 여장과 같은 비단옷을 벗어버리고 일터로 나갔으며 세금을 납부하고 진정한 삶을 누리기 시작했다. 심지어 중국도 비사교적이던 지난날의 유습과 자기만이 잘났다는 오만을 벗어버리고 근대 문명의 길로 접어들었다.

조선의 양반들은 음모로써 자신의 독립을 악용했다. 음모자들의 얄팍한 술수는 한 민족의 존립을 위험하게 만들고 있다는 사실을 그들은 모르고 있었다. 러일전쟁을 치른 뒤 일본은, 왕실과 정부조차도 구별되어 있지 않은 이웃 조선을 옛날처럼 음모의 온상으로 만들어 둔다는 것은 자기의 존립을

---

3) (필자 주) William E. Griffis, *The Micado's Empire*, 1906, pp. 533~535 참조.

위태롭게 할는지도 모른다는 사실을 분명히 알았다. 그리하여 영국이 이집트를 위해 했고, 미국이 쿠바를 위해 했고, 프랑스가 안남을 위해 한 일을, 일본은 조선을 위해 했다. 조선은 이제 피보호국들 가운데 하나로 손꼽히고 있다.

내가 이 책의 서술을 마무리할 무렵인 1904년 9월 일본인들은 부산으로부터 의주[4]까지 조선의 전 국토를 관통하는 거의 6백 킬로미터에 가까운 간선 철도를 부설하고 있다. 여순항은 함락되지 않았다. 일본군의 진정한 목표인 봉천에는 아직 도달하지 못했다. 이곳은 지금 중국을 다스리고 있는 청조의 종묘가 있는 곳으로서 "이곳만 점령하면 그것은 중국의 심장이 일본의 손바닥에 들어가는 것과 같다." 1870년대 초에 공립학교의 군대로 성장한 소년들을 훈련시키는 데에 도움을 준 바 있는 인사들은 아직도 일본의 최종적인 승리를 걱정하지 않고 있다.[5]

1905년 1월 3일, 여순항이 형식적으로 항복했으며, 1월 7일, 그곳으로부터 철수가 완료되었다. 노기 마레스케[6]의 부대는 서쪽인 왼편에서, 그리고 가와무라 가게아키[7]의 부대는 조선을 떠나 동쪽인 오른쪽에서 봉천을 공격하고 있는 일본의 주력 부대를 곧 지원했다. 2월 23일, 눈보라가 몰아치는 가운데 거의 1개월이나 되는 계속된 피나는 대전이 그 막을 열었다.

2월 28일이 되자 거의 1백 마일이나 되는 모든 전선에서 전투가 전면화되었다. 3월10일 오쿠 야쓰가타의 종진은 남문을 통하여 봉천에 입성했다. 러

---

4) (필자 주) 본서 제23장 및 제41장 삽화 지도 참조.

5) (필자 주) 1904년 2월 8일 콘넥티커트의 하트포드에서 이루어진 5개 조목의 예언에 관해서는, William E. Griffis, *The Micado's Empire, op. cit*, p. 682 참조.

6) 노기 마레스케(乃木希典, 1849~1912) : 일본의 군인. 육군 대장. 어렸을 때 몸이 허약했으나 부친의 엄격한 교육으로 이를 극복했다. 청일전쟁에 공을 세우고 러일전쟁 때는 제3군 사령관을 지냈다. 메이지천황이 죽자 부인과 함께 할복 자결했다.

7) 가와무라 가게아키(川村景明 : 1850~1926) : 일본의 군인. 원수. 자작. 청일전쟁 당시에는 보병 제1여단장을 지냈으며 러일전쟁 때에는 제10사단을 이끌고 공을 세웠다.

시아인들은 3만 명이 목숨을 잃었으며 4만 명 이상이 포로로 되었다. 4월 14일까지 일본군의 북진은 계속되었다. 3월 27일과 28일에는 "일본해의 전투"가 일어났다. 이 해전에서 일본은 천우신조로 러시아 현대식 전함 38척을 섬멸했다.

러시아의 위테[8]와 로젠[9] 그리고 일본의 고무라 주타로[10]과 다카히라 고코로[11] 등 교전국의 사절단은 루즈벨트의 초청을 받고 뉴햄프셔의 포츠머드에서 만났다. 1830년대에 미국의 잭슨 대통령으로부터 임명을 받고 극동으로 떠난 미국 최초의 외교관인 로버츠 선장[12]도 이곳으로부터 출항한 적이 있다. 이곳에서 일본은 그들이 의도했던 주요 의제를 타결함으로써 탁월한 외교적 승리를 거두었다.

포츠머드 조약에서 러시아는 앞으로 어떠한 형태로도 일본의 활동을 방해하지 않겠다고 동의함으로써 일본이 조선을 감리하고 일본을 보호할 수 있는 권리를 인정하는 동시에, 조선에서의 일본의 정치적 · 군사적 · 경제적

---

8) 위테(Sergei Witte : 1849~1915) : 러시아의 정치가. 재무장관(1892~1903), 각료 회의 의장(1903)을 역임하고 러일전쟁의 전후를 수습했다. 제정 러시아의 최초의 수상(1906)을 지냈다.

9) 로젠(Roman R. Rosen : 1847~1921) : 러시아의 외교관. 일본 주차 러시아 공사(1897, 1903~1904), 주미 대사(1905)를 지냈고 포츠머드조약 체결 당시에는 러시아의 대표로 활약했다. 러시아혁명(1917) 이후에는 미국에 망명하여 언론계에서 활약했다.

10) 고무라 주타로(小村壽太郎 : 1855~1911) : 일본의 외교관. 하버드대학 출신. 후작(侯爵). 가쓰라 타로(桂太郎) 제1차 내각 당시 외상으로 영일동맹을 맺어 러일전쟁을 승리로 이끌고 조선과 을사조약을 체결했으며, 가쓰라 제2차 내각 때에는 외상이 되어 한일합병조약을 체결하고 구미 선진국과의 차별 조약을 철폐하는 데 성공했다.

11) 다카히라 고코로(高平小五郎 : 1854~1926) : 일본의 외교관. 1876년에 외무성에 진출하여 상해(上海) 영사(1891), 스위스 공사(1893), 외무부대신(1899), 외무대신(1900), 주미 공사(1900) 등을 지냈으며 러일전쟁 강화 회담 때에는 일본 측 전권 위원을 역임했다. 귀국 뒤에 귀족원 의원이 됨.

12) 로버츠 선장(Capt. Edmund Roberts : 1784~1836) : 미국의 외교관. 잭슨 대통령(A. Jackson)으로부터 특명전권공사로 임명되어 타이와 인도 등의 개항을 목적으로 내항(1832~1836)하여 타이를 개항하였으나 에도막부의 접근에는 실패했다. 마카오에 기착했다가 이질로 사망함.

우월권을 가진다는 사실을 그 제1조[13]에서 인정했다. 포츠머드 조약과 함께 일본에서 가장 저질적이고도 무례한 모험가들이 곧 조선의 경내로 들어왔다는 사실은 조선으로서 제일 먼저 겪은 그리고 가장 불행한 결과였다. 이 무뢰배들은 조선 사람들을 잔혹하게 약탈함으로써 도쿄에 있는 선의의 인물들의 계획을 거의 무색하게 했다.

이와 같은 결정적인 전쟁의 결과에 뒤이어 일본은 거물 정객 고무라를 북경에 파견하여 청국과 우호적인 문제들을 조정하도록 한 다음 조선에로 관심을 돌려 왔다. 1904년 3월의 한일의정서에 따라서 그토록 오랫동안 친러파 정객들에게 이용되어 온 보부상들이 곧 해산되었고, 우의와 선린의 친서를 휴대한 이토 히로부미 공작이 조선을 방문했다.

일본 재무성에서도 가장 경험이 많고 노련한 관료인 메가다 다네타로[14]가 재정 고문으로 서울에 파견되었으며, 능력과 술수를 갖추고 있는 데에다가 극동의 외교에는 오래고도 다양한 경험을 가지고 있는 스티븐스[15]라고 하는 미국 신사가 조선 외부의 고문직을 수락했다. 이 사람들은, 그들의 선임자들과 마찬가지로, 명목상으로는 어전회의에서, 그러나 실제로는 은밀한 음모 속에서 규방이나 족벌에 의해 좌우되고 있는 조선 정부와 더불어 처리해야 할 어려운 문제들에 직면했다.

잡다한 문제들에 몰두하고 있던 일본 정부는 첫 단계에서는 조선 사람들을 유익하게 할 수 있는 실질적인 개혁을 거의 시도하지 못했다. 그러는 동안 일본인 몇 만 명이 한반도로 밀려들어 왔는데, 그들 가운데 대부분은 가

---

13) 제1조가 아니고 제2조임.

14) 메가다 다네타로(目賀田種太郎, 1853~1926) : 일본의 외교관. 남작. 하버드대학을 졸업하고 법조계, 교육계, 재계에서 활약하다가 조선 탁지부의 고문(1904~1907)이 되어 조선 병탄에 기여한 공으로 남작이 되었다.

15) 스티븐스(D. D. Stevens : ?~1908) : 미국의 외교관. 일본 외무성에 고용되어 있다가 (1904~1908) 일본의 추천으로 조선의 외교 고문으로 부임했다. 그는 지나친 친일 노선으로 일본의 조선 통치를 찬양하다가 미국에서 전명운과 장인환에게 암살되었다.

장 야만적인 기질과 천박한 성격을 가진 인물들로, 짐승과 같은 만행을 저지름으로써 일본의 현명한 정치인들의 훌륭한 정책을 무색하게 했다는 사실을 여기에서 되풀이하여 지적하지 않을 수 없다.

한반도에 있는 모든 미개척지는 일본인이 점유·경작토록 하며, 관개·수로에 관한 권리도 이 일본인들에게 배분되어야 한다는 개혁안이 도쿄의 승인을 받아 성안(成案)되자 조선 사람들은 한 몸이 되어 조직적으로 항거했다. 아무리 주변 상황을 고려하더라도 이와 같이 급작스러운 사실상의 약탈 행위는 커다란 실수였다. 조선 사람들이 생각하기에 이와 같은 행위는 "남의 논에서 물을 훔쳐 가는 소행"일 뿐만 아니라 바로 토지 그 자체를 도둑질하는 것이었다. 관개가 필수적으로 필요한 쌀 경작지에서의 이러한 행위는 끔찍스러운 범죄 행위가 된다.

황제에게는 일본의 요구를 일축하라는 상소문이 쇄도했다. 보안회[16]라는 단체가 결성되어 서울에서 모임을 갖고 열띤 논쟁을 벌이며 선전을 시작했는데 일본 당사자들이 보기에 이런 행위는 마치 치안 방해와 같았다. 경찰이 보안회의 모임을 해산하고, 서울에 있는 일본군 수비대는 6천 명으로 증원했다. 그밖에도 여러 가지의 조선 사람 단체가 결성되기는 했지만, 일본인들이 더 이상 자기들의 계획을 추진하지 않고, 조선의 양반들도 진정한 애국심을 거의, 아니 전혀 보이지 않은데다가 조선 사람들도 끈기 있게 행동 통일을 할 힘이 없게 되자 흥분은 곧 가라앉았다.

1904년 10월 13일, 하세가와 요시미츠[17] 장군이 군대의 지휘권을 장악했

16) 보안회(保安會) : 1904년 6월 원세성이 중심하여 조직한 배일운동단체. 1904년 8월경 송병준이 유학주를 시켜 만든 친일 단체 유신회를 배격하는 등 활약이 컸으나 유신회의 방해 공작으로 해체되었다.

17) 하세가와 요시미츠(長谷川好道, 1850~1924) : 일본의 군인. 청일전쟁과 러일전쟁에 공을 세우고 1906년 조선 주차 일본군 사령관으로 통감 대리가 되었다. 귀국하여 참모총장(1912), 원수(1914)가 되었다.

다. 탁월한 훈련을 받은 일본의 군인들과 훌륭한 인간성을 가진 일본의 지식인들이 조선 사람의 존경을 받고 있는 반면에, 자신들이 불한당임을 그토록 종종 스스로 입증한 저질적인 일본인들은 조선 사람들로부터 두려움과 멸시를 당하고 있는 것이 사실이다. 평판이 좋지 않은 이 일본인들을 일본 정부가 그토록 오랫동안 방관했다는 것은 불행한 일이다.

그와는 달리 일본은 1904년의 조약에 따라 조선의 독립을 보장해 왔음에도 불구하고 궁중의 파벌로 말미암아 숨이 막히고 있는 조선 정부는 아직도 만성적인 취약 상태에 빠져 허덕이고 있다. 국내적으로는 질서를 유지할 수 없고, 외국의 공사관에는 봉급조차 지불할 수도 없고, 중국 · 일본 그리고 에도와 교토에 있던 고대 일본을 그토록 오랫동안 괴롭혀 왔던 여인들, 내시, 엽관운동자들이 우글거리고 있는 규방의 신비스러운 금역과 정부를 구별할 수 없다면 아시아와 세계를 위해 과연 어떠한 평화 정책이 있는가?

조선에서 일어나는 온갖 복잡한 문제들이 또한 일본을 괴롭히고 있는 반면 일본 정부는 아시아와 세계의 평화를 유지하기 위한 책임을 지고 있었다. 일본의 정치인들은 오랜 숙의를 거친 뒤에, 조선의 외교권을 일본이 장악하고, 서울에는 통감을 두고 대도시와 개항장에는 하급 관리를 상주시키는 동시에 내정에 관한 문제만은 조선 정부에 맡기는 것이 지금의 미궁과 같은 난제들을 해결할 수 있는 확실한 방법이라는 결론에 도달했다. 일본 천황은 "참을성 있고, 능력 있고, 엄정한" 이토 공작을 서울에 파견했다.

1905년 11 월 17일, 대한제국 황제의 외부대신인 박제순과 일본 천황의 사신인 하야시 곤스케[18]는 다음과 같은 한 조약을 체결했다.

---

18) 하야시 곤스케(林權助 : 1860~1939) : 일본의 외교관. 도쿄제대를 졸업하고 1899년 조선에 입국. 7년 간 재직 중에 한일의정서(1904)와 제1차 한일협약(1904) 등을 체결함으로써 조선 병탄의 기초를 이룩했다. 그 뒤 이탈리아 · 중국 · 영국 대사와 각료를 지냈다.

제2차 한일협약(을사조약)

일본국 정부와 한국 정부는 양 제국을 결합하는 이해 공통의 주의를 공고히 하고자, 한국의 부강의 실을 인정할 수 있을 때에 이르기까지 이 목적을 위해 다음의 조관을 약정함.

제1조 일본국 외무성은 도쿄에 있는 외무성을 경유하여 앞으로 한국이 외국에 대하는 관계 및 사무를 감리 · 지휘할 것이요, 일본국의 외교 대표자 및 영사는 외국에서의 한국의 신민 및 이익을 보호할 것임.

제2조 일본국 정부는 한국과 타국 간에 현존하는 조약의 실행을 완수하는 임무를 맡으며, 한국 정부는 앞으로 일본국 정부의 중개를 경유하지 않고서는 국제적 성질을 가진 하등의 조약이나 또는 약속을 하지 않기로 상약함.

제3조 일본국 정부는 그 대표자로 하여금 한국 황제 폐하의 궐하에 1명의 통감을 두되 통감은 전적으로 외교에 관한 사항을 관리하고자 경성에 주재하고 친히 한국 황제 폐하에게 내알하는 권리를 가짐. 일본국 정부는 또한 한국의 개항장 및 기타 일본국 정부가 필요하다고 인정하는 지역에 이사관을 두는 권리를 가지되 이사관은 통감의 지휘 하에 종래 한국 주재 일본 영사에게 속해 있던 일체의 직권을 집행하고 아울러 본 협약의 조관을 완전히 실행하고자 필요로 하는 일체의 사무를 장리할 것임.

제4조 일본군과 한국과의 사이에 현존하는 조약 및 약속은 본 협약에 저촉하지 않는 한 모두 다 그 효력을 계속하는 것임.

제5조 일본국 정부는 한국 황실의 안녕과 존엄을 유지할 것을 보증함.

위 증거로 하여 하명은 각 본국 정부에서 상당한 위임을 받아 본 협약에 기명 조인함.

광무 9년 11월 17일

외부대신 박제순 印

명치 38년 11월 17일

특명전권공사 하야시 곤스게(林權助) 印

이와 같은 조선의 전환의 역사가 어떻게 하여 이루어졌든 간에, 그리고 일본이 을사조약의 문서를 어떤 방법으로 얻어내었든 간에 유럽의 각국과 미국은 서울의 공사관을 철수시키고 조선에 대한 일본의 보호통치권을 인정하면서 매우 신속함을 보여 주었음은 사실이다. 미국 주차 조선 공사관의 사신들은 한 개인의 밀사 이상의 국가적 대표임에도 불구하고 식품점의 청구서조차도 지불할 수 없는 기이한 현실로 말미암아 워싱턴에 있는 미국의 대통령과 국무장관은 쉽사리 마음을 작정케 했다.

국민의 선거에 의해 루즈벨트(T. Roosevelt)가 대통령으로 당선되고 그의 외교 보좌관들이 바뀜에 따라 오랫동안 서울 주차 미국 공사를 지낸 유능한 외교관 알렌(Horace N. Allen)이 1905년에 그 직책에서 물러나고 후임으로 사모아·조선·러시아·중국에서 외교관 생활을 지낸 모르간[19]이 취임했다. 그 뒤 그가 다시 다른 직책으로 전보되자 서울의 미국 공사관은 폐쇄되고 총영사와 영사만은 전처럼 그대로 두었다.

그러는 동안 이토 히로부미 통감의 열성적인 활약 아래에 실질적인 개혁이 시작되었으며, 무질서한 일본인들이 체포되었으며, 그 밖의 무뢰배들은 조선 밖으로 추방되었거나 아니면 앞으로는 행동을 조심하겠다는 서약을 받았다.

1906년 4월 8일, 서울에 있는 일본인들이 이토의 노고를 치하하고자 마련한 연회에서 그는 다음과 같이 말했다.

> 대한 제국의 황제 폐하가 나에게 겸손하게 누차 말씀하신 바에 따르면 나는 적지 않게 폐하의 신뢰를 받을 수 있는 영광을 가졌다고 믿어도 좋으리

---

19) 모르간(Edwin V. Morgan : 1865~1934) : 미국의 외교관. 조선에 주차했던 마지막 공사로서 일본의 조선 병탄에 앞잡이 노릇을 했다. 그 뒤 남미 각국과 포르투갈 대사를 역임했다.

라 생각됩니다. 폐하께서는 대한 제국 정부의 갱생을 위한 나의 충성에 기대를 걸어 보고 싶어 나를 기꺼이 신뢰한 것이 한두 번이 아닙니다. 폐하께서는 또한 나의 지시와 지도를 받아 그와 같은 갱생의 작업을 수행하라고 그의 대신들에게 명령한 바 있습니다. 대한제국의 대신으로서 그들은 그러한 목적을 수행하기 위한 자기들의 결의를 나에게 확약한 바 있습니다. 오늘과 같은 기회가 다시 없으리라고 그들은 말하고 있습니다. 그들은 오늘날 자기 민족의 갱생을 위한 작업에 적극적으로 참여하고 있는 것도 또한 사실입니다.

이토가 자기의 발언을 진실된 것으로 믿은 바와 마찬가지로 대한 제국의 시민들도 그의 발언을 진심으로 찬양했음이 분명하다. 양국이 상호 신뢰하는 가운데 대한 제국의 군관들이 적법하게 임명되었다. 이들은 4월 30일 도쿄에서 열린 만주로 출병하는 일본군의 개선식을 참관하고자 하세가와 장군 및 이토 공작과 함께 일본으로 떠났다.

이 두 거물이 자리를 비우자 이에 유혹을 느낀 궁중의 파당과 그 동조자들은 이 기회에 음모를 꾸미기에 여념이 없었다. 개화파와 수구파들은 서로 어울려 싸우고 음모를 꾀했는데, 심지어는 황제의 측근, 내시, 그리고 대궐 안의 관리들까지도 이러한 음모에 적극성을 보였다. 이 음모자들은 국내적·국제적 불안에 대하여 두 가지 정책 노선을 그려냈다. 한 노선은 남서부 지방에서 일어난 위기와 거의 만성적인 사회 불안을 이용한 것이었으며 다른 하나는 러시아의 개입 가능성에 기초를 두고 있었다.

이러한 음모는 대궐에 있는 양반 자신들에 의해 꾸며졌다. 충청도[20]에서는 민종식[21]이 그리고 전라도[22]에서는 최익현[23]이 의병을 이끌었다. 일본

---

20) (필자 주) 본서 제23장 참조.

21) 민종식(閔種植 : 1861~?) : 1882년 문과에 합격하여 벼슬이 참판에 이르렀으나 사임하고 충청도 정산(定山)에서 살던 중에 을사조약이 체결되자 호서의 의병을 이끌고 홍

군에 대항하고자 구식 소총과 화승총, 그리고 칼과 창을 마련했다. 강원도[24]에서도 의병이 일어났다는 소식이 들어왔다. 그 당시 대한 제국의 전역에 있던 350명의 경찰 가운데 4명이 서울의 통감부로부터 파견되었지만 그들은 피살되었거나 아니면 도망쳐 왔다.

지방의 군사들이 의병 토벌에 열의를 보이지 않자 일본군 보병 2개 중대가 그 도시로 파견되었다. 평화적인 비전투원의 희생을 막고자 대낮에 공세를 취한 그들은 다이너마이트로 성문을 폭파했다. 몇 차례의 시가전을 치른 뒤 그 도시는 일본군에게 함락되었으며 조선 사람 69명이 피살되고 145명이 포로로 잡혔다.

일본군은 이 전투를 끝으로 더 이상의 사건이 일어나지 않기를 희망했다. 그러나 무당이 오랫동안 지배하던 어느 한 지방에서도 의병이 일어났다는 소식이 서서히 들어왔다. 이 지방에서는 통신 수단이 미흡하고 주민들은 교육을 제대로 받지 못하여 창의력이 결여되어 있었다. 일본인 거주자와 일본 어민에 대한 살인적인 공격이 계속되었다.

뿌리 깊이 박혀 있는 보수주의를 대표하는 의병들은 지방의 폭동을 편드는가 하면 일진회는 보수주의 음모자들을 적발하는 작업에 착수했다. 서울의 통감부에 들어온 정보에 따라 대한제국의 왕실과 정부에 속해 있던 김 아무개, 최익현, 민종식, 홍 아무개 등 5명의 고위 관리가 체포되었다.

그들은 첫째로 전조선 민족은 일본의 보호 통치를 반대한다는 사실을 세계 만방에 알리고, 둘째로는 러시아와 손을 잡는다고 하는 이원적인 계획을 가지고 있음이 발각되었다. 일본군이 이에 개입한 결과 최익현이 전라도에

주 · 합천 · 남포 등에서 항전하다가 패전, 1907년에 진도에 유배되었다.

22) (필자 주) 본서 제23장 참조.

23) 최익현(崔益鉉 : 1833～1906) : 한말의 유가. 정치가. 항일투쟁가. 대원군을 탄핵하다가 제주도에 유배(1873), 특사로 공조판서(1894)가 되었으나 얼마 뒤 퇴사. 을사조약이 체결되자 전라도 순창에서 기병하여 항전하다가 체포되어 대마도에서 단식 아사했다.

24) (필자 주) 본서 제23장 참조.

서 조선 군사에게 곧 체포되었다. 그의 막사에서 한 밀서가 발견되었는데 거기에는 의병을 일으키라는 내용과 함께 빨갛게 옥새가 찍혀 있었다. 국내적으로 불안을 조성하려던 음모는 이와 같이 하여 좌절되었다.[25)]

적대국가들 사이에 러시아를 끌어들이면 일본의 굴레로부터 조선을 자유롭게 만들는지도 모른다는 전망은 이미 1860년에 있었던 이그나티에프의 청러협상에서 잘 나타나고 있다.[26)] 그 당시 만들어진 국경선 안에 두만강과 그 지류로서 바다로부터 75마일 되는 곳에서 발원하여 평행으로 흐르고 있는 해랑하[27)] 사이의 간도라고 부르는 거의 3천 평방 마일의 면적을 중립 지대로 설정하여 사람이 살지 못하도록 했다.

이 지역을 중국 사람들은 "섬"이라고 표현하고 있기도 하지만 지도[28)]에서 볼 수 있는 바와 같이 이 지역은 단지 같은 지류의 두 갈래 강으로 둘러싸인 곳일 뿐이다. 사실상 이 지역은 매우 기름진 곳이어서 시간이 흐름에 따라 중국인과 조선 사람의 마음을 끌었다. 러시아가 극동에서 끈질긴 정책을 주장하기 시작했을 때 그들은 이곳에서 조선 사람을 말끔히 몰아내거나 아니면 두만강과 흑룡강 사이의 이 지대에 살고 있는 사람을 모두 중국의 신민으로 귀속시키라고 요구했다.

1904년 러일전쟁의 전운이 감돌 때까지도 이곳 문제는 아무런 진전을 보지 못했다. 포츠머드 조약에 따라 길림의 철도를 장악한 이래, 러시아는 간도지방을 점령함으로써 해안 지방에 이르는 상로를 장악할 수 있을 것이다. 당시 이 간도 지방에는 러시아의 곰이 물 수 있는 미끼가 있었다.

---

25) (필자 주) 이 점에 관해서는 1906년 8월 8일자 『런던 타임스』의 기사를 참조할 것. 이 기사는 매우 권위 있는 소식통으로부터 입수한 것이며, 여기에 실린 동양에 관한 기사의 필자는 극동에서 근 40년 동안이나 지낸 사람이다.

26) (필자 주) 본서 제42장 참조.

27) 해랑하(海浪河) : 만주 화룡현 화룡 일대에서 발원하여 연길현의 용정과 도문을 거쳐 두만강으로 흘러 들어가는 강.

28) (필자 주) 본서 제23장 및 제41장 삽화 지도 참조.

반일주의자이며 극단적 보수주의자인 김승문[29]이라는 사람은 대한제국의 황제로 하여금 자신을 사실상 화룡 지방의 지배자로 임명토록 하는 데에 성공했다. 러시아 정부는 블라디보스토크에서 저 악명 높은 친러파 이용익과 전 조선 주차 러시아 공사 파블로프(M. Pavloff)를 통하여 이 전략 지역의 지배권을 장악할 수 있는 가능성을 타진하고자 했다.

김승문이 어떤 근거에서 그러한 과업이 성공하리라는 희망을 갖게 되었는가를 묻는다면 우리는 다음과 같은 사실을 기억해야 한다. 곧 을사조약이 체결된 뒤 새로운 질서 아래에서 조선에 있는 모든 영사들은 일본 천황으로부터 인가장[30]을 받은 것과는 달리 신임 러시아 총영사인 플랑송(M. Plançon)은 일본 천황이 아니라 조선의 황제로부터 인가장을 받아야 한다고 주장함으로써 지난날의 청러조약을 비난하는 조선의 주장과 을사조약을 무시했다. 플랑송은 잠시 동안, 아니 자신의 논점을 철회할 때까지 음으로 양으로 조선의 음모자인 김승문을 고무했다. 러시아와 일본을 혼란에 몰아넣었던 이 음모는 대궐에 이르지도 못하고 모두 좌절되었다.

이 무렵인 6월 8일 밤 주요 음모객들이 대궐을 떠나다가 체포됨으로써 최익현의 항복은 더욱 확실해졌다. 자유주의자들은 그들에 대한 정부의 범죄 증거[31]를 회람시킨 바 있었다. 일본 정부는 대한제국의 황제를 비난하지 않고 황제의 못된 측근들을 몰아내었으며, 조선 민족의 복리를 위해 일본 정부가 아직 지키고 있는 권위를 그대로 지키기로 작정했는데 이는 조선을 옹호하는 사람들도 본 바와 같다.

이와 같은 일본의 정책은 조선의 공공 재정을 달러로 정확히 계정할 수 있도록 예산 · 결산으로 공개하고, 왕실을 숙정하며, 왕실과 정부 및 조신 회

---

29) 여러 가지 정황으로 볼 때 김홍륙(金鴻陸 : ?~1898년)을 가리키는 것이 아닌가 여겨진다.

30) 인가장(認可狀, *exequatur*) : 주재국 정부에서 타국의 영사 또는 무역 사무관에게 주는 일종의 신임장.

31) 범죄 증거(state's evidence) : 범죄에 대하여 국가가 제출하는 증거.

의와 규방을 엄격히 구분하고, 공립학교를 창설하고, 평양-원산의 철도를 부설하고, 주화를 만들어 안정된 통화 제도를 이룩하고, 감옥과 사법 제도를 개선하고, 광대한 황무지를 개간하고, 모든 도덕적 활동을 격려하고, 무역·상업·산업을 개발을 필요로 하고 있다.

그리고 끝으로, 그러나 이는 적지 않게 중요한 문제인데, 무분별하고도 야만적인 일본인들을 엄중히 단속하는 일, 곧 대체로 말해서 일본인과 조선 사람 사이에 존재하는 숙원을 극복할 수 있도록 하는 정의와 화해의 정책을 필요로 하고 있다. 양반들로 하여금 일을 하도록 만들어 자신의 삶을 영위할 수 있도록 만드는 일은 오랫동안 억눌리며 살아온 조선 민족에게 커다란 축복이 될 것이다.

조선은 일본의 복리를 위해서가 아니라 일차적으로는 조선의 복리를 위해 개발되고 있다는 사실을 건전한 판단을 가진 세계인들에게 만족할 만큼 설명할 수만 있다면 전 세계 인류의 양심이 이를 인정하고 즐거워할 것이다. 이와 같이 어려운 일을 해낸 일본을 가장 신랄하게 비난하고 있는 『대한제국멸망사』의 저 지성적인 필자인 헐버트는 당시의 상태를 다음과 같이 평결하고 있다.

> 조선 사람들은 이미 여러 해 전에 관심을 쏟아야 했던 이 교육만이 이제 최후로 의지할 수밖에 없는 마지막 보루라는 사실을 뼈저리게 깨닫고 무지에서 깨어나자고 외치고 있다. 대한제국으로서는 지금 꾹꾹 참기만 한다거나 또는 일본의 계획에 대하여 불쾌하게 저항만 하다가는 아무 것도 얻을 수가 없다. 그들은 지금 명백한 문제점에 직면하고 있으며, 그러한 상황을 야기하고 있는 폭력의 도덕성에 관한 이론이란 전혀 학술적인 것에 불과하다.[32)]

32) H. B. H Hulbert, *The Passing of Korea*, William Heinemann Co, London, 1906, pp. 465~466; 신복룡(역주), 대한제국멸망사 참조.

역주자 참고문헌

古事記(東京：岩波書店, 1965)

『舊韓國外交文書』(14：英案 2)(서울：고려대학교 출판부, 1968)

『舊韓末條約彙纂』(中)(서울：국회도서관, 1964)

『國朝榜目』

菊池謙讓, 『近世朝鮮史』(서울：鷄鳴社, 1939)

『기독교대백과사전』(서울：기독교문사, 1983)

吉川文太郎, 『朝鮮諸宗教』(서울：朝鮮興文會, 1922)

金圭炳(譯), 『韓國近代外交史年表』(서울：국회도서관 입법조사국, 1966; Allen. H. N., "Chronological Index", in *Korea : Fact and Fancy*(1904)

金斗鍾, 『韓國醫學史』(서울：探求堂, 1906)

김원모, "遣美 朝鮮報聘使 隨員 崔景錫 · 吳禮堂 · 로우엘 研究", 『東洋學』(27)』(서울：단국대학교 동양연구소, 1997)

金源模, 『근대 한미관계사：한미전쟁론(서울：철학과 현실사, 1992)

大類伸, 『世界人名辭典』(東京：東京堂, 1952)

『大人名辭典』(東京：平凡社, 1955)

『대한제국고등재판선고서』(개국 504년 11月 13일자 朴銑 외 3인 건：국사편찬위원회 소장)

『東國歲時記』(서울：을유문화사, 1971)

『模範最新世界年表』(東京：三省堂, 1938)

文一平, 『史外異聞秘史：호암전집』(3)(서울：조광사, 1964)

민두기, 『일본의 역사』(서울：지식산업사, 1977)

朴大憲, 『서양인이 본 조선』(서울：壺山房, 1996)

朴相圭, “호레이스 N. 알렌 : 韓末 歷史劇의 프롬프터”, 『韓國의 人間像』(6)(서울 : 新丘文化社, 1962)

朴晟義, 『한국고대소설사』(서울 : 일신사, 1958)

『三國史記』

『성경』

『世界大百科事典』(東京 : 平凡社, 1957)

『세계대백과사전』』(서울 : 학원사, 1971)

『세계인명대사전』(서울 : 문공사, 1973)

『承政院日記』

신복룡(역주), 『대한제국멸망사』(서울 : 집문당, 1998); H. B. Hulbert, *The Passing of Korea*(London : William Heinemann Co, 1906)

신복룡(역주), 『조선견문기』(서울 : 집문당, 1998); H. N. Allen, *Things Korean* (New York : Fleming H. Revel Co, New York, 1908).

신복룡(지음), 『이방인이 본 조선 다시 읽기』(서울 : 풀빛, 2002)

신복룡, 『대동단실기』(서울 : 선인, 2003) 참조.

신복룡, 『한국정치사』(서울 : 박영사, 2003)

양재연(外), 『한국풍속지』(서울 : 을유문화사, 1971)

柳子厚, 『朝鮮貨幣考』(서울 : 學藝社, 1940)

유홍렬, 『한국천주교회사』(서울 : 가톨릭출판사. 1962)

柳洪烈, 『高宗 治下 西學 受難의 연구』(서울 : 을유문화사, 1962)

이광린, 『개화당연구』(서울 : 일조각, 1973)

이광린, 『한국 개화사 연구』(서울 : 일조각, 1970)

이상백, 『한국사 : 근세 전기편』(서울 : 을유문화사, 1962)

이선근, 『한국사 : 최근세편 · 현대편』(서울 : 을유문화사, 1961).

李盛平, 『中國近現代人名辭典』(北京 : 新華書店, 1989)

李愚振, 서평 : 『은자의 나라 조선』(William E. Griffis, *Corea : The Hermit Nation*, 1907), 『동북아』(2)(서울 : 동북아문화연구원, 1995 가을/겨울호)

李晶潤, 『근세기독교사』(서울 : 기독교문서선교회, 1958)
이중국, "Oppert 도굴 사건의 진입로 연구", 『논문집』(17)(서울 : 건국대학교 대학원, 1983)
이지호(외편), 『표준지리부도』(서울 : 삼화출판사, 1968)
李鎭明, 『독도 : 지리상의 재발견』(서울 : 삼인, 1998)
이형석, 『임진전란사』(상 · 중 · 하)(서울 : 신현실사, 1974)
李弘稙, 『國史大事典』(서울 : 일조각, 1960)
日本歷史學會(編), 『明治功臣人名錄』(東京 : 吉川弘文館, 1981)
日本外務省(編), 『日本外交史辭典』(東京 : 大藏省印刷局, 1979)
臧勵龢, 『中國人名辭典』(臺北 : 商務印書局, 1985)
정기수(역), 『조선교회사서론』(서울 : 탐구당, 1966); C. Dallet, *Histoire de L'Eglise de Corée*(Paris : Victor Palme, 1874)
『정선한문』(서울 : 건국대학교 출판부, 1975)
『朝鮮王朝實錄』
『조선전』(서울 : 탐구당, 1975)
朝鮮總督府 陸地測量部 作成, 『朝鮮地圖』(1/50,000 축척)(서울, 1918)
『한국 電氣 100년사』(서울 : 한국전력주식회사, 1989)
『한국가톨릭대사전』(서울 : 한국교회사연구소, 1985)
『한국인명대사전』(서울 : 신구문화사, 1967)
『한국학대백과사전』(서울 : 을유문화사, 1972)
황패강, "신라 불교 설화 연구", 『동양학』(3)(서울 : 단국대학교, 1973).

Barhart, Clarence L.(ed), *The New Century Cyclopedia of Names*(New York : Appleton-Century-Crofts, Inc, 1954)
Critical Dictionary of English Literature and British and American Authors(Philadelphia and London : J. B. Lippincott Co., 1897)

Encyclopedia Britannica(Chicago : The University of Chicago, 1963)
Great Soviet Encyclopedia(Russian Edition)(Moscow : Soviet Encyclopedia, 1975.
Hall, B, *Account of A Voyage of Discovery to the West Coast of Corea and the Great Loo-Choo Island*(London : John Murray Co, 1818)
McCune, Geroge M. and Harrison, John A.(ed), *Korean-American Relations*, Vol. I(Berkeley and Los Angeles : The University of California Press, 1951)
McKenzie, F. A., *The Tragedy of Korea*(New York : E. P. Dutton & Co., 1908); 申福龍(譯註), 『大韓帝國의 悲劇』(서울 : 집문당, 1998)
Merriam-Webster's *Encyclopedia of Literature*(Springfield : Merriam-Webster, Inc., Pub., 1995)
New Standard Dictionary of the English Language(New York : Funk and Wagnalls Co, 1914)
Palmer, Spencer J.(ed.), *Korean-American Relations*, Vol. 2(Berkeley and Los Angeles : The University of California Press, 1963)
T*he Encyclopedia of World Methodism*(Nashville : The United Methodist House, 1974)
Webster's Biographical Dictionary(Springfield : G. & C. Merriam Co., 1959)
Who Was Who : 1929~1940(London : Adam and Charles Black)
Who was Who among English and European Authors(1931~1949), Vol. 1, V(Detroit : Gale Research Co. Book Tower, 1978)

찾아보기

ㄱ

ㄴ

ㄷ

ㅂ

ㅅ

ㅇ

ㅈ

ㅍ

ㅎ

역자 후기

국학 관계 영미 문헌의 번역에 착수한 지 이미 7년이라는 세월이 흘렀으며, 이 『은자의 나라 한국』의 번역을 시작한 이래 마로니에는 두 번 피고 졌다. 그 동안 참으로 어둡고 지루한 나날이었다. 한편 기쁘고 한편 대견하다. 번역을 마치고 난 지금의 심경은 여러 사람에게 미안하고 부끄러울 따름이며 또한 무한히 감사한다. 내가 이 번역을 내놓으면서 미안하고 부끄러운 것은 번역이 너무 미흡하다는 자책감 때문이다.

내 딴에는 무척이나 노력했지만 오류가 있을까 하여 두려울 따름이다. 그러나 한 가지 스스로 위로하는 바가 있다. 그것은 다름이 아니라 본 역본을 기초로 하여 훗날 더 유능한 학자가 더 훌륭한 번역본을 내주기를 바라는 마음이 있기 때문이다. 아무쪼록 나의 이 조그마한 소망이 이루어져서 나의 자괴감(自愧感)이 풀어지기를 바랄 따름이다.

나는 이 책을 번역하는 동안 너무나 많은 분들에게 신세를 졌다. 여기에 포함된 오류가 그분들에게 누를 끼치지나 않을까 하여 이를 밝히려 하지 않았으나 나의 능력으로는 해결할 수 없는 것들을 일일이 가르쳐 주신 분들을 여기에서 밝히는 것은 그분들에 대한 나의 조그마한 사의가 될 것이다.

여러분들에게 가르침을 받았지만 특히 건국대학교 이방석(李邦錫) 교수님은 일본어 표기를 위해 많은 시간을 나누어 주셨으며, 이훈종(李勳種) 교수님은 민속 분야에 관하여 값진 도움을 주셨으며, 이제는 작고하신 서울대학교 박시인(朴時仁) 박사님께서는 일본의 신화에 관해서 좋은 말씀을 들려주셨으며, 구주(九州) 치과대학의 구마카이 오사무(熊谷治) 교수께서는 일본의 인명 표기에 큰 도움을 주셨으며, 단국대학교의 황패강(黃浿江) 박사님은 불교 문화에 관하여 많은 것을 깨우쳐 주셨다.

그리고 한국문예진흥원의 임성규 선생님은 앞서 나온 『대한제국멸망사』와 『대한제국의 비극』에 이어 이 책의 사진 촬영을 내 일처럼 도와 주셨다.

나에게 도움을 주신 분들이 어찌 이분들뿐이랴. 그러나 여기에서 저질러진 모든 오류는 전적으로 나 자신만의 책임일 따름이다.

번역을 마치면서 나의 뇌리를 떠나지 않는 모습이 있다. 나의 사랑하는 아내의 얼굴이다. 어려운 삶에 지칠 줄 모르는 그의 자세는 나의 용기를 꾸준히 붙잡아 주었다. 이 책은 그와 나의 공역이나 다름없다. 나는 또한 이 책을 나의 사랑스러운 두 자녀 나리 · 나라(이 책의 초판이 나온 이후 셋째 아이 나래가 태어났다)에게 읽혀 주고 싶다. 어쩌면 나는 그들에게 부끄럽지 않은 애비가 되하고자 이토록 몸부림치고 있는지도 모른다.

역자 후기를 마치는 마음은 무척이나 허탈하고 피곤하다. 오직 피곤할 뿐이다. 그러나 나는 새로운 작업을 위해 또다시 나의 이 허약한 육신을 추스르지 않을 수 없다. 내가 살고 있는 세대와 나의 후손을 위해 가치를 창조할 수만 있다면 나의 이 한 육신이냐 더 바랄 것이 있겠는가?

그러나, 그러나, 주여! 이 어두움은 언제까지이니까?

1976년 6월 8일

신복룡

역주자 **신복룡(申福龍)**

충북 괴산 출생/ 건국대학교 정치외교학과 · 동 대학원 수료(정치학박사)/ 고등고시위원 역임/ 건국대학교 정치외교학과 교수 역임/ 미국 Georgetown 대학교 객원 교수 역임/ 건국대학교 중앙도서관장 · 대학원장 역임/ 한국정치외교사학회 회장 역임/ 건국대학교 정치외교학과 석좌교수 역임

저서 및 역서

저서

『한말 개화사상연구』(평민사, 1987)/ 『전봉준평전』(지식산업사, 1996)/ 『한국분단사 연구 : 1943-1953』(한울, 2001, 한국정치학회 저술상 수상)/ 『한국사 새로보기』(풀빛, 2001)/ 『이방인이 본 조선 다시 읽기』(풀빛, 2002)/ 『한국정치사』(박영사, 2003)/ 『대동단실기』(선인, 2004)/ 『동학사상과 갑오농민혁명』(선인, 2006)/ 『서재 채워드릴까요?』(철학과 현실사, 2006)/ *The Politics of Separation of the Korean Peninsula 1943-1953*(Edison, NJ : Jimoondang International & Seoul : Jimoondang, 2008)/ 『한국정치사상사』(지식산업사, 2011, 한국정치학회 인재상(仁齋賞) 수상)/ 『해방정국의 풍경』(지식산업사, 2016) 외 다수

역서

『민족자결주의』(A. Cobban, *National Self-Determination*, 1968 : 共)/ 『외교론』(H. Nicolson, *Diplomacy*, 1979)/ 『군주론』(N. Machiavelli, *The Prince*, 1980)/ 『칼 마르크스』(I. Berlin, *Karl Marx*, 1982)/ 『공산주의 간부 제도 연구』(Cho Jaekwan, *A Comparative Analysis of the Communist Cadre System*, 1985)/ 『모택동자전』(E. Snow, *Red Star over China : Genesis of A Communist*, 1985)/ 『데니의 생애와 활동』(R. Swartout, *O. N. Denny and the International Rivalries in Korea*, 1988 : 共)/ 『묵시록의 4기사』(E. Penchef, *Four Horsemen : Pollution, Poverty, Famine, Violence*, 1988)/ 『한국분단보고서』(1992 : 共)/ 『현대정치사상』(L. P. Baradat, *Political Ideologies*, 1995 : 共)/ 『정치권력론』(C. E. Merriam, *Political Power*, 2006)/ 『入唐求法巡禮行記』(2007)/ 『林董祕密回顧錄』(2007 : 共)/ 『한말외국인기록』 전 23권 외 다수